BUCHNERS KOLLEG 11 GESCHICHTE

Ausgabe Bayern 2013

Herausgegeben von
Dieter Brückner
Harald Focke
Lorenz Maier

C.C. Buchner

Buchners Kolleg Geschichte 11
Ausgabe Bayern 2013

Unterrichtswerk für die gymnasiale Oberstufe

Herausgegeben von
Dieter Brückner, Harald Focke und Lorenz Maier

Bearbeitet von
Judith Bruniecki, Dieter Brückner, Harald Focke, Reinhold Forster, Peer Frieß,
Lorenz Maier, Susanne Pulwey, Reiner Schell und Jürgen Weber
unter Mitarbeit der Verlagsredaktion

Dieses Werk folgt der reformierten Rechtschreibung und Zeichensetzung.
Ausnahmen bilden Texte, bei denen künstlerische, philologische oder
lizenzrechtliche Gründe einer Änderung entgegenstehen.

1. Auflage ^{321} 2017 15 13
Die letzte Zahl bedeutet das Jahr dieses Druckes.
Alle Drucke dieser Auflage sind, weil untereinander unverändert, nebeneinander
benutzbar.

© 2013 C.C.Buchners Verlag, Bamberg
Das Werk und seine Teile sind urheberrechtlich geschützt. Jede Nutzung in anderen
als den gesetzlich zugelassenen Fällen bedarf der vorherigen schriftlichen Einwilligung
des Verlages. Dies gilt insbesondere für Vervielfältigungen, Übersetzungen und
Mikroverfilmungen. Hinweis zu § 52 a UrhG: Weder das Werk noch seine Teile dürfen
ohne eine solche Einwilligung eingescannt und in ein Netzwerk eingestellt werden.
Dies gilt auch für Intranets von Schulen und sonstigen Bildungseinrichtungen.

www.ccbuchner.de

Lektorat: Alexandra Hoffmann-Kuhnt
Assistenz: Kerstin Schulbert

Einband: Artbox, Bremen
Herstellung: Artbox, Bremen
Druck- und Bindearbeiten: creo Druck & Medienservice GmbH, Bamberg

ISBN 978-3-661-**32007**-6

Mit Buchners Kolleg Geschichte lernen und arbeiten

Buchners Kolleg Geschichte ist Lern- und Arbeitsbuch zugleich. Es enthält einerseits die Materialbasis für den Unterricht und ist andererseits für die selbstständige Wiederholung des Unterrichtsstoffs und für eine systematische Vorbereitung auf das Abitur geeignet.

Die **Einführungsseiten** zu Beginn der Halbjahresbereiche greifen in Text und Bild die problemorientierten Leitfragen der folgenden Kapitel auf.

Orientierungsseiten leiten unter dem Titel **Auf einen Blick** in jedes der Themenkapitel ein. Sie knüpfen an das Grundwissen an und schaffen die Voraussetzungen für ein strukturgeschichtliches Arbeiten. Die Chronologie stellt zentrale Daten mit prägnanten Erläuterungen zusammen. Der problemorientierte Überblickstext ordnet diese in den historischen Kontext ein. Übergreifende und methodisch schulende Arbeitsaufträge bieten Anregungen für die selbstständige Wiederholung und Vertiefung des Grundwissens.

Jedes Kapitel enthält **Darstellungen**, an deren Beginn jeweils kurze, in zeitgenössischer Perspektive erzählte Einstiegsbeispiele zu einem ausgewählten Problem des Kapitels stehen. Die Darstellungstexte vermitteln ein Verständnis für die historischen Zusammenhänge und Strukturen. Sie sind in überschaubare Themeneinheiten gegliedert, sodass sie auch als Nachschlagewerk genutzt werden können.
Grundwissensbegriffe der Jahrgangsstufen 6 bis 10 werden bei der Erstnennung optisch hervorgehoben. Über das Grundwissen hinausgehende **wichtige historische Begriffe und Personen** werden in der Randspalte neben dem Text kurz erklärt.

Die **Materialien** decken alle wichtigen Quellengattungen ab. Sie veranschaulichen und vertiefen einzelne Aspekte, stellen kontroverse Sichtweisen dar und thematisieren weiterführende Fragen. Darstellung und Materialien sind durch Verweise vernetzt.
Die **Arbeitsaufträge** helfen bei der Erschließung der Texte, Statistiken, Diagramme, Karten, Grafiken und Bilder und regen zur Team- und Projektarbeit an.

Die **Methodenkompetenz** wird auf zwei Ebenen gefördert:
- Durch Arbeitsaufträge zu den Materialien wird die Methodenkompetenz am konkreten Beispiel trainiert.
- Thematisch integrierte Methoden-Bausteine führen auf optisch hervorgehobenen Sonderseiten zentrale historische Arbeitstechniken für die eigenständige Erarbeitung und Wiederholung an einem konkreten Beispiel vor.

Ergänzt wird dies durch eine Übersicht der zentralen fachspezifischen **Methoden wissenschaftlichen Arbeitens** (siehe hinten im Buch).

Auf unserer Homepage (*www.ccbuchner.de*) bieten wir Filmausschnitte zu Ereignissen, die in diesem Buch behandelt werden („Geschichte in Clips"). Dazu ist der im Buch genannte Code in das Suchfeld unserer Internetseite einzugeben.

Auf den **Zusammenfassungs- und Vertiefungsseiten** der Rubrik **Perspektive Abitur** finden sich zum Abschluss jeder Halbjahreseinheit themen- und fächerübergreifende Arbeitsaufträge. **Literatur- und Internettipps** regen zur vertiefenden Nacharbeit an und unterstützen bei der Prüfungsvorbereitung.

Flur: ursprüngliche Bezeichnung für Landschaft, später für die landwirtschaftliche Nutzfläche einer Siedlung

▶ M1

Plakate als historisches Massenmedium

▶ **Geschichte In Clips:**
Zur Ausrufung der Republik am 9. November 1918
siehe Clip-Code 32007-01

Inhalt

Gesellschaft im Wandel vom 15. bis zum 19. Jahrhundert

■ Leben in der Ständegesellschaft des 15. bis 18. Jahrhunderts

Auf einen Blick	8
Geordnete Verhältnisse – Strukturmerkmale der Ständegesellschaft	10
Methoden-Baustein: Schriftliche Quellen analysieren	21
Fürsorge und soziale Sicherung in der vorindustriellen Gesellschaft	24
Von der Hände Arbeit leben – bürgerliche und bäuerliche Arbeitswelten	32
Familiäre Lebenswelten und Geschlechterrollen	40
Die Bevölkerungsentwicklung vom 15. bis 18. Jahrhundert	47

■ Leben in der Industriegesellschaft des 19. Jahrhunderts

Auf einen Blick	54
Liberalisierung durch staatliche Reformen	56
Kennzeichen der Industrialisierung	68
Veränderte Lebens- und Arbeitsbedingungen in der industriellen Welt	76
Methoden-Baustein: Statistiken und Diagramme auswerten	87
Praktische Ansätze zur Lösung der Sozialen Frage	90
Familiäre Lebenswelten und Geschlechterrollen	100
Die Bevölkerungsentwicklung im 19. und 20. Jahrhundert	110
Perspektive Abitur: Zusammenfassen und vertiefen	114
Perspektive Abitur: Weiterlesen und recherchieren	115

Demokratie und Diktatur – Probleme der deutschen Geschichte im 20. Jahrhundert

Die Weimarer Republik – Demokratie ohne Demokraten?

Auf einen Blick	118
Vom Obrigkeitsstaat zur Republik	120
Demokratische Errungenschaften	126
Belastungen und Herausforderungen, Träger und Gegner der Republik	134
Die Krise der Demokratie – Die Republik wird untergraben	142
Warum scheiterte die Weimarer Republik?	150
Methoden-Baustein: Politische Plakate analysieren	153

■ Hitlers willige Volksgenossen?
Die Deutschen und der Holocaust

Auf einen Blick	160
Juden in Deutschland vor 1933	162
Beseitigung der Demokratie und Ausbau der NS-Diktatur	168
„Volksgemeinschaft": Ideologie und inszenierte Lebenswirklichkeit im NS-Staat	174
Methoden-Baustein: Umgang mit Sekundärliteratur	185
NS-Antisemitismus: von der Entrechtung zur Ermordung	188
„Davon haben wir nichts gewusst"? Die Wahrnehmung der Judenverfolgung und die Beteiligung an ihr	202
Methoden-Baustein: Einen Essay verfassen	213
Essay-Thema: Waren Holocaust und Krieg nach dem Machtantritt Hitlers unvermeidbar? „Volk ohne Grenzen." Ein Essay von Michael Wildt	214

■ Die frühe Bundesrepublik –
Erfolg der Demokratie durch „Wohlstand für alle"?

Auf einen Blick	216
Nachkriegszeit und Erfahrungen der Deutschen mit dem „Dritten Reich"	218
Integration im Westen – Folge des „Kalten Krieges"	231
Wirtschaftlicher Aufstieg der Bundesrepublik nach dem Krieg: das „Wirtschaftswunder"	240
Methoden-Baustein: Karikaturen analysieren	249
Gesellschaftliche Entwicklungen im „Wirtschaftswunderland"	252
Antikommunismus als Integrationsideologie?	262

■ Die DDR – eine deutsche Alternative?

Auf einen Blick	266
Anspruch und Wirklichkeit im „Arbeiter- und Bauernstaat"	268
Methoden-Baustein: Fotografien interpretieren	273
Die DDR und der Westen – Standpunkte und Ziele der Deutschlandpolitik	282
Wirtschafts- und Sozialpolitik in der Endphase der DDR	290
Grundgesetz oder „dritter Weg"? Friedliche Revolution und Wiedervereinigung	297
Nostalgischer Blick auf die DDR – ein Übergangsphänomen?	304
Essay-Thema: „Was haben Hitler, Stalin und Ulbricht gemeinsam?" Ein Essay von Klaus Schröder	312

Perspektive Abitur: Zusammenfassen und vertiefen	314
Perspektive Abitur: Weiterlesen und recherchieren	315
Methoden wissenschaftlichen Arbeitens	316
Personenregister	318
Sachregister	320
Bildnachweis	324
Perspektive Abitur: Aufgaben bearbeiten	

Über Jahrhunderte veränderte sich der Alltag der Bevölkerung in Europa kaum. Noch im 18. Jahrhundert lebten die Menschen wie im Mittelalter überwiegend auf dem Land, betrieben Ackerbau und stellten ihre Waren weitgehend in Handarbeit her. Sie erwirtschafteten nur so viel, wie sie für sich oder den Verkauf auf den umliegenden Märkten benötigten. Naturkatastrophen, Krankheiten und Kriege stellten ständige Bedrohungen dar, die das Leben oft zu einem Kampf ums Überleben machten.

Auch die gesellschaftliche und soziale Rangordnung blieb fast gleich: Die Herkunft entschied dauerhaft über den gesellschaftlichen Status, den Lebensraum und den Beruf. Die oberen Stände grenzten sich von den unteren ab. Der Mann besaß die dominierende Stellung.

Dies alles änderte die Industrialisierung: Sie leitete einen umfassenden technischen, wirtschaftlichen und sozialen Wandel ein, der zunächst nur einige Regionen und Länder, nach und nach aber immer mehr Teile der Erde erfasste und bis heute andauert.

- Wie lebten und arbeiteten die Menschen in der vormodernen Ständegesellschaft des 15. bis 18. Jahrhunderts?
- Wie ist es ihnen in vergangenen Jahrhunderten gelungen, die Herausforderungen des Lebens angesichts der vielfältigen Bedrohungen und der sich wandelnden rechtlichen, wirtschaftlichen und staatlichen Rahmenbedingungen zu meistern?
- Warum veränderte gerade die Industrialisierung im 19. Jahrhundert die Lebens- und Arbeitsbedingungen so tief greifend?

Gesellschaft im Wandel vom 15. bis zum 19. Jahrhundert

Leben in der Ständegesellschaft des 15. bis 18. Jahrhunderts

◄ **Bauernfamilie bei der Mahlzeit.**
Ölgemälde von Georg Melchior Kraus, Mitte des 18. Jahrhunderts (Ausschnitt).

Neues Denken, neue Welten	um 1450	Johannes Gutenberg erfindet in Mainz das Drucken mit beweglichen Metallbuchstaben.
	1492	Christoph Kolumbus landet in Amerika; das Zeitalter der Entdeckungen beginnt.
	15./16. Jh.	Die Renaissance erlebt ihren Höhepunkt; mit dem Humanismus ist sie die wesentliche Geistesbewegung der Zeit.
	1517	Luther veröffentlicht seine 95 Thesen gegen den Ablasshandel; Beginn der Reformation.
	1519 – 1556	Kaiser Karl V. regiert durch die Besitzungen in Amerika ein Weltreich.
Kampf um den Glauben	1524/25	Aus regionalen Aufständen ländlicher und städtischer Unterschichten entsteht der Bauernkrieg.
	1555	Im Augsburger Religionsfrieden sichert der Kaiser den lutherischen Reichsständen Frieden und ihren Besitz zu und bestätigt damit die Glaubensspaltung.
	1560 – 1630	Die Hexenverfolgungen erreichen im Heiligen Römischen Reich einen Höhepunkt.
	1618 – 1648	Aus einem konfessionellen Konflikt entsteht der Dreißigjährige Krieg; er endet mit dem Westfälischen Frieden.
	1620er-/30er-Jahre	Mitteleuropa wird von den schwersten Pestepidemien nach dem „Schwarzen Tod" (1347 – 1353) erfasst.
Verdichtung von Herrschaft	1661 – 1715	Regierungszeit Ludwig XIV., genannt der „Sonnenkönig".
	1648 – 1789	Im Zeitalter des Absolutismus leiten die Fürsten ihre Stellung von Gott ab und regieren weitgehend losgelöst (absolut) von den Gesetzen und den Ständen. Mit der staatlich gelenkten Wirtschaftspolitik des Merkantilismus fördern sie das einheimische Gewerbe, um die Steuereinnahmen zu erhöhen.
	1688	Die „Glorious Revolution" begründet die konstitutionelle Monarchie in England.
	17./18. Jh.	Im Zeitalter der Aufklärung werden kritisches Verstandes- und Vernunftdenken, Freiheit, Selbstbestimmung und Toleranz zum zentralen Maßstab erhoben.
	1701 – 1714	Im Spanischen Erbfolgekrieg muss Frankreich sein Hegemoniestreben aufgeben und sich dem von England geforderten Mächtegleichgewicht unterordnen.
	1740 – 1786	Friedrich II. regiert in Preußen im Zeichen des aufgeklärten Absolutismus.
Zeit der Umbrüche	1781	Joseph II. von Österreich leitet sozial- und religionspolitische Reformen ein.
	1776	Die britischen Kolonien in Nordamerika erklären ihre Unabhängigkeit von England.
	1789	Mit dem Sturm auf die Bastille beginnt die Französische Revolution.

■ Epochengrenzen sind nur in seltenen Fällen an einzelnen Ereignissen oder Entwicklungen festzumachen. Wie nie zuvor in der Geschichte wurden jedoch in Europa um 1500 Gesellschaft, Wirtschaft und Politik von Umbrüchen erfasst. Rückblickend scheinen sie den Beginn einer neuen, bis 1800 reichenden Epoche zu markieren, für die in der Geschichtswissenschaft der Begriff „Frühe Neuzeit" geprägt worden ist. Dabei sollte nicht übersehen werden, dass in dieser Zeit viele Entwicklungen fortgeführt wurden, die schon ein oder zwei Jahrhunderte zuvor eingesetzt hatten.

Die Einflüsse der **Renaissance** und des **Humanismus** befreiten das Denken der Menschen aus den Beschränkungen der Kirche, indem sie die Kultur der Antike belebten und den Menschen zum „Maß aller Dinge" erklärten. Wissenschaftliche Erkenntnisse von Forschern wie Nikolaus Kopernikus und Galileo Galilei sowie die **Entdeckung Amerikas durch Kolumbus 1492** stellten das mittelalterliche Weltbild infrage. Das Ausgreifen der Europäer nach Übersee, die Eroberung und Ausbeutung der unterworfenen Gebiete setzten einen globalen Handel in Gang, der die Vormachtstellung Europas in der Welt begründete.

Gleichzeitig revolutionierte der Buchdruck die Verbreitung von Informationen und Bildung. Er sorgte auch dafür, dass sich die Kritik an den Missständen in Kirche und Christenheit rasch ausbreitete und die **1517** von **Martin Luther** veröffentlichten Forderungen nicht nur zur **Reformation**, sondern zur Spaltung der europäischen Christenheit in verschiedene Konfessionen führte. Die neue reformatorische Lehre trug auch dazu bei, dass sich kleinere Aufstände der ländlichen und städtischen Unterschichten 1525 zum Bauernkrieg ausweiteten. Konfessionelle Gegensätze, aber auch politisches Machtstreben lösten schließlich den **Dreißigjährigen Krieg** aus, der erst nach langen Verhandlungen im **Westfälischen Frieden** 1648 beigelegt wurde.

Im Gegensatz zu den **Monarchien** Spanien, Frankreich und England blieb das Heilige Römische Reich Deutscher Nation ein lockerer Verbund zahlreicher Einzelstaaten. Im Westfälischen Frieden erhielten die deutschen Reichsstände die volle Landeshoheit über ihre zu **Territorialstaaten** ausgebauten Herrschaftsgebiete. Diese benötigten sie, um den Anspruch der Landstände auf politische Mitsprache zurückzudrängen. Auf diese Weise setzte sich fast überall in Europa die Herrschaftsform des **Absolutismus** durch, in der die Fürsten versuchten, unabhängig von den Ständen zu regieren. Eine **konstitutionelle Monarchie**, wie sie am Schluss der „Glorious Revolution" das **Parlament** 1688/89 in England erzwang, blieb die Ausnahme.

Ludwig XIV. regierte Frankreich von 1661 bis zu seinem Tod 1715 absolutistisch. Außenpolitisch strebte er nach der Vorherrschaft auf dem Kontinent, musste infolge des Spanischen Erbfolgekriegs (1701-1714) jedoch sein **Hegemoniestreben** aufgeben und sich der von England geforderten **Gleichgewichtspolitik** („balance of powers") unterordnen.

Der durch die europäische Expansion geförderte Fernhandel und das Wirtschaftssystem des **Merkantilismus** brachten dem **Bürgertum** Wohlstand und Reichtum. Im Dienste der absolutistischen Monarchen erhielt es Zugang zu einflussreichen Ämtern, die bislang den privilegierten Ständen, dem **Adel** und dem Klerus, vorbehalten waren. Die im Zuge der **Aufklärung** durchlässig werdenden Standesschranken sorgten dafür, dass sich die Besitz- und Machtverhältnisse innerhalb des **Ständewesens** verschoben.

Trotz allen Wandels veränderten sich die Lebens- und Arbeitsbedingungen der Menschen sowie ihre Einbindung in die sozialen Gemeinschaften der Familie, der Dorfgemeinden oder der städtischen Zünfte kaum. Gleichzeitig bildeten sich hier Werte, Normen, Gesellschaftsformen und Institutionen aus, die bis heute fortwirken.

■ Wiederholen Sie Daten und Begriffe des Grundwissens für die Zeit zwischen 1300 und 1750.
■ Schließen Sie von den politischen Entwicklungen auf gesellschaftliche Veränderungen.

Geordnete Verhältnisse – Strukturmerkmale der Ständegesellschaft

Im Januar 1525 treffen sich Bauern aus der Pfarrei Sulzberg bei Kempten (Allgäu) mit dem Stadtschreiber der benachbarten Reichsstadt Kaufbeuren. Die Bauern haben beschlossen, den Fürstabt vor Gericht zu bringen, und daher sammelt der Stadtschreiber nun Beweismaterial für das Verfahren. Solange die Bauern zurückdenken können, gibt es Ärger mit dem Kemptener Fürstabt. Denn dieser zwingt alle Bewohner seines Herrschaftsgebiets durch Drohung, Nötigung und Kerkerhaft, sich als „Eigenleute" dem Kloster zu verschreiben und sich damit um ihre Freiheit oder ihre Erbschaft bringen zu lassen. Einer der Bauern, die dem Stadtschreiber ihre Klage vorbringen, ist Hans Summer. Er ist Leibeigener der Kemptener Fürstabtei, seine Frau hingegen eine freie Bäuerin. Summer berichtet, der Fürstabt habe ihn gefangen nehmen lassen und verlangt, auch seine Frau solle sich mit den Kindern dem Kloster „zu Eigen mit Leib und Gut" verschreiben. Hans Summer ist kein Einzelfall. Das zeigt das Protokollbuch des Kaufbeurer Stadtschreibers. Im Herrschaftsgebiet des Fürstabts sind es mehrere Hundert ähnliche Klagen.

Nur wenige Meter von der Residenz des Fürstabts entfernt öffnet sich eine andere Welt. Wer durch das Klostertor tritt, verlässt den fürstäbtlichen Herrschaftsbereich und betritt die Reichsstadt Kempten. Wer hier lebt – ob als Kaufmann, Zunfthandwerker, Patrizier, Geselle, Dienstbote oder Saisonarbeiter – ist durch das Stadtrecht geschützt und kann im Unterschied zu den leibeigenen Bauern selbst entscheiden, ob er bleiben oder wegziehen will.

Die ständische Gesellschaft Die Gegensätze, die in Kempten aufeinandertrafen, waren typisch für eine Zeit, in der die Geburt die Rechte der Menschen bestimmte. Die Gesellschaft des Spätmittelalters und der Frühen Neuzeit war eine Ständegesellschaft. Sie wies jedem Einzelnen eine Position oder einen Rang zu, einen „Stand". Dieser beruhte auf der Abstammung aus einer gesellschaftlichen Gruppe oder auch auf der Zugehörigkeit zu einem bestimmten Beruf. Vom jeweiligen Stand hingen der soziale Status, die Rechte und Pflichten ab, die jeder Einzelne in der Gesellschaft zu übernehmen hatte.

Die soziale Hierarchie war genau festgelegt (▶ M1): Es galt als gottgewollt, dass es Herrschende und Abhängige gab und dass die Kinder eines Leibeigenen auch leibeigen waren und die Kinder eines Patriziers selbstverständlich zur städtischen Oberschicht gehörten. Geistliche und Adel genossen als erster und zweiter Stand Vorrechte gegenüber allen anderen Gruppen der Gesellschaft. Dazu gehörten die Befreiung von Steuern, ein eigener Gerichtsstand und das Monopol auf hohe Ämter und Einnahmen. Das Stadtbürgertum hatte das Recht zur Ausübung eines bestimmten Gewerbes und die Verwaltungsautonomie. Die Rechte der Bauern bestanden im Nutzungsrecht am Gemeindeeigentum sowie dem Wahlrecht zu den Ämtern der Dorfgemeinde.

Diese Ordnung galt bis an die Schwelle des 19. Jahrhunderts. Sie wurde durch die Ständelehre, die Dreiteilung der Gesellschaft in Adel, Geistlichkeit und Bauernstand, gerechtfertigt, die Theologen im Mittelalter entwickelt hatten. Dabei ist allerdings zu berücksichtigen, dass die Stände weder im Mittelalter noch in der Neuzeit homogene Blöcke waren. In jedem Stand gab es Unterschiede in Bezug auf Rang, Ansehen und Vermögen und im Verlauf der Zeit kamen neue Gruppen hinzu, so etwa das Bürgertum (▶ M2).

Die Geistlichen

Die Geistlichkeit oder auch der Klerus war neben dem Adel einer der beiden „privilegierten", der übrigen Bevölkerung übergeordneten Stände und galt in der Regel als der „erste Stand". Die Angehörigen des katholischen Klerus waren von der Steuerzahlung befreit und unterstanden allein der bischöflichen Gerichtsbarkeit. Pfarrer, Mönche und Nonnen nahmen in der Hierarchie des Klerus die unteren Ränge ein. Sie stammten meist aus bürgerlichen oder bäuerlichen Familien. Bischöfe und Erzbischöfe wurden in der Regel von adligen Familien gestellt. Hohe geistliche Ämter dienten den nachgeborenen Adelssöhnen als standesgemäße Lebensversorgung. Sie waren meist mit weiteren einflussreichen Positionen in der geistlichen oder weltlichen Verwaltung, bei Kaiser und Reich verbunden. Höchstes Ziel der höheren geistlichen Laufbahn war die Wahl zum Bischof und die Erhebung in den Reichsfürstenstand. Vergleichbar war die Herkunft der Äbte und Äbtissinnen. Während die Vorsteher der einfachen, landsässigen Klöster vielfach aus bürgerlichen, selten aus bäuerlichen Familien stammten, blieben die Posten in den bedeutenden Reichsklöstern meist dem Adel vorbehalten.

Bischofskirchen und Klöster herrschten auch über weltliche Territorien. Die geistlichen Landesherren, also die Bischöfe und Äbte, bemühten sich ebenso wie die weltlichen Landesherren, konkurrierende Besitzansprüche auszuräumen und ihre Einflussgebiete zu zusammenhängenden Territorien auszuweiten.

Die evangelischen Landeskirchen boten kaum vergleichbare Positionen und waren daher für den Adel nicht so interessant. Die evangelischen Pfarrhaushalte bildeten ein relativ homogenes Milieu, dessen Angehörige in ihren eigenen Kreisen heirateten. Sie versuchten, die unter Bürgern und Landbevölkerung begehrten Stellen möglichst an ihre Kinder weiterzugeben.

Der Adel

Der Adel bestimmte das politische, soziale und kulturelle Geschehen im Reich. Kennzeichen seiner herausgehobenen Stellung waren seine Abstammung und sein Selbstverständnis, über andere Macht ausüben zu dürfen. Er beanspruchte die führenden Positionen in Staat, Kirche und Gesellschaft für sich. Adlige durften Titel führen, genossen weitgehende Steuerfreiheit und durften nur von Angehörigen des eigenen Standes abgeurteilt werden. In sich war der Adel jedoch stark differenziert. Es gab den reichsunmittelbaren, also direkt Kaiser und Reich unterstehenden, sowie den landsässigen, von einem Landesherrn abhängigen Adel. Der **Kaiser** und die reichsunmittelbaren weltlichen und geistlichen Adligen (**Kurfürsten**, **Herzöge** sowie reichsunmittelbare Grafen, Freiherren und **Ritter**) waren als Angehörige des Hochadels und als Landesherren auf den Reichstagen vertreten. Die Kurfürsten durften sogar den Kaiser wählen. Rang und Bedeutung der Adligen hingen zudem jeweils von ihrer wirtschaftlichen Lage und ihrem Besitz, ihren Ämtern und Privilegien ab. Unabhängig von ihrem Rang verband die Angehörigen des Adels ein verpflichtendes Ethos. Danach gehörten der Kriegsdienst, die Bewirtschaftung der eigenen Güter, die Jagd sowie „Rat und Hilfe" für **König** oder Landesfürsten zu ihren vornehmsten Tätigkeiten. Den Lebensunterhalt mit Arbeit zu verdienen, galt als unehrenhaft. Den Landesfürsten gelang es im 14. und 15. Jahrhundert, ihre Einflussbereiche durch Eheschließungen, Erbschaften, Kauf, Tausch und Kriege zu zusammenhängenden Territorien auszubauen. Damit gerieten viele Adlige unter ihre Herrschaft und wurden „landsässig".

▲ **Ständebaum.**
Zeichnerische Wiedergabe des Holzschnitts eines unbekannten Meisters aus der ersten deutschen Ausgabe von Francesco Petrarcas „De remediis utriusque fortunae" (Von den Heilmitteln gegen Glück und Unglück) von 1532.
Eine Deutung besagt, das Bild offenbare unter dem Eindruck des deutschen Bauernkriegs (siehe S. 13) eine revolutionäre Gesinnung. Eine andere Auslegung bietet der dazugehörige Text. Es ist ein Dialog zwischen der „Freude", die sich ihres adligen Standes rühmt, und der „Vernunft", die ihr erwidert, Adelsstand und Besitz seien vergänglich.

- Analysieren Sie das Bild. Welche Vorstellungen einer Gesellschaft werden erkennbar?
- Vergleichen Sie mit der Abbildung auf S. 17 und bestimmen Sie Gemeinsamkeiten und Unterschiede. Prüfen Sie, welches Modell eher der Realität entspricht. Erläutern Sie jeweils den Standpunkt des Malers.

Reichsritter: aus der Ministerialität, den ursprünglich unfreien Dienstmannen der Könige, hervorgegangene reichsunmittelbare Adlige

Auch die **Reichsritter** mussten sich gegen die Zugriffe der Territorialherren wehren. Neben politischer Autonomie hatten die Ritter durch die veränderte Kriegsführung mit Feuerwaffen und Söldnerheeren ihre Funktion im Kampf verloren. Viele Familien verarmten. Als Ausgleich für den Verlust der Selbstständigkeit boten die Landesherren ihren Standesgenossen attraktive Aufgaben im Militär, in der Verwaltung und den vielen Hofämtern an den Fürstenhöfen und Residenzen. Diese entwickelten sich zwischen dem 16. und ausgehenden 18. Jahrhundert zu politischen, kulturellen und wirtschaftlichen Zentren. Der höfische Lebensstil wurde im absolutistischen Zeitalter zur Leitkultur des Adels und des reichen Bürgertums. Mit seinen prunkvollen Festen, Banketten und Jagdgesellschaften, dem Hofzeremoniell und einer festen Rangordnung galt er als Zeichen fürstlicher Größe und verlieh auch demjenigen Glanz und Ansehen, der dort eine Stellung einnahm. Bürgerliche, die sich durch besondere Dienste auszeichneten, wurden von Kaisern und Fürsten in den Adelsstand erhoben (Nobilitierung). Die Landesherren konnten sich so eine loyale Elite heranziehen und diese dem alten Adel entgegensetzen.

Fundament der Ständegesellschaft: die Grundherrschaft Der größte Teil des Grundbesitzes befand sich in der Hand des Königs, von Adligen, Bischöfen oder Klöstern. Sie alle übertrugen Teile ihres Landes Bauern ohne eigenen Grundbesitz, den Hörigen oder Grundholden, zur Nutzung und stellten den Hof mit den notwendigen Geräten zur Verfügung. Dafür beanspruchten sie nicht nur Abgaben aus den Erträgen. Vielmehr mussten die Bauern für den Herrenhof (Fronhof) unterschiedliche Frondienste (in Bayern auch „Scharwerk" genannt) leisten oder Zugvieh und Geschirr bereitstellen (Hand- und Spanndienste). Darüber hinaus übte der Grundherr auf seinem Land die Aufsicht aus und besaß das Recht, bei Strafe zu gebieten und zu verbieten. Zudem war er Gerichtsherr über die von ihm abhängige bäuerliche Bevölkerung. Im Gegenzug hatte er den Hörigen und Grundholden Schutz und Sicherheit zu gewähren.

Zu den Abgaben und Diensten für die Überlassung des Landes konnten Buß- und Gerichtsgelder hinzukommen, außerdem Abgaben an die Kirche. Die bäuerliche Bevölkerung musste also viele Ansprüche erfüllen, die sich auf mehrere „Herren" verteilen konnten, wenn die Grundherrschaften wie in Franken oder Schwaben zersplittert waren (▶ M3, M4). All diese Forderungen waren nicht immer schriftlich festgehalten, sondern mündlich überliefert und gewohnheitsrechtlich festgelegt.

Die **Grundherrschaft** prägte die Gesellschaft auf dem Land vom frühen Mittelalter bis ins späte 18. Jahrhundert. Mehr als drei Viertel der Bevölkerung der vorindustriellen Zeit gehörten ihr an. Der Begriff stammt allerdings nicht aus der Zeit selbst; erst die moderne Geschichtswissenschaft bezeichnet damit die Verfügungsgewalt über Grund und Boden mit den darauf lebenden Menschen – die „Herrschaft über Land und Leute".

Herrschaft und Freiheit auf dem Land Die Untertanen standen in unterschiedlicher Abhängigkeit zum Grundherrn. Diese reichte vom bloßen Pachtverhältnis bis zur Leibeigenschaft. Neben hörigen Bauern, die das vom Grundherrn geliehene Land unter den festgelegten Bedingungen selbstständig bewirtschafteten, gab es das unfreie Gesinde. Es arbeitete in persönlicher Abhängigkeit als Leibeigene auf dem Herrenhof und dem umliegenden Land. Leibeigene durften ohne Genehmigung ihres Herrn weder heiraten noch wegziehen. Wenn es einem Leibeigenen gelang, das Territorium einer Stadt zu erreichen und dort dauerhaft Aufnahme zu finden, entkam er der Rechtsprechung des Grundherrn. Der Abhängigkeitsgrad bestimmte Art und Umfang der Frondienste. Ein unfreier Bauer musste gewöhnlich mehr leisten als ein freier Bauer. Die meisten Bauern waren „Eigenleute" ihres Herrn, besaßen aber abgestufte Rechte. Persönlich freie Bauern gab es nur wenige.

Das Verhältnis zwischen Grundherren und Bauern war zwar durch Ungleichheit und Abhängigkeit gekennzeichnet, doch rechtlos waren die Bauern nicht. Es ist vielfach belegt, dass die Bauern Widerstand leisteten, wenn sie ihre „alten" Rechte, die durch ihre Generationen übergreifende Dauer als unumstößlich galten, durch Landes- und Grundherren bedroht sahen. Im 15. und 16. Jahrhundert erhoben sich immer wieder Bauern in verschiedenen Regionen gegen ihre Obrigkeiten. Sie verweigerten Dienste und Abgaben und rotteten sich zu bewaffneten „Haufen" zusammen. Im Bauernkrieg von 1524 bis 1526, der größten Erhebung der Bauern in Europa, wurde die ständische Ordnung teilweise grundsätzlich infrage gestellt. Die Aufstände wurden niedergeschlagen, jedoch machte die Obrigkeit den Bauern vielfach Zugeständnisse, da die Grundherren ein Interesse daran hatten, die Arbeitskräfte auf dem Land zu halten.

Bauernkrieg: 1524/25 weiteten sich Unruhen zum „Bauernkrieg" aus. Ursachen waren die schlechten Lebens- und Arbeitsbedingungen der Bauern und städtischen Unterschichten. Sie beriefen sich auf Luthers Lehre. Dieser aber sah die öffentliche Ordnung gefährdet und stellte sich auf die Seite der Obrigkeit. Söldnerheere schlugen die regionalen Aufstände nieder.

Die städtische Gesellschaft Die Städte und Märkte standen der adlig- und kirchlich-bäuerlichen Welt auf dem Land gegenüber. Die Städter unterstanden keinem Grundherrn, genossen in der Regel das Recht der Freizügigkeit, durften Besitz frei erwerben und darüber verfügen. Davon profitierten auch die Frauen, die in zahlreichen Städten den Männern rechtlich gleichgestellt waren, von politischen oder kirchlichen Ämtern allerdings ausgeschlossen blieben. Adlige und Geistliche, die in der Stadt lebten, fielen allerdings nicht unter das Stadtrecht und behielten ihren besonderen Rechtsstatus.

Vollgültiges Mitglied der Stadtgemeinschaft war nur, wer das Bürgerrecht besaß. Dieses erhielt, wer einen eigenen Hausstand, einen Handwerksbetrieb oder ein Geschäft nachweisen und ein Aufnahmegeld zahlen konnte. Mit dem Bürgereid übernahm der Bürger finanzielle und militärische Pflichten, genoss dafür aber den Schutz der Stadt, durfte sich am politischen Leben beteiligen und die Fürsorge der Gemeinde beanspruchen.

Es war ein großer Unterschied, in welcher Stadt man Bürger war. „Stadt" – das konnte eine kleine Landstadt, eine Residenz-, Universitäts- oder Bischofsstadt, eine Handelsstadt oder eine Reichsstadt sein. Die Sozialstruktur war von Stadt zu Stadt unterschiedlich. Allgemein bildete aber das Patriziat die städtische Oberschicht. Ansehen und Machtstellung dieser gesellschaftlich und politisch führenden „Geschlechter" beruhten auf ihrem durch Fernhandel und Geldgeschäfte erworbenen Reichtum und ihrer Abstammung von ehemaligen Amtsträgern des Stadtherrn, dem Landadel sowie reichen Fernkaufleuten oder Bankiers. Im Spätmittelalter erkämpften sich in einigen Städten die Handwerkerzünfte in zum Teil blutigen Verfassungskämpfen eine Beteiligung am Stadtregiment; in Augsburg, Nürnberg, Frankfurt und in der Mehrzahl der süddeutschen Städte konnte sich das Patriziat jedoch als politisch tonangebende Schicht behaupten. Ebenfalls zur Oberschicht gehörten die übrigen reichen Stadtbewohner, oft Kaufmannsfamilien, aber auch hohe Beamte oder Gelehrte.

Zwischen 40 und 60 Prozent der Stadtbewohner besaßen keine oder nicht die vollen Bürgerrechte. Dazu gehörten auch die Unterschichten: Handwerksgesellen, Kaufmannsgehilfen und Lehrlinge, Knechte,

▲ **Einzug der sechs Handwerkervertreter in den Augsburger Rat 1368.**
Miniaturmalerei von Jörg Breu d. J. in der Zweitausfertigung des „Konsulatsbuchs" von Clemens Jäger, Augsburg, 1546. Der Schuster Clemens Jäger war selbst Ratsmitglied und seit 1541 Ratsarchivar. Er verfasste zwei Handschriften zur Geschichte des Augsburger Rates und der Stadtverfassung. Darin wird auch der gegen das patrizische Ratsregiment gerichtete Aufstand der Zünfte im Jahre 1368 beschrieben, mit dem diese die Aufnahme in den Rat und eine zünftische Verfassung erreichten. Die Überschrift des Bildes lautet: Der sechs gesante(n) erwerbung des zunftliche(n) Regime(n)ts.

Mägde und Dienstboten, Tagelöhner sowie Arme, Kranke, Bettler und die Angehörigen der Randgruppen. Letztere besaßen einen eingeschränkten Rechtsschutz, erhielten kein christliches Begräbnis und konnten jederzeit aus der Stadt gewiesen werden. Eine Sonderstellung nahmen auch die Juden ein.*

Die von Kaufleuten und Zunftbürgern geprägte städtische Struktur galt nicht für Residenzstädte wie Würzburg oder München, die im 17. und 18. Jahrhundert immer mehr an Bedeutung gewannen. Hier gaben der Hof, seine Beamten und das Militär den Ton an – auch wenn sie kein Bürgerrecht besaßen. Zugleich änderte sich die Bedeutung des Bürgerbegriffs: Dieser war immer weniger an das Bürgerrecht und den Rechtsstatus des bürgerlichen Standes gebunden. Er wurde vielmehr von der durch Bildung und „bürgerliche" Werte, etwa durch Arbeit erworbenes Vermögen, gekennzeichneten Schicht der Beamten, Professoren, Ärzte, Bankiers oder Verleger geprägt.

Selbstbewusstsein durch Abgrenzung Der Platz des Einzelnen in der Gesellschaft war zwar durch die Zugehörigkeit zu einem Stand bestimmt – gesichert war er dadurch jedoch nicht. Die öffentliche Wertschätzung einer Person und ihr sozialer Status hingen nicht allein von Herkunft und Vermögen ab, sondern waren vor allem durch Ehre und soziales Prestige bestimmt. Davon besaß der Adlige mehr als der Bürger und der wiederum mehr als der Bauer. Da die Ehre einer Person von der Beachtung anderer abhing, musste das, was man war, durch angemessenes Verhalten und einen standesgemäßen Lebensstil öffentlich gezeigt werden. Je höher der Rang, desto höher hatte der Aufwand bei der Größe und Ausstattung der Häuser, bei Festen, Kleidung und Schmuck oder der Zahl der Bediensteten zu sein. Wie wichtig es war, seine Position immer wieder zu sichern, zeigen die Kämpfe um die Rangordnungen, die Sitzordnung in der Ratsstube und im Kirchengestühl sowie die Prozessionsfolge bei Empfängen oder Begräbnissen.

Die soziale Rangordnung spiegelte sich in den von der Obrigkeit erlassenen Kleiderordnungen**. Diese legten genau fest, welche Kleidung für welchen Stand oder Rang angemessen war. Um den eigenen Stand zu sichern, waren die Menschen besonders darauf bedacht, sich „nach unten" abzugrenzen. Wichtigstes Mittel zur Abgrenzung war

* ausführlich dazu S. 15 f.
** siehe den Methoden-Baustein auf S. 21-23

▶ **Augsburger Geschlechtertanz.** *Ölgemälde eines unbekannten Künstlers, Augsburg um 1560. Tanzfeste waren bei den Patriziern der süddeutschen Städte gesellschaftliche Ereignisse ersten Ranges und Heiratsmarkt für die abgeschlossenen Führungsschichten. Die Darstellung zeigt alle 54 der am oberen Rand mit Namen und Wappen aufgeführten Familien, die bis zur Mitte des 16. Jahrhunderts in das Augsburger Patriziat aufgenommen wurden.*

die „standesgemäße Heirat", auf die nicht nur Adel und Patriziat, sondern auch Kaufleute, Handwerker und Bauern Wert legten. Damit grenzte man sich von Menschen aus den unteren Schichten und Randgruppen von vornherein ab.

Am Rande der Gesellschaft Alle ständischen Gruppen, selbst die Unterschichten, grenzten sich von den Randgruppen ab. Zu diesen gehörten jene Minderheiten, die nicht den gesellschaftlichen Normen entsprachen: Gauner und Räuber, Bettler und Vaganten sowie „unehrliche Leute". Als „unehrlich" galt, wer nur über ein geringes Maß oder gar keine „Ehre" verfügte, weil er unehelich geboren war oder einer „unehrenhaften" Arbeit nachging. Dies galt vor allem für Henker, Abdecker und Totengräber, die täglich mit Leichen und Aas umgehen mussten, Bader, Barbiere und Chirurgen, Dirnen und Hurenwirte, aber in manchen Gegenden auch für Müller, Zöllner und Kesselflicker sowie die „schmutzigen" Berufe der Gassen- und Schornsteinfeger.

Wer einen unehrlichen Beruf ausübte, musste nicht arm sein. So konnte ein Henker oder ein Müller sogar zu Wohlstand gelangen. Aus- und Abgrenzung sowie der Ausschluss der „unehrlichen Leute" von allen „ehrlichen Berufen", öffentlichen Ämtern und meist auch dem Bürgerrecht führten jedoch häufig zum Abstieg in das Milieu der Kriminellen oder der Vaganten.

Auch das „fahrende Volk" der Gaukler, Schausteller und Akrobaten war mit dem Makel der Unehrlichkeit behaftet. Nichtsesshaftigkeit und Vagantentum wurden als unchristlicher Müßiggang und Quelle von Bettelei und Kriminalität angesehen und von den Obrigkeiten zunehmend bekämpft. Davon waren besonders die Sinti und Roma („Zigeuner") betroffen, die zu Beginn des 15. Jahrhunderts nach Westeuropa gekommen waren und bald auf Abwehr stießen. Ausschlaggebend dafür mögen die Fremdartigkeit von Aussehen, Sprache, Kultur und nomadischer Lebensweise gewesen sein, die bei der sesshaften Bevölkerung das negative Bild von den „Zigeunern" als den unheimlichen Fremden erzeugte. Von der Obrigkeit den Gaunern und Vaganten zugerechnet, wurden sie jahrhundertelang als „herrenloses Gesindel" verfolgt und ausgegrenzt.

Die Stellung der Juden in der Frühen Neuzeit Ausgrenzung und Verfolgung kennzeichneten auch die Geschichte der Juden. Religiöse Vorurteile und falsche Beschuldigungen wegen Ritualmorden, Hostienschändungen und Brunnenvergiftung lösten seit der Zeit der **Kreuzzüge** und besonders in Krisenzeiten zahlreiche Ausschreitungen gegen Juden als Andersgläubige und angebliche „Christusmörder" aus. Hinzu kamen wirtschaftliche Motive wegen des „Judenwuchers" im Kredit- und Pfandgeschäft, in dem viele Juden arbeiteten, da sie von Ämtern, Gilden, Zünften, Schulen und Universitäten ausgeschlossen waren. Gegen hohe Abgaben übernahm die Obrigkeit zwar den Judenschutz, doch an ihrer gesellschaftlicher Stellung änderte das wenig. Oft genug erfolgten Vertreibungen und Pogrome mit Zustimmung der für den Judenschutz Verantwortlichen.

Als Kreditgeber und Einnahmequelle blieben die Juden unverzichtbar. Deshalb durften sie sich nach den Verfolgungen in vielen Orten erneut niederlassen. Seit dem 15. Jahrhundert wurde die jüdische Bevölkerung in mehreren Wellen aus Reichsstädten und Territorien ausgewiesen. Am Ende des 16. Jahrhunderts gab es größere Judengemeinden nur noch in Prag, Worms, Friedberg (Hessen) und Frankfurt am Main (▶ M5). Wo man auf die Ausweisung verzichtete, wurden die Juden in **Ghettos** oder verschließbare Judengassen abgedrängt. Sie mussten hohe „Schutzgelder" und andere Abgaben zahlen. „Judenordnungen" schränkten das Leben weiter ein. Vor allem das seit 1530 vorgeschriebene Tragen des „gelben Flecks"* stigmatisierte die Juden öffentlich.

> „Zigeuner": herabsetzende Fremdbezeichnung für die vor ca. 1000 Jahren aus Nordwestindien ausgewanderten Volksgruppen, die sich als „Sinti" (von der indischen Region Sindh) und „Roma" (von „Rom" = Mann, Ehemann, Mensch; für die Gruppen südosteuropäischer Herkunft gebrauchter Name) bezeichnen. Entgegen aller Vorurteile: Die Mehrheit der Sinti und Roma war und ist sesshaft.

* siehe dazu S. 22

Nach der Vertreibung aus den Städten entstand in kleinen Landgemeinden ein Landjudentum. Seine Schwerpunkte lagen in den kleinen Territorialstaaten Südwestdeutschlands einschließlich des heutigen Bayerisch-Schwaben, und dort vor allem in den Gebieten, in denen die Habsburger Kaiser den Juden Reichsschutz gewährten. Da ihnen nahezu alle Berufe versperrt waren, verdienten viele Landjuden ihren Lebensunterhalt im Klein- und Zwischenhandel mit Vieh, Getreide und Hopfen, als Hausierer mit Stoffen und Kleidung aus städtischen Manufakturen oder sie zogen als Trödel- und Betteljuden durch die Lande.

Einigen wenigen Juden gelang es im 17. und 18. Jahrhundert, als Bankiers und Finanziers an den Fürstenhöfen Ansehen zu erwerben. Im Zeitalter der Aufklärung bildete sich eine jüdische Elite heraus, die den Grundstein für den geistigen, später auch gesellschaftlichen Aufstieg des Judentums legte. Sie forderte die Anerkennung als gleichberechtigte Staatsbürger. Erst mit den um 1800 einsetzenden Reformen wurde dieses Ziel allmählich verwirklicht.*

▲ **Jüdische Wanderspielleute (Klezmer).**
Zeichnung von Hans Bol, um 1560.

	1500	1800
Adel (herrschender Stand)	1–2 %	1 %
Bürger (Stadtbewohner)	20 %	24 %
Bauern (Landbewohner)	80 %	75 %
davon: Hofbesitzer	60 %	35 %
Landarme und besitzlose Familien	20 %	40 %

▲ **Verteilung der Stände in Deutschland um 1500 und 1800.**
Paul Münch, Lebensformen in der Frühen Neuzeit 1500 bis 1800, Berlin 1992, S. 77

Möglichkeiten und Grenzen sozialen Aufstiegs Trotz vieler unveränderlicher Merkmale, Werte und Normen war die Ständeordnung in der Frühen Neuzeit auch durch sozialen Wandel geprägt: Die traditionellen Geburts- und Berufsstände differenzierten sich aus, neue soziale Gruppen stiegen auf, alte Eliten ab. Die meisten Menschen blieben zwar in dem Stand, in den sie hineingeboren waren, ein sozialer Aufstieg war jedoch in wenigen Fällen durch Vermögen, Bildung und – bei Frauen fast ausschließlich – über Heirat möglich.

In den Kirchen boten sich die besten Möglichkeiten, die Standesschranken zu überwinden. Wie der Adel waren das Bürgertum und wohlhabende Bauern darauf bedacht, ihren Söhnen angesehene geistliche Ämter und Einnahmen (Pfründe) zu sichern. Manchmal gelang auch ein Aufstieg aus einfachen Verhältnissen, wenn ein Verwandter, Pate oder Freund der Familie dem Schützling zunächst Schule und Studium finanzierte und ihm danach durch gezielte Fürsprache (Patronage) zu einer Pfarrerstelle oder einer Position als Abt oder Äbtissin eines Klosters verhalf.

In den Städten war ein sozialer Aufstieg nur in den von den Zünften gesetzten Grenzen möglich, so der Sprung vom Handwerksgesellen zum Meister durch die Heirat einer Meisterwitwe. Vielfach schafften es Familien über ein oder zwei Generationen, sich mit erfolgreichem Handel ein Vermögen zu erarbeiten und durch Einheirat in das Patriziat aufgenommen zu werden. Patrizische Familien wiederum bemühten sich durch den Erwerb von Grundbesitz um die Aufnahme in die landsässigen Adelsfamilien. In seltenen Fällen, wie bei der Augsburger Unternehmerfamilie Fugger, gelang sogar der Aufstieg in den Fürstenstand.

In der Frühen Neuzeit gewannen vor allem Bildung und akademische Abschlüsse als Aufstiegsfaktoren an Bedeutung. Seit dem 15. Jahrhundert konnten in den wachsenden städtischen und landesherrlichen Verwaltungen, den Universitäten, dem Militär und in den Reichsinstitutionen Juristen und andere akademisch Gebildete aus dem Stadtbürgertum in hohe Positionen aufsteigen, als qualifizierte Beamte im Fürstendienst sogar den begehrten Adelsbrief erhalten. Spätestens seit dem 17. Jahrhundert kam der Doktorgrad einem Adelstitel gleich. Nun gelangten Gelehrte an die Spitze der Gesellschaft. Am Ende des 18. Jahrhunderts überdeckte das bürgerliche Leistungsethos die traditionellen Leitbilder, die den Führungsanspruch des Adels begründet hatten.

---

* siehe dazu S. 56 ff.

▶ „Die drei Stände der Christenheit."
Gemälde von Bartholomäus Bruyn d.Ä., um 1530/1540.
■ *Bestimmen Sie die Personen und ordnen Sie diese den Ständen zu. Welche Rolle nehmen sie in der Gesellschaft ein? Welche Gruppen fehlen?*

M1 „Gott hats ausgetheilt"

Der bayerische Wallfahrtspriester Christoph Selhamer wird durch seine wortgewaltigen und einfallsreichen Predigten bekannt, die das Leben des Volkes farbig schildern. 1703 beschreibt er Wesen und Aufgabe der einzelnen Stände:

Gott hats schon recht ausgetheilt. Er hat einem jeden Menschen sein gewisse Stell und Handthierung verordnet, die ein jeder fleissig behaupten soll. Großen Herrschafften hat er Sinn und Verstand, Gewalt und Oberhand, Schwerdt und
5 Scepter geben, daß sie Land und Leuth weißlich und vorsichtig regieren sollen. Denen Geistlichen hat er Fried und Lieb, Andacht und Gottesfurcht, nüchteren und keuschen Lebens-Wandel, Seeleifer und inbrünstiges Gebett aufgetragen, so sie für alle andere insgesambt ordentlich verrichten sollen.
10 Den Soldaten hat er Muth und Hertz, langwierige Gesundheit und starcke Kräfften, Gehorsam und Gedult ertheilt, daß sie im Feld mit dem Feind keck herumschlagen, alle ihre Landsleuth von allen feindseeligen Einfall beschützen, den lieben fried ins Land bringen und darin erhalten sollen. Den
15 Bauren aber [...] hat er frisch und gesunds Leben, Muth und Krafft zur steten Arbeit verschafft, daß sie durch ihren Feldbau und Viehzucht sich und alle andere ernähren und erhalten sollen. Also laut der Weid-Spruch: Tu rege, tuque protege, tuque labora. Du regier, und du bleib beym Brevier, Du streit,
20 und der bleib bey der Arbeit. Eben darum seyd ihr Bauern höchlich zu rühmen, und in hohen Werth zu halten, weil ihr alle andere mit dem liebseeligen Brot versehen solt.

Der protestantische Theologe Erasmus Alber verfasst 1530 ein Gedicht über die Stände:

Fein ordentlich hat Gott die Welt
mit dreien Ständen wohl bestellt:
25 Ein Stand muss lehrn, der andre nähren,
der dritt muss bösen Buben wehren.
Der erst Stand heißt die Priesterschaft,
der zweit Stand heißt die Bauernschaft,
der dritt, das ist die Obrigkeit.
30 Ein jeder Stand hat sein Bescheid[1].

[1] Einsicht, Erfahrung (Bescheid wissen)

Und keiner sei so unverschampt,
dass er dem andern greif ins Amt,
kein Stand den anderen veracht,
Gott hat sie alle drei gemacht.
Und lebten wir in solcher Weis, 35
wir hätten hier das Paradeis.
Doch wer will gut sein hier auf Erden?
Nach dieser Welt wird's besser werden.

Erster Text: Christoph Selhamer, Tuba Rustica. Das ist: Neue Geist-Predigen (1703), zitiert nach: Richard van Dülmen, Kultur und Alltag in der Frühen Neuzeit, Bd. 2, München 1992, S. 179
Zweiter Text: Detlef Plöse und Günter Vogler (Hrsg.), Buch der Reformation. Eine Auswahl zeitgenössischer Zeugnisse (1476 -1555), Berlin 1989, S. 53

1. *Arbeiten Sie heraus, wie Selhamer und Alber die Gesellschaft gliedern. Welche Aufgaben werden den Ständen zugewiesen? Wie wird diese Verteilung gerechtfertigt?*
2. *Erläutern Sie die Ziele und Funktionen, die nach Meinung der Verfasser eine solche Gesellschaftsordnung zu erfüllen hat.*
3. *Vergleichen Sie die Texte und analysieren Sie, welche Sicht einer Gesellschaft und einer Weltordnung jeweils deutlich werden. Schließen Sie aus der Art der Darstellung auf die Haltung der Verfasser.*

M2 Über die Sitten der bayerischen Bevölkerung

Der humanistische Fürstenerzieher und Hofhistoriograf Johann Georg Turmair, der sich nach dem latinisierten Namen seiner Geburtsstadt Abensberg „Johannes Aventinus" nennt, gilt als der erste bayerische Geschichtsschreiber. Im Auftrag der Herzöge von Bayern verfasst er zwischen 1519 und 1521 die „Annales ducum Boioariae", eine Darstellung der bayerischen Geschichte, die er bis 1533 in deutscher Übersetzung zur „Bairischen Chronik" erweitert. Darin beschreibt er das „baierische Volk":

Das baierische Volk ist kirchlich, schlecht und recht, geht und läuft gerne wallfahrten, hat auch viele kirchliche Aufzüge; legt sich mehr auf den Ackerbau und die Viehzucht als auf den Krieg, dem es nit sehr nachläuft; bleibt gerne daheim
5 und zieht nicht viel zu Feld in fremde Länder; trinkt sehr, macht viel Kinder; ist etwas unfreundlicher und eigensinniger, wie es geht bei Leuten, die nit viel hinauskommen, gern daheim alt werden, wenig Handel treiben und fremde Länder und Gegenden heimsuchen; sie achten die Kaufmannschaft
10 nit, es kommen auch die Kaufleute nit viel zu ihnen. Und im ganzen Baierland sind dreierlei Stände, die da zu Ehren und zur Verwaltung von Land und Leuten gebraucht werden. Der gemeine Mann, der auf dem Lande sitzt, gibt sich mit Ackerbau und Viehzucht ab, liegt dem allein ob, darf sich nichts
15 ohne Geheiß der Obrigkeit unterstehen, wird auch in keinen Rat genommen oder in die Landschaft[1] berufen. Doch ist er sonst frei, mag auch freies, lediges, eigenes Gut haben, dient seinem Herrn, der sonst keine Gewalt über ihn hat, mit jährlicher Gült, Zins und Scharwerk[2], tut sonst, was er will, sitzt
20 Tag und Nacht bei dem Wein, schreit, singt, tanzt, kartet, spielt, mag Wehr tragen, Schweinsspieß und lange Messer. [...] Die von den Ständen sind Prälaten, Adel, Bürger. Prälaten haben große, mächtige, reiche Gotteshäuser, sollten Tag und Nacht zu bestimmter Zeit des Gottesdienstes mitsamt ihren
25 geistlichen Brüdern warten, Gott und seine Heiligen loben und ihnen danken und für die Fürsten, die solche Klöster, Pfründen[3] und Stifte gestiftet haben, bitten. Man will wissen, sie seien reicher und vermöchten mehr denn die andern zwei Stände, man gibt ihnen mehr Geld und Gut als den andern
30 zwei Ständen mitsamt den Fürsten und hält sie für mächtiger. Der Adel wohnt auf dem Land außerhalb der Städte, vertreibt seine Zeit mit Hatzen und Jagen; sie reiten nit zu Hof, außer wer Dienst und Sold hat. Die Bürger regieren ihre Städte und Märkte selbst, sind Handwerksleute, Wirte, Bauern, etliche Krämer, Pfragner[4] oder Furkäufler[5], die armen
35 Tagwerker und Taglöhner. Ganz wenige haben ein Auskommen von ihren Gülten[6] und Zinsen und jährlichem Einkommen oder Ertrag und werden „die von dem Geschlecht" genannt. Es sind auch wenige Kaufleute, die großen Handel führen. Die Fürsten haben volle Gewalt, in allen Dingen, so
40 Land und Leute betreffen, zu handeln, es sei denn, dass man Krieg führen muss; oder Steuer und dergleichen anlegen soll oder Zwietracht und Uneinigkeit zwischen den Herren erwachsen und erstanden ist. Wenn dergleichen große, seltsame, ungewöhnliche Sachen vorfallen, werden die Stände
45 alle drei an einen bestimmten Ort auf einen ausgeschriebenen Tag in eine Landschaft zusammengefordert; ein jeglicher von den Prälaten und dem Adel erscheint für sich selber, die Bürger und Städte schicken einen oder zwei aus ihnen; allda wird ein Ausschuss gemacht und erwählt, der Macht und
50 Gewalt hat zu handeln [...].

Georg Leidinger (Hrsg.), Johannes Aventinus. Bairische Chronik. Mit einer Einleitung von Gerald Deckart, Neuausgabe Düsseldorf/Köln 1975, S. 10 f.

1. Arbeiten Sie aus Aventinus' Darstellung den ständischen Gesellschaftsaufbau heraus. Skizzieren Sie, was für ihn jeweils die Zugehörigkeit zu einem „Stand" ausmacht.
2. Klären Sie Aventinus' Verständnis des „gemeinen Mannes". Zeigen Sie, welche gesellschaftliche und rechtliche Stellung diese Gruppe kennzeichnet.
3. Erläutern Sie, wie die einzelnen Stände charakterisiert werden, besonders die Landbevölkerung und die Geistlichkeit. Inwiefern lässt sich daraus auf die Einstellung und das Selbstverständnis des Verfassers schließen?
4. Verdeutlichen Sie aus dem Text den Begriff der „Landschaft". Bestimmen Sie deren Funktion.
5. Vergleichen Sie die Darstellung von Aventinus mit den „Gesellschaftsmodellen" in M1. Entscheiden Sie, welcher Beschreibung Aventinus eher zugestimmt hätte.

---

[1] Landstand
[2] bayerische Bezeichnung für Hand- und Spanndienste; vgl. dazu S. 12
[3] Einnahmen oder Unterhalt aus einem Kirchenamt; vgl. S. 16
[4] Kleinhändler mit Lebensmitteln
[5] im 16. Jahrhundert solche Zwischenhändler, die durch Spezialisierung auf Waren des knappen Angebots eine Art Vertriebsmonopol zu ihren Gunsten in einer bestimmten Region schufen
[6] Sacheinkünfte bzw. -abgaben

Geordnete Verhältnisse – Strukturmerkmale der Ständegesellschaft

M3 Grundherrschaften im Amt Feuchtwangen[1] Anfang des 18. Jahrhunderts

Flurplan der Gemarkungen[2] Steinbach, Charhof und Aichamühle:

M4 Leibeigenschaftsverhältnisse im Ottobeurer Klosterstaat 1548

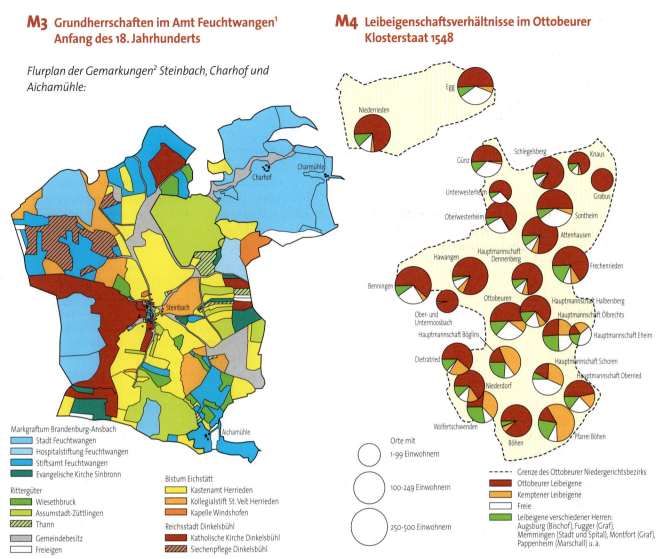

Nach: Geschichte lernen Heft 59 (1997), S. 15

Nach: Peter Blickle, Revolution 1525, München 1981, S. 85

1. Erläutern Sie, was in der Karte wie dargestellt wird. Welche Probleme werden deutlich?
2. Arbeiten Sie die Besitzverhältnisse des Raumes heraus.
3. Begründen Sie, welche Herrschafts- und Abhängigkeitsverhältnisse sich erschließen lassen.

1. Vergleichen Sie die Karte mit M3. Erläutern Sie, wie hier Herrschafts- und Besitzverhältnisse dargestellt werden und wie sich diese verteilen.
2. Erschließen Sie aus der Karte, welche Ziele die Grundherren gehabt haben mögen.

---

[1] Verwaltungsbezirk der Markgrafschaft Ansbach-Bayreuth
[2] die zu einer Gemeinde oder einem Ort gehörigen Flur- bzw. Grundstücke

M5 Frankfurter „Judenstättigkeit"

Im August 1614 werden die Frankfurter Juden während des vom Lebkuchenbäcker und Zunftmeister Vincenz Fettmilch angeführten „Fettmilch-Aufstandes" aus der Stadt vertrieben, sie können jedoch nach der Niederschlagung der Revolte unter kaiserlichem Schutz zurückkehren. Die 1617 vom Kaiser bestätigte „Judenstättigkeit" des Frankfurter Rates gesteht den Juden erstmals ein dauerhaftes Aufenthaltsrecht in der Stadt zu. Es ist an folgende Regeln gebunden:

Die Juden sollen sich bei Nacht, auch an den Sonntagen und anderen hochzeitlichen Festen der Christen in der Judengasse aufhalten und in der Stadt nicht finden lassen. Dazu dies große Tor, hinten und vornen an der Judengasse alsdann
5 schließen und zuhalten und weiter nicht denn die kleinen Türlein öffnen.
Und sollen die Juden an den Sonn- und Feiertagen keinen Handel treiben. [...]
Item [Ferner] soll den Juden auf dem Markt oder in der Stadt
10 öffentlich ohne Erlaubnis keine Läden oder Kramstand zu halten gestattet, jedoch ihnen unbenommen sein, ihre Feilschaft durch die Stadt und Gasse ungehindert zu tragen und zu verkaufen.
Wenn es demnach durch Eines Ehrbaren Rats Befehl vor die-
15 sem beschlossen gewesen ist, dass man, wann sich ein fremder Jud oder Jüdin mit eines Juden Tochter oder Sohn zu Frankfurt verheiratet und er in die Stättigkeit aufgenommen worden ist, von den fremden Juden oder Jüdinnen zwölf Goldgulden fordern oder nehmen solle, so ist solches nun-
20 mehr auf fünfundzwanzig Goldgulden erhöht worden. [...]
Dieweil allbereit fünfhundert und etliche dreißig in die Stättigkeit zu Frankfurt eingeschrieben, dass fernerhin die Zahl über fünfhundert Hausgesäß nicht mehr sein, noch des Ends geduldet werden sollen.
25 Zum andern, dass künftig über sechs fremde Personen jährlich nicht zur Stättigkeit aufgenommen noch zugelassen werden sollen. [...]
Ferner, unter den eingeborenen Juden soll jährlich über zwölf Paar zu verheiraten nicht verstattet werden.
Ferner, dieweil bei den Juden viel überflüssiges Gesind bisher
30 bemerkt worden, so soll fürderhin diese Ordnung unter ihnen gehalten werden, dass einem über eine Magd und einen Knecht, der Zahl nach zu halten, nicht erlaubt werde.
Zum Beschluss sollen die Bürger, wie auch die Handwerksgesellen bei den Eidespflichtigen, damit sie der Kais. Maj.
35 sodann Herren Bürgermeistern und Rat verwandt sein, schuldig sein, die gemeine Judenschaft samt oder sonders in- oder außerhalb der Gassen unmolestieret[1] und unbeleidigt verbleiben zu lassen.

Michael Wolffsohn und Uwe Puschner, Geschichte der Juden in Deutschland. Quellen und Kontroversen. Ein Arbeitsbuch für die Oberstufe des Gymnasiums, München 1992, S. 50f.

1. Arbeiten Sie heraus, welche Folgen die „Judenstättigkeit" für die Lebensbedingungen der Juden sowie ihre rechtliche und wirtschaftliche Stellung hatte.
2. Bestimmen Sie die Ziele der Stadt Frankfurt nach dem Aufstand.
3. Recherchieren Sie Hintergründe und Ablauf des „Fettmilch-Aufstands". Präsentieren Sie Ihre Ergebnisse.
4. Informieren Sie sich, ob an anderen Orten ähnliche Auseinandersetzungen stattfanden. Vergleichen Sie Gründe oder Motive für die Ausweisung der Juden und die Wiederansiedlung andererseits.

[1] von lat. molestare = belästigen, stören

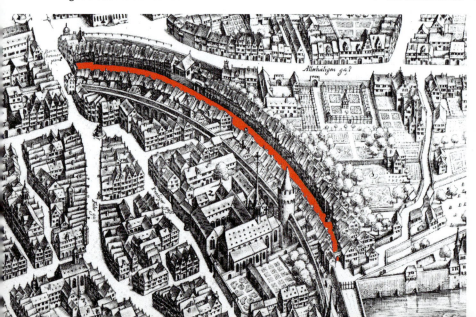

◀ **Stadtplan von Frankfurt am Main mit Judengasse.**
*Ausschnitt aus einem Kupferstich von Matthäus Merian d. Ä., 1628.
In der Freien Reichsstadt Frankfurt am Main mussten die Juden auf Anordnung des Kaisers seit 1492 in einem Ghetto am Rande der Stadt in einer etwa 300 Meter langen „Judengasse" leben. Zu Beginn des 16. Jahrhunderts wohnten dort in rund 20 Wohnhäusern etwa 200 Menschen; bis zum Beginn des 17. Jahrhunderts stieg die Zahl auf über 2700 Personen in 197 Häusern. Erst 1811 wurde der Ghettozwang aufgehoben.*

Schriftliche Quellen als erzählte Geschichte

Schriftliche Quellen sind Texte, die in einem bestimmten geschichtlichen Zusammenhang geschrieben wurden und im Original oder als Abschrift überliefert worden sind. Dazu gehören ganz unterschiedliche Quellengattungen wie Urkunden, Gesetze, Protokolle, Flugblätter, Briefe, Reden, Lebenserinnerungen und Tagebücher sowie Akten, Zeitungsartikel, Chroniken und Annalen – kurz: alle Textquellen, aus denen Kenntnisse über die Vergangenheit gewonnen werden können.

Schriftliche Quellen analysieren

Geschichtsschreibung ist der Versuch, die Vergangenheit zu rekonstruieren und zu interpretieren. Dabei sind wir besonders auf schriftliche Quellen angewiesen. Unterschieden werden kann bei Textquellen zwischen „Traditionsquellen" und „Überrestquellen": Als Tradition werden in der Geschichtswissenschaft Quellen bezeichnet, die nicht nur für Zeitgenossen, sondern bewusst für die Nachwelt geschrieben worden sind, wie vor allem Chroniken, Annalen oder (Auto-)Biografien. Zum Überrest zählen demgegenüber Quellen, die wie Urkunden, Gesetzestexte oder Policey-Ordnungen, Rechnungen, Protokolle oder Briefe für die jeweilige Gegenwart verfasst wurden.

Keine Quelle „spricht für sich". Der Historiker muss die Vergangenheit aus den Quellen rückblickend erschließen, formale Merkmale klären, den Inhalt kritisch prüfen und in den historischen Kontext einordnen. Schriftliche Quellen können unvollständig oder gefälscht sein, Fehler oder Unwahrheiten enthalten. Darüber hinaus sind sie immer durch die Sichtweise und die Intention des Verfassers geprägt. Zu berücksichtigen ist daher immer auch der zeitliche Abstand zwischen dem dargestellten Geschehen und dem Zeitpunkt der Abfassung.

Die Schlüsse, die wir aus Quellen ziehen, hängen aber immer auch von unserem Vorwissen und unseren sozialen, politischen und religiösen Einstellungen ab.

Formale Kennzeichen
- Wer ist der Verfasser oder Auftraggeber?
- Welche Funktion, welchen Beruf oder welche Stellung hat er?
- Um welche Quellengattung handelt es sich (Tradition oder Überrest)?
- Wann, wo und aus welchem Anlass wurde der Text verfasst?

Textinhalt
- Was ist Gegenstand des Textes? Was wird thematisiert?
- Wie ist der Text aufgebaut? Welche Merkmale kennzeichnen ihn (Sprache, Stil)?

Historischer Kontext
- Welchen Zeitraum, welche Ereignisse oder welche Personen behandelt die Quelle?
- In welchem Bezug steht der Verfasser zu dem, was er berichtet (Handelnder, Zeitzeuge oder Geschichtsschreiber)?

Intention und Wirkung
- An wen wendet sich der Text?
- Welche Absichten verfolgen Verfasser oder Auftraggeber mit dem Text?
- Welche Wirkung sollte mit der Quelle erzielt werden?

Einordnung und Bewertung
- Wie lässt sich die Quelle in die Überlieferung einordnen und bewerten?
- Gibt es alternative oder ergänzende Quellen?

Beispiel und Analyse

Kleiderordnung: „Von unordentlicher und köstlicher Kleidung"

Überschrift des auf dem Reichstag zu Augsburg 1530 erlassenen kaiserlichen Reichsabschieds	Römischer Kayserlicher Majestät Ordnung und Reformation guter Policen, im Heiligen Römischen Reich, zu Augsburg Anno 1530 auffgericht. [...]
Einleitung der Kleidervorschriften mit Adressaten, Absicht und Zweck der Ordnung	IX. Von unordentlicher und köstlicher Kleidung.
Unterteilung der städtischen Bevölkerung des Reiches in drei Ränge	5 Nachdem ehrlich, ziemlich und billich, daß sich ein jeder, weß Würden oder Herkommen der sey, nach seinem Stand, Ehren und Vermögen trage, damit in jeglichem Stand unterschiedlich Erkäntüß seyn mög, so haben Wir Uns mit Churfürsten, Fürsten und Ständen nachfolgender Ordnung der Kleidung vereiniget und verglichen, die Wir auch bey Straff und Pön, darauff gesetzt, gänzlich gehalten haben wöllen. [...]
Bestimmungen für „gemeine Bürger, Handwerker und gemeine Krämer"	10 XI. Von Bürgern und Inwohnern in Städten. §. 1. Item: Nachdem in Städten gemeiniglich dreyerley Bürger und Inwohner sind, als gemeine Bürger und Handwercker, Kauff- und Gewerbs-Leut, und andere, so im Rath von Geschlechten, oder sonst ehrlichs Herkommens, und ihrer Zinß und Renthen sich ernehren. Darauff so setzen, ordnen und wöllen Wir, daß die gemeine Bürger, Handwercker, und gemeine Krämer, kein Gold, 15 Silber, Perlin, Sammet oder Seyden, noch gestickelt, zerschnitten, oder [...] köstlich Futter tragen, sonder sich mit ziemlicher gebührlicher Tracht, auch von rauhen Futtern, mit [...] Füchsen, Iltes, Lämmern, und dergleichen, begnügen lassen sollen. [...]
Bestimmungen für Kauf- und Gewerbe-Leute	XII. Von Kauff- und Gewerbs-Leuten. §. 1. Item: Sollen die Kauff- und Gewerbs-Leut in Städten kein Sammet, Damast, Atlaß oder 20 seyden Röck, Gold, Silber, Perlin, Seyden, Gold, und silberne Haarhauben tragen. Doch mögen sie Schamlotten* Röck, auch Seyden Wammes, ausserhalb Sammet und Carmesin Atlaß, unverbremt**, deßgleichen gülden Ring tragen. [...]
Bestimmungen für „Bürger vom Rath, Geschlechten, oder sonst fürnehmes Herkommens"	XIII. Bürger in Städten, so vom Rath, Geschlechten, oder sonst fürnehmes Herkommens sind, und ihrer Zinß und Renthen geleben. 25 §. 1. [...] die sollen sich in aller massen in ihrer Kleidung erzeigen, als jetzo von Kauff- und Gewerbeleuten vermeldet worden: Doch ausgenommen, daß sie Schamlote Röck, mit drey Elen Sammet zum höchsten verbremet, deßgleichen Marderfutter und kein bessers, auch Sammeten und Seyden Wammes, ausgescheiden Carmesin, und Seyden Haarhauben, an- und aufftragen mögen. [...]
Bestimmungen für die Juden	30 XXII. Von der Jüden Kleidung §. 1. Deßgleichen, daß die Jüden einen gelben Ring an dem Rock oder Kappen allenthalben unverborgen, zu ihrer Erkäntnüß, öffentlich tragen.
Auftrag an die zuständigen Obrigkeiten, für Einhaltung und Vollzug der Vorschriften in ihren Machtbereichen zu sorgen	§. 2. Und damit diese Unsere Satzung und Ordnung der übermäßigen unordentlichen Kleidung und Kleinoder, desto festiglicher gehalten und vollzogen werde, so gebieten Wir allen und 35 jeden Churfürsten, Fürsten, Prälaten, Graffen, Freyen, Herrn, Rittern, Knechten, Schuldheissen, Bürgermeistern, Richtern und Räthen, hiemit ernstlich, und wöllen, daß sie für sich selber diese Unser Ordnung strenglich halten, auch gegen ihren Unterthanen festiglich vollziehen, also, wo jemands in dem übertretten und überfahren, soll ein jede Oberkeit dieselbe, bey Verlierung des Kleids oder Kleinots, so wider diß Unser Ordnung getragen, darzu einer Geldbuß, so zwey-
Strafbestimmungen für Übertretungen unter Einschaltung kaiserlicher Instanzen	40 fächtig als viel, als das Kleid oder Kleinod werth, der Bürgerlichen Oberkeit des Orts zu werden, straffen. Und ob einige Oberkeit in der Straff und Handhabung säumig und hinläßig erfunden [...] alsdann soll Unser Fiscal gegen solcher hinläßigen Oberkeit, und auch den überfahrenden Unterthanen, auf obgemeldte Pön und Straff prociren und vollfahren.

* Kleidungsstoff aus Kamelhaar   ** verbremen oder verbrämen = am Rand verzieren (meist mit Pelz)

Zitiert nach: www.uni-muenster.de/FNZ-Online/sozialeOrdnung/staendische/quellen/kleider.htm [19.03.2013]

Formale Kennzeichen Die Kleiderordnung ist Teil einer auf dem Augsburger Reichstag 1530 von den Reichsständen festgelegten und von Kaiser Karl V. verkündeten Rechtsordnung (Reichsabschied), die überall im Heiligen Römischen Reich gelten sollte.

Textinhalt Mit Abschnitt IX. des Reichsabschieds von 1530 wird die Kleiderordnung eingeleitet. Diese legt für alle (hier nur zum Teil aufgeführten) Stände und Ränge der Gesellschaft Bekleidungsvorschriften fest. Die Bestimmungen schreiben jedem Rang genau vor, welche Tuch- und Pelzsorte in welcher Qualität und welcher Verarbeitung, welche Kopfbedeckung und welchen Schmuck er zu welchem Preis tragen durfte. Je höher der Rang, desto höher durften Qualität und Menge der Stoffe und Pelze, des Schmucks und der Accessoires sein.
Mit der Kleiderordnung nahm der Reichstag auch eine Dreiteilung der städtischen Gesellschaft vor: unten die „gemeinen", d.h. einfachen Bürger und Handwerker, an zweiter Stelle die Kaufleute und Gewerbetreibenden und die Ratsbürger und Geschlechter an der Spitze der städtischen Gesellschaft. Ihr Vorrang zeigt sich in dem exklusiven Recht, hochwertige Pelze, Stoffe und Goldschmuck tragen zu dürfen, was dem Rang darunter, den „Kauff- und Gewerbs-Leuten", nur eingeschränkt erlaubt und den einfachen Bürgern und Handwerkern vollständig verboten war. Diese hatten sich mit einfacher Kleidung aus heimischen Erzeugnissen zu begnügen.
Die Kleiderordnung schließt mit dem Befehl an die Obrigkeiten, für die Durchsetzung und Einhaltung der Vorschriften in ihren Herrschaftsbereichen zu sorgen. Wer die Verbote umging und zu kostbare, nicht standesgemäße Kleidung trug, dem sollte diese abgenommen und eine Geldbuße in doppelter Höhe ihres Wertes auferlegt werden. Falls die Obrigkeiten ihren Pflichten zur Durchführung der kaiserlichen Gesetze nicht nachkamen, war der Kaiser befugt, sie zur Rechenschaft zu ziehen.

Historischer Kontext Kleiderordnungen gab es seit dem Spätmittelalter. Bereits 1497 waren sie Gegenstand des Reichstages. Bei dem Reichsabschied von 1530 handelt es sich um die erste umfassende Policey-Ordnung des Heiligen Römischen Reiches, eine Art Strafgesetzbuch, dessen Regelungen jedoch weit in den Alltag der Menschen hineinreichten. Der um 1500 aufgekommene Ausdruck „Policey" bezeichnete alle von der weltlichen Obrigkeit zu handhabenden Maßnahmen, die im öffentlichen wie im privaten Leben das Wohl und die Sicherheit der Untertanen fördern sollten. Mit der Zunahme der Policey-Gesetzgebung wurden auch die Kleiderordnungen immer ausführlicher und umfangreicher.

Intention und Wirkung Die Einleitung der Kleiderordnung nennt deren Absicht: die Stände durch ihre Kleidung klar voneinander zu scheiden und jedem seinen Platz in der Gesellschaft zuzuweisen. Dies sollte das Vortäuschen einer „unstandesgemäßen" Stellung verhindern, sündhafte Verschwendung verdammen, der Verschuldung der Bürger vorbauen und Ausgaben für ausländische Luxusgüter eindämmen. Die Kleiderordnungen bewirkten jedoch nicht nur, dass sich die unteren Stände und Ränge auf einfache Kleidung und einen bescheidenen Lebensstil beschränken mussten, sondern zwangen die Angehörigen der oberen umgekehrt dazu, einen für sie „anständigen" hohen Aufwand zu betreiben, der viele Familien in den Ruin führte.
Da Kleidung den gesellschaftlichen Rang und die soziale Stellung wiedergab, wurde sie auch zur Ausgrenzung und Ächtung von Gruppen benutzt. Daher waren die Juden laut Abschnitt XXII. Paragraf 1 der Kleiderordnung durch das Tragen eines gelben Ringes an der Kleidung zur Unterscheidung von den Christen verpflichtet.

Einordnung und Bewertung Die Kleiderordnung zeigt, dass die Obrigkeiten sich veranlasst sahen, ordnend und reglementierend einzugreifen, um die eigenen politischen, wirtschaftlichen, sozialen und religiösen Herrschaftsansprüche durchsetzen zu können.

Fürsorge und soziale Sicherung in der vorindustriellen Gesellschaft

Am Montag, den 26. Januar 1601, wird in der städtischen Kanzlei in Bamberg ein Brief abgegeben, an den sich alle Hoffnungen der verwitweten Margarethe Weber knüpfen. Nach dem Tod ihres Ehemanns, der dem Bamberger Stift als Jagdhelfer gedient hat, ist sie in große Not geraten. Sie hat kein Geld, um sich und ihre zwei Kinder zu ernähren oder wenigstens eine Unterkunft zu bezahlen. Im kalten und schneereichen Winter 1600/1601 sind alle drei krank geworden. Da ihnen niemand helfen will, wendet sich Margarethe Weber mit der Bitte an die städtische Obrigkeit, sie und ihre Kinder einige Zeit ins Armenhaus aufzunehmen und dort zu pflegen. Und sie hat Glück: Da die Ärzte bestätigen, dass die Familie wirklich ernsthaft erkrankt ist, gewährt der Bamberger Stadtrat am 9. Februar ihr und ihrer Tochter Aufnahme im Liebfrauen-Siechenhaus. Der Sohn wird dem St. Antonius Siechenhof zugewiesen. Margarethe Weber mag sich gar nicht ausdenken, was geschehen wäre, hätte man ihr und den Kindern die Aufnahme verweigert. Wahrscheinlich hätten sie alle den Winter nicht überlebt.

Im Schutz der Gemeinschaft? So wie Margarethe Weber erging es vielen Menschen in der vorindustriellen ständischen Gesellschaft. Mehr als 75 Prozent wurden in ungesicherte Verhältnisse hineingeboren. Krankheiten, Wirtschaftskrisen, Plünderungen und Kriege zerrissen Familien und zerstörten die Grundlage der Existenz.

Not und Elend der Bedürftigen zu lindern, galt nicht als Aufgabe des Staates. Die Menschen hatten keinen rechtlichen Anspruch auf Hilfe und Unterstützung. Grundsätzlich gingen die Obrigkeiten in Stadt und Land davon aus, dass sich die Familien um den erkrankten, arbeitsunfähigen oder verarmten Angehörigen kümmerten. Die Verantwortung dafür trug der Hausvorstand, also z. B. der Handwerksmeister oder Hofinhaber. Er hatte im Notfall auch für die Angestellten, Knechte, Mägde und Gesellen zu sorgen, die ihm untergeordnet waren. Erkrankte der Hausvater oder starb er, entstanden große Not und Hilflosigkeit. In diesem Fall waren Witwe, Waisen und andere Mitglieder der Hausgemeinschaft auf das Erbarmen und die Wohltätigkeit ihrer Umwelt angewiesen.

Klöster, Stifter und Zünfte helfen Die christliche Überzeugung, dass jeder Mensch am Tage des Jüngsten Gerichts darüber Rechenschaft ablegen müsse, durch welche guten Werke er das Gebot der christlichen Nächstenliebe erfüllt hatte, wurde im Mittelalter zur Grundlage der Armenfürsorge durch die Gemeinschaft. So pflegten Klöster – entsprechend der Regel des heiligen Benedikt (**Regula Benedicti**) – ebenso wie die aus den Kreuzzügen hervorgegangenen Ritterorden der Malteser und Johanniter oder der Krankenpflegeorden der Antoniter Kranke und Bedürftige.

Vermögende spendeten seit dem Spätmittelalter vermehrt einen Teil ihres Vermögens, aus dem meist an ihrem Todestag Brot, eine warme Suppe oder etwas Geld an die Armen verteilt werden sollte. Reiche Bürger ließen Siechenhäuser für Leprakranke, Waisenhäuser oder Pflegehäuser für ältere Menschen errichten. Aus ihnen entwickelten sich die an vielen Orten noch heute erhaltenen Heilig-Geist-Spitäler.

Vor allem Stadtgemeinden gründeten Spitäler. Dort wurden nicht nur Kranke, sondern auch Witwen und Waisen oder ältere, alleinstehende und mittellose Handwerker, die ihren Beruf nicht mehr ausüben konnten, versorgt. Manche Bürger überschrieben dem Spital Teile ihres Vermögens, manchmal sogar ihren ganzen Besitz, um dort ihren Lebensabend verbringen zu können. So wuchsen die Bürger-Spitäler durch Spenden und Stiftungen oft zu Unternehmen mit umfangreichem Landbesitz und großen Gebäudekomplexen. Jeder Stifter erwartete, dass die Empfänger im Gegenzug für sein Seelenheil beteten. Auf diese Weise dienten die Wohlhabenden mit ihren Spenden der Allgemeinheit und die Armen ermöglichten es ihnen, christliche Mildtätigkeit zu beweisen.

Auch die Zünfte hatten Plätze in Hospitälern erworben, um bei Bedarf Mitglieder dort pflegen zu lassen. Sie bemühten sich darum, Waisen in Pflegefamilien unterzubringen oder Witwen durch Wiederverheiratung zu versorgen. Im Mittelpunkt der zünftischen Fürsorge standen die Gesellen. Sie kamen oft ohne Familie in die Stadt und hatten in sozialen Notlagen niemanden, der für sie aufkam. In größeren Städten schufen sich die Gesellen eigene Verbände oder **Bruderschaften**. Die Mitgliedsbeiträge waren zwar gering, sie genügten aber, um im Notfall kleinere Darlehen gewähren oder kranken Gesellen helfen zu können, die nicht fest beschäftigt waren.

▲ **Krankenabteilung eines Spitals.**
*Gemälde von Wilhelm Ziegler, 1517.
Das Tafelbild des Hochaltars von St. Wolfgang in Rothenburg ob der Tauber gibt Einblick in die Krankenabteilung eines Spitals, wahrscheinlich das von Rothenburg selbst.*

Bruderschaften: Zusammenschlüsse von Geistlichen oder Laien, die sich Brüder nennen und gemeinsame Interessen verfolgen

Armut oder Müßiggang? Martin Luther und andere Reformatoren lehnten die Auffassung der römisch-katholischen Kirche ab, dass man durch Taten der Nächstenliebe die ewige Seligkeit erwerben könne. In den Gebieten, die sich der Reformation angeschlossen hatten, ging die Bereitschaft der Menschen, fromme Stiftungen zu errichten, daher um die Mitte des 16. Jahrhunderts zurück. Die Obrigkeiten mussten nun die Verantwortung für die wachsenden Aufgaben und Lasten der Sozialfürsorge übernehmen.

Die Reformation veränderte nicht nur die Einstellung gegenüber mildtätigen Stiftungen, sondern brachte auch eine andere Bewertung von Armut und Arbeit mit sich (▶ M1). Seit dem 16. Jahrhundert galt Armut immer stärker als selbstverschuldet. Es wurde nun zwischen Bettelei aus echter, unverschuldeter Armut und selbstverschuldeter Armut aus Müßiggang unterschieden. Nur Gemeindemitglieder, die ohne Verschulden etwa durch den Tod des Hausvorstandes oder Krankheit in Not gerieten, konnten nach wie vor auf Unterstützung rechnen.

Gesunden und arbeitsfähigen Bettlern wurde jedoch immer häufiger der Anspruch auf Hilfe bestritten. Sie sollten sich ihr Auskommen selbst verdienen. Müßiggang galt als unmoralisch und widersprach dem Auftrag des Menschen zu einem gottgefälligen Leben. Die Sorge für den christlichen Lebenswandel der Bevölkerung und das allgemeine Beste (bonum commune) sahen die Obrigkeiten als ihre Aufgabe an. Mit Bettelverboten, Strafen und moralisierenden Kampagnen gingen Stadträte und Landesherren gegen das „Übel" vor (▶ M2).

Unterschiedliche Seiten der Armut Klimaverschlechterung, wiederholte Missernten und Teuerungen des Getreides führten im 16. und 17. Jahrhundert dazu, dass die Armut stark zunahm. Immer detailliertere Bettelordnungen regelten, wer bedürftig und almosenberechtigt war. Die begrenzten Mittel sollten nur denen zugute kommen, für die man sich verantwortlich fühlte: den eigenen Gemeindemitgliedern. Um diese von Fremden unterscheiden und als rechtmäßige Bettler erkennen zu können, mussten sie gut sichtbar Armenabzeichen tragen. Viele Menschen schämten sich jedoch so sehr, dass sie lieber zu Hause blieben und hungerten. Um diese „hausarmen Leute" kümmerte sich die Nachbarschaft, so gut es ging.

▲ **Almosenzeichen aus Messing.** Nürnberg, 1580.

Die Bettler in den Städten und auf dem Land beunruhigten Bevölkerung und Obrigkeit gleichermaßen. Man sah die herumziehenden „Vaganten" als lästige Landstreicher und fürchtete sie als Räuberbanden. Die vielen Kriege verschärften die Situation. Aus dem Kriegsdienst entlassene, mittellose Söldner und Soldatenwitwen schlugen sich mit Bettelei durch und wurden kaum anders als Landstreicher und Räuber empfunden.

Nach 1500 verstärkten sich die Klagen, dass die Fürsorgeeinrichtungen mit der wachsenden Zahl an Armen, Kranken und Bettlern überfordert waren. Die Stadtgemeinden versuchten sich des Problems zu entledigen, indem sie dem „fahrenden Volk", den Bettlern, Landstreichern, herumstreunenden Söldnern oder Gauklern, den Eintritt in die Städte verwehrten. Zuzugs- und Heiratsbeschränkungen sollten in Krisenzeiten zusätzlich den Armutsdruck abfangen. Die vielen Verordnungen („Mandate") und wiederholten drastischen Strafandrohungen belegen jedoch, dass diese das Problem nicht behoben, sondern lediglich wegschoben. Maßnahmen, mit denen die Ursachen der Armut hätten bekämpft werden können, gab es nicht.

Zwang und Fürsorge im Zeichen „vernünftiger" Obrigkeit ■ Im ausgehenden Spätmittelalter waren es zunächst die städtischen Kommunen, die neben den kirchlichen Einrichtungen ein weltliches Fürsorgesystem aufbauten (▶ M3). In der Frühen Neuzeit folgten immer mehr Fürsten diesem Beispiel. Sie beließen es nicht mehr nur bei reglementierenden Bettel- und Armenordnungen, sondern schufen zudem eigene landesherrliche Fürsorgeeinrichtungen. Sie traten so die Nachfolge der weltlichen und kirchlichen Stiftungen des späten Mittelalters an. Katholische und evangelische Territorien unterschieden sich dabei wenig.

Im Laufe der Zeit wandelte sich die Armenfürsorge: Sie war nun nicht mehr in erster Linie religiös, sondern sozial motiviert und kollektiv organisiert (▶ M4). Zudem verfolgten die Obrigkeiten im Sinne der Aufklärung und des von ihr geforderten vernünftigen, rationalen Denkens und Handelns das Ziel, die Armen durch Arbeit zur Arbeit und damit zu nützlichen Mitgliedern der Gesellschaft zu „erziehen". Seit dem 17. Jahrhundert richteten Landesherren und Gemeinden dafür Zucht- und Arbeitshäuser ein (▶ M5). Bettler und Straffällige wurden oftmals in derselben Anstalt untergebracht und zur gleichen Arbeit in Manufakturen herangezogen. Waisen- und Findelhäuser betrieb man gleichzeitig als Arbeitshäuser oder verpachtete sie an Manufakturunternehmer. Vor allem im Textilwesen waren solche „Armenfabriken" weitverbreitet. Der Gedanke, Arme mit Erwerbstätigkeit zu versorgen, kam dem merkantilistischen Wirtschaftssystem entgegen – so viel wie möglich im eigenen Land herzustellen und so wenig wie möglich zu importieren. Die Waisen- und Arbeitshäuser lieferten den Manufakturen die dafür nötigen billigen Arbeitskräfte. Im Verlauf des 18. Jahrhunderts wuchs jedoch die Kritik an diesen Praktiken.

Auf dem Weg zu moderner Sozialfürsorge ■ In einem anderen Zweig fand die mittelalterliche Fürsorge für die Kranken ihre Fortsetzung. Im Geiste des **aufgeklärten Absolutismus** entstanden nun zur gesteigerten Wohlfahrt des Volkes erste Einrichtungen, die nicht mehr wie die Spitäler des Spätmittelalters gleichermaßen Alte und Kranke beherbergten, sondern ausschließlich für „heilbare Kranke" vorgesehen waren. Sie wurden nach modernen wissenschaftlichen Erkenntnissen hygienischer, sanitärer und medizinischer Bedürfnisse angelegt. Zuweilen waren sie besonders zur Versorgung der unteren Bevölkerungsschichten bestimmt. Das erste Krankenhaus dieser Art ließ Fürstbischof Franz Ludwig von Erthal 1789 in Bamberg errichten. Größere Kommunen stellten Apotheker und studierte Ärzte an, deren Dienste aber oft nur für die Reicheren erschwinglich waren.

Aufgeklärter Absolutismus: im 18. Jahrhundert entstandene Regierungsform des Absolutismus, in der Reformen nach den Prinzipien der Aufklärung „von oben" durch die absolutistischen Fürsten erfolgen sollten

▶ „Von der Traurigkeit und Trübseligkeit."

Bettler und Kranke versuchen, vor einer Kirche das Mitleid der Kirchgänger zu erregen. Holzschnitt, Petrarca-Meister, 1532. Seit dem Spätmittelalter stieg der Anteil von Armen und Bedürftigen. Das Bettelwesen wurde besonders in den Städten zum Massenproblem. Selbst rigide Maßnahmen zur Bettelbekämpfung halfen wenig. Die Häuser der Reichen waren ständig von Bettlerscharen umringt. Auf dem Land waren es vor allem die Lehrer und Pfarrer als dörfliche Oberschichten, die einen Großteil ihres Einkommens für Almosen aufwendeten, um vor den Schimpfreden und Drohungen der Bettler Ruhe zu haben.

M1 „Dass alle Bettelei abgetan würde"

In seiner Schrift „An den christlichen Adel deutscher Nation" von 1520, mit der Martin Luther den weltlichen Fürsten die Durchführung der reformatorischen Maßnahmen überträgt, macht er Vorschläge für eine Verbesserung der Armenfürsorge:

Es ist wohl der größten Nöte eine, dass alle Bettelei abgetan würde in aller Christenheit. Es sollte doch niemand unter den Christen betteln gehen. Es wäre auch eine leichte Ordnung darob zu machen, wenn wir den Mut und Ernst dazu täten,
5 nämlich dass eine jegliche Stadt ihre armen Leute versorgte und keinen fremden Bettler zuließe, sie hießen, wie sie wollten, es wären Wallbrüder[1] oder Bettelorden. Es könnte ja eine jegliche Stadt die ihren ernähren, und wenn sie zu gering wäre, dass man dann auf den umliegenden Dörfern auch das
10 Volk ermahnte dazuzugeben; müssen sie doch sonst so viel Landläufer und böse Buben unter des Bettelns Namen ernähren. So könnte man auch wissen, welche wahrhaftig arm wären oder nicht.

So müsste da sein ein Verweser[2] oder Vormund, der alle die
15 Armen kenne und, was ihnen not wäre, dem Rat oder Pfarrer ansagte, oder wie das aufs beste möchte verordnet werden. Es geschieht meines Erachtens auf keinem Handel so viel Bübereien und Trügereien wie auf dem Bettel, die da alle leichtlich wären zu vertreiben. Auch geschieht so dem gemei-
20 nen Volk wehe durch so freies allgemeines Betteln. Ich hab's überlegt, die fünf oder sechs Bettelorden kommen des Jahres an einen Ort, ein jeglicher mehr denn sechs- oder siebenmal, dazu die gemeinen Bettler [...] und Wallbrüder, sodass sich die Rechnung gefunden hat, wie eine Stadt bei sechzigmal im Jahr eingeschätzt wird, außer was der weltlichen Obrigkeit 25 an Gebühr, Aufsatz und Schätzung gegeben wird und der römische Stuhl mit seiner Ware raubet und sie unnützlich verzehren, dass mir's der größten Gotteswunder eines ist, wie wir doch bleiben können und ernährt werden.

Dass aber etliche meinen, es würden mit der Weise die Ar- 30 men nicht wohl versorgt und nicht so große steinerne Häuser und Klöster gebauet, auch nicht so reichlich, das glaube ich sehr wohl; ist's doch auch nicht not. Wer arm will sein, sollte nicht reich sein; will er aber reich sein, so greife er mit der Hand an den Pflug und suche es sich selbst aus der Erde. 35 Es ist genug, dass geziemlich die Armen versorgt sind, dabei sie nicht Hungers sterben noch erfrieren; es fügt sich nicht, dass einer auf des andern Arbeit müßig gehe, reich sei und wohllebe bei eines andern Übelleben, wie jetzt der verkehrte Missbrauch gehet, denn St. Paul sagt: „Wer nicht arbeitet, soll 40 auch nicht essen." Es ist niemand von der andern Güter zu leben von Gott verordnet, denn allein den predigenden und regierenden Priestern, wie St. Paulus, I. Korinth., um ihrer geistlichen Arbeit willen, wie auch Christus sagt zu den Aposteln: „Ein jeglicher Wirker ist würdig seines Lohnes." 45

Zitiert nach: Christoph Sachße und Florian Tennstedt, Geschichte der Armenfürsorge in Deutschland. Vom Spätmittelalter bis zum Ersten Weltkrieg, Stuttgart u. a. 1980, S. 59

1. *Arbeiten Sie Luthers Vorschläge zur Verbesserung der Armenfürsorge heraus. Welche Probleme werden bei seinen Vorschlägen deutlich?*

2. *Schließen Sie aus Luthers Ausführungen auf die traditionellen Formen der Armenfürsorge. Wie und durch wen wurden die Armen versorgt?*

---
[1] von wallen, wandern; Bezeichnung für Pilger
[2] Verwalter

▲ „Der Bettelvogt."
Radierung von Daniel Chodowiecki, 1800.

M2 Bettelordnung für das Herzog- und Kurfürstentum Bayern (1627)

Im Jahre 1627 erlässt Kurfürst Maximilian I. von Bayern eine umfassende Bettelordnung, in der er folgende Maßnahmen anweist:

So müssen wir doch aus den Klagen der Untertanen, die uns täglich erreichen, mit Befremden vernehmen, dass den wohlmeinenden Ordnungen und der beständigen, väterlichen, landesfürstlichen Fürsorge in manchem nicht entsprochen
5 wird, sondern zur nicht geringen und fast unerträglichen Last der armen Untertanen die Bettelei und der Müßiggang überall im Land nur noch zugenommen hat und ohne allen Unterschied gestattet und geduldet wird, was bei uns nicht ohne Grund ein äußerst ungnädiges Missfallen hervorruft. [...]
10 Nämlich als erstes, dass hinfort nach der Publikation dieses unseres öffentlichen Erlasses die in jedem Landbezirk ansässigen Bettler nicht wie bisher von dem Landbezirk allgemein und insgesamt unterhalten werden. Vielmehr soll in jeder Stadt, jedem Marktflecken und auf dem Land jede einzelne
15 Pfarrgemeinde die armen Leute, welche in ihrem Burgfriedens- oder Pfarrbezirk geboren sind oder lange darin gewohnt haben, jeweils selbstständig und allein unterhalten. Auch ist es niemandem künftig zu gestatten, inner- oder außerhalb der eigenen Stadt, des eigenen Marktflecken
20 oder des eigenen Pfarrbezirks zu betteln. [...]
Falls in einer Pfarrei so viele arme und bedürftige Leute vorhanden sind, dass sie nicht alle vom Almosen ihrer Pfarrgemeinde unterhalten werden können, soll dies von den Beamten (im Bezirk München) unserem Hofrat und in anderen
25 Bezirken der jeweiligen Regierung mit Gutachten berichtet werden, damit alsdann eine andere Kommune desselben oder anderer Landbezirke, welche wenige oder gar keine Bettler zu unterhalten haben, ihr Almosen hier beitragen oder anderweitig Fürsorge getroffen werde. [...]
30 Zu diesem Zweck sollen zweitens zunächst in jeder Pfarrgemeinde alle armen und bedürftigen Personen aufgeschrieben werden: und zwar die sich wegen Alters, Krankheit oder anderer Gebrechen ohne Almosen nicht ernähren könnten, ferner die vater- und mutterlosen Waisen, die selbst nichts besitzen,
35 bis sie alt genug für die Arbeit sind, außerdem die Witwen, die so viele Kinder haben, dass sie diese mit ihrer Hände Arbeit oder aus ihrem Vermögen nicht ernähren können, bis sie ihr Brot selbst verdienen, oder auch andere Personen, welche in den Städten und Marktflecken vom bürgerlichen Magistrat,
40 auf dem Land von den einzelnen Pfarrgemeinden jetzt oder künftig auf ihr Ersuchen des Almosens für würdig und bedürftig erachtet und erkannt werden. Dabei soll bedacht werden, was und wie viel jeder in der Woche mindestens als nötigen Unterhalt haben muss. Danach aber soll kein Bettelbrief mehr ausgestellt werden. Außerdem sollen danach Bettel-
45 briefe von denjenigen, die bisher einen besaßen, wieder zurückgefordert und einbehalten werden.

Nach: Wolfgang Wüst, Die „gute" Policey im Reichskreis. Zur frühmodernen Normensetzung in den Kernregionen des Alten Reiches, Bd. 3: Die „gute" Policey im Bayerischen Reichskreis und in der Oberpfalz, Berlin 2004, S. 573 f. (Text vereinfacht von Maximilian Lanzinner)

1. *Vergleichen Sie die Bettelordnung mit M1. Welche gemeinsamen Grundgedanken spiegeln sich hier?*
2. *Nennen Sie die Gruppen, die der Kurfürst zu den „armen und bedürftigen Personen" zählt. Was gehörte zu den größten Armutsrisiken? Wie will der Kurfürst künftig der Armut begegnen?*
3. *Arbeiten Sie die Probleme der Obrigkeiten im Umgang mit den Armen und bei der Umsetzung der Regeln heraus. Suchen Sie Gründe.*

M3 Städtische Armenfürsorge

Im Auftrag des Straßburger Rates bereist der Armendiakon und ehemalige Armenpfleger Alexander Berner im Jahre 1531 süddeutsche und schweizerische Städte, um sich über das Armenwesen zu informieren. In seinem Reisebericht beschreibt er die Nürnberger Verhältnisse:

Etliche sind es, die sich mit ihrer Arbeit und ihrem Handwerk ernähren, und dies aber, weil sie viele Kinder haben, nicht ausreicht (weil gar alle Dinge äußerst teuer geworden sind) und die der ärmere Handwerksmann zum Großteil mit
5 Stuckwerk[1] [...] ernähren muss und die Kaufleute den Gewinn einstreichen, werden sie gezwungen, das Almosen in Anspruch zu nehmen.
Etliche mögen wegen des Alters oder wegen Krankheit nicht arbeiten und müssen von anderer Leute Unterstützung le-
10 ben.
Etliche können zwar, wollen aber nicht arbeiten, man kann sie weder mit Strafen noch mit freundlichen Hinweisen dazu bringen, dass sie Frau und Kinder ernähren. Will man nun nicht diese von Zeit zu Zeit in Not sehen, muss man ihnen
15 Almosen geben.
Etliche sind seit jeher Bettler und haben nichts anderes gelernt; mit denen muss man ihr Leben lang Geduld haben.
Zeichen[2] tragen die Armen zu Nürnberg auf den Ärmeln oder an den Hüten, und sie sind aus gelbem Messing gemacht.
20 Ebensolche Zeichen tragen auch etliche Arme außerhalb der Stadt Nürnberg, die doch in die Stadt gehören, denen man ebenfalls Almosen gibt, und diese sind aber aus weißem Metall gemacht [...]. Wie man sich gegenüber den Hausarmen[3] verhält, die sich der Spange[4] schämen oder sonst keine
25 tragen wollen.
[...] Auch die, die sich mit ihrer Arbeit ernähren müssen und etwa wegen vieler Kinder über kein ausreichendes Einkommen verfügen, klagen, falls sie die Spange trügen, verlören sie das Vertrauen von denen, die sie verlegen und ihnen Arbeit
30 geben. Ei, spricht der Herr, er ist zum Bettler geworden, ich vertraue ihm nichts mehr an, er könnte sonst das Meine verkaufen.[5] [...]
Es werden die, die krank sind, nicht gleich in das Spital gewiesen, es sei denn, die Krankheit wäre zu langwierig, sondern

▶ **Lauinger Almosentafel von 1557.**
Die Tafel entstand in einer Zeit, in der viele Städte ihr Armenwesen neu organisierten.
- Erläutern Sie den Sinnspruch der Tafel. Charakterisieren Sie Motiv und Zielsetzung dieser Armenfürsorge.
- Welche Bevölkerungsgruppen werden hier zu den Armen gezählt? Vergleichen Sie mit M3 und M4.

35 man hilft ihnen je nach Vermögen und Notwendigkeit, aber nur mit Geld. Wenn der Kranke jedoch Arznei oder sonstiger La-
40 bung bedarf, so erhält er dies auch aus dem Almosen nach Ausweis der Ordnung. Ansonsten werden (arme) Kindbetterinnen auch mit Oberbett, Kissen, Laken und anderem versorgt, laut eines besonderen Artikels.
Wenn es geschieht, dass jemand Almosen begehrt, der nicht 45 Almosengenosse ist, d.h. der noch nicht sechs Jahre Bürger ist, dem antwortet man, wenn er sich mit seiner Arbeit nicht ernähren kann, werde es ihm erlaubt, wieder aus der Stadt zu ziehen. [...]
Sie haben ein schönes Blatternhaus[6], liegt nicht weit vom 50 Friedhof, doch etwas außerhalb der Stadt neben dem Pest- oder Siechenhaus, mit vielen Kammern oben und unten, darin waren 72 Personen. [...] Diese werden auch alle durch das gemeine Almosen unterhalten [...].
Die Fremden, welche am Vormittag ankommen, weisen sie 55 ab und geben ihnen nichts (wie mir der Almosenschreiber selber gesagt hat), obwohl ihre gedruckte Ordnung anderes besagt. Die aber nachmittags ankommen, schicken sie in die Elendenherberge, wer aber ungehorsam ist oder, dass er, obwohl verwiesen oder beherbergt, betteln wollte, wird nach 60 gewöhnlichem Brauch bestraft oder ins Gefängnis gelegt. [...]
Es gibt ein schönes, großes Spital, darin man Männer und Frauen gesondert unterbringt, es waren ungefähr 130 Männer und Frauen, und gewöhnlich nimmt man alte, unvermö-

---
[1] abhängige Auftragsarbeit, Verlagsarbeit, vgl. dazu S. 35 f.
[2] Bettelzeichen, das Arme als berechtigte Almosenempfänger auswies; vgl. die Abbildung auf S. 26
[3] Arme, die aus Scham nicht öffentlich betteln wollten und zu Hause blieben
[4] anderer Ausdruck für Bettelzeichen
[5] gemeint ist der Verleger, der Rohstoffe und Produktionsmittel stellt; siehe Anm. 1

[6] Blattern: ältere Bezeichnung für Pocken, eine gefährliche Infektionskrankheit, die mit dem Auftreten eitriger Pusteln am gesamten Körper verbunden ist

gende Leute darin auf, die noch nicht bettlägrig sind. Diese versorgt man lebenslang nach der Spitalsordnung, und wer ins Spital will, muss dies bei Rat oder Bürgermeister beantragen. Sie sind auch (wie man sagt) mit einem Arzt versehen, der täglich hereinschauen soll. Die Pflege ist überwiegend die schlechteste. Von den Frauen sind über 100 in einer Stube untergebracht. Es stinkt darin sehr stark, viel schlimmer als in unserer Spitalstube. [...]
Sonst sind zwei Knechte damit beauftragt, die Fremden zu vertreiben, und wenn einer ungehorsam ist, wird er je nach Vergehen in den Bettlerturm gelegt.

Zitiert nach: Gerhard Fouquet und Ulrich Mayer (Hrsg.), Lebenswelten. Quellen zur Geschichte der Menschen in ihrer Zeit, Bd. 2: Alteuropa 800 bis 1800, Stuttgart 2001, S. 220 f.

1. Erläutern Sie, nach welchen Kriterien Berner die Armen der Stadt Nürnberg unterteilt.
2. Schließen Sie aus den Schilderungen auf Berners Einstellung zur Armut und deren Ursachen. Vergleichen Sie mit M1 und M2.
3. Fassen Sie das Nürnberger Fürsorgewesen zusammen. Welche Gruppe erhält welche Versorgung? Wie geht die Stadt mit Fremden um?
4. Arbeiten Sie heraus, wie Berner das Nürnberger Fürsorgewesen bewertet. Welche Einstellung wird gegenüber dem zeitgenössischen Fürsorgesystem deutlich?
5. Prüfen Sie, ob ein Armer auf dem Land anders lebte als in der Stadt.

M4 Armenfürsorge in Augsburg im 16. Jahrhundert

a) Almosenempfänger

	1544	1558	1568	1576
Ehepaare	284	256	198	90
Witwen und Witwer	251	195	173	180
Kinder der Ehepaare u. Witwen	674	464	475	304
Ziehkinder[1]	95	102	72	19
Insgesamt	1304	1017	918	593

[1] keine leiblichen Kinder, sondern Pflege- bzw. „Ziehkinder"
[2] fl = Abkürzung für Gulden
[3] kr = Abkürzung für Kreuzer; in den süddeutschen Staaten mit Guldenwährung ergaben bis 1872 60 Kreuzer einen Gulden

b) Durchschnittliche jährliche Ausgaben des Almosens 1600–1620

	fl[2]	kr[3]
747 Schaff[4] Roggen	3624	43
91 Schaff 1 Metze[5] Kern[6]	663	14
Backgeld[7]	571	40
338 1/2 Klafter Holz	1047	9
353 Holzzeichen[8]	152	58
80 Fass Schmalz	1790	29
40 Stück Loden: 1862 Ellen[9]	462	4
95 Stück Leinwand: 1150 3/4 Ellen	176	52
2 Stück Rupfen[10]: 166 Ellen	4	33
331 Paar gestrickte Strümpfe	53	57
2 Paar Handschuhe		9
191 Pelzhauben	38	4
4 Stück Kalbsfelle	2	16

Claus-Peter Clasen, Armenfürsorge im 16. Jahrhundert, in: Geschichte der Stadt Augsburg, Stuttgart 1985, S. 339 und 341

1. Augsburg hatte um die Mitte des 16. Jahrhunderts ca. 36 000 Einwohner. Errechnen Sie aus der Tabelle a) jeweils den Anteil der Almosenempfänger. Überlegen Sie, ob mit städtischen Almosen alle Bedürftigen der Reichsstadt versorgt wurden.
2. Suchen Sie nach Gründen für die Veränderungen bei der Zahl der Almosenempfänger.
3. Erläutern Sie, was die Zielgruppe der Almosen über die Funktion und die Beweggründe der Armenfürsorge aussagt.
4. Beurteilen Sie das Verständnis von sozialer Fürsorge, das in den Leistungen zum Ausdruck kommt.

[4] genormtes Maß für Getreide
[5] altes Maß für das Volumen
[6] ausgedroschener Dinkel
[7] Gebühr für die Nutzung des öffentlichen Backhauses
[8] von der Gemeinde ausgegebene Zeichen oder Marken, gegen die eine bestimmte Menge Holz direkt aus dem Wald bzw. beim Holzwärter abgeholt werden durfte
[9] ursprünglich von der Länge des Unterarmes abgeleitet, je nach Region zwischen ca. 50–80 cm
[10] derbes, leinwandartiges Gewebe aus Jute oder Flachsgarn

M5 Hausordnung des Arbeitshauses in Berlin

Seit Ende des 16. Jahrhunderts werden für die Armen zunehmend „Zucht-" und „Arbeitshäuser" eingerichtet. In der Hausordnung des Arbeitshauses in Berlin vom 4. Juni 1751 heißt es:

1. Sollen alle Personen, welche ins neue Arbeits-Haus gebracht werden, sich ehrbar, still und fromm verhalten, und Gott und Sr. Königl. Majestät dancken, daß sie nicht mehr betteln dürfen, sondern hier ihre nothdürftige Verpflegung finden.
2. Wenn des Morgens mit der Glocke geläutet wird, welches im Sommer um 4. und nachdem die Tage wieder abnehmen, um 5. Uhr, des Winters aber um 6. Uhr geschiehet, sollen sie alle aus ihren Betten aufstehen, sich hurtig ankleiden, und im Saal versammlen, ihnen von jemand, der darzu verordnet ist, den Morgen-Seegen und das Vater Unser vorgelesen, in solches Sr. Königl. Majestät und das gantze Königliche Haus, samt Dero Landen und allen Ständen überhaupt eingeschlossen, und darauf ein Lied gesungen werden.
3. Auf gleiche Weise soll des Abends durch die Glocke um 8. Uhr angedeutet werden, daß sie sich zum Abend-Seegen und Einstimmung eines Liedes versammlen; nach dessen Endigung sie sämmtlich um 9. Uhr, bey gemeinen Licht im kurtzen Tagen [...] sich an denen vor Mannes- und Weibes-Personen, jeden besonders, angewiesenen Stellen und Orten ruhig schlafen legen sollen, so daß nach 9. Uhr alles stille und die Thüren verschlossen seyn [...].
9. Die gesetzte wöchentliche Arbeits-Zahl beym Spinnen ist vom Strichgarn 9. Stück, und von feinen 8. Stück; wer aber für Faulheit oder Bosheit die gesetzte Arbeit nicht vollbringet, wird dafür angesehen.
10. Wer von Wolle Garn, oder andern Materialien und Sachen im Hause etwas entwendet, soll das erstemal, wenn es nicht was grosses und vieles ist, mit 10. Peitschen-Schlägen, und das andere mal mit 20. Streichen gestrafet, das dritte mal aber ins Zucht-Haus nach Spandau¹ gebracht, und alle Bestraffung jedesmal in Gegenwart der andern vollzogen werden. [...]
19. In der Mittags-Stunde oder nach dem Abend-Brod, sind sie von der Arbeit frey; es wäre denn, dass sie das gesetzte nicht verrichtet hätten, da sie es gleichwohl thun können, in welchem Fall ihnen keine Freystunde zu statten kömmt.
20. In solcher Freystunde Mittags und Abends wird ihnen erlaubt, auf dem Hofe herum zu gehen, und sich Bewegungen zu machen, doch daß der Zuchtmeister dabey acht habe, daß nichts ungebührliches unternommen werde.
21. Aus dem Arbeits-Hause heimlich wegzugehen, muß sich niemand bey Strafe der Peitsche unterstehen, und wer es thut, muß sogleich wieder aufgesuchet werden.

¹ Stadt westlich von Berlin

▲ **Raspeln und Holzhacken im Hamburger Arbeitshaus.**
Stich aus dem 18. Jahrhundert.
Die Inschrift am 1620 gegründeten Hamburger Arbeitshaus lautete: „Labore nutrior, labore plector" (Durch Arbeit werde ich ernährt, durch Arbeit werde ich gestraft).

22. Wer einmahl ins Arbeits-Haus gebracht, und unter seiner eigenen oder seiner Angehörigen Versprechung wieder erlassen wird, hernach aber dennoch sich wieder auf der Betteley antreffen läßt, soll vom Zuchtmeister mit einem Willkommen von 10 Peitschen-Schlägen empfangen und das andere Mal ins Zucht-Haus nach Spandau gebracht werden, weil das Betteln schlechterdings gänzlich verboten bleibet.

Christoph Sachße und Florian Tennstedt, a.a.O., S. 164-167

1. *Beschreiben Sie den Tagesablauf im Armenhaus. Welche Sicht auf die Insassen spiegeln die Vorschriften wider?*

2. *Arbeiten Sie die Ziele und Methoden der Institution heraus. Was ist unter „Arbeitshaus" zu verstehen?*

3. *Nehmen Sie Stellung zu Aufgabe und Wirkung der Institution.*

4. *Gegen die Arbeitshäuser regte sich seit dem späten 18. Jahrhundert Kritik. Suchen Sie nach Gründen.*

5. *Die Einweisung in Zucht- und Arbeitshäuser war meist das Ende eines langen Weges. Überlegen Sie, was wohl vorausging. Was kam danach?*

6. *Erläutern Sie anhand von M1 bis M5 die Veränderungen im Umgang mit der Armut in der vorindustriellen Gesellschaft und deren mögliche Ursachen. Kann von einem „sozialen Netz" gesprochen werden? Begründen Sie Ihre Meinung.*

Von der Hände Arbeit leben – bürgerliche und bäuerliche Arbeitswelten

Im Jahre 1798 notiert Pfarrer Geiger, der Seelsorger des kleinen oberbayerischen Dorfes Entraching zwischen Ammersee und Lech, was die Tagelöhner und Dienstboten, die Knechte und Mägde täglich zu essen bekommen. Morgens, etwa eine Stunde nach Sonnenaufgang, gibt es Mus vom geschroteten Korn, um 9 Uhr Roggenbrot, um 11 Uhr eine Milchsuppe, Sauerkraut und Topfennudeln als Mittagsmahlzeit, um 3 Uhr nachmittags wieder Brot und gegen 7 Uhr das Nachtmahl: Sauerkraut, Erbsen und Nudeln aus Roggenmehl. Getrunken wird Wasser. Nur an den hohen kirchlichen Festtagen gibt es Bier.

Auch in der Residenzstadt München sieht der Speiseplan der einfachen Handwerker und Dienstboten kaum anders aus. Der bayerische Historiker Lorenz von Westenrieder beobachtet von seinem Haus in der Münchener Kaufingergasse aus, wie fahrende Händler Bier, Eier oder Butter feilbieten und wie am nahe gelegenen Schrannenmarkt, dem heutigen Marienplatz, das Getreide säckeweise zum Verkauf gestapelt wird.

◂ **Herbstarbeiten auf dem Land.**
Monatsbild (September oder Oktober) von Hans Wertinger, Kupferstich von Johann M. Mettenleiter, Öl auf Holz, um 1525/30.

Leben und Arbeiten auf dem Land Die Notizen des Pfarrers machen deutlich, dass auch am Ende des 18. Jahrhunderts Getreide das wichtigste Grundnahrungsmittel für die Bevölkerung war. Fisch und Fleisch aßen nur die Reichen regelmäßig. Die Viehhaltung diente der Versorgung mit Milchprodukten. Die Aufzeichnungen zeigen, dass die landwirtschaftliche Produktion nicht nur Grundlage der bäuerlichen, sondern auch der bürgerlichen Arbeitswelt war.

Die ländlichen Lebens- und Arbeitsbedingungen waren durch die Grundherrschaft und die Agrarwirtschaft geprägt. Wiesen, Weiden und Wald wurden für die Vieh- und Holzwirtschaft genutzt. Doch die Ackerfläche bildete den wichtigsten Bereich der **Flur**. Sie war nach dem System der Dreifelderwirtschaft in drei große Bereiche, das Sommerfeld, das Winterfeld und das Brachfeld, eingeteilt (▸ M1). Oft konnten die Bauern ihre Äcker nicht bestellen, ohne über die der anderen Bauern zu gehen. Um zu vermeiden, dass die Saat geschädigt und die Ernte gefährdet wurde, gab die Dorfgemeinde vor, was auf den einzelnen Feldern angebaut, wann gemeinsam gepflügt, gesät, gedüngt oder geerntet wurde. Diese Normierung wird Flurzwang genannt. Die Bauern achteten arg-

Flur: ursprüngliche Bezeichnung für Landschaft, später für die landwirtschaftliche Nutzfläche einer Siedlung

wöhnisch darauf, dass keiner von ihnen etwa durch Neuerungen des Anbaus den Flurzwang durchbrach. Der Zwang zu gemeinschaftlichen Regelungen und Vorgehensweisen der Dorfgemeinschaft trug dazu bei, die Beharrungskräfte in der Landwirtschaft zu stärken.

Die Größe der bäuerlichen Anwesen war sehr unterschiedlich (▶ M2). Die durch Erbteilung immer kleiner werdenden Höfe brachten immer seltener ausreichende Erträge. Oft konnten die Bauern kaum ihren Lebensunterhalt sichern, geschweige denn Abgaben an den Grundherrn oder Steuern zahlen. Für nachgeborene Söhne und Töchter blieb oft nur die Möglichkeit, sich neben der Bewirtschaftung solcher kleinst-bäuerlichen Stellen zusätzlich als Tagelöhner zu verdingen. Während wohlhabenden Bauern Grundstücke von einem bis zwei Tagwerk (3 000 bis 6 000 m²) zur Verfügung standen, besaßen die ärmsten, die Söldner (auch „Häusler") und Tagelöhner, oft nur 150 bis 200 m² Grund. Die Großbauern errichteten auf ihrem Hof Scheunen und Ställe, lagerten Heu und hielten Zugvieh, während die bäuerliche Unterschicht oft nicht mehr als eine bescheidene Hütte und einen kleinen Kräutergarten besaß.

Der jährliche Zyklus von Aussaat und Ernte, Viehtrieb und Düngung bestimmte den Arbeitsalltag und den Jahreslauf der Landbevölkerung. Ackerbau und Viehzucht waren schwere Handarbeit. Pferde und Ochsen wurden als Zugvieh eingesetzt. Erst der Winter brachte eine Ruhephase, die aber für Reparaturen, Schnitz- und Handwerksarbeiten genutzt wurde.

Auf den Höfen arbeiteten die Menschen meist nur für den eigenen Bedarf. Die Produktivität des Dorfes war so in erster Linie an der Subsistenz orientiert, d. h. an der Deckung der Eigenversorgung der zum Lebenserhalt notwendigen Güter, nicht an einer Produktion für den Markt. Mindestens einmal pro Woche war der städtische Markt auch Treffpunkt der Bauern aus der Umgebung, wo sie Geflügel, Eier, Gemüse und Milchprodukte anboten.

Auch dörfliches Handwerk und Gewerbe arbeitete nur für den bäuerlichen Bedarf. Außer Gastwirt und Bader hatten sich Schuster, Lederer, Sattler niedergelassen. In den Schmieden wurden die Werkzeuge für die Arbeit auf Hof und Feld hergestellt und die Hufe der Pferde beschlagen. Die Müller mahlten das Getreide, die Bäcker machten Brot daraus.

▲ **Feste und Vergnügungen der Bauern.**
Bemalter Holzteller, 1547. Auf dem Land wurde nicht nur gearbeitet. Es gab viele Feiertage, an denen die Menschen die Zwänge des Alltags ablegten und ausgelassen feierten. In der Mitte des Tellers ist eine Hochzeitsszene dargestellt. Der Tellerrand zeigt weitere Vergnügungen: Pferderennen, Schwertlaufen und Gläserbalancieren, Kugelspiel, Schwertkampf und Lanzenstechen, Wallfahrten, Hahnenfangen und eine Marktszene mit Buden.

Handel und Handwerk in der Stadt Abgesehen von den kleinen **Ackerbürgerstädten**, die sich kaum von größeren Dörfern oder Märkten unterschieden, standen Handel und Handwerk im Mittelpunkt der Städte. Dort hatte sich im Mittelalter ein neues, nicht-feudales Ethos der Arbeit ausgebildet. Nicht mehr die Arbeit wurde verachtet, sondern der Müßiggang. Damit gewann auch das Erlernen und Ausüben eines Berufes höhere Bedeutung. Je größer die Stadt, desto stärker differenzierte sich das Handwerk aus. Die Spezialisierung brachte Verbesserungen in der Produktion und Qualitätssteigerung mit sich.

Vor allem in den dynamischen Städten mit ausgeprägtem Exportgewerbe oder großer Bedeutung für den Fernhandel bildeten sich moderne Wirtschaftsformen aus. Geldhandel und Bankierstätigkeit entfalteten sich. Mit den großen Handelshäusern verbreiteten sich Gewinnstreben und eine frühkapitalistische Wirtschaftsweise, die eine Ausweitung der Produktion und der internationalen Handelsverbindungen zur Folge hatte. Die großen Handelshäuser waren gleichzeitig im Geldgeschäft, im Bergbau und im Verlagswesen tätig. Am einträglichsten war jedoch der Fernhandel, der aus den

Ackerbürgerstädte: Städte, in denen der größere Teil der Einwohner landwirtschaftlich tätig ist, und in denen Gewerbe und Handel nur eine bescheidene Rolle für ein lokal begrenztes Absatzgebiet spielen

regionalen Preisunterschieden satte Gewinne erwirtschaften konnte. Die Handelshäuser der Fugger in Augsburg oder der Medici in Florenz unterhielten daher schon im 15. Jahrhundert in ganz Europa Niederlassungen (Faktoreien).

Aber auch in der Stadt stand die Grundversorgung der Bevölkerung im Vordergrund. So finden sich in nahezu allen Städten der Frühen Neuzeit Bäcker, Metzger, Schmiede, Schuster, Schneider, Weber, Gerber, Zimmerleute und Schreiner. Seit dem Mittelalter prägten die Zünfte das städtische Handwerk. In ihnen schlossen sich die Mitglieder eines Gewerbes zusammen, organisierten gemeinsam die Rohstoffbeschaffung, legten Produktionsverfahren fest und sprachen Verkaufspreise ab. Es bestand Zunftzwang, d.h. wer ein Gewerbe ausüben wollte, musste Mitglied einer Zunft sein. Den Zunftgenossen sollte ein „Kollektivmonopol" gesichert und die Unterbietung durch nichtorganisierte Konkurrenz verhindert werden. Ein freier Wettbewerb auf einem Markt, der durch Angebot und Nachfrage reguliert wurde, existierte nicht. Ziel des zünftischen Gewerbes war nicht die Gewinnmaximierung, sondern der „gerechte Lohn" – die Sicherung eines auskömmlichen Lebens für alle Handwerkerfamilien und die Gewährleistung des „gemeinen Nutzens" für die gesamte Stadtgemeinde. Allerdings wurde auch das Handwerk vom Gewinnstreben der Fernkaufleute beeinflusst. Frauen blieben die Zünfte in aller Regel verschlossen, aber gelegentlich gab es auch Meisterinnen. Die Kölner Seidenmacherinnen bildeten im 15. Jahrhundert eine eigene Zunft.

Die Arbeitsbedingungen, Verdienstmöglichkeiten, Löhne und Gewinne in Handel und Handwerk waren unterschiedlich. Ebenso wie es unter den Kaufleuten neben reichen Groß- und Fernhändlern vor allem mittlere und kleinere Unternehmen im Detail- und Zwischenhandel gab, herrschte auch im Handwerk ein großes Gefälle. Bei den Handwerkern der gehobenen Gewerbe, wie das der Goldschmiede oder Instrumentenbauer, waren die Arbeitsbedingungen vergleichsweise angenehm, so mancher gelangte zu Wohlstand. Im Gegensatz dazu mussten die Weber oft in dunklen, feuchten Kellerräumen von Sonnenaufgang bis Sonnenuntergang an ihren Webstühlen arbeiten, die Gerber, Färber und Walker viele Stunden im kalten Wasser stehen. Trotzdem verdienten sie selten mehr als das Nötigste zum Leben. Der größte Teil des Einkommens wurde für Nahrungsmittel, Wohnung und Brennholz aufgewendet. Der kleine Gemüsegarten hinter dem Haus oder vor den Toren der Stadt war für viele Handwerkerfamilien unverzichtbar.

Etwas günstigere Bedingungen herrschten in den Residenzstädten. Hier entstanden durch die Bedürfnisse des fürstlichen Hofes zusätzliche berufliche Möglichkeiten. Neben den privilegierten Hoflieferanten konnten dies vor allem Kunsthandwerker, aber auch Kutschenmacher, Waffenschmiede, Schneider oder Perückenmacher für sich nutzen.

Meist waren die Handwerksbetriebe sehr klein und in der Regel im Wohnhaus untergebracht. Wohn- und Produktionsstätte waren im alten Handwerk nicht voneinander getrennt (▶ M3). Der Handwerksmeister fertigte sein Werkstück von Anfang bis Ende selbst. Spezialisierung gab es nur innerhalb eines Berufsfelds, z.B. als Goldschmied, Waffenschmied oder Hufschmied. Kapitaleinsatz spielte keine große Rolle. Die Beschaffung von Rohstoffen orientierte sich an der Auftragslage, Investitionen etwa für neues Werkzeug fielen nur in geringem Maße an.

▲ **Weber an seinem Trittwebstuhl.**
Nürnberger Federzeichnung von 1610.
Die Nürnberger Weber stellten vor allem Leinenstoffe und Barchent her, ein Mischgewebe aus Leinen und Baumwolle. Mit seiner rechten Hand hält der Weber das Schiffchen mit dem Schussfaden, mit der linken die Lade, die die Fäden zusammenschiebt. Mit dem Pedal lassen sich die Fäden der Tuchbahn senken und heben. Im Korb neben den Füßen liegen weitere Garnspulen.

▲ **Der Augsburger Perlachplatz im Winter.**
Ölgemälde (225 x 358 cm) wahrscheinlich von Heinrich Vogtherr d. J., Augsburg, um 1545.
■ Beschreiben Sie die verschiedenen Personengruppen und versuchen Sie, deren Tätigkeit und Stellung zu identifizieren.

Verlag und Manufaktur: Vorboten der Moderne ■ Städtische Kaufleute waren daran interessiert, große Mengen preiswerter Waren abzusetzen. Die hohen Qualitätsnormen der städtischen Zünfte waren da ebenso hinderlich wie deren Lohnforderungen. So ließen die Fernhändler lieber die wachsende Zahl von Nebenerwerbsbauern, von Söldnern und Tagelöhnern, für sich arbeiten, die sich von ihren kleinen Äckern nicht ernähren konnten, durch keine Zunft geschützt wurden und gezwungen waren, auch für niedrige Löhne zu arbeiten. Auf diese Weise entstand seit dem späten Mittelalter eine neue Form der Produktion: das Verlagswesen. Der Kaufmann legte den ländlichen Arbeitern Rohstoffe und Werkzeuge vor und bezahlte ihre Arbeitskraft. Die gefertigten Produkte verkaufte der Verleger schließlich auf eigene Rechnung.

Im Verlagswesen wurde nicht mehr wie im traditionellen Handwerk von dem selbstständigen Handwerksmeister für den jeweiligen Auftraggeber gefertigt, sondern von angestellten Lohnarbeitern in Heimarbeit standardisierte Massenware für einen größeren Markt hergestellt. Arbeit und Kapital, etwa für Werkzeuge, Rohstoffe oder Materialien, lagen nicht mehr in einer Hand. Das Einkommen eines Heimwebers hing davon ab, wie viel der Verleger nach seiner Einschätzung des Marktes zu zahlen bereit war. Die kapitalistische Marktwirtschaft begann sich auszubilden.

Die Heimarbeiter, zu einem Großteil Frauen und Kinder, spannen z. B. Garn, webten Tuche, flochten Weidenkörbe und töpferten einfache Gebrauchskeramik. Vom Flachsanbau über die Garnproduktion bis hin zur Leinen- oder Lodenweberei entwickelte sich ein ausgedehntes ländliches Gewerbe, dessen Schwerpunkt im Raum des heutigen Bayern in Schwaben lag. In der Oberpfalz entstand vor allem um Amberg ein bis ins 17. Jahrhundert florierendes Montangewerbe. Im Bayerischen Wald und im Spessart entstanden

▶ **Garn-Manufaktur.**
Stich, Ende des 18. Jahrhunderts.
▪ Vergleichen Sie die Abbildung des Webers auf S. 00 mit der der Manufaktur. Beschreiben Sie jeweils die Betriebs- und Produktionsform. Bestimmen Sie geeignete Vergleichskriterien (Art der Arbeitsenergie, Organisation, Kapital etc.).

zahlreiche Glashütten. Andere Gegenden, vor allem in den Bergen, spezialisierten sich auf Holzschnitzereien. Stadt und Land waren also keineswegs getrennte Welten.

Noch ausgeprägter wies das Manufakturwesen in die Zukunft. Gemessen am handwerklichen Familienbetrieb handelte es sich um „Großbetriebe", auch wenn es nur wenige Arbeiter gab. In den Manufakturen wurden Waren wie Spiegel, Teppiche, Hüte oder Stoffe für einen größeren Markt hergestellt. Die Arbeit in der Manufaktur erfolgte noch vorwiegend mit der Hand, jedoch erlaubte es die große Zahl der Mitarbeiter, die Fertigung in zahlreiche Schritte zu zerlegen. Durch die Arbeitsteilung unter einem Dach ließen sich mehr Waren kostengünstiger herstellen, unter anderem weil für die einfachen Arbeitsgänge billige ungelernte Arbeiter, Frauen und Kinder eingestellt werden konnten. Zudem entfielen die Zwischentransporte der Halbfertigwaren von Werkstatt zu Werkstatt. So formten etwa in einer Porzellanmanufaktur Fachkräfte die Rohmasse, andere brannten sie, die nächsten glasierten, und abschließend verzierten Maler die Ware mit einem Dekor. Wie im Verlagswesen standen sich auch hier Unternehmer und Lohnarbeiter gegenüber, wurden Werkzeuge und Geräte von den Unternehmern gestellt. Der Arbeiter übte seine Tätigkeit nun auch nicht mehr zu Hause aus, sondern ging dazu in den Betrieb: Der „moderne „Arbeitsplatz" entstand, die letzte Vorstufe zur „Fabrik" war erreicht. Da sich mit den neuen Produktions- und Arbeitsformen wie Arbeitsteilung, Spezialisierung und Marktorientierung moderne Merkmale des Wirtschaftens herausbildeten, spricht die Geschichtswissenschaft auch von „Protoindustrialisierung". Eine Steigerung der Produktivität in größerem Ausmaß setzte jedoch erst im 19. Jahrhundert durch den vermehrten Einsatz von Maschinen ein. Der wirtschaftliche Wandel hinterließ Spuren: Das Verlagswesen sowie die Manufakturen machten dem zünftigen Handwerk das Überleben teilweise schwer. Die Zahl der unzünftigen Lohnarbeiter wuchs; aus ihnen entstand allmählich der „vierte Stand". Seit dem Ende des 18. Jahrhunderts wurde in vielen Ländern über die Abschaffung der Zünfte und die Einführung der Gewerbefreiheit diskutiert.

M1 Vormoderne Landwirtschaft

a) Feldbestellung im 18. Jahrhundert:

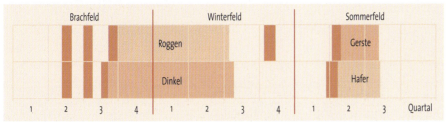

Rainer Beck, Unterfinning. Ländliche Welt vor Anbruch der Moderne, München 2004, S. 124

b) Ausschnitt der Ackerflur der Gemeinde Unterfinning im oberbayerischen Landkreis Landsberg am Lech nach einer Flurkarte von 1811 (1:5000)*:

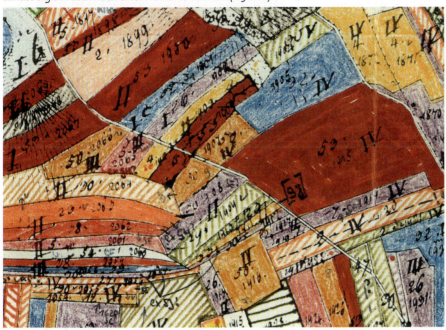

* Obereigentumsrechte hatten unter anderem die Pfarrkirche Unterfinning, das Kloster Benediktbeuern, das Pittrich Regelhaus München, das Collegium Societas Jesu Landsberg, das Kurfürstliche Kastenamt Landsberg, die Klöster Wessobrunn und Dießen und der Baron Lösch von Hilgertshausen. Die Farben kennzeichnen den jeweiligen Obereigentümer.

Rainer Beck, Dörfliche Gesellschaft im alten Bayern 1500-1800 (Hefte zur bayerischen Geschichte und Kultur 14), München 1992, S. 10

1. Erläutern Sie anhand des Schaubilds a) die agrarische Bewirtschaftungsform der Dreifelderwirtschaft.
2. Überlegen Sie, welche Funktion der Anbauwechsel hat.
3. Beschreiben Sie Lage und Beschaffenheit der landwirtschaftlichen Fluren in Abbildung b). Arbeiten Sie Besonderheiten heraus. Was könnten die verschiedenen Beschriftungen bedeuten?
4. Überlegen Sie auf der Grundlage der Planzeichnung b), welche Bedeutung den Regelungen der Dorfgemeinde bei der Organisation der Feldarbeiten zukam.

M2 Besitzverhältnisse in bayerischen Dörfern: das Beispiel Unterfinning

a) Grundbesitzverteilung in Unterfinning 1721:

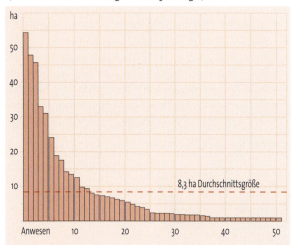

Rainer Beck, Unterfinning, a.a.O., S. 235

b) Besitzgrößen in Unterfinning 1721:

Art und Nutzungsmöglichkeit des Grundbesitzes	Umfang des Grundbesitzes
Betriebe, die außer einem Garten oder Anger um das Haus keinen weiteren Grundbesitz hatten	< 0,5 ha
Grundbesitz, der über Garten oder Anger um das Haus sowie über offene Feldflur verfügte	> 0,5 ha
offene Feldflur ohne Ackerland, nur Wiesengrund	0,5 - 2 ha
Besitz von bebaubarem Ackerland in den drei Streifen der Dreifelderwirtschaft	> 2 ha
Ackeranteil im Verhältnis zum Grünland: ca. 32 Prozent	2 - 7,5 ha
Ackeranteil im Verhältnis zum Grünland: ca. 42 Prozent	15 - 45 ha
Ackeranteil im Verhältnis zum Grünland: über 50 Prozent	> ca. 50 ha

Betriebsmöglichkeit von Viehhaltung	Mindestumfang des Grundbesitzes
Kühe	
1 Kuh	> 0,2
2 - 3 Kühe	> 1,5 - 2 ha
Pferdehaltung	
1 Pferd	> 5 ha
2 Pferde	> 10 ha

Jährliche Bedarfsdeckung an Getreide	Mindestumfang des Ackerlands
für einen Drei-Personen-Haushalt zur Selbstversorgung	> 5 ha
für einen Fünf-Personen-Haushalt zur Selbstversorgung	> 10 ha
für einen Fünf-Personen-Haushalt mit Möglichkeit der Mehrproduktion für den Verkauf auf dem Markt	> 15 ha

Nach: Rainer Beck, Unterfinning, a.a.O., S. 232 - 243

1. Erläutern Sie anhand des Diagramms a) die Besitzverhältnisse in Unterfinning.
2. Erarbeiten Sie aus Tabelle b), über wie viel Grundbesitz eine Familie verfügen musste, damit die Selbstversorgung mit Milch, Getreide und Schmalz gewährleistet war. Welche Faktoren spielten dafür eine Rolle?
3. Bestimmen Sie die Zahl der Anwesen in Unterfinning, die unterhalb der von Ihnen ermittelten Grundbesitzgröße lagen. Erstellen Sie ein Gesamtprofil der Arbeits- und Lebensverhältnisse in Unterfinning.
4. Treffen Sie auf der Grundlage Ihrer Ergebnisse allgemeine Aussagen zum Leben und Wirtschaften der Menschen auf dem Land. Kann von einer „Welt von Bauern" gesprochen werden?

M3 „In Haus und Hof vollzieht sich das Berufsleben"

In einem Buch mit Quellen und Berichten zum Alltag der Menschen im 18. Jahrhundert heißt es über die Lebens- und Arbeitsverhältnisse der Bauern und Handwerker:

In Haus und Hof vollzieht sich großenteils das Berufsleben. Das bedarf, was das ganze Bauernvolk betrifft, die Mehrheit des Volkes damals, keiner Erläuterung; an lebendiger Anschauung fehlt es auch heute nicht, wenn man die Motorfahrzeuge, das moderne Gerät in Abzug bringt. Auch die Handwerkshäuser alter Art leben noch, bei aller Wandlung, an tausend Plätzen; Meisterhaushalt und Werkstatt unter einem Dach oder über den Hof benachbart. Doch war das Zusammenleben damals dichter, dicker. Gesell und Lehrbuben wohnten im Haus, saßen am Familientisch und hatten zu essen, was sie Meisterin gekocht hatte und ihnen vorsetzte. „Die Rüben, die Rüben, die haben uns vertrieben. Hätt' die Meisterin Fleisch gekocht, so wären wir geblieben." So ein grauer Altgesell (ledig natürlich, denn er durfte ja nicht heiraten – wenn den Meister allenfalls der Schlag hinweggraffte, bekam er vielleicht die saure und runzelige Wittib und war dann selber Meister, ein gemachter Mann, ein Glückspilz), der Altgesell hatte im besten Fall sein eigenes schmales Bett, ganz selten sogar ein eigenes Kämmerchen, wo er das Seine an den Nagel hängen konnte. In der Regel genügte für die Kerls eine Kammer, und man legte mehrere in ein Bett, die Lehrbuben allemal. Sie schliefen auch so, dafür war gesorgt bei einem Arbeitstag von 12 oder 14 Stunden. [...]

Die alte häusliche Selbstversorgung und Vorratswirtschaft können wir uns nicht umfassend genug vorstellen. Schweine und Hühner wurden beim oder im Haus gehalten, wenn möglich auch eine Kuh, und wenn ein Stadtgraben da war, ein Fluss am Städtchen floss, Gänse und Enten; auch hatte man Bienenvölker. Wer vor dem Tor ein Gütchen besaß, und das hatten viele, zog dort, was er brauchte und Himmel und Erde gewährten, Wein und Obst, Kohl und Rüben, Küchenkräuter, Salat und Rettich, die neumodischen Kartoffeln [...], Hafer für die Pferde, wenn man eigene hielt, Brotgetreide, das man mahlen ließ. Das Eindünsten von Gemüse und Obst war noch nicht erfunden, dafür hatte das Weibervolk mit dem Putzen, Hobeln, Einsalzen und Einstampfen von Kohl oder Kraut mächtig zu tun, mit dem Herrichten und Trocknen von Pilzen, Zwetschgen, Birn- und Apfelschnitzen. Der Schlachttag, zu winterlicher Zeit, war ein eigener Festtag [...].

Doch ist diese ganze häusliche Ökonomie nicht darauf beschränkt, den leeren Bauch zu füllen und den Durst zu löschen. Es werden Lichter gegossen, es wird gesponnen und gewebt – das Spinnen, ein beliebtes winterabendliches Geschäft, gemeinsam reihum in den Häusern, mit Geschichtenerzählen und Gesang, das junge Mannsvolk zu später Stunde vor der Tür versammelt, um die vom Singen und Lachen ermunterten Mädchen heimzuführen durchs Dunkel, Anlass zu häufigem Kanzeldonner – Strümpfe werden gestrickt, Fäustlinge, Bauchbinden und Nachtmützen; in manchen Häusern verstehen sich die Frauenzimmer auf die Anfertigung von Geldbörsen und Strickbeuteln. Wer wenig oder beinah gar nichts kann, kann sich immer noch in den müßigen Abendstunden nützlich machen, indem er Anfeuerungsholz und Fidibusse[1] herstellt. Und hundertfach erwächst aus der häuslichen Ökonomie eine kleine Hausindustrie, – hölzernes Küchengerät, Siebe, Körbe ... bis hinauf zu kostbarer Stickerei und zur Uhrenherstellung.

Es ist ein solches Haus eine zwar nicht gerade autarke, aber doch stark entwickelte und in sich geschlossene Produktions- und Konsumgemeinschaft.

Peter Lahnstein, Report einer „guten alten Zeit". Zeugnisse und Berichte 1750-1805, München 21979, S. 20-22

1. *Beschreiben Sie Besonderheiten und Funktion des „Hauses" in der vormodernen Gesellschaft. Wie gestaltete sich das Zusammenleben?*

2. *Begründen Sie, worin die Bedeutung der „häuslichen Ökonomie" für die Menschen lag. Was konnte diese Einheit gefährden oder zerstören?*

---

[1] Fidibus: harzreicher Holzspan oder Papierstreifen zum Anzünden von Feuer

Familiäre Lebenswelten und Geschlechterrollen

Wie viele andere Nürnberger Kaufleute ist Balthasar Paumgartner im Frühjahr 1596 zur Messe nach Frankfurt gereist. Seine Frau Magdalena führt während seiner mehrwöchigen Abwesenheit nicht nur den Haushalt, sondern wickelt auch kleinere Handelsgeschäfte ab und pflegt das soziale Netzwerk der Familie, das für die wirtschaftliche und gesellschaftliche Stellung der Familie so wichtig ist.

Woche für Woche gibt ihr Balthasar Paumgartner in ausführlichen Briefen genaue Anweisungen, was zu tun ist. Ebenso regelmäßig berichtet die Ehefrau über die Erledigung seiner Aufträge. Meist erzählt sie auch von den jüngsten Ereignissen in Nürnberg, sodass ihr Ehemann stets gut informiert ist.

Haus und Familie In dem Briefwechsel zwischen Magdalena und Balthasar Paumgartner wird die zeitgenössische Vorstellung von Ehe und Familie deutlich: Mann und Frau haben getrennte Aufgabenbereiche, die aber aufeinander bezogen sind; in der Ehe als der Keimzelle der Familie sollen sie sich gegenseitig ergänzen. Als Hausherr und Hausfrau bilden sie den Kern des „Ganzen Hauses", der grundlegenden Rechts-, Sozial- und Wirtschaftseinheit der Ständegesellschaft.

In ihr gehörten nicht nur Eltern und Kinder zum Haushalt, sondern auch Großeltern und unversorgte Verwandte wie unverheiratete Geschwister. Dazu kamen Knechte, Mägde, Gesellen und Lehrlinge. Wer keinem Haushalt angehörte, war „unbehaust", also ungeschützt. Der von Mauern umgebene Wohn- und Arbeitsbereich stand unter einem besonderen Friedensschutz. Nicht an der einzelnen Person, sondern am Haus des Bauern oder Bürgers, an der Burg des Adligen oder am Kloster hafteten Rechte und Pflichten.

Aufgabe des Hausherrn war es, die Mitglieder des Haushalt mit dem Lebensnotwendigen zu versorgen.

Männerrollen – Frauenrollen Im Haushalt hatte jeder seinen festen Platz. Der Hausherr oder Hausvater verfügte über die Schlüsselgewalt und entschied, wer in die Hausgemeinschaft aufgenommen wurde. Er hatte für diese die Verantwortung, sorgte für wirtschaftliches Auskommen, achtete auf die Einhaltung der kirchlichen und weltlichen Gebote und besaß ein Züchtigungsrecht.

Ehemann und Ehefrau hatten grundsätzlich dieselben Ansprüche und Pflichten zu Treue, Liebe und gegenseitiger Achtung. Trotzdem standen die Frauen schon allein durch das geltende Recht, das Männer und Frauen ungleich behandelte, im Schatten der Männer.

Während des Spätmittelalters und der Frühen Neuzeit hatte eine Frau durch die Eheschließung keineswegs ausgesorgt. Braut und Bräutigam brachten das zusammen, was für die Gründung eines Hausstandes notwendig war. Und diese Existenz musste meist lebenslang durch die Arbeit beider Eheleute gesichert werden. Die wenigsten konnten es sich leisten, dass die Ehefrau sich lediglich um die Kindererziehung oder die Aufsicht über das Gesinde kümmerte. Frauen arbeiteten auf dem Hof, im Handwerksbetrieb, im Handelskontor, ja selbst in adligen Haushalten mit. Seit dem 18. Jahrhundert fanden Frauen (und Kinder) auch Beschäftigung in Manufakturen. Einen eigenen Handwerksbetrieb durften Frauen in der Regel nicht führen. Die Reduzierung auf die Rolle als

„Erzieherin und Mutter", die sich um finanzielle, rechtliche oder wirtschaftliche Dinge nicht zu kümmern brauchte, ist erst eine Entwicklung des 19. Jahrhunderts – und auch dort in erster Linie in wohlhabenden, bürgerlichen Kreisen. Der unverzichtbare Beitrag der Ehefrauen zum Familieneinkommen durch ihre Mithilfe bei der landwirtschaftlichen oder gewerblichen Produktion, durch eigene Handelstätigkeit oder durch Lohnarbeit stärkte jedoch ihr Selbstbewusstsein, was seit dem 16. Jahrhundert als „Kampf um die Hosen" in zahlreichen Satiren und satirischen Flugblättern thematisiert wurde.

Unabhängig davon, in welchem Stand Frauen lebten, eines verband sie alle: ihre wichtigste Aufgabe, (männliche) Kinder zu bekommen. Schwangerschaft, Geburt und Säuglingspflege hatten eine zentrale Bedeutung für das Leben einer Frau. Zwar konnten es sich die Wohlhabenden leisten, Ammen und Kindermädchen anzustellen, doch die Kindererziehung war in erster Linie Sache der Mütter. Uneheliche Kinder zu bekommen, bedeutete für die Frauen jedoch vor allem Schande und Strafe.

Kindheit In mittelalterlichen Familienchroniken wurde der Tod eines Säuglings oder Kleinkindes oft in einer befremdlich nüchternen Weise vermerkt. Es wäre jedoch falsch, daraus zu folgern, Eltern hätten früher eine weniger emotionale Bindung zu ihren Kindern gehabt. Die hohe Kindersterblichkeit führte dazu, dass fast jede Familie mindestens ein Kind, oft sogar mehrere Kinder verlor.

Für die Überlebenden endete die Kindheit dennoch früh. Es gehörte zur wirtschaftlichen Notwendigkeit, die Söhne und Töchter so bald wie möglich zur Arbeit heranzuziehen. Jungen wurden oft schon ab dem siebten Lebensjahr als Lehrling in einen Handwerksbetrieb, als Knecht zu einem Bauern oder als Knappe in die Familie eines befreundeten Adligen gegeben. Mädchen blieben länger im Haus, mussten aber bereits in jungen Jahren im Haushalt helfen und schwere Arbeiten, wie Wäsche waschen, verrichten. Wenn die Mutter früh verstorben war, übernahmen sie schon mit zehn oder zwölf Jahren die Haushaltsführung, versorgten ihren Vater und die Geschwister und wurden auf ihre spätere Rolle aus Mutter und Hausfrau vorbereitet.

Mit der Ausweitung der schulischen Bildung wirkten Kirche und Staat stärker auf die Erziehung der Jugend ein. Ziel der schulischen Entwicklung war der christliche, gehorsame und strebsame Untertan. Erst die Pädagogen der Aufklärung verbanden mit der Erziehung stärker eine den Kindern angemessene Förderung. Die Haltung der Erwachsenen gegenüber den Kindern veränderte sich. Während sich auf dem Land und im Adel die traditionelle Vorstellung vom unmittelbaren Übergang in die Erwachsenenwelt noch bis weit in das 18. Jahrhundert hinein hielt, erlebten die Kinder bürgerlicher Kaufmanns- und Akademikerfamilien zwischen dem 7. und 14. Lebensjahr eine Lebensphase, die wir heute Kindheit nennen.

▲ **Hausvater und Hausmutter.**
Nürnberger Kupferstich aus dem 16. Jahrhundert. Unter dem Bild steht folgender Text:

*Ein jeder Hausvatter und Mann/
Also sein Haus soll richten an.
Gottfürchtig lieben Kind und Weib/
Auch sein Gewerb mit Ehren treib.
Und sich befleissen Nachts und Tag/
Was der Haushaltung nutzen mag.
Wo er thut dessen treulich pflegen/
So ist mit i[h]m der Göttlich Segen.
Und ist ein rechter Gottes Tempel/
Gibt seinen Kindern gut Exempel.*

*Eine Ehefrau welche Gott gehorcht/
Und liebt ihren Eheman mit furcht/
Zeucht ihre Kinder sich zu üben.
In Gottes Wortt/die Eltern lieben.
Auch gebürt einer frommen Frauen/
Auff das Gesind und Haus zuschauen/
Der Küchen wart mit Tranck und Speis/
Das bringt ihr nutz/lob/ehr und preis.
Und lernet ihre Kinder auch/
Gottfürchtig/und ehrlichen brauch.*

■ *Erläutern Sie den Bildtext. Welche Vorstellung von Mann und Frau spiegelt sich hier? Welche Funktion erfüllt die Ehe?*

„Vom ehelichen Leben"

▲ **Illustration und Titelblatt aus Theodor Gottlieb von Hippels „Über die Ehe" von 1793.**
Radierungen von J. F. Bolt nach Entwürfen von Daniel Chodowiecki, 1792.

■ Informieren Sie sich zu Theodor Gottlieb von Hippel und sein Werk „Über die Ehe". Wie ist es in diese Zeit einzuordnen?

„Vom ehelichen Leben" Seit dem Mittelalter war die Ehe als heiliges Sakrament eine Sache der Kirche. Von ihr wurden die Merkmale einer gültigen Ehe, wie der freie Ehewille der Brautleute, festgelegt. Kirchlichen Ehegerichten stand die Entscheidung darüber zu, ob eine Ehe ungültig und damit aufzuheben war. Die weltliche Obrigkeit zeigte an der Überwachung dieser Normen kaum ein Interesse. Dies änderte sich mit der Reformation. Ein zentraler Punkt der Theologie Martin Luthers war es, der Ehe den Charakter eines Sakraments abzusprechen. Zum einen wurde es dadurch leichter, sich scheiden zu lassen (▶ M1). Zum anderen bewirkte dies, dass die Ehegerichtsbarkeit auf die weltliche Obrigkeit übertragen wurde. Eine stärkere staatliche Reglementierung der Beziehungen zwischen den Geschlechtern war die Folge.

In protestantischen, im Zuge der Gegenreformation auch in katholischen Territorien entstanden vielfältige Formen obrigkeitlicher Aufsicht, die lange geforderten kirchlichen Normen zum Durchbruch verhalfen. Aufseiten beider Konfessionen setzte sich eine Auffassung von Ehe durch, die ihren Zweck allein in der Kindererzeugung sah. Zugleich band der frühneuzeitliche Staat die Eheschließung an bestimmte Voraussetzungen. Die Obrigkeit – Grundherr, Stadtgemeinde, Kirche – verlangte vom heiratswilligen Mann ein gewisses Vermögen, etwa zum Erwerb eines Handwerksbetriebs oder eines Hofes, mit dem er seine Familie ernähren konnte. Damit sollte die wirtschaftliche Einheit der Familie gestärkt und einem unkontrollierten Bevölkerungswachstum vorgebeugt werden.

Gleichzeitig gewannen Ehe und Familie als Versorgungsgemeinschaft an Bedeutung. Die Wahl des Ehepartners war eine existenziell notwendige Angelegenheit, die von der ganzen Familie sorgfältig überwacht wurde (▶ M2). Die rasche Wiederverheiratung von Frauen und Männern, vor allem dann, wenn kleine Kinder zu versorgen waren, verweist darauf, wie stark die Eheschließung von wirtschaftlichen Motiven bestimmt wurde. Dass den Ehemännern die Leitung des Hauses und den Ehefrauen die Haushaltsführung zukam, stand in allen sozialen und gesellschaftlichen Schichten außer Frage (▶ M3). Verstießen die Männer jedoch gegen die ehelichen Pflichten, wenn sie etwa verschwenderisch waren, den Haushalt schlecht führten oder tranken, klagten die Frauen dies vor Gericht an, denn dieses Verhalten gefährdete ihre Versorgung und die ökonomische Existenz des „Ganzen Hauses".

M1 Scheidungsverfahren vor dem Hofgericht Zweibrücken 1558-1589

Scheidungsgründe	Fälle	Klage des Ehemannes	Klage der Ehefrau	Klage anderer	Scheidung	keine Scheidung	Entscheidung offen
Abwesenheit eines Ehepartners	61	24	23	12	35	6	20
Ehebruch	10	7	2	–	5	3	2
Verschwiegene Schwangerschaft der Frau durch einen anderen Mann	6	6	–	–	3	3	–
Impotenz	4	–	3	–	2	1	1
Landesverweis	2	–	1	1	1	–	1
Krankheit	2	2	–	–	–	2	–
ohne Angaben	2	1	–	1	–	–	2
Uneinigkeit	1	1	–	–	–	1	–
Erzwungene Ehe	1	–	–	–	1	–	–
Scheidung von Ehen ohne Kirchgang (Verlobungen)	12	3	5	1	5	3	4
	101	44	34	15	52	19	30

Richard van Dülmen, Kultur und Alltag in der Frühen Neuzeit, Bd. 1: Das Haus und seine Menschen 16.-18. Jahrhundert, München 1990, S. 180

1. Ordnen Sie die Scheidungsgründe. Nehmen Sie dazu Stellung.
2. Analysieren Sie, welches Selbstverständnis aus den Scheidungsgründen bei Frauen und Männern in Ehebeziehungen deutlich wird.
3. Ermitteln Sie, welche Gründe heute für Scheidungen eine Rolle spielen. Vergleichen Sie.

M2 Kinder, Ehe und Verwandtschaft – ein Kölner Beispiel

Der Kölner Ratsherr und Chronist Hermann Weinsberg ist 28 Jahre alt, als die Dienstmagd seiner Mutter, Greitgin Olups, die gemeinsame uneheliche Tochter Anna zur Welt bringt. In seiner Autobiografie beschreibt er zum Jahre 1546 ausführlich, wie die Familie damit umgegangen ist. Der Historiker Gerhard Fouquet fasst die Berichte Weinsbergs in einem Aufsatz zusammen:

Die Schwangerschaft Greitgins beendete abrupt die idyllische Zweisamkeit: Hermann Weinsberg brach sofort den Kontakt ab, die Mutter, die den Sohn zur Rede stellte und anscheinend mit üblen Worten nicht sparte, entließ die Magd noch am nämlichen Tag: *sei quam in ein Haus in der Honergassen wonen, da erhilt sei sich*. Die soziale Selbstkontrolle, die Regulierung durch das Haus, in die – allerdings nicht in erster Linie – auch der Vater Weinsbergs eingebunden war, entfalteten ihre gnadenlose Wirksamkeit. Es galt, einen öffentlichen Skandal zu vermeiden, wie ihn etwa der Kölner Conrad Eck in den 1580er-Jahren bieten sollte, der – schließlich auch geschiedener Ehemann der Weinsberg-Schwester Sibille – zusammen mit seiner Magd und zwei illegitimen Kindern in einer ehe-ähnlichen Gemeinschaft lebte und sich unterstand, die Magd als seine angetraute Ehefrau zu bezeichnen. Hermann Weinsberg, der uns darüber berichtet, ereiferte, wunderte sich, dass der Pfarrer des betreffenden Kirchspiels nicht eingriff, dass der Rat Kölns diesem Treiben untätig zusah, dass *es alle frome ehefrawen und nachparinnen zum exempel vor der nasen dulteten*, gleichwohl sie die Frau *ein ehebrechersche hoir*, ihre Kinder *horenkint* hießen.

Im Fall Greitgin Olups und Hermann Weinsberg hat die Mutter Hermanns die Sache in ihre Hände genommen. Dies war

▲ „Heyrath durch Zuneigung" – „Heyrath durch Überredung".
Radierungen von Daniel Chodowiecki von 1788, erschienen im „Goettinger Taschen Calender vom Jahr 1789", Göttingen 1789.
■ Vergleichen Sie mit M2. Überlegen Sie, welche Gründe es für den Wandel geben könnte.

Angelegenheit der Frauen. Als das Mädchen Anna geboren war, ließ Sophia Weinsberg das Kind noch am gleichen Tag holen und taufen, noch in der nämlichen Stunde nach Ichendorf unweit Kölns tragen, wo es die Tante Hermanns von einer Frau aufziehen ließ. Die räumliche Separierung illegitimer Kinder auf dem Land scheint zumindest im Köln des 16. Jahrhunderts ein durchaus üblicher Weg gewesen zu sein, um sich der sozialen Kontrolle der Nachbarschaft zu entziehen. Auch die uneheliche Tochter des Vaters, Christian Weinsberg, wuchs in einem Dorf bei Köln auf. Die Kosten der ganzen Aktion trug Hermann Weinsberg. Außerdem hatte er [...] einen herzlich geringen Unterhalt für Mutter und Kind zu leisten sowie der Olups 100 Mark kölnisch als Abfindung für die *jongfrauschaft* zu zahlen.

Waren die unehelichen Kinder herangewachsen, kümmerten sich zumindest im gehobenen Stadtbürgertum vornehmlich die Väter um die Ausbildung der Jugendlichen, um eine auskömmliche Lebensführung. Die Unehelichkeit bewirkte allerdings nach den meisten kommunalen Erbrechten den Ausschluss von der väterlichen Erbschaft. Hermann Weinsberg brachte denn auch seine natürliche Tochter Anna, sein einziges leibliches Kind überhaupt, 1567 im Alter von 21 Jahren in einem Kölner Frauenkloster unter – eine nicht untypische Handlungsweise. [...] Selbst der sonst so sparsam-geizige Hermann Weinsberg achtete also auf eine standesgemäße, auf eine ehrbare Versorgung seiner unehelichen Tochter.

Nach der Episode mit Greitgin Olups und dem daraus hervorgegangenen unehelichen Kind drängt die Familie Hermann Weinsberg zur Ehe. Fouquet schildert die in Weinsbergs Aufzeichnungen beschriebenen Überlegungen und Umstände der Eheanbahnung:

Am 7. Januar 1548, wenige Tage nach seinem dreißigsten Geburtstag, habe ihn sein Vater im Haus Weinsberg besucht. Ohne Umstände sei der Alte zur Sache gekommen: Man mache sich Sorgen um Hermanns Zukunft. Mit der Mutter sei er daher übereingekommen, dass der Sohn seine *nachparsche* Weisgin Ripgin, eine Witwe von 36 Jahren, zur Ehefrau nehmen sollte. Begehre er sie, wolle er, Christian, *van stunt an* um sie werben.

Die Strategien, die zur Eheanbahnung gehörten, die Überlegungen, die im Verständnis Hermann Weinsbergs für seine Vermählung mit Weisgin Ripgin sprachen, sind bezeichnend, stehen als pars pro toto[1] für die Motive stadtbürgerlicher Partnersuche: Liebe war es jedenfalls nicht. Der Zufall „Liebe" bei der Eheanbahnung wurde beim gehobenen Bürgertum wie auch beim Adel eher als Belastung empfunden, in den Memoiren erzählte man darüber vor allem Abschreckendes. Völliges Unverständnis äußert Hermann Weinsberg, der sich an den Spruch hielt: *erst erweln, darnach lieben*, über seinen Schwager Dr. Heinrich Faber und seinen Bruder Christian, die wegen unglücklicher Liebschaften zeitweilig ihren Verstand verloren hätten, „toll", *woist* geworden seien. [...]

Gerade in denjenigen sozialen Gruppen, die über Vermögen verfügten, boten Eheschließungen die willkommene Gelegenheit zur Befestigung, ja zur Anhebung der wirtschaftlichen und sozialen Position. Im Adel, im Stadtbürgertum und in der bäuerlichen Familie gehörte die Heirat – übrigens auch das Erben – zu den höchst entscheidenden existenziellen Angelegenheiten, beides markierte Wendepunkte des Lebens.

Gerhard Fouquet, Ein privates Milieu im 16. Jahrhundert. Familie und Haushalt des Kölners Hermann Weinsberg (1518-1597), in: Rainer S. Elkar u. a. (Hrsg.), Vom rechten Maß der Dinge. Beiträge zur Wirtschafts- und Sozialgeschichte. Festschrift für Harald Witthöft zum 65. Geburtstag, St. Katharinen 1996, S. 347-379, hier S. 360f. und 363f.

1. *Schildern Sie die Handlungsweisen, die nach Bekanntwerden der Schwangerschaft der Magd in Familie und Verwandtschaft Hermann Weinsbergs einsetzten.*

2. *Erläutern Sie, was diese Episode über die Haushalts- und Familienverhältnisse des 28-jährigen Hermann Weinsberg aussagt.*

3. *Beurteilen Sie den Status der unehelich schwangeren Frau und des Kindes.*

---

[1] lat.: „Ein Teil [steht] für das Ganze"

4. Vergleichen Sie Verhalten und Strategien der Familie im Fall der schwangeren Magd mit jenem bei der Eheanbahnung.
5. Nehmen Sie Stellung zu der Aussage, dass „die Heirat – übrigens auch das Erben – zu den höchst entscheidenden existenziellen Angelegenheiten" in allen gesellschaftlichen Schichten gehörte. Erklären Sie die Funktion der Ehe in der vormodernen Gesellschaft.

M3 Frauenleben im 18. Jahrhundert

Der Aufklärer Justus Möser schreibt nach 1760 im Nachruf auf seine Frau:

Der Himmel weiß, dass ich es nie verlangt habe; allein, meine Selige stand alle Morgen um fünf Uhr auf; und ehe es sechse schlug, war das ganze Haus aufgeräumet, jedes Kind angezogen und bei der Arbeit, das Gesinde in seinem Beruf und
5 des Winters an manchen Morgen oft schon mehr Garn gesponnen, als jetzt in manchen Haushaltungen binnen einem ganzen Jahr gewonnen wird. Das Frühstück ward nur beiläufig eingenommen; jedes nahm das seinige in die Hand und arbeitete seinen Gang fort. Mein Tisch war zu rechter Zeit
10 gedeckt und mit zween guten Gerichten, welche sie selbst mit Wahl und Reinlichkeit simpel, aber gut zubereitet hatte, besetzt.
Käse und Butter, Äpfel, Birn und Pflaumen, frisch oder trocken, waren von ihrer Zubereitung. Kam ein guter Freund zu
15 uns: so wurden einige Gläser mit Eingemachtem aufgesetzt, und sie verstand alle Künste, so dazu gehörten, ohne es eben mit einer Menge von Zucker verschwenderisch zu zwingen: was nicht davon gegessen wurde, blieb in dem sorgfältig bewahrten Glase. Ihre Pickels[1] übertrafen alles, was ich jemals
20 gegessen habe; und ich weiß nicht, wie sie den Essig so unvergleichlich machen konnte.
Auf jedes Stück Holz, das ins Feuer kam, hatte sie acht. Nie ward ein großes Feuer gemacht, ohne mehrere Absichten auf einmal zu erfüllen. Sie wusste, wie viel Stunden das Gesinde
25 von einem Pfund Tran[2] brennen musste. Ihre Lichter zog sie selbst und wusste des Morgens an den Enden genau, ob jedes sich zu rechter Zeit des Abends niedergelegt hatte. Das Holz kaufte sie zu rechter Jahrzeit und ließ die Mägde des Winters alle Tage zwei Stunden sägen, um sie bei einer heil-
30 samen Bewegung zu bewahren.

[1] pikante, in scharfem Essig eingelegte Beilage aus Früchten und Gemüseteilen
[2] aus Wal- oder Robbenfett durch Erhitzen oder Auspressen gewonnenes Öl

▲ „Die gelehrte Frau."
Tuschezeichnung von Johann Heinrich Ramberg, 1802.
Im 18. Jahrhundert wandelten sich die Idealvorstellungen von Liebe und Ehe und damit auch die Rollenzuschreibungen von Mann und Frau. Diese waren mit einer neuen Lesekultur verknüpft. Was Liebe und wie die „falsche" und „richtige" Wesensart von Mädchen und Frauen beschaffen sei, wurde bei den gebildeten Schichten in großem Maße von der schönen Literatur bestimmt.
■ Interpretieren Sie das Bild: Ist es als vorbildliches oder abschreckendes Beispiel zu verstehen? Begründen Sie Ihre Meinung.

Ihre schmutzige Wäsche untersuchte sie alle Sonnabend und hing solche des Winters einige Tage auf Linien, damit sie nicht zu feucht weggelegt und stockicht werden möge. Wenn die Bettetücher in der Mitte zu sehr abgenutzt schienen, schnitte sie solche los und kehrte die Außenseite gegen die Mitte. 35
Auch die Hemde wusste sie auf eine ähnliche Art umzukehren und die Strümpfe zwei- bis dreimal anzuknütten. Alles, was sie und ihre Kinder trugen, ward im Hause gemacht; und sie verstand sich auch sehr gut auf einen Mannsschlafrock. Sie konnte ihn in einem Tage mit eigner Hand fertig machen. 40

Im August des Jahres 1783 beschreibt die Schriftstellerin Sophie von La Roche der Gräfin Elise zu Solms-Laubach, wie ihr Tag gewöhnlich abgelaufen ist:

Ich stehe um 6 Uhr auf und ziehe mich an, schreibe oder lese für mich allein bis halb acht, wo La Roche und Baron von Hohenfeld zum Frühstück kommen und bis 9 Uhr bleiben. Dann geh ich in meine Küche und ordne an, weil ich selbst die Kochkunst verstehe, seh aller Arbeit im Haus nach, schreib meine Hausrechnung und dann bis 12 Uhr an Pomona[1] und an Briefen. Um halb eins gehen wir zu Tisch, wo Baron Hohenfeld, La Roche und meine zwei Söhne, eine Stiefbrudertochter von meinem Mann, welche wir seit 2 Jahren als ein eignes Kind halten, und ich bis um 2 Uhr sind und nie mehr als sechs Schüsseln erscheinen – einmal, weil ich für meine Kostgänger sorgen muss, und dann, weil mein guter La Roche von Jugend auf gewöhnt war, an guter Tafel zu sein; da kann ich ihm mit 64 Jahr nicht alle Tag sein Unglück und seinen Verlust zurückrufen. So ist Suppe und Rindfleisch, Gemüs und Beilag, ein Ragout und Backnes heut, Braten und Backnes morgen der Zirkel der sechs Schüßeln. Um 2 Uhr, wo Kaffee getrunken wird bis drei, wo die Briefe kommen, bleiben wir zu allerlei Unterredungen beisammen, dann geht jedes in sein Zimmer. Kommen Besuche, oder so lang die Männer sprechen und gelehrte Zeitungen in meinem Zimmer lesen, so arbeite ich fleißig mit meiner Nadel. Dann geh ich um 5 Uhr wieder in meine Küche und ordne das Abendessen. Um sieben kommen meine Söhne, die bei mir Französisch, die Geografie und Geschichte lesen. Süße Stunden, weil wir freundlich miteinander reden und moralische Grundsätze in ihre Seelen fließen. Bei Tisch, bei Besuch, bei Frühstück und Kaffee wird von nützlichen und angenehmen Dingen gesprochen. Mein Mann macht Besuche, ich nicht. Er geht mit Domherrn van Haak manchmal nach Mannheim, wie er jetzt seit zwei Monat mit van Haak und Dalberg in Holland und Spa ist. So fassen sich meine Stunden, so erfülle ich sie.

Erster Text: Justus Möser, Die gute selige Frau (nach 1760), in: Walther Killy (Hrsg.), 18. Jahrhundert. Texte und Zeugnisse, Bd. 1, München 1983, S. 179-181
Zweiter Text zitiert nach: Heide Wunder, „Er ist die Sonn', sie ist der Mond". Frauen in der Frühen Neuzeit, München 1992, S. 90

1. *Erläutern Sie Mösers Vorstellung von der idealen Ehefrau und sein Verständnis von Frau, Ehe und Familie.*
2. *Vergleichen Sie den von Möser beschriebenen Tagesablauf seiner Ehefrau mit dem von La Roche.*
3. *Schließen Sie aus dem Brief der Sophie von La Roche, wie sie zu ihrer Rolle und ihren Aufgaben steht.*

▲ **Marie Sophie von La Roche.**
Gemälde von Oswald May, um 1776.
Sophie von La Roches Roman „Geschichte des Fräuleins von Sternheim" gilt als der erste deutschsprachige, der von einer Frau verfasst wurde, und machte Sophie von La Roche populär.

[1] „Pomona für Teutschlands Töchter", kurz „Pomona", war eine deutsche, monatlich erscheinende Frauenzeitschrift, deren erste Herausgeberin Sophie von La Roche war.

Die Bevölkerungsentwicklung vom 15. bis 18. Jahrhundert

Neunzehn Jahre alt ist Ulrich Bräker, ältestes von elf Kindern eines Kleinbauern aus der Schweizer Landschaft Toggenburg, als er im Jahre 1755 sein Elternhaus und das armselige Leben als Knecht und Salpetersieder verlässt. Er gerät als Söldner ins preußische Heer, desertiert jedoch gleich bei der ersten Schlacht und kehrt in die Heimat zurück. Dort zieht er einen kleinen Garnhandel auf und lernt bald darauf seine Braut Salome Ambühl kennen. Heiraten kann er sie aber nicht, solange er keinen eigenen Hausstand oder einen ausreichenden Verdienst besitzt. Jeder heiratswillige Mann muss eine Familie ernähren können, so verlangt es die Obrigkeit. Dabei können Bräker und seine Landsleute noch froh sein: In Oberbayern etwa dürfen nämlich nur die Paare heiraten, von denen der eine Erbe eines Anwesens ist und der andere das dazu passende Heiratsgut mitbringt. 1761 endlich kann Bräker – nun 25 Jahre alt – nach einem überaus guten Erntejahr seine Salome zur Frau nehmen.

Die folgenden Jahre sind schwer: In nur sieben Jahren kommen fünf Kinder zur Welt. Mit dem Garnhandel und dem Kleinst-Anwesen kann Bräker die Familie jedoch kaum ernähren. Zudem gibt es nach 1760 keine einzige gute Ernte mehr, vereinzelt fällt sie sogar wie 1768/69 durch die anhaltende nasskalte Witterung ganz aus. Überall herrschen Hunger und Not. Den Winter überleben viele Menschen nicht.

Obwohl sie von den letzten Hungerjahren geschwächt ist, wird Bräkers Frau 1772 wieder schwanger. Im Herbst müssen die Eltern hilflos mit anschauen, wie die Ruhr, eine eitrige Durchfallerkrankung, den neunjährigen Sohn und die achtjährige Tochter in wenigen Tagen dahinrafft. Auch die drei Kleinen sowie Ulrich Bräker selbst stecken sich an, kommen jedoch glimpflich davon. Seine hochschwangere Frau bleibt verschont und bringt ihr Kind gesund zur Welt. Schon 1773/74 – das nächste Kind ist geboren – hat Ulrich Bräker wieder fünf Kinder zu versorgen. Dies gleicht einem Wunder, denn in solchen Zeiten überlebt kaum ein Kind das erste Lebensjahr. Bräker beklagt zwar die Kosten für Essen, Kleider und Holz, jedoch setzt er seine Hoffnung auf künftige Jahre, wenn ihm seine Jungen eine Hilfe sein können.

Begrenztes Wachstum ◼ Die Vorgänge in der Region Toggenburg verdeutlichen, welche Faktoren die Bevölkerungsentwicklung beeinflussten. Die Überlebensbedingungen der Menschen waren vor allem von den wirtschaftlichen Voraussetzungen und dem Nahrungsangebot bestimmt. Dieses wurde nicht nur von Krisen und Hungersnöten begrenzt, sondern auch durch die grundherrlich festgelegte Hofgröße. In der Region Toggenburg galt die Real-Erbteilung, die wie bei Ulrich Bräker zu Hofgrößen führen konnte, mit der ein Überleben nicht möglich war. Daher musste er für den Lebensunterhalt seiner Familie gewerblichen Nebenverdienst betreiben.

Um die Zahl der mittellosen Familien einzuschränken, die von den Städten und Dorfgemeinden versorgt werden mussten, banden in Mitteleuropa Obrigkeiten und Staat die Eheschließung an den Besitz eines eigenen Hausstands, eines Hofs oder eines Geschäfts. Einerseits stieg durch die Ehegesetze das Heiratsalter an, denn Söhne und Töchter aus begüterten Haushalten mussten mit der Hochzeit oft bis zur Hofübernahme oder Geschäftsübergabe warten. Andererseits wurden ganze Gruppen vom Heiratsmarkt ausgeschlossen, die nicht über die Voraussetzung für eine Heirat verfügten, wie vor allem Dienstmägde und Knechte.

▲ **Gedächtnisbild der Memminger Patrizierfamilie Funk.**
Um 1510 gemaltes Grabbild von Bernhard Strigel aus der im Jahre 1470 bei der Memminger Pfarrkirche errichteten Kapelle der Familie Funk. 1513 hatte Johann Funk d.J. (1463-1513) kurz vor seinem Tod hierher eine Messe gestiftet. Auf dem Bild kniet er in der Mitte, ihm gegenüber auf der rechten Bildseite seine Ehefrau. Hinter ihnen sind jeweils ihre sechs Söhne und sechs Töchter dargestellt. Acht der zwölf Kinder tragen Totenhemden. Sie verstarben schon als Kleinkinder. Eine der beiden heranwachsenden Töchter wird bald nach Fertigstellung des Bildes sterben. Über der Familie die Aufschrift: Herr Jhesu Christe das blúth, von deiner bittern krónung vergossen, lass komen über uns und unsre kinder zú abwäschung sonderlicher mackeln, daß wir also gerainiger dich magen anschawen in ewiger clarhait mit den himlischen búrgern. amen.

Aufgrund des begrenzten Nahrungsspielraums in der vormodernen Gesellschaft war die Zahl der in einem Haushalt zu ernährenden Kinder beschränkt. Dies galt nicht nur für die Unterschichten, sondern auch für bessergestellte bäuerliche und bürgerliche Schichten. Jedes Kind musste ernährt und gekleidet, dem Sohn das Lehrgeld, der Tochter die Aussteuer oder Mitgift bezahlt werden. Gab es mehr Kinder, als mit den zur Verfügung stehenden Mitteln versorgt werden konnten, brachte dies die ganze Familie in Gefahr. Vor diesem Hintergrund mag die damalige hohe Geburtenzahl zunächst verwundern (▶ M1). Sie ist zum Teil zu erklären durch mangelnde sexuelle Aufklärung, fehlende Empfängnisverhütung und dadurch, dass Kinder als Arbeitskräfte und zur Versorgung der alten Eltern durchaus gebraucht wurden.

Trotz hoher Geburtenrate wuchs die Bevölkerung aber nur in begrenztem Maße, denn das Überleben der Menschen war von den Schwankungen der jährlichen Ernteerträge abhängig. Erntekrisen führten immer wieder zu Knappheit und Teuerung von Getreide und Feldfrüchten. Hunger und Mangelernährung schwächten die Menschen und machten sie anfällig für Krankheiten und Epidemien. Zusätzlich verschlechterten sich in Mangelzeiten die Erwerbsmöglichkeiten für die Unterschichten und das kleingewerbliche Bürgertum, weil sich viele Menschen einschränken mussten. So schnellten in Krisenjahren die Sterbeziffern mitunter auf mehr als das Dreieinhalbfache von Normaljahren hoch. Für diese immer wiederkehrende Krisensterblichkeit bedurfte es also nicht einmal großer Kriege.

Hinzu kam eine hohe Kindersterblichkeit. Zehn bis 20 Prozent der Kinder starben bereits im ersten Lebensjahr, in unwirtlichen Gegenden sogar bis zu 50 Prozent. Mindestens 40 Prozent erreichten nicht die Pubertät. Dies führte dazu, dass die Lebenserwartung der Menschen im Durchschnitt bei nur 25 bis 32 Jahren lag. Ein Junge, der die Jahre der Kindheit überstanden hatte, konnte dann jedoch mit einer durchschnittlichen Lebenserwartung von etwa 57 Jahren rechnen. Nur wenige wurden älter als 65 oder 70 Jahre. Die Sterblichkeitskurve der Frauen stieg im gebärfähigen Alter überproportional an. Dies war die Folge zahlreicher Schwangerschaften und Geburten, mangelnder Geburtshilfe und Hygiene, Kindbetterkrankungen und allgemeiner Schwäche der Gebärenden.

Demografische Aufholjagden Das Bevölkerungsverhalten war elastisch genug, um „normale" Krisen und Wechselfälle innerhalb weniger Jahre über die Lockerung der Eheschließungsvorschriften und dadurch steigende Geburtenzahlen wieder auszugleichen (▶ M2, M3).

Schwieriger war dies, wenn mehrere Krisenfaktoren zusammentrafen und langfristig die Voraussetzung für erneutes Bevölkerungswachstum fehlte. So hatte der Dreißigjährige Krieg vor allem unter den Kindern und Jugendlichen viele Opfer gefordert, sodass es nach Kriegsende nicht genügend heirats- und fortpflanzungsfähige Menschen gab. Obwohl die Lebensmittelversorgung nach dem Krieg überdurchschnittlich gut war, da es weitaus mehr landwirtschaftliche Erträge gab, als die wenigen überlebenden Menschen verbrauchen konnten, stiegen die Geburtenzahlen über Jahrzehnte nicht an.

Mit dem Problem des Menschenmangels erwachte bei den Obrigkeiten ein Interesse an der Bevölkerungszahl und ihrer Entwicklung, den Grundlagen der **Demografie**. Bis dahin wussten die europäischen Herrscher nicht, über wie viele Untertanen sie herrschten. Es gab kaum Erhebungen, und die zur Ausübung von Leibeigenschaft, Landes- oder Grundherrschaft angelegten unterschiedlichen Quellen über Zinspflichtige, Lehnsträger oder Leibeigene waren lückenhaft und heterogen. Seit der Mitte des 17. Jahrhunderts wurden Erhebungen zur Erfassung der gesamten Wohnbevölkerung immer häufiger. Auch in den Kirchen wurden nun genaue Register über Trauungen, Taufen und Todesfälle geführt.

Die Landes- und Grundherren versuchten fortan, die Bevölkerungsentwicklung mit unterschiedlichen Mitteln zu fördern. So wurde in manchen Gegenden das Heiratsalter herabgesetzt, in anderen die Ansiedlung von kleinbäuerlichen Stellen erleichtert.

Die Bevölkerungsentwicklung Europas Überblickt man die langfristigen Wellen der Bevölkerungsentwicklung in Spätmittelalter und Frühneuzeit, so ergeben sich folgende Zyklen:

1. Bevölkerungsstagnation und Schrumpfung im 14. und 15. Jahrhundert:
Im Mittelalter war die Bevölkerung kontinuierlich gewachsen. Zu Beginn des 14. Jahrhunderts stagnierte sie jedoch und ging dann kontinuierlich zurück. Als Hauptgrund dafür wird allgemein die aus Asien nach Europa eingeschleppte große Pest in der Mitte des 14. Jahrhunderts angesehen. Die Seuche beschleunigte jedoch nur eine langfristig rückläufige Bevölkerungsentwicklung. Bereits um 1300 waren die Grenzen des Wachstums erreicht, d.h. die Nahrungsmittelproduktion konnte mit den zur Verfügung stehenden Anbauflächen und der damaligen Agrartechnik nicht ausreichend gesteigert werden, um die wachsende Bevölkerung zu ernähren. Die Kornpreise stiegen an. Zudem endete die günstige Klimaphase des Hochmittelalters. Strenge Winter und verregnete Sommer führten ab 1315 in ganz Europa zu Ernteausfällen und einer langandauernden Hungers-

Demografie: von griech. démos = das Volk, graphé = Schrift, Beschreibung; Wissenschaft, die sich mit der Entwicklung der Bevölkerung sowie den dafür verantwortlichen Faktoren befasst. Mithilfe der Statistik z.B. aus Volkszählungen beschreibt, analysiert und erklärt die Demografie die natürlichen Bevölkerungsbewegungen (Geburten und Sterbefälle), Verhaltensweisen (z.B. Heiraten, Scheidungen), Bevölkerungsentwicklungen (z.B. Zahl, Alters- und Geschlechtsstruktur) sowie die Bevölkerungsbewegungen (z.B. regionale Verteilung, Wanderungsbewegungen).

not. Ein Bevölkerungseinbruch war die Folge, der durch Pestwellen verstärkt wurde. Gegen Ende des 14. Jahrhunderts war die Bevölkerung soweit dezimiert, dass die geringe Nachfrage den Getreidepreis sinken ließ.

2. Bevölkerungswachstum im 16. Jahrhundert:
Die Bevölkerung wuchs wieder an, nicht genutzte Flächen wurden urbar gemacht, um die Ernteerträge zu erhöhen. Um die Mitte des 16. Jahrhunderts war auf dem Gebiet des Deutschen Reiches die Bevölkerungszahl vor den großen mittelalterlichen Pestwellen erreicht. Zwar sind in den großen Städten des Reiches für die zweite Hälfte des 16. Jahrhunderts mehrere schwere Seuchen überliefert, jedoch wurden die Epidemieverluste im Allgemeinen durch Zuwanderung aus kleineren Städten und dem Umland sowie durch ansteigende Geburtenzahlen rasch wieder ausgeglichen.

3. Bevölkerungsverlust im 17. Jahrhundert:
Der Dreißigjährige Krieg und die in seinem Gefolge ausbrechenden Hungersnöte und Seuchen verursachten den größten Bevölkerungseinbruch des Zeitalters. Es dauerte rund ein Jahrhundert, bis die Bevölkerungszahl im deutschen Raum wieder den Stand von 1618 erreichte.

4. Anhaltendes Wachstum seit dem 18. Jahrhundert:
Die Kriege des 18. Jahrhunderts waren in zunehmendem Maße regional begrenzte militärische Operationen und insgesamt von kürzerer Dauer, sodass nicht mehr so viele Menschen und Regionen betroffen waren. In vielen Territorien sorgten die Obrigkeiten mit gezielten Maßnahmen für eine bessere Versorgung der wachsenden Bevölkerung. Agrarisches Neuland wurde gewonnen und neue Anbaumethoden wurden eingeführt. Auch das Klima verbesserte sich. Eine kühlere Phase des 16. bis 17. Jahrhunderts wurde von einer agrar- und bevölkerungsgeschichtlich günstigen Wärmeperiode abgelöst. Seit der Mitte des 17. Jahrhunderts stagnierte die Bevölkerung Europas bei geschätzten 100 bis 120 Millionen Menschen oder erhöhte sich zumindest nur leicht. Etwa ab 1750 begann die Bevölkerung in ganz Europa in einem sich ständig beschleunigenden Maße zu wachsen, sodass man von einer „Bevölkerungsexplosion" sprechen kann (▶ M4).

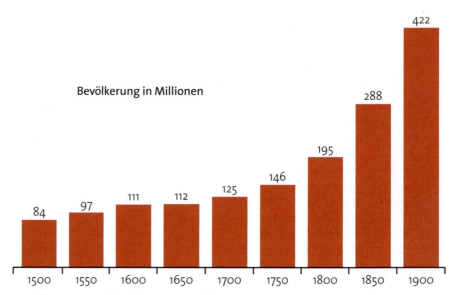

▲ **Bevölkerungsentwicklung in Europa 1500 bis 1900.**
Aus: Der große Ploetz, Freiburg i. Br. [35] 2008, S. 694

M1 Familiengrößen

a) Familiengröße nach Anzahl der Geburten in Mainz im 17./18. Jahrhundert:

Geburten pro Familie	Anzahl der Familien absolut	%	Anzahl der Geburten
1	5	1,78	5
2	12	4,29	24
3	10	3,58	30
4	16	5,72	64
5	20	7,14	100
6	34	12,14	204
7	30	10,72	210
8	37	13,21	296
9	37	13,21	333
10	19	6,79	190
11	20	7,14	220
12	26	9,29	312
13	5	1,78	65
14	4	1,43	56
15	2	0,71	30
16	2	9,71	32
17	-	-	-
18	1	0,36	18
	280	100,00	2189

1. Erläutern Sie die Tabelle a). Ermitteln Sie die durchschnittliche Familiengröße nach Geburten im untersuchten Zeitraum.
2. Analysieren Sie anhand von Tabelle b) den Zusammenhang zwischen Berufsgruppe und Säuglingssterblichkeit.
3. Erläutern Sie den Zusammenhang der beiden Statistiken in Bezug auf die Größe der Familien. Inwiefern hat Tabelle b) Einfluss auf Ihr Ergebnis zur Familiengröße in Tabelle a)?
4. Überlegen Sie, welche methodischen Probleme sich beim Vergleich der Tabellen a) und b) ergeben. Suchen Sie Lösungen, die es ermöglichen, anhand regionaler und lokaler Einzeluntersuchungen zu allgemeinen, tragfähigen Aussagen zu gelangen.

b) Säuglings- und Kindersterblichkeit aus 14 Dörfern in Württemberg, Geburtsjahrgänge 1750-1799:

Von 1000 Neugeborenen starben, bevor sie das Alter x erreichten						
Geburtsjahrgänge	Alter (Jahre)	Handwerker, Wirte, Kaufleute, Lehrer usw.	Bauern	Landarbeiter, Tagelöhner usw.	Sonstige	alle Berufsgruppen
1750 bis 1799	1	199	210	226	224	213
	5	336	315	348	357	335
	10	377	346	382	390	370
	15	390	359	397	406	384

Richard van Dülmen, Kultur und Alltag in der Frühen Neuzeit, Bd. 1: Das Haus und seine Menschen 16.-18. Jahrhundert, München 1990, S. 32 und 88

M2 Bevölkerungsentwicklung der Reichsstadt Augsburg von 1500 bis 1648

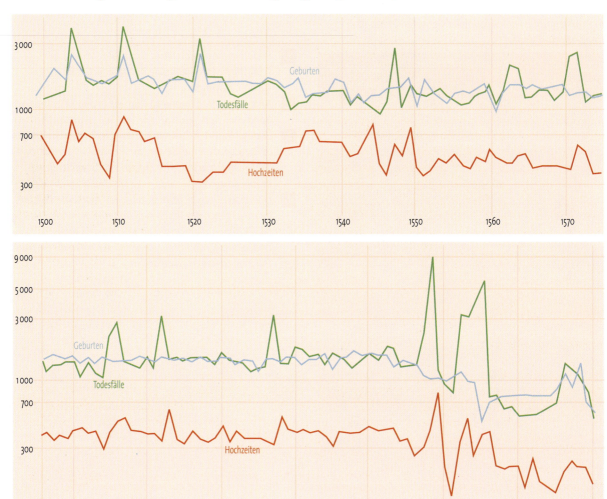

Barbara Rajkay, Die Bevölkerungsentwicklung von 1500 bis 1648; in: Gunther Gottlieb u.a. (Hrsg.), Geschichte der Stadt Augsburg. 2000 Jahre von der Römerzeit bis zur Gegenwart, Stuttgart ²1985, S. 252-258, hier S. 253

1. Untersuchen Sie das Verhältnis der drei Kurvenverläufe (Hochzeiten, Todesfälle, Geburten) zueinander. Erläutern Sie die daraus deutlich werdenden demografischen Verhaltensweisen.
2. Interpretieren Sie die auffallenden Kurvenverläufe im historischen Kontext.

M3 Der Bevölkerungsaufbau der Stadt Oppenheim im Rheinland im Jahre 1681

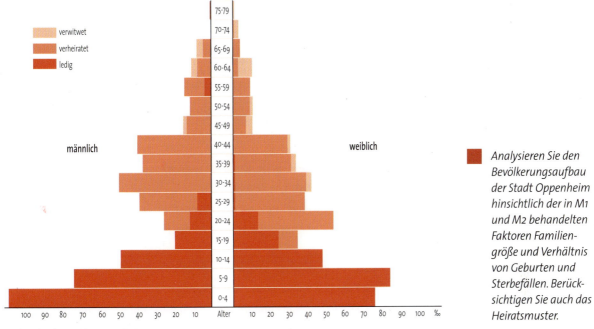

Nach: Richard van Dülmen, a.a.O., S. 33

■ Analysieren Sie den Bevölkerungsaufbau der Stadt Oppenheim hinsichtlich der in M1 und M2 behandelten Faktoren Familiengröße und Verhältnis von Geburten und Sterbefällen. Berücksichtigen Sie auch das Heiratsmuster.

M4 Bevölkerungsentwicklung Europas 1500-1900

Jahr	England		Frankreich		Deutschland		Europa
	Millionen Einwohner	Prozentanteil an der Bevölkerung Europas	Millionen Einwohner	Prozentanteil an der Bevölkerung Europas	Millionen Einwohner	Prozentanteil an der Bevölkerung Europas	Millionen Einwohner
1500	-	-	-	-	9	10,7	84
1550	3,0	3,1	19,5	20,1	13,5	13,9	97
1600	4,1	3,7	19,6	17,7	17	15,3	111
1650	5,2	4,7	20,3	18,1	10	8,9	112
1700	4,9	3,9	22,6	18,0	16	12,8	125
1750	5,8	3,9	24,6	16,9	17	11,6	146
1800	8,6	4,4	29,3	15,0	24,5	12,6	195
1850	16,6	5,8	36,3	12,6	35,4	12,3	288
1900	30,4	7,2	40,6	9,6	56,4	13,4	422

Nach: Massimo Livi Bacci, Europa und seine Menschen, München 1999, S. 18 f. und Michael North (Hrsg.), Deutsche Wirtschaftsgeschichte. Ein Jahrtausend im Überblick, München 2000, S. 118

1. Wandeln Sie die Tabelle in ein Diagramm um. Begründen Sie die von Ihnen gewählte Diagrammform.
2. Vergleichen Sie die Entwicklung der einzelnen Länder. Welche Gemeinsamkeiten und Unterschiede stellen Sie fest? Erklären Sie.
3. Erläutern Sie die Gesamtentwicklung und ordnen Sie diese in den historischen Kontext ein.

Leben in der Industriegesellschaft des 19. Jahrhunderts

◀ **Das Eisenwalzwerk.**
Ölgemälde (158 x 254 cm) von Adolph Menzel, 1872/75.
Das Werk zeigt die Walzhalle für Eisenbahnschienen der Königshütte in Oberschlesien.
Es ist das erste Industriegemälde in Deutschland, das den industriellen Arbeitsprozess und die harten Arbeitsbedingungen ins Zentrum rückt.
▪ Analysieren Sie, inwiefern und mit welchen Mitteln der Maler die umwälzenden Veränderungen der Industriellen Revolution sichtbar macht.

Industrieller Aufbruch und Liberalisierung	seit ca. 1750	In ganz Europa steigen die Bevölkerungszahlen stark an.
	1760	In England beginnt die Industrielle Revolution.
	1799 - 1817	Maximilian von Montgelas modernisiert den bayerischen Staat durch Reformen.
	1806	Napoleon gründet den Rheinbund; das Heilige Römische Reich Deutscher Nation wird aufgelöst.
	1807 - 1811	In Preußen werden Bauernfreiheit und Gewerbefreiheit eingeführt.
	1815	Auf dem Wiener Kongress wird Europa neu geordnet.
	1834	Durch den Deutschen Zollverein entsteht ein Binnenmarkt ohne Handelsbarrieren.
Durchbruch der Industrialisierung, Soziale Frage und Arbeiterbewegung	1835	Zwischen Nürnberg und Fürth nimmt die erste Eisenbahnstrecke ihren Betrieb auf.
	ca. 1840	Die Industrialisierung gelangt auf dem europäischen Kontinent zum Durchbruch.
	1848/49	Nationale, soziale und liberale Forderungen bestimmen die Revolution von 1848/49; die Arbeiter- und Frauenbewegung beginnt sich zu organisieren und Lösungen für die Soziale Frage zu finden.
	ca. 1860 - 1914	Etwa 16 Millionen Menschen wandern auf der Suche nach neuen Arbeitsplätzen vom Osten in den industrialisierten Westen des Deutschen Reiches.
Entstehung der Industriegesellschaft	1871	Die Gründung des Deutschen Reiches löst einen wirtschaftlichen Boom aus.
	ca. 1875 - 1910	Die Städte in Deutschland wachsen stark an (Urbanisierung); die Wohn- und Arbeitsbedingungen der Arbeiterschaft verschlechtern sich.
	um 1880	Mit der Serienfertigung von normierten Einzelteilen beginnt die Massenproduktion.
Massenproduktion und Massengesellschaft	1883 - 1889	Staatliche Sozialgesetze schaffen einen Rechtsanspruch auf finanzielle Leistungen im Alter, bei Krankheit oder Unfall.
	ab 1890/95	Durch den Aufschwung in den „modernen" Industrien (Elektrotechnik, Chemie und Maschinenbau) steigt Deutschland zu einer der größten Industrienationen auf.
	um 1900	Die durchschnittliche Arbeitszeit sinkt in Deutschland auf etwa elf Stunden pro Tag.
	1895 - 1913	Ein wachsendes Realeinkommen ermöglicht breiteren Schichten Freizeitaktivitäten und Massenkonsum.

■ Im ausgehenden 18. und im beginnenden 19. Jahrhundert war die Herrschafts- und Gesellschaftsordnung immer noch vom Ständewesen geprägt. Jedoch ließen sich die überkommenen gesellschaftlichen Normen und politischen Institutionen immer weniger mit den wirtschaftlichen Erfordernissen der Zeit und den Ideen der Aufklärung vereinbaren: die freie Entfaltung gesellschaftlicher, kultureller und wirtschaftlicher Kräfte, Gleichheit, Freiheit und die Sicherung der Menschenrechte. In England und Frankreich wurden neue Staatslehren entwickelt, die dem absolutistischen Herrschaftsprinzip die Volkssouveränität entgegensetzten. Sie forderten Verfassungen, in denen Gewaltenteilung, Rechtsstaatlichkeit und ein aus freien Wahlen hervorgegangenes Parlament garantiert wurden, ebenso Grundrechte, Meinungs- und Pressefreiheit sowie religiöse Toleranz. Aus Untertanen sollten Staatsbürger werden.

Mit der Verkündung der amerikanischen Verfassung 1787 wurde das republikanische Modell erstmals in die Praxis umgesetzt. Aber erst die Französische Revolution, die am 14. Juli 1789 mit dem Sturm auf die Bastille begann, stärkte überall in Europa die veränderungsbereiten Kräfte.

Die Auswirkungen der Französischen Revolution führten zu grundlegenden Veränderungen. 1799 war Napoleon I. Bonaparte durch einen Staatsstreich an die Macht gekommen, hatte wirtschaftliche und rechtliche Reformen eingeleitet, sich 1804 zum Kaiser gekrönt und die Vormachtstellung Frankreichs in Europa erreicht. Die Napoleonischen Kriege sorgten für eine „Flurbereinigung" der europäischen Landkarte, die im Jahr 1806 schließlich zur Auflösung des Heiligen Römischen Reiches Deutscher Nation führte. Zugleich zwangen sie nicht nur die besetzten, sondern auch die formell souverän gebliebenen deutschen Gebiete dazu, sich der Herausforderung durch das revolutionäre Frankreich zu stellen und Reform- und Modernisierungsmaßnahmen einzuleiten. In Bayern zeichnete dafür Maximilian von Montgelas verantwortlich.

Darüber hinaus verhalfen die Revolutionskriege der Idee der Nation und dem Nationalismus zum Durchbruch. Die Nachfolge des untergegangenen Heiligen Römischen Reiches Deutscher Nation trat nach dem Wiener Kongress 1815 der Deutsche Bund an. Dieser lockere Staatenbund enttäuschte jedoch alle, die einen deutschen Nationalstaat mit einer starken Zentralgewalt wollten. Die nach dem Hambacher Fest von 1832 gestellten sozialen, nationalen und liberalen Forderungen führten zum Ausbruch der Revolutionen von 1848/49. Der Wunsch nach einer neuen Verfassung und einem deutschen Nationalstaat erfüllte sich erst mit der durch Otto von Bismarck vorangetriebenen Gründung des Deutschen Kaiserreiches im Jahr 1871.

Zu diesem Zeitpunkt war bereits ein umwälzender Prozess in vollem Gange: die Industrialisierung. Sie hatte schon um die Mitte des 18. Jahrhunderts in England eingesetzt und erfasste schließlich ganz Europa und die USA. Aus Ländern, in denen die meisten Menschen von der Landwirtschaft lebten und in denen Handwerker die Güter des täglichen Bedarfs als Einzelanfertigungen herstellten, wurden Industrienationen, in denen der überwiegende Teil der Bevölkerung in der gewerblichen Produktion tätig war und fast alle Waren in Massenproduktion in Fabriken gefertigt wurden. Mechanisierung und Rationalisierung waren die Folge, aber auch Umweltbelastung und -zerstörung.

Nicht weniger umwälzend waren die Folgen im beruflichen und privaten Alltag der Menschen. Dies beweist die Soziale Frage, um deren Lösung sich nicht nur die Arbeiterbewegung, die Kirchen und einige Unternehmer bemühten, sondern schließlich auch der Staat mit seiner Sozialgesetzgebung. All das zusammen rechtfertigt es, von einer Industriellen Revolution zu sprechen, die aber wiederum nur einen Teil der radikalen Veränderungen auf beinahe allen Gebieten des menschlichen Zusammenlebens ausmacht, die aus der Ständegesellschaft allmählich eine Industriegesellschaft entstehen ließen.

> ■ Vervollständigen Sie das Grundwissen um fehlende Begriffe und Daten.
> ■ Arbeiten Sie die politischen, gesellschaftlichen und wirtschaftlichen Entwicklungen im 19. Jahrhundert zu einem Referat aus.

Liberalisierung durch staatliche Reformen

Es ist Juli 1845 und schon das zweite Mal in diesem Jahr, dass sich Bernhard Springer, ein gelernter Müller und Sohn eines Landshuter Metzgers, bei den Stadtvätern der niederbayerischen Kreishauptstadt Landshut um eine „Ansässigmachung" bemüht. Endlich will er seine Braut, eine Dienstmagd aus Kraiburg, heiraten und damit den beiden gemeinsamen Kindern die Rechte ehelichen Nachwuchses verschaffen. Wer sich in Bayern niederlassen und verheiraten, ein Gewerbe oder Handwerk ausüben will, ist nicht mehr von der Bewilligung des Grundherrn oder der Zunft abhängig. Er muss aber eine Genehmigung der staatlichen Behörden oder der jeweiligen Gemeinde auf „Ansässigmachung" einholen, ohne die es keine Heirat und keine Gewerbeerlaubnis gibt. Bernhard Springer bleibt optimistisch. Denn in früheren Jahren, so weiß er, haben die Behörden stets relativ großzügig entschieden. Aber er irrt sich: Im November desselben Jahres wird auch sein dritter Antrag abgelehnt.

Wie Bernhard Springer ergeht es zahllosen anderen Bewerbern vor und nach ihm. Viele versuchen mit Schulzeugnissen, Militärdienstzeitscheinen, Lehrbriefen, Vermögensnachweisen, Leumundszeugnissen und persönlich an die „hohen Herren" gerichteten Briefen ihre Chancen auf „Ansässigmachung" und die begehrten Gewerbekonzessionen zu erhöhen – oft vergeblich: Allein zwischen 1845 und 1852 werden in Landshut von 181 Gesuchen 72 abgelehnt. Den vielen Handwerksmeistern und anderen Gewerbetreibenden bleibt meist nur, als Dienstboten, Gesellen, Tagelöhner oder besitzlose Dorfhandwerker ihr Auskommen zu suchen.

Mit ihrer strikten Entscheidungspraxis stehen die Landshuter nicht allein. So sind etwa in Regensburg Fälle von neun- und zehnmaliger Ablehnung bekannt. Trotz aller Reformen, die Bayern in den letzten Jahrzehnten in Verwaltung und Recht, Handel und Wirtschaft verwirklicht hat – von einer allgemeinen Gewerbefreiheit, wie es sie in Preußen bereits seit 1811 gibt, hält man in Landshut wie auch in den meisten anderen Teilen Bayerns offenbar nichts.

Karl Reichsfreiherr vom und zum Stein (1757-1831): seit 1780 im preußischen Staatsdienst, wurde er 1807 vom König entlassen, jedoch auf Wunsch Napoleons zum Leitenden Minister ernannt; musste wegen Kritik an Napoleon 1808 ins Exil gehen und wurde 1812 Berater des russischen Zaren Alexander I.

Karl August Fürst von Hardenberg (1750-1822): 1804-06 preußischer Außenminister, 1810-22 Staatskanzler; wurde 1814 für seine Verdienste in den Fürstenstand erhoben.

Judenemanzipation: Weg zur Gleichstellung der jüdischen Minderheit

Eine „Revolution von oben" ... Worauf Bernhard Springer 1845 wenn auch vergeblich seine Hoffnung setzte, war eine weit über Bayern hinausgreifende Reformbewegung, die um 1800 auf dem Gebiet des Deutschen Reiches die Lebens- und Rechtsverhältnisse grundlegend verändert hatte. Da sie von den Regierungen in Gang gesetzt worden war, ging sie als „Revolution von oben" in die Geschichte ein. Noch heute werden die Namen der damals leitenden Politiker – **Karl Reichsfreiherr vom und zum Stein** und **Karl August Fürst von Hardenberg** in Preußen sowie Maximilian Joseph Graf von Montgelas in Bayern – mit den Reformen verbunden (▶ M1). Sie waren es, die die Reformen entwarfen und mit Zustimmung ihrer Monarchen in die Tat umsetzten. Geschwindigkeit und Stufen dieser Reformen waren in den einzelnen Territorien sehr unterschiedlich. Begonnen hatten sie mancherorts bereits an der Wende vom 17. zum 18. Jahrhundert, vollendet wurden sie teilweise erst in der zweiten Hälfte des 19. Jahrhunderts. Sie brachten Rechtsgleichheit für alle Bewohner, schafften auf dem Land Grundherrschaft und Leibeigenschaft ab und beseitigten die Zunftordnungen in den Städten. Begleitet wurden sie von einer Neuordnung der staatlichen Verwaltung, des Rechts- und Bildungswesens und der **Judenemanzipation**. In mehreren Staaten führten sie zu schriftlich niedergelegten Verfassungen, zur Einberufung von Parlamenten und zur Entstehung konstitutioneller Monarchien.

Liberalisierung durch staatliche Reformen

... und ihre Ursachen Der Reformschub in den ersten beiden Jahrzehnten des 19. Jahrhunderts hatte mehrere Ursachen:

- Die Reformen reagierten auf freiheitliches Gedankengut der Aufklärung und der Französischen Revolution, die Standesschranken und Privilegien kritisierten und die Freiheit der Persönlichkeit forderten. Die Reformen nahmen damit auch einer möglichen „Revolution von unten" den Wind aus den Segeln.
- Am Ende des 18. Jahrhunderts unterstand der Großteil des landwirtschaftlich genutzten Bodens einer Grundherrschaft. Die geistlichen und weltlichen Landesherren, der Adel, die Klöster und Stifte sowie in geringerem Ausmaß auch nichtadlige weltliche Grundbesitzer hielten über 96 Prozent des landwirtschaftlichen Besitzes in ihren Händen. Schon seit Mitte des 18. Jahrhunderts war in Europa aus aufklärerischen Kreisen Kritik daran aufgekommen, wie sehr die Grundherrschaft und das Zunftwesen einem wirtschaftlichen Aufschwung entgegenstanden. Die wirtschaftliche Entwicklung im liberalisierten England führte den Staaten auf dem Kontinent vor Augen, mit welcher Steigerung der Produktion und des Wohlstands sie rechnen konnten, wenn die traditionellen Bindungen und Beschränkungen beseitigt wurden.
- Die Abschaffung der Frondienste, der Feudalrechte, des Zehnten und der Zünfte während der Französischen Revolution wirkten als Signal und bildeten den Auftakt zu reformerischen Ideen in anderen europäischen Staaten. Ausgelöst wurde der Reformprozess aber vor allem durch die napoleonische Herrschaft. Die Staaten des 1806 von Napoleon initiierten Rheinbundes, allen voran Bayern, hatten ab 1803 zum Teil enorme Gebietsgewinne aus Säkularisation und Mediatisierung erhalten. Durch die Auflösung der geistlichen Reichsstände, der bischöflichen Herrschaftsgebiete und der etwa 300 reichsunmittelbaren Abteien und Klöster wechselten insgesamt etwa 95 000 qkm Grundfläche ihren Besitzer. Zudem belohnte Napoleon die mit ihm verbündeten Regenten mit Standeserhöhungen. Um die Bevölkerung der gewonnenen Landesteile an das neue Herrscherhaus und seinen Staat zu binden, ließen die Monarchen sie in den Genuss einer freiheitlicheren Rechts- und Lebensordnung kommen, um einen Patriotismus zu wecken. Nach französischem Vorbild wurden einheitliche Wirtschaftsgebiete geschaffen, die Verwaltung wurde zentralisiert und der Code Civil eingeführt. Adel und Klerus verloren Ämter- und Steuerprivilegien; die ständische Gesellschaftsordnung schafften die Fürsten jedoch nicht vollständig ab. Nicht zuletzt mussten die Monarchen ihre Staaten aber auch modernisieren, um den Ansprüchen Napoleons nach Beiträgen und militärischen Diensten genügen zu können.
- In Preußen, das mit Österreich und Russland die Gegner Napoleons auf dem Kontinent anführte, gingen die Reformer unter anderen Voraussetzungen ans Werk. Anders als die Rheinbundstaaten hatte Preußen fast die Hälfte seines Staatsgebiets verloren und musste erdrückende Tributzahlungen an Frankreich leisten. Der Wunsch, bald wieder in den Kreis der Großmächte aufrücken und gegen die Fremdherrschaft kämpfen zu können, zwang die preußische Regierung zu einer Mobilisierung aller Kräfte, einer „Politik der defensiven Modernisierung" gegen Napoleon (Elisabeth Fehrenbach). Durch Reformen in Landwirtschaft, Gewerbe, Verwaltung und Militär sollte die wirtschaftliche und militärische Leistungsfähigkeit gesteigert und damit das Überleben Preußens im Kampf gegen die napoleonische Fremdherrschaft ermöglicht werden.
- Von einem wirtschaftlichen Aufschwung erhofften sich die Regierungen auch höhere Steuereinnahmen. Auch deshalb versuchten die Reformer, den großen Einfluss des grundbesitzenden Adels und des Klerus in ihren Staaten zurückzudrängen.
- Unabhängig von allen politischen Rahmenbedingungen benötigte eine ständig wachsende Bevölkerung mehr Arbeitsplätze und Nahrungsmittel. Ein wirtschaftlicher Aufschwung sollte beides schaffen.

Säkularisation (von lat. saecularis = weltlich): die Übernahme der Herrschaft in kirchlichen Gebieten durch weltliche Fürsten während der napoleonischen Herrschaft

Mediatisierung („Mittelbarmachung"): bezeichnet die Aufhebung der Reichsunmittelbarkeit der meisten Reichsstädte und vieler weltlicher Reichsstände (z. B. Reichsritter), die nun nicht mehr direkt dem Kaiser, sondern den jeweiligen Landesherren unterstanden

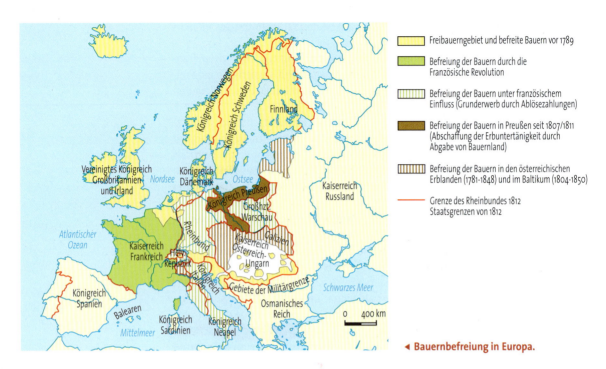

◀ Bauernbefreiung in Europa.

Reformen auf dem Land Im ländlichen Bereich, wo um 1800 noch rund 80 Prozent der Menschen lebten und ihren Unterhalt verdienten, griffen die Reformen am tiefsten in die bestehenden Verhältnisse ein:

- Zunächst wurden – soweit noch vorhanden – alle Formen von Leibeigenschaft und persönlicher Erbuntertänigkeit abgeschafft. Dies betraf vor allem die ostelbischen Gebiete Preußens (▶ M2). In den süddeutschen Territorien war die persönliche Freiheit der Menschen am Ende des 18. Jahrhunderts wesentlich weniger eingeschränkt. Die preußischen Reformer pflügten daher die bestehenden Verhältnisse in kürzerer Zeit viel radikaler um, als etwa in Bayern. Insgesamt sorgten die Reformen dafür, dass die Landbevölkerung künftig keine Heiratserlaubnis des Grundherrn mehr brauchte und nicht mehr an die Scholle gebunden war, also Wohnort und Beruf frei wählen konnte. Die Kinder der Bauern unterlagen nun nicht mehr dem Gesindezwang, der sie zur Arbeit auf dem Hof des Grundherrn verpflichtet hatte.
- Leistungen für den Grundherrn wie Hand- und Spanndienste sowie Naturalabgaben wurden nicht ersatzlos abgeschafft, da sie als Gegenleistung für den überlassenen Besitz von Grund und Boden angesehen wurden. Sie konnten jedoch durch einmalige Geldleistung oder durch jährliche Raten abgelöst werden.
- Auch bislang von einem Grundherrn gepachtetes Land konnte in den Besitz des Pächters übergehen. Als Gegenleistung musste er dem Grundherrn dafür je nach Gegend entweder einen Teil des Landes abtreten oder eine finanzielle Entschädigung zahlen. In Bayern war diese Ablösung wie auch die der Hand- und Spanndienste bis zum Jahr 1848 aber nur mit Zustimmung des Grundherrn möglich.
- Die bislang gemeinschaftlich genutzte Allmende wurde unter den Grundherren und den neuen selbstständigen Bauern aufgeteilt. Diese Flurbereinigung wurde dazu genutzt, um die in der Regel kleinen und verstreut liegenden Feldstücke der Bauernhöfe zu größeren und damit besser nutzbaren Einheiten zusammenzulegen.
- Zuletzt wurden die grundherrliche Gerichtsbarkeit (Patrimonialgerichtsbarkeit) und die Polizeigewalt aufgehoben.

Gewinner und Verlierer Auf den ersten Blick schienen die Grundherren die Verlierer und die Bauern die Gewinner der Reformen zu sein. Doch dieser Eindruck bedarf der Korrektur:
- Der oft für die Reformen auf dem Land benutzte Begriff der „Bauernbefreiung" beschreibt die Vorgänge unvollständig. Nur wohlhabendere Bauern konnten die geforderte finanzielle Ablösung von Diensten und Abgaben leisten sowie Landabtretungen und Entschädigungen verkraften. Denn zum einen wurden viele Höfe durch die Landabtretungen auf eine unrentable Betriebsgröße verkleinert; zum anderen waren kleine und arme Bauern durch die neuen finanziellen Lasten, die bis zu zweieinhalb Mal so hoch sein konnten wie die früheren, bald verschuldet und mussten ihr Land an den Grundherrn oder an reichere Bauern verkaufen. Die Folgen waren, besonders in Preußen, eine weitere Besitzkonzentration und ein Rückgang der Zahl der Kleinbauernhöfe um bis zu 15 Prozent.
- Da die Aufteilung der Allmende prozentual nach den aktuellen Besitzverhältnissen vorgenommen wurde, erhielten die Besitzer großer Ländereien, in der Regel die bisherigen Grundherren, den Hauptanteil und oft auch die besten Landstücke. Landwirtschaftlicher Besitz konzentrierte sich nun in wenigen Händen. Verstreute kleine Äcker wurden zu großen Flächen zusammengelegt und die ehemaligen Allmenden in Ackerland umgewandelt. Viele kleine Bauern und Landarbeiter verloren dadurch die Möglichkeit, auf den bislang gemeinsam genutzten Weiden eigenes Vieh zu halten und so das Familieneinkommen aufzubessern. Viele sanken in die ländliche Unterschicht der besitzlosen Landarbeiter ab.

Gewerbefreiheit statt Zunftzwang? Seit dem 18. Jahrhundert galten die Zünfte als Haupthindernis auf dem Weg zu wirtschaftlichem Aufschwung und Fortschritt im gewerblichen Sektor. Sie legten die Produktionsverfahren fest, kontrollierten die Qualität der Produkte und diktierten die Verkaufspreise. Durch den Zunftzwang wurde das Spiel von Angebot und Nachfrage auf einem freien Markt gehemmt. Führende Theoretiker und Staatsmänner forderten daher „Gewerbefreiheit" im Handwerk: Jeder sollte in jedem Umfang jeden Produktionszweig mit jeder Produktionstechnik eröffnen und betreiben können.

In Bayern gingen die Aufsichtsrechte der Zünfte über das Handwerk an den Staat über, der die Konzessionen für die Neugründung von Betrieben vergab (▶ M3). Im gesamten Deutschen Reich war die Gewerbefreiheit ab dem Jahr 1871 nur noch in einigen wenigen Berufen eingeschränkt, für die eine spezielle fachliche Vorbildung (z.B. bei Ärzten, Apothekern, Bauunternehmern, Schiffern) oder eine besondere Zuverlässigkeit (z.B. bei Schaustellern, Schank- und Gastwirten, Schlossern) erforderlich erschien. Die Ausübung solcher Berufe war an staatliche Zulassungen geknüpft, diese konnten aber, sobald die Voraussetzungen erfüllt waren, nicht verweigert werden.

▲ **Schusterei um 1850.**
Lithografie nach einer Zeichnung von T. Streich.

Einige verrostete Zünftler sitzen noch immer bei „offener Lade" und verstehen die Welt nicht mehr.

Es zeigen sich bereits die bekannten Berliner Industriellen.

Weshalb die Anmeldungen zu Konzessionen sich in bedenklicher Weise mehren.

▲ **Die Gewerbefreiheit und ihre Konsequenzen.**
Humoreske von Herbert König in der Leipziger Illustrirten Zeitung vom 15. Februar 1862 (Ausschnitte).
In der Zunftlade wurden die wichtigsten Dokumente der Zunft, wie etwa die Zunftordnung, verwahrt. Mit „Berliner Industrielle" sind fliegende Händler gemeint.

Anpassungsprobleme im Handwerk Die Gewerbereformen führten im Handwerk zunächst zu einer Welle von Werkstattgründungen, so vor allem in ländlichen Gebieten. Da die Kaufkraft der Kunden mit der Zahl der Neugründungen bei Weitem nicht mithielt, kam es rasch zu einer Übersättigung des Marktes, zu Unterbeschäftigung und Einkommensverlusten. Der armselige Alleinmeisterbetrieb, in dem Frau und Kinder mitarbeiteten, der aber keine Gesellen oder Lehrlinge ernähren konnte, prägte vielerorts das Bild (▶ M4). Auch die industrielle Konkurrenz – zunächst aus dem Ausland, bald aber auch aus Deutschland – setzte dem Handwerk besonders im Bereich der Textilproduktion und der Metallverarbeitung schwer zu, da sie effektiver und billiger produzieren konnte.

Erst nach Jahrzehnten der Umorientierung fanden Handwerker Ersatz für die ihnen an die neuen Fabriken verloren gegangenen Produktionsbereiche: Sie verlegten sich auf die Reparatur und das Verkaufsgeschäft, aber auch auf die Produktion solcher Güter, die nicht massenweise in den Fabriken hergestellt werden konnten, oder auf die Weiterverarbeitung von Fabrikware. Ein Beispiel ist der Textilbereich, in dem Massenproduktion in der Fabrik (Spinnerei und Weberei) und handwerkliche Kleiderschneiderei Hand in Hand arbeiteten und voneinander profitierten. Auf diese Weise veränderte sich das Berufsbild des Handwerkers im Laufe des 19. Jahrhunderts grundlegend.

Licht ... Überblickt man die Reformen in Landwirtschaft und Gewerbe insgesamt, so waren trotz aller regionalen Unterschiede die langfristigen Folgen revolutionär:
- Die Liberalisierung schuf neue Möglichkeiten der freien Entfaltung und der individuellen Lebensgestaltung: Viele der auf dem Land lebenden Menschen konnten bisher aufgrund rechtlicher Bindungen den Grund und Boden, den sie bearbeiteten, nicht ohne Weiteres verlassen. Dies war nun möglich. Sie konnten Wohnort und Beruf frei wählen, einen Betrieb gründen und frei über ihre Arbeitskraft und ihre Zeit verfügen.
- Durch die Aufhebung der Heiratsbeschränkungen konnte jeder unabhängig von Verdienst und Besitz eine Familie gründen.
- Darüber hinaus garantierten die Reformen Rechtsgleichheit für alle. Sie setzten damit eine Entwicklung fort, die mit der Übernahme des napoleonischen Code Civil in den Rheinbundstaaten begonnen hatte.

... und Schatten
- Die Reformen hoben zwar die feudalen Abhängigkeitsverhältnisse auf dem Land auf und bauten die zünftischen Beschränkungen in den Städten ab, durch die Loslösung von Grundherrschaft und Zunftverfassung verloren viele Menschen jedoch den gewohnten Schutz ihres Grundherrn bzw. ihrer zünftischen Genossenschaft. Sie waren nun nicht nur frei, sondern in einer neuen Weise für sich selbst verantwortlich, und spürten die Gesetze von Markt und Wettbewerb deutlicher als früher.
- Seit ab 1802/03 die meisten Klöster und später die Zünfte aufgehoben wurden, mussten die Gemeinden viele ihrer früheren Aufgaben übernehmen. Dazu gehörte die Kranken- und Armenfürsorge. Jeder neue „Ansässige" war damit eine potenzielle Belastung für die örtlichen Armenkassen, ein Risiko, das die Gemeinden möglichst kleinhalten wollten. Ohne Hauseigentum, ein bestimmtes Grundvermögen oder einen anderweitig gesicherten „Nahrungsstand" durfte etwa in Bayern nicht geheiratet und kein Gewerbe ausgeübt werden. Als um 1830 wirtschaftliche Krisen Armut und Bettel ansteigen ließen, wurde die „Ansässigmachung" noch erschwert. Daran hatte auch das örtliche Handwerk Interesse, das sich auf diese Weise gegen unliebsame Konkurrenz schützen konnte. Die Zahl der unehelich Geborenen stieg. Je nach Region dauerte

es noch viele Jahre, bis es trotz Aufhebung der Heiratsbeschränkungen möglich war, unabhängig von Einkommen und Besitz eine Familie zu gründen.
- Gleichzeitig beschleunigte sich das Bevölkerungswachstum, das im 18. Jahrhundert eingesetzt hatte. Da in Landwirtschaft und Gewerbe kurzfristig nicht genügend neue Arbeitsplätze zur Verfügung standen und sich die Industrialisierung erst in den Anfängen befand, breiteten sich Arbeitslosigkeit und eine bis dahin nicht gekannte Massenarmut aus (**Pauperismus**). In der Frühphase der Industrialisierung waren davon vor allem kleine Handwerker betroffen, die der Konkurrenz der effektiver und billiger produzierenden Fabriken unterlagen.
- Hungerrevolten in Jahren der Lebensmittelknappheit und die Abwanderung des ländlichen pauperisierten Bevölkerungsüberschusses in die Stadt („Landflucht") waren ebenso die Folge wie immer neue Auswanderungswellen, besonders nach Amerika. Not und Protest der unterbäuerlichen Schichten auf dem Land entluden sich in Holzdiebstahl und Wilderei.

▲ **Die kleinen Holzdiebe.**
Holzschnitt von F.W. Cubitz im Deutschen Volkskalender 1839. Der Revierjäger hat drei Kinder beim Sammeln von Brennholz ertappt.

Zukunftsweisende Tendenzen in Richtung Industriegesellschaft Garantie der persönlichen Freiheit und Rechtsgleichheit für jedermann waren die tragenden Säulen der Reformen. Auf ihnen baute die weitere Entwicklung auf (▶ M5). Ständische Schranken fielen. Nicht mehr Geburt, Privilegien und Zugehörigkeit zu einer gesellschaftlichen Gruppe entschieden über die Lebensweise und Chancen eines Menschen, sondern der Erfolg und vor allem das Vermögen. Damit entstand aus der traditionellen Ständegesellschaft eine moderne Schichten- oder **Klassengesellschaft**.

Allerdings konnte der Adel, der im Zuge der Reformen seine ständischen Privilegien wie Steuerfreiheit und Vorrechte bei der Ämterbesetzung verloren hatte, seine gesellschaftliche Stellung wahren und die wichtigsten Posten im Staats- und Hofdienst, in Verwaltung und Militär besetzt halten. Dadurch gelang es ihm, das Alte Reich zu überleben und auch im 19. Jahrhundert an der Spitze der Gesellschaftspyramide zu bleiben.

Neben dem Übergang von der Stände- zur Klassengesellschaft wiesen vor allem zwei Tendenzen in die Zukunft, die die Voraussetzungen für Neuerungen und Modernisierung der Wirtschaft in der einsetzenden Industriellen Revolution schufen:
- In Landwirtschaft und Gewerbe stieg durch neue Formen effektiver Landnutzung und Ertragssteigerung sowie durch den Wegfall gesetzlicher Einschränkungen und den dadurch frei werdenden Konkurrenzdruck langfristig die Produktivität. Ein wirtschaftlicher Aufschwung zeichnete sich ab.
- Durch die Reformen und das hinter ihnen stehende rationale Gedankengut setzte sich in vielen Bereichen des Wirtschaftslebens eine neue Haltung durch, die geprägt war vom Streben nach Wirtschaftlichkeit, Nützlichkeit, Effektivität, aber auch von Risikobereitschaft. Die Beseitigung der traditionellen Bindungen und einer Wirtschaftsweise, die in erster Linie das Einkommen privilegierter Gruppen garantierte, nicht aber die Freisetzung der Konkurrenz um kostengünstige Produktion und Leistung ermöglichte, ließ einen freien Markt, einen neuen Typus des Unternehmers und des freien Lohnarbeiters entstehen, die der Industrialisierung zum Durchbruch verhalfen.

Pauperismus: von lat. pauper = arm; von der Fachwissenschaft benutzter Ausdruck für die Massenarmut, die noch durch vorindustrielle Bedingungen verursacht worden war

Klassengesellschaft: nach dem Philosophen und sozialistischen Theoretiker Karl Marx (1818-1883), der zusammen mit seinem Freund Friedrich Engels (1820-1895) 1848 das „Manifest der kommunistischen Partei" herausgab, Kennzeichen für die Industriegesellschaft. Diese setzte sich aus der Klasse (lat. classis = Gruppe) der Kapitalisten, die Geld, Marktkenntnisse und Produktionsmittel besitzen, und der Klasse der besitzlosen Arbeiter (Proletarier) zusammen (Zweiklassengesellschaft).

M1 Über Bayerns Zukunft: das „Ansbacher Mémoire" von 1796

Zu Beginn seiner Beratertätigkeit bei Herzog Max von Pfalz-Zweibrücken, dem zukünftigen bayerischen Kurfürsten Max IV. Joseph, entwirft Maximilian Joseph Freiherr (seit 1809 Graf) von Montgelas am 30. September 1796 ein 28 Seiten starkes Reformdokument, das „Ansbacher Mémoire". Darin fasst er Maßnahmen für eine moderne und effiziente Gestaltung des bayerischen Staatsapparats zusammen, die er später in Bayern als Leitender Minister zum größten Teil in die Tat umsetzt:

Die Aufhebung finanzieller Vorrechte der privilegierten Stände in den verschiedenen Provinzen, die Erstellung eines sorgfältig angelegten Katasters, der eine gerechtere Erhebung der direkten Steuern ermöglicht, die Abschaffung meh-
5 rerer Abgaben, die den Untertanen zu sehr belasten, und die Aufhebung des katastrophalen bayerischen Zollsystems fordern in verschiedensten Zweigen dieser weitläufigen Verwaltung auf das Schärfste die Aufmerksamkeit des Gesetzgebers. [...]
10 Hier werden lediglich die wichtigsten Punkte der Reform angesprochen. Es gibt eine Vielzahl anderer, die zu weit in Details der inneren Verwaltung führen und somit kein Thema dieser Denkschrift sind; [erinnert sei hier zum Beispiel an] die Abschaffung oder zumindestens die Reglementierung der Fron-
15 arbeit[1], die Beseitigung der Willkür bei der Erhebung (Einziehung) der (grundherrlichen) Abgaben bei Besitzerwechsel (lods et ventes), des Laudemiums[2] sowie bei der Einforderung der anderen grundherrschaftlichen Gebühren und Abgaben. Dieser Punkt ist umso wichtiger, erfordert eine umso gründ-
20 lichere Diskussion als es darum geht, das Interesse des Abgabepflichtigen, eine Gunst, die man dem Fortschritt in der Landwirtschaft nicht verwehren darf, mit dem, was man dem heiligen Recht des Eigentums schuldig ist, in Einklang zu bringen. Wir verzichten darauf, die Frage zu erörtern, ob es an-
25 gebracht wäre, die Fideikommisse[3] und die Majorate[4] abzuschaffen. Wir sprechen auch nicht von der Abschaffung einer Vielzahl kleiner Niedergerichtsbarkeiten[5], die unnötig die

---
[1] Pflichtarbeit der von einem Grundherrn abhängigen Bauern
[2] Ablöse oder Lehnsgeld, das an den Grundherrn bei Besitzaufgabe und -übernahme sowie beim Erbfall sowohl aufseiten der Bauern als auch des Grundherrn entrichtet werden musste; dies gilt auch für die Einsetzung in ein Amt
[3] von lat. fidei commissum = zu treuen Händen belassen; ein vor allem im deutschen Niederadel häufig gebrauchtes Recht, nach dem ein Familienvermögen, meist Grundbesitz, ungeteilt vererbt werden musste und im Besitz der Familie verblieb
[4] an den ältesten Sohn in direkter Linie einer Familie vererbte Güter
[5] die gesamte Gerichtsbarkeit mit Ausnahme der Hoch- oder Blutgerichtsbarkeit

▲ „Das Kostüm der Minister des Staats."
Kolorierte Lithografie von Ferdinand Bollinger, abgedruckt im Münchener Eleganten Sonntagsblatt vom 22. Januar 1809. Dargestellt sind die Uniformen (v. l.) des Ministers der Auswärtigen Angelegenheiten, des Justizministers, des Finanzministers und des Kriegsministers. Die Uniform förderte die Identifizierung mit dem uniformtragenden Fürsten und den alten Führungsgruppen des Hofadels. In den Uniformen drückte sich auch die Bedeutung der Minister aus. Die letztendliche Verantwortung für eine Entscheidung lag nach wie vor beim König. Gewandelt hatte sich nun jedoch die „Berufung" der Minister: Diese handelten nicht mehr von Gottes Gnaden, sondern im Auftrag und zum Wohle des Staates.

Verwaltung der Justiz komplizieren. Wir übergehen mit Stillschweigen die Reform des Zivilrechts, des bayerischen Gesetzeskodex und vor allem des Strafrechts, die schon seit 30 Langem dringend von allen human eingestellten und aufgeklärten Personen gewünscht wird. [...]
Die Abteien und Klöster brauchen eine Reform, die sie für die Gesellschaft nützlicher macht, als sie es in der Vergangenheit gewesen sind. Die Bettelorden sollten vollständig aufgeho- 35 ben werden. Sie fallen der Gesellschaft zur Last, indem sie auf ihre Kosten leben und in ihr Unwissenheit und Aberglauben erhalten. Die anderen Ordensgemeinschaften könnten auf die Anzahl ihrer Gründungsmitglieder reduziert werden. [...]
Die beiden Universitäten von Heidelberg und Ingolstadt be- 40

finden sich in einem höchst beklagenswerten Zustand. Ihre Einkünfte beschränken sich auf Kleinigkeiten. Der Wahl der Professoren wird keinerlei Beachtung geschenkt. Die Schulen in den Städten und auf dem Land werden noch schlechter
45 geführt. Die Schulmeister, Küster in den meisten Fällen, verkommen in Unwissenheit, ermangeln des Notwendigsten und genießen infolgedessen keinerlei Ansehen. Die Bauern weigern sich, ihre Kinder in die Schule zu schicken; die meisten können weder lesen noch schreiben. Dies trifft vor allem
50 für Bayern zu, um die Pfalz ist es in dieser Hinsicht weniger schlecht bestellt. Man wird eines Tages nicht um eine vollständige Umgestaltung auf diesem Gebiet herumkommen, gründlich wird man überlegen müssen, für welchen Plan man sich entscheidet, und vor allem den Elementarschulen
55 in den Städten und auf dem Land fortgesetzte Aufmerksamkeit schenken müssen. [Denn] sie sind es eigentlich, welche die Fähigkeiten der wichtigsten Klasse der Gesellschaft entwickeln und dem Nationalgeist das Siegel aufdrücken. Die religiöse Toleranz zieht Fremde ins Innere des Staates, die
60 nutzbringend sind aufgrund ihrer Betriebsamkeit, sie begünstigt den Fortschritt in der Industrie sowie der Bildung und regt den Wettbewerb an. Dort, wo sie in größerer Anzahl ansässig sind, stellt die Toleranz eine absolute Verpflichtung gegenüber den Untertanen einer anderen Religion dar. Nie-
65 mand bezweifelt heutzutage mehr, dass sie [auch] dort von Nutzen ist, wo ein einziges Bekenntnis vorherrscht. [...] Eines der großen Mittel, um diese glückliche Revolution in den Geistern zu beschleunigen, sie aus der Lethargie, in der sie verkommen, zu reißen und rasch die Bildung zu verbrei-
70 ten, wird sein, den Buchhandel von den fast kindischen Fesseln, die ihm diese Regierung angelegt hat, zu befreien, das Zensurkollegium gänzlich abzuschaffen, eine vernünftige Freiheit der Presse zuzulassen, indem man präzise die Vergehen definiert, die Autoren und Drucker verpflichtet, an das
75 Ende jedes [Presse-]Erzeugnisses ihre Namen zu setzen, um so den einen oder anderen vor der Justiz für das verantwortlich zu machen, was die [Presseerzeugnisse] an Tadelnswertem enthalten. Ein Gesetz, das man in diesem Zusammenhang erlassen würde, erfordert reifliche Überlegung und
80 gründliche Diskussion. Das große Problem, wo die Freiheit endet und die Zügellosigkeit beginnt, ist noch in keinem Staat befriedigend gelöst worden. Es ist sogar möglich, dass es einiger Zeit bedarf, um die Gemüter auf den Genuss dieser Wohltat vorzubereiten, und diese Verbesserung vernünfti-
85 gerweise als letzte zu verwirklichen wäre. Ich halte mich nicht mit den Einwänden auf, die viele Menschen versucht sein könnten, gegen das Prinzip des Vorhabens als solches zu erheben. Es ist heute erwiesen, dass es die grobe Unwissenheit der Völker ist und nicht die vernünftige und dem Stand
90 eines jeden entsprechende Bildung, die man ihnen vermit-

telt, welche Revolutionen hervorruft und Reiche umstürzt. Je aufgeklärter die Menschen sind, umso mehr lieben sie ihre Pflichten und umso mehr halten sie an einer Regierung fest, die sich wirklich um ihr Glück kümmert.

„Mémoire présenté à M(onsei)g(neu)r le Duc le 30 Septembre 1796", eigenhändiges Manuskript des Maximilian Joseph von Montgelas in Französisch, übersetzt von Oliver Zeidler nach der Transkription von Eberhard Weis in Zeitschrift für bayerische Landesgeschichte 33 (1970), S. 243-256; Übersetzung auch unter www.hdbg.de/montgelas/pages/hmv33.htm [19.03.2013]

1. *Fassen Sie die Vorschläge Montgelas' zusammen. Erläutern Sie, welchen Entwicklungen damit Rechenschaft getragen werden soll. Welche Ziele verfolgt die Regierung?*
2. *Benennen Sie Textstellen, an denen das Gedankengut der Aufklärung deutlich wird.*
3. *Erläutern Sie, welche Folgen die Reformen Montgelas' für die Gesellschaft und den Alltag der Menschen hatten.*

M2 Die „Bauernbefreiung" aus adliger Sicht

Kurz nach dem Oktoberedikt von 1807 äußert sich Friedrich August Ludwig von der Marwitz, preußischer General, Politiker und Wortführer der märkischen Adligen, über Karl Reichsfreiherr vom und zum Stein und die preußischen Reformen:

Er fing nun mit ihnen (und an Gehülfen aus den anderen Klassen fehlte es nicht) die Revolutionierung des Vaterlandes an, den Krieg der Besitzlosen gegen das Eigentum, der Industrie gegen den Ackerbau, des Beweglichen gegen das Stabile,
5 des krassen Materialismus gegen die von Gott eingeführte Ordnung, des (eingebildeten) Nutzens gegen das Recht, des Augenblicks gegen die Vergangenheit und Zukunft, des Individuums gegen die Familie, der Spekulanten und Comtoire[1] gegen die Felder und Gewerbe, der Büros gegen die aus der
10 Geschichte des Landes hervorgegangenen Verhältnisse, des Wissens und eingebildeten Talents gegen Tugend und ehrenwerten Charakter. Hiermit, als ob die bekriegten Kategorien, das Eigentum, der Ackerbau, die stabilen Verhältnisse, die alte Ordnung, das Recht, die Gemeinschaftlichkeit der Standes-
15 genossen und das Prinzip der Tugend und Ehre die Ursachen unseres Falles gewesen wären! Und deswegen gab er das Land dem Feinde preis! Er machte nun den Anfang zu seiner sogenannten Regeneration des preußischen Staats mit allerhand auf die Rousseau'schen und Montesquieu'schen

[1] auch Comptoir, Comptor oder Comtor (von franz. compter = zählen); ältere Bezeichnung für Ladentisch oder Schreibstube, hier für Kaufleute, Makler

Theorien[2] gegründeten Gesetzen, solchen, wie sie aus der Französischen Revolution, samt dem Schaden, den sie angerichtet, längst bekannt waren. [...]

Im Eingang wurde [...] als Zweck des Gesetzes der größere Wohlstand angegeben, der dadurch erreicht werden würde. [...]

Um nun zu diesem ersehnten Wohlstand zu gelangen, sollte:
a) Jeder Edelmann Bauerngüter, jeder Bürger und Bauer Rittergüter kaufen können. Damit fiel die bisherige Sicherheit der Bauern in ihrem Grundbesitz weg; jeder reiche Gutsbesitzer konnte sie jetzt auskaufen und fortschicken. (Zum Glück war beinahe niemand mehr reich.) – Ferner wurden Gerichtsbarkeit, Polizei, Kirchenpatronat für jeden hergelaufenen Kerl käuflich, der Geld hatte, statt dass es bis dahin des landesherrlichen Konsenses bedurft hatte.

b) Die Verteilung jeder Besitzung in beliebig kleine Portionen wurde erlaubt. Dadurch entstand die jetzige ungeheure Masse der kleinen Grundbesitzer, die von ihrer kleinen Scholle nicht leben können, und die keinen Schutzherrn mehr haben, der an ihrer Erhaltung interessiert und dazu verpflichtet ist.

c) Sogar Lehn- und Fideikommissgüter[3] durften nun einzelne Stücke vererbpachten, und das Recht der Anwärter auf die unveränderte Sukzession[4] wurde mit einem Federzuge vernichtet.

d) Das Untertänigkeitsverhältnis wurde für alle Bauern, die Eigentümer ihrer Grundstücke waren, sogleich, und für die übrigen Lassbauern (Nießbraucher) zum Martinitag[5] 1810 aufgehoben. Dass die größte Masse der Bauern zu letzteren gehörte und es der ersteren nur äußerst wenige gab, ist schon erinnert worden. – Hierdurch wurden nicht nur Missverständnisse erregt, indem die Bauern glaubten, auch ihre Dienste und Abgaben seien aufgehoben (in Oberschlesien kam es zum Aufruhr, und die Kriegsmacht musste einschreiten), sondern, und vorzüglich, die Vollendung der Erziehung der Bauernkinder fiel weg. Diese geschah nämlich, nachdem sie eingesegnet waren, durch den dreijährigen Dienst (bei geringerem Lohn) in einer geordneten Wirtschaft. Jetzt laufen sie mit vierzehn Jahren in die weite Welt, daher die vielen Armen, Vagabunden und Verbrecher.

Zum Schluss folgte der pomphafte Ausruf: „Mit dem Martinitag 1810 gibt es also in Unsern Staaten nur freie Leute!" [...] – gleich als ob bis dahin irgendwo in unserem Lande Sklaverei oder Leibeigenschaft existiert hätte! – Letztere fing vielmehr alsbald zu entstehen an, nämlich Leibeigenschaft des kleinen Besitzers gegen den Gläubiger – des Armen und Kranken gegen die Polizei und Armenanstalten –, denn mit der Pflichtigkeit war natürlich die Verpflichtung des Schutzherrn zur Vorsorge aufgehoben.

Am 27. Oktober 1817 schreibt Major von Winterfeld an den preußischen Finanzminister Wilhelm Anton von Klewiz:

Das Bauerneigentums-Edict vom 9. Januar 1810 und das unausführbare Edict vom 14. September 1811 mit seinen Nachträgen und Declarationen[6] [haben] größeres Unglück über den Preußischen Staat gebracht, als feindliche Verheerungen hätten tun können [...]. Mein kleines Dorf, wo Ruhe und Eintracht wohnten, wo Jeder wusste, was er zu tun und zu lassen hatte, und wo rechtliche Entscheidung und polizeilicher Zwang etwas Unerhörtes waren, ist seit diesem unglücklichen Edicte ein Wohnplatz der Zwietracht und Widersetzlichkeit geworden. Niemand tut oder leistet mehr, was er schuldig ist, ohne durch Zwang dazu angehalten zu werden, und Justiz und Polizei sind nicht im Stande, alle vor sie gebrachten Beschwerden zu schlichten.

Der preußische Minister und enge Mitarbeiter Steins, Theodor von Schön, entstammt einer alten ostpreußischen Domänenpächterfamilie. In seinen autobiografischen Aufzeichnungen bewertet er das Oktoberedikt von 1807:

Ein von der Landespolizeibehörde gefertigter Küchenzettel für das untertänige Gesinde bestimmte [1797], dass jeder Knecht oder jede Magd jährlich vier Pfund Fleisch bekommen solle, und das Brot war auch so sparsam zugemessen, dass die Beköstigung mit der im Magdeburgischen oder Halberstädtischen grell kontrastierte. Die Folge davon sprang in die Augen; denn die Arbeiter waren so schwach, dass man auf einem Gute in Schlesien etwa dreiunddreißig Prozent mehr Menschen haben musste als man bei gleicher Wirtschaft im Magdeburgischen hatte. Gottlob! seit dem Edict vom 9. Oktober 1807 ist es anders, und wie, wenn der gemeine Mann sich hebt, die höheren Stände dadurch mitgehoben werden, so steht der schlesische Adel jetzt klarer, freier von Vorurteilen und gebildeter da. Erbuntertänigkeit, Leibeigenschaft, oder wie die Zweige der Sklaverei sonst bezeichnet werden mögen, sind überhaupt der Bildung und Würdigkeit der Gutsherren niemals günstig, mit dem Begriff des Adels stehen sie in grobem Widerspruch.

---

[2] Die Staatstheoretiker Jean-Jacques Rousseau und Charles-Louis Baron de Secondat de Montesquieu gelten als wirkungsmächtigste Schriftsteller der Aufklärung.
[3] vgl. Anm. 3 auf S. 62
[4] Nachfolge, Erbfolge
[5] Martinstag am 11. November

[6] Das Regulierungsedikt von 1811, das den Bauern das Recht zum Freikauf von bisherigen Abgaben und Frondiensten zugestand, wurde mit der Deklaration von 1816 über die Entschädigung der Gutsbesitzer wieder erheblich eingeschränkt.

Erster Text zitiert nach: Werner Conze (Hrsg.), Die preußische Reform unter Stein und Hardenberg. Bauernbefreiung und Städteordnung, Stuttgart ³1963, S. 41-43
Zweiter und dritter Text zitiert nach: Günther Franz (Hrsg.), Quellen zur Geschichte des deutschen Bauernstandes in der Neuzeit, Darmstadt 1963, S. 384 und 386

1. *Erläutern Sie die von Marwitz skizzierten Reformen und deren Folgen. Beurteilen Sie seine Darstellung.*
2. *Vergleichen Sie die Bewertung der Reformen durch Marwitz und Major von Winterfeld mit der von Theodor von Schön. Finden Sie Gründe für die jeweilige Sicht. Ziehen Sie Informationen zu Marwitz und Schön hinzu.*
3. *Überzeugen Sie (als Marwitz oder als Schön) Ihre Mitschüler in einem Streitgespräch von Ihrer Position.*

M3 Zur Frage der Gewerbefreiheit

Das Gewerbegesetz vom 11. September 1825 schafft die Zünfte in Bayern ab und ersetzt sie durch neue „Gewerbevereine". Das bisherige Konzessionssystem, das für die Ausübung eines Gewerbes eine staatliche Erlaubnis voraussetzt, wird beibehalten, jedoch liberaler gehandhabt als früher. Der bayerische Jurist und Politiker Ignatz Rudhart äußert sich 1827 in seinem Werk „Über die Gewerbe, den Handel, und die Staatsverfassung des Königreichs Bayern" zu den Auswirkungen:

Das System der Gewerbefreiheit ist [...] das zuträglichste für die Gewerbe selbst, für die Gewerbetreibenden und für das Publikum. Es erweckt Kräfte, ruft sie zum Wetteifer und Wettkampfe, für welchen das ausschließende Privilegium sich
5 nicht zu waffnen braucht. [...]
Die Vervollkommnung der Gewerbe ist zum Vorteile der ganzen bürgerlichen Gesellschaft, nicht nur weil dieselbe durch vollkommene Gewerbe in allen ihren Bedürfnissen vortrefflich bedient ist, sondern auch weil gebundene Kräfte frei-
10 gegeben und schlummernde erweckt worden sind. Dieses Wachstum an Kräften begründet die kommerzielle Unabhängigkeit und, da der Mensch so sehr von Genüssen abhängt, leicht auch die politische Unabhängigkeit vom Auslande. Die Länder, deren Übermacht in kommerzieller
15 Hinsicht allgemein gefühlt wird, England und Frankreich, folgen dem Systeme der Gewerbefreiheit und wer weiß nicht, dass ihre Übermacht ebenso eine politische und doch nicht bloß durch Waffen erworben ist? [...] Zwar werden die Preise der Erzeugnisse durch die Vervollkommnung und
20 durch die vermehrte Ansässigmachung von Gewerbetreibenden herabgedrückt werden; allein eben die Vervollkommnung der Erzeugnisse, die größere Wohlfeilheit, welche die Verbesserung des Verfahrens mit sich bringt und die Vermehrung der Niederlassungen, welche alle anderen Gewerbe und
25 die Zahl der Konsumenten überhaupt vermehrt, vervielfältigt den Absatz und dadurch den Gewinn. Die Erfahrung hat dieses bewiesen, so wie auch, dass Handwerksmissbräuche, welche weder Verbote noch Gebote ausrotten konnten, durch die Einführung der Gewerbefreiheit von selbst ver-
30 schwunden sind. [...] Dieses System der Gewerbefreiheit gilt zurzeit nur in einem einzigen Kreise des Königreiches Bayern, nämlich im Rheinkreise. In den übrigen Kreisen herrschte bisher das System der Gewerbebeschränkung oder das System der Konzessionen. [...] Das System der Konzessionen
35 beruht auf dem Grundsatz: „Nur derjenige, welchem die Staatsgewalt ausdrückliche und besondere Erlaubnis gibt, hat das Recht, ein Gewerbe, und nur innerhalb der Grenzen dieser Erlaubnis, auszuüben."
[...] Eben daraus folgt, dass jenes System kein Kind der Frei-
40 heit, sondern des monarchischen Prinzips im strengen missverstandenen Sinne ist, welches sich vorbehält, über diese Dinge gebieten, sie regeln und bestimmen zu wollen, wie viele und welche Gewerbe dem Lande notwendig oder nützlich seien. Die Wiederaufhebung der Gewerbefreiheit und
45 die Zurückkehr zum alten Systeme in Staaten, wo die unbeschränkte Monarchie herrscht, ist daher mehr die Folge dieser selbst als einer Erwägung der Gewerbeverhältnisse an sich. Wie aber häufig die Macht der Aristokratie durch die Monarchie gebrochen wird [...], so hat dennoch das System
50 der Konzessionen auch in Bayern dazu beigetragen, die Reste des Zunftzwanges zu vertilgen. Denn die Staatsgewalt beschränkte gleichzeitig mit der Ausübung des Rechtes der Gewerbeverleihungen und im Interesse derselben die Realität der Gewerbe, vermöge welcher sie ohne neue Verleihung
55 auf jeden dritten übergingen, auf einige wenige Gewerbsgattungen [...]. Wir haben nicht nötig, die Nachteile des Gewerbezwanges weiter auszuführen, da dieses System in der jüngstvergangenen Zeit bezwungen und abgetan wurde durch das neue Gewerbsgesetz vom 11. Sept. 1825, welches
60 den Grundsatz der unbeschränkten Gewerbefreiheit ausdrücklich anerkennt und denselben nur „zurzeit noch" der bestehenden Verhältnisse wegen nicht gänzlich durchführt.

Zitiert nach: Konrad von Zwehl und Susan Boenke (Hrsg.), Aufbruch ins Industriezeitalter, Bd. 3: Quellen zur Wirtschafts- und Sozialgeschichte Bayerns vom ausgehenden 18. Jahrhundert bis zur Mitte des 19. Jahrhunderts, München 1985, S. 185-188

1. *Fassen Sie die von Rudhart beschriebenen gesetzlichen Bedingungen des Gewerbes zusammen. Welche Gegensätze spiegelt seine Beschreibung wider? Welche Haltung nimmt er dazu ein?*
2. *Beurteilen Sie seine Argumentation zur Gewerbefreiheit und zu deren Folgen.*

M4 Armes Handwerk

Die Historikerin Barbara Kink fasst die Lebensbedingungen der im Handwerk Beschäftigten zusammen:

Handwerk im 19. Jahrhundert bedeutete eine Vielfalt von Lebensformen, vom verarmten Alleinmeister bis hin zum großbürgerlichen Hoflieferanten. „Am übelsten dran ist der Dorf-Schneider und Dorf-Schuhmacher, und unter diesen
5 zweien wieder am allerübelsten der Dorf-Schneider", so charakterisierte Carl Theodor Griesinger den unteren Rand des Armutsspektrums im Handwerk. [...]
Aufgrund der niedrigen Kapitalerfordernisse und der vor Einführung der Gewerbefreiheit geringen Preise der Realrechte
10 für Schneider und Schuster gehörten die Bekleidungs- und Leder verarbeitenden Handwerke zu den am stärksten überbesetzten Berufen. Charakteristisch war die Arbeit im Kundenauftrag und/oder die Arbeit im Verlag, die meist ein Meister ohne Geselle und Lehrling bewältigte. Der Trend zur
15 Spezialisierung und Arbeitsteilung ist im Schneiderhandwerk in der zweiten Hälfte des 19. Jahrhunderts verstärkt zu beobachten. So nähten viele Schneider für die entstehenden Magazine beispielsweise nur noch Hosenbeine oder Ärmel im Akkord. Das Konsumverhalten veränderte sich und damit
20 auch das Berufsbild des Schneiders. Auch die Arbeitstechniken im Schneiderhandwerk wandelten sich mit der Erfindung der Nähmaschine, die zunächst allerdings nur in Großbetrieben eingesetzt wurde, erheblich. Nach Einführung der Gewerbefreiheit wurde die Schneiderei zunehmend zur
25 weiblichen Handwerksdomäne.
War die Differenz der Einkommen innerhalb der verschiedenen Gewerbe bereits groß, so bestanden auch zwischen Gesellen- und Meisterlöhnen beträchtliche Unterschiede. Nicht zuletzt waren die geringen Gesellenlöhne, die im 19. Jahrhun-
30 dert stagnierten, ein Hauptgrund für die Ehelosigkeit der Handwerksgesellen. Hohe Mietpreise, durch Konjunkturschwankungen unberechenbare Nahrungsmittelpreise und Auftragsrückgänge aufgrund von Kaufkraftschwund führten zur Verelendung vieler Handwerker. [...] Auch wenn die Ar-
35 beitsbedingungen im Bauhandwerk aufgrund des Baubooms des 19. Jahrhunderts als relativ günstig zu bezeichnen sind, so wirkten sich Konjunkturschwankungen aufgrund politischer Ereignisse wie der Revolution 1848/49 negativ aus. Bedingt durch die hohe Verletzungshäufigkeit und die harte
40 körperliche Arbeit stellte Invalidität oder der frühe Tod des Hauptverdieners die Familien vor große Probleme. Auch witterungsbedingte Lohnausfälle galt es zu kompensieren. Landwirtschaftlicher Nebenerwerb und Zuerwerb der Frauen und Kinder waren unerlässlich.

Barbara Kink, Handwerkeralltag zwischen Zunftwesen und Gewerbefreiheit, in: Josef Kirmeier u.a. (Hrsg.), Bayerns Weg in die Moderne. Bayerisches Handwerk 1806 bis 2006, Augsburg 2006, S. 85-125, hier S. 87f.

1. *Erläutern Sie die von Kink skizzierte Situation des Handwerks im 19. Jahrhundert. Arbeiten Sie die Ursachen für die Entwicklung heraus.*

2. *Vergleichen Sie mit der Bewertung der Gewerbefreiheit in M3. Überlegen Sie: Hat Rudhart diese Entwicklung voraussehen können? Wäre seine Bewertung dann anders ausgefallen?*

M5 „Was die Gegenwart vor der Vergangenheit voraus hat"

In der Ausgabe des „Bayerischen Gewerbefreundes" vom 28. Oktober 1848 blickt ein Geschäftsmann auf die Zeit vor den Reformen Montgelas' zurück:

Ich könnte dir zu dem, was ich soeben bezüglich der Geschäfts-Verhältnisse andeutete, noch gar Vieles aus dem Leben überhaupt hinzufügen, um dir zu zeigen, was die Gegenwart vor der Vergangenheit voraus hat; ich könnte dir von dem jämmerlichen Zustande der Schulen, die nicht selten 5 mit abgedankten Bedienten besetzt [...] wurden; von dem kläglichen Zustande der Sicherheitspolizei, die höchstens durch Invaliden gehandhabt wurde, und [...] Gesindel in Scharen das Land durchziehen ließ; von der zum Teil skandalösen Gemeindeverwaltung, die nie Rechnung legte, wie dies der 10 Nürnberger Rath sogar als ein Recht ungescheut in Anspruch nahm und es vom Kaiser bei dessen Krönung jedes Mal neu bestätigt erhielt; von den Gebrechen der Ämter und Gerichte, wo Anstellungen meist nur im Wege der Erblichkeit, des Kaufes und des Nepotismus[1] zu erhalten waren; von den mangel- 15 haften Zivilgesetzen, da man z.B. durch das Vorrecht sog. stillschweigender Hypotheken auch bei der größten Vorsicht im Ausleihen um sein sauer Erspartes kommen konnte; von den barbarischen Strafgesetzen, die wegen bloßer Entwendung zum Tode führten, sodass ich auf meinen Reisen in der 20 Oberpfalz Galgen sah, behangen mit einem Dutzend – von bloßen Dieben, denn für die Mörder war das Rad [...]. Von der grauenhaften Intoleranz, die in gemischten Gegenden es z.B. nötig machte, die Gräber von Solchen, die infolge konfessioneller Zwiste den Andersgläubigen besonders verhasst wa- 25 ren, bis zu eintretender Verwesung zu bewachen; von der

---
[1] von lat. nepos, nepotis = Neffe, Enkel, Nachkomme; bezeichnet die Vergabe von Ämtern und Posten an Verwandte („Vetternwirtschaft")

▲ „Die schlesischen Weber."
Ölgemälde von Carl Wilhelm Hübner, 1846.
Die Weber waren am härtesten von dem durch Reformen und Industrialisierung bewirkten Wandel betroffen. Trotz Arbeitszeiten von bis zu 16 Stunden am Tag verdienten sie nicht das Nötigste zum Leben. Als in den 1840er-Jahren Missernten und Teuerungen zu Hungerkrisen führten, kam es zu einem großen Aufstand der schlesischen Weber: Sie stürmten und plünderten Fabriken und Villen reicher Unternehmer. Die preußische Regierung ließ den Aufstand vom Militär blutig niederschlagen, jedoch hatte die Revolte Not und Elend der Unterschichten ins öffentliche Bewusstsein gerückt.

Ungleichheit und Willkür, mit der man die Aushebung zum Kriegsdienste vollzog, wie man die jungen Burschen nachts wie Verbrecher aus den Betten riss, freilich wie Verbrecher,
30 denn man holte sie zu einem lebenslänglichen Zwange; von der Verwahrlosung der Armut, da noch keine geordnete Armenpflege bestand, und nur, wer noch betteln konnte, vor dem Verhungern gesichert war; von dem Verschmachten so vieler Kranker, besonders aus dem Dienstboten- und Gesel-
35 lenstand, die in Ermangelung zureichender Krankenhäuser in den unpassendsten Lokalen und bei gänzlichem Mangel an Pflege jammervoll zugrunde gingen; davon und von noch ganz vielem Andern könnte ich dir erzählen, um dir die Gegenwart lieb und wert zu machen, und dich zu veranlassen,
40 Gott zu danken, dass er dich im neunzehnten Jahrhundert hat geboren werden lassen, und dass wir der bayerischen Regierung untertan geworden sind, denn von ihr sind viele der wesentlichsten Verbesserungen, deren wir uns jetzt erfreuen, ausgegangen.

Konrad von Zwehl und Susan Boenke (Hrsg.), a.a.O., S. 84 f.

1. Arbeiten Sie die von dem Geschäftsmann beschriebenen Veränderungen der Lebensbedingungen heraus. Welche Bereiche spricht er an? Ordnen Sie diese den Reformen zu.
2. Stellen Sie die Sicht des Geschäftsmannes der der märkischen Adligen in M2 gegenüber. Nehmen Sie Stellung.
3. Überlegen Sie vor dem historischen Hintergrund, welche Motive der Geschäftsmann für seine Aussage gehabt haben könnte.

Kennzeichen der Industrialisierung

Es ist noch nicht einmal acht Uhr an diesem nasskalten Montagmorgen, da drängen sich schon hunderte Menschen auf dem Bahnhofsgelände in der Nähe des Nürnberger „Plärrer". Gustav und sein Vater haben Glück: Sie ergattern noch einen der letzten trockenen Plätze in der kleinen hölzernen Halle, die man eigens für diesen Tag gezimmert hat.

Um 9 Uhr soll die Ludwigs-Eisenbahn – benannt nach ihrem Förderer König Ludwig I. – ihre erste offizielle Fahrt in Richtung Fürth aufnehmen. Was für ein Ereignis! Jahre hat es gedauert, bis endlich alle Gelder und Genehmigungen vorlagen und die Dampflokomotive „Adler" fertig gestellt war. Aus England haben sie die Einzelteile liefern und dann von der Nürnberger Maschinenfabrik Johann Wilhelm Spaeth zusammenbauen lassen. Und heute ist es endlich so weit! „Dieser 7. Dezember 1835 wird in die Geschichte eingehen", da ist sich der Vater sicher.

Ein Böllerschuss ertönt – das Zeichen für den ebenfalls aus England „importierten" Lokführer William Wilson, die blitzenden Hebel zu ziehen und den „Adler" in Bewegung zu setzen. Langsam nehmen die blau-weiß geschmückten Wagen mit den 200 Ehrengästen Fahrt auf, vorbei an den vielen jubelnden, aber auch einigen skeptischen Zuschauern. In kaum einer Viertelstunde legt die Eisenbahn die Strecke von knapp sechs Kilometern zurück – eine außerordentliche Geschwindigkeit, wie der Berichterstatter der Morgenpost bezeugen kann: „Es imponiert, wenn man den Wagenzug wie von selbst, wenn auch nicht pfeilgeschwind, doch gegen alle bisherige Erfahrung schnell, unaufhaltsam heran, vorüber und in die Ferne dringen sieht ... Aus dem Schlot fuhren nun die Dampfwolken in gewaltigen Stößen, die sich mit dem schnaubenden Ausatmen eines riesenhaften Stieres vergleichen lassen."

Eine technische und wirtschaftliche Revolution In England summierten sich bereits seit der zweiten Hälfte des 18. Jahrhunderts eine Reihe technischer Errungenschaften zur sogenannten Industriellen Revolution:

- Die Entwicklung des mechanischen Webstuhls zwischen 1761 und 1885 ersetzte die Arbeit der menschlichen Hand und vervielfachte die Arbeitsleistung. Die Textilindustrie entstand und wurde zur Schrittmacherindustrie des neuen Zeitalters.
- Die zwischen 1765 und 1782 immer weiter entwickelte Dampfmaschine stellte eine Energie zur Verfügung, die im Gegensatz zu Wind- und Wasserkraft ständig und überall zur Verfügung stand und welche die Kraft von Mensch und Tier bei Weitem übertraf.
- Mechanisierung und Dampfkraft führten dazu, dass aus den traditionellen Manufakturen Fabriken wurden, die ihre Vorläufer an Größe und Produktivität in den Schatten stellten.
- Neue Technologien ermöglichten die Herstellung von Koks und Stahl. Die Stahlindustrie löste die Textilindustrie als Leitindustrie ab.

◀ **Modell der Watt'schen Dampfmaschine mit Pumpe.**
Die von dem schottischen Feinmechaniker James Watt (1736-1819) konstruierte Dampfmaschine wurde 1785 erstmals in einer Baumwollfabrik eingesetzt. Mit der Dampfmaschine war es möglich, einen Antrieb an jedem beliebigen Standort – unabhängig von Wind- und Wasserrädern – zur Verfügung zu haben.

- Die Dampfeisenbahn, die in England erstmals 1830 mit Gewinn fuhr, beschleunigte den Aufschwung der Schwerindustrie, revolutionierte Verkehrswesen und Kommunikation und wurde zum Symbol des neuen industriellen Zeitalters.

Die Staaten des Deutschen Bundes lagen im Vergleich zu England, dem Mutterland der Industrialisierung, weit zurück. Die politisch-sozialen Hemmnisse für die Industrialisierung wurden zwar durch die Bauernbefreiung und die Einführung der Gewerbefreiheit weitgehend beseitigt. Der wirtschaftliche und technische Fortschritt wurde jedoch insbesondere behindert und verzögert durch

- die politische Zersplitterung Deutschlands,
- das schlecht ausgebaute Verkehrsnetz,
- die Vielzahl von Maßen, Gewichten und Währungen sowie
- die Zollschranken zwischen den Staaten des Deutschen Bundes.

▲ **Die Eröffnung der ersten deutschen Eisenbahnlinie von Nürnberg nach Fürth.**
Die Lokomotive wurde 1835 auf Bestellung von den britischen Eisenbahnpionieren George und Robert Stephenson konstruiert und an die von Nürnberger Kaufleuten gegründete Ludwigsbahn entlang der Nürnberg-Fürther Chaussee – der meistfrequentierten Strecke im ganzen Königreich – geliefert. Hier fuhr der „Adler" das erste Mal am 7. Dezember 1835, was als Volksfest gefeiert wurde.

Obendrein besaßen die deutschen Staaten keine Kolonien und mit Ausnahme einiger großer Städte wie Hamburg und Bremen betrieben sie keinen Überseehandel; damit fehlten billige Rohstoffe und zusätzliche Absatzmärkte. Erst 1834 begann mit dem Zusammenschluss fast aller Staaten des Deutschen Bundes zum Deutschen Zollverein ein großer, weitgehend einheitlicher Markt zu entstehen, der den Absatz von Gütern aus der gewerblichen Massenproduktion erleichterte. Da nun das Risiko für Kapitalanlagen in Fabriken deutlich sank, wurde verstärkt investiert.

Besonders der Eisenbahnbau erwies sich als Motor der Entwicklung. Nach der Eröffnung der ersten deutschen Eisenbahnlinie zwischen Nürnberg und Fürth 1835 wurde das Schienennetz rasch ausgebaut. Bald überflügelte die Eisenbahn alle anderen Verkehrsmittel. Mit ihr konnten Güter wesentlich schneller und günstiger transportiert werden. Neue Absatzchancen wurden erschlossen und Standortnachteile durch die Anbindung an das Eisenbahnnetz abgebaut. Der Bedarf an Lokomotiven und Schienen förderte den einheimischen Maschinenbau, Eisen- und Stahlproduktion expandierten.

Eine neue Bedeutung erhielten auch die Banken: Der Aufbau industrieller Unternehmen erforderte viel Kapital, das ein Einzelner auch mit Krediten kaum aufbringen konnte. Zudem organisierten sich immer mehr Unternehmen in Form von Aktiengesellschaften, bei denen sich Aktionäre über den Ankauf von Anteilen am Gründungskapital – den Aktien – am Gewinn und Verlust des Unternehmens beteiligten und mit ihrem Kapitaleinsatz die industrielle Entwicklung vorantrieben.

Durchbruch zur Industriegesellschaft – ein regionaler Vergleich: Preußen ...

Etwa 1850 begann die „Durchbruchphase" der deutschen Industrialisierung. Um 1870 war Deutschland zwar noch immer ein Land, in dem der größte Teil der Bevölkerung in der Landwirtschaft tätig war. Die Industrialisierung beschleunigte sich aber zunehmend. Der Anteil der Menschen in der gewerblichen Produktion und im Dienstleistungsbereich stieg ebenso stark an wie die Zahl der Fabriken (▶ M1). Allerdings verlief diese Entwicklung nicht in allen Teilen Deutschlands gleichmäßig, sondern fand vorwiegend in den industriellen Führungsregionen statt, wo sich die in Großbritannien entwickelten Neuerungen rasch durchsetzten (▶ M2).

▲ **Das Werk Leverkusen (Bayer AG).**
Ölgemälde von Otto Bollhagen (183 x 580 cm), 1912 - 21 (Ausschnitt).
Es wurde für das Konferenzzimmer des Direktors in Auftrag gegeben.

■ Das Gemälde entspricht der für diese Zeit typischen Panoramadarstellungen von Werkanlagen. Analysieren Sie die charakteristischen Merkmale des Bildes und beurteilen Sie seine Wirkungsabsicht.

Auf dem Gebiet des späteren Deutschen Reiches war vor allem Preußen, der größte der deutschen Einzelstaaten, in der industriellen Entwicklung führend. Schlesien, Sachsen, das Saar- und besonders das Ruhrgebiet verfügten über reiche Kohlevorkommen und entwickelten sich deshalb rasch zu industriellen Zentren. Schon früh erkannte der Staat die Bedeutung der Stahlindustrie für die Eisenbahn- und Rüstungsproduktion und förderte sie systematisch: Häfen wurden ausgebaut, das Staatsstraßennetz wurde erweitert und mithilfe von Industriespionage in England wurden neue Techniken eingeführt. Der Auf- und Ausbau des technischen Ausbildungswesens stellte die Weichen für einen langfristigen Vorsprung. Unternehmerpersönlichkeiten wie Alfred Krupp oder Friedrich Wilhelm Harkort forcierten die Entwicklung, indem sie neue industrielle Verfahren entwickelten und ihre Firmen zu Großunternehmen ausbauten.

Auch in der zweiten Phase der Industrialisierung, die in den 1890er-Jahren mit neuen Wachstumsbranchen, der chemischen Industrie und der Elektrotechnik, für eine „Zweite Industrielle Revolution" sorgten, spielte Preußen eine führende Rolle. Die elektrotechnische Industrie mit Siemens und der AEG siedelte sich vor allem im Großraum Berlin an, die chemische Industrie (Bayer, Farbwerke Höchst) hatte ihre Schwerpunkte im Rhein-Main-Gebiet.

Ludwig I. von Bayern (1786 - 1868): regierte als König von 1825 - 48; war mitverantwortlich für die Entlassung von Montgelas 1817; zunächst gemäßigt liberal gesinnt, betrieb er nach der Revolution von 1830 eine reaktionäre Politik; förderte Geschichte, Kunst und Architektur; geriet durch seine Beziehung mit der Tänzerin Lola Montez in allgemeine Kritik und dankte im Revolutionsjahr 1848 zugunsten seines Sohnes Maximilian II. ab

... und Bayern Im Vergleich zu Preußen kam die Industrialisierung in Bayern nur langsam in Gang. Das Königreich war überwiegend agrarisch geprägt, es mangelte an Erz- und Kohlevorkommen. Die Binnenlage und die fehlende Verkehrsinfrastruktur behinderten die Entwicklung. Hemmend wirkten sich auch die verbreiteten Vorbehalte gegen die Industrialisierung aus, seit bekannt war, welche sozialen Missstände sie mit sich brachte.

Trotz der Zurückhaltung der Monarchen sorgte der bayerische Staat für unternehmerfreundliche Gesetze: Aktiengesellschaften wurden zugelassen, Firmengründungen subventioniert. Im Vergleich zu den weiträumigen industriellen Ballungsgebieten, etwa dem Ruhrgebiet, spielte sich die bayerische Industrialisierung in Industrialisierungs-„Inseln" ab. Eine Vorreiterrolle spielte zunächst die Textilindustrie, die in Augsburg und in Oberfranken an eine lange Tradition handwerklichen Textilgewerbes anknüpfen konnte. Im wörtlichen Sinne „bahnbrechend" war der Eisenbahnbau, der zunächst auf Initiative Nürnberger Kaufleute erfolgte, 1840 von König **Ludwig I.** aber zur staatlichen Domäne erklärt wurde. Durch den Ausbau des Eisenbahnnetzes und den Bau des Ludwig-Donau-Main-Kanals, eine Verbindung zwischen Nordsee und Schwarzem Meer, stellte Ludwig I. die Weichen für die Industrialisierung einzelner Regionen in Bayern. Eingesessene Firmen rüsteten auf den Eisenbahnbau um und sorgten damit für den Aufschwung der bayerischen Maschinen- und Metallindustrie in Augsburg und Nürnberg (MAN), den Bergbau und die Stahlindustrie in der Oberpfalz sowie den Lokomotivenbau in Nürnberg (Cramer-Klett) und München (Krauss, Maffei). Auch die zweite Industrialisierungswelle erreichte Bayern nur punktuell, etwa mit den Schuckert-Werken in Nürnberg (Elektrotechnik) sowie der BASF (chemische Industrie) im damals bayerischen Ludwigshafen.

Fortschritte in der Landwirtschaft Parallel zur Industrie vollzogen sich revolutionäre Umbrüche in der Landwirtschaft (▶ M3). Zwischen 1800 und 1850 verdoppelte sich die Ackerfläche in den deutschen Staaten fast von 13 auf 25 Millionen ha durch die Nutzung von Brachen, durch Bodenverbesserungen und vor allem durch die Auflösung der Allmenden.

Um die wachsende Bevölkerung ernähren zu können, förderte der Staat die neu entstandene Agrarwissenschaft, die die Landwirtschaft rationalisieren und intensivieren sollte. Die Fruchtwechselwirtschaft löste die herkömmliche Dreifelderwirtschaft ab, ermöglichte eine ununterbrochene Nutzung der Felder und reduzierte das Brachland. Darüber hinaus wurden ertragreiche und widerstandsfähige Getreidesorten gezüchtet. In der Mitte des 19. Jahrhunderts revolutionierte die Chemie die Landwirtschaft: Der deutsche Chemiker Justus von Liebig entwickelte den künstlichen Dünger, der die landwirtschaftlichen Erträge um ein Vielfaches steigen ließ. Die Viehbestände wurden vergrößert und leistungsfähigere Tiere gezüchtet, die Viehfütterung durch wissenschaftliche Erkenntnisse verbessert und die ganzjährige Stallhaltung eingeführt.

Maschinen eroberten die Landwirtschaft: Dampfpflüge und Dreschmaschinen bearbeiteten die Anbauflächen schneller und effektiver. Allerdings setzten die Maschinen große Anbauflächen und viel Kapital voraus, sodass sie sich in den süddeutschen Kleinbetrieben wesentlich später durchsetzten als etwa auf den großen nord- und ostdeutschen Gütern.

Die wachsenden landwirtschaftlichen Erträge verbesserten die Ernährungssituation. Kartoffeln und Kohl nahmen nun die ersten Plätze der Produktion ein, gefolgt von Brot- und Futtergetreide. Diese einfache Kost konnte im Laufe der Zeit durch einen höheren Fleisch- und Zuckerkonsum ergänzt werden.

Die landwirtschaftlichen Betriebe produzierten zunehmend für den Markt und weniger für den Eigenbedarf. Durch den Abbau der Zollschranken und den Ausbau von Straßen- und Eisenbahnnetz wurde eine flächendeckende Versorgung mit Lebensmitteln unabhängig von regionalen Gegebenheiten oder ungünstigen Witterungsbedingungen möglich (▶ M4). Hungerkatastrophen wurden seltener und blieben allmählich aus.

▲ **Plakat zum Münchener Landwirtschaftsfest, dem Oktoberfest 1893.**

Am 17. Oktober 1810 veranstalteten Kronprinz Ludwig und Prinzessin Therese anlässlich ihrer Hochzeit ein großes Pferderennen auf einer Wiese vor den Stadtmauern Münchens. Das Gelände wurde nach der Prinzessin fortan „Theresienwiese" genannt. Im Jahr darauf richtete der 1810 gegründete „Landwirtschaftliche Verein" das Fest aus. Dieses wurde nun durch Viehmärkte und die Ausstellung landwirtschaftlicher Produkte und neuer Geräte zum „Zentrallandwirtschaftsfest" erweitert. So sollten die Landwirte zu Verbesserungen ihrer Betriebe angeregt werden. Im 19. Jahrhundert entwickelte sich das Fest zur Massenorganisation.

M1 Industrialisierung in Zahlen

a) Anteil einiger Länder an der Weltindustrieproduktion* 1830 bis 1913 in Prozent:

	1830	1860	1880	1900	1913
Großbritannien	9,5	19,9	22,9	18,5	13,6
Deutschland	3,5	4,9	8,5	13,2	14,8
Frankreich	5,2	7,9	7,8	6,8	6,1
USA	2,4	7,2	14,7	23,6	32,0

* gesamte weltweite, vor allem gewerbliche Gewinnung sowie Be- und Verarbeitung von Rohstoffen

Wolfram Fischer u.a. (Hrsg.), Handbuch der europäischen Wirtschafts- und Sozialgeschichte, Bd. 5, Stuttgart 1985, S. 150

c) Die Entwicklung der Zahl der Erwerbstätigen nach Wirtschaftssektoren* in den deutschen Ländern 1780 bis 1914:

Jahr	primärer Sektor (in %)	sekundärer Sektor (in %)	tertiärer Sektor (in %)	Erwerbstätige (in %)
1780	65	19	16	10,0
1800	62	21	17	10,5
1825	59	22	19	12,6
1850	55	24	21	15,8
1875	49	30	21	18,6
1900	38	37	25	25,5
1914	34	38	28	31,1

* primärer Sektor: Land- und Forstwirtschaft; sekundärer Sektor: Industrie/Gewerbe/Handel; tertiärer Sektor: Dienstleistungen

Nach: Friedrich Wilhelm Henning, Deutsche Wirtschafts- und Sozialgeschichte im 19. Jahrhundert, Paderborn u.a. 1996, S. 885

b) Roheisenproduktion je Einwohner in verschiedenen Ländern:

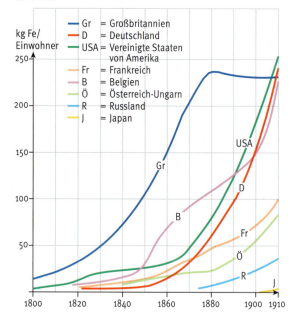

Friedrich Wilhelm Henning, Die Industrialisierung in Deutschland 1800-1914, Paderborn [8]1993, S. 153

d) Die Entwicklung der Zahl der Erwerbstätigen nach Wirtschaftsbereichen in Bayern:

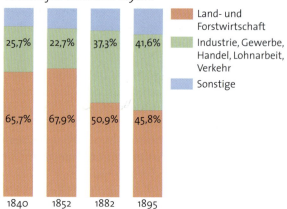

Wilhelm J. Wagner, Bayern. Zwei Jahrhunderte bayerische Geschichte, Essen 2006, S. 57

---

1. Arbeiten Sie die Grundzüge der wirtschaftlichen Entwicklung anhand der Tabelle a) und des Diagramms b) heraus. Vergleichen Sie die nationalen Unterschiede. Erläutern Sie, worüber die Bezugsgröße „Produktionsmenge pro Einwohner" Aufschluss gibt.

2. Setzen Sie Tabelle c) in ein Diagramm um, das die Anteile der Sektoren pro Jahr anzeigt. Analysieren Sie die strukturellen Veränderungen. Vergleichen Sie mit Bayern in Diagramm d).

3. Fassen Sie die Grundzüge der industriellen Entwicklung zusammen. Welche Veränderungen im Leben der Menschen lassen sich aus den Statistiken ableiten?

M2 Regionale Entwicklung

a) Das deutsche Eisenbahnnetz bis 1866:

b) Die industriellen Standorte in Deutschland um 1900:

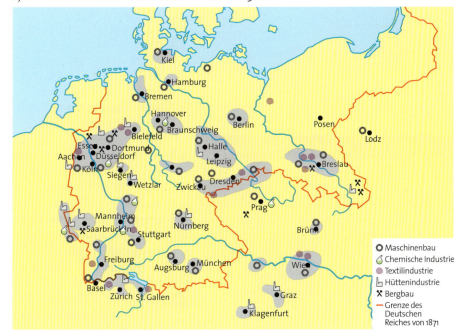

▮ Nennen Sie Gründe für die Entwicklung der Industrie in den Regionen. Welche Voraussetzungen spielen eine Rolle? Erläutern Sie die Zusammenhänge in den Karten a) und b).

M3 Die Entwicklung der Landwirtschaft

a) Anbauwechsel

Jahr	Dreifelderwirtschaft		Fruchtwechsel-wirtschaft
	einfache	verbesserte	
1.	Wintergetreide	Wintergetreide	Getreide
2.	Sommergetreide	Sommergetreide	Blattfrucht
3.	Brache	Blattfrucht*	Getreide
4./1.	Wintergetreide	Wintergetreide	Blattfrucht

* Feldfrüchte mit hohem Blattanteil, z. B. Hackfrüchte (Kartoffeln und Rüben) und Hülsenfrüchte (Erbsen, Bohnen, kleeartige Gewächse). Futterrüben und Klee werden als Futterpflanzen in der Viehwirtschaft verwendet.

Walter Steitz (Hrsg.), Quellen zur deutschen Wirtschafts- und Sozialgeschichte im 19. Jahrhundert bis zur Reichsgründung, Darmstadt 1980, S. 388

b) Entwicklung der Getreideerträge 1848-1912

Max Rolfes, Landwirtschaft 1850-1914, in: Hermann Aubin und Wolfgang Zorn (Hrsg.), Handbuch der deutschen Wirtschafts- und Sozialgeschichte, Bd. 2, Stuttgart 1976, S. 495-526 und 518

c) Leistungen der Viehwirtschaft

	1800	1835	1870/75
Schlachtgewicht			
der Rinder in kg	100	160	190
der Schweine in kg	40	50	75
Milchleistung je Kuh* in l	6/700	900	1150
Wolle pro Schaf und Jahr in kg	0,75-1		2

* mit großem Unterschied zwischen „normalen" Bauernhöfen und milchwirtschaftlichen Spezialbetrieben (um 1800 zwischen 600 und 1500 l)

Nach: Thomas Nipperdey, Deutsche Geschichte 1800-1866. Bürgerwelt und starker Staat, München 1983, S. 155

---

1. Erläutern Sie anhand von Tabelle a) die Veränderungen in der Ackerlandnutzung. Welche Schlüsse lassen sich in Bezug auf die Organisation der Landwirtschaft und die Erträge ziehen?
2. Beschreiben Sie die Entwicklung der Getreideproduktion in b). Suchen Sie nach Faktoren für Rückgänge und Steigerungen.
3. Errechnen Sie aus Tabelle c) den prozentualen Zuwachs in der Viehwirtschaft. Stellen Sie Zusammenhänge zu Tabelle a) her.
4. Formulieren Sie Ursachen und Folgen für die Entwicklung der Landwirtschaft.

M4 Die neuen Transportmittel

Der Volkswirtschaftler und Politiker Friedrich List, der sich früh für ein einheitliches Zollgebiet in Deutschland einsetzt und mit der Gründung der Leipzig-Dresdener-Eisenbahngesellschaft im Jahre 1834 einen wichtigen Grundstein für den Eisenbahnbau legt, beschreibt im Jahre 1837 die Auswirkungen der Eisenbahn auf das Wirtschaftsleben:

Die neuen Transportmittel ersetzen die lebende Kraft durch die mechanische Kraft, die in ihrem Umfang beinahe unbegrenzt und in ihrer Anwendung zur
5 unendlichen Verbesserung geeignet ist, um die den Menschen drückende Last der Arbeit zu verringern und ihn dadurch zum Gebieter und Gestalter der Natur zu machen. Diese Kraft stei-
10 gert die Produktion und reduziert bei jenen den Konsum von Lebensmitteln, die ausschließlich mit dem Transport beschäftigt sind, weil sie diese nicht verbrauchen; infolgedessen ermöglicht sie die Ernährung und das Wohlergehen einer
15 viel größeren Anzahl von Menschen. Sie fördert die Wissenschaft und die Technik, weil man sie für den Bau der Maschinen benötigt. Sie erfordert beträchtliche Mengen in Eisen und Steinkohle; deswegen fördert sie die beiden bedeutendsten Wirtschaftszweige, den Bergbau und die Industrie. [...]
20 Die neuen Transportmittel versetzen die Menschen in die Lage, besser mit der Natur zu kämpfen als dies mithilfe der alten möglich war. Damit vermag er den Winden und den Stürmen, der Strömung der Flüsse, den sintflutartigen Wolkenbrüchen, der Härte des Winters und der brennenden
25 Hitze der heißen Zonen zu trotzen. [...]
Außerdem beflügeln sie durch den Transport von Personen, Briefen, Nachrichten, Büchern und Zeitungen den geistigen Austausch in einem solchen Maße, dass deren Bedeutung in dieser Hinsicht noch viel größer sein wird als im Hinblick auf
30 den materiellen Handel.
Die neuen Transportmittel werden für den Abbau der Überbevölkerung der alten Länder und für die Gründung neuer Kolonien, für die Vermischung der Rassen, für die Verbreitung und die Fortschritte der Wissenschaften, für die Technik, die
35 Zivilisation, die Toleranz, die allgemeine Ausbildung aller Klassen, für die Erhaltung der Vaterlandsliebe, für die Ausrottung von Vorurteilen und des Aberglaubens sowie von unsittlichen und schädlichen Verhaltensweisen und der Trägheit, für die Verbreitung neuer Erfindungen und nützlicher Verfahren, für die Kenntnis von Fremdsprachen und der Literatur, 40 für die Existenz der Armen und der Gebrechlichen, wie z.B. der Blinden, der Taubstummen, der Findelkinder, für die Verbesserung der Gesetzgebung und der nationalen wie der örtlichen Verwaltung, für die politischen Institutionen und die Wohltaten der ganzen Spezies, für die Aufrechterhaltung 45 von Ruhe und Ordnung usw. weitaus größere Dienste leisten als die alten Transportmittel.

▲ „Rain, Steam, and Speed – The Great Western Railway."
Ölgemälde von William Turner, 1843.
■ *Beschreiben Sie, wie es Turner gelingt, die „vierte Dimension" (die Zeit) sichtbar zu machen.*

Friedrich List, Die Welt bewegt sich. Über die Auswirkungen der Dampfkraft und der neuen Transportmittel auf die Wirtschaft, das bürgerliche Leben, das soziale Gefüge und die Macht der Nationen (Pariser Preisschrift 1837), zitiert nach: Gerhard Henke-Bockschatz (Bearb.), Industrialisierung, Schwalbach/Ts. 2003, S. 75 f.

1. *Arbeiten Sie Vorteile und Wirkungen der Eisenbahn heraus. Ordnen Sie sie nach Bereichen.*
2. *Beurteilen Sie Lists Plädoyer. Welche seiner Argumente entsprechen einem Wunschbild, welche der Wirklichkeit? Welche Bedeutung misst er der Wirtschaft bei?*
3. *Analysieren Sie, inwiefern List die Bedingungen industrieller Entwicklung nachzeichnet. Entwerfen Sie auf dieser Grundlage ein Schaubild und erläutern Sie es.*

Veränderte Lebens- und Arbeitsbedingungen in der industriellen Welt

Wie jeden Tag ist Ottilie auch heute Morgen wieder um halb fünf Uhr aufgestanden, um den Ofen anzufeuern und das abends schon vorbereitete Frühstück zu machen. Seit die Mutter vor fünf Jahren gestorben ist, führt sie für den Vater und die drei kleineren Geschwister den Haushalt. Nur drei Jahre hat sie die Schule besuchen können. Sie muss Geld verdienen, denn der Verdienst des Vaters reicht nicht aus. Um halb sieben verlässt sie kurz nach ihm das Haus und bringt die Kleinen zur Hütfrau. Es ist kalt und neblig in Berlin an diesem 2. November 1868. Die Kälte kriecht Ottilie durch den dünnen Mantel und die Schuhe. Sie ist so müde, dass sie kaum die Augen offen halten kann.

Seit zwei Monaten arbeitet sie in der Wollfabrik von Schwendy in der Gitschiner Straße. Zwei Taler in der Woche verdient sie dort. Immerhin etwas mehr als in der Nähstube, wo sie vorher als Wäschenäherin gearbeitet hat. Aber dafür sind die Zustände in der Fabrik ganz furchtbar. Es heißt, wer dort arbeitet, bleibt keine zwei Monate gesund. In Ottilies Arbeitssaal müssen die Frauen aus dicken Wolltupfen dünnere Stränge spinnen. Wenn die Wolle schleudert und Schlingen wirft und wieder in Ordnung gebracht werden muss, wird nicht die Maschine angehalten, sondern die Arbeiterin muss in das laufende Getriebe hineinfassen, in aller Geschwindigkeit die dicken Stellen herausnehmen, die Fäden wieder zusammenzuwirbeln und -knoten. Das gibt zerschundene Hände und Knie oder Schlimmeres. Noch schlimmer ist die Luft im Arbeitssaal. Es gibt nur kleine Fenster, der Staub beißt in den Augen und im Hals. Noch dazu liegen die Aborte direkt neben dem Arbeitssaal. Häufig laufen sie über, dann ist es gar nicht mehr auszuhalten. Wem es nicht passt, hat der Chef erst kürzlich gesagt, der könne ja gehen – Ersatz gäbe es in der Stadt mehr als genug.

„Landflucht" und Verstädterung ■ Noch zu Beginn des 19. Jahrhunderts lebten zwei Drittel der deutschen Bevölkerung auf dem Land und nur etwa ein Viertel in der Stadt. Auf dem Gebiet des späteren Deutschen Kaiserreiches wuchs die Bevölkerung zwischen 1816 und 1871 von gut 23 auf 41 Millionen. Dieser Anstieg und die sich dynamisch entwickelnde Arbeitswelt forderten von den Menschen die Bereitschaft zur Mobilität. Oft genug aus der Not um die Existenzsicherung zogen Ströme von Arbeitsuchenden in die rasch wachsenden Industrieregionen. Besonders groß war die Not in den bayerischen Randbezirken, so etwa im Spessart, aber auch in Nordschwaben sowie in Nord- und Ostbayern, wo den Menschen oft als einziger Hoffnungsschimmer die Abwanderung in die Städte blieb. Diese schon damals als „Landflucht" bezeichnete Entwicklung führte zum viel beklagten Arbeitskräftemangel auf dem Lande (▶ M1).

Je mehr Industrie sich in den Städten ansiedelte, wo es gute Verkehrsanbindungen und zahlreiche Arbeitskräfte gab, desto stärker wuchs dort die Einwohnerzahl. Ausgangspunkt für die Verstädterung (Urbanisierung) waren Standorte der Textilproduktion, des Bergbaus und der Schwerindustrie (▶ M2). Kaum eine Region veränderte sich so schnell wie das Ruhrgebiet. Kern des rasanten Strukturwandels war dort der Kohlebergbau. Zu Beginn des 19. Jahrhunderts noch durch Landwirtschaft, Kleinstädte und Dörfer geprägt, wuchs das Ruhrgebiet bis zum Ende des Jahrhunderts zum größten industriellen Ballungszentrum Europas an. Auch Großstädte wie Berlin, Hamburg, Köln, Frankfurt am Main, Hannover und Nürnberg sowie das sächsisch-oberschlesische Industrierevier zogen die Bevölkerung an.

Da vor allem junge Menschen in die Stadt kamen, die Geburtenrate dadurch anstieg und zugleich die Sterblichkeit in den Städten aufgrund verbesserter Hygiene und ärztlicher Versorgung stärker abnahm als auf dem Land, trug auch das innerstädtische Bevölkerungswachstum zur Urbanisierung bei (▶ M3). In vielen Städten verdreifachte sich die Einwohnerschaft in wenigen Jahrzehnten. Auch die Anzahl der Großstädte wuchs: 1871 gab es im Deutschen Reich sieben, 1918 bereits mehr als 50. Nur noch Großbritannien übertraf den deutschen Grad der Verstädterung.

Die Industrialisierung löste nicht nur eine „Landflucht", sondern zugleich eine Ost-West-Wanderung aus. Zwischen 1860 und 1914 verließen etwa 16 Millionen Menschen die ostdeutschen Gebiete in Richtung Westen. Viele gingen noch einen Schritt weiter: Angesichts schlechter Lebensbedingungen, Arbeitslosigkeit und politischer Konflikte wanderten zwischen 1830 und 1913 mehr als sechs Millionen Deutsche aus. 90 Prozent gingen in die USA, das „Land der unbegrenzten Möglichkeiten", einige suchten in Ungarn, Siebenbürgen oder Russland eine neue Heimat.

Mobilität und die sozialen Folgen 1907 lebte nahezu die Hälfte der Bevölkerung nicht mehr an ihrem Geburtsort. Die erzwungene Mobilität hatte vielfältige soziale Folgen: Während die älteren Generationen meist auf dem Land blieben, gingen vor allem junge Männer immer häufiger dauerhaft fort, holten Frauen und Kinder nach oder gründeten in der Stadt eine Familie. Dadurch wurden Familienverbände auseinandergerissen; die Menschen verloren ihr soziales Umfeld.

Trotz der meist besseren Lebensbedingungen litten viele ehemalige Landbewohner an Heimweh. Sie idealisierten ihr früheres Leben, da ihnen die Stadt fremd blieb. Als besonders problematisch empfanden sie die Anonymität. Während die Dorfgemeinschaft in sozialen Notlagen für den Einzelnen aufkam, war in der Stadt jeder auf sich allein gestellt. Damit entfiel auch die soziale Kontrolle, die auf dem Lande ausgeprägt war und das Leben des Einzelnen wie der Gemeinschaft mitbestimmte.

Von einer „sittlichen Verwahrlosung", die viele Zeitgenossen dem Einfluss der Städte zuschrieben, kann aber nicht gesprochen werden. Zwar sorgte der Anstieg der Prostitution seit den 1890er-Jahren für Diskussionen, insgesamt stieg die Kriminalitätsrate jedoch in wirtschaftlichen Krisen überall, besonders dort, wo soziale Ungleichheit oder ethnische Differenzen aufeinanderprallten. Auch die Zahl unehelicher Geburten lag in den Städten lange Zeit nicht höher als auf dem Land.

▲ **Das Bild der Städte ändert sich.**
Fotos von Nürnberg in der Ansicht von Gostenhof 1865 (oben) und 1905 (unten).

▲ **Berliner Mietskasernen.**
Die Berliner Mietskasernen waren berüchtigt für ihre Blockbebauung, bei der meist drei oder vier Höfe aufeinanderfolgten. In diese fiel kaum Tageslicht, weil die Höfe nach Polizeivorschrift nur 5,30 m im Quadrat groß sein mussten, damit die pferdebespannten Spritzenwagen der Feuerwehr gerade noch darin wenden konnten.

Wohnungselend Durch den enormen Zuzug in die Städte wurde der Wohnraum knapp. Vor allem fehlten preiswerte Unterkünfte für Arbeiterinnen und Arbeiter. Zunächst hatten die Zuwanderer noch in den meist heruntergekommenen Vierteln der Altstädte eine Bleibe gefunden, jedoch reichte dort der Platz schon bald nicht mehr aus. Daher wurde mit dem Bau von Wohnungen in der Nähe der Fabriken begonnen, die sich meist vor den Stadtmauern ansiedelten – weit ab von den Villenvierteln und bürgerlichen Wohngegenden. Wohnlage und Mietpreise sorgten für einen hohen Grad an sozialer Differenzierung (▶ M4).

Vor allem in den großen Städten gingen Bauunternehmer angesichts des knapper werdenden Baulands dazu über, dicht aneinandergereihte, mehrgeschossige Mietskasernen mit Vor- und Hinterhäusern sowie winzigen Hinterhöfen zu bauen. Sie nutzten die Grundstücksfläche durch äußerst enge und minderwertige Bebauung aus, um hohe Gewinne zu erzielen. Ein Großteil der Wohnungen verfügte weder über fließend Wasser noch über Toiletten. Auch konnten sie nur unzureichend beheizt werden, sodass die Räume häufig feucht und schimmelig waren. Die Mieten waren trotzdem hoch und fraßen einen Großteil des Einkommens auf. Daher teilten sich 4- bis 6-köpfige Familien oft nur einen Wohnraum und nahmen zusätzlich noch „Schlafgänger" auf, die sich eine Schlafstelle mieteten (▶ M5).

Die Stadtverwaltungen reagierten auf das Wohnungselend zunächst nur zögerlich, weil die Arbeiter in den politischen Gremien kaum vertreten waren. Da man einen Sittenverfall in den überfüllten Arbeitervierteln befürchtete, suchten die Kommunen ab den 1890er-Jahren verstärkt nach Lösungen. Sie legten Bebauungspläne fest und erarbeiteten städtebauliche Konzepte, um das Wachstum zu lenken und die Wohn- und Hygieneverhältnisse zu verbessern. Einflussreiche Haus- und Grundstücksbesitzer konnten kommunale Bauvorhaben jedoch blockieren. Erreicht wurde höchstens eine strengere Aufsicht durch die Behörden, die den bautechnischen und hygienischen Zustand der Wohnungen überprüften. Beanstandungen fielen dann allerdings oft auf die Bewohner zurück. Erst um die Jahrhundertwende entspannte sich die Lage auf dem Wohnungsmarkt.

Oft wurde das Leben in den neuen Arbeiterquartieren durch Rauch und Lärm der Industriezentren so stark belastet, dass dort die Lebenserwartung deutlich niedriger war als in den Wohnvierteln des Bürgertums. Die Umweltfrage war also auch ein wichtiger Teil der sogenannten Sozialen Frage.

Arbeit in Fabriken und an Maschinen Für die Menschen, die in die Industriegebiete zogen, veränderten sich Arbeit und Alltag grundlegend. Die meisten von ihnen fanden Arbeit in den Fabriken. Zwischen 1882 und 1907 verdoppelte sich die Industriearbeiterschaft. Bis zum Ersten Weltkrieg wurde sie zur größten sozialen Gruppe. Hatte sich früher die Arbeit flexibel an den Jahres- und Tageszeiten, dem Wetter und den privaten Bedürfnissen im Haus oder auf dem Hof orientiert, so musste diese nun Uhr und Maschine untergeordnet werden. Stechuhren, disziplinierende Vorarbeiter und stichprobenartige Kontrollen verzeichneten jeden Verstoß gegen die strengen Fabrikordnungen und das kalkulierte Arbeitssoll (▶ M6).

Eine effektive und zeitsparende technische Neuerung in den Betrieben war das Fließband. Es ermöglichte die schnelle Massenfertigung normierter Einzelteile. Dabei wurde die Produktion in zahlreiche Stationen zerlegt, bei der die einzelnen Teile die Fertigung möglichst ohne Unterbrechung durchliefen. Jeder Arbeiter hatte nur wenige und immer gleiche Handgriffe auszuführen. Das Fließband steigerte den Anteil von an- und ungelernten Arbeitskräften.

Erschwert wurde das hohe Arbeitspensum durch die körperlichen Belastungen wie Lärm, Hitze, Schmutz, Gestank, Licht- und Luftmangel. Fehlende Sicherheitsvorkehrungen an den Maschinen verursachten immer wieder schwere Unfälle. Hinzu kamen Berufskrankheiten. Bei Arbeitsunfähigkeit oder Verlust des Arbeitsplatzes drohte den Familien der Ruin, denn Unfall- oder Krankenversicherungen, Kündigungsschutz oder Arbeitslosenhilfe gab es nicht. Darum nahmen die Arbeiter auch schlechte Arbeitsbedingungen in Kauf. Fabrikarbeit bedeutete ein durch Arbeitsvertrag und Lohnarbeit gekennzeichnetes Abhängigkeitsverhältnis. Für Selbstbestimmung, individuelle Bedürfnisse oder persönliche Identifikation mit der Arbeit war kein Platz.

Die industriellen Arbeitsanforderungen wirkten sich auf andere Wirtschaftsbereiche aus. Um dem Konkurrenzdruck der neuen Industrien standhalten zu können, gingen auch die traditionellen, kleineren Gewerbe- und Handwerksbetriebe zu Rationalisierungsmaßnahmen und harten Ausbeutungsformen über. Schließlich erfasste in den 1920er- und 30er-Jahren die Rationalisierung auch die Büroarbeit: Die Arbeitsvorgänge wurden zerlegt, normiert und durch Rechen- und Buchungsmaschinen mechanisiert. Die dadurch vereinfachten Arbeiten konnten nun auch weniger qualifizierte Kräfte ausführen, sodass der Einzelne ersetzbar wurde. Die Angestellten wurden immer mehr zu angestellten „Stundenlöhnern".

▲ **Uhr, Signaltafel, Spinde und Stechuhr: Maßnahmen zur Disziplinierung der Arbeiter.**
Holzstich aus der „Illustrirten Zeitung" vom 18. Mai 1889.

Arbeitszeiten und Löhne In der Frühphase der Industrialisierung hatte die Arbeitszeit schnell zugenommen: Männer, Frauen und auch Kinder arbeiteten nicht unter zwölf Stunden täglich, oft sogar 15 bis 17 Stunden an mindestens sechs Tagen die Woche. Seit den 1860er-Jahren verkürzte sich die Arbeitszeit Schritt für Schritt auf etwa zwölf, bis 1914 auf durchschnittlich neun Stunden. Jedoch war weiterhin eine Wochenarbeitszeit von 70 Stunden nicht ungewöhnlich. „Urlaub" oder „Erholung" gab es in der Regel nicht, und auch das 1891 eingeführte Verbot der Sonn- und Feiertagsarbeit wurde vielfach nicht beachtet (▶ M7).

Für einen gewissen Ausgleich sorgten höhere Reallöhne, die zwischen 1895 und 1913 um mehr als ein Viertel anstiegen. Jedoch fielen diese je nach Tätigkeit, Branche und Region unterschiedlich aus. Besonders zwischen gelernten und ungelernten Arbeitern herrschte ein deutliches Lohngefälle. So verdienten die meist als Vorarbeiter und Fabrikmeister eingesetzten ausgebildeten Handwerker das Vier- bis zuweilen Sechsfache der ungelernten Kräfte. Hinzu kam, dass sich durch gleichzeitig steigende Preise und Mieten die Lebenshaltungskosten erhöhten und die Reallöhne relativierten (▶ M8).

Meist reichte das Einkommen der ungelernten Arbeiter nicht zum Lebensunterhalt der Familie aus, sodass Frauen und Kinder hinzuverdienen mussten, deren Verdienst zudem erheblich unter dem der Männer lag. Seit der Jahrhundertmitte war die Kinderarbeit zwar durch wachsende Kritik sowie die Durchsetzung der Schulpflicht allmählich zurückgegangen, viele Familien blieben jedoch auf den Beitrag der Kinder angewiesen. Arbeitslosigkeit oder Krankheit konnten schnell das Einkommen einer Familie aufzehren und sie an den Rand des Existenzminimums bringen, denn sie hatte kaum Möglichkeiten, Rücklagen zu bilden. Lohnfortzahlung im Krankheitsfall oder Invalidenrente gab es nicht. Altersarmut war verbreitet. Die erhöhten Produktivitätsanforderungen konnten nur Männer im Alter von 25 bis 40 Jahren leisten. Ältere sanken fast zwangsläufig in die Arbeitslosigkeit ab, die zu einem Problem wurde, auch wenn sie bis zum Ersten Weltkrieg noch mit zwei bis drei Prozent vergleichsweise gering war.

M1 Ursachen für die „Landflucht"

In seiner Dissertation über „Die ländlichen Arbeitsverhältnisse im rechtsrheinischen Bayern" von 1908 beschäftigt sich Georg Ernst vor allem mit der „Landflucht". Dabei bezieht er sich auf Berichte bayerischer Bezirksämter:

Als die Ursache dieses empfindlichen Mangels an Arbeitskräften [auf dem Lande], dieser „Leutenot", bezeichnet man gemeinhin „die Landflucht". Seit Jahren fließt unaufhörlich ein Menschenstrom vom Lande ab, hin zur Industrie, in die
5 Städte. Landflucht wird hier demnach in zweifachem Sinne gefasst, als Flucht vom Lande in die Stadt, oder als Abkehr vom landwirtschaftlichen Beruf zu einem anderen Erwerb. Die Städte üben in der Jetztzeit als Zentren menschlichen Kulturlebens, als Herde von Freiheit und Vergnügen eine
10 wunderbare Anziehungskraft aus, nicht minder aber auch die Industrie, die eine ungleich bessere wirtschaftliche Lage verschafft als die Landwirtschaft und damit gesicherte Voraussetzungen für alle Lebensbedingungen bietet. [...] Besonders sind es die jungen, heranwachsenden Leute, wel-
15 che vom Lande fliehen, Leute im Alter von 16-20 Jahren. „Die meisten Arbeitskräfte ziehen in die Stadt und Fabrik; besonders die jungen Leute gehen alle in die Fabrik." „Die jüngeren Leute werden überredet,
20 zur Industrie zu gehen." (Waakirchen, B.-A. Miesbach) [...]
Für diese Erscheinung, die [...] mit Recht eine soziale Revolution genannt wird, müssen Gründe vorhanden sein. [...] Von den
25 Berichterstattern werden die verschiedensten Gründe angeführt; ein Bericht aus dem Bezirke Schongau gibt als Gründe für die Landflucht unter anderem besonders an:
1. Die immer mehr zunehmende Genuss-
30 sucht und der Drang nach Freiheit und Ungebundenheit.
2. Die vielen und sehr verlockend geschriebenen Berichte über stattgehabte Vergnügungen und Festlichkeiten der Städte in
35 den Tagesblättern.
3. Das schlechte Beispiel vieler städtisch gesinnter Leute, die auf dem Lande wohnen müssen. [...]
Nach einem anderen Berichte „soll" an der Landflucht schuld
40 sein:
1. Die Vergnügungssucht der jungen Leute.
2. Die „schlechte Kost und Bezahlung" auf dem Lande.
3. Die Gefahr der Verführung, die unter ländlichen Dienstboten den Töchtern aus braven, armen Familien mehr droht als in einer gutbürgerlichen Familie in der Stadt.
45
4. Die Schmutzarbeit in den Stallungen, auf den Äckern.
5. Herzlose Behandlung der Dienstboten seitens der Herrschaft, besonders im Winter.

Georg Ernst, Die ländlichen Arbeitsverhältnisse im rechtsrheinischen Bayern, Diss. München 1908, S. 111 und 113 f.

1. *Erläutern Sie, wie Ernst „Landflucht" definiert. Welche Ursachen nennt er für sie?*
2. *Beurteilen Sie die Folgen der „Landflucht" für die ländlichen Gegenden.*
3. *Prüfen Sie die Gründe für die „Landflucht" auf ihre Glaubwürdigkeit.*
4. *Überlegen Sie, inwieweit sich die Erwartungen der jungen Leute in der Stadt erfüllt haben.*

M2 Binnenwanderung in Deutschland während des 19. Jahrhunderts

1. *Skizzieren Sie den Verlauf der deutschen Binnenwanderung.*
2. *Nennen Sie Ursachen für regionale Bevölkerungsgewinne und -verluste.*

M3 Urbanisierung

a) Die Verteilung von Stadt- und Landbevölkerung im Deutschen Reich:

	Prozentualer Anteil an der Gesamtbevölkerung in Gemeinden				
	mit weniger als 2000 Einwohnern	2000 bis 5000 Einwohner	5000 bis 20000 Einwohner	20000 bis 100000 Einwohner	100000 und mehr Einwohner
1871	63,9	12,4	11,2	7,7	4,8
1880	58,6	12,7	12,6	8,9	7,2
1890	53,0	12,0	13,1	9,8	12,1
1900	45,6	12,1	13,5	12,6	16,2
1905	42,6	11,8	13,7	12,9	19,0
1910	40,0	11,2	14,1	13,4	21,3

Nach: Gerd Hohorst u.a. (Hrsg.), Sozialgeschichtliches Arbeitsbuch II. Materialien zur Statistik des Kaiserreichs 1870-1914, München ²1975, S. 52

b) Entwicklung der Gebäude- und Bevölkerungsdichte in Augsburg:

Jahr	Zahl der Wohngebäude	Zahl der Bewohner pro Gebäude	Einwohner/ha
1852	3187	12,3	17,7*
1867	3100	16,2	21,5
1871	3799	13,5	23,1
1885	4342	15,2	29,9
1900	4884	18,3	40,4

Zum Vergleich:

Bevölkerungsdichte in Berlin 1870:	112,4 Einwohner/ha
Bevölkerungsdichte in Bayern 1870 (Durchschnitt):	0,64 Einwohner/ha

* 1846

Nach: Ilse Fischer, Industrialisierung, sozialer Konflikt und politische Willensbildung in der Stadtgemeinde. Ein Beitrag zur Sozialgeschichte Augsburgs 1840-1914, Augsburg 1977, S. 104f.

1. Setzen Sie die Tabelle a) in eine geeignete Diagrammform um, die das Verhältnis von Stadt- und Landbevölkerung anzeigt. Erläutern Sie die Entwicklung.
2. Untersuchen Sie anhand von Tabelle b) die Entwicklung der Gebäude- und Bevölkerungsdichte in Augsburg. Schließen Sie auf die veränderten Wohn- und Lebensbedingungen der Menschen.
3. Definieren Sie auf der Grundlage der Materialien M1 bis M3 die Urbanisierung. Berücksichtigen Sie dabei deren Ursachen und Folgen.
4. Finden Sie heraus, welche Bevölkerungsentwicklung in Ihrem Heimatraum im 19. Jahrhundert und später stattfand. Lassen sich für die Zeit des Kaiserreiches 1871 bis 1918 Belege für Städtewachstum und Veränderungen der Infrastruktur in Ihrer Umgebung finden?

▲ Umzug einer Familie mit Handwagen in Berlin.
Foto, um 1911.

M4 Soziale Unterschiede in der Stadt – das Beispiel Augsburg

Wohnbezirke	Bewohner 1809	Bewohner 1880	Anteil d. Ortsgebürtigen 1880	Anteil Handel	Anteil Beamte	Anteil Handwerk	Anteil d. Fabrikarbeiter in %	Uneheliche Geburten (in %)	Säuglingssterblichkeit 1880 in % aller Säuglinge	Sterblichkeit 1881 pro 1000 Einwohner
A	4473	9351	43,2	9,1	9,3	44,4	12,6	15,36	29,5	34,8
B	2060	3264	28,8	15,0	11,2	25,6	6,8	9,89	13,1	15,3
C	3383	5041	39,3	12,6	8,9	43,6	7,3	16,12	24,5	28,2
D	2822	3690	35,7	25,5	13,8	23,9	5,9	5,26	18,4	12,5
E	1740	3917	32,0	5,2	6,7	32,8	20,9	22,69	31,9	30,4
F	3402	6685	33,5	7,4	12,1	30,4	10,2	11,57	33,1	27,1
G	3024	5023	43,6	7,7	6,6	40,7	24,5	18,65	40,9	30,5
H	3351	5373	43,0	6,3	4,3	41,1	24,9	17,25	36,7	29,8
Westend	-	5375	29,2	11,2	22,1	17,1	7,9	10,47	40,9	16,9
Südend	-	881	40,0	4,8	9,9	31,1	24,3	18,00	56,0	31,7
Ostend	-	2723	44,0	2,9	3,1	11,8	61,8	10,55	14,4	31,8
Nordend	-	2901	33,4	2,0	2,7	21,2	60,6	6,72	36,1	30,1
Wertachvorstädte	-	7184	27,9	5,1	5,8	34,5	41,8	30,27	47,3	55,3

Nach: Ilse Fischer, a.a.O., S. 106, 108 f. und 111-113

Erläuterungen zu den Wohnbezirken:
- Die Wohnbezirke A-H liegen innerhalb der ehemaligen Stadtmauern.
- Der Wohnbezirk B wird traditionell von Kaufleuten und Bankiers bewohnt.
- Wohnbezirk D entspricht dem kirchlich-katholisch geprägten Domviertel.
- Die Bezirke A, C, E-G entsprechen den traditionellen Handwerkervierteln.
- Die Bezirke E und F liegen im Norden der Stadt in der Nähe der Maschinenfabrik MAN.
- Die Bezirke G und H liegen im Osten in der Nähe der großen Textilfabriken.
- Das Westend entspricht dem Wohnviertel zwischen Bahnhof und Altstadt.
- Das Südend ist stark militärisch geprägt.
- Im Ostend liegen die großen Textilfabriken.
- Im Nordend befindet sich die Maschinenfabrik Augsburg-Nürnberg MAN.
- Die Wertachvorstädte liegen am nordwestlichen Stadtrand links und rechts der Wertach.

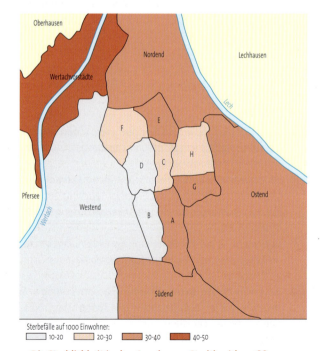

▲ Die Sterblichkeit in den Augsburger Stadtbezirken 1881.

Veränderte Lebens- und Arbeitsbedingungen in der industriellen Welt

1. Erläutern Sie die Verteilung der Bevölkerung auf die Wohngegenden. Finden Sie Gründe für die Differenzierung.
2. Stellen Sie Zusammenhänge zwischen Bevölkerungswachstum, sozialer Stellung, unehelichen Geburten sowie der allgemeinen und der Säuglingssterblichkeit her. Vergleichen Sie besonders die Wohnbezirke Westend und die Wertachvorstädte.
3. Nehmen Sie Stellung zu der These, dass Stadtviertel soziale Grenzen markieren.

M5 Wohnverhältnisse in München

Der Wirtschaftswissenschaftler Lujo Brentano, von 1891 bis 1914 Professor an der Universität München, beschreibt 1904 die Wohnsituation in München:

Betrachten wir die Rückwirkung dieser Mietpreise auf die übrigen Wohnungsverhältnisse. Ich will dabei ganz davon absehen, dass nach der Probeerhebung im Frühjahr dieses Jahres 26 Prozent der untersuchten Wohnungen baulich vernachlässigt, in einer Anzahl Liegenschaften die Hofräume überhaupt nicht entwässert waren, dass Fälle festgestellt wurden, in denen die Inwohner von 5 und mehr Wohnungen, 20 bis 28 Personen, auf einen Abort angewiesen und dass 3,8 Prozent der untersuchten Wohnungen feucht waren, dass in 23,1 Prozent nur eine Höhe von 2 Meter, in weiteren 16,8 Prozent nur eine solche von 2 1/4 Meter gemessen wurde, und dass sich darunter solche unter 6 Quadratmeter Fläche befanden. Das sind gewiss scheußliche Zustände; allein ihnen könnte bereits aufgrund der geltenden Bestimmungen abgeholfen werden, wenn diese nur durchgeführt würden. Anders steht es mit der durch die hohen Mietpreise hervorgerufenen Überfüllung.

In dieser Hinsicht hat die diesjährige Probeerhebung vor allem eine bemerkenswerte Tatsache festgestellt. Von den 4424 untersuchten Wohnungen waren nicht weniger als 45,1 Prozent von zwei und mehreren Haushalten bewohnt. Dies heißt so viel, als dass die Bauspekulation Wohnungen herstellt, wie sie dem Bedürfnisse der Mieter überhaupt nicht entsprechen. Sie baut Wohnungen nicht für die Mieter, deren Wohnungsbedürfnis derzeit das dringlichste ist, sondern für Zukunftsmieter mit günstigeren Einkommensverhältnissen, an welche erst später vermietet werden soll. Bis sie kommen wird an andere Mieterklassen vermietet, gewissermaßen als Trockenwohner. Damit diese einziehen können, vermietet ihnen entweder der Hausherr nur einen Teil der im Übrigen unabgeteilten Wohnung, einem anderen Haushalt einen anderen Teil, oder er überlässt ihnen selbst, einen Teil der Wohnungen an einen anderen Haushalt weiterzuvermieten. [...]

▲ **Blick in ein Berliner Hinterhofzimmer.**
Foto von 1903.
Das Foto ist Teil einer Wohnungsuntersuchung, die im Auftrag der Berliner Ortskrankenkasse von 1901 bis 1920 bei den Patienten durchgeführt wurde. Wie auf diesem Bild sahen die Wohnverhältnisse in vielen Städten aus. In Berlin wurden um 1900 rund 2000 Haushalte gezählt, die nur aus einem Raum bestanden. Hier dient der 7 qm große Raum einer Berliner Familie als Wohn- und Schlafstube.

Allein die bloße Teilung von Wohnungen, welche nur für eine Familie bestimmt sind, unter mehrere Haushalte ist noch nicht ausreichend, um die Miete für die Bewohner erschwinglich zu machen. Dazu müssen noch Untermieter und Schlafgänger aufgenommen werden. Die Missstände, die sich daraus ergeben, lassen sich denken. Sie gehen bis zu gemeinsamer Benützung eines Schlafraums seitens unverheirateter Personen verschiedenen Geschlechts (nicht Geschwis-ter oder sonst Angehörige der eigenen Familie). Der fünfte Teil der Zimmermieter und zwei Drittel der Schlafgänger in den untersuchten Wohnungen mussten sich mit anderen Aftermietern oder mit Familienmitgliedern des Vermieters die Benutzung eines Raumes teilen. In 148 Fällen von 4424 untersuchten war männlichen Personen der Zugang zum eigenen Schlafraum nur durch die Schlafräume weiblicher Personen und umgekehrt möglich, und dabei sind Fälle, in denen dies zwischen Angehörigen der eigenen Familie zutrifft, nicht berücksichtigt. In 62 Fällen wurde festgestellt, dass 275 Personen auf 145 Betten angewiesen waren [...].

Lujo Brentano, Wohnungs-Zustände und Wohnungs-Reform in München. Ein Vortrag, München 1904, S. 8-11

1. Arbeiten Sie aus der Beschreibung Brentanos die Hauptprobleme heraus.
2. Erläutern Sie, wen Brentano für die Situation verantwortlich macht. Welche Lösungsmöglichkeiten sieht er?

▲ **Rationalisierte Fabrikarbeit in der Montagehalle der Berliner Kleinmotorenfabrik der AEG.**
Foto, um 1900.

M6 Arbeitsbedingungen in der Fabrik

Eine der seltenen Quellen, in denen Arbeiter ihre Situation schildern, ist ein mithilfe eines Journalisten verfasster Bittbrief Augsburger Fabrikarbeiter an König Ludwig II. zu Beginn seiner Regierungszeit 1865:

Allerdurchlauchtigster Großmächtigster König! Allergnädigster König und Herr!
Indem wir unterzeichneten Arbeiter der Kreishauptstadt Augsburg es wagen, Euerer Königlichen Majestät Thron aller-
5 untertänigst treugehorsamst mit einer Bitte zu nahen, so gibt uns hierfür den Muth die allbekannte Gerechtigkeitsliebe Euerer Königlichen Majestät und die wirklich väterliche Fürsorge, welcher Euere Königliche Majestät auf den Geringsten Ihrer Untertanen zuwendet.
10 In den hiesigen Baumwollspinnereien, Webereien, Kattundruckereien ist zwar von jeher die Arbeitszeit von 5 Uhr morgens bis abends 7 Uhr festgesetzt; also täglich eine dreizehnstündige Arbeitszeit. Dazu kommt aber noch, dass in den meisten Fabriken keine Frühstücksstunde, Mittagsstunde,
15 keine Abendbrotzeit stattfindet, weil die Werke in diesen Fabriken fortlaufen. [...]

Hinzu kömmt aber noch, dass die Arbeitszeit in diesen Fabriken, welche wochenweise oft bis 8 Uhr abends, an Samstagen sogar bis 11 Uhr nachts arbeiten lassen. 20 Hier tritt nun ein noch traurigeres Verhältnis für die Erholung und nötige Ruhe der Arbeiter ein.
Bei einer solchen Sachlage ist es nun selbstverständlich, dass darunter die Ge- 25 sundheit der Arbeiter empfindlichen Schaden leiden muss. Der Mangel an Schlaf und der nötigen Erholung und Ruhe, besonders bei Kindern im Alter von 13-17 Jahren, kann nicht anders als höchst 30 nachteilig auf die Gesundheit einwirken. Es ist eine offenbare Tatsache, dass die Fabrikarbeiter schon auf den ersten Blick an ihrem blassen und kränklichen Aussehen [er]kennbar sind. Dazu trägt nun 35 hauptsächlich die lange Arbeitszeit bei. Allein noch andere Umstände sind hierbei in Betracht zu ziehen. In den Sälen dieser Fabriken atmet der Arbeiter ungesunde, mit schädlichen Dünsten geschwängerte Luft ein. Die große 40 Anzahl Arbeiter, welche in einem solchen Saale zu arbeiten haben, erzeugt natürlich ungesunde Ausdünstungen, dazu kommt noch der Staub der Wolle, den die Arbeiter einzuatmen haben, der scharfe Geruch der Öle und Fette, welche in den Fabriken verwendet werden. Diese ungesunde, mit Düns- 45 ten geschwängerte Luft aller Art hat nun der Arbeiter 13 volle, oft auch 14 und noch mehr Stunden einzuatmen. Frische reine Luft dringt nicht in diese Säle, weil die Fenster im Sommer nur kurze Zeit, im Winter aber gar nicht geöffnet werden. [...]
Um 3 Uhr und 4 Uhr im Winter aufstehen, eine halbe oder 50 eine Stunde an die Arbeit bei Kälte, Schnee und Wind gehen zu müssen, sich dann nur wenige Stunden des Schlafes und der Ruhe erfreuen zu können, muss auch eine kräftige Konstitution ruinieren, wie viel mehr noch das Kindesalter, das zu seinem Wachstum und zu seiner körperlichen und geistigen 55 Entwicklung vor allem der Ruhe bedarf.

Stadtarchiv Augsburg, Nachlass Hassler, K 3

1. *Arbeiten Sie die Arbeits- und Lebensbedingungen der Arbeiterinnen und Arbeiter heraus. Welche Umstände und Folgen werden als schwerwiegend hervorgehoben?*
2. *Die Unternehmer wurden von der bayerischen Regierung zu einer Stellungnahme aufgefordert. Entwerfen Sie einen Antwortbrief der Unternehmer.*
3. *Diskutieren Sie, warum solche betrieblichen Zustände heute nicht mehr möglich sind.*

M7 „Was der Schinderkasten nur schlucken kann"

Franz Rehbein ist um 1890 einer der zahlreichen Tagelöhner, die auf den Gütern östlich der Elbe beschäftigt sind. Er arbeitet an der Dreschmaschine, an der er später auch durch einen Unfall eine Hand verliert. In seiner Autobiografie schildert er rückblickend das Landarbeiterleben in Dithmarschen in Holstein:

Nicht jeder Hof hat seine Maschine, wie die Großgüter, auch gibt es keine Genossenschaftsmaschinen, wie anderswo. Die Dreschmaschinenbesitzer sind vielmehr selbstständige Unternehmer, die
5 sich eine eigene Maschine entweder gegen Bar oder auf Abzahlung anschaffen. Sie nehmen sich auch selbstständig die nötigen Mannschaften an und ziehen nun mit ihrem bemannten Geschütz von Hof zu Hof, mit dessen Bauern der Drusch vereinbart war.
10 Gedroschen wird im Stundenlohn. [...] Die Höhe des Stundenlohnes richtet sich, wie bei allen Gelegenheiten, so auch hier nach dem Angebot von Arbeitskräften. In der ersten Zeit, wenn auf den Höfen noch viel Leute beim Einfahren gebraucht werden, steigt der Lohn wohl auf 30 bis 35 Pfennige
15 die Stunde, später sinkt er auf 20 bis wohl 15 Pfennige herab. [...]
Stunden, nur Stunden schinden, ist hier die Losung. Je mehr Stunden am Tage, desto eher wird der Bauer die Maschine wieder los, desto weniger Mahlzeiten braucht er den Leuten
20 zu geben. Je mehr Stunden der Maschinenmeister erzielt, desto mehr Korn kann er zum Ausdrusch übernehmen, und desto höher ist sein Profit. Je mehr Stunden die Leute zusammenrackern, desto größer ist der Wochenverdienst. Spätestens um 4 Uhr morgens wird angefangen, nicht selten aber
25 auch schon um 3 Uhr, und dann geht es den ganzen lieben langen Tag rastlos fort, mindestens bis 8 Uhr abends; sehr häufig aber wird es 9 und 10 Uhr, öfters sogar 11 und 12 Uhr nachts. Pausen gibt es nur, solange die Essenszeit dauert [...]. Bei der Arbeit geht es „immer feste weg", was der Schinder-
30 kasten nur schlucken kann. Der Mensch muss mit der Maschine fort, er wird ihr Sklave, wird selbst zum Maschinenteil. [...] Der Staub haftet, besonders wenn das Korn viel Regen bekommen hat, fast zentimeterdick auf den Leuten; oft können sie kaum aus den Augen sehen; die Augen sind denn
35 auch häufig verschwollen und entzündet. Ebenso ist die Nase vom Einatmen der Staubmassen förmlich verstopft, und beim Ausspeien kommen ganze Klumpen schwärzlichen Schleimes zum Halse heraus. Außerordentlich fest setzt sich der Staub auf die bei der schweren Arbeit stark schwitzende
40 Haut und verursacht ein unangenehmes Jucken und Bren-

▲ „Einsatz der ersten Dreschmaschine in Lankow bei Schwerin im Jahre 1882."
Gemälde von Carl Wilhelm Christian Malchin, 1882.

nen, sodass es einem zumute ist, als säße der ganze Körper voller Ameisen.
Hat man in diesem Zustand seine 15, 16 oder 18 Stunden heruntergerissen, so ist man im wahren Sinne des Wortes todmüde. Vor Ermattung bringt man das Abendessen kaum 45 noch herunter; am liebsten würde man sich sofort zum Schlaf ausstrecken. Doch an Schlaf ist gleich nach Feierabend nur dann zu denken, wenn die Maschine mehrere Tage auf einem Hofe bleibt. Sehr häufig muss aber noch spät abends oder mitten in der Nacht von einem Hof zum anderen ge- 50 zogen werden, manchmal gar nach einem Stunden weit entfernten Dorfe, und wenn's Glück gut ist, noch dazu bei strömendem Regen. Fährt sich dann zu allem Überfluss das Geschütz auf den durchweichten schlickigen Marschwegen auch noch fest, so ist erst recht nicht an Ruhe zu denken. [...] 55
Ist man endlich an Ort und Stelle, so wird die Maschine bei Laternenschein wieder fix und fertig zum Dreschen klargemacht, und dann erst kann jeder sehen, wo er ein Lager findet, um noch ein paar Stunden zu ruhen.

Wolfgang Emmerich (Hrsg.), Proletarische Lebensläufe. Autobiographische Dokumente zur Entstehung der zweiten Kultur in Deutschland, Bd. 1: Anfänge bis 1914, Reinbek 1974, S. 241-243

1. Vergleichen Sie die Arbeitsbedingungen sowie die Wirtschaftsorganisation in der Landwirtschaft mit der in der Industrie.
2. Diskutieren Sie den von Rehbein gezogenen Vergleich der Sklavenarbeit.

M8 Lebenshaltungskosten eines Arbeiterhaushaltes

Durchschnittliches Monatseinkommen eines deutschen Arbeiterhaushaltes 1800 und 1890 (beide Eltern und zwei Kinder arbeiten):

	1800	1890
(Netto-)Lohn (in Mark)	81,0	139,0
Kosten für (absolut und in % vom Nettolohn)		
Miete/Heizung	11,3	25,25
	13,95 %	18,17 %
Nahrung/Getränke	58,3	76,75
	71,97 %	55,22 %
Hausrat	2,4	5,6
	2,97 %	4,0 %
Gesundheit/Hygiene	1,0	1,7
	1,23 %	1,22 %
Kleidung	5,0	7,7
	6,17 %	5,54 %
Bildung/Unterhaltung	2,0	12,0
	2,47 %	8,63 %
Versicherungen	–	6,8
	–	4,9 %
Kosten gesamt	80,0	135,8
	98,77 %	97,7 %
Sparvolumen	1,0	3,2
	1,23 %	2,3 %

Nach: Putzger Historischer Weltatlas, Berlin [103]2001, S. 139

1. Erläutern Sie die Entwicklung der laufenden Kosten eines Arbeiterhaushaltes von 1800 bis 1890. Nennen Sie Gründe für die langfristige Tendenz.
2. Überlegen Sie, welche Entwicklung für die in der Statistik nicht einzeln erfassten Ausgaben deutlich wird. Um welche Ausgaben könnte es sich handeln?
3. Ziehen Sie Rückschlüsse auf die Lebenssituation der Arbeitnehmer vor dem Ersten Weltkrieg.
4. Recherchieren Sie – etwa auf den Internetseiten des Statistischen Bundesamtes (www.destatis.de) – das aktuelle Durchschnittseinkommen und die Ausgabenstruktur eines mittleren Arbeitnehmerhaushaltes von heute und suchen Sie nach auffälligen Verschiebungen und Konstanten in der Ausgabenstruktur (Verkehr, Freizeit etc.).

Geschichte in Zahlen

Statistiken präsentieren Daten und Informationen, um gegenwärtige und vergangene Verhältnisse und Zusammenhänge zu verstehen und Veränderungen zu erkennen: Sie fassen Wahlergebnisse zusammen, zeigen die Lohn- und Preisentwicklung auf, liefern Daten über das Klima, die Bevölkerung, aus Umfragen ermittelte Meinungen und vieles mehr, um aus diesen Befunden Aussagen über die Geschichte abzuleiten. Um statistische Daten zu veranschaulichen, werden sie als (Zahlen-)Tabellen oder als Diagramme dargestellt.

Statistiken und Diagramme auswerten

Bis ins 20. Jahrhundert wurden Daten noch nicht systematisch und flächendeckend gesammelt. Zudem erschweren unterschiedliche Bezugsgrößen wie z. B. Gewichte, Maße, Währungen und Räume (Grenzen) die Vergleichbarkeit. Gültige Aussagen können jedoch nur auf der Grundlage untereinander vergleichbarer und möglichst lückenloser Angaben gemacht werden. Deshalb werden die Daten der Statistiken meist bearbeitet, d. h. nach bestimmten Gesichtspunkten ausgewählt, vereinheitlicht und sortiert.

Die in Statistiken aufgelisteten Größen können absolute Größenangaben sein, also exakte Werte einer Messeinheit, z. B. Tonnen, Euro, Stück. Ebenso häufig finden sich relative Werte, also Prozentanteile oder Indizes, d. h. Verhältniszahlen, die sich auf einen Ausgangswert beziehen. Hierbei werden die Verhältnisse eines Stichjahres mit der Indexzahl 100 angesetzt, die Werte der anderen Jahre entsprechend ihrer Abweichung von jenen des Stichjahres angegeben (z. B. ein Jahr mit dem Index 80 liegt demnach 20 Prozent unter dem Stichjahr).

Für die Darstellung von Entwicklungen (z. B. Bevölkerungszahlen) eignen sich Linien- oder Kurvendiagramme, um Anteile innerhalb einer Gesamteinheit (z. B. Stimmenanteile bei Wahlen) zu veranschaulichen, werden oft Kreisdiagramme („Tortendiagramme") verwendet, Säulen- oder Balkendiagramme erleichtern den Vergleich von Mengen oder verschiedenen Bezugsgrößen.

Formale Kennzeichen
- Um welche Art von Statistik handelt es sich?
- Wer hat sie erstellt oder in Auftrag gegeben?
- Wann und wo ist sie entstanden bzw. veröffentlicht worden?

Inhalt
- Worüber informiert die Statistik (Thema/Inhalt, Zeit, Raum, Messgrößen)?
- Welche Zahlenwerte (absolute Werte, Prozentangaben, Indizes) werden verwendet?
- Woher stammen die Zahlen? Sind die Angaben verlässlich und vollständig?
- Wird ein Zustand oder eine Entwicklung (Stagnation, Anstieg, Rückgang) dargestellt?

Historischer Kontext
- Auf welche Epoche, welches Ereignis oder welchen Sachverhalt bezieht sich die Statistik?
- Ist die Statistik in der betreffenden Zeit entstanden oder das Ergebnis einer Forschungsarbeit?

Intention und Wirkung
- Welche Aussageabsicht hat die Statistik?
- Für welche Zielgruppe wurde die Statistik erstellt?

Bewertung und Fazit
- Welche Gesamtaussage bzw. welche Thesen lassen sich formulieren?
- Müssen die Angaben durch andere Informationen ergänzt oder korrigiert werden?

Beispiel und Analyse

Nominaleinkommen: tatsächlich erwirtschaftetes durchschnittliches Arbeitseinkommen (Grundlage siehe Anm.) im jeweiligem Jahr, angegeben in absoluten Beträgen (Mark) und als Index (1913 = 100)

Lebenshaltungskosten: als (Preis-)Index (1913 = 100); der Preisindex ist das Preisniveau der Konsumgüter (Berechnungsgrundlage siehe Anm.)

Realeinkommen: als Index (1913 = 100); von Preisen und Inflation bereinigtes Nominaleinkommen, das sich aus dem Index Nominaleinkommen und dem Index der Lebenshaltungskosten berechnet (x 100 = Index Realeinkommen); zeigt im Gegensatz zum Nominaleinkommen die reale Kaufkraft der Arbeitnehmer

Indexwerte: für alle Messgrößen einheitliche Jahreszahl für den direkten Vergleich

Zeitleiste: Angaben regelmäßig in Zehnjahresabständen zwischen 1810 und 1910 sowie in Jahresabständen zwischen 1910 und 1913; gleiche Jahresangaben für alle Messgrößen ermöglichen einen direkten Vergleich/Bezug der Daten

Jahr	Nominaleinkommen*		Index der Lebenshaltungskosten**	Realeinkommen Index
	absolut in Mark	Index (1913 = 100)	(1913 = 100)	(1913 = 100)
1810	278	26	45	58
1820	293	27	42	64
1830	288	27	51	53
1840	303	28	49	57
1850	313	29	45	64
1860	396	37	62	60
1870	487	45	69	65
1880	545	50	86	58
1890	650	60	82	73
1900	784	72	83	87
1910	979	90	98	92
1913	1083	100	100	100

▲▼ Entwicklung des Nominal- und Realeinkommens auf dem Gebiet des späteren Deutschen Reiches 1810-1913.

Umwandlung der Tabelle in ein kombiniertes Linien-Säulen-Diagramm: zwei Achsen zum Vergleich der Indizes (y-Achse = Indizes; x-Achse = Jahre); Säulendiagramm zum Vergleich der Indizes Nominaleinkommen und Lebenshaltungskosten; Liniendiagramm zeigt den Trend des Realeinkommens an

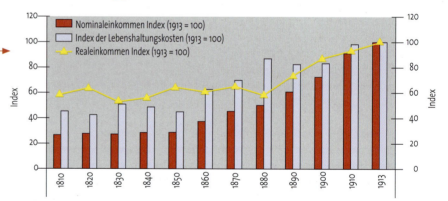

Fußnoten/Erläuterungen: geben Auskunft über Herkunft und Zusammensetzung der Daten; wichtiger Hinweis für die Verlässlichkeit der Daten und eine Hilfe für die Interpretation

* Einkommen 1810 bis 1849: Bauhandwerker (v. a. Maurer, Zimmerergesellen) von acht Städten und durchschnittliche Einkommen in der Baumwollindustrie; 1850 bis 1870: Arbeitseinkommen in Industrie und Handwerk (ohne Angestellte); 1871 bis 1913: Jahresverdienste von Arbeitnehmern in Industrie, Handel und Verkehr

** Da die Ausgaben für Nahrung, Kleidung und Wohnung sowie Sonstiges vor 1913 nicht systematisch berechnet wurden, basieren die Zahlen auf Schätzungen und Näherungswerten, die sich v. a. auf die Preise von Waren stützen. Für 1810 bis 1870 wurde als für Städte repräsentativ der Lebenshaltungskostenindex für Nürnberg angesehen (Roggenbrot, Rind-, Schweine-, Kalb-, Hammelfleisch, Bier, Milch, Roggenmehl, Schweineschmalz, Eier, Kartoffeln, Butter, Wohnung, Föhrenholz, Talg, Bekleidung, ab 1850 Bekleidung, Textilien, Hausrat und Lederwaren). Für die Jahre 1871 bis 1913 liegt ein korrigierter Index zugrunde.

Nach: Wolfram Fischer, Jochen Krengel und Jutta Wietog (Hrsg.), Sozialgeschichtliches Arbeitsbuch, Bd. I.: Materialien zur Statistik des Deutschen Bundes 1815-1870, München 1982, S. 155-157

Formale Kennzeichen ■ Die vorliegende Statistik wurde von Historikern für den Materialienband eines 1982 erschienenen wissenschaftlichen Arbeitsbuches erstellt. Die auf unterschiedlicher Grundlage gewonnenen Einzeldaten wurden aufbereitet. Zur Anschaulichkeit wurde die Tabelle für dieses Schulbuch in ein Diagramm umgewandelt.

Inhalt ■ Die Statistik zeigt die Entwicklung des Nominal- und Realeinkommens von Arbeitnehmern im Zeitraum von 1810 bis 1913 auf dem Gebiet des Deutschen Reiches in seinen Grenzen von 1871. Das Nominaleinkommen, die auf Schätzungen und Angaben aus Nürnberg basierenden Lebenshaltungskosten sowie das aus ihnen errechnete Realeinkommen werden in Indizes angegeben, bezogen auf das Jahr 1913 für den Zeitraum von 1810 bis 1910 jeweils in Zehnjahresschritten und 1910 bis 1913 jeweils in Jahresschritten.

Die Zahlenreihen belegen insgesamt einen Anstieg der Nominaleinkommen um das beinahe Vierfache, der Lebenshaltungskosten um mehr als das Doppelte und des Realeinkommens um etwas weniger als das Doppelte. Das Nominaleinkommen wächst dabei zwischen 1810 und 1850 zunächst langsam, steigt dann von der Jahrhundertmitte bis kurz nach der Reichsgründung 1871 sprunghaft an, bricht während der sogenannten „Großen Depression" nach 1875 ein, um nach 1890 bis 1913 rasch zuzunehmen. Die Indizes der Lebenshaltungskosten liegen zwar insgesamt über denen des Nominaleinkommens, zeigen jedoch einen geringeren Anstieg. Demgegenüber pendelt der Index der Realeinkommen in den Jahren 1810 bis 1880 vergleichsweise konstant zwischen 58 und 65, steigt ab 1890 jedoch deutlich an.

Historischer Kontext ■ Die Statistik beleuchtet einen Teilaspekt der Industrialisierung und der Sozialen Frage im 19. Jahrhundert auf dem Gebiet des Deutschen Reiches. Die ansteigende Entwicklung der Löhne und auch der Lebenshaltungskosten entspricht der industriellen Entwicklung. Sie ist damit ein Indikator für den zunehmenden Industrialisierungsgrad.

Intention und Wirkung ■ Die Statistik soll darüber Auskunft geben, wie sich das Einkommen der Arbeitnehmer während des 19. bis zum Beginn des 20. Jahrhunderts entwickelt hat. Da das Nominaleinkommen die reale Kaufkraft des Geldes nicht berücksichtigt, muss es in Bezug zu den Lebenshaltungskosten betrachtet und daraus das Realeinkommen errechnet werden. Erst dieses zeigt an, wie viel Geld den Arbeitnehmern tatsächlich zur Verfügung stand. Die Statistik zeigt, dass mit den teilweise sprunghaft steigenden Löhnen kein vergleichbarer Anstieg der Reallöhne verbunden war, die zu einem großen Teil für die ebenfalls steigenden Lebenshaltungskosten verbraucht wurden.

Bewertung und Fazit ■ Die Trends der Statistik lassen sich mit dem wirtschaftlichen Aufschwung während der Industrialisierung im 19. Jahrhundert erklären. Die Statistik macht zwar deutlich, dass die Nominallöhne nicht dem tatsächlichen Einkommen der Arbeitnehmer entsprechen, allerdings verleiten die Zahlen dazu, von dem Anstieg der Reallöhne auf eine zwar geringe, jedoch stetige Verbesserung der Lebensbedingungen zu schließen. Für Lebenshaltungskosten und Realeinkommen nennt die Statistik aber keine absoluten Zahlen. So bleibt unklar, ob und in welchem Umfang die erzielten Nominaleinkommen das Existenzminimum abdeckten. Darüber hinaus geben die stark verallgemeinernden statistischen Mittelwerte keine Auskunft über die Verdienstunterschiede von gelernten und ungelernten Arbeitern sowie von Männern und Frauen. Die Zahlen sagen also nichts darüber, wie viele Menschen Not litten und ob sich die Soziale Frage mit fortschreitendem Industrialisierungsgrad entschärft hat. Sie sagt auch nichts über Arbeitsbedingungen, Konsumgewohnheiten bzw. -möglichkeiten oder Wohnverhältnisse aus.

Praktische Ansätze zur Lösung der Sozialen Frage

Den 3. September 1850 wird Martin wohl in seinem ganzen Leben nicht vergessen. Am Vormittag hat ihn der Gemüsehändler beim Stehlen erwischt und der Polizei übergeben. Dutzende Male hat die Polizei den Vierzehnjährigen schon aufgegriffen und ins städtische Werk- und Arbeitshaus für Bettelkinder und vagabundierende Jugendliche gebracht. Sogar im Zuchthaus ist er schon gewesen. Seit Jahren reißt Martin immer wieder von zu Hause aus und schlägt sich in den Gassen und Höfen der Hamburger Vorstadt St. Georg durch. Warum sollte er zu Hause leben wollen, wo nur Gewalt, Elend und Armut auf ihn warten? Auf der Straße bekommt er durch Stehlen und Betteln sogar mehr zu Essen.

An diesem Montag ist alles anders als sonst. Mit einem Pferdewagen wird Martin vor die Tore der Stadt zu einer Wohnsiedlung gebracht. Er erkennt sofort, dass dies kein Zucht- oder Arbeitshaus sein kann. Statt kasernenartigen Gebäuden mit Gittern vor den Fenstern gibt es mehrere kleine Häuser, umgeben von Bäumen, Obst- und Gemüsegärten und einem Teich. Aus den offenen Fenstern schallt Kinderlachen. Am Eingang wird Martin vom Vorsteher des Hauses empfangen: „Willkommen im Rauhen Haus, deinem neuen Zuhause. Unser Leiter, Pastor Johann Hinrich Wichern, hat das Haus vor nunmehr 17 Jahren für Kinder wie dich gegründet. 65 Jungen und 28 Mädchen leben hier, immer zu siebt oder zu acht, wie in einer großen Familie. Hier ist keine Mauer, kein Graben und kein Riegel; nur mit einer schweren Kette binden wir dich hier. Diese heißt Liebe und ihr Maß ist Geduld. Das bieten wir dir, und was wir fordern, ist zugleich das, wozu wir dir verhelfen wollen, nämlich, dass du deinen Sinn änderst und fortan dankbare Liebe übest gegen Gott und die Menschen." Nach der Begrüßung wird Martin in eines der Häuser gebracht, gewaschen, neu eingekleidet und zu den anderen Kindern in den Speiseraum geführt. Nur allmählich gewöhnt sich Martin an den geregelten Tagesablauf mit Unterricht, Gottesdienst, festen Schlafens-, Essens- und Spielzeiten. Aber schon nach wenigen Wochen kann er sich ein Leben ohne seine neue Familie nicht mehr vorstellen.

Soziale Frage – ein Problem? Im frühen 19. Jahrhundert mündeten Bevölkerungswachstum, Bauernbefreiung und Gewerbefreiheit in eine als **Pauperismus*** benannte Massenarmut. Der Aufstieg der Industrie schuf zwar zusätzliche Arbeitsplätze, gleichzeitig aber vermehrte sich die Zahl der in lohnabhängiger Stellung lebenden Menschen. Für die Industriearbeiter und die Lohnarbeiter in der Landwirtschaft, die nur ihre Arbeitskraft verkaufen konnten, um ihren Lebensunterhalt zu sichern, bürgerte sich der Begriff **Proletarier** ein. Das neuartige Elend dieser rasch zunehmenden Schicht verschärfte den Pauperismus zur Sozialen Frage (▶ M1).

Das Elend der Fabrikarbeiter spielte sich räumlich getrennt in den Arbeitervierteln und Vororten der Industriestädte ab. Trotzdem konnte es die vermögenden Bürger, aber auch den Staat nicht gleichgültig lassen. So machten Krankheiten oder gar Seuchen nicht vor bürgerlichen Wohnvierteln halt. Kranke und geschwächte junge Männer konnten keine tüchtigen Soldaten sein. Vor allem fürchteten die Bürger den „Bazillus" des Aufruhrs, der sich gegen Vermögende und Staat gleichermaßen richten konnte. Besonders in bürgerlichen und kirchlichen Kreisen rief die Not der Arbeiter zunehmend Kritik hervor. Es wurde die Frage diskutiert, wie die Lebensumstände weiter Kreise der Bevölkerung verbessert werden könnten (▶ M2).

Proletarier: Der Begriff leitet sich von der Bezeichnung für diejenigen Bürger des alten Rom ab, die keinen anderen Besitz als ihre Nachkommen (lat. proles) hatten.

* vgl. dazu S. 61

▶ **Polizeieinsatz gegen streikende Bergarbeiter im Ruhrgebiet.**
Foto vom März 1912.
Am 11. März 1912 legten rund 170 000 Bergleute im Ruhrgebiet die Arbeit nieder, um höhere Löhne und bessere Arbeitsbedingungen durchzusetzen. Es war der erste geplante Streik in der deutschen Gewerkschaftsbewegung. Er scheiterte jedoch: Angesichts des eingesetzten Militärs, vor allem aber wegen der mangelnden Solidarität und dem Streit zwischen den konkurrierenden Richtungsgewerkschaften gaben die Bergleute nach einer Woche auf.

Die Arbeiter waren weitgehend ohne politischen Einfluss und damit ohne Möglichkeiten, für die Verbesserung ihrer Lage in Regierungen und Parlamenten einzutreten. Die Wahlsysteme bevorzugten Bürger mit großem Vermögen, so das Drei-Klassen-Wahlrecht in Preußen. Ihre Ansprüche auf politische Mitbestimmung machte die Arbeiterschaft ab der Mitte des 19. Jahrhunderts geltend durch die Gründung einer Arbeiterbewegung mit überregionaler Bedeutung. Aus ihr ging die Sozialdemokratische Partei Deutschlands (SPD) hervor. Konservative bürgerliche Kreise diffamierten sie zwar als „Umsturzpartei", konnten ihren Aufstieg aber langfristig nicht verhindern: Bereits bei den Reichstagswahlen 1890 errang die SPD 20 Prozent, 1912 bereits 34,8 Prozent aller Stimmen und wurde die stärkste Fraktion im Reichstag. Auch wenn die Sozialdemokratie im Kaiserreich nie direkten politischen Einfluss gewann, stärkte der Durchbruch zu einer Massenpartei doch das Selbstbewusstsein der Arbeiterschaft. Ein prägendes Solidar- und Klassenbewusstsein bildete sich aus.

Drei-Klassen-Wahlrecht: Wahlsystem, bei dem die wenigen Großsteuerzahler der ersten Klasse (etwa 5 Prozent der Wahlberechtigten) ebenso viele Abgeordnete wählen konnten wie die Masse der Bevölkerung (rund 80 Prozent). Ein großer Teil der Unterschichten blieb von den Wahlen ausgeschlossen.

Arbeiter helfen sich selbst In der ersten Hälfte des 19. Jahrhunderts galt es nicht als Aufgabe des Staates, Not und Elend der Unterschichten zu lindern. Von Anfang an versuchten die Arbeiter deshalb selbst, ihre Lebens- und Arbeitsbedingungen zu verbessern. Ein erster organisatorischer Ansatz waren Arbeiterbildungsvereine. Wie der bereits im Jahr 1833 in Erlangen gegründete Bildungsverein der Brauereiarbeiter wollten sie die Allgemeinbildung, aber auch die fachlichen Fähigkeiten der Arbeiter fördern, um deren Chancen im Arbeitsleben zu verbessern. Dazu boten sie Vorträge und Kurse z. B. in Deutsch, Fremdsprachen oder Geschichte, Einführungen in Technik und Naturwissenschaften, aber auch Übungen für Reden und Vorträge an. Die meisten Vereine richteten Bibliotheken ein, wo für die Arbeiter unerschwingliche Bücher oder Zeitungsabonnements zur Verfügung standen. Mit ihren Veranstaltungen und Angeboten förderten sie aber auch die Geselligkeit, das Zusammengehörigkeitsgefühl und die Solidarität der Mitglieder.

Im Zuge der zunehmenden Industrialisierung traten an die Seite der bisher mehrheitlich handwerklichen Bildungsvereine in der zweiten Hälfte des 19. Jahrhunderts immer mehr Vereine für Fabrikarbeiter. Im Jahr 1861 wurde in Leipzig der Deutsche Arbeiterbildungsverein gegründet. Diese neuen Vereine standen der Arbeiterbewegung und später der aus ihr entstandenen SPD nahe. Reichskanzler Otto von Bismarck verdächtigte sie daher, „umstürzlerische" Absichten zu verfolgen, und ließ sie ab 1878 als „gemeingefährlich" durch die jährlich bis 1890 verlängerten Sozialistengesetze verbieten. Trotzdem blieben sie ein wichtiges Element des sozialdemokratischen Vereinswesen. Sie öffneten sich zunehmend auch für Frauen und Mädchen und trugen maßgeblich zur Herausbildung eines typischen Arbeitermilieus bei. Mit ihrem Anliegen einer breiten Bildung auch der unteren Bevölkerungsschichten wurden sie zu einem Vorläufer unserer Volkshoch-

Jahr	Freie	Christliche	Hirsch-Duncker	Insgesamt
1890	278 000	–	63 000*	341 000
1895	259 000	5 000	67 000	331 000
1900	680 000	77 000	92 000	849 000
1905	1 345 000	192 000	116 000	1 653 000
1910	2 017 000	316 000	122 000	2 455 000
1913	2 549 000	343 000	107 000	2 999 000
1914	2 076 000	283 000	78 000	2 437 000

* 1891

▲ **Mitgliederentwicklung der Gewerkschaften 1890 bis 1914.**
Nach: Volker Berghahn, Das Kaiserreich 1871-1914. Industriegesellschaft, bürgerliche Kultur und autoritärer Staat, 10., völlig neu bearb. Aufl., Stuttgart 2003, S. 337

Hermann Schulze-Delitzsch
(1808 - 1883): Jurist und liberaler Politiker; 1847 gründete er eine „Rohstoffassoziation" für Tischler und Schuhmacher, 1850 den ersten „Vorschussverein" als Darlehensverband. Er verbreitete die Genossenschaftsidee über den 1864 geschaffenen Dachverband der „Deutschen Erwerbs- und Wirtschaftsgenossenschaften".

Friedrich Wilhelm Raiffeisen
(1818 - 1888): Sozialreformer und Kommunalbeamter; er gründete 1849 einen Hilfsverein zur Unterstützung der Landwirte, bei dem sie Geld sparen und sich dieses für den Kauf von Vieh und Geräten leihen konnten. 1864 rief er den „Heddesdorfer Darlehenskassenverein" ins Leben, nach dessen Vorbild die Genossenschaftsbanken (Raiffeisenbanken) entstanden.

schulen.

Einige Arbeiterbildungsvereine richteten zur Unterstützung ihrer Mitglieder Kranken- und Invalidenkassen ein. Damit ergänzten sie so die genannten Genossenschaften, die **Hermann Schulze-Delitzsch** und **Friedrich Wilhelm Raiffeisen** um die Mitte des 19. Jahrhunderts unabhängig voneinander gründeten. Gemäß dem Leitspruch „Einer für alle, alle für einen" boten sie Handwerkern, Bauern und Arbeitern Hilfe zur Selbsthilfe. Die von Raiffeisen gegründete Spar- und Darlehenskasse für Landwirte sowie die von Schulze-Delitzsch ins Leben gerufenen Vorschuss- und Kreditvereine gewährten den Mitgliedern günstige Kredite für Investitionen, damit sie mit der fortschreitenden Industrialisierung mithalten konnten. In örtlichen Raiffeisenvereinen zusammengeschlossene Landwirte schafften teure Traktoren und Dreschmaschinen zur gemeinsamen Nutzung an, die sich ein Einzelner nie hätte leisten können, oder kauften Saatgut und Düngemittel als Großabnehmer. Auch so genannte Konsumvereine organisierten den günstigen Ankauf von Nahrungsmitteln und Gütern des täglichen Gebrauchs in großen Mengen, die sie dann zu günstigen Preisen an ihre Mitglieder verkaufen konnten. Diese Modelle genossenschaftlicher Hilfe griffen auf ältere Vorbilder wie Zünfte und Gilden zurück und passten sie den neuen Bedingungen des industriellen Zeitalters an. Sie leben heute etwa in den Volks- und Raiffeisenbanken oder in der BayWa AG fort.

Zur Wahrung und Durchsetzung ihrer Interessen gegenüber den Unternehmern schlossen sich die Arbeiter in Gewerkschaften zusammen. Diese gingen nach britischem Vorbild aus einzelnen Berufsverbänden, z.B. der Drucker, Metall-, Holz- und Bergarbeiter, hervor. Ihre Hauptaufgaben bestanden im Kampf um Lohnerhöhungen und Arbeitszeitverkürzungen, aber auch um die generelle Verbesserung der Arbeitsbedingungen. Ihr wirkungsvollstes Kampfmittel war der Streik. Die Gewerkschaften konnten die Lebensbedingungen der Arbeiter durch Tarifordnungen bis zum Ende des Kaiserreichs nach und nach spürbar verbessern. Sie verhinderten damit eine politische Radikalisierung der Arbeiterschaft.

Die Kirchen helfen Für die Amtskirchen waren die großen sozialen Missstände in erster Linie ein religiöses und sittliches Problem. Die Schuld am Elend der Arbeiter suchten sie weniger in den zu geringen Löhnen als in der „moralischen Verwahrlosung" der Arbeiter und deren Kirchenferne.

Um die Lage der Fabrikarbeiter zu verbessern, begann man zunächst bei den Kindern, deren Schicksal das soziale Gewissen am ehesten berührte. Um sie von der Straße zu holen, wurden „Kinderbewahranstalten" eingerichtet. Katholische Frauenorden und evangelische Diakonissen leisteten in den Elendsvierteln „Missionsarbeit", indem sie in christlicher Nächstenliebe für die Armen und Kinder sorgten, aber auch den christlichen Glauben vermittelten.

Darüber hinaus beschränkte sich anfangs in der katholischen und der evangelischen Kirche das Engagement für eine Lösung der sozialen Folgen der Industrialisierung auf die Initiative Einzelner. 1833 gründete Pastor Johann Hinrich Wichern das „Rauhe Haus" in Hamburg, in dem Waisen und Kinder aus verarmten Familien erzogen und ausgebildet wurden. Für die Sozialarbeit in der evangelischen Kirche wurde die von ihm Mitte des

19. Jahrhunderts angeregte „Innere Mission" richtungweisend. Sie schuf die Grundlage für das Diakonische Werk mit seinen verschiedenen Wohlfahrtseinrichtungen.

Auf katholischer Seite trat vor allem der Priester Adolf Kolping als Begründer der „katholischen Gesellenvereine" hervor, die wandernde Handwerksgesellen betreuten. Das aus diesen Vereinen hervorgegangene Kolpingwerk ist noch heute Bestandteil der katholischen Sozialarbeit. Der Mainzer Erzbischof Wilhelm Emmanuel Freiherr von Ketteler ging über die karitative Hilfe hinaus und bejahte eine gewerkschaftliche Arbeiterbewegung, Streiks und eine staatliche Arbeiterschutz- und Sozialgesetzgebung. In den 1890er-Jahren entstanden christliche Gewerkschaften.

Eine Wende in der Haltung der Kirchen brachte 1891 die Enzyklika Rerum Novarum Papst Leos XIII., in der er die europäischen Regierungen zu einer aktiven Sozialpolitik aufrief und gerechte Löhne und Arbeitsschutz forderte. Obwohl die Enzyklika den Arbeitern auch ein Koalitions- und Streikrecht zuerkannte, blieb ihre Wirkung begrenzt, da sie wenig konkrete Orientierung für Konfliktfälle bot.

▲ **Das Rauhe Haus.**
*Holzstich, 1855.
1833 gründete der evangelische Pastor Johann Hinrich Wichern das „Rauhe Haus". In dieser Fürsorge- und Erziehungseinrichtung lebten Jugendliche in kleinen Gruppen mit ihrem Betreuer zusammen. Sie erhielten eine handwerkliche oder hauswirtschaftliche Ausbildung und sollten zu verantwortungsbewussten Menschen erzogen werden. Noch heute kümmert sich die Stiftung „Rauhes Haus" um hilfsbedürftige Jugendliche. Warum die Einrichtung den Namen „Rauh" trägt, ist nicht bekannt.*

Der Staat greift ein Nach den liberalen Vorstellungen des 19. Jahrhunderts sollte der Staat so wenig wie möglich in die wirtschaftliche Ordnung eingreifen und lediglich eine „Nachtwächterrolle" übernehmen. Daher beschränkten sich auch in Deutschland die wenigen gesetzlichen Regelungen auf die Eindämmung der schlimmsten Auswüchse bei der Frauen- und Kinderarbeit. Im Laufe der Zeit wurden die Stimmen immer lauter, die vom Staat den Schutz sozialer Belange und regelnde Eingriffe in die Gesellschaft forderten.

Reichskanzler Otto von Bismarck erkannte die Sprengkraft der sozialen Gegensätze in der Industriegesellschaft. Obwohl er seit 1878 die Sozialdemokratie verfolgen ließ, griff er die sozialpolitischen Anliegen der von ihm bekämpften Bewegung als Sache des Staates auf – dies auch, um die Arbeiterschaft für den Staat zu gewinnen und sie von den Sozialdemokraten zu lösen. Durch eine staatliche Sozialgesetzgebung wollte er die Staats- und Gesellschaftsordnung stabilisieren. Nach langem Ringen um die Fragen, wer die Versicherungen zahlen und wie diese organisiert sein sollten, brachte Bismarck das weltweit erste gesetzliche System sozialer Vorsorge auf den Weg. 1883 verabschiedete der Reichstag das Gesetz über die Krankenversicherung, 1884 traten das Unfallversicherungsgesetz und 1889 die Invaliditäts- und Altersversicherung in Kraft. Der Reichsregierung folgten seit den 1890er-Jahren die Landesregierungen, die Kreise und Gemeinden auf dem Weg zunehmender Daseinsvorsorge. Damit bewegte sich der Staat immer mehr weg von seiner „Nachtwächterrolle" hin zum Interventions- und Sozialstaat.

Inhalt und Wirkungen der Sozialgesetze Die 1883 bis 1889 verabschiedeten Sozialgesetze wiesen den Weg zur sozialen Absicherung in Krisen: Die Arbeitnehmer besaßen nun einen Rechtsanspruch auf finanzielle Leistungen im Krankheitsfall und im Alter. Alle Arbeiter mussten Pflichtmitglieder in der Krankenversicherung werden. Die neuen Ortskrankenkassen zahlten in den ersten 13 Krankheitswochen (später 26) einen Teil des Lohns an den arbeitsunfähigen Arbeitnehmer und übernahmen die Kosten für ärztliche Be-

▲ „Merkwürdige Frage."
Karikatur auf Bismarcks Sozialreform aus der sozialdemokratischen Satirezeitschrift „Der wahre Jacob", Nr. 138, 1891 (Ausschnitt).
Engländer: Was ist das?
Der wahre Jacob: Das ist Bismarck's Sozialreform.

- Bestimmen Sie die Personen und erläutern Sie die dargestellte Szene. Überlegen Sie, warum der Engländer diese „merkwürdige Frage" stellt.

handlung und Medikamente. Im Todesfall erhielten die Angehörigen ein Sterbegeld. Die Versicherungskosten trugen zu zwei Dritteln die Arbeitnehmer, das restliche Drittel die Arbeitgeber.

Besser als die der Krankenversicherung waren die Leistungen der Unfallversicherung. Getragen wurde diese von berufsständisch organisierten Körperschaften, die für die Arbeiter der jeweiligen Berufszweige zuständig waren. Die Kosten der Versicherung trugen allein die Unternehmer (▶ M3). Bei dauernder Invalidität erhielt der Arbeitnehmer zwei Drittel seines Lohns, die Witwe 60 Prozent der Rente ihres verstorbenen Mannes.

Schließlich wurde 1889 die Invaliditäts- und Altersversorgung gesetzlich geregelt, die Staat, Arbeitgeber und Arbeitnehmer finanzierten. Alle Arbeiter ab 16 Jahre und Angestellte mit einem Jahreseinkommen unter 2000 Mark waren versicherungspflichtig. Bei Invalidität wurde ein Drittel des Lohns ausbezahlt. Anspruch auf Altersrente bestand ab dem 70. Lebensjahr. Doch hier reichten selbst die Höchstbeträge kaum zum Leben aus, sodass viele – sofern sie überhaupt das Rentenalter erreichten – weiterhin auf die Armenfürsorge angewiesen waren.

1911 wurden die Leistungen in der Reichsversicherungsordnung zusammengefasst, die Versorgung für Hinterbliebene verbessert und Versicherungen für die Berufsgruppe der Angestellten geschaffen. Auch wenn diese Maßnahmen erst den bescheidenen Einstieg in eine wirksame soziale Absicherung der Arbeiter darstellten, so verbesserten sie deren Lage doch erheblich. Allerdings widmeten sich die staatlichen Maßnahmen ausschließlich der erwerbstätigen Bevölkerung; die extrem Bedürftigen erfassten sie nicht. Auch räumten die neuen Gesetze den Arbeitnehmern kein Mitspracherecht bei den Arbeitsbedingungen ein. Trotz der sich allmählich formierenden Gewerkschaften konnte von einer sozialen Partnerschaft im modernen Sinne noch keine Rede sein. Sozialdemokraten und die organisierte Arbeiterschaft lehnten die Leistungen daher als unzureichend ab. Im internationalen Vergleich war die deutsche Sozialgesetzgebung dennoch auf lange Zeit konkurrenzlos (▶ M4). Sie galt in Europa bald als mustergültig und wurde in vielen Ländern übernommen.

▲ „Der verhängnisvolle Weg der Arbeiter."
Karikatur von 1891.
■ Beschreiben Sie den Weg der Arbeiter. Was macht ihn „verhängnisvoll"?

M1 Neue Hörigkeit

Der Professor für Rechts- und Staatswissenschaft Franz Josef Ritter von Buß ist der erste deutsche Politiker, der auf das Los der Arbeiter aufmerksam macht. Am 25. April 1837 redet er im Badischen Landtag über das „soziale Problem":

[V]on allen Seiten zurückgedrängt, genießt der Fabrikarbeiter nicht einmal eine rechtliche und politische Sicherstellung. Das Fabrikwesen erzeugt eine Hörigkeit neuer Art. Der Fabrikarbeiter ist der Leibeigene eines Brotherrn, der ihn als nutz-
5 bringendes Werkzeug verbraucht und abgenützt wegwirft. [...]
Der Fabrikarbeiter ist aber nicht bloß der Leibeigene eines Herrn, er ist der Leibeigene der Maschine, die Zubehörde einer Sache. [...] Was hilft dem Arbeiter die Freiheit der Aufkün-
10 digung, dieser Wechsel der Lohnsklaverei? Um leben zu können, muss er arbeiten: Nicht immer findet er alsbald Arbeit in einer andren Fabrik; bei der größten Abgewandtheit seines Gemütes von seinem Brotherrn bleibt er an dessen Geschäft gefesselt, und sah man nicht oft Fabrikherren zum Zweck
15 gemeinsamer Herabdrückung des Lohnes sich verbünden? Auch die politische Stellung des Fabrikarbeiters ist trostlos. Wegen seiner Abhängigkeit kann er politische Rechte nicht genießen, und würden sie ihm auch gewährt, so würde er, als Werkzeug seines Brotherrn, sie nach dessen Laune ausüben
20 müssen. Nach der gesamten Stellung des Arbeiters kann der Staat ihm nicht einmal den Schutz gewähren, den das materielle Recht ihm schuldet: Nur als Armer fühlt der Arbeiter die Wohltaten des Staatsverbandes. [...]
Die durch den gewerblichen Aufschwung, durch die Tendenz
25 unserer Staaten zur Überbevölkerung und den Mangel an anderweitiger Unterkunft anschwellende Anzahl der Fabrikarbeiter führt wegen ihrer ökonomischen Unsicherheit zu einer wahren Massenarmut, dem sogenannten Pauperismus. Die unsichere Lage der Fabrikarbeiter muss schon an und für
30 sich zu diesem gesellschaftlichen Drangsal führen. Eine Ersparung ist dem Arbeiter selbst bei günstigen Verhältnissen nur in geringem Maße möglich; jede längere Unterbrechung der Arbeit zwingt ihn, die öffentliche Hilfe anzusprechen. Den kranken Arbeiter, sein kreißendes Weib, die Witwe und die
35 Waisen empfangen die Anstalten der öffentlichen Wohltätigkeit. Armut und Entsittlichung bevölkern die Findelhäuser mit der schwächlichen Nachkommenschaft dieses unglücklichen Geschlechts. Die ganze Lage des Fabrikarbeiters ist bei großem Angebote der Arbeit eine stete Quelle seiner Armut:
40 Treten noch Gewerbsstockungen hinzu, so wüten sie verheerend in den Reihen der Arbeiter. [...]

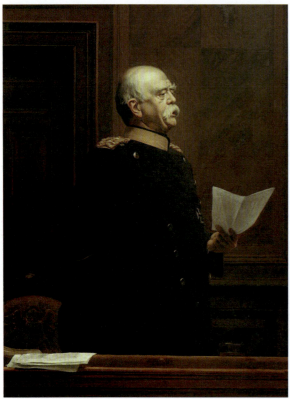

▲ **Fürst Bismarck im Bundesrat.**
Ölgemälde von Anton von Werner, 1888 (Ausschnitt).

Die Schaffung einer Masse von Fabrikproletariern wirft [...] nicht bloß einen verheerenden Krankheitsstoff in die Gesellschaft, sondern in ihr wird auch eine furchtbare, stets bereite Waffe den politischen Faktionen[1] angeboten. Die Tendenz des Umsturzes, wahrlich in unsern Tagen nur zu sehr verbreitet, findet in den Fabrikheloten[2] die nahen Verbündeten, einmal weil ihre eigne unbehagliche Stellung in jeder gesellschaftlichen Veränderung ihnen eine Abhilfe vorspiegelt, ferner weil sie in dem die Fabrikherren schützenden Staat den eignen Feind erblicken.

Ernst Schraepler (Hrsg.), Quellen zur Geschichte der sozialen Frage in Deutschland, Bd. 1: 1800–1870, Göttingen ³1964, S. 66 ff.

1. Beschreiben Sie die soziale und rechtliche Situation der Arbeiter.
2. Erläutern Sie die Probleme, die nach Buß aus der sozialen Lage der Arbeiter entstehen.
3. Arbeiten Sie aus seinen Kritikpunkten mögliche Lösungsansätze heraus.

[1] politische Gruppierung
[2] Helot: von griech. = Sklave

M2 Gründe und Ziele staatlicher Sozialpolitik

Reichskanzler Otto von Bismarck in der Beratung des ersten Unfallversicherungsgesetzes im Reichstag am 2. April 1881:

Seit fünfzig Jahren sprechen wir von einer Sozialen Frage. [...] Ich halte es für meinen Beruf, diese Fragen, ohne Parteileidenschaft [...] in Angriff zu nehmen, weil ich nicht weiß, wer sie mit Erfolg in Angriff nehmen soll, wenn es die Reichsregierung nicht tut. [...]
Ich bin nicht der Meinung, dass das „laisser faire, laisser aller"[1], „das reine Manchestertum"[2] in der Politik", „Jeder sehe, wie er's treibe, jeder sehe, wo er bleibe", „Wer nicht stark genug ist zu stehen, wird niedergerannt und zu Boden getreten", „Wer da hat, dem wird gegeben, wer nicht hat, dem wird genommen", dass das im Staat, namentlich in dem monarchischen, landesväterlich regierten Staat Anwendung finden könne. [...]
Aber umsonst ist der Tod! Wenn Sie nicht in die Tasche greifen wollen und in die Staatskasse, dann werden Sie nichts fertig bekommen. Die ganze Sache der Industrie aufzubürden, – das weiß ich nicht, ob sie das ertragen kann. Schwerlich geht es bei allen Industrien. Bei einigen ginge es allerdings; es sind das diejenigen Industriezweige, bei welchen der Arbeitslohn nur ein minimaler Betrag der Gesamtproduktionskosten ist. [...] Ob man den Beitrag auf die Arbeiter oder auf die Unternehmer legt, das halte ich für ganz gleichgültig. Die Industrie hat ihn in beiden Fällen zu tragen, und was der Arbeiter beiträgt, das ist doch notwendig schließlich zulasten des ganzen Geschäfts. Es wird allgemein geklagt, dass der Lohn der Arbeiter im Ganzen keinen Überschuss und keine Ersparnis gestatte. Will man also dem Arbeiter zu dem eben noch ausreichenden Lohn noch eine Last auferlegen, ja, dann muss der Unternehmer diese Mittel zulegen, damit der Arbeiter die Last tragen kann.

Alfred Milatz (Hrsg.), Otto von Bismarck. Werke in Auswahl, Bd. 6, Darmstadt 1973, S. 514 ff.

1. Prüfen Sie, ob Bismarck Recht hat, wenn er behauptet, die Soziale Frage bestehe bereits seit 50 Jahren. Welche Aufgaben für die Regierung leitet er daraus ab?
2. Arbeiten Sie heraus, ob sich Bismarck für oder gegen das „Laisser faire"-Prinzip ausspricht.
3. Fassen Sie die Erwägungen Bismarcks über die Finanzierbarkeit der Unfallversicherung zusammen.

[1] franz.: tun, gehen lassen; hier etwa: Treibenlassen aller Dinge
[2] Bezeichnung für einen extremen Wirtschaftsliberalismus ohne staatliche Eingriffe, benannt nach dem britischen Manchester, dem damaligen Zentrum der Textilindustrie

M3 Die Wirkungen der Sozialpolitik

Die Historiker Gerhard A. Ritter und Klaus Tenfelde haben die lang- und kurzfristigen Wirkungen der deutschen Sozialversicherung untersucht:

Die Sozialversicherung wurde in Deutschland vergleichsweise früh und umfassend eingeführt. Das hatte zunächst einmal allgemeine Ursachen, die in ähnlicher Weise auch in anderen Ländern auftraten. Nur schlagwortartig benannt werden sollen die Auflösung der ständischen Gesellschaft und der Zunftverfassung sowie der Funktionsverlust der Familie in ihren Vorsorgeaufgaben infolge der Industrialisierung, Verstädterung und Binnenwanderung. Durch diese Entwicklungen wurde die Gefahr von konjunktureller Arbeitslosigkeit, Altersarmut und Erwerbsunfähigkeit bei Betriebsunfällen erhöht. Unverkennbar war auch überall die traditionelle Armenfürsorge unter den gesellschaftlichen Bedingungen der Industrialisierung in eine Krise geraten. Speziell in Deutschland haben politische Motive eine zunächst entscheidende Rolle für die Einführung der Sozialversicherung gespielt. Bismarck versuchte mit dieser Gesetzgebung eine Antwort auf die Erfolge der Sozialdemokratie in der politischen Mobilisierung der Arbeiter. Die Sozialversicherung sollte die Politik der Repression durch das Sozialistengesetz[1] mittels positiver Maßnahmen zugunsten der Arbeiter ergänzen, um der Arbeiterbewegung das Wasser abzugraben und die Arbeiter an den bestehenden Staat zu binden. So wurde der erste Entwurf des Unfallversicherungsgesetzes vom 8. März 1881 ausdrücklich damit begründet, dass es nicht bloß „Pflicht der Humanität und des Christentums [...], sondern auch eine Aufgabe der staatserhaltenden Politik" sei, auch den „besitzlosen Klassen der Bevölkerung, welche zugleich die zahlreichsten und am wenigsten unterrichteten sind", durch „erkennbare direkte Vorteile" zu zeigen, dass „der

▲ „Der Segen der Alters- und Invalidenversicherung."
Abholen der Rente vom Postamt, neu kolorierter Holzstich, um 1890.

Staat nicht nur eine notwendige" oder „lediglich zum Schutz der besser situierten Klassen der Gesellschaft erfundene", sondern auch eine wohltätige, „ihren [der besitzlosen Klassen] Bedürfnissen und Interessen dienende Institution" sei. [...]
Wie beurteilten die Arbeiter selbst die Sozialversicherung? Darin ist zu berücksichtigen, dass die Gesetzeswerke bei ihrer Einführung von der Sozialdemokratie abgelehnt wurden, weil sie eindeutig mit der Unterdrückungspolitik des Sozialistengesetzes verknüpft waren, sich nach der Ansicht der Partei nicht genügend von der Armenfürsorge unterschieden, weite Bevölkerungskreise ausklammerten, in ihren Leistungen nicht genügten und den Arbeitern einen zu großen Anteil an der Finanzierung aufbürdeten, ohne sie ausreichend an der Verwaltung der Versicherungen zu beteiligen. Erst seit der Jahrhundertwende fand die Partei zu einer positiveren Beurteilung der Sozialversicherung, zu deren Ausbau sie nunmehr detaillierte Vorschläge machte. [...]
Man muss zwischen den kurz- und den langfristigen Wirkungen der Sozialpolitik unterscheiden. Nicht in Erfüllung gingen die Hoffnungen und Erwartungen Bismarcks und Wilhelms II., dass sich die Arbeiter aufgrund der in der Sozial-

---

[1] Sozialistengesetz: Wegen des wachsenden Einflusses der organisierten Arbeiterbewegung forderten die Unternehmer das Eingreifen des Staates. 1878 setzte Bismarck im Reichstag das „Gesetz gegen die gemeingefährlichen Bestrebungen der Sozialdemokratie" (Sozialistengesetz) durch, das bis 1890 mehrfach verlängert wurde. Es verbot alle sozialdemokratischen, sozialistischen oder kommunistischen Vereine, Versammlungen und Schriften. Die Partei selbst wurde nicht verboten; die Sozialdemokraten konnten trotz des Gesetzes bei Wahlen immer mehr Stimmen für sich gewinnen.

versicherung und der Gesetzgebung des „Neuen Kurses" bewiesenen Fürsorge des Staates von den sozialistischen Organisationen und ihren Führern abwenden würden. Langfristig hat die staatliche und kommunale Sozialpolitik Massenloyalität auch zum Staat, und sei es in verdeckter Weise, geschaffen und damit die Integration der Arbeiter in Staat und Gesellschaft wesentlich gefördert. Das bezog sich auch auf die gewerkschaftlichen und politischen Organisationen der Arbeiter, denen sich durch die Mitarbeit in den Einrichtungen der Sozialversicherung, in Gewerbegerichten, Einigungsämtern und kommunalen Arbeitsnachweisen ein neues, stets auf Reform des Bestehenden gerichtetes Arbeitsfeld eröffnete. Die dadurch geschaffenen Kontakte mit Vertretern der Arbeitgeber und vor allem den unteren Ebenen der staatlichen und kommunalen Bürokratie haben zum Abbau der Klassenspannungen und der politischen und gesellschaftlichen Isolation der Arbeiter beigetragen. Allerdings gab es darin erhebliche regionale Unterschiede. Man kann deshalb sagen, dass, langfristig gesehen, in einigen wichtigen Ansätzen das ursprüngliche Integrationsziel der Sozialpolitik sehr wohl erreicht wurde – freilich nicht gegen, sondern gerade über die Organisationen der Arbeiterbewegung.

Gerhard A. Ritter und Klaus Tenfelde, Arbeiter im Deutschen Kaiserreich 1871 bis 1914, Bonn 1992, S. 696, 708 und 715

1. *Erläutern Sie Ursachen und Motive für die Einführung der Sozialversicherung in Deutschland. Berücksichtigen Sie auch Ihre Ergebnisse aus M2.*
2. *Beurteilen Sie mithilfe der Darstellung auf S. 93f. die Kritik der Arbeiter an der Sozialversicherung. Berücksichtigen Sie auch die Karikatur auf S. 94.*
3. *Erörtern Sie die kurz- und langfristigen Folgen der Sozialpolitik.*

▲ **Leistungsübersicht der deutschen Sozialversicherung von 1885 bis 1913.** *Druck aus dem Jahre 1913.*

M4 Staatliche Sozialpolitik in Zahlen

a) Entwicklung der deutschen Unfallversicherung 1887-1910:

	1887	1890	1895	1900	1905	1910
Versicherungspflichtige Betriebe (in Mio.)	0,269	5,234	5,279	5,190	5,296	6,159
Versicherte Personen (in Mio.)	3,822	13,620	18,389	18,893	20,243	27,554
Verletzte	177	58 213	242 841	487 235	892 901	1 017 570
Erstattete Unfallanzeigen	–	200 001	310 139	454 341	609 160	672 961
Gesamteinnahmen (in Mio. Mark)	20,656	52,528	73,764	105,453	178,966	235,829
Gesamtausgaben (in Mio. Mark)	9,797	26,623	60,498	100,877	157,540	206,223

Johannes Frerich und Martin Frey, Handbuch der Geschichte der Sozialpolitik in Deutschland, Bd. 1: Von der vorindustriellen Zeit bis zum Ende des Dritten Reiches, München/Wien 1993, S. 104

b) Die Einführung der Sozialversicherung in Europa 1885-1930
Prozentualer Anteil der in Unfall-, Kranken-, Renten- und Arbeitslosenversicherung erfassten Arbeitnehmer:

Land	1885	1890	1895	1900	1905	1910	1915	1920	1925	1930
Österreich		5,3	7,5	9,0	10,0	13,0	13,0	27,5	32,0	46,3
Belgien			0,8	3,8	14,8	17,5	17,5	25,0	26,8	33,3
Dänemark			3,8	10,5	13,8	25,8	30,8	44,0	66,0	67,8
Deutschland	9,8	24,5	41,0	40,8	40,3	44,5	42,8	45,5	48,8	61,3
Finnland				1,8	1,8	2,0	2,0	4,0	4,8	8,0
Frankreich				6,9	8,5	12,8	11,5	12,8	22,0	30,3
Irland									30,3	30,3
Italien		1,5	1,5	2,8	4,0	4,8	4,8	27,3	29,0	31,0
Niederlande					6,3	7,0	7,3	25,3	27,3	41,3
Norwegen			3,8	3,3	3,0	4,5	17,8	23,3	20,0	22,3
Schweden				1,0	3,3	9,5	11,8	37,0	46,0	45,0	47,5
Schweiz	2,8	3,3	3,5	4,0	4,3	4,8	10,8	18,8	22,8	31,3
Großbritannien				9,8	9,3	17,5	36,5	43,3	52,5	72,5

Jens Alber, Vom Armenhaus zum Wohlfahrtsstaat. Analysen zur Entwicklung der Sozialversicherung in Westeuropa, Frankfurt am Main 1982, S. 152

1. Wandeln Sie Tabelle a) in ein Diagamm um. Erläutern Sie die Entwicklung der Unfallversicherung.
2. Skizzieren Sie die Entwicklung der Sozialversicherung in Westeuropa. Nehmen Sie Stellung zur Rolle Deutschlands auf dem Gebiet der Sozialversicherung. Ziehen Sie die Leistungsübersicht aus dem Jahr 1913 hinzu.
3. Arbeiten Sie anhand der Statistiken sowie der Leistungsübersicht aus dem Jahr 1913 heraus, wie sich die Lage der Menschen durch die Sozialgesetzgebung verändert hat.

Familiäre Lebenswelten und Geschlechterrollen

„Und ob das undankbare Geschöpf heiraten wird!" Der Fabrikant Werner Uckersleben ist außer sich. Gerade hat er erfahren, dass seine älteste Tochter Fanni den Sohn des Kommerzienrats, Rechtsanwalt Dr. Julius August Meckel, nicht heiraten will. Das ganze Haus erbebt von seiner Donnerstimme. Nur die Mutter bringt der Ausbruch wie gewohnt nicht aus der Fassung. Sie wartet mit großer Gelassenheit, schmeichelt ihm und redet mit sanfter Stimme auf ihn ein, bis der Ausbruch vorüber ist.

Wie bei den Töchtern des gehobenen Bürgertums üblich, ist Fanni ihrem zukünftigen Mann vor einigen Wochen auf einer geselligen Veranstaltung ihrer Familie vorgestellt worden. Seine anzüglichen Bemerkungen und das polternde Lachen sind ihr gleich unsympathisch gewesen. Noch am selben Abend hat Meckel ernstes Interesse an ihr signalisiert und ist daraufhin vom Vater schon mehrere Male zu Tee und Diner eingeladen worden. Bei seinem letzten Besuch hat Fanni heimlich an der Tür der Bibliothek gelauscht und gehört, wie der Vater dem möglichen Schwiegersohn zusätzlich zu der „wohl überaus angenehmen Aussteuer" einen Jahreszuschuss von 5 000 Mark als Zinsen sowie sichergestelltes Kapital von 100 000 Mark in Aussicht gestellt hat.

Heute, am 3. Mai 1882, soll die Verlobung stattfinden. Fanni weiß, dass sie es sich eigentlich nicht leisten kann, den Antrag abzulehnen. Sie ist 25 Jahre alt und die Alternative, als „alte Jungfer" sitzenzubleiben, ist beängstigend. Es bedeutet, dass der ältere Bruder sie nach dem Tod der Eltern zu sich nehmen und versorgen muss, denn von ihrem Erbe wird sie nicht lange leben können. Und einen Beruf, mit dem sie ihren Unterhalt selbst verdienen könnte, hat sie nicht erlernen dürfen. Lesen und Schreiben, Französisch und Latein, ein wenig gehobene Literatur, Hand- und Hausarbeit sowie einige Stücke auf dem Klavier – mehr wurde ihr als zukünftige Gattin und Mutter nicht zugestanden. Unten läutet es an der Haustüre. Fanni atmet tief durch, dann geht sie in den Salon.

Idealbild der Familie Mit dem Wandel von der Agrar- zur Industriegesellschaft wurden Erwerbsarbeit und Haushalt immer mehr voneinander getrennt. Aus der vorindustriellen Lebens- und Produktionsgemeinschaft entstand eine Konsumgemeinschaft, in der Männern und Frauen unterschiedliche Rollen zugeschrieben wurden. Der Mann sollte für das Einkommen außerhalb des Hauses sorgen, während die Frau sich um die inneren Angelegenheiten der Familie einschließlich der Kindererziehung kümmerte.

Mit der modernen „Kernfamilie" entstand eine Privatsphäre, die es im traditionellen Familienverständnis nicht gegeben hatte. Zuvor waren familiäre Ereignisse wie Hochzeiten, Taufen oder Begräbnisse öffentliche Angelegenheiten gewesen, an der das ganze Dorf, die Zunft oder die Nachbarschaft beteiligt waren. Diese fanden nun im engeren Familien- und Freundeskreis statt. Auch andere Feste wandelten sich zu Familienfeiern, so vor allem das Weihnachts- und das Osterfest. Der Familienkreis wurde von genossenschaftlichen, kirchlichen oder beruflichen Gemeinschaften getrennt. Das „Privatleben" entstand.

Damit einher ging die ideelle Überhöhung der Familie als privater Rückzugsraum. Durch Liebe gekennzeichnete Beziehungen und eine harmonische häusliche Ordnung sollten die Härten und Probleme der rationalen und marktkapitalistischen Gesellschaft ausgleichen. Dieses bürgerliche Familienmodell stellte das Ideal dar, an dem sich alle gesellschaftlichen Gruppen orientierten.

Bürgerliche Familien

Die bürgerliche Familie entstand idealerweise aus einer Liebesheirat, die nicht mehr auf wirtschaftlichen und sozialen Erwägungen wie der Höhe der Mitgift oder gesellschaftlichen Verbindungen beruhte. Auch wenn der Anteil der Liebesheiraten im Laufe des 19. Jahrhunderts anstieg, wurden von Eltern jedoch oft „standesgemäße" Ehen arrangiert.

Die Frau sollte nicht nur dem Ehemann emotionalen Rückhalt bieten und eine verständnisvolle Partnerin sein, sondern auch mit fürsorglicher, selbstloser Zuwendung ein für die Entwicklung der Kinder ideales Klima schaffen (▶ M2). Die Kinderbetreuung übernahmen nun zum großen Teil die Eltern selbst, wobei es auch hier eine geschlechtsspezifische Differenzierung gab. Die Mutter sorgte für körperliches Wohlergehen, Geborgenheit und vermittelte eher bürgerliche Tugenden (Bildung, Fleiß, Sauberkeit) und schöngeistige Bildungsinhalte (Musik, Literatur, Religion), während der Vater für Disziplin und Leistungskontrolle zuständig war.

Nach den damals herrschenden Vorstellungen sollte das Einkommen des Mannes allein den Lebensstandard der bürgerlichen Familie sichern. Aus diesem Grunde warteten bürgerliche Männer mit einer Heirat oft, bis sie sich diese leisten konnten. Die Wohnung sollte den einzelnen Familienmitgliedern Privatsphäre ermöglichen. Wer es sich leisten konnte, verfügte über separate Kinder- und Elternbereiche, ein privates Wohnzimmer sowie einen Salon für den Empfang von Gästen. Wer Hausangestellte beschäftigte, brachte diese in der Regel in der Nähe der Küche unter. Darüber hinaus wurde Geld in Kulturveranstaltungen, Urlaubsreisen oder private Bildungsinteressen investiert. Gerade kleinbürgerliche Familien strebten nach dem bürgerlichen Ideal und wollten dem Besuch Silberbesteck und die „gute Stube" mit Polstermöbeln präsentieren. Dennoch standen Sparsamkeit und Bescheidenheit im bürgerlichen Wertekatalog an oberer Stelle.

Um 1900 erlebte das bürgerliche Familienmodell eine Krise. Es wurde einerseits von feministischer Seite wegen der beschränkten weiblichen Entfaltungsmöglichkeiten kritisiert und andererseits wegen des wachsenden Geburtenrückgangs infrage gestellt.

▲ **Vaters Geburtstag.**
Foto von 1880. Frau und Kinder gratulieren dem Familienvater zum Geburtstag. Das Familienoberhaupt hat zu diesem Anlass eigens einen Fotografen ins Haus bestellt.

Arbeiterfamilien

Unter Arbeitern besaß das bürgerliche Familienmodell bis weit ins 20. Jahrhundert hinein Vorbildcharakter. Vor allem die Schicht der Facharbeiter konnte sich die bürgerliche Rollenverteilung leisten. Doch für die meisten Arbeiterfamilien sah die Realität anders aus. Um den Lebensunterhalt bestreiten zu können, mussten beide Ehepartner arbeiten (▶ M1).

Da es zunächst in der Nähe der Fabriken kaum Wohnraum gab, mussten viele Arbeiterinnen und Arbeiter einen langen Arbeitsweg in Kauf nehmen. Von einem Familienleben, Erholung oder gar Freizeitvergnügen konnte kaum die Rede sein. Wenn die Kinder hinzuverdienten, blieben ihnen keine Zeit und Energie für die Schule. Sobald die Schulpflicht endete, suchten sich die Kinder eine Arbeit, lebten aber aus Kostengründen meist noch in der Wohnung der Eltern, die oft nur aus einem einzigen Zimmer bestand.

In den meisten Arbeiterhaushalten dominierten die sogenannten halboffenen Familienstrukturen: In einer Wohnung lebten Eltern, manchmal auch nur die Mutter, Kinder verschiedenen Alters, andere Familienangehörige sowie fremde Untermieter und Schlafgänger. Die Lage besserte sich erst mit den gegen Ende des 19. Jahrhunderts steigenden Reallöhnen und dem in den 1920er-Jahren staatlich geförderten Bau von günstigen Arbeiterwohnungen.

▲ „Herrjeh, Kinder! Euch darf man doch nich alleene lassen!"
Zimmerbrand im Haus der berufstätigen Mutter. Farbdruck nach einer Zeichnung von Heinrich Zille, Berlin 1918.
Der Maler, Zeichner und Fotograf Heinrich Zille stammte selbst aus der Berliner Unterschicht, deren Milieu er sozialkritisch und humoristisch zugleich in seinen Bildern festhielt.

Die verheirateten Frauen der Unterschichten hatten es besonders schwer. Zusätzlich zu ihrer Arbeit in der Fabrik oder als Putz-, Wasch- und Nähhilfen mussten sie gemäß der traditionellen Rollenverteilung den Haushalt führen. Um die Kinder nicht sich selbst zu überlassen, übernahmen viele die schlecht bezahlte Heimarbeit. Wegen der ständigen Doppelbelastung waren die Frauen häufig krank, alterten rasch und starben früh. Überhaupt war die Lebenserwartung der Arbeiter gering. Die Sterblichkeit der Arbeiterkinder war wesentlich höher als in anderen Bevölkerungsschichten. Dazu trugen vor allem die durch schlechte Arbeitsbedingungen und Wohnverhältnisse hervorgerufenen häufigen Erkrankungen bei.

In zunehmendem Maße wurde das Wirtshaus Ort des gemeinschaftlichen Lebens der Arbeiter nach Feierabend. Dort hielten Parteien und Gewerkschaften ihre Versammlungen ab, hier trafen sich Sport-, Gesangs- und Bildungsvereine. Sie boten einen Ausgleich zur eintönigen und ermüdenden Fabrikarbeit, die als Last und Bedrückung empfunden wurde. Nicht selten mündeten Not und die Verzweiflung über die ausweglose Situation in übermäßigem Alkoholkonsum, Gewalt gegen Frau und Kinder, Kriminalität, Prostitution oder Selbstmord.

Ehe und Familienplanung

Junge Frauen aus bürgerlichen Familien waren um 1900 in Deutschland zur Zeit der (ersten) Eheschließung im Durchschnitt etwa 25 bis 26, die Männer 28 Jahre alt. Insgesamt blieb die Zahl der Eheschließungen in Deutschland konstant. Allerdings stieg die Scheidungsrate – wenn auch auf einem mit heutigen Zahlen verglichen niedrigen Niveau (▶ M3). Die Ehe war die einzige gesellschaftlich akzeptierte Form des Zusammenlebens von Mann und Frau. Die uneheliche Geburt eines Kindes zog nach wie vor die Stigmatisierung der Frau nach sich. Der Grundsatz sexueller Enthaltsamkeit galt für bürgerliche Frauen bis in die 1960er-Jahre. Sexuelle Aufklärung erfolgte kaum.

In der zweiten Hälfte des 19. Jahrhunderts gewann die „Familienplanung", also die Kontrolle über die Zahl der geborenen Kinder, zunehmend an Bedeutung. Zuerst begannen bürgerliche Familien, durch Verhütung ihre Kinderzahl zu begrenzen. Dies entsprach dem Ideal der Kleinfamilie, bei dem wenigen Kindern die ganze Aufmerksamkeit der Eltern gelten sollte, um so die Anforderungen an Erziehung und Ausbildung zu erfüllen. Andererseits spielten dafür auch ein gewachsener Individualismus sowie eine beginnende Emanzipation der Frauen eine Rolle, die zuerst in den höheren Gesellschaftsschichten einsetzte.

In den Ehen von Landarbeitern wurden noch immer mehr als sechs Kinder, in Handwerksmeisterfamilien zwischen vier und fünf Kinder geboren. Dies lag zum Teil an der früheren Heirat und an der mangelnden Aufklärung über Verhütung. Hier gab es auch noch eine hohe Säuglingssterblichkeit. Um 1900 wollte eine staatliche Familienpolitik auch proletarische Familien durch Aufklärung, bessere medizinische Versorgung und Erziehungshilfen für das bürgerliche Familienmodell gewinnen.

Natürliche Differenz der Geschlechter?

Die gesellschaftliche Ungleichheit zwischen Frauen und Männern reicht bis in die Antike zurück. Die betonte Unterscheidung der Geschlechterrollen ist jedoch im Wesentlichen ein Produkt der bürgerlichen Gesellschaftsentwicklung des 19. Jahrhunderts und der Entstehung der „modernen" Familie. Nun wurde der Mann zum „Geldverdiener", während sich die Frau auf Familie und Haushalt zu konzentrieren und dem Mann als Ehefrau, Mutter und Haushälterin den Rücken für seine berufliche Karriere freizuhalten hatte (▶ M4). Töchter wurden in ihrer Ausbildung fast ausschließlich auf ihre Rolle als Ehefrau vorbereitet.

Begründet wurden die ungleichen Rollen mit der naturgegebenen Differenz der Geschlechter. Demnach seien Frauen von Natur aus passiv, emotional und nicht zu vernünftigen Überlegungen fähig, während Männer aktiv und rational ausgerichtet seien. Dies begründete die Arbeits- und Funktionsteilung, nach der Frauen die Erziehung, Pflege oder Haushaltung, Männern dagegen sachbezogene und produktive Arbeiten zugewiesen wurden.

Seit Mitte des 19. Jahrhunderts veränderte sich die Stellung der Frau in der Gesellschaft. Immer mehr unverheiratete Frauen und Witwen mussten selbst für ihren Lebensunterhalt sorgen. Die überlieferten Vorstellungen von ihren Aufgaben in Ehe und Familie waren jedoch mit einer Erwerbstätigkeit unvereinbar, außer als „Mithelfende" im eigenen Betrieb oder wenn der Verdienst des Mannes für den Unterhalt der Familie nicht ausreiche.

Rechtliche und politische Stellung der Frauen

Auch die Gleichheitspostulate der Aufklärung sowie die Erklärung der Menschen- und Bürgerrechte im 18. Jahrhundert änderten nichts daran, dass Frauen noch im Kaiserreich die rechtliche Gleichstellung verwehrt blieb. Sie besaßen keine staatsbürgerlichen Rechte und eine politische Betätigung war ihnen bis nach der Jahrhundertwende untersagt.

In der Familie waren die Frauen bis zu ihrer Heirat rechtlich ihren Vätern und nach der Heirat ihren Ehemännern unterstellt. Die Ehefrau durfte keine Entscheidung ohne die Zustimmung des Mannes treffen, keinen Beruf ergreifen, keine Verträge abschließen und keine Geschäfte tätigen. Auch bei der Erziehung der Kinder besaß der Mann die Entscheidungsgewalt. Mit der Heirat gingen das Vermögen und gegebenenfalls auch der Verdienst der Frau in den Besitz des Ehemannes über. Im 19. Jahrhundert wurde zudem das Scheidungsrecht verschärft. Der Ehebruch der Frau wurde wesentlich härter bestraft als der des Mannes. Bei einer Scheidung blieben die Kinder beim Vater, während die Mutter keine Ansprüche stellen durfte. Das im Jahr 1900 eingeführte Bürgerliche Gesetzbuch verbesserte die rechtliche Stellung der Frauen kaum (▶ M5). Immerhin wurde ihnen nun die volle Geschäftsfähigkeit zugestanden, sodass sie Verträge abschließen und Prozesse führen konnten. Zudem ging ihr Einkommen nicht mehr automatisch an den Mann über. In Ehe- und Familienfragen blieben die Vorrechte der Männer allerdings bestehen (▶ M6).

Die bürgerliche Frauenbewegung

In den deutschen Staaten hatten sich auch Frauen bereits im Vormärz und noch mehr während der Revolution von 1848/49 zu Vereinen zusammengeschlossen. Sie drängten auf gesellschaftliche Veränderungen und erhofften sich politische Freiheit. Wichtige Impulse für den Kampf um die Rechte der Frau waren dabei von der Aufklärung und der Französischen Revolution ausgegangen. Vor allem aber hatte der gesellschaftliche Wandel infolge der Industrialisierung mit der Sozialen Frage zugleich auch die „Frauenfrage" aufgeworfen.

Nachdem das Preußische Vereinsgesetz von 1850 den Frauen die Mitgliedschaft in politischen Vereinigungen sowie die Teilnahme an politischen Veranstaltungen verbot, konzentrieren sich die Vereine in den 1860er-Jahren auf die Mädchenbildung und auf die Berufschancen unverheirateter Frauen. Bürgerliche Frauen engagierten sich für die Verbesserung der sozialen und ökonomischen Lage der Arbeiterinnen und Arbeiterfrauen. Volksküchen wurden eingerichtet und erste Kinderschutzvereine gegründet, in deutschen Großstädten entstanden Entbindungsheime und „Kinderbewahranstalten". Die Frauen erteilten Mädchen aus den Unterschichten Hauswirtschaftsunterricht, kümmerten sich um Not leidende Arbeiterfamilien, Prostituierte und die Reintegration weiblicher Strafgefangener.

▲ „Zur Frauenbewegung."
Postkarte, um 1910.

Louise Otto-Peters (1819-1895): Schriftstellerin und Journalistin; gründete 1849 die erste deutsche „Frauen-Zeitung" und engagierte sich seit den 1860er-Jahren in der bürgerlichen Frauenbewegung

Hedwig Dohm (1831-1919): Schriftstellerin und Frauenrechtlerin. Sie kämpfte für die völlige rechtliche, soziale und ökonomische Gleichberechtigung und das Frauenwahlrecht.

Helene Lange (1848-1930): Lehrerin und Frauenrechtlerin. Sie setzte sich vor allem für bessere Bildungs- und Berufschancen für Frauen ein. 1890 gründete sie den Allgemeinen Deutschen Lehrerinnenverein (ADLV).

Clara Zetkin (1857-1933): Volksschullehrerin und sozialistische Politikerin. 1878 schloss sie sich den Sozialdemokraten an und wurde daraufhin aus dem Schuldienst entlassen; ab 1890 organisierte sie die sozialdemokratische Frauenbewegung.

1865 wurde auf Initiative von **Louise Otto-Peters**, der Vorsitzenden des Leipziger Frauenbildungsvereins, der Allgemeine Deutsche Frauenverein (ADF) gegründet. Er gilt als Ausgangspunkt der organisierten deutschen Frauenbewegung. Ziel des ADF war es, durch bessere Bildung und die Öffnung qualifizierter Berufe für Frauen die Voraussetzungen für politische Mitsprache zu schaffen.

Aber erst durch den 1894 nach amerikanischem Vorbild gegründeten Dachverband der Frauenvereine, den Bund Deutscher Frauenvereine (BDF), erhielt die Frauenbewegung größere Bedeutung. 1901 umfasste sie fast 140 Vereine mit verschiedenen Anliegen. Es gab Berufsvertretungen, Beratungs- und Rechtsschutzvereine, Damenturnklubs, weibliche Wandergruppen sowie Vereine zur Sozialfürsorge für Frauen oder mit konfessionellem Charakter. Nur eine kleine Minderheit dieser Vereinigungen stellte politische Forderungen: Frauenwahlrecht, Frauenstudium und Legalisierung der Abtreibung. Der BDF diskutierte zwar Fragen des Arbeiterinnenschutzes, der Gewerbefreiheit oder des Wahlrechts. Der Schwerpunkt seines Engagements galt indessen der Bildungsförderung und der Ausarbeitung von familienrechtlichen und bildungspolitischen Petitionen, die jedoch alle ohne Erfolg blieben. Zu den führenden Persönlichkeiten der bürgerlichen Frauenbewegung zählten **Hedwig Dohm**, die sich neben den Forderungen nach gleicher Ausbildung und weiblicher Erwerbstätigkeit für das Frauenwahlrecht aussprach, sowie **Helene Lange**, die als Vorsitzende des ADF und des BDF die Frauenbewegung für viele Jahre prägte.

Die sozialistische Frauenbewegung ■ Den Gegenpol zur bürgerlichen Frauenbewegung bildete die sozialistische Frauenbewegung, die seit 1889 von **Clara Zetkin** angeführt wurde (▶ M7). Die Organisation zählte um 1908 rund 30 000 Mitglieder. Sie verstand sich als Teil der sozialistischen Arbeiterbewegung, setzte sich jedoch vorrangig für den Schutz der Arbeiterinnen, die Abschaffung der Kinderarbeit, gleiche Rechte und Löhne für Männer und Frauen sowie die Aufklärung der Frauen über ihre „Klassenlage" ein. Clara Zetkin ging es um die vollständige politische Gleichberechtigung der Frauen im Rahmen einer groß angelegten Lösung der Sozialen Frage. Gemäß der sozialistischen Lehre, nach der die entscheidende Form der Ungleichheit vor allem zwischen den verschiedenen Klassen bestehe, war eine Gleichheit aller nur durch eine proletarische Revolution zu erreichen. Der Einsatz für Reformen im bestehenden System galt als unzureichend. Im Unterschied zu den anderen politischen Parteien konnten in der SPD Frauen einzelne Ämter übernehmen, doch fanden sich auch hier die Männer kaum mit dem Emanzipationsgedanken ab.

M1 Das proletarische Familienleben

Die Soziologin Margarete Freudenthal nennt folgende Merkmale des Familienlebens von Arbeitern zwischen 1880 und 1900:

1. Fast alle Arbeiter, die uns begegnet sind, stammen von Vätern ab, die Handwerker waren. Sie selbst sind zum Teil auch noch durch eine Lehre gegangen, mussten aber den Handwerkerberuf mit einem abhängigen Lohnarbeiter- oder Tagelöhnerberuf vertauschen.

2. Die Unsicherheit begleitet das Leben des Arbeiters. Sobald Arbeitslosigkeit eintritt, erfolgt stets das gleiche stufenweise Herabsinken. Es fängt an mit den Mietrückständen, die zu Wohnungswechsel und Pfändung durch den Hauswirt führen; die Armenfürsorge greift ein. [...]

3. In den meisten Fällen werden mittellose Frauen geheiratet (Arbeiterinnen, Hausangestellte). Viele Schwangerschaften machen es der Frau in zahlreichen Fällen unmöglich, zum Verdienst beizutragen. Viele der geborenen Kinder sterben wieder. Die Frauen sind durch die Schwangerschaften so geschwächt, dass sie meist auch später, wenn die Kinder groß sind, keinem geregelten Verdienst mehr nachgehen können.

4. Selbst bei einer geordneten Stellung des Ehemannes ist die Bezahlungsart in den seltensten Fällen eine ganz regelmäßige. Kombinationen von Akkord- und Zeitlohn, von Normalarbeitszeit, Überstunden, Nacht- und Sonntagsarbeit, sowie teils 14-tägige, 8-tägige und monatliche Bezahlung haben zur Folge, dass der Arbeiter selten mit einer bestimmten Summe zu bestimmter Zeit rechnen kann. Dadurch sind zwischenzeitliche Schulden, obgleich sie im Allgemeinen vermieden werden, häufig unabwendbar. [...]

7. Eine Verbesserung der Stellung ist in den wenigsten Fällen möglich; die Familien sind sich der Aussichtslosigkeit eines Aufstiegs meist bewusst.

8. Eine häusliche Hilfe wird nicht gehalten; nur während der Wochenbetten kommt eine Hilfe, sehr oft durch Verwandtschaft oder Nachbarschaft, für den Haushalt in Betracht.

9. Sozialversicherungen wurden in jener Zeit erst eingeführt, die Beitragszahlungen waren noch höchst ungeordnet. Zum Teil bestanden gar keine Versicherungen, zum Teil wurden sie vom Arbeitgeber getragen.

10. Für die Arbeitszeit ist charakteristisch, dass sie sehr früh, meist um 7 Uhr, beginnt und des weiten Weges halber über Tisch, d.h. bis 4 oder 6 Uhr am Nachmittag, ausgedehnt wurde.

11. Die Wohnungen zeigen fast alle ein außerordentlich ärmliches, unhygienisches und unpraktisches Gepräge. [...] Dazu sind die Preise dieser Wohnungen außerordentlich hoch.

12. Untervermietung, Schlafgänger und Kostgänger sollen den Verdienst erhöhen. Es ist aber ein sehr unsicherer Verdienst.

13. Das Mobiliar dieser Wohnungen besteht nur aus dem Allernotwendigsten. Es ist zum Teil geerbt, zum Teil auf Abschlag erstanden, zum Teil gebraucht gekauft, zum Teil selbst gezimmert, zum Teil gemietet. Es finden sich stets sehr viel weniger Betten als Menschen in der Wohnung. [...] Neben Kohlen und Kartoffeln sind Kleidung und Wäsche die Hauptposten für die private Wohltätigkeit.

17. Für die Lebensmittelversorgung ist charakteristisch, dass keinerlei Vorräte gekauft werden können. Auch bei Kohlen und Kartoffeln ist dies nicht möglich. [...]

18. Bei der Einteilung der Lebensmittel kommt auf den Mann eine größere und bessere Portion als auf Frau und Kinder.

19. Der Hauptposten, der auf Geistiges und auf Freizeitgestaltung geht, besteht aus den Ausgaben für die Schule der Kinder. Die sonstigen Vergnügungen erschöpfen sich in einem Sonntagsspaziergang mit der Familie, bei dem hier und da eingekehrt wird, in der Zugehörigkeit zu einem Verein und im Halten einer Zeitung. Die beiden letzteren Faktoren sind aber nur teilweise zu beobachten.

20. [...] In allen Fällen, in denen eine häusliche Mitarbeit der Frau besteht, zeigen sich folgende Symptome in den Haushaltungen:

a) Die Frau muss früh morgens, abends nach Rückkehr von der Arbeit und am Sonntag ihren Haushalt in Ordnung bringen. Sehr frühes Aufstehen, spätes Zubettgehen und außerordentliche Anspannungen aller Kräfte sind für diese Leistungen erforderlich.

b) Kinder, die noch nicht in die Schule gehen, müssen meist einer Aufsicht übergeben werden, falls nicht eine Verwandte innerhalb der Familie dies übernehmen kann.

c) Mann und Frau nehmen das Essen mit, die Kinder kochen sich selbst oder essen auswärts, die Hauptmahlzeit findet am Abend statt. Es werden schnell kochbare Gerichte bevorzugt. Gemüse kann es z.B. selten geben, weil es zu lang aufhält.

d) Die beiden letzteren Umstände, d.h. b) und c), verteuern die Lebenshaltung in der gleichen Richtung, aber in noch höherem Maße, als wir sie schon beobachtet haben. Trotzdem lohnt sich der Verdienst der Frau, weil der Verdienst die Mehrkosten übersteigt.

Heidi Rosenbaum (Hrsg.), Seminar: Familie und Gesellschaftsstruktur. Materialien zu den sozioökonomischen Bedingungen von Familienformen, Frankfurt am Main ⁴1988, S. 342f.

1. *Stellen Sie die Nachteile und Risiken von Arbeiterfamilien dar. Unterscheiden Sie verschiedene Bereiche. Welche Faktoren wirken zusammen?*

2. *Erläutern Sie mögliche Ansätze, um die Lage der Familien zu verbessern.*

M2 Bürgerliches Familienleben

Wie das tägliche Arbeitspensum in einem Ingenieurshaushalt einer süddeutschen Mittelstadt ausgesehen hat, beschreiben Marie Baum und Alix Westerkamp Ende der 1920er-Jahre:

Die Familie besteht aus dem Hausherrn, der Hausfrau, einer Stütze, einer Hausgehilfin und drei vorschulpflichtigen Kindern [...].
Der Hausherr ist Ingenieur bei einem Großbetrieb der Nach-
5 barstadt. Er fährt täglich um 7 Uhr im eigenen Kleinauto fort und kommt abends frühestens 1/2 6 Uhr, oft später heim. Er führt sein Auto selbst und hält es selbst im Stand.
Die Hausfrau, vor ihrer Heirat Sozialbeamtin, ist seither berufslos. Sie betätigt sich im Haushalt anordnend, einteilend
10 und rechnend, hilft gelegentlich in der Küche, besorgt im Sommer das Einmachen und zusammen mit dem Hausherrn die Gartenarbeit, führt alle Besorgungen aus und beschäftigt sich sehr intensiv mit den Kindern. Geistig rege nimmt sie an Vorträgen außerhalb des Hauses teil und pflegt religions-
15 wissenschaftliche Studien.
Die Stütze, die das Familienleben teilt, versorgt die Kinder, näht, hilft bei der Hausarbeit und bei der wöchentlich stattfindenden Reinigung der Wäsche und vertritt die Hausfrau, wenn diese, was häufig vorkommt, den Hausherrn auf
20 Dienstreisen begleitet. [...]
Das Eigenhaus umfasst 6 kleine Zimmer, zwei Wohnräume, zwei Schlaf-, ein Kinder-, ein Gastzimmer, welches zurzeit von der Stütze bewohnt wird, und eine Mädchenkammer. Dazu Bad, Küche und Diele. Der 500 qm große Garten wird vom
25 Hausherrn und der Hausfrau versorgt, außer Blumen wird auch Gemüse gepflanzt und im Hause verbraucht.
Wie aus dem Abbild eines typischen Tages ersichtlich, ist das Leben durch die ausgedehnte außerhäusliche Arbeit des Hausherrn charakterisiert, infolge derer die verantwortliche
30 Gestaltung des Tages fast vollständig in der Hand der Frau liegt.
Die Kinder sind noch zu klein, um anders denn als Gegenstände der Pflege und der Freude im Laufe des Tages gewertet zu werden. Sie verursachen in dem praktisch eingerichte-
35 ten und ruhigen Fluss des Lebens wenig Mühe, wenn auch natürlich die Stütze ihnen verhältnismäßig viel ihrer Arbeitszeit widmen muss.

William H. Hubbard, Familiengeschichte. Materialien zur deutschen Familie seit dem Ende des 18. Jahrhunderts, München 1983, S. 238 f.

1. Beschreiben Sie Rollenmuster und Aufgabenverteilung in der Ingenieursfamilie um 1930.
2. Vergleichen Sie das Familienbild mit dem in M1 dargestellten.

M3 Statistiken zu Ehe und Familie

a) Eheschließungen 1871–1940 auf 1000 der Gesamtbevölkerung:

1871/75	9,4
1876/80	7,8
1881/85	7,7
1886/90	7,9
1891/95	7,9
1896/1900	8,4
1901/05	8,0
1906/10	8,0
1911/15	6,9
1916/20	8,4
1921/25	9,5
1926/30	8,7
1931/35	9,3
1936/40	7,9

b) Ehescheidungen 1881–1940 auf 1000 Eheschließungen:

1881/85	15
1886/90	17
1891/95	18
1896/1900	19
1901/05	21
1906/10	27
1911/15	35
1916/20	35
1921/25	62
1926/30	68
1931/35	75
1936/40*	78

* Reichsgebiet vom 31.12.1937

William H. Hubbard, a. a. O., S. 73 und 87

1. Skizzieren Sie die Entwicklung bei Eheschließungen und -scheidungen.
2. Das Bürgerliche Gesetzbuch (BGB) von 1900 erleichterte die Ehescheidung nicht. Es forderte weiterhin eine Schuldzuweisung. Erklären Sie ausgehend von dem in der Darstellung auf S. 100 ff. nachgezeichneten Wandel des Familien- und Frauenbildes, warum dennoch die Zahl der Scheidungen ab der Jahrhundertwende stieg.
3. Recherchieren Sie aktuelle Statistiken zu Eheschließungen und -scheidungen, beispielsweise beim Statistischen Bundesamt, und vergleichen Sie.

M4 Die ideale Hausfrau

In einem Buch über „Haushaltungskunde und Wirtschaftslehre" von 1898 heißt es über die „ideale Hausfrau":

Glücklich ist jedoch selbst die ärmste Familie zu schätzen, wenn ihr eine ausgezeichnete Hausfrau vorsteht. Der Mann kann dann mit frohem Mute am Morgen an die Arbeit gehen. Er weiß, dass seine sparsame Gattin mit dem sauer erworbe-
5 nen Lohne gewissenhaft wirtschaftet und in seiner Abwesenheit das Hauswesen gut besorgt und die Kinder richtig pflegt. Er weiß, dass er am Mittag und Abend eine, wenn auch einfache, so doch kräftige, wohlzubereitete Mahlzeit zur rechten Zeit und aus sauberen Gefäßen in trauter Gemeinschaft mit
10 Weib und Kind genießen kann. Er weiß, dass er in freier Zeit ein reinliches, behagliches Heim vorfindet, in dem er sich gemütlich erholen kann, ohne den Dunst der Kneipe aufsuchen zu müssen. Das Bewusstsein, in allen Lagen des Lebens eine treue, wirkliche Gehilfin an seiner Seite zu haben, erleichtert ihm die
15 schwerste Arbeit. Er gibt sich dann doppelte und dreifache Mühe, um sich dieses schöne Familienleben auch für die Zukunft zu sichern und seine Kinder zu braven und tüchtigen Menschen zu erziehen. Rastloser Fleiß, größte Anspruchslosigkeit, wahre, tiefe Gottesfurcht und ein schöner häuslicher
20 Friede walten in einer solchen Familie. Ein festes Band gegenseitiger Liebe umschlingt alle. Hier, wenn auch in armer Hütte, wohnt das wahre Glück. Und dieses von jedem Menschen im tiefsten Innern heiß ersehnte häus-
25 liche Glück gründet sich in erster Linie auf das stille, unermüdliche Sorgen und Walten der tüchtigen Hausfrau.

[...] Nichts gibt es, was sittlich erhebender auf alle Glieder eines Haushaltes einwirkt als der Geist der Ordnung, der alle 30 Räume durchweht. Das deutlichste Zeichen des Zerfalles einer Häuslichkeit ist immer Unordnung und Mangel an Reinlichkeit. [...]

Auch in dem bescheidensten Hausstande kann Reinlichkeit herrschen und gerade in einem solchen soll sie die Herrsche- 35 rin sein; denn sie hat hier die Stelle des Luxus zu ersetzen. [...] In diesem Punkte ist die Reinlichkeit des Körpers die erste Bedingung, welche die Frau erfüllen soll. Sie zeige sich immer sauber, um nie die Blicke anderer scheuen zu müssen. Sie stehe lieber des Morgens etwas früher auf, um sich sogleich 40 waschen, kämmen und anständig anziehen zu können.

Ludwig Schilffarth (Hrsg.), Haushaltungskunde und Wirtschaftslehre, Nürnberg ³1917 (1. Aufl. 1898), zitiert nach: Bernward Deneke (Hrsg.), Geschichte Bayerns im Industriezeitalter in Texten und Bildern, Stuttgart 1987, S. 242

1. Arbeiten Sie die Eigenschaften und Aufgaben der idealen Hausfrau heraus.
2. Vergleichen Sie das hier gezeichnete Frauenbild mit dem der vorindustriellen Gesellschaft.

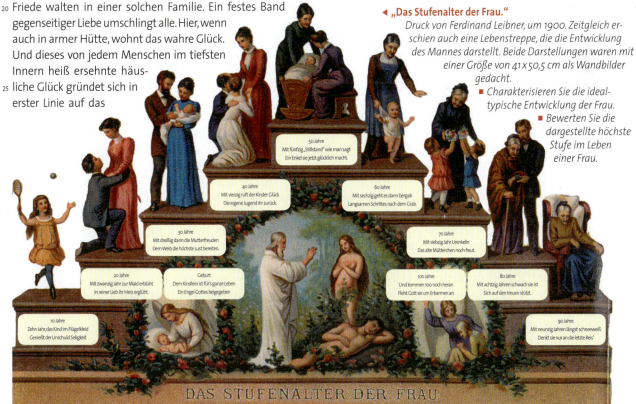

◄ „Das Stufenalter der Frau."

Druck von Ferdinand Leibner, um 1900. Zeitgleich erschien auch eine Lebenstreppe, die die Entwicklung des Mannes darstellt. Beide Darstellungen waren mit einer Größe von 41 x 50,5 cm als Wandbilder gedacht.

■ Charakterisieren Sie die idealtypische Entwicklung der Frau.
■ Bewerten Sie die dargestellte höchste Stufe im Leben einer Frau.

▲ **Bürgerliches Gesetzbuch (BGB).** Erstausgabe von 1896.

M5 Die rechtliche Stellung der Frau um 1900

Zum 1. Januar 1900 tritt das Bürgerliche Gesetzbuch (BGB) in Kraft. Von einer Expertenkommission seit der Reichsgründung erarbeitet, vereinheitlicht es auf dem Gebiet des Deutschen Kaiserreiches das bürgerliche Recht. Die folgenden Artikel beziehen sich auf das Eherecht:

Wirkungen der Ehe im Allgemeinen.

§ 1353 Die Ehegatten sind einander zur ehelichen Gemeinschaft ver-
5 pflichtet. [...]

§ 1354 Dem Manne steht die Entscheidung in allen das gemeinschaftliche Eheleben betreffenden Angelegenheiten zu; er bestimmt insbesondere Wohnort und Wohnung.
10 Die Frau ist nicht verpflichtet, der Entscheidung des Mannes Folge zu leisten, wenn sich die Entscheidung als Missbrauch seines Rechtes darstellt.

§ 1355 Die Frau erhält den Familiennamen des Mannes.

§ 1356 Die Frau ist, unbeschadet der Vorschriften des § 1354,
15 berechtigt und verpflichtet, das gemeinschaftliche Hauswesen zu leiten.

Zu Arbeiten im Hauswesen und im Geschäfte des Mannes ist die Frau verpflichtet, soweit eine solche Tätigkeit nach den Verhältnissen, in denen die Ehegatten leben, üblich ist.

20 § 1357 Die Frau ist berechtigt, innerhalb ihres häuslichen Wirkungskreises die Geschäfte des Mannes für ihn zu besorgen und ihn zu vertreten. Rechtsgeschäfte, die sie innerhalb dieses Wirkungskreises vornimmt, gelten als im Namen des Mannes vorgenommen, wenn nicht aus den Umständen sich
25 ein anderes ergibt.

Der Mann kann das Recht der Frau beschränken oder ausschließen. Stellt sich die Beschränkung oder die Ausschließung als Missbrauch des Rechtes des Mannes dar, so kann sie auf Antrag der Frau durch das Vormundschaftsgericht aufge-
30 hoben werden. [...]

Eheliches Güterrecht.

[...] § 1363 Das Vermögen der Frau wird durch die Eheschließung der Verwaltung und Nutznießung des Mannes unterworfen (eingebrachtes Gut). [...]

Elterliche Gewalt.

[...] § 1627 Der Vater hat kraft der elterlichen Gewalt das Recht 35 und die Pflicht, für die Person und das Vermögen des Kindes zu sorgen.

Anne Conrad und Kerstin Michalik (Hrsg.), Quellen zur Geschichte der Frauen, Bd. 3: Neuzeit, Stuttgart 1999, S. 136–140

■ *Charakterisieren Sie die Rechtsstellung verheirateter Frauen.*

M6 Gegen Doppelmoral und Patriarchalismus in der Ehe

Helene Lange, führende Vertreterin der Frauenbewegung, befasst sich in zahlreichen Schriften mit der Situation der bürgerlichen Frauen. 1908 schreibt sie:

Ein [...] aus dem eigentlichen und ursprünglichen Ethos der Frauenbewegung hervorgehender Impuls richtet sich gegen den Patriarchalismus der Ehe. Die Rechtsordnung der Ehe, vor allem bei uns in Deutschland, stellt die Frau unter eine Bevormundung, die heute zu ihrer Urteilsfähigkeit und zu ihrem 5 Willen zur Selbstbestimmung in keinem Verhältnis mehr steht [...].

Aber die Tatsache, dass in der persönlichsten und engsten Gemeinschaft, in die Menschen miteinander treten können, die Rechtsordnung durch die in den Persönlichkeiten selbst 10 liegenden Bedingungen mannigfach verwischt wird, diese Tatsache darf uns doch von der Forderung nicht abdrängen, dass die Rechtsordnung in der Ehe dem Rechtsbewusstsein genüge und sich nicht als ein Mittel darstellen darf, die ethische Entwicklung zurückzuhalten. 15

Gegen diese Forderung verstößt unser deutsches Familienrecht, indem es trotz der Konzessionen, die es der veränderten ökonomischen Struktur der Hauswirtschaft und des Frauenlebens macht, doch im Prinzip am Patriarchalismus festhält. Die Ehegatten stehen weder in Bezug auf ihre per- 20 sönlichen Angelegenheiten noch den Kindern gegenüber als gleichberechtigte, freie Persönlichkeiten nebeneinander, sondern das Entscheidungsrecht der Frau ist in all diesen Beziehungen dem des Mannes nachgestellt. Ganz besonders empfindlich berührt die Herleitung dieser Autorität des Mannes 25 aus seiner Rolle als „Ernährer" der Familie. Denn einmal ist die Frau nicht nur zur Beschaffung des Familienunterhalts mitverpflichtet – wenn auch erst an zweiter Stelle – sondern auch zur Mitarbeit im Beruf des Mannes, wo eine solche Mitarbeit möglich und üblich ist. [Auf den Ertrag der gemein- 30 samen Arbeit aber gewinnt sie dadurch keinen Anspruch.] Andrerseits aber legt ihr das Gesetz ausdrücklich die Pflicht zur Leitung des Hauswesens auf und entzieht ihr dadurch die Möglichkeit eigenen Erwerbs, mindestens in dem Umfange, in dem diese häusliche Pflicht sie in Anspruch nimmt. Je mehr Frauen vor der Ehe einem Beruf nachgegangen sind und sich dadurch imstande fühlen, ihrerseits auch „Ernährer" der Familie in dem früher ausschließlich dem Manne zugesprochenen Sinn sein zu können, umso unsicherer wird die Begründung der patriarchalischen Autorität auf die Eigenschaft des Mannes als Ernährer.

Zitiert nach: Elke Frederiksen (Hrsg.), Die Frauenfrage in Deutschland 1865-1915. Texte und Dokumente, Stuttgart 1981, S. 130 und 146

1. Arbeiten Sie die Kritik Helene Langes heraus.
2. Erläutern Sie mithilfe Ihrer Ergebnisse aus M5, welche Folgen die rechtliche Stellung der Frau für die Frauen selbst, das Ehe- und Familienleben mit sich bringt.
3. Klären Sie, was Lange unter „ethische[r] Entwicklung" (Z. 14 f.) versteht.
4. Analysieren Sie, wie die Stellung der Frau aussehen sollte. Welche Veränderungen wären dazu nötig? Sammeln Sie Vorschläge.

▲ Eine Versammlung sozialdemokratischer Arbeiterinnen. Nachträglich kolorierter Holzstich nach einer Zeichnung von Carl Koch, 1890.

M7 Frauenrechte und Arbeiterbewegung

Die zunächst sozialdemokratische, später kommunistische Politikerin Clara Zetkin schreibt 1894 in der von ihr herausgegebenen Zeitschrift „Die Gleichheit":

Umsonst war also die Liebesmüh der Frauenrechtlerinnen, den neuen Verband jungfräulich rein zu halten von jeder Berührung mit „offenkundig sozialdemokratischen Vereinen". Die Damen können Gift darauf nehmen, dass auch ohne ihre Erklärungen es nicht einer einzigen zielbewussten proletarischen Frauenorganisation auch nur im Traume eingefallen wäre, Anschluss an den Verband zu suchen. Die deutsche Arbeiterinnenbewegung ist über die Zeit frauenrechtlerischer Harmonieduselei längst hinaus. Jede klare proletarische Frauenorganisation ist sich bewusst, dass sie sich durch einen solchen Anschluss eines Verrats an ihren Grundsätzen schuldig machen würde. Denn die bürgerlichen Frauenrechtlerinnen erstreben nur durch einen Kampf von Geschlecht zu Geschlecht, im Gegensatz zu den Männern ihrer eigenen Klasse, Reformen zugunsten des weiblichen Geschlechts innerhalb des Rahmens der bürgerlichen Gesellschaft, sie tasten den Bestand dieser Gesellschaft selbst nicht an. Die proletarischen Frauen dagegen erstreben durch einen Kampf von Klasse zu Klasse, in enger Ideen- und Waffengemeinschaft mit den Männern ihrer Klasse, die ihre Gleichberechtigung voll und ganz anerkennen, zugunsten des gesamten Proletariats die Beseitigung der bürgerlichen Gesellschaft. Reformen zugunsten des weiblichen Geschlechts, zugunsten der Arbeiterklasse sind ihnen nur Mittel zum Zweck, den bürgerlichen Frauen sind Reformen der ersteren Art Endziel. Die bürgerliche Frauenrechtelei ist nicht mehr als Reformbewegung, die proletarische Frauenbewegung ist revolutionär und muss revolutionär sein.

Ute Gerhard, Unerhört. Die Geschichte der deutschen Frauenbewegung, Reinbek 1996, S. 180

1. *Definieren Sie den Unterschied zwischen Reform und Revolution. Warum muss im Sinne Clara Zetkins die proletarische Frauenbewegung revolutionär sein?*
2. *Analysieren Sie die Sprache des Artikels. Inwiefern löst der Begriff „Frauenrechtlerin" den Vorwurf der Systemtreue aus?*
3. *Überprüfen Sie die Behauptung, dass die proletarischen Männer die Gleichberechtigung der Frauen ganz und gar anerkannten.*
4. *Informieren Sie sich über die führenden Vertreterinnen der bürgerlichen Frauenbewegung und stellen Sie deren Positionen dar.*

Die Bevölkerungsentwicklung im 19. und 20. Jahrhundert

Am Morgen des 12. November 1888 erwachen der sechsjährige Karl und seine drei Brüder nicht in ihren Zimmern, sondern im großen Elternschlafzimmer, umgeben von Ärzten, der Kinderfrau und den besorgten Eltern. Die Kinder werden gründlich untersucht. Endlich atmen alle auf: Die Geschwister haben den gestrigen Unfall unbeschadet überstanden.

Als die Mutter und die Kinderfrau die vier Jungen am Vorabend zum ersten großen Badetag im neuen Badezimmer bereit machen wollten, war ein Kind nach dem anderen bewusstlos zu Boden gesunken. Glücklicherweise bemerkten die beiden Frauen schnell, dass aus dem neuen Badeofen Gas austrat, und brachten sich und die Kinder in Sicherheit. Erst vor wenigen Wochen hatten die Eltern den Gasbadeofen zusammen mit einem neuen Klosett einbauen lassen.

Für die Gesundheit der Kinder scheuen die Eltern weder Mühen noch Kosten. Moderne sanitäre Anlagen halten sie für genauso unerlässlich wie eine gute medizinische Versorgung und eine gesunde Ernährung, über die neben der Mutter selbst noch Ärzte, Kinderfrau, Köchin und Gouvernante wachen. Als Leiter der städtischen Polizei weiß der Vater nur allzu gut, unter welchen katastrophalen hygienischen Bedingungen die Menschen in den Vorstädten und Armenvierteln der Stadt leben müssen und wie viele Kinder auch in diesen modernen Zeiten noch täglich an Infektionskrankheiten sterben.

Bevölkerungswachstum und demografischer Wandel ■ Nach jahrhundertelangem Gleichgewicht von hohen Geburten- und Sterberaten begann die europäische Bevölkerung seit der Mitte des 18. Jahrhunderts in einem sich ständig beschleunigten Maße zu wachsen. 1750 lebten auf dem Kontinent etwa 130 Millionen Menschen; um 1850 waren es bereits 266 Millionen, um 1910 dann 468 Millionen.

Erklärt werden kann diese Bevölkerungsexplosion mit dem „demografischen Übergang": hohe Sterbe- und Geburtenraten gingen zu niedrigen über, das Bevölkerungswachstum änderte sich. Bei diesem Prozess werden mehrere Phasen unterschieden, die aufeinander aufbauten und sich in ihrer Wirkung überlagerten:

- Den Anstoß gab seit der zweiten Hälfte des 18. Jahrhunderts eine Abschwächung der „Krisensterblichkeit". Die „Normalsterblichkeit" und vor allem die Säuglingssterblichkeit blieben zwar hoch, jedoch gab es keine katastrophalen Bevölkerungseinbrüche durch Seuchen, Hungersnöte und Kriege mehr wie in den Jahrhunderten davor.
- Aufgrund des Rückgangs der „Krisensterblichkeit" erreichten mehr Menschen das heiratsfähige Alter. Obwohl regional unterschiedlich, nahmen deshalb in ganz Europa die Geburtenzahlen bis über die Mitte des 19. Jahrhunderts hinaus zu.
- Bei anhaltend hohen Geburtenraten nahm seit den 1860er-Jahren die „Normalsterblichkeit" ab. Auch die Kindersterblichkeit ging rasch und dauerhaft zurück. Dadurch stieg die durchschnittliche Lebenserwartung immer weiter an.

Während sich die Sterblichkeit weiter rückläufig entwickelte, begann im späten 19. und beginnenden 20. Jahrhundert die Geburtenrate zu sinken. Dieser „demografische Übergang" ist bis heute typisch für Länder, die sich von Agrar- zu Industriegesellschaften entwickeln.

Ursachen der „demografischen Revolution"

Das traditionelle „Bevölkerungsmuster" der vormodernen Agrargesellschaft hatte an Gültigkeit verloren (▶ M1, M2). Der Wandel von einer hohen Geburten- und Sterbeziffer hin zu einer Verminderung beider Quoten, die über einen längeren Zeitraum ein hohes Bevölkerungsniveau garantieren, ist als „demografische Revolution" bezeichnet worden. Ursächlich hierfür waren in Europa seit dem ausgehenden 18. Jahrhundert verschiedene, sich gegenseitig verstärkende politische, gesellschaftliche und wirtschaftliche Faktoren (▶ M3). Bei den steigenden Geburtenraten machten sich regional unterschiedlich nach 1800 besonders für die Unterschichten die Erleichterungen der Familiengründung durch die Milderung oder den Wegfall der feudalrechtlichen Beschränkungen bemerkbar. Die relative Friedenszeit ab 1815 war eine wichtige Voraussetzung dafür, dass die „Krisensterblichkeit" zurückging. Aufgrund der steigenden Erträge in der Landwirtschaft gelang es, die Grenzen der Nahrungsversorgung zu überwinden. Die ausreichende und bessere Ernährung machte die Menschen widerstandsfähiger gegen Krankheiten und Epidemien. Vor allem aber der Bau von Kanalisationen sowie ein wachsendes Hygienebewusstsein der Bevölkerung sorgten dafür, dass die großen Seuchen allmählich zurückgingen. Schließlich trugen die Fortschritte in der Medizin zu einer Verlängerung der durchschnittlichen Lebenserwartung bei.

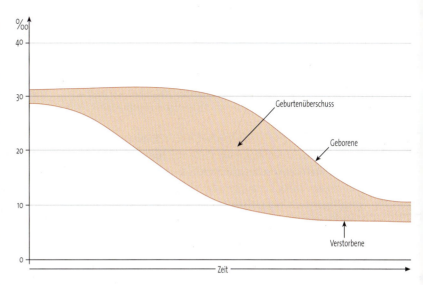

▲ Der „demografische Übergang".

■ *Erläutern Sie anhand des Diagramms den „demografischen Übergang".*

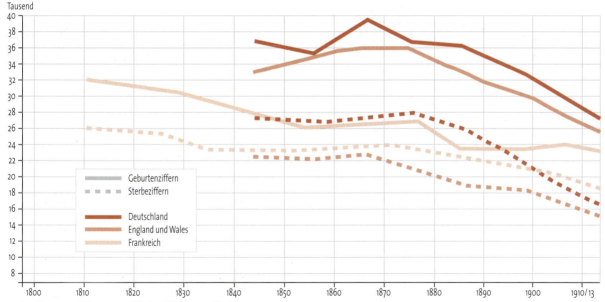

▲ **Bevölkerungsbilanz europäischer Staaten nach 1800.**
Nach: André Armengaud, Die Bevölkerung Europas von 1700-1914, in: Carlo Cipolla und Knut Borchardt (Hrsg.), Bevölkerungsgeschichte Europas. Mittelalter bis Neuzeit, München 1971, S. 123-179, hier S. 147 und 158

■ *Vergleichen Sie das Diagramm mit dem des „demografischen Übergangs".*
■ *Untersuchen Sie, ob sich im Kurvenverhalten charakteristische Phasenabläufe von Geburten- bzw. Sterbeziffern feststellen lassen.*

M1 Eine zeitgenössische Bevölkerungstheorie

Der britische Nationalökonom und Sozialphilosoph Thomas Robert Malthus vertritt in seiner 1798 veröffentlichten Schrift „Versuch über das Bevölkerungsgesetz" folgende, später nach ihm „Malthusianismus" benannte Bevölkerungstheorie:

Es kann also ruhig erklärt werden, dass sich die Bevölkerung, wenn sie nicht gehemmt wird, alle 25 Jahre verdoppelt oder in geometrischer Reihe zunimmt. [...]
Man kann ruhig behaupten, dass in Anbetracht des gegenwärtigen Durchschnittszustandes der Erde die Lebensmittel auch unter den dem menschlichen Fleiß günstigsten Umständen nicht dahin gebracht werden könnten, sich schneller als in arithmetischer Reihe zu vermehren. Die notwendigen Folgen dieser beiden verschiedenen Vermehrungsraten werden, zusammengestellt, überraschende sein. Nehmen wir an, die Bevölkerung dieser Insel[1] betrage 11 Millionen, und der gegenwärtige Ertrag genüge, um eine solche Zahl ohne Schwierigkeiten zu unterhalten. In den ersten 25 Jahren würde die Bevölkerung 22 Millionen betragen, und da die Nahrungsmittel sich ebenfalls verdoppeln, so würden die Subsistenzmittel[2] jenem Wachstum entsprechen. In den nächsten 25 Jahren würde die Bevölkerung 44 Millionen betragen, die Subsistenzmittel aber würden nur für 33 Millionen genügen. In der folgenden Periode würde die Bevölkerung 88 Millionen betragen, und die Subsistenzmittel würden gerade zur Erhaltung der Hälfte dieser Zahl ausreichen. Und zum Schlusse des ersten Jahrhunderts würde die Bevölkerung auf 176 Millionen gestiegen sein, während die Lebensmittel für 55 Millionen ausreichen würden, sodass 121 Millionen vollständig unversorgt wären.

Thomas Robert Malthus, Eine Abhandlung über das Bevölkerungsgesetz, aus dem Englischen übersetzt von Valentine Dorn, Bd. 1, Jena 1905, S. 18 und 21

1. Erläutern Sie die von Malthus dargestellte Bevölkerungsentwicklung. Von welchen Faktoren hängt diese ab? Erstellen Sie ein Schaubild, auf dem Sie sein „Bevölkerungsgesetz" verdeutlichen.

2. Nehmen Sie Stellung zu Malthus' Theorie. Hat er Recht gehabt? Vergleichen Sie mit der Bevölkerungsentwicklung im 19. und 20. Jahrhundert.

[1] Großbritannien
[2] die für den Lebensunterhalt bzw. zur Lebenshaltung notwendigen Mittel; hier Nahrungsmittel

M2 Altersaufbau der deutschen Bevölkerung

a) Verteilung der deutschen Bevölkerung nach Altersgruppen 1871-1911:

Jahr der Volkszählung	Bevölkerung insgesamt	Davon im Alter von ... bis unter ... Jahren					
		unter 6	6-15	15-20	20-45	45-65	65 und mehr
		in 1000	in 1000	in 1000	in 1000	in 1000	in 1000
1871	41059*	6190	7899	3746	14482	6821	1891
1880	45284*	7316	8700	4227	15631	7169	2130
1890	49428	7595	9777	4803	16999	7733	2521
1900	56367	8713	10902	5319	20057	8625	2750
1911	64992	9408	12824	6285	23312	9924	3239

* einschließlich Personen ohne Altersangabe

Nach: Gerd Hohorst u.a. (Hrsg.), Sozialgeschichtliches Arbeitsbuch II. Materialien zur Statistik des Kaiserreichs 1870-1914, München ²1978, S. 23 und Statistisches Bundesamt (Hrsg.), Bevölkerung Deutschlands bis 2050. 11. koordinierte Bevölkerungsvorausberechnung, Wiesbaden 2006, S. 23

b) Die deutsche Bevölkerung nach Altersstufen im Jahr 1910:

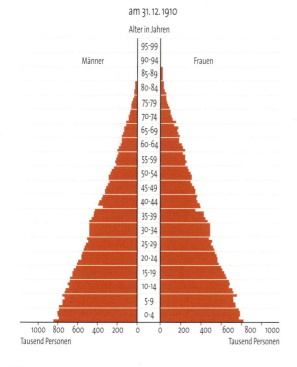

1. Erläutern Sie die Tabelle a).
2. Wandeln Sie beispielhaft die Daten von zwei Jahren der Volkszählung in Tabelle a) zur Bevölkerung insgesamt (z. B. 1871 und 1900) in eine Alterspyramide um. Stellen Sie sie der Alterspyramide des Jahres 1910 gegenüber.
3. Vergleichen Sie mit der Bevölkerungsentwicklung der vorindustriellen Gesellschaft auf S. 47 - 53. Was kennzeichnet jeweils den demografischen Wandel?
4. Recherchieren Sie auf den Internetseiten des Statistischen Bundesamtes (https://www.destatis.de/bevoelkerungspyramide) nach dem Altersaufbau der Bevölkerung im Jahr 2010 und 2050. Arbeiten Sie die langfristigen Tendenzen heraus. Welche Probleme ergeben sich für eine Gesellschaft aus dem Altersaufbau?

Nach: Gerd Hohorst u.a. (Hrsg.), a.a.O., S. 23 und Statistisches Bundesamt (Hrsg.), a.a.O., S. 16

M3 Das Bevölkerungswachstum und seine Komponenten

Jahr	Eheschließungen	Lebendgeborene	Gestorbene (ohne Totgeb.)	Überschuss der Geborenen (+) bzw. Gestorbenen (−)	Wanderungsgewinne (+) bzw. -verluste (−) zwischen den Volkszählungen*	jährliche Wachstumsrate
	auf 1000 Einwohner				1000	%
1870	7,7	38,5	27,4	+11,1	−492	
1871	8,2	34,5	24,6	+4,9		0,47
1880	7,5	37,6	26,0	+11,6	−385	1,02
1890	8,0	35,7	24,4	+11,4	−345	1,50
1900	8,5	35,6	22,1	+13,6	+140	1,44
1910	7,7	29,8	16,2	+13,6	−150	1,34

* Der durchschnittliche jährliche Wanderungsgewinn bzw. -verlust in den Jahren zwischen zwei Volkszählungen ergibt sich aus der Differenz zwischen dem (aus Geburten und Sterbefällen) errechneten Bevölkerungsüberschuss und der tatsächlichen Bevölkerungszunahme nach den Volkszählungen.

Nach: Gerd Hohorst u.a. (Hrsg.), a.a.O., S. 29 f.

1. Erläutern Sie die Komponenten des Bevölkerungswachstums. Welche Faktoren könnten in einer Statistik zum Bevölkerungswachstum noch relevant sein?
2. Vergleichen Sie die Zahlen mit jenen zur vorindustriellen Bevölkerungsentwicklung. Nennen Sie auffällige Veränderungen und formulieren Sie Thesen.
3. Recherchieren Sie aktuelle Daten zu Bevölkerungsentwicklung, Einwanderung, Binnenwanderung und gegebenenfalls Auswanderung in der Bundesrepublik Deutschland. Erläutern Sie die Ergebnisse und Ihre Vorgehensweise bei der Recherche.

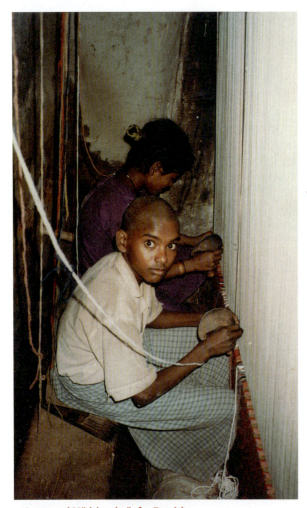

▲ **Junge und Mädchen knüpfen Teppiche.**
Foto von Stefani Strulik aus Kathmandu/Nepal, um 2000.
- Informieren Sie sich über die Ursachen für Kinderarbeit in der heutigen Zeit und vergleichen Sie mit der Kinderarbeit im 18. und 19. Jahrhundert.
- Beurteilen Sie, welche Maßnahmen gegen Kinderarbeit wirksam und sinnvoll sind.

1. Definieren Sie „Ständegesellschaft", „Grundherrschaft" und „Leibeigenschaft". Arbeiten Sie die Beziehungen zwischen diesen Phänomenen der vorindustriellen Welt heraus.

2. Die vorindustrielle Gesellschaft wird häufig als „formierte Gesellschaft" bezeichnet. Erläutern Sie diese Kennzeichnung anhand der gesellschaftlichen Normen.

3. Fassen Sie Ursachen, Maßnahmen und Ergebnisse der liberalen Reformen um 1800 zusammen.

4. Erläutern Sie, inwiefern die Reformen im frühen 19. Jahrhundert zu einer Dynamisierung wirtschaftlicher und gesellschaftlicher Entwicklungen beigetragen haben.

5. Zeigen Sie an Beispielen, wie die Industrialisierung räumliche Gegensätze verstärkte und überregionale Wanderungsbewegungen in Gang setzte.

6. Bewerten Sie die Rolle des Staates während der Industrialisierung.

7. Erklären Sie, warum gerade die Industrialisierung die Lebensbedingungen der Menschen so tief greifend verändert hat. Wägen Sie in einem Resümee die positiven und negativen Folgen der Industrialisierung ab.

8. Verfolgen Sie die gesellschaftliche und wirtschaftliche Entwicklung am Beispiel einer Region von der vorindustriellen Zeit bis zum Ende des 19. Jahrhunderts.

9. Vergleichen Sie Arbeitsbedingungen und Arbeitswelten im vorindustriellen und im industriellen Zeitalter.

10. Stellen Sie praktische Ansätze zur Lösung der Sozialen Frage im 19. Jahrhundert einander gegenüber. Bewerten Sie ihre Motive und Wirkungen.

11. Vergleichen Sie die demografische Entwicklung in der vorindustriellen Gesellschaft und in der industrialisierten Gesellschaft am Ende des 19. Jahrhunderts miteinander. Erläutern Sie die jeweiligen Ursachen der Entwicklung.

12. Prüfen Sie, ob das Konzept der „Sozialen Marktwirtschaft" die Folgen der Industrialisierung in Deutschland verändert hätte.

13. Diskutieren Sie, ob die Industrialisierung für heutige Entwicklungsländer ein zukunftsweisendes Konzept ist.

Sozialkunde

1. Vergleichen Sie das Menschenbild der vorindustriellen Ständegesellschaft mit dem in pluralistischen Gesellschaften.
2. Freiheit und Gleichheit stehen in einem Spannungsverhältnis zueinander. Lässt sich diese These durch gesellschaftliche und wirtschaftliche Entwicklungen im 19. und 20. Jahrhundert belegen?
3. Untersuchen Sie, ob der gegenwärtig zu beobachtende demografische Wandel eine direkte Fortsetzung oder Auswirkung des „demografischen Überganges" um 1900 ist.

Literaturtipps

Christoph Buchheim, Industrielle Revolutionen. Langfristige Wirtschaftsentwicklung in Großbritannien, Europa und Übersee, München 1994

Heinz Duchhardt, Europa am Vorabend der Moderne 1650-1800. Frühe Neuzeit II (Handbuch der Geschichte Europas, Bd. 6), Stuttgart 2003

Richard van Dülmen, Kultur und Alltag in der Frühen Neuzeit, 3 Bde., München ³2005

Axel Gotthard, Das Alte Reich 1495-1806, Darmstadt ³2006

Hubert Kiesewetter, Industrielle Revolution in Deutschland. Regionen als Wachstumsmotoren, Stuttgart 2004

Paul Münch, Lebensformen in der Frühen Neuzeit, Berlin 1998

Toni Pierenkemper, Gewerbe und Industrie im 19. und 20. Jahrhundert (Enzyklopädie deutscher Geschichte, Bd. 29), München ²2007

Günter Vogler, Europas Aufbruch in die Neuzeit, 1500-1650. Frühe Neuzeit I (Handbuch der Geschichte Europas, Bd. 5), Stuttgart 2003

Martin Vogt (Hrsg.), Deutsche Geschichte. Von den Anfängen bis zur Gegenwart, Frankfurt am Main ³2006

Hans-Ulrich Wehler, Deutsche Gesellschaftsgeschichte, Bd. 3: 1849-1914, München ²2007

Dieter Ziegler, Die Industrielle Revolution, Darmstadt ²2009

▲ **Bauernhaus im Fränkischen Freilandmuseum in Bad Winsheim.**
Foto von 2012.
Das Freilandmuseum dokumentiert auf einem etwa 50 ha großen Gelände mit über 100 Häusern, wie die unteren und mittleren Bevölkerungsschichten in Franken vom Mittelalter bis zum 19. Jahrhundert gewohnt und gearbeitet haben. In Schauvorführungen wird gezeigt, wie früher Zimmerleute, Schreiner, Steinmetze, Glaser, Büttner oder Schmiede gearbeitet haben.

▲ **Ausstellungsraum mit Windkraftmaschine im Deutschen Museum in München.**
Foto von 1998.
Das Deutsche Museum ist mit seinen rund 28 000 Objekten das größte Wissenschafts- und Technikmuseum der Welt. An ausgewählten Beispielen wird den Besuchern die geschichtliche Entwicklung der Naturwissenschaften und der Technik sowie deren Bedeutung für unsere heutige Welt gezeigt.

Die deutsche Geschichte des 20. Jahrhunderts wurde von Demokratie und Diktatur geprägt. Von Anfang an stand die Weimarer Republik in diesem Spannungsfeld. Nach verlorenem Krieg und Novemberrevolution verknüpfte ein Teil der Bevölkerung mit der parlamentarischen Demokratie große Hoffnungen. Ein anderer Teil und die Führungskräfte in Staat, Wirtschaft und Gesellschaft hingen nach wie vor der gestürzten Monarchie und alten Wertvorstellungen an. Schließlich gewannen die Befürworter einer autoritären Staatsform die Oberhand, die die Versailler Friedensordnung revidieren wollten. Sie brachten Hitler an die Macht. „Weimars" Scheitern und die Errichtung der national-sozialistischen Diktatur gelten als historischer Musterfall für die Zerstörung einer Demokratie. Wie kein anderer Abschnitt der deutschen Geschichte prägen und belasten nationalsozialistische Herrschaft, Zweiter Weltkrieg und Holocaust das kollektive Gedächtnis der Deutschen.

Die Geschichte nach 1945 war länger als vier Jahrzehnte nicht nur die Geschichte einer geteilten Nation, sondern auch die von Demokratie und Diktatur: Auf der einen Seite die importierte kommunistische Diktatur im Machtbereich der Sowjetunion, die ihre fehlende Legitimität bei ihren Bürgern durch das Herrschaftsmonopol der SED, durch Wahlfälschungen, Mauer und Stasi ersetzen musste, und auf der anderen Seite die ursprünglich nur als Provisorium ins Leben gerufene Bundesrepublik, die sich unter der wohlwollenden Führung des Westens zu einem demokratischen und wirtschaftlich prosperierenden Rechtsstaat entwickelte. Erst infolge des Zusammenbruchs der kommunistischen Staatenwelt in Europa konnten die Ostdeutschen die Diktatur beseitigen und sich als freie Bürger für die Wiedervereinigung Deutschlands im Sinne einer erweiterten Bundesrepublik entscheiden.

Diese Kapitel deutscher Geschichte zeigen deutlich, dass weder ein Verfassungstext noch Ideologie, Propaganda oder die Popularität eines politischen Führers das Gelingen und Scheitern politischer Ordnungen beeinflussen. Entscheidend für Erfolg oder Misserfolg eines Ordnungsmodells sind die vorherrschenden „politischen Mentalitäten" sowie die Zustimmung breiter Bevölkerungsschichten.

- Welche Ursachen und Folgen hatte die Spaltung der Nation in Gegner und Befürworter der Weimarer Republik? Woran ist die erste deutsche Demokratie gescheitert?
- Wie ist zu erklären, dass sich trotz Unrechtspolitik gegenüber Andersdenkenden und Minderheiten bis hin zum Holocaust so viele Deutsche mit der NS-Diktatur und ihrer „Volksgemeinschaft" identifizierten?
- Welche Faktoren führten in der Bundesrepublik zur Akzeptanz der demokratischen Neuordnung? Welchen Einfluss hatte dabei das „Wirtschaftswunder"?
- Welches Selbstverständnis hatte die Führung der DDR gegenüber ihren Bürgern und dem Westen? Wie standen Anspruch und Wirklichkeit in Wirtschaft und Gesellschaft zueinander?
- Welche Lehren wurden jeweils aus dem Scheitern politischer Ordnungen gezogen?

Demokratie und Diktatur –
Probleme der deutschen Geschichte
im 20. Jahrhundert

Die Weimarer Republik – Demokratie ohne Demokraten?

◄ **Philipp Scheidemann ruft die Republik von einem Balkon des Reichstags aus.**
Foto von Emil Greiser vom 9. November 1918.

Entstehung der Republik

1918
- Die Revolution am 9. November stürzt die Monarchie; Deutschland wird Republik.
- Der Erste Weltkrieg endet am 11. November mit bedingungsloser Kapitulation und Waffenstillstand.
- Die Generäle Erich Ludendorff und Paul von Hindenburg bekräftigen die „Dolchstoß-legende".

1919
- Der „Spartakus-Aufstand" in Berlin wird im Januar niedergeschlagen.
- Frauen und Männer wählen am 19. Januar die Verfassunggebende Nationalversammlung.
- Der Versailler Vertrag regelt die Nachkriegsordnung in Europa.
- Die Reichsverfassung tritt am 11. August in Kraft.

1920
- Der Kapp-Putsch vom 13. bis 17. März schlägt fehl.

Krisenjahre

1921/22
- Attentate auf die „Erfüllungspolitiker" häufen sich.

1923
- Wegen unerfüllter Reparationszahlungen kommt es zu Ruhrbesetzung und „Ruhrkampf".
- Der Hitler-Putsch in München am 8./9. November scheitert.
- Die Regierung beendet die Hyperinflation mit einer Währungsreform.

Gefährdete Stabilität

1925
- Nach dem Tod Friedrich Eberts wird Hindenburg am 26. April neuer Reichspräsident.

1927
- Die Arbeitslosenversicherung tritt in Kraft.

1929
- Der Zusammenbruch der New Yorker Börse löst eine Weltwirtschaftskrise aus.

Verfall der Demokratie

1930
- Die Große Koalition aus SPD, Zentrum und bürgerlich-liberalen Parteien zerbricht als letzte Regierung mit einer Mehrheit im Parlament; ab 29. März regiert Heinrich Brüning als Kanzler des ersten Präsidialkabinetts dauerhaft mit Notverordnungen.
- In den Reichstagswahlen vom 14. September erhalten die radikalen Parteien einen deutlichen Stimmenzuwachs.

1932
- Mit 6,128 Millionen erreicht die Zahl der Arbeitslosen ihren Höchststand.
- Bei den Reichstagswahlen vom 31. Juli wird die NSDAP stärkste Partei.
- Bei den Reichstagswahlen am 6. November muss die NSDAP Verluste hinnehmen, bleibt aber stärkste Partei.

1933
- Kurt von Schleicher tritt am 28. Januar als Reichskanzler zurück, nachdem Reichspräsident Hindenburg ihm das Vertrauen entzogen hat.
- Am 30. Januar ernennt Reichspräsident Hindenburg Adolf Hitler zum Reichskanzler.

Auf einen Blick

■ Die Novemberrevolution beendete 1918 die Monarchien im Reich und in den Ländern. Den republikanischen Politikern blieb die Aufgabe, die bedingungslose Kapitulation zu unterzeichnen, ohne die die Alliierten zu keinem Waffenstillstand bereit waren. In heftigen Auseinandersetzungen und trotz mehrerer Aufstände setzte sich in der Weimarer Verfassung 1919 das parlamentarische Regierungssystem gegen die revolutionären Arbeiter- und Soldatenräte und gegen konservativ-monarchische Kräfte durch.

Die junge Weimarer Republik war durch die Folgen des Weltkrieges dreifach belastet: erstens durch die große Zahl von Toten und Versehrten sowie die von Kriegskosten und Kriegswirtschaft verursachte hohe Inflation; zweitens durch den Vertrag von Versailles mit Reparationsforderungen, Entmilitarisierung, Gebietsabtretungen und der als besondere „Schmach" empfundenen Behauptung der Alleinschuld des Deutschen Reiches am Kriegsausbruch; und drittens durch die nur schwer akzeptierte vollständige militärische Niederlage. Dies und den Zusammenbruch des von weiten Kreisen glorifizierten Kaiserreiches sahen viele als Folge eines meuchelmörderischen „Dolchstoßes" an: Schuld an der Niederlage sei nicht das Heer, sondern die Politik in der Heimat. Radikale von links und rechts lehnten die demokratische Republik ab und denunzierten ihre Repräsentanten als „Novemberverbrecher" oder „Erfüllungspolitiker".

So startete die Weimarer Republik mit einer mehrjährigen Krisenphase, die durch Streiks und Putschversuche der extremen Linken und Rechten, Attentate auf demokratische Politiker und Konflikte mit den Siegermächten gekennzeichnet war. Das Jahr 1923 markierte mit dem „Ruhrkampf" und dem gescheiterten Hitler-Putsch den Höhepunkt der Krise. Gleichzeitig war es ihr Wende- und Endpunkt, denn die Währungsreform ermöglichte erste vertragliche Vereinbarungen über die Reparationen sowie US-Kredite für die deutsche Wirtschaft.

Der einsetzende Wirtschaftsaufschwung brachte eine innenpolitische Beruhigung und Stabilisierung, die „Goldenen Zwanziger". Die Verträge von Locarno (1925) verbesserten die Beziehungen zu den Westalliierten und beendeten die außenpolitische Isolation Deutschlands durch die Aufnahme in den Völkerbund. Steigende Produktion, sinkende Arbeitslosigkeit, wachsendes Konsumniveau, kulturelle Blüte und Stabilität des parlamentarischen Systems kennzeichneten die Innenpolitik. Doch die Wahl des reaktionär-monarchistischen Weltkriegsgenerals Paul von Hindenburg zum Nachfolger des Sozialdemokraten Friedrich Ebert im Amt des Reichspräsidenten im Jahr 1925 veränderte die Lage. Nun stand ein Mann an der Spitze der Republik, dessen politische Vorstellungen dem Kaiserreich verpflichtet blieben.

Ständige Koalitionskrisen zeigten, wie instabil das politische System war. Die Instabilität wurde zur Staatskrise, als die 1929 von den USA ausgehende Weltwirtschaftskrise das stark verschuldete Deutschland erfasste. Unter dem Eindruck von Börsen- und Bankenkrach, Deflation, Arbeitslosigkeit und Massenarmut zerbrach 1930 die letzte demokratische Koalition. Der Reichspräsident und seine Berater nutzten von nun an die Möglichkeit, mit Notverordnungen (Artikel 48) ohne oder sogar gegen den Reichstag zu regieren. Das Recht zur Auflösung des Parlaments (Artikel 25), das eigentlich die Handlungsfähigkeit des Parlaments garantieren sollte, verlieh dem Reichspräsidenten in der Krisenzeit beinahe diktatorische Vollmacht. Da aber auch die von den Kanzlern Brüning, Papen und Schleicher geführten Präsidialkabinette die Krise nicht bewältigten, erzielten die radikalen Parteien enorme Wahlerfolge, vor allem die NSDAP. Im Januar 1933 schien die Ernennung Hitlers zum – mittlerweile vierten – Kanzler einer Präsidialregierung als vermeintlich „rettender Ausweg". Die Weimarer Republik war nicht nur in den Herzen und Köpfen vieler Deutscher, sondern auch in der politischen Realität bereits zu Ende gegangen. Wie viel Wahrheit steckt in der Einschätzung, die Weimarer Republik sei eine „Republik ohne Republikaner" und eine „Demokratie ohne Demokraten" gewesen?

■ Stellen Sie Faktoren der Stabilisierung und der Destabilisierung der Weimarer Republik einander gegenüber.

■ Veranschaulichen Sie in einem Schaubild, welche Ereignisse in welcher Weise für die Entwicklung der Weimarer Republik von Bedeutung waren.

Vom Obrigkeitsstaat zur Republik

Xaver hat es vom Oberkellner im Odeonskasino genau gehört: Der sozialistische Politiker Kurt Eisner wird am Nachmittag auf der Theresienwiese die Revolution ausrufen! Direkt nach dem Mittagessen bricht er mit den Freunden zur Theresienwiese auf. Es ist ungewöhnlich warm an diesem 7. November 1918. Am Westhang haben sich bereits drei, vier größere Menschenhaufen versammelt, ihre roten Sowjetfahnen wehen im Wind. Immer mehr Menschen – darunter vor allem Arbeiter und Soldaten – strömen heran, bis der ganze Hang von wimmelnden Massen erfüllt ist.

Nicht mehr als fünfzehn Minuten sprechen die Redner. Der Abschluss des Waffenstillstandes wird gefordert sowie Parlamentarisierung und Demokratisierung. Da erinnert einer der Redner daran, dass die Soldaten in den Kasernen zurückgehalten werden. „Soldaten! Auf in die Kasernen! Befreien wir unsere Kameraden! Es lebe die Revolution!"

Um 21 Uhr sind alle Kasernen und kaum eine Stunde später alle öffentlichen Gebäude der Stadt in der Hand der Arbeiter und Soldaten. Am späten Abend zieht Kurt Eisner zum Mathäserbräu, wo die Revolutionäre den Arbeiter- und Soldatenrat wählen. Noch in der derselben Nacht brechen sie zum Landtagsgebäude auf. Vom Präsidentenplatz aus ergreift Eisner das Wort: „Die Bayerische Revolution hat gesiegt. Sie hat den alten Plunder der Wittelsbacher Könige hinweggefegt. Wir rufen die Republik, den Freien Volksstaat Bayern aus!"

▶ **Geschichte In Clips:**
Zur Ausrufung der Republik am 9. November 1918 siehe Clip-Code 32007-01

Erich Ludendorff (1865-1937): 1914 Generalstabschef im Ersten Weltkrieg und Oberbefehlshaber der deutschen Truppen an der Ostfront; 1924-1928 Abgeordneter im Reichstag

Paul von Hindenburg (1847-1934): 1914-1916 Oberbefehlshaber der Truppen an der Ostfront, 1916-1918 Chef des Generalstabs, 1925-1934 Reichspräsident

Max von Baden (1867-1929): Großherzog von Baden, preußischer General und 1918 Reichskanzler

Das Ende der Monarchie Nationalismus und eine Flut kriegsverherrlichender Literatur hatten im Jahr 1914 die Kriegsbegeisterung geschürt. Die Berichte von Stellungskrieg und Materialschlachten, mehr noch die ersten Gefallenen aus dem Kreis der Familie oder Freunde, ließen die anfängliche Begeisterung schnell verfliegen. Soziale Spannungen entluden sich bereits seit Ende des Jahres 1915 in Unruhen, Protesten und Arbeitsniederlegungen. In den letzten beiden Kriegsjahren wuchs die Antikriegsstimmung zu Massenprotesten. Zu Beginn des Jahres 1918 streikten in Berlin und anderen Großstädten eine Million Arbeiterinnen und Arbeiter und forderten innenpolitische Reformen und die Beendigung des Krieges.

Doch erst nach dem Scheitern der letzten großen Offensiven (März bis August 1918) gestanden die Chefs der Obersten Heeresleitung (OHL), die Generäle **Erich Ludendorff** und **Paul von Hindenburg**, die Niederlage ein und drängten die Regierung zum Abschluss eines sofortigen Waffenstillstandes. Beide waren entschiedene Gegner jeglicher demokratischer Reformen. Jetzt forderten sie die Bildung einer vom Parlament getragenen Regierung. Diese sollte die Waffenstillstandsverhandlungen führen und damit auch die Verantwortung für den Zusammenbruch übernehmen, um so die militärische Führung vom Makel der Niederlage freizuhalten. Anfang Oktober 1918 bildete Reichskanzler **Max von Baden** eine neue Regierung aus Vertretern der Sozialdemokratischen Partei Deutschlands (SPD), des Zentrums und der liberalen Fortschrittspartei. Dass die Militärs sich ihrer Verantwortung entziehen konnten, belastete die Republik von Anfang an schwer, denn viele Deutsche sahen den Zusammenbruch nicht als das Ergebnis einer militärischen Niederlage, sondern als das Resultat der von den „Linken" verantworteten Revolution.

Diese begann, als Ende Oktober 1918 Matrosen einen sinnlosen Befehl der Seekriegsleitung verweigerten und Soldatenräte bildeten, die zu Massendemonstrationen aufriefen. Auch in anderen Städten und Ortschaften wurden spontan Arbeiter- und Soldaten-

◀ **Ausrufung der Republik und Bildung des „Rates der Volksbeauftragten".**
Fotomontage als Bildpostkarte von 1918.
Am 9. November 1918 rief Philipp Scheidemann (SPD) am Fenster des Berliner Reichstages die Republik aus.
Die Szene wird eingerahmt von den Mitgliedern des neu gebildeten „Rates der Volksbeauftragten"; links (von o. nach u.): Hugo Haase (USPD), Otto Landsberg (SPD), Wilhelm Dittmann (USPD); rechts: Friedrich Ebert (SPD), Philipp Scheidemann und Emil Barth (USPD).

räte – meist Mitglieder der örtlichen Parteivorstände der SPD und des rechten Flügels der Unabhängigen Sozialdemokratischen Partei Deutschlands (USPD) – gewählt. Sie beanspruchten die politische Führung, amtierende Politiker und Beamte gaben nach. So wurde der gewaltlose Sturz der Monarchien in allen Bundesstaaten in kurzer Zeit vollzogen (▶ M1).

Am 9. November forderten Hunderttausende in Berlin die sofortige Beendigung des Krieges und die Abdankung des Kaisers, Wilhelm II., der in ihren Augen das Haupthindernis für einen schnellen Friedensschluss war. Da er sich bis zuletzt weigerte, gab Reichskanzler Max von Baden noch am gleichen Tag auf eigene Verantwortung die Abdankung des Kaisers bekannt.

Der „Rat der Volksbeauftragten" Ebenfalls am 9. November 1918 übergab Max von Baden ohne verfassungsrechtliche Legitimation das Amt des Reichskanzlers an Friedrich Ebert, den Vorsitzenden der SPD, die im Reichstag die stärkste Fraktion stellte. Während Ebert die Entscheidung über die künftige Staatsform einer gewählten Nationalversammlung überlassen wollte, rief sein Parteifreund Philipp Scheidemann die „Deutsche Republik" aus. Damit kam dieser dem Führer des aus radikalen Sozialisten bestehenden Spartakusbundes, Karl Liebknecht, zuvor, der zwei Stunden später die „Sozialistische Republik Deutschland" verkündete. Schon in der Nacht zum 8. November hatte der Anführer der Novemberrevolution in Bayern, Kurt Eisner, das herrschende Königshaus der Wittelsbacher für abgesetzt und Bayern zum Freistaat (Republik) erklärt.

Die linksradikalen Arbeiter- und Soldatenräte – hauptsächlich Anhänger des Spartakusbundes und Mitglieder des linken Flügels der USPD – strebten eine Räterepublik nach sowjetischem Vorbild an. Alle Macht in Politik, Justiz, Wirtschaft und Militär sollte auf direkt gewählte Arbeiter- und Soldatenräte übergehen. Banken, Großgrundbesitz und Großbetriebe sollten in Volkseigentum umgewandelt werden. Ebert wollte die repräsentative Demokratie und damit die Gewaltenteilung beibehalten und bemühte sich um eine Verständigung mit dem gemäßigten Flügel der USPD. Die beiden Parteien einigten sich am 10. November auf eine Übergangsregierung, den „Rat der Volksbeauftragten".

Unabhängige Sozialdemokratische Partei Deutschlands (USPD): Aus Protest gegen die Bewilligung weiterer Kriegskredite verließen ab 1916 immer mehr Mitglieder die SPD und gründeten 1917 eine eigene Partei.

Wilhelm II. (1859-1941): 1888-1918 König von Preußen und Deutscher Kaiser

Friedrich Ebert (1871-1925): ab 1913 SPD-Vorsitzender, 1919 bis zu seinem Tod 1925 erster Reichspräsident der Weimarer Republik

Philipp Scheidemann (1865-1939): SPD-Politiker; 1919 Reichskanzler

Spartakusbund: Gruppe radikaler Sozialisten, die den Kern der am 1.1.1919 gegründeten Kommunistischen Partei Deutschlands (KPD) bildete

Karl Liebknecht (1871-1919): Gründer des Spartakusbundes; Mitbegründer der KPD

Kurt Eisner (1867-1919, erschossen): Journalist, Schriftsteller, Politiker (zunächst SPD, ab 1917 USPD) und vom 8. November 1918 bis zu seiner Ermordung am 21. Februar 1919 bayerischer Ministerpräsident

Die Weimarer Republik – Demokratie ohne Demokraten?

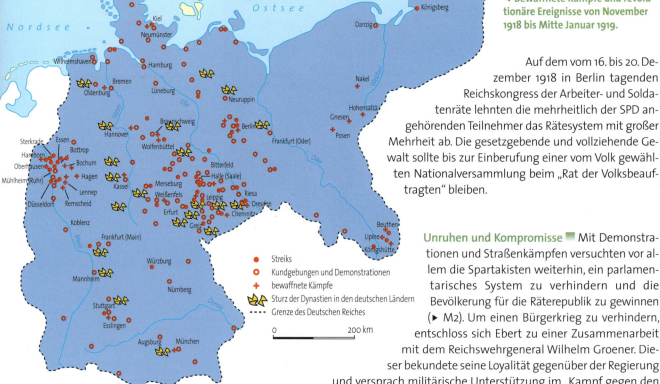

◀ **Bewaffnete Kämpfe und revolutionäre Ereignisse von November 1918 bis Mitte Januar 1919.**

Auf dem vom 16. bis 20. Dezember 1918 in Berlin tagenden Reichskongress der Arbeiter- und Soldatenräte lehnten die mehrheitlich der SPD angehörenden Teilnehmer das Rätesystem mit großer Mehrheit ab. Die gesetzgebende und vollziehende Gewalt sollte bis zur Einberufung einer vom Volk gewählten Nationalversammlung beim „Rat der Volksbeauftragten" bleiben.

Unruhen und Kompromisse Mit Demonstrationen und Straßenkämpfen versuchten vor allem die Spartakisten weiterhin, ein parlamentarisches System zu verhindern und die Bevölkerung für die Räterepublik zu gewinnen (▶ M2). Um einen Bürgerkrieg zu verhindern, entschloss sich Ebert zu einer Zusammenarbeit mit dem Reichswehrgeneral Wilhelm Groener. Dieser bekundete seine Loyalität gegenüber der Regierung und versprach militärische Unterstützung im „Kampf gegen den Radikalismus und Bolschewismus" (Ebert-Groener-Abkommen) (▶ M3). Daneben beschloss der „Rat der Volksbeauftragten" bei Unruhen den Einsatz von sogenannten **Freikorps**. Nach deren erstem Einsatz traten die Mitglieder der USPD aus dem Rat der Volksbeauftragten aus, da sie das Ebert-Groener-Abkommen ablehnten.

Die Regierung Ebert hatte noch bis unmittelbar vor den Wahlen zur Nationalversammlung mit revolutionären Unruhen fertig zu werden. Vom 5. bis 12. Januar 1919 stand Berlin im Zeichen des „Spartakus-Aufstandes". Tausende Anhänger des Spartakusbundes um Karl Liebknecht und **Rosa Luxemburg** lieferten sich Straßenschlachten mit Regierungstruppen und Freikorps. Der Aufstand wurde blutig niedergeschlagen, Rosa Luxemburg und Karl Liebknecht nach ihrer Verhaftung von Offizieren ermordet. Das brutale Vorgehen der Truppen und Freikorps löste auch in anderen Städten Streiks und bewaffnete Aufstände aus. Erst im Mai 1919 gelang es der Regierung, die letzten Unruhen zu beenden (▶ M4).

Freikorps: überwiegend extrem antirepublikanische und antikommunistische paramilitärische Verbände, bestehend aus ehemaligen Berufssoldaten, Abenteurern, Studenten oder Schülern, meist Männer, die nach dem Krieg nicht in ein ziviles Leben zurückgefunden hatten

Rosa Luxemburg (1870 - 1919, ermordet): jüdische Journalistin und sozialistische Theoretikerin; 1919 Mitbegründerin der KPD

▶ **Demonstration der Räteanhänger auf der Münchener Theresienwiese.**
Foto vom 16. Februar 1919. KPD-Mitglieder mit Bildtafeln der am 15. Januar Ermordeten Rosa Luxemburg und Karl Liebknecht.

M1 Ursachen der Novemberrevolution

Der Historiker Wolfram Pyta fasst die Ursachen der Revolution zusammen:

Die Revolution im November 1918 entsprang aus einem zunächst lokal begrenzten Vorfall: den Befehlsverweigerungen auf einigen Geschwadern der Hochseeflotte. Dort wurde der revolutionäre Funke gezündet, der binnen weniger Tage die Throne sämtlicher Fürsten zum Einsturz brachte. [...]
Warum konnte eine lokale Befehlsverweigerung zu einer revolutionären Lawine anwachsen, die die alte Ordnung unter sich begrub? Warum brach das Kaiserreich so sang- und klanglos zusammen, obwohl es sich gerade parlamentarisiert und seine Reformbereitschaft demonstriert hatte? Bei der Erforschung der Ursachen ist an erster Stelle das alle Volksschichten umfassende tiefe Verlangen nach einem raschen Frieden zu nennen. Die Friedenssehnsucht geriet zu einem Politikum in dem Moment, in dem die militärische Führung die kämpfende Truppe mit einem sinnlosen Opfergang provozierte. Und sie bedrohte den Bestand der alten Ordnung, weil die breiten Massen – und nicht nur die Frontsoldaten – immer stärker im Kaiser und König das Haupthindernis für einen raschen Frieden erblickten. Immer weitere Volkskreise machten Wilhelm II. für die Fortdauer des sinnlosen Sterbens und Leidens verantwortlich. Dadurch geriet die Monarchie selbst immer mehr zur Zielscheibe der Kritik. Für den durchschlagenden Erfolg der Soldatenrevolte fiel also der Umstand ins Gewicht, dass die revoltierenden Matrosen mit ihrer Parole der sofortigen Beendigung des Kriegs den Lebensnerv des Großteils der gesamten Bevölkerung in der Heimat trafen. Denn dort hatte sich ein tief sitzender Unmut vor allem über die sozialen Verwerfungen aufgestaut, die der Krieg nach sich gezogen hatte. Die für die Menschen alltägliche Erfahrung des Hungers gepaart mit Groll gegen die unter Kriegsbedingungen besonders krass ausfallenden sozialen Ungleichheiten setzte Energien frei, die bei entsprechender Steuerung in Richtung politische Systemveränderung gelenkt werden konnten.
[...] Hinzu gesellte sich der Umstand, dass sich ein Teil der politisch geschulten Industriearbeiterschaft der Großbetriebe zusammen mit den aufbegehrenden Soldaten zum revolutionären Handeln aufschwangen, um das diffuse Unbehagen an der alten Ordnung zur Schaffung grundlegend neuer Verhältnisse zu nutzen. Auf regionaler Ebene mischen sich in den Aufstand der Soldaten auch Erhebungen der sozialistisch ausgerichteten Industriearbeiterschaft. Beispielhaft hierfür ist die Genese der Revolution in München. Denn in der bayerischen Hauptstadt hatten, unter Führung des Unabhängigen Sozialdemokraten (USPD) Kurt Eisner, Arbeiter und Soldaten gemeinsam die Macht übernommen und am 7. November die Republik ausgerufen. Der erste Thron, den die Revolution zum Einsturz brachte, war der der Wittelsbacher in Bayern.

Wolfram Pyta, Die Weimarer Republik, Opladen 2004, S. 16 f.

▲ **Proklamation der bayerischen Republik.**
Plakat, 7. November 1918.

1. *Arbeiten Sie heraus, worin Pyta die Ursachen der Novemberrevolution sieht.*
2. *Stellen Sie das „Ursachengeflecht" der Revolution in einer Mindmap dar.*

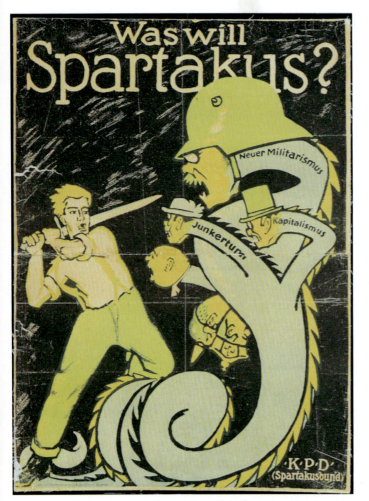

▲ Plakat des Spartakusbundes von 1919.
- Beschreiben Sie die Bildelemente und die Wirkung des Plakates.
- Analysieren Sie die Aussage des Plakates und beantworten Sie die Frage „Was will Spartakus?".

M2 Bürgerliche oder sozialistische Demokratie?

In der „Roten Fahne", dem Zentralorgan des Spartakusbundes, schreibt Rosa Luxemburg am 20. November 1918:

Das heutige Idyll, wo Wölfe und Schafe, Tiger und Lämmer wie in der Arche Noah friedlich nebeneinander grasen, dauert auf die Minute so lange, bis es mit dem Sozialismus ernst zu werden beginnt. Sobald die famose Nationalversammlung wirklich beschließt, den Sozialismus voll und ganz zu verwirklichen, die Kapitalsherrschaft mit Stumpf und Stiel auszurotten, beginnt auch der Kampf. [...] All das ist unvermeidlich. All das muss durchgefochten, abgewehrt, niedergekämpft werden – ob mit oder ohne Nationalversammlung. Der „Bürgerkrieg", den man aus der Revolution mit ängstlicher Sorge zu verbannen sucht, lässt sich nicht verbannen. [...]

Die Nationalversammlung ist ein überlebtes Erbstück bürgerlicher Revolutionen, eine Hülle ohne Inhalt, ein Requisit aus den Zeiten kleinbürgerlicher Illusionen vom „einigen Volk", von der „Freiheit, Gleichheit und Brüderlichkeit" des bürgerlichen Staates. [...]

Nicht darum handelt es sich heute, ob Demokratie oder Diktatur. Die von der Geschichte auf die Tagesordnung gestellte Frage lautet: *bürgerliche* Demokratie oder *sozialistische* Demokratie. Denn Diktatur des Proletariats, das ist Demokratie im sozialistischen Sinne. Diktatur des Proletariats, das sind nicht Bomben, Putsche, Krawalle, „Anarchie", wie die Agenten des kapitalistischen Profits zielbewusst fälschen, sondern das ist der Gebrauch aller politischen Machtmittel zur Verwirklichung des Sozialismus, zur Expropriation[1] der Kapitalistenklasse – im Sinne und durch den Willen der revolutionären Mehrheit des Proletariats, also im Geiste sozialistischer Demokratie.

Ohne den bewussten Willen und die bewusste Tat der Mehrheit des Proletariats kein Sozialismus. Um dieses Bewusstsein zu schärfen, diesen Willen zu stählen, diese Tat zu organisieren, ist ein Klassenorgan nötig: das Reichsparlament der Proletarier in Stadt und Land.

Die Rote Fahne vom 20. November 1918

1. Arbeiten Sie heraus, mit welchen Argumenten Rosa Luxemburg die Wahl zur Nationalversammlung verwirft. Diskutieren Sie, welche Aussagen situationsbedingt, welche programmatisch sind.
2. Suchen und erläutern Sie Widersprüche in der Argumentation von Rosa Luxemburg.
3. Beurteilen Sie Rosa Luxemburgs Verständnis der Begriffe „Demokratie" und „Diktatur".

[1] Enteignung

M3 Verständigung zwischen Groener und Ebert

General Groener und der Vorsitzende des „Rates der Volksbeauftragten", Friedrich Ebert (SPD), treffen am 10. November 1918 eine Vereinbarung. In seiner 1957 erschienenen Autobiografie schreibt Groener darüber, dass es ihr Ziel sein sollte, die deutschen Truppen nach der Unterzeichnung des Waffenstillstandes ordnungsgemäß ins Deutsche Reich zurückzuführen:

Die Aufgabe der Heeresleitung musste es jetzt sein, den Rest des Heeres rechtzeitig und in Ordnung, aber vor allem innerlich gesund in die Heimat zu bringen und dem Offizierskorps als dem Träger des Wehrgedankens einen Weg in die neuen
5 Verhältnisse zu ermöglichen. Die seit Jahrhunderten im preußisch-deutschen Offizierskorps angesammelte moralisch-geistige Kraft musste in ihrem Kern für die Wehrmacht der Zukunft erhalten werden. Der Sturz des Kaisertums entzog den Offizieren den Boden ihres Daseins, ihren Sammel- und
10 Ausrichtepunkt. Es musste ihm ein Ziel gewiesen werden, das des Einsatzes wert war und ihm die innere Sicherheit wiedergab. Es musste das Gefühl wachgerufen werden der Verpflichtung nicht nur gegenüber einer bestimmten Staatsform, sondern für Deutschland schlechthin.
15 Das Offizierskorps konnte aber nur mit einer Regierung zusammengehen, die den Kampf gegen den Radikalismus und Bolschewismus aufnahm. Dazu war Ebert bereit, aber er hielt sich nur mühsam am Steuer und war nahe daran, von den Unabhängigen und der Liebknechtgruppe über den Haufen
20 gerannt zu werden. Was war demnach näher liegend, als Ebert, den ich als anständigen, zuverlässigen Charakter und unter der Schar seiner Parteigenossen als den staatspolitisch weitsichtigsten Kopf kennengelernt hatte, die Unterstützung des Heeres und des Offizierskorps anzubieten?
25 […] Am Abend rief ich die Reichskanzlei an und teilte Ebert mit, dass das Heer sich seiner Regierung zur Verfügung stelle, dass dafür der Feldmarschall und das Offizierskorps von der Regierung Unterstützung erwarteten bei der Aufrechterhaltung der Ordnung und Disziplin im Heer. Das Offizierskorps
30 verlange von der Regierung die Bekämpfung des Bolschewismus und sei dafür zum Einsatz bereit. Ebert ging auf meinen Bündnisvorschlag ein. Von da ab besprachen wir uns täglich abends auf einer geheimen Leitung zwischen der Reichskanzlei und der Heeresleitung über die notwendigen Maß-
35 nahmen. Das Bündnis hat sich bewährt.

Heinz Hürten (Hrsg.), Weimarer Republik und Drittes Reich 1918-1945 (Deutsche Geschichte in Quellen und Darstellung, Bd. 9), Stuttgart ²2000, S. 35

1. Beschreiben Sie anhand seiner Autobiografie die Aufgaben, vor die sich Groener gestellt sah.
2. Bewerten Sie das Verhalten Groeners.

M4 Die Revolution – eine verpasste Chance?

Der Historiker Heinrich August Winkler beschäftigt sich mit der Bedeutung der Revolution von 1918/19:

Manche Historiker meinen, dass die erste deutsche Demokratie vielleicht nicht untergegangen und dann auch Hitler nicht an die Macht gekommen wäre, hätte es damals einen gründlichen Bruch mit der obrigkeitsstaatlichen Vergangenheit gegeben. Tatsächlich war der Handlungsspielraum der 5 regierenden Mehrheitssozialdemokraten […] in den entscheidenden Wochen zwischen dem Sturz der Monarchie am 9. November 1918 und der Wahl der Verfassunggebenden Deutschen Nationalversammlung am 19. Januar 1919 größer, als die Akteure mit Friedrich Ebert, dem Vorsitzenden des 10 Rates der Volksbeauftragten, an der Spitze selbst meinten. Sie hätten weniger bewahren müssen und mehr verändern können. Es wäre, mit anderen Worten, möglich gewesen, in der revolutionären Übergangszeit erste Schritte zu tun auf dem Weg zu einer Demokratisierung der Verwaltung, der Schaf- 15 fung eines republikloyalen Militärwesens, der öffentlichen Kontrolle der Macht […].
Deutschland kannte zwar bis zum Oktober 1918 kein parlamentarisches Regierungssystem, aber seit rund einem halben Jahrhundert das allgemeine, gleiche und direkte 20 Reichstagswahlrecht für Männer, das Bismarck 1866 im Norddeutschen Bund und 1871 im Deutschen Reich eingeführt hatte. Das Kaiserreich lässt sich daher nicht einfach als „Obrigkeitsstaat" beschreiben. Deutschland war um 1918 bereits zu demokratisch, um sich eine revolutionäre Erziehungsdik- 25 tatur […] aufzwingen zu lassen.
Deutschland war auch zu industrialisiert für einen völligen Umsturz der gesellschaftlichen Verhältnisse. […] Beide Faktoren, der Grad der Demokratisierung und der Grad der Industrialisierung, wirkten objektiv revolutionshemmend. 30

Heinrich August Winkler, Weimar: Ein deutsches Menetekel, in: Ders. (Hrsg.), Weimar. Ein Lesebuch zur deutschen Geschichte 1918-1933, München 1997, S. 15 ff.

1. Die Revolution von 1918/19 wird oft als „steckengebliebene" oder „gebremste" Revolution bezeichnet. Erläutern Sie mithilfe des Textes, ob diese Aussagen zutreffend sind.
2. Beurteilen Sie die Kritik Winklers am Handeln Eberts, und diskutieren Sie über Möglichkeiten und Grenzen des „Rates der Volksbeauftragten", das politische Geschehen in der revolutionären Phase bis Weihnachten 1918 zu beeinflussen.

Demokratische Errungenschaften

„Komm doch mit. Dafür haben wir Frauen uns doch lange eingesetzt", drängt Emma Kremer ihre Mutter. Sie sieht, wie ihre Mutter unsicher zu ihrem Mann schaut. Der schüttelt nur verständnislos den Kopf. „Es entspricht nicht der natürlichen Bestimmung der Frau. Für die Politik sind die Männer zuständig. Es führt nur zu Streit und zerstört den Familienfrieden", behauptet er.

Emma ist verzweifelt. Seit Jahren kämpft sie als Mitglied des Allgemeinen Deutschen Frauenvereins für politische Gleichberechtigung der Frauen. Ihre Vorbilder sind Louise Otto und Hedwig Dohm, die trotz großer Widerstände schon seit Mitte des 19. Jahrhunderts das Frauenstimmrecht fordern. Nun hat der „Rat der Volksbeauftragten" in Berlin am 12. November 1918 das Frauenwahlrecht beschlossen, und am heutigen 19. Januar 1919 finden die Wahlen zur Nationalversammlung statt. Emma kann es gar nicht erwarten, bis die Wahllokale in Bayreuth öffnen. Später möchte sie selbst kandidieren, um sich im Parlament für soziale Verbesserungen und die Rechte der Frauen einzusetzen.

Trotz aller Begeisterung gelingt es ihr nicht, die verunsicherte Mutter zu bewegen mitzugehen. Enttäuscht macht sie sich alleine auf den Weg. Ihr Vater will erst später wählen. Emma ärgert sich sehr über seine Haltung, obwohl sie weiß, dass die meisten Männer so denken.

Als sie am Wahllokal ankommt, sieht sie eine Schlange vor dem Eingang. Zu ihrer Freude sind darunter viele Frauen aus der Nachbarschaft. Vielleicht gelingt es ihr beim nächsten Mal, ihre Mutter zur Wahl mitzunehmen.

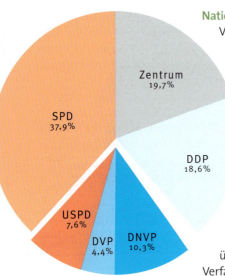

▲ Ergebnis der Wahlen zur Nationalversammlung 1919.

Nationalversammlung und neue Verfassung Am 19. Januar 1919 fand die Wahl zur Verfassunggebenden Nationalversammlung statt. SPD, Zentrum und Deutsche Demokratische Partei (DDP) bildeten die sogenannte „Weimarer Koalition", die mit 76,1 Prozent der Stimmen die deutliche Mehrheit des Volkes hinter sich vereinigte (331 von insgesamt 423 Mandaten). Die Opposition war gespalten: Links stand die radikal sozialistische USPD und rechts die national-bürgerlich ausgerichtete Deutsche Volkspartei (DVP) sowie die völkische, konservativ-monarchistische Deutschnationale Volkspartei (DNVP). Die KPD hatte die Wahlen zur Nationalversammlung boykottiert.

Um sich den politischen Unruhen in Berlin zu entziehen, trat die Nationalversammlung am 6. Februar 1919 in Weimar zusammen. Sie sollte bis zur ersten Reichstagswahl im Juni 1920 eine vorläufige Reichsgewalt schaffen und dem Deutschen Reich eine Verfassung geben. Ebert wurde am 11. Februar von den Abgeordneten zum ersten Reichspräsidenten gewählt. Noch am selben Tag beauftragte er Scheidemann, eine Regierung zu bilden. Nach über fünfmonatiger Beratung nahm die Weimarer Nationalversammlung die neue Verfassung an. Das Deutsche Reich wurde zur parlamentarischen Republik erklärt.

Alle Macht lag beim Volk als dem Inhaber der verfassunggebenden Gewalt. Repräsentant der Volkssouveränität war bis Juni 1920 die Nationalversammlung, danach der Reichstag. Am 11. August 1919 trat die neue Verfassung in Kraft (▶ M1). Erstmals in Deutschland musste das monarchische Prinzip dem Grundsatz der Volkssouveränität weichen.

Der Wähler als Souverän Männer und Frauen über 20 Jahre erhielten das Recht, in allgemeinen, gleichen, geheimen, unmittelbaren Wahlen alle vier Jahre die Abgeordneten des Reichstages und alle sieben Jahre den Reichspräsidenten zu wählen (▶ M2). Gewählt wurde nach dem Prinzip des Verhältniswahlrechts, das als besonders demokratisch galt. Jede Partei erhielt für 60 000 gültige Stimmen ein Mandat. Eine Sperrklausel, die den kleinen Parteien – auch „Splitterparteien" genannt – den Zutritt zum Reichstag hätte verwehren können, gab es nicht. Die durch das Verhältniswahlrecht bewirkte Parteienvielfalt im Reichstag erschwerte jedoch jede Konsensfindung.

Als Gegengewicht zum Reichstag und zum „Parteienstaat" führte die Weimarer Verfassung Volksbegehren und Volksentscheid ein. Die Staatsbürger sollten sich durch **Plebiszite** direkt an der staatlichen Willensbildung beteiligen. Diese Elemente einer direkten Demokratie wurden in der Praxis von den Gegnern der Republik allerdings zur Manipulation der Massen missbraucht. Und obwohl diese Volksabstimmungen regelmäßig keine Mehrheit fanden, waren sie doch ein Gradmesser für antidemokratische Einstellungen in der Bevölkerung.

Auch wenn die Wahlbeteiligung mit durchschnittlich 80 Prozent hoch lag, war die Skepsis der Bevölkerung gegenüber den Parteien groß. Schuld daran waren ihre enge programmatische Ausrichtung und ihre Bindung an Interessengruppen. Im Kaiserreich hatte es keinen Zwang zur Koalitionsbildung gegeben, da die Regierung vom Parlament unabhängig war. Die Parteien hatten nicht gelernt, Kompromisse zu schließen, und vertraten nur die Interessen ihrer Wähler.

Plebiszit: von lat. „plebis scitum" für Volksbeschluss, Volksabstimmung

Gleiche Rechte für Frauen? Zu den demokratischen Errungenschaften der Weimarer Republik gehört die verfassungsrechtliche Gleichstellung der Geschlechter. Schon während der Kriegsjahre waren Frauen aus der Arbeiterbewegung politisch aktiv, hatten sich an der Organisation von Streiks und Demonstrationen beteiligt und in der Frauenbewegung für ihre Rechte gekämpft. Aber auch bürgerliche Frauen engagierten sich und forderten gleiche politische Rechte.

Für die Wahlen zur Nationalversammlung führte der „Rat der Volksbeauftragten" das aktive und passive Wahlrecht für Frauen ein. Mit einer Wahlbeteiligung von fast 90 Prozent machten die Frauen von ihrem Stimmrecht regen Gebrauch, 41 von 310 Kandidatinnen zogen 1919 in die Weimarer Nationalversammlung ein (▶ M3). Ein solcher Anteil wurde erst wieder 1983 im zehnten Bundestag erreicht.

Nach der Reichsverfassung hatten Frauen „grundsätzlich dieselben staatsbürgerlichen Rechte und Pflichten" wie Männer. Die gesellschaftliche Wirklichkeit blieb jedoch weit hinter der Verfassung zurück. Weder auf dem Arbeitsmarkt, wo Frauen für die gleiche Arbeit weniger Lohn erhielten als die Männer, noch im Familienrecht galt der Gleichberechtigungsgrundsatz. Für jede Tätigkeit über die der Hausfrau und Mutter hinaus brauchten die Frauen die Erlaubnis des Ehemannes. So bestimmte es das Bürgerliche Gesetzbuch bis 1977. Auch in der Politik blieb die männliche Dominanz trotz Frauenwahlrecht und steigender weiblicher Mitgliederzahlen in Parteien und Gewerkschaften unangetastet. Weiterhin nahmen die Männer die führenden Positionen ein.

▲ **Zum ersten Mal dürfen die Frauen in Deutschland zur Wahl gehen.**
Foto vom 19. Januar 1919.

Das Kräftespiel der Verfassungsorgane Der Reichstag besaß das Recht der Gesetzgebung und kontrollierte die Regierung, d.h. Kanzler und Minister benötigten für ihre Amtsführung sein Vertrauen. Jeder von ihnen konnte durch ein Misstrauensvotum zum Rücktritt gezwungen werden. Es bestand jedoch keine Pflicht, gleichzeitig mit der Abwahl des Kanzlers einen neuen Regierungschef zu wählen. Dadurch war das Reich zeitweise ohne handlungsfähige Regierung.

Mit besonderen Vollmachten war der Reichspräsident ausgestattet. Er allein ernannte und entließ den Kanzler und konnte den Reichstag auflösen. Außerdem war er Oberbefehlshaber der Reichswehr. Bei Störung der öffentlichen Sicherheit und Ordnung im Reich konnte der Reichspräsident laut Artikel 48 die zu ihrer Wiederherstellung nötigen Maßnahmen treffen und notfalls die Reichswehr einsetzen. Diese Notverordnungen mussten allerdings dem Reichstag zur Billigung vorgelegt werden.

Hugo Preuß (1860-1925): liberaler Staatsrechtslehrer und Politiker, Innenminister im Jahre 1919

Die Grundrechte Der Katalog der Grundrechte und Grundpflichten, den die Weimarer Verfassung als zweiten Hauptteil aufführte (Art. 109-165), erfüllte eine alte Forderung des deutschen Liberalismus. Hugo Preuß, der im Auftrag Eberts einen Verfassungsentwurf ausarbeitete und als „Vater der Verfassung" gilt, bezeichnete die Aufnahme der Grundrechte als einen Akt der Pietät gegenüber den Abgeordneten der Paulskirche (1848/49), die in diesen Grundrechten ein Kernstück jeder Verfassung gesehen hatten: Rechtsgleichheit, Freizügigkeit, Recht der freien Meinungsäußerung, Freiheit der Person, Glaubens- und Gewissensfreiheit sowie soziale Grundrechte.

Die wichtige Aufgabe der Kontrolle der Staatsmacht erfüllte dieser Katalog jedoch nicht in vollem Umfang, da viele Grundrechte in Krisenzeiten durch Notverordnungen gemäß Artikel 48 außer Kraft gesetzt werden konnten. Dass dies nicht nur zur Sicherung, sondern auch zur Zerstörung der demokratischen Ordnung geschehen konnte, vermochten sich die Verfassungsgeber nicht vorzustellen. Sie gaben der Republik eine Verfassung, die den Gegnern der Demokratie von links und rechts die Möglichkeit bot, den Staat massiv zu bekämpfen. Die verantwortlichen Politiker sahen das Wesen der Demokratie ausschließlich in der Mehrheitsentscheidung, unabhängig davon, in welche Richtung sie ging. Außerdem bestand für die Bürger keine Möglichkeit, die Verletzung der Grundrechte durch die Staatsgewalt vor Gericht einzuklagen. Auch ein Verfassungskern, der nicht durch Parlamentsmehrheiten verändert werden durfte, wurde nicht definiert.

Erfolge der Sozialpolitik Die Weimarer Reichsverfassung schrieb erstmals einen Katalog sozialer Grundrechte fest: den Schutz und die Förderung von Ehe und Familie, das Recht auf Arbeit, den Schutz der Jugend, die Förderung des Mittelstandes und vieles mehr.

Wichtige Weichen waren im Kaiserreich mit der Kranken-, Unfall- sowie Invaliditäts- und Altersversicherung gestellt worden. Die neue Verfassung ging einen Schritt weiter, indem sie die staatlichen Organe verpflichtete, das Wirtschaftsleben nach „den Grundsätzen der Gerechtigkeit mit dem Ziele der Gewährleistung eines menschenwürdigen Daseins für alle" (Art. 151) zu gestalten. Damit schuf sie die Grundlage für den Aufbau eines Sozialstaates.

Die Folgen des Ersten Weltkrieges sowie die Forderungen der Novemberrevolutionäre hatten den Aus- und Umbau der Sozialpolitik notwendig gemacht. Die vielen Kriegsinvaliden, Witwen und Waisen mussten versorgt, sechs Millionen entlassener Soldaten sowie drei Millionen Rüstungsarbeiterinnen und -arbeiter mussten wieder in das Berufsleben integriert werden. Hinzu kam die anhaltende Wohnungsnot, die nur mit einer umfangreichen Bauförderung behoben werden konnte.

Als eine seiner ersten Maßnahmen erließ der „Rat der Volksbeauftragten" am 13. November 1918 eine Verordnung über die Erwerbslosenfürsorge. An die Stelle der traditionellen Armenfürsorge, die auch im Kaiserreich noch von karitativen Vorstellungen gekennzeichnet war, trat die staatliche Sozialfürsorge, auf die es einen Rechtsanspruch gab (▶ M4).

Nach Überwindung der schwierigen Nachkriegsjahre, der Inflation und Währungsreform von 1923 trat in einer Phase wirtschaftlichen Aufschwungs am 1. Oktober 1927 das Gesetz über Arbeitsvermittlung und Arbeitslosenversicherung in Kraft. Die Beiträge zur Arbeitslosenversicherung wurden zu gleichen Teilen von Arbeitnehmern und Arbeitgebern finanziert, staatliche Zuschüsse garantierten die Auszahlungen. Zusätzlich versuchte man, mit Arbeitsbeschaffungsmaßnahmen die Arbeitslosigkeit zu verringern.

Die Art. 159 und 165 der Verfassung erlaubten Gewerkschaften, Berufsverbände und Betriebsräte. Die Gewerkschaften, die damit als legitime Vertreter der Arbeitnehmerinteressen und Tarifpartner anerkannt wurden, durften bessere Arbeits- und Lohnbedingungen aushandeln und sie notfalls mit Streiks durchsetzen. Der bereits 1918 eingeführte Achtstundentag bei vollem Lohnausgleich erfüllte darüber hinaus eine der ältesten Forderungen der Arbeiterbewegung. Eine weitere wichtige Veränderung war die Regelung des bezahlten Erholungsurlaubs, der für die meisten Arbeitnehmer allerdings nur wenige Tage betrug.

▲ „Der Streichholzhändler."
Gemälde von Otto Dix, Öl auf Leinwand, partiell Collagen, 1920.
Das Bild ist eines von insgesamt vier von Dix gemalten „Krüppelbildern". Kümmerlich von der Wohlfahrt oder sogar ohne jede Unterstützung lebende Kriegsversehrte, die als Bettler, Musikanten oder Straßenhändler ihr Auskommen suchten, gehörten in der Weimarer Republik zum gewohnten Bild. Aus dem Mund des Streichhändlers gellt der Ruf „Streichhölzer, echte Schwedenhölzer", der mit kreidiger Ölfarbe auf die Leinwand gekritzelt ist.
■ Analysieren Sie, mit welchen Mitteln der Künstler seine Haltung ausdrückt.

Die Grenzen des Wohlfahrtsstaates ■ Die Weimarer Republik konnte die umfassenden sozialpolitischen Garantieerklärungen der Verfassung nicht einlösen. So wurde der Achtstundentag schon Ende 1923 auf Druck der Unternehmer durch Sonderregelungen wieder aufgeweicht und längere Arbeitszeiten für zulässig erklärt.

Nach Überwindung der Hyperinflation und des Hitler-Putsches 1923 gelang es nicht, die Republik wirtschaftlich zu stabilisieren. Die Löhne stiegen seit dem Ende der Inflation wesentlich stärker als der Produktivitätsfortschritt. Ähnliches galt für die sich vervielfachenden Sozialleistungen. Die Unternehmen konnten nicht ausreichend investieren, Arbeitsproduktivität und Exportleistungen erreichten nicht einmal das Vorkriegsniveau. Entlassungen und Arbeitslosenzahlen, die zwischen 1924 und 1929 im Jahresdurchschnitt nicht unter die Einmillionengrenze sanken, waren die Folge. Die Arbeitslosenversicherung war im Gegensatz dazu auf höchstens 800 000 Erwerbslose ausgerichtet. Streiks und Aussperrungen häuften sich. Die Schwäche der sozialen Sicherungssysteme bot den Republikgegnern von links und rechts willkommene Angriffspunkte. Und auf die Massenarbeitslosigkeit in der Weltwirtschaftskrise ab 1929 war der Staat schon gar nicht vorbereitet.*

Ungeachtet ihrer Defizite sind der Weimarer Sozialpolitik jedoch wesentliche sozialpolitische Errungenschaften und Impulse zu verdanken, welche die Grundlage unseres heutigen Sozialsystems bilden.

* siehe dazu S. 142 ff.

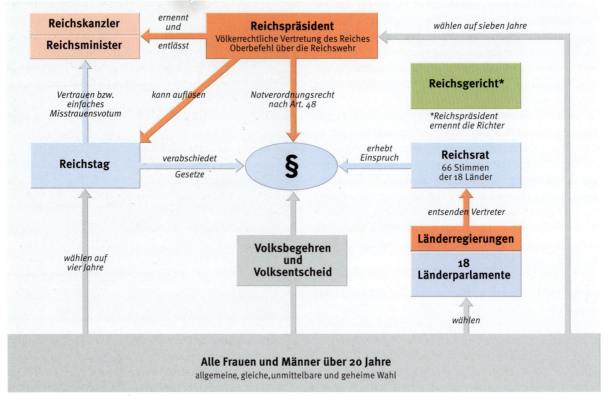

▲ Die Weimarer Verfassung von 1919.
■ Erstellen Sie nach dem Muster ein Organigramm des Staatsaufbaus der Bundesrepublik Deutschland. Erläutern Sie wesentliche Unterschiede.

M1 Die Weimarer Verfassung

Am 11. August 1919 tritt die Weimarer Verfassung in Kraft. In einem ersten Hauptteil (Art. 1–108) werden Aufbau und Aufgaben des Reiches geregelt, der zweite Hauptteil (Art. 109–181) enthält Grundrechte und -pflichten der Bürger:

I. Hauptteil. Aufbau und Aufgaben des Reichs

Artikel 1. Das Deutsche Reich ist eine Republik. Die Staatsgewalt geht vom Volke aus. [...]
Artikel 13. Reichsrecht bricht Landrecht. [...]
Artikel 21. Die Abgeordneten sind Vertreter des ganzen Volkes. Sie sind nur ihrem Gewissen unterworfen und an Aufträge nicht gebunden.
Artikel 22. Die Abgeordneten werden in allgemeiner, gleicher, unmittelbarer und geheimer Wahl von den über zwanzig Jahre alten Männern und Frauen nach den Grundsätzen der Verhältniswahl gewählt. [...]
Artikel 25. Der Reichspräsident kann den Reichstag auflösen, jedoch nur einmal aus dem gleichen Anlass. [...]
Artikel 41. Der Reichspräsident wird vom ganzen deutschen Volke gewählt. [...]
Artikel 48. [...] Der Reichspräsident kann, wenn im Deutschen Reiche die öffentliche Sicherheit und Ordnung erheblich gestört oder gefährdet wird, die zur Wiederherstellung der öffentlichen Sicherheit und Ordnung nötigen Maßnahmen treffen, erforderlichenfalls mithilfe der bewaffneten Macht einschreiten. Zu diesem Zwecke darf er vorübergehend die in den Artikeln 114, 115, 117, 118, 123, 124 und 153[1] festgesetzten Grundrechte ganz oder zum Teil außer Kraft setzen. [...]
Artikel 54. Der Reichskanzler und die Reichsminister bedürfen zu ihrer Amtsführung des Vertrauens des Reichstags. Jeder von ihnen muss zurücktreten, wenn ihm der Reichstag durch ausdrücklichen Beschluss sein Vertrauen entzieht. [...]

[1] In diesen Artikeln ging es vor allem um die Freiheit der Person und ihres Eigentums, Unverletzlichkeit der Wohnung, Briefgeheimnis sowie um Meinungs-, Versammlungs- und Vereinigungsfreiheit.

II. Hauptteil. Grundrechte und Grundpflichten der Deutschen

Artikel 109. Alle Deutschen sind vor dem Gesetze gleich. Männer und Frauen haben grundsätzlich dieselben staatsbürgerlichen Rechte und Pflichten. Öffentlich-rechtliche Vorrechte oder Nachteile der Geburt oder des Standes sind aufzuheben. [...]

Artikel 118. Jeder Deutsche hat das Recht, innerhalb der Schranken der allgemeinen Gesetze seine Meinung durch Wort, Schrift, Druck, Bild oder in sonstiger Weise frei zu äußern. [...]
Eine Zensur findet nicht statt [...].

Artikel 119. Die Ehe steht als Grundlage des Familienlebens und der Erhaltung und Vermehrung der Nation unter dem besonderen Schutz der Verfassung. Sie beruht auf der Gleichberechtigung der beiden Geschlechter.
Die Reinerhaltung, Gesundung und soziale Förderung der Familie ist Aufgabe des Staats und der Gemeinden. Kinderreiche Familien haben Anspruch auf ausgleichende Fürsorge.
Die Mutterschaft hat Anspruch auf den Schutz und die Fürsorge des Staats. [...]

Artikel 122. Die Jugend ist gegen Ausbeutung sowie gegen sittliche, geistige oder körperliche Verwahrlosung zu schützen. Staat und Gemeinde haben die erforderlichen Einrichtungen zu treffen. [...]

Artikel 128. Alle Staatsbürger ohne Unterschied sind nach Maßgabe der Gesetze und entsprechend ihrer Befähigung und ihren Leistungen zu den öffentlichen Ämtern zuzulassen.
Alle Ausnahmebestimmungen gegen weibliche Beamte werden beseitigt. [...]

Artikel 135. Alle Bewohner des Reichs genießen volle Glaubens- und Gewissensfreiheit. Die ungestörte Religionsausübung wird durch die Verfassung gewährleistet und steht unter staatlichem Schutz. Die allgemeinen Staatsgesetze bleiben hiervon unberührt. [...]

Artikel 142. Die Kunst, die Wissenschaft und ihre Lehre sind frei. Der Staat gewährt ihnen Schutz und nimmt an ihrer Pflege teil. [...]

Artikel 151. Die Ordnung des Wirtschaftslebens muss den Grundsätzen der Gerechtigkeit mit dem Ziele der Gewährleistung eines menschenwürdigen Daseins für alle entsprechen. In diesen Grenzen ist die wirtschaftliche Freiheit des Einzelnen zu sichern. [...]

Artikel 159. Die Vereinigungsfreiheit zur Wahrung und Förderung der Arbeits- und Wirtschaftsbedingungen ist für jedermann und für alle Berufe gewährleistet. [...]

Artikel 161. Zur Erhaltung der Gesundheit und Arbeitsfähigkeit, zum Schutz der Mutterschaft und zur Vorsorge gegen die wirtschaftlichen Folgen von Alter, Schwäche und Wechselfällen des Lebens schafft das Reich ein umfassendes Versicherungswesen unter maßgebender Mitwirkung der Versicherten.

Artikel 162. Das Reich tritt für eine zwischenstaatliche Regelung der Rechtsverhältnisse der Arbeiter ein, die für die gesamte arbeitende Klasse der Menschheit ein allgemeines Mindestmaß der sozialen Rechte erstrebt.

Artikel 163. [...] Jedem Deutschen soll die Möglichkeit gegeben werden, durch wirtschaftliche Arbeit seinen Unterhalt zu erwerben. Soweit ihm angemessene Arbeitsgelegenheit nicht nachgewiesen werden kann, wird für seinen notwendigen Unterhalt gesorgt. [...]

Artikel 165. Die Arbeiter und Angestellten sind dazu berufen, gleichberechtigt in Gemeinschaft mit den Unternehmern an der Regelung der Lohn- und Arbeitsbedingungen sowie an der gesamten wirtschaftlichen Entwicklung der produktiven Kräfte mitzuwirken. Die beiderseitigen Organisationen und ihre Vereinbarungen werden anerkannt.

Günther Franz (Hrsg.), Staatsverfassungen, München ³1975, S. 192-222

1. *Charakterisieren Sie anhand der Verfassung Wesen und Ziele der neuen Republik.*

2. *Definieren Sie den Begriff „Demokratie" in seiner ursprünglichen und seiner modernen Bedeutung. Welche Bestimmungen machen die Weimarer Republik zu einer Demokratie?*

3. *Die Verfassung sollte den Interessen der gesellschaftlichen Gruppen entgegenkommen und einen sozialen Ausgleich schaffen. Überlegen Sie, welche Gruppen an welchen Bestimmungen besonderes Interesse gehabt haben könnten. Begründen Sie Ihre Entscheidung.*

4. *Im Zusammenhang mit der Weimarer Verfassung wurde von einer „präsidialen Reserveverfassung" und in Bezug auf den Reichspräsidenten von einem „Ersatzkaiser" gesprochen. Überprüfen Sie anhand der Verfassungsartikel und des Schaubildes, was Anlass zu diesen Aussagen gegeben haben könnte.*

5. *Überprüfen Sie, welche Folgerungen das Grundgesetz für die Sicherung der Grundrechte gezogen hat.*

M2 Der Reichspräsident in der Verfassung

Der Verfassungsexperte der SPD, der Jurist Max Quarck, schreibt 1919 über die Stellung des Reichspräsidenten in der neuen Verfassung:

Was der Abg. Haase im Einzelnen gegen den Reichspräsidenten angeführt hat, das hält einer ernsthaften Prüfung nicht stand. Er hat von einer unnützen dekorativen Einrichtung gesprochen [...]. Ernster ist vielleicht der Einwand zu nehmen, dass die Einrichtung eines Reichspräsidenten uns wieder in die alte Obrigkeitsherrschaft, in die alte Autoritätsherrschaft zurückführen könnte. [...] Das unabhängige Mitglied im Verfassungsausschuss, Abg. Dr. Cohn, muss doch wohl bezeugen, dass wir von den Mehrheitssozialisten sorgfältig und eifrig bemüht gewesen sind, in dieser Verfassung jede Spur von Machtbefugnissen für den Präsidenten zu tilgen, die etwa an die alte Monarchie und den alten Despotismus erinnern würden, unter dem wir so lange gelitten haben.

Die Hauptfunktion für den neuen Präsidenten wird sein die Zusammenstellung des Ministerkollegiums. Dazu braucht die neue Republik im Reichspräsidenten eine Persönlichkeit, die nicht direkt gebunden ist an Parteizusammenhänge, die einen Überblick hat über die politischen Köpfe des ganzen Reichs, die die Eignung dieser Köpfe zu Ministerämtern unabhängig von Parteikoterien[1] geltend machen kann. Ich denke, dass diese Funktion in der Geschichte unseres Landes noch eine entscheidende Rolle spielen wird.

Die Vertretung eines großen Wirtschaftsstaats, der hoffentlich bald wieder in engen Beziehungen zu den verschiedenen Ländern der Welt stehen wird, durch eine ausgeprägte Person ist weiter durchaus wünschenswert. [...] Nun wird dieser Reichspräsident genau wie das Parlament aus der Volksabstimmung hervorgehen. Er wird also von vornherein kraft seiner politischen Geburt den Zusammenhang mit denselben Kräften haben, die das Parlament in sich verkörpert. So wird ein Dualismus zwischen Präsident und Parlament von Anfang an so gut wie ausgeschlossen; die Gleichheit der Herkunft wird die Gleichheit der Ziele und Zwecke bestimmen.

Max Quarck, Der Geist der neuen Reichsverfassung, Berlin 1919, S. 13 f.

1. Stellen Sie die Interessen der Gegner und Befürworter des Reichspräsidentenamtes zusammen.

2. Erläutern Sie, warum Quarck einen „Dualismus zwischen Präsident und Parlament" für ausgeschlossen hält. Bewerten Sie seine Argumentation.

[1] Koterie (von franz. coterie): bezeichnet eine abgeschlossene Gruppe, negativ für Clique

M3 Weibliche Abgeordnete 1919 - 1930

Gesamtübersicht über die Frauen in den Fraktionen der deutschen Reichstage. Die kleineren Parteien sind nicht aufgeführt, jedoch in der Gesamtzahl eingeschlossen:

Partei	Zahl der Abgeordneten						davon Frauen					
	1919	1920	1924a[1]	1924b[2]	1928	1930	1919	1920	1924a	1924b	1928	1930
KPD	–	2	68	45	54	76	–	1	4	3	3	13
SPD	165	113	100	131	152	143	22	13	11	16	20	16
USPD	22	81	–	–	–	–	3	9	–	–	–	–
DDP	74	45	28	32	25	14	6	6	2	2	2	1
DVP	22	62	44	51	45	29	1	3	2	2	2	1
Zentrum	89	68	65	69	61	68	6	3	3	4	3	4
BVP	–	19	16	19	17	19	–	1	1	1	–	–
DNVP	41	65	106	111	78	41	3	3	4	5	2	3
Zusammen	423	463	472	493	490	575	41	37	27	33	35	41

Nach: Gabriele Bremme, Die politische Rolle der Frau in Deutschland. Eine Untersuchung über den Einfluss der Frauen bei Wahlen und ihre Teilnahme in Partei und Parlament, Göttingen 1956, S. 124, Tabelle 39

[1] Reichstagswahlen am 4. Mai 1924
[2] Reichstagswahlen am 7. Dezember 1924

Erläutern Sie den Anteil der weiblichen Abgeordneten in den Parteien im jeweiligen zeitlichen Kontext.

M4 Weimarer Sozialpolitik

a) Sozialversicherungsanteil der Erwerbstätigen 1885-1930[1]:

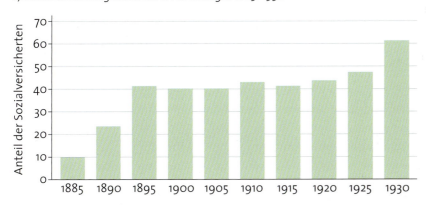

Nach: Manfred G. Schmidt und Tobias Ostheim, Sozialpolitik in der Weimarer Republik, in: Manfred G. Schmidt, Tobias Ostheim, Nico A. Siegel und Reimut Zohlnhöfer (Hrsg.), Der Wohlfahrtsstaat. Eine Einführung in den historischen und internationalen Vergleich, Wiesbaden 2007, S. 131-143, hier S. 135

b) Öffentliche Ausgaben (Reich, Länder, Gemeinden) nach Aufgabenbereichen je Einwohner (in Preisen von 1900; 1913 = 100):

Aufgabenbereiche	1913		1925		1929		1932	
	Mark	Index	RM	Index	RM	Index	RM	Index
Krieg und Kriegsfolgen	25,1	100	21,9	87	27,7	110	14,2	57
Wirtschaftsförderung	17,0	100	15,8	93	22,1	130	18,2	107
Sozialer Bereich	20,5	100	64,7	316	101,6	496	106,3	519
davon								
Sozialversicherung	12,2	100	23,2	190	49,2	403	50,0	410
Gesundheitswesen u. Sozialhilfe	7,9	100	31,4	388	39,2	496	51,8	656
Öffentlicher Wohnungsbau	0,4	100	10,1	2525	13,2	3300	4,5	1125
Erziehung	17,5	100	20,5	117	27,8	159	24,4	139
Öffentliche Sicherheit	7,7	100	12,1	157	13,7	178	14,6	190
Dienstleistungen	9,6	100	13,7	143	14,9	155	15,5	162
Schuldendienst	5,8	100	0,9	16	4,1	71	6,7	116
Zusammen	103,2	100	150,2	146	211,9	205	199,9	194

Nach: Dietmar Petzina u.a. (Hrsg.), Sozialgeschichtliches Arbeitsbuch, Bd. 3: Materialien zur Statistik des Deutschen Reiches 1914-1945, München 1978, S. 147

1. Erläutern Sie die Entwicklung der Sozialversicherung. Welche Probleme lassen sich erkennen?
2. Nehmen Sie Stellung zu der Aussage, die Sozialversicherung habe vor allem dazu beigetragen, „den demokratischen Staat unter extrem ungünstigen Rahmenbedingungen zu stabilisieren und ihm zunächst überhaupt eine Chance zu geben, sich zu bewähren".[2]

---

[1] Anteil der von den Sozialversicherungen erfassten Erwerbsbevölkerung im Durchschnitt der Sozialversicherungen in Prozent
[2] Werner Abelshauser, Die Weimarer Republik – ein Wohlfahrtsstaat?, in: ders. (Hrsg.), Die Weimarer Republik als Wohlfahrtsstaat. Zum Verhältnis von Wirtschafts- und Sozialpolitik in der Industriegesellschaft, Wiesbaden/Stuttgart 1987, S. 9-31

Belastungen und Herausforderungen, Träger und Gegner der Republik

Ungeduldig wartet der 15-jährige Ferdinand Gruber am Abend des 25. April 1928 auf seinen Vater. Er hat versprochen, mit ihm die Wahlkampfveranstaltung des Außenministers und Friedensnobelpreisträgers Gustav Stresemann im Münchner Bürgerbräukeller zu besuchen. Als Ferdinand und sein Vater vor dem Wirtshaus ankommen, versperrt eine Gruppe von Männern in braunen Hemden und mit Hakenkreuzbinden am Oberarm den Eintretenden unter lautem Gepöbel den Weg. Auch im Saal haben sich schon viele „Braunhemden" versammelt. Sie grölen, schwenken die Maßkrüge und rempeln die anderen Zuhörer an. Kaum hat Stresemann die Rednertribüne betreten, steigert sich der Lärm ins Unerträgliche. Keinen Satz kann der Außenminister zu Ende bringen, ohne von den Nationalsozialisten niedergebrüllt zu werden. Wie viele andere verlassen Ferdinand und sein Vater noch vor dem Ende der Veranstaltung den Saal.

Am nächsten Morgen ist in den „Münchner Neuesten Nachrichten" zu lesen, die Polizei habe den Wahlkampfauftritt nach eineinhalb Stunden aus Sicherheitsgründen abgebrochen. Unter der Überschrift „Ein Sieg der Dummheit" heißt es in Anspielung auf den Hitler-Putsch am 9. November 1923, der Außenminister sei „in jener geistlosen und ungepflegten Weise" niedergeschrien worden, „die allen Vertretern einer schlechten Sache als letzter Ausweg immer willkommen war. Was eine deutsche Revolution zu machen sich vermaß, endet an dem gleichen Platz mit dem geschwungenen Maßkrug des kleinsten Radaubruders". Knapp vier Wochen später können die Nationalsozialisten bei den Reichstagswahlen am 20. Mai in Bayern – anders als im Reich – ihren Stimmenanteil erhöhen.

Woodrow Wilson (1856-1924): 1913-1921 Präsident der USA (Demokrat). Der US-amerikanische Präsident Woodrow Wilson engagierte sich für die Errichtung des Völkerbundes. Er hatte am 8. Januar 1918 einen „14 Punkte-Plan" vorgelegt, in dem er seine Vorstellungen von den Grundlagen einer zukünftigen Friedensordnung in Europa formulierte. Diese sollte auf dem Selbstbestimmungsrecht der Völker und dem Autonomie- und Nationalitätenprinzip basieren.

Belastete Friedensordnung: „Versailles" als Diffamierungsparole Am 18. Januar 1919 wurde in Versailles bei Paris die Friedenskonferenz ohne Beteiligung der Besiegten eröffnet. Auf ihr sollte die Nachkriegsordnung in Europa festgelegt werden. Am 7. Mai 1919 wurde der deutschen Delegation der fertige Vertrag mit 440 Artikeln, darunter die Völkerbundsatzung, vorgelegt: Deutschland verlor im Westen, Osten und Norden des Reiches 13 Prozent des Staatsgebietes sowie rund zehn Prozent der Bevölkerung. Es musste alle seine Kolonien aufgeben und weitgehende militärische Beschränkungen akzeptieren. Ferner sollten für die Kriegsschäden der anderen Mächte Ausgleichszahlungen (Reparationen) in noch festzulegender Höhe erbracht werden.

Die Bestimmungen des Friedensvertrages lösten in der deutschen Öffentlichkeit, in der man auf einen milden „**Wilson-Frieden**" gehofft hatte, Empörung und Proteststürme aus. Vor allem der Artikel 231 des Vertrages, der sogenannte Kriegsschuldartikel, wurde in Deutschland als moralische Ächtung des ganzen Volkes empfunden. Reichskanzler Scheidemann bezeichnete den Vertrag als unannehmbar.

Als die deutschen Einsprüche erfolglos blieben, trat die Regierung Scheidemann zurück. Um das Ultimatum der Alliierten zu erfüllen, wurde die neue Regierung von der Nationalversammlung beauftragt, den Vertrag zu unterschreiben. Den Politikern, die sich unter dem Druck der Verhältnisse dazu bereit erklärt hatten, gestanden anfänglich alle Parteien ehrenhafte Motive zu. Doch schon bald wurde der Versailler Vertrag von der äußersten Rechten bis hin zur Sozialdemokratie wegen des Kriegsschuldartikels und der umfangreichen Reparationen als ein „Diktat"- und „Schandfriede" abgelehnt. Republikfeindliche Kräfte nutzten die Vorbehalte der Bevölkerung aus, um mit Kampfparolen wie

„Heerlos! Wehrlos! Ehrlos!" gegen die Republik zu hetzen und die „Erfüllungspolitiker" zu beschimpfen. „Versailles" wurde zur Diffamierungsparole schlechthin, die Republik für die Belastungen des Friedensvertrages verantwortlich gemacht (▶ M1).

Der Vorwurf der „Erfüllungspolitik" wurde von den Rechten in den folgenden Jahren gegen alle außenpolitischen Schritte der Regierung erhoben, die auf die Einhaltung oder Neuregelung der Vertragsbestimmungen zielten. So liefen die nationalistischen Kreise 1925 gegen den **Locarno-Vertrag** Sturm, in dem die deutsche Regierung für eine Verbesserung der Beziehungen zu Frankreich den neuen Grenzverlauf im Westen anerkannte.

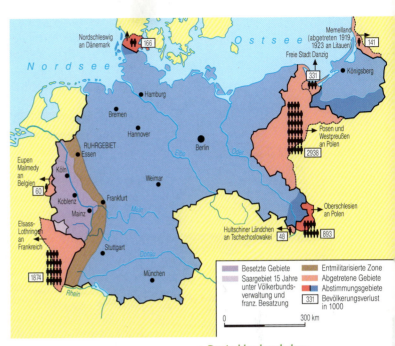

▲ **Deutschland nach dem Versailler Vertrag.**
■ Arbeiten Sie die Ergebnisse des Vertrags heraus und diskutieren Sie, welche Festlegungen für die deutsche Bevölkerung besonders schwer zu akzeptieren waren.

„Von hinten erdolcht?" ■ Schon im November 1918 verbreiteten rechtsradikale Zeitungen die angebliche Bemerkung eines britischen Generals, die deutsche Armee sei „von hinten erdolcht" worden. Streiks und politische Unruhen in der Heimat hätten sie zur Kapitulation gezwungen. Die beiden Generäle Erich Ludendorff und Paul von Hindenburg machten sich diese Version zu eigen und verbreiteten Ende 1919 eine Verschwörungstheorie, die die Schuld an der militärischen Niederlage von ihnen ablenken und vor allem auf die Sozialdemokratie abwälzen sollte. Sie besagte, das deutsche Heer sei im Weltkrieg „im Felde unbesiegt" geblieben und habe erst durch oppositionelle „vaterlandslose" Zivilisten aus der Heimat einen „Dolchstoß von hinten" erhalten.

Die „Dolchstoßlegende" vergiftete das politische Klima und diente deutschnationalen, völkischen und anderen rechtsextremen Gruppen und Parteien zur Propaganda gegen die Novemberrevolution, die Auflagen des Versailler Vertrags, die Linksparteien, die ersten Regierungskoalitionen der Weimarer Republik, die Verfassung und den Parlamentarismus. Die Sozialdemokraten unterschätzten die Auswirkungen der „Dolchstoßlegende" und versäumten es, die Öffentlichkeit über die wahren Gründe des Kriegsausbruchs und die Ursachen der Niederlage aufzuklären, sodass ein Großteil der Bevölkerung der bewusst konstruierten Tatsachenfälschung glaubte. Vergessen schien, dass die Politik des Kaiserreichs Deutschland in einen Krieg gegen eine übermächtige Allianz von Gegnern geführt hatte.

Locarno-Vertrag: im Oktober 1925 im Schweizer Kurort Locarno ausgehandelter Vertrag, in dem Deutschland, Frankreich und Belgien die Unveränderlichkeit ihrer Grenzen garantierten

Republikaner ohne Mehrheit? ■ Von Anfang an waren im Reichstag nicht nur staatstragende, demokratisch gesinnte Politiker vertreten. Nur drei der zahlreichen Parteien bekannten sich ausdrücklich zur parlamentarisch-demokratischen Republik und hatten maßgeblich an der Weimarer Verfassung mitgearbeitet: die SPD, die DDP und das Zentrum – die Parteien der „Weimarer Koalition".

Die SPD ging bei den Wahlen zur Nationalversammlung 1919 und bei den Reichstagswahlen bis 1930 jeweils als stärkste Kraft hervor, erreichte jedoch nie die absolute Mehrheit. Bis zum Ende der Republik war sie auf Reichsebene mit wenigen Ausnahmen in der Opposition.

Die linksliberale DDP vertrat vor allem das Bildungsbürgertum, Kaufleute, Beamte und Angestellte. Neben der SPD war sie die Partei, die sich am entschiedensten zur Weimarer Republik bekannte. Mit **Walther Rathenau** stellte die DDP 1922 den Außenminister.

Walther Rathenau (1867-1922, ermordet): Großindustrieller und liberaler Politiker, 1918 Mitbegründer der DDP, 1921 Reichsminister für Wiederaufbau, 1922 Reichsaußenminister

Schon ab 1920 verlor sie jedoch in großem Maß Stimmen und sank zur Splitterpartei ab. Das Zentrum war die Partei des politischen Katholizismus. Ihr kam eine bedeutende Stellung zu, da sie sich für alle sozialen Schichten einsetzte und sie mit fast allen Parteien koalitionsfähig war. Von 1919 bis 1932 war sie in nahezu jeder Reichsregierung vertreten. 1920 entstand mit der Bayerischen Volkspartei (BVP) die bayerische Variante des Zentrums.

Bereits bei den ersten Reichstagswahlen am 6. Juni 1920 verlor die Weimarer Koalition jedoch ihre Mehrheit und erreichte sie danach auf Reichsebene nicht mehr.

▼ **Wahlplakat der DNVP von 1924.**
■ *Erläutern Sie den Plakattext. Analysieren Sie die Zielsetzung des Plakats sowie die Wirkung von Text und Bild.*

Gegner der Republik Die links- und rechtsradikalen Gruppierungen und Parteien bekämpften den Parlamentarismus von Anfang an mit allen Mitteln – wenn auch mit unterschiedlichen Zielvorstellungen. Mit ihrer Kompromisslosigkeit stellten sie die Arbeit des Parlaments infrage und gefährdeten die politische Stabilität der Republik.

Die kommunistische KPD und die linkssozialistische USPD lehnten die Republik ab, weil ihnen die Revolution von 1918/19 nicht weit genug gegangen war. Sie betrachteten alle Gegner des Rätesystems, besonders die SPD, als „Handlanger des Kapitalismus", da deren Zusammenarbeit mit den alten Eliten die notwendige revolutionäre Umgestaltung Deutschlands verhindert habe.

Die rechtskonservative DNVP war ein Sammelbecken völkisch-nationalistischer, konservativer Kreise. Nach 1928 rückte die Partei stark nach rechts und kooperierte mit der NSDAP, an die sie seit 1930 viele Wähler verlor. Als verbindendes Element für die unterschiedlichen Interessen ihrer Wählerschaft diente der DNVP bereits früh der Antisemitismus. Zu den Sympathisanten der radikalen Rechten zählten die Anhänger des Kaiserreiches, vor allem Offiziere, Professoren, Richter, Unternehmer und Landwirte. Die einen fürchteten um Einfluss und Vorteile, die sie im Kaiserreich hatten geltend machen können, die anderen sahen in der Demokratie nur eine verachtenswerte Herrschaft der Masse (▶ M2).

Angriffe von links und rechts Zu den „Kampfmitteln" der Links- und Rechtsradikalen gehörten Verleumdungen führender Politiker, Streiks und Straßenkämpfe, aber auch politische Morde (▶ M3). Nach der Unterzeichnung des Versailler Friedensvertrages und dem Beginn der Reparationszahlungen häuften sich Attentate radikaler Rechter auf die „Erfüllungspolitiker" und „Novemberverbrecher".

Illegale Nachfolgeorganisationen der seit 1920 verbotenen Freikorps agierten als Kampfbünde unter Tarnnamen weiter. Am berüchtigtsten war die „Organisation Consul" (OC). Am 26. August 1921 ermordeten Angehörige der OC Matthias Erzberger, den ehemaligen Reichsfinanzminister und Unterzeichner des Waffenstillstandsabkommens von 1918. Als am 24. Juni 1922 Außenminister Walther Rathenau Opfer eines Anschlages wurde, sollte mit einem „Gesetz zum Schutz der Republik" den Terrorgruppen Einhalt geboten werden. Die erhoffte Wirkung blieb jedoch aus, da die Justizbehörden Mordanschläge von links und rechts nicht gleichermaßen verfolgten. Das national gesinnte Bürgertum brachte den brutalen Ausschreitungen häufig sogar Verständnis entgegen und verhalf Attentätern zur Flucht.

Neue Staatsform, alte Eliten Selbst Gesetze konnten den rechten Terror nicht stoppen. Nahezu alle Richter aus dem Kaiserreich blieben in ihren Ämtern. Viele Urteile zeigten ihre Abneigung gegen die Republik. Attentäter von rechts konnten vor Gericht mit weitgehendem Entgegenkommen und milden Strafen für ihre „nationale Tat" rechnen, während Terroranschläge von links mit der vollen Härte des Gesetzes geahndet wurden.

Wie in der Justiz konnten sich auch in der Reichswehr die alten Eliten an der Macht halten. Sie blieb ein „Staat im Staate". Bei Putschversuchen von links ging sie mit aller Konsequenz vor, wie etwa beim Spartakus-Aufstand. Bei Angriffen von rechts hielt sie sich weitgehend zurück. Dies zeigte sich bei dem Putsch einer Gruppe um die führenden Vertreter der rechtsextremen antirepublikanischen Bewegung, General Erich Ludendorff und Wolfgang Kapp. Sie unternahmen mit der Unterstützung von Freikorps vom 13. bis 17. März 1920 einen Umsturzversuch (Kapp-Putsch), der jedoch scheiterte. Die meisten Reichswehrkommandeure standen zwar dem Putsch ablehnend gegenüber, setzten aber die Reichswehr nicht zum Schutze des Staates ein. Angeblich wollten sie verhindern, dass Reichswehreinheiten aufeinander schießen müssten.

In der überwiegend monarchistisch-konservativ geprägten Beamtenschaft, bei den Führungskräften der Wirtschaft sowie an den Universitäten herrschten antidemokratische und antirepublikanische Ressentiments vor. 1934 schrieb die SPD rückblickend: „Dass sie den alten Staatsapparat fast unverändert übernahm, war der schwere historische Fehler, den die deutsche Arbeiterbewegung beging."

Haltung des Bürgertums Nicht nur die alten Eliten, auch große Teile des Besitz- und Bildungsbürgertums wollten die Weimarer Republik nicht akzeptieren. Ein Großteil der Deutschen, die sich in den ersten Jahren und der relativ stabilen Phase von 1924 bis 1929 zur parlamentarischen Demokratie bekannten, waren sogenannte „Vernunftrepublikaner" – Bürger, die eigentlich loyal zur Monarchie gestanden hatten, nach der erfolgreichen Revolution aber bereit waren, die junge Demokratie zu unterstützen. In den Krisenjahren der Republik ab 1929 wandelte sich die latente Republikfeindschaft in offene Ablehnung. Viele wandten sich den radikalen rechten und linken Parteien zu.

Typisch für diese Haltung war die DVP – neben DDP, DNVP und dem Zentrum eine der sogenannten „bürgerlichen" Parteien. Sie war in den Anfangsjahren noch monarchistisch und republikfeindlich geprägt. **Gustav Stresemann** brachte sie auf einen demokratischen und republikanischen Kurs. Nach seinem Tod tendierte die DVP immer stärker nach rechts, blieb jedoch im Vergleich zur DNVP und der ab 1924 kandidierenden rechtsradikalen Nationalsozialistischen Deutschen Arbeiterpartei (NSDAP) gemäßigt und sank 1932 zur Bedeutungslosigkeit herab.

> **Gustav Stresemann** (1878-1929): 1918 Mitbegründer der DVP, 1919/20 Mitglied der Nationalversammlung, 1923 Reichskanzler, 1923-1929 Außenminister, erhielt 1926 den Friedensnobelpreis

▲ **Satirische Bronzemedaille zum Hitler-Putsch.**
Im allgemeinen Chaos, das im Herbst 1923 in Deutschland herrschte, nahmen die Zeitgenossen die eigentlichen Hintergründe des Putschversuches kaum zur Kenntnis. Erleichtert über Hitlers Scheitern machte man sich gern über das „Münchener Theater" lustig.

Adolf Hitler (1889-1945, Selbstmord): nach frühem Scheitern als Künstler 1914 freiwillige Teilnahme am Ersten Weltkrieg in bayerischem Regiment, Verwundung und Auszeichnung, 1919 Propagandist der DAP, seit 1920 NSDAP; 1921 Vorsitzender der Partei, 1923 Hitler-Putsch und Festungshaft, 1925 Neugründung der NSDAP und Aufstieg zur Massenpartei, 1933 Ernennung zum Reichskanzler, ab 1934 „Führer und Reichskanzler"

Währungsreform: Umstellung im Deutschen Reich von der „Mark" (M) auf die „Rentenmark" (später „Reichsmark", RM), bei der der Wechselkurs neu festgelegt (1 Dollar = 4,20 Mark) und die Währung statt durch Goldreserven durch eine Hypothek auf Grundbesitz und individuelle Sachwerte gedeckt wurde

Der Hitler-Putsch in München Besonders München wurde zu einem Sammelbecken der rechten Kräfte. Ehemalige Freikorps-Führer und rechtsradikale Prominenz, wie Ludendorff und weitere Akteure des gescheiterten Kapp-Putsches, fanden dort ein neues Betätigungsfeld. Unter dem Einfluss rechtskonservativer und republikfeindlicher Kräfte betrieb die bayerische Regierung eine gegen Berlin gerichtete Politik. So wurde das Freikorps-Verbot nicht oder nur nachlässig umgesetzt und die noch unbedeutende NSDAP unter ihrem Vorsitzenden Adolf Hitler geduldet, obwohl sie aufgrund des Republikschutzgesetzes hätte verboten werden müssen.

1919 war **Adolf Hitler** der kurz zuvor in München gegründeten Deutschen Arbeiterpartei (DAP) beigetreten, die sich 1920 in NSDAP umbenannte. Mit gehässigen Reden gegen die Republik und maßloser Hetze gegen die Juden machte Hitler die Partei bald zum Tagesgespräch in München (▶ M4). Im Herbst 1923 wollte Hitler nach dem Vorbild des italienischen Faschisten Benito Mussolini einen „Marsch auf Berlin" durchführen. Am 8. November 1923 erklärte er auf einer republikfeindlichen Veranstaltung im Münchener Bürgerbräukeller den Ausbruch der „nationalen Revolution" und die Absetzung der Reichsregierung. Am folgenden Tag unternahm er mit General Ludendorff einen Demonstrationszug zur Feldherrnhalle, um die Bevölkerung für seine Umsturzpläne zu gewinnen (Hitler-Putsch). Doch die Landespolizei stoppte den Zug mit Waffengewalt. Hitler erhielt fünf Jahre Festungshaft, wurde jedoch bereits nach neun Monaten wieder entlassen. Ludendorff wurde freigesprochen.

Nach seiner Haftzeit änderte Hitler nicht sein Ziel, sondern nur die Taktik: 1925 gründete er die NSDAP unter seiner uneingeschränkten Führerschaft neu und versuchte nun, durch die Schaffung einer Massenbasis die Regierung auf legalem Wege zu übernehmen.

Weitere Hypotheken Die Kriegskosten hatten zu einer hohen Verschuldung des Reiches und einer Inflation geführt. Die Versorgung der Kriegsinvaliden, Witwen und Waisen und die Reparationen belasteten die Staatsfinanzen. Die Industrie war infolge des Krieges geschwächt. Das Deutsche Reich hatte wichtige Wirtschaftszentren und Rohstoffquellen verloren. Steigende Inflation und Arbeitslosigkeit ließen die Unzufriedenheit mit der Republik in der Bevölkerung wachsen.

Die Lage spitzte sich Anfang 1923 dramatisch zu, nachdem französische Truppen das Ruhrgebiet besetzt hatten. Sie sollten die deutsche Kohle- und Stahlproduktion kontrollieren und die Einhaltung der Reparationslieferungen überwachen. Die Reichsregierung rief die Bevölkerung zum passiven Widerstand gegen die Besatzungsbehörden auf und unterstützte die streikenden Arbeiter mit Geld. Im November 1923 erreichten Staatsverschuldung und Inflation daher eine neue Rekordhöhe. Unter dem Einfluss der Inflation und dem Druck der Alliierten brach die Regierung den „Ruhrkampf" ab und führte eine **Währungsreform** durch. Bereits Anfang 1924 war die Inflation zwar weitgehend überwunden. Die Hyperinflation und die Währungsreform von 1923 blieben vielen als traumatisches Erlebnis aber in Erinnerung. Weite Teile des Mittelstandes, kleine Unternehmer, Handwerker, Händler, Beamte, Angestellte und Rentner hatten ihre Ersparnisse verloren. Sie fühlten sich von der Republik betrogen und waren deswegen anfällig für radikale Parolen, die ihnen Rettung vor dem befürchteten Absinken ins Proletariat versprachen.

Dass viele auf Distanz zu Demokratie und Republik gingen, zeigt auch die Tatsache, dass nach dem Tod des Reichspräsidenten Friedrich Ebert der greise Generalfeldmarschall Paul von Hindenburg zu dessen Nachfolger gewählt wurde, der als ehemaliger Chef der Obersten Heeresleitung für Monarchie, Obrigkeitsstaat und Militarismus des untergegangenen Kaiserreiches stand und zu den „Erfindern" der „Dolchstoßlegende" zählte.

M1 „Wehrlos ist nicht ehrlos!"

Reichskanzler Gustav Bauer (SPD), der Nachfolger Philipp Scheidemanns, fordert am 23. Juni 1919, wenige Stunden vor Ablauf des alliierten Ultimatums, die Nationalversammlung auf, den Friedensvertrag unterzeichnen zu lassen.

Die Entente [...] will uns das Schuldbekenntnis auf die Zungen zwingen, sie will uns zu Häschern unserer angeschuldeten Landsleute[1] machen; es soll uns nichts, gar nichts erspart bleiben. Zur Verknechtung wollen uns die Feinde auch noch
5 die Verachtung aufbürden!
[...] Unsere Hoffnung, mit dem einzigen Vorbehalt einer Ehrenbewahrung bei unseren Gegnern durchzudringen, war nicht sehr groß. Aber wenn sie auch noch geringer gewesen wäre: Der Versuch musste gemacht werden. Jetzt, wo er miss-
10 lungen, an dem sträflichen Übermut der Entente gescheitert ist, kann und muss die ganze Welt sehen: Hier wird ein besiegtes Volk an Leib und Seele vergewaltigt wie kein Volk je zuvor. [...] Unterschreiben wir! Das ist der Vorschlag, den ich Ihnen, im Namen des gesamten Kabinetts, machen muss.
15 Bedingungslos unterzeichnen! Ich will nichts beschönigen. Die Gründe, die uns zu diesem Vorschlag zwingen, sind dieselben wie gestern. Nur trennt uns jetzt eine Frist von knappen vier Stunden von der Wiederaufnahme der Feindseligkeiten. Einen neuen Krieg könnten wir nicht verantworten,
20 selbst wenn wir Waffen hätten. Wir sind wehrlos. Wehrlos ist aber nicht ehrlos! Gewiss, die Gegner wollen uns an die Ehre; daran ist kein Zweifel. Aber dass dieser Versuch der Ehrabschneidung einmal auf die Urheber selbst zurückfallen wird, dass es nicht unsere Ehre ist, die bei dieser Welttragödie zu-
25 grunde geht, das ist mein Glaube bis zum letzten Atemzug.

Wolfgang Elben, Die Weimarer Republik, Frankfurt am Main ⁶1975, S. 40 f.

1. Diskutieren Sie, warum Reichskanzler Bauer die Annahme des Vertrages empfahl, obwohl er einige Bestimmungen als nicht akzeptabel bezeichnete.
2. Entwerfen Sie als Antwort auf Bauer eine Rede aus der Perspektive eines Gegners des Vertrages.

[1] Neben der Anerkennung der Kriegsschuld verlangten die Alliierten in den Artikeln 227 und 228 die Auslieferung des Kaisers und weiterer Personen, die gegen das Kriegsrecht verstoßen haben sollen, um sie vor ein alliiertes Militärgericht zu stellen.

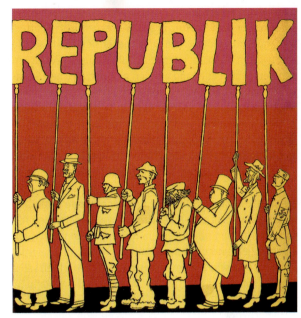

▲ „Sie tragen die Buchstaben der Firma – aber wer trägt den Geist?!"
Karikatur von Thomas Theodor Heine aus dem „Simplicissimus", 21. März 1927.
- Benennen Sie die gezeigten gesellschaftlichen Gruppen. Halten Sie die Auswahl für repräsentativ?
- Diskutieren Sie die Frage, ob eine Republik nur funktionieren kann, wenn die Bürger ihren „Geist" tragen.

M2 „So ist der deutsche Parlamentarismus"

Oswald Spengler, dessen pessimistische Kultur- und Geschichtsphilosophie nach dem verlorenen Krieg vom deutschen Bürgertum begeistert gelesen wird, ist ein entschiedener Gegner des Parlamentarismus und der Parteien. 1924 schreibt er:

Über den Trümmern der deutschen Weltmacht, über zwei Millionen Leichen umsonst gefallener Helden, über dem in Elend und Seelenqual vergehenden Volke wird nun in Weimar mit lächelndem Behagen die Diktatur des Parteiklüngels aufgerichtet, derselben Gemeinschaft beschränktester und 5
schmutzigster Interessen, welche seit 1917 unsere Stellung untergraben und jede Art von Verrat begangen hatte, vom Sturz fähiger Leute ihrer Leistungen wegen bis zu eigenen Leistungen im Einverständnis mit Northcliffe[1], mit Trotzki[2],

[1] Lord Alfred Northcliffe (1865-1922): englischer Pressemagnat, der durch eine Pressekampagne die Reduzierung der deutschen Reparationslasten verhinderte
[2] Leo Trotzki (1879-1940): russischer Revolutionär; er war einer der führenden Köpfe der russischen Revolution von 1917.

selbst mit Clemenceau³. [...] Nachdem sich die Helden der Koalition vor dem Einsturz in alle Winkel geflüchtet hatten, kamen sie mit plötzlichem Eifer wieder hervor, als sie die Spartakisten allein über der Beute sahen. Aus der Angst um den Beuteanteil entstand auf den großherzoglichen Samtsesseln und in den Kneipen von Weimar die deutsche Republik, keine Staatsform, sondern eine Firma. In ihren Satzungen ist nicht vom Volk die Rede, sondern von Parteien; nicht von Macht, von Ehre und Größe, sondern von Parteien. Wir haben kein Vaterland mehr, sondern Parteien; keine Rechte, sondern Parteien; kein Ziel, keine Zukunft mehr, sondern Interessen von Parteien. Und diese Parteien [...] entschlossen sich, dem Feinde alles, was er wünschte, auszuliefern, jede Forderung zu unterschreiben, den Mut zu immer weitergehenden Ansprüchen in ihm aufzuwecken, nur um im Inneren ihren eigenen Zielen nachgehen zu können. [...]

So ist der deutsche Parlamentarismus. Seit fünf Jahren keine Tat, kein Entschluss, kein Gedanke, nicht einmal eine Haltung, aber inzwischen bekamen diese Proletarier Landsitze und reiche Schwiegersöhne, und bürgerliche Hungerleider mit geschäftlicher Begabung wurden plötzlich stumm, wenn im Fraktionszimmer hinter einem eben bekämpften Gesetzantrag der Schatten eines Konzerns sichtbar wurde.

Oswald Spengler, Neubau des Deutschen Reiches, München 1924, S. 8f.

1. Beschreiben Sie, was Spengler unter „Diktatur des Parteiklüngels" versteht. Bewerten Sie seine Wortwahl.
2. Erläutern Sie seine Aussage, die deutsche Republik sei „keine Staatsform, sondern eine Firma".
3. Suchen Sie Argumente, die Spenglers Behauptung, die Weimarer Republik habe seit „fünf Jahren keine Tat, kein[en] Entschluss, kein[en] Gedanke[n], nicht einmal eine Haltung" (Zeile 26 f.) gezeigt, widerlegen können.

M3 Die Sühne der politischen Morde 1918-1922

	Pol. Morde begangen von Linksstehenden	Pol. Morde begangen von Rechtsstehenden	Gesamtzahl
Gesamtzahl der Morde	22	354	376
– davon ungesühnt	4	326	330
– teilweise gesühnt	1	27	28
– gesühnt	17	1	18
Zahl der Verurteilten	38	24	62
Geständige Täter freigesprochen	–	23	23

Emil Julius Gumbel, Vier Jahre politischer Mord, Berlin 1924, S. 81

1. Arbeiten Sie die Informationen der Tabelle heraus.
2. Überlegen Sie, welche Einstellung der Justiz zur Republik in M3 und in der Karikatur deutlich wird.

▶ „Hochverrat vor dem Reichsgericht."
Karikatur von Gerhard Holler aus der Beilage zum Berliner Tageblatt „Ulk", 1927.
Die Bildunterschrift zu den linksgerichteten Angeklagten lautet: „Ich werde die Republik vor Ihnen zu schützen wissen!"
Die rechten Uniformierten werden angesprochen mit: „Ich werde Sie vor der Republik zu schützen wissen!"

³ Georges Clemenceau (1841-1929): französischer Ministerpräsident. Bei der Friedenskonferenz 1919 in Versailles trat er als entschiedener Gegner Deutschlands auf.

M4 „Gegen die verlogene Parole"

Aus einem Anschlagzettel für „Protestkundgebungen" der NSDAP am 13. Dezember 1922 in zehn Münchener Veranstaltungssälen. Laut Ankündigung spricht Adolf Hitler im fliegenden Wechsel auf allen Versammlungen:

Nationalsozialisten! Deutsche! Antisemiten!
Die Partei der Novemberverbrecher, der Dokumentenfälscher und Landesverräter wendet sich in einem Plakat an ihre „lieben Volksgenossen" mit dem Ziele, die gesunkene „revolutionäre Begeisterung" wieder etwas aufzupulvern.
So viele Sätze, so viele Lügen.
1. „Der ‚verlorene Krieg' ist schuld an unserer Not."
Vor 4½ Jahren hat die gleiche Partei dem Volk verkündet, dass es sich ganz gleich bleibt für das Wohl des Volkes, ob der Krieg gewonnen oder verloren wird.
2. „Die Entente bedrückt uns."
Vor 4½ Jahren hat noch die gleiche Partei erklärt, dass nur das „imperialistische Deutschland" den Weltfrieden gefährde, Frankreich, England usw. aber immer humane Staaten wären. Die gleiche Partei forderte auf, denen den Schädel einzuschlagen, die an die schwindelhaften Phrasen des ihr verwandten Erzgauners Wilson[1] nicht glaubten. Heute gibt sie zu, dass das damals alles Betrug, Krampf war.
3. „Nationalistische Kreise missbrauchen heute die Not."
Vor 4½ Jahren, als das deutsche Volk in der größten Not seiner ganzen Geschichte war, hat aber diese gleiche Partei diese gleiche Not in der ungeheuerlichsten Weise missbraucht, den Novemberputsch inszeniert und Deutschland dem internationalen Weltbörsenbanditentum wehrlos ausgeliefert. Also Schwindler und Heuchler zugleich.
4. „Das Großkapital fördert die nationalistische Bewegung."
In Wirklichkeit hat die 4½-jährige marxistische Judenherrschaft Deutschland zur Kolonie des internationalen Kapitals gemacht. Es hat also gerade dieses Kapital alles Interesse, die Sozialdemokratie zu fördern. [...]
5. „Die Nationalisten wollen die ‚wenigen Sicherungen gegen Volksausbeutung' beseitigen."
Eigentümlich! Im November 1918 erklärte man, dass die Ausbeutung des Volkes von jetzt ab überhaupt aufhören würde und siehe da, das Volk ist jetzt nur „wenig" gesichert. Ein Schwindel, ihr Herren Bonzen! Das Volk ist heute gegen Ausbeutung überhaupt nicht nur nicht gesichert, nein es ist noch nie so infam bewuchert, begaunert und bestohlen worden als unter euerem Regiment!
6. „Die Nationalsozialisten stören die organische Entwicklung."
Seit 4½ Jahren hat sich in Deutschland noch nichts organisch entwickelt, außer Schiebern und Wucherern, Preissteigerung und Armut. [...] In Ahnung einer kommenden Abrechnung, die das deutsche Volk an seinen Betrügern vornehmen wird, versucht das gesamte Schiebergesindel auf politischem und wirtschaftlichem Gebiet nun die Schuld von sich abzuwälzen. Dass dieser neue Volksbetrug nicht gelingt, soll nun unsere Aufgabe sein.
Als Gegenprotest gegen die verlogene Parole zu den fünf heutigen Massenversammlungen fordern wir nun alles das, was deutsch ist in dieser Stadt, auf: Kommt heute Mittwoch, den 13. Dezember 1922 abends 8.30 Uhr in unsere zehn Protestkundgebungen [...].
Thema: „Jüdisch-internationaler Marxismus und Freimaurerei als Totengräber Deutschlands, die Entente, ihr Nutznießer."

Münchener Stadtmuseum (Hrsg.), München – „Hauptstadt der Bewegung", Ausstellungskatalog, München 2005, S. 79

[1] Anspielung auf US-Präsident Woodrow Wilson und seinen „14-Punkte-Plan" vom 18. Januar 1918 für eine Friedensordnung in Europa

1. Erläutern Sie, mit welchen Argumenten die NSDAP den Vorwürfen begegnet.
2. Arbeiten Sie die Ziele der NSDAP heraus. An wen und gegen wen wendet sie sich?
3. Bewerten Sie Sprache und Argumentation des Aufrufs.

▲ „Adolf Hitler als Redner."
Fotos von Heinrich Hoffmann, Hitlers „Hoffotograf", um 1926. Hitler studierte seine Redner-Posen vor dem Spiegel ein. Die in Hoffmanns Atelier aufgenommenen Fotos erschienen als Bildpostkartenserie. Der Schriftsteller Carl Zuckmayer, der 1923 eine der Versammlungen Hitlers aus Neugier besuchte, beschreibt ihn als „heulenden Derwisch", der es verstand, die „Menschen aufzuputschen und mitzureißen; nicht durch Argumente, die bei den Hetzreden ja nie kontrollierbar sind, sondern durch den Fanatismus seines Auftretens, das Brüllen und Kreischen, mit biedermännischen Brusttönen gepaart, vor allem aber: durch das betäubende Hämmern der Wiederholungen, in einem bestimmten, ansteckenden Rhythmus. Das war gelernt und gekonnt und hatte eine furchterregende, barbarisch-primitive Wirksamkeit."

■ Diskutieren Sie, inwieweit Rhetorik und Körpersprache für eine Rede von Bedeutung sind.

Die Krise der Demokratie: Die Republik wird untergraben

Der 7. Oktober 1930 ist ein nasskalter, grauer Tag mit tief hängenden Wolken. Fröstelnd schaut Martha, die in der Küche mit einer Stopfarbeit beschäftigt ist, aus dem Fenster. Sie wartet nun schon seit vielen Stunden auf ihren Mann. Seit er vor knapp sechs Monaten mit 55 Jahren seine Arbeit als Ingenieur in einem großen Elektrowerk in Nürnberg verloren hat, sucht er täglich das Arbeitsamt auf. In den Fabriken der Stadt und der Umgebung fragt er verzweifelt nach Beschäftigung jeder Art. Wenn er zurückkommt, scheint er jedes Mal ein Stück verbitterter geworden zu sein. Die Enttäuschung über seine erfolglosen Versuche hat sich tief in sein Gesicht eingegraben. Martha weiß, wie sehr Gustav leidet und sich wegen der Arbeitslosigkeit vor ihr und den drei Kindern schämt. Seit vor wenigen Wochen ein Mann aus dem Nachbarhaus, der sein Elend nicht mehr ertragen konnte, Selbstmord begangen hat, bangt sie um ihren Mann.

Obwohl die Haustüre nur leise ins Schloss fällt, hört sie das Geräusch. Gustav ist endlich zurück. Schnell legt sie das Nähzeug weg. Ihr Mann soll nicht sehen, dass sie durch Heimarbeit ein paar Mark hinzuverdient, um die größte Not in der Familie zu lindern. Von den staatlichen Sozialleistungen, die durch Reichskanzler Heinrich Brüning immer weiter eingeschränkt werden, kann eine Familie mit drei Kindern nicht leben. „Zum Sterben zu viel, zum Leben zu wenig", sagen die Leute auf der Straße. Über Wochen hinweg nur Brot und Kartoffeln, selten mal etwas Margarine – das ist auf Dauer unzumutbar.

Als Gustav die Wohnzimmertür öffnet, braucht er kein Wort zu sagen. Sein Gesicht ist grau und eingefallen, die Augen schauen ausdruckslos an ihr vorbei. Wortlos reicht sie ihm eine Tasse dünnen Malzkaffee, den sie sich von einer Nachbarin ausgeliehen hat, und setzt sich zu ihm aufs Sofa.

▶ **Geschichte In Clips:** Zur Wirtschaftskrise siehe Clip-Code 32007-02

Von der „Great Depression" zur Weltwirtschaftskrise Überhitzte Spekulationen lösten im Oktober 1929 in New York einen Börsenkrach und in dessen Folge eine Bankenkrise aus. Um zahlungsfähig zu bleiben, zogen die amerikanischen Banken ihre kurzfristigen Kredite aus Europa ab. Zugleich erhöhten die Industriestaaten zum Schutz der eigenen Wirtschaft ihre Einfuhrzölle, was zu einem radikalen Einbruch des Welthandels führte.

Deutschland traf die weltweite Depression besonders heftig, da es in hohem Maße auf den Export und ausländische Kredite angewiesen war. Produktionsrückgänge, Firmenzusammenbrüche, Bankenschließungen und massive Arbeitslosigkeit waren die Folge (▶ M1, M2). Im Februar 1932 meldeten sich 6,1 Millionen Menschen arbeitslos. Wahrscheinlich lag die tatsächliche Zahl noch höher, sodass in Deutschland nahezu jede zweite Familie unter der Krise zu leiden hatte. Die sprunghaft wachsenden Ausgaben überlasteten die Sozialsysteme, die bereits in stabileren Phasen an ihre Grenzen geraten waren. Obwohl die Höhe und Bezugsdauer des Arbeitslosengeldes immer weiter gekürzt wurden, reichten die Reserven der Reichsanstalt nicht aus. Im Jahr 1930 war fast ein Fünftel der Bevölkerung auf kommunale Fürsorgesysteme angewiesen. Die Unterstützung für Arbeitslose bewegte sich bereits am Rande des Existenzminimums. Trotzdem wurde sie ab Juni 1932 noch einmal gekürzt. Eine allgemeine Katastrophenstimmung machte sich breit. Sie schürte die Anfälligkeit für radikale Patentrezepte von rechts und links.

◀ **Arbeitsuchende.**
Foto aus Berlin, 1930.

◄ Arbeitslosenschlange im Hof des Arbeitsamtes Hannover.
Foto von Walter Ballhause, um 1932.

Der Parlamentarismus auf dem Prüfstand Nach den Wahlen vom 20. Mai 1928 hatten SPD, DVP, DDP, BVP und Zentrum eine „Große Koalition" gebildet. Ihre Arbeit wurde überschattet durch die Agitation gegen den Young-Plan, der die deutschen Reparationszahlungen neu regeln sollte. DNVP, Stahlhelm und NSDAP bezeichneten ihn als „Versklavung des deutschen Volkes" und initiierten ein Volksbegehren dagegen. Zwar scheiterten sie beim Volksentscheid Ende 1929, jedoch profitierten Hitler und die NSDAP von der monatelangen aggressiven Agitation und der damit verbundenen politischen Emotionalisierung der Bevölkerung. Die bisherige Splitterpartei wurde dadurch einer breiten deutschen Öffentlichkeit bekannt.

Außenminister Stresemann, eine integrative Persönlichkeit, hatte die Regierungskoalition zusammengehalten. Als er im Oktober 1929 starb, war deren Auseinanderbrechen nur eine Frage der Zeit. Insbesondere auf dem Gebiet der Wirtschafts- und Sozialpolitik ließen sich die Unterschiede zwischen SPD und DVP kaum mehr überbrücken. Die Parteien glaubten, eine „Politik schädlicher Kompromisse" vor den eigenen Anhängern nicht länger vertreten zu können. Die Große Koalition zerbrach letztlich an der Frage, wie die Arbeitslosenversicherung saniert werden könne. Eine Beitragserhöhung – wie von den Sozialdemokraten gefordert – lehnte die DVP ab, die den Unternehmern nahe stand. Als die SPD-Reichstagsfraktion einen Kompromissvorschlag zurückwies, trat Reichskanzler Hermann Müller am 27. März 1930 zurück. Damit war in jedem Fall die Koalition, nach der Meinung des Historikers Hans-Ulrich Wehler auch „die parlamentarische Republik gescheitert".

Young-Plan: unter dem Vorsitz des amerikanischen Finanzmanagers Owen D. Young ausgehandelte Neuregelung der deutschen Reparationsverpflichtungen, bei der erstmals die Gesamtsumme auf 112 Milliarden Goldmark über einen Zeitraum von 59 Jahren festgelegt wurde

Stahlhelm, Bund der Frontsoldaten: im Dezember 1918 gegründeter paramilitärischer Wehrverband und bewaffnete Schutztruppe der DNVP

Hermann Müller (1876-1931): 1919/20 Reichsaußenminister; 1920-1928 Vorsitzender der sozialdemokratischen Reichstagsfraktion; 1928-1930 Reichskanzler

Die Kanzler der „Präsidialkabinette":

Heinrich Brüning (1885-1970): 1930-1932 Reichskanzler; 1934 Emigration in die USA

Franz von Papen (1879-1969): Oberstleutnant und Politiker aus westfälischem Adelsgeschlecht; 1932 Reichskanzler; 1933-1934 Vizekanzler im ersten Kabinett Hitler

Kurt von Schleicher (1882-1934): 1932 Reichswehrminister; 1932/33 Reichskanzler

Regieren ohne Mehrheit Für Reichspräsident Paul von Hindenburg und seinen antidemokratischen Beraterstab sowie für die Reichswehrführung ergab sich mit dem Scheitern der Großen Koalition die Gelegenheit, das Parlament zu entmachten und die SPD, die mit Abstand stärkste Fraktion im Reichstag, aus dem politischen Entscheidungsprozess zu entfernen. Hindenburg wollte mit dieser Regierungsbildung neuen Stils die alten Eliten, also die Repräsentanten der konservativ-bürgerlichen Parteien, der Reichswehr sowie adlige Gutsherren und Industrielle, wieder an die Macht bringen.

General Kurt von Schleicher schlug Hindenburg vor, eine nach rechts orientierte bürgerliche Regierung zu ernennen, die nur dem Reichspräsidenten verantwortlich sein sollte („Präsidialkabinett"). Der Präsident sollte dabei die Handlungsfähigkeit der Regierung durch Einsatz der Verfassungsartikel 48 (Notverordnungsrecht) und 25 (Reichstagsauflösung) sicherstellen.

Hindenburg stimmte zu und ernannte am 29. März 1930 den konservativ-nationalen Fraktionsvorsitzenden des Zentrums, Heinrich Brüning, zum Reichskanzler. Dieser nahm mit einer rigiden Sparpolitik die hohe Arbeitslosigkeit und das Elend großer Bevölkerungsteile in Kauf, um den Alliierten die Unerfüllbarkeit ihrer Reparationsforderungen vor Augen zu führen, obwohl dies viele Verzweifelte in die Arme der radikalen Parteien treiben konnte. Gehaltskürzungen im öffentlichen Dienst, Leistungsabbau im sozialpolitischen Bereich und Steuererhöhungen führten jedenfalls dazu, dass die Kaufkraft der Bevölkerung sank und die Einnahmen des Staates weiter zurückgingen.

Als sich der Reichstag im Juli 1930 weigerte, einem Bündel weiterer einschneidender sozialpolitischer Maßnahmen der Regierung zuzustimmen, löste ihn der Reichspräsident auf und setzte für den 14. September Neuwahlen fest. In der Zwischenzeit regierte Brüning weiter mit Notverordnungen. Aus den Wahlen ging die NSDAP als große Gewinnerin hervor. Ihr Stimmenanteil wuchs von 800 000 (1928) auf nun 6,4 Millionen. Dies machte sie hinter der SPD zur zweitstärksten Fraktion im Reichstag. Trotz fehlender Mehrheit im Parlament konnte Reichskanzler Brüning nach der Wahl seine Notverordnungspraxis fortführen, da die SPD aus Gründen der Staatsräson und Furcht vor einer weiteren Radikalisierung bei Neuwahlen, eventuell sogar mit einem Kabinett unter Beteiligung der Nationalsozialisten, seinen Kurs tolerierte.

Attacken auf die Republik Reichskanzler Brüning wurde am 30. Mai 1932 durch Hindenburg entlassen. Er stürzte unter anderem, weil es ihm nicht gelungen war, die NSDAP in die Regierungsverantwortung einzubinden und ihre große Popularität für Hindenburgs Wiederwahl zum Reichspräsidenten nutzbar zu machen. Die NSDAP stellte vielmehr Hitler als Gegenkandidaten auf, sodass Hindenburg erst im zweiten Wahlgang mit den Stimmen der Anhänger von SPD und Zentrum gewählt wurde. Er gab Brüning die Schuld dafür, dass sich die nationale Rechte nicht für ihn aussprach. Darüber hinaus machte Hindenburg Brüning zum Vorwurf, die bürgerkriegsähnlichen Straßenkämpfe der Radikalen nicht beendet zu haben, welche die staatliche Autorität untergruben. Und nicht zuletzt agitierte Franz von Papen gegen ihn. Er wurde Brünings Nachfolger und bildete ein neues Kabinett, in dem von elf Ministern sieben adlig waren („Kabinett der Barone").

Brüning hatte sich als Chef des ersten Präsidialregimes bemüht, mit dem Reichstag zusammenzuarbeiten, auch wenn er sich nicht an parlamentarische Entscheidungen gebunden fühlte. Papen dagegen suchte, gestützt auf eine breite antiparlamentarische, republikfeindliche Allianz, die offene Auseinandersetzung mit dem Reichstag. Der Reichstag wurde am 4. Juni aufgelöst, die zwischenzeitlich verbotene SA am 14. Juni wieder zugelassen und Neuwahlen für den 31. Juli ausgeschrieben. Hitler verweigerte auch dieser Regierung die Zusammenarbeit und attackierte sie schonungslos (▶ M3).

Die Auflösung der Republik Bei den Neuwahlen am 31. Juli konnte die NSDAP die Zahl ihrer Mandate von 107 auf 230 mehr als verdoppeln und wurde stärkste Fraktion im Reichstag. Nun war Hitler nicht mehr bereit, sich mit dem Vizekanzlerposten zufriedenzugeben. Hindenburg lehnte jedoch seine Forderung nach einer Neubildung des Kabinetts unter nationalsozialistischer Führung ab und beließ Papen im Amt. Als ihm das neu gewählte Parlament gleich in seiner ersten Sitzung mit deutlicher Mehrheit das Misstrauen aussprach, ließ Papen es sofort wieder auflösen und setzte Neuwahlen für den 6. November an. Die KPD konnte ihren Stimmenanteil wiederum steigern, während die NSDAP gegenüber der Juli-Wahl überraschend zwei Millionen Wähler verlor.

Unter Papen hatte sich das Verhältnis zum Reichstag so verschlechtert, dass ein Kompromiss zwischen Parlament und Regierung nicht mehr möglich war. Um weitere Parlamentsauflösungen und Neuwahlen zu vermeiden, schien sich als einziger Ausweg die Ausrufung des Staatsnotstandes mit der Ausschaltung des Reichstags und einem Verbot sämtlicher Parteien anzubieten. Als General von Schleicher erklärte, dass die Reichswehr nicht in der Lage sei, einen möglichen Widerstand der Bevölkerung gegen diesen Verfassungsbruch zu unterbinden, war Papens „Kabinett der nationalen Konzentration" gescheitert. Hindenburg entließ den Kanzler und ernannte am 3. Dezember Schleicher zum Nachfolger. Dieser rückte von Brünings Deflationspolitik ab und versuchte, mit einem „sozialen Programm" unter Einbeziehung der Gewerkschaften („Querfront") neue Arbeitsplätze zu schaffen. Er scheiterte, weil Gewerkschaften und SPD ihre Mitarbeit verweigerten. Weder das Parlament noch der Reichspräsident hatten ihn unterstützt. Bereits nach 55 Tagen zerbrach die 20. Regierung der Weimarer Republik.

Reichspräsident von Hindenburg wurde nun von seinen engsten Beratern, führenden Unternehmern aus Wirtschaft und Industrie und vor allem von Papen bedrängt, Hitler zum Reichskanzler zu ernennen (▶ M4-M6). Papen winkte der Vizekanzlerposten. Mit den anderen konservativen Ministern glaubte er, die Nationalsozialisten ausreichend „einrahmen" zu können. Am 28. Januar 1933 trat Schleicher zurück. Zwei Tage später ernannte Hindenburg Hitler zum Reichskanzler.

Hitler ließ das Parlament durch den Reichspräsidenten auflösen und setzte für den 5. März Neuwahlen an. Um allein die absolute Mehrheit zu erreichen, organisierten die Nationalsozialisten einen intensiven Wahlkampf, in dem vor allem die linken Parteien behindert wurden, sodass von freien Wahlen nicht die Rede sein konnte.

▲ „Der Reichstag wird eingesargt."
Collage von John Heartfield zum 30. August 1932.
- Erläutern Sie, wofür bei John Heartfield der Reichstag steht.
- Analysieren Sie, warum der Künstler die SPD ins Blickfeld rückt.
- Erörtern Sie, inwiefern die Abbildung Heartfields Haltung gegenüber der politischen Entwicklung ausdrückt.

▶ Politische Grundorientierung im deutschen Parteienspektrum 1928-1933 (in %).
Nach: Hans-Ulrich Wehler, Deutsche Gesellschaftsgeschichte, Bd. 4, München 2003, S. 359

	1928	1930	1932/1	1932/2	1933
Autoritäres Lager (NSDAP, DVP, DNVP)	16	30	45	42	55
Demokratisches Lager (SPD, DDP, Zentrum, DVP)	49	43	38	36	33
Linkes Lager (KPD)	11	13	14	17	12
Splitterparteien	14	14	3	5	–

M1 Arbeitslosigkeit* in ausgewählten Ländern 1925 - 1933 (in Prozent)

Jahr	Deutschland	Großbritannien	USA	Frankreich
1925	6,8	11,3	5,9	3,0
1926	18,0	12,5	2,8	3,0
1927		9,7	5,9	11,0
1928	8,6	10,8	6,4	4,0
1929	13,3	10,4	4,7	1,0
1930	22,7	16,1	13,0	2,9
1931	34,3	21,3	23,3	6,5
1932	43,8	22,1	34,0	15,4
1933	36,2	19,9	35,3	14,1

*Als arbeitslos wurde nur gezählt, wer Anspruch auf staatliche Unterstützung hatte. Verlor ein Arbeitnehmer im Deutschen Reich seinen Arbeitsplatz, bekam er ein Jahr lang eine monatliche Unterstützung. Hörte diese auf, wurde er in den amtlichen Statistiken nicht mehr als arbeitslos geführt. Die offiziellen Zahlen beschönigen somit den tatsächlichen Zustand.

Dietmar Petzina, Die deutsche Wirtschaft in der Zwischenkriegszeit, Wiesbaden 1977, S. 16 f.

1. Übertragen Sie die Tabelle in ein Diagramm.

2. Vergleichen Sie die deutschen Arbeitslosenzahlen mit denen der drei anderen Staaten. Suchen Sie nach Gründen für die Unterschiede.

3. Vergleichen Sie die deutschen Arbeitslosenzahlen von 1930 bis 1932 mit aktuellen Zahlen in der Bundesrepublik. Nennen Sie die Punkte, die bei einem solchen Vergleich zu beachten sind.

M2 Arbeitslos – und dann?

Ein anonymer Betroffener beschreibt 1930 in der „Arbeiter Illustrierten Zeitung" seine Situation:

Du hast eines Tages den berühmten „blauen Brief" erhalten; man legt auf deine Arbeitskraft kein Gewicht mehr, und du kannst dich einreihen in die große „graue Masse" der toten Hände und überflüssigen Hirne, denn die Maschine ersetzt dich, und jüngere Arbeitskräfte leisten für weniger Geld deine Arbeit. [...]
Was dir zunächst als persönliches Schicksal und individuelles Unglück erscheint auf dem Arbeitsnachweis[1], wo du dich zunächst melden musst, damit du später (nach der zufriedenstellenden Beantwortung von über 300 Fragen auf X Fragebögen) die Erwerbslosenfürsorge in Anspruch nehmen kannst, auf dem Arbeitsnachweis merkst du: Wie dir geht es tausenden. [...] Hier beginnt dein Leidensweg. Man fragt dich aus, wo du in den letzten vier Jahren beschäftigt warst, du musst deinen Lebenslauf schreiben, den Besuch der Schulen angeben, schreiben, warum du entlassen worden bist usw. [...] Nach peinlicher Befragung erhältst du deine Stempelkarte und gehst damit los zur Erwerbslosenfürsorge. Und hier setzt man dir mit Fragen zu, bis du keinen trockenen Faden mehr am Leibe hast. Dass du lebst, glaubt man dir noch, aber wo du in den letzten drei Jahren gelebt hast, musst du aufgrund polizeilichen Stempels und amtlicher Unterschrift nachweisen. [...] Normalerweise hast du drei bis vier Tage zu tun, um alle Papiere beisammen zu haben, und dann kriegst du Unterstützung? So schnell geht das nicht! Erst wenn dein Antrag geprüft und von X Beamten unterschrieben ist, kannst du im günstigsten Fall nach vierzehn Tagen dein erstes Geld holen. [...]
Deine Unterstützung richtet sich nach deinem Arbeitsverdienst in den letzten 26 Wochen. Aber ganz gleich, ob du 8,80 Mk oder 22,05 Mk (Höchstsatz) als Lediger pro Woche erhältst, die paar Pfennige sind zum Leben zu wenig und zum Sterben zu viel. 26 Wochen darfst du stempeln und Unterstützung beziehen, dann steuert man dich aus, und du kommst in die Krisenfürsorge, deren Sätze erheblich niedriger sind. Und nach weiteren 26 oder 52 Wochen erhältst du gar nichts mehr und gehörst zu den gänzlich Unterstützungslosen.

Arbeiter Illustrierte Zeitung 1930, Nr. 5; zitiert nach: Wochenschau für politische Erziehung, Sozial- und Gemeinschaftskunde, 48 (1997) 1, S. 33

1. Beschreiben Sie die Hindernisse, die Arbeitslose zu überwinden hatten, bevor sie Unterstützung bekamen. Finden Sie heraus, was die Betroffenen heute tun müssen.

2. Diskutieren Sie, welche Auswirkungen Arbeitslosigkeit auf die politische Einstellung der Betroffenen haben kann.

[1] Erfassungsstelle für Arbeitslose

M3 „Nicht unser Staat"

Der sozialdemokratische Reichstagspräsident Paul Löbe berichtet in seinen Lebenserinnerungen von der parlamentarischen Arbeit nach den Reichstagswahlen von 1930:

Einige Jahre konnte der Reichstag wieder ordnungsgemäß arbeiten. Als aber 1930 das deutsche Volk 107 Nationalsozialisten neben 77 Kommunisten [...] entsandte und 40 deutschnationale Hugenbergianer[1] ihre schützende Hand über die
5 Nazis hielten, brach der Sturm aufs Neue los. Äußerste Rechte und äußerste Linke warfen sich die Bälle zu, unterstützten gegenseitig ihre Obstruktionsanträge[2], begleiteten die jeweiligen Schimpfkonzerte ihrer Antipoden mit tosendem Beifall und versuchten durch unsinnige und demagogische Anträge
10 die Arbeit des Parlaments und der Regierung lahmzulegen. [...]
Bei einer Reichshaushaltsberatung stellten die Kommunisten eine Reihe von Anträgen, unsympathische Steuern und Abgaben aufzuheben oder herabzusetzen, sodass bei Annahme
15 dieser Anträge die Reichseinnahmen von zehn Milliarden auf sechs vermindert worden wären. Bei dem Ausgabenetat kamen dann so viel populäre Anträge auf Rentenerhöhungen, Wohnhausbauten, Erweiterung des Kreises der Versorgungsberechtigten, dass die Ausgaben des Etats von zehn auf 14
20 Milliarden steigen mussten. Als ich den kommunistischen Wortführer fragte, woher die Mittel für eine solche Wirtschaft kommen, wie das Defizit von acht Milliarden gedeckt werden sollte, erwiderte er kaltschnäuzig, darüber könne sich ja die Regierung den Kopf zerbrechen, „es ist ja nicht unser
25 Staat, sondern der eure". Genauso unehrlich war die Taktik der nationalsozialistischen Fraktion. Sie beantragte, dass niemand im Reich mehr als tausend Mark Monatseinkommen beziehen sollte, dachte aber gar nicht daran, selbst diesen Grundsatz zu befolgen, sondern wollte mit solch demago-
30 gischen Anträgen nur die anderen Parteien in Verlegenheit bringen [...].

Günter Schönbrunn (Bearb.), Weltkriege und Revolutionen, München ⁵1995, S. 249

1. *Erläutern Sie, wie Radikale von links und rechts die parlamentarische Arbeit beeinflussten.*
2. *Diskutieren Sie, welche Wirkung die parlamentarische Arbeit auf die Öffentlichkeit haben musste.*

---

[1] Alfred Hugenberg (1865-1951): Medienunternehmer, von 1928 bis 1933 Vorsitzender der DNVP
[2] Obstruktion: Verschleppung, Verhinderung

M4 Verfassungspläne

Noch als Reichskanzler stellt der ehemalige Zentrumspolitiker Franz von Papen am 12. Oktober 1932 bayerischen Industriellen folgende Pläne vor:

Wir wollen eine machtvolle und überparteiliche Staatsgewalt schaffen, die nicht als Spielball von den politischen und gesellschaftlichen Kräften hin- und hergetrieben wird, sondern über ihnen unerschütterlich steht [...]. Die Reform der Verfassung muss dafür sorgen, dass eine solche machtvolle 5 und autoritäre Regierung in die richtige Verbindung mit dem Volke gebracht wird. An den großen Grundgesetzen [...] soll man nicht rütteln, aber die Formen des politischen Lebens gilt es zu erneuern. Die Reichsregierung muss unabhängiger von den Parteien gestellt werden. Ihr Bestand darf nicht 10 Zufallsmehrheiten ausgesetzt sein. Das Verhältnis zwischen Regierung und Volksvertretung muss so geregelt werden, dass die Regierung und nicht das Parlament die Staatsgewalt handhabt.
Als Gegengewicht gegen einseitige, von Parteiinteressen her- 15 beigeführte Beschlüsse des Reichstags bedarf Deutschland einer besonderen Ersten Kammer mit fest abgegrenzten Rechten und starker Beteiligung an der Gesetzgebung. Heute ist das einzige Korrektiv gegen das überspitzte parlamentarische System und gegen das Versagen des Reichstags die Ver- 20 ordnungsgewalt des Reichspräsidenten aufgrund des Artikels 48 der Reichsverfassung. Sobald aber wieder stetige und normale Verhältnisse herrschen, wird auch kein Anlass mehr sein, den Artikel 48 in der bisherigen Weise anzuwenden. [...]
Nichts kann das Vertrauen in den Aufstieg der Nation mehr 25 hindern als die Unstabilität der politischen Verhältnisse, als Regierungen, die nur Treibholz sind auf den Wellen der Partei und abhängig von jeder Strömung. Diese Art der Staatsführung der Parteiarithmetik ist im Urteil des Volkes erledigt.

Heinz Hürten (Hrsg.), Weimarer Republik und Drittes Reich 1918-1945 (Deutsche Geschichte in Quellen und Darstellung, Bd. 9), Stuttgart 1995, S. 132 ff.

1. *Erläutern Sie, wie Papen seine Pläne begründet.*
2. *Erörtern Sie, welche von ihm geplanten Verfassungsänderungen nicht mit dem Grundgesetz vereinbar wären.*
3. *Manche Historiker sind der Ansicht, dass die Praxis der Präsidialkabinette die letzte Chance für die Demokratie gewesen sei, andere sehen darin den „Todesstoß" für die Weimarer Republik. Beurteilen Sie diese Auffassungen mithilfe der Darstellung auf S. 144f.*

M5 „Zu bejahender Kraft mitreißen"

Mitte November 1932 richten Persönlichkeiten aus Wirtschaft und Industrie sowie aus großagrarischen Kreisen an den Reichspräsidenten die Bitte, Hitler zum Kanzler zu ernennen:

Mit Eurer Exzellenz bejahen wir die Notwendigkeit einer vom parlamentarischen Parteiwesen unabhängigen Regierung, wie sie in dem von Eurer Exzellenz formulierten Gedanken eines Präsidialkabinetts zum Ausdruck kommt.
5 Der Ausgang der Reichstagswahl vom 6. November d. J. hat gezeigt, dass das derzeitige Kabinett [...] für den von ihm eingeschlagenen Weg keine ausreichende Stütze im deutschen Volk gefunden hat.
[...] Gegen das bisherige parlamentarische Parteiregime sind
10 nicht nur die Deutschnationale Volkspartei und die ihr nahe stehenden kleineren Gruppen, sondern auch die Nationalsozialistische Deutsche Arbeiterpartei grundsätzlich eingestellt und haben damit das Ziel Eurer Exzellenz bejaht. [...] Es ist klar, dass eine des Öfteren wiederholte Reichstagsauflösung
15 mit sich häufenden, den Parteikampf immer wieder zuspitzenden Neuwahlen nicht nur einer politischen, sondern auch jeder wirtschaftlichen Beruhigung und Festigung entgegenwirken muss. Es ist aber auch klar, dass jede Verfassungsänderung, die nicht von breitester Volksströmung getragen
20 ist, noch schlimmere wirtschaftliche, politische und seelische Wirkungen auslösen wird. [...]
Die Übertragung der verantwortlichen Leitung eines mit den besten sachlichen und persönlichen Kräften ausgestatteten Präsidialkabinetts an den Führer der größten nationalen
25 Gruppe wird die Schlacken und Fehler, die jeder Massenbewegung notgedrungen anhaften, ausmerzen und Millionen Menschen, die heute abseits stehen, zu bejahender Kraft mitreißen.

Wolfgang Michalka und Gottfried Niedhart (Hrsg.), Deutsche Geschichte 1918-1933, Frankfurt am Main 2002, S. 224 f.

1. *Analysieren und bewerten Sie die Argumente für eine Berufung Hitlers zum Reichskanzler.*

2. *Erörtern Sie über den Text hinaus die Absichten der Verfasser.*

3. *Diskutieren Sie anhand der Quellen M3 bis M5, wer die Verantwortung für die Ernennung Hitlers zum Reichskanzler trug.*

M6 Ein Blick in die Zukunft

In der Münchener Zeitung „Der gerade Weg" schreibt der in der Jugendseelsorge tätige Pater Ingbert Naab im Juni 1932:

Hitler und sein bewusster Anhang plädieren für ein völlig neues Haus. Unsere bürgerlichen Politiker sehen das immer noch zu wenig. Sie haben das wahre Wesen der Hitlerbewegung noch gar nicht erfasst, auch die Herren in Berlin nicht.
5 Hitler aber spricht immer von der nationalsozialistischen Weltanschauung und mit dem Blut dieser Weltanschauung will er alle Adern des zukünftigen Staates durchdringen. Er will nicht in der Reichsverfassung einige Änderungen durchdrücken, sondern erstrebt eine völlig neue Verfassung, die
10 mit den Ideen Ernst macht, die er in seinem Buch „Mein Kampf" niedergelegt hat [...].
Es dreht sich nicht darum, dass im zukünftigen Parlament die Hitlerleute in der Mehrzahl sind und die anderen, mit denen die Abgeordneten in langen Redeschlachten herumlaufen,
15 überstimmen. Es dreht sich darum, dass überhaupt kein Parlament mehr da ist, dass kein Zentrum und keine Deutschnationalen und keine Sozialisten mehr existieren. Es dreht sich darum, dass keine Abstimmungen mehr stattfinden, sondern nur noch Beratungen des Ständestaates: Bestim-
20 men wird überall ein Verantwortlicher, der nur nach oben Verantwortung trägt.
Vom obersten Führer bis herunter in die unterste Blockstelle ist alles durchorganisiert. Wahlen werden nicht mehr notwendig sein. Denn jede verantwortliche Stelle wählt sich in
25 ihrem Verantwortungskreis ihre Leute selber aus.
Die jetzige Regierung mag mit derartigen Plänen einige gemeinschaftliche Linien haben, Hitler will trotzdem etwas ganz anderes als die Regierung. Die jetzige Regierung strebt mehr auf frühere Formen zurück, wie es der Tradition ihrer
30 Zusammensetzung entspricht, Hitler hat mit den alten Formen gar nichts zu tun. Die beiden werden sich nur so lange vertragen, als die Regierung Hitler die Wege ebnen hilft und soweit sie ihm dazu hilft. Aber die Regierung hat gar nicht im Sinn abzutreten. Im Grunde genommen möchte sie doch
35 Hitler völlig ausschalten, indem sie ihm den Wind aus den Segeln nimmt durch die Erfüllung seiner Forderungen. Hier freilich irrt sich der Herr von Papen. Das „Baronenkabinett" ist eben doch wesentlich etwas anderes, als sich die zu einem guten Teil revolutionären Anhänger Hitlers unter der
40 künftigen Reichsregierung vorstellen. Und die in neuer Gestalt erscheinende SA wird für andere Ideale kämpfen und sich nicht damit zufriedengeben, den Rechtskurs und die Auffassung der Staatsaufgaben des Herrn von Papen mitzumachen [...].

▲ „Auferstehung."
Fotomontage von John Heartfield, 1932.
Das Bild zeigt eine nächtliche Szene auf dem Dorotheenstädtischen Friedhof in Berlin. Rechts im Bild Adolf Hitler und Kronprinz Wilhelm von Preußen, der Sohn Kaiser Wilhelms II., hinter ihnen Bankiers und Industrielle; links außen Franz von Papen, im Vordergrund Prinz Oskar von Preußen in kaiserlicher Heeresuniform. In der Mitte steigt Generalfeldmarschall August von Mackensen aus dem Grab, gekleidet in der Uniform der Totenkopfhusare, der kaiserlichen Husaren-Regimenter.

- Analysieren Sie die Aussage der Collage.
- Informieren Sie sich über die abgebildeten Personen, ihre Einstellung zur Weimarer Republik und zu Hitler. Erläutern Sie den Bildtitel.
- Stellen Sie einen Dialog zwischen zwei Vertretern der alten und neuen Elite her, z. B. zwischen Mackensen und Hitler oder Prinz Oskar von Preußen und Papen. Wo liegen mögliche politische Übereinstimmungen?

45 Die deutschnationalen Kreise möchten Konstruktionen früherer Art [...]. Die Mittelparteien hatten keine Ideen und keine Ziele. Sie sind zerrieben worden. Die Kommunisten wollen eine völlig andere Ordnung. Die Vertreter der christlichen Weltanschauung sind zu einem Teil noch zu sehr in
50 den gewohnten Auffassungen festgefahren, als dass sie an einen radikalen Umbau denken möchten. Sie wollen immer flicken, abbröckelndes Mauerwerk ergänzen und Risse verschmieren. Zum Teil, sagen wir. Es gibt andere, die klar sehen [...]. Wir wissen auch um die völlige Entmündigung unsres
55 Volkes, die mit dem Sieg der Hitlerbewegung einsetzen soll. Diese Entmündigung werden unsere Massen nicht ertragen.

Ingbert Naab, Der gerade Weg. Deutsche Zeitung für Wahrheit und Recht vom 19. Juni 1932; zitiert nach: Anton Grossmann und Alfred J. Gahlmann (Hrsg.), Nationalsozialismus. Arbeitsmaterial Sekundarbereich II, München 1983, S. 31 ff.

1. *Arbeiten Sie Naabs Argumente und seine Intention heraus. Vergleichen Sie mit M3 bis M5.*
2. *Beurteilen Sie seine Aussagen im Hinblick auf die Vorgänge nach 1933.*

Warum scheiterte die Weimarer Republik?

Am Abend des 29. Januar 1933 erscheint Werner von Alvensleben, ehemaliger Offizier aus dem politischen Kreis um Reichskanzler Kurt von Schleicher, in der Wohnung des NS-Propagandaleiters Joseph Goebbels, der gerade mit Hitler und Reichstagspräsident Hermann Göring zusammensitzt. Mit einer Falschmeldung will Alvensleben die Bildung eines konservativen Kabinetts Hitler beschleunigen. Reichspräsident Hindenburg habe vor, am nächsten Tag eine von Schleichers Vorgänger Franz von Papen geführte Minderheitsregierung zu berufen, was aber die Reichswehr mit einem Militärputsch verhindern wolle. Hektisch lässt die NSDAP-Führung Papen und Hindenburg informieren.

Auch Papen bleibt nicht untätig. Gemeinsam mit Meissner und dem Hindenburg-Sohn Oskar versucht er seit Wochen, den Reichspräsidenten von der Ernennung Hitlers zum Reichskanzler zu überzeugen. Wie einfach sei es doch, Hitler in einem Kabinett der nationalen Rechten „einzurahmen" und in Wirklichkeit selbst die Macht auszuüben. An diesem Abend erhält er endlich Hindenburgs Einverständnis. Gleich am nächsten Morgen spricht er mit dem DNVP-Vorsitzenden Alfred Hugenberg, der jedoch die Forderungen der Nationalsozialisten nach Neuwahlen ablehnt. Damit stünde die Regierungsbeteiligung der DNVP auf dem Spiel. Im Vorzimmer des Reichspräsidenten, wo sich die vorgesehenen Minister um 10 Uhr 45 versammelt haben, geraten Hitler und Hugenberg darüber so heftig aneinander, dass die geplante Kabinettsbildung zu scheitern droht. Erst durch Papens Zureden und Hitlers Versprechen, auch nach einer Neuwahl die Regierungszusammensetzung nicht zu verändern, kommt es zu einer Einigung. Eilig betritt das neue Kabinett unter Reichskanzler Hitler das Amtszimmer Hindenburgs, um den Eid auf die Verfassung zu leisten.

Politische Gewalt Seit ihrer Gründung war die Weimarer Republik von politisch motivierter Gewalt geprägt. Die Ängste vor einem Bürgerkrieg brachen in der Endphase der Republik wieder auf, als mit den sich verschärfenden wirtschaftlichen und politischen Krisen ab 1929 auch der politische Terror wuchs. Dem Staat gelang es nicht mehr, seinen Anspruch auf das Gewaltmonopol durchzusetzen. Politische Verbände und vor allem die radikalen Parteien von links und rechts bildeten Kampfverbände, die die Veranstaltungen des politischen Gegners stören sollten. Marschierende Kolonnen in Uniformen mit Waffen, militaristischem Gebaren, Gewalt verherrlichenden Parolen und martialischen Gesängen gehörten in den Krisenjahren zum Alltagsbild vieler deutscher Städte.

Am aggressivsten gingen die SA und der zur KPD gehörige „Rote Frontkämpferbund" (RFB) vor, die sich untereinander blutige Saal- und Straßenschlachten lieferten. Auch der Stahlhelm, der „bewaffnete Arm" der DNVP, radikalisierte den politischen Kampf. Die Mitgliederzahlen der Kampfverbände stiegen rasch. Der RFB hatte 1927 etwa 130 000, die SA im Jahre 1932 etwa 400 000 Mitglieder.

Das blutigste Jahr war 1932. Die Aufhebung des SA-Verbots im Juni wirkte als Startsignal für den erneuten Ausbruch der Gewalt. Die Medien heizten die Situation an, vor allem die Parteizeitungen schürten den Hass auf den politischen Gegner. Allein in den Monaten Juli und August 1932 kamen über 300 Menschen durch politischen Terror ums Leben. Die Polizei war überfordert, oft sympathisierte sie jedoch mit den rechten Verbänden.

Parlament und Parteien enttäuschen Schon vor der Wirtschaftskrise war bei vielen Zeitgenossen der Eindruck entstanden, Parlament und Parteien seien nicht mehr in der Lage, die Probleme zu lösen. Nun ging das Vertrauen in die politischen Institutionen auch bei den Bürgern verloren, die die Republik bisher akzeptiert hatten. NSDAP und KPD schürten im Wahlkampf die Angst der Menschen vor einem sozialen Abstieg, vor dem die etablierten Parteien nicht zu schützen schienen, und versprachen „Arbeit und Brot". Mit ihren nationalistisch-antisemitischen Parolen, die sie mithilfe moderner Wahlkampf- und Propagandamethoden, wie organisierten Massenaufmärschen mit Uniformen, Marschmusik, Fahnen und Plakaten, Flugblättern und geschulten Rednern, verbreiteten, mobilisierte vor allem die NSDAP viele Bürger, die zwei Jahre vorher noch nicht gewählt hatten.

Eine parlamentarische Mehrheitsbildung war 1930 nahezu unmöglich geworden. Der Verfall des Parlamentarismus setzte sich rapide fort. Während der Reichstag 1930 noch 94 Sitzungen abhielt, sank ihre Zahl 1932 auf nur noch 13. Waren es 1930 noch 98 Gesetze, die der Reichstag verabschiedete, so blieben es 1932 gerade noch fünf. Im Gegenzug schnellte die Zahl der Notverordnungen von fünf (1930) auf 66 (1932) hoch. Der Reichstag musste tatenlos zusehen, wie die politische Macht in die Hände der Regierung und der Bürokratie überging. Hinzu kam, dass die KPD aufgrund der Ereignisse im Spätherbst 1918 und im Winter 1918/19 nicht nur keine Gemeinsamkeiten mit der SPD mehr sah, sondern sie als „Sozialfaschisten" mindestens genauso heftig bekämpfte wie die NSDAP.

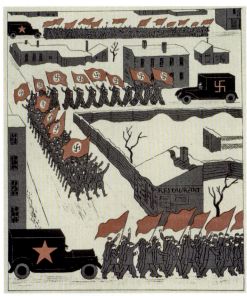

▲ „Notverordnung."
Karikatur von Erich Schilling aus dem „Simplicissimus" vom 16. Februar 1931. Sie trägt folgende Unterschrift: „Nach den Erfahrungen der letzten Wochen ist verfügt worden, dass jeder Demonstrationszug seinen eigenen Leichenwagen mitzuführen hat."

- Beschreiben Sie, auf welches Problem die Karikatur anspielt.

Gründe für den Aufstieg der NSDAP Als sich die NSDAP 1920 ihr Parteiprogramm gegeben hatte, war sie eine unter zahllosen radikalen Splitterparteien. Bis Januar 1933 wuchs die Zahl ihrer Mitglieder auf 849 000 an. Wer wählte Hitler? Was machte die Partei für so viele Menschen attraktiv?

Nährboden für die Entwicklung von einer Splitter- zu einer Massenpartei war nicht nur die Wirtschaftskrise, sondern eine deutsche Gesellschaft, die seit Beginn der Republik wirtschaftlich und mental gespalten war. Der Schock der Kriegsniederlage mit dem als nationale Demütigung empfundenen Versailler Vertrag, die Revolution mit ihren blutigen Auseinandersetzungen sowie die negativen psychologischen Folgen von Massenarbeitslosigkeit, Inflation und Währungsreform ließen die radikalnationalistischen Parolen eines Adolf Hitler auf fruchtbaren Boden fallen. Seine antisemitische, antiliberale und antimarxistische, die Bolschewismusangst schürende Agitation traf bei großen Teilen der Bevölkerung den Nerv der Zeit. Viele von der Republik enttäuschte Bürger erhofften sich einen starken Mann, einen Führer und „Erlöser", der die Nation vor dem drohenden Untergang retten und sie endlich wieder zu nationaler Größe führen würde.

Viele suchten die Geschlossenheit einer Gemeinschaft, die stark genug schien, durch Protest gegen die bestehende Ordnung die Welt nach ihrer Vorstellung neu zu gestalten. Die Furcht vor dem sozialen Abstieg einte Menschen ganz unterschiedlicher Herkunft. Viele waren auf der Suche nach einem „dritten Weg" zwischen Kapitalismus und Sozialismus. Dies gilt vor allem für Angehörige des Mittelstandes, die sich durch linke Bewegungen bedroht sahen. Außerdem zogen Tatkraft und Durchsetzungsvermögen der NSDAP Mitglieder und Wähler an. Emotionale Bezüge wie „Ehre, Größe, Heroismus, Opferbereitschaft, Hingabe", nicht wirtschaftliche Versprechungen, führten der „Bewegung" ihre Wähler und Sympathisanten zu. Viele von ihnen wollten mit ihrem Wahlverhalten nur ihre Unzufriedenheit mit den gegenwärtigen Verhältnissen ausdrücken. Dies erklärt auch die starken Schwankungen der NSDAP in der Gunst der Wähler.

▲ Propaganda-Plakat, um 1933.
Der NSDAP gelang es, in großer Zahl junge Unterstützer zu mobilisieren, indem sie sich als Verkörperung des „jungen" Deutschland und als unverbrauchte Kraft stilisierte. Nach 1933 perfektionierte die NS-Diktatur mit ihren Jugendorganisationen, der „Hitler-Jugend" (HJ) und dem „Bund Deutscher Mädel" (BDM), das System des Drills und Schleifens – eine Erziehung, die zunehmend der Vorbereitung auf den Krieg diente.

Mitglieder und Wähler der NSDAP Diejenigen, die in den zwanziger Jahren der Partei beitraten, stammten vor allem aus der unteren Mittelschicht, waren Handwerker, Gewerbetreibende und Angestellte. Daneben wuchs der Anteil der Arbeiter, vor allem der Heim- und Landarbeiter, erheblich an. Seit 1930 traten Angehörige der oberen Mittelschicht der „Bewegung" bei. Agrarkrise und Depression trieben selbstständige Bauern und kleine Geschäftsleute sowie die Beamten und Angestellten der neuen Mittelschicht in die Reihen der NSDAP (▶ M1). Die alten Eliten und Kreise der Großindustrie blieben meist reserviert. Sie neigten eher zu einer autoritären Regierung im Stile der letzten Weimarer Präsidialkabinette.

Das Mitgliederprofil der NSDAP entsprach weitgehend dem anderer faschistischer Parteien in Europa. Der Anteil der Frauen war gering, denn die Partei, militaristisch, wie sie sich gab, glich eher einem „Männerbund". Auffallend war die Dominanz der jungen Generation (▶ M2). Viele Mitglieder hatten noch keine feste Anstellung. Jugendlichkeit und Dynamik zählten zu den Charakteristika der NSDAP, auf die sie großen Wert legte.

Erst als die NSDAP ihre Macht im Staat gefestigt hatte, setzte der große Ansturm all derer auf die Hitlerpartei ein, die sich in Politik, Verwaltung und Gesellschaft eine angesehene oder zumindest gesicherte Position versprachen, wenn sie ihre Zugehörigkeit zum neuen Regime dokumentierten. Auch Industrie und Großfinanz waren darauf bedacht, sich schnell mit dem Regime zu arrangieren, zumal ein starker Staat und die Beseitigung einer selbstständigen Gewerkschaftsbewegung der Wirtschaft günstige Rahmenbedingungen verhießen. Die NSDAP wurde eine „Integrationspartei" für alle sozialen Schichten, eine Bewegung mit „Volksparteicharakter", die das ganze Volk vertreten wollte. Nicht umsonst bezeichnete sie sich selbst als „Bewegung"; einmal, um sich gegenüber den von ihr verachteten Parteien der Weimarer Republik abzugrenzen; zum anderen, um sich als dynamische und verändernde Kraft darzustellen.

Viele Ursachen Bei der Frage nach den Gründen für den Untergang der Weimarer Republik und den Machtantritt der Nationalsozialisten ist es nahezu einhellige Ansicht der Geschichtswissenschaft, dass nicht eine einzelne Ursache ausschlaggebend war. Für Zeitgenossen wie Otto Braun, den ehemaligen sozialdemokratischen Ministerpräsidenten von Preußen, waren der Vertrag von Versailles und die Radikalität der deutschen Kommunisten entscheidend. Amerikanische Historiker legten den Schwerpunkt auf die autoritären Traditionen der Deutschen. Andere sehen im Versagen führender Persönlichkeiten aus Politik, Wirtschaft und Militär zwischen 1930 und 1933 eine wesentliche Ursache des Zusammenbruchs, da die alten Eliten Hitler unterschätzten. Trotz der unterschiedlichen Gewichtung einzelner Ursachen bleibt heute die Erkenntnis, dass für das Scheitern der Republik viele Faktoren und Prozesse zusammenspielten (▶ M3-M5).

Methoden-Baustein: Politische Plakate analysieren

Plakate als historisches Massenmedium

Plakate sind öffentliche Aushänge oder Anschläge, die informieren, werben oder zu Aktionen aufrufen. Um möglichst viele Menschen anzusprechen, werden sie überwiegend an stark frequentierten Standorten platziert. Ihr Ziel ist es, durch „plakative", also auffällige gestalterische Mittel und Schlagworte (Slogans) auf den ersten Blick zu wirken und durch eine meist suggestive, an das Unterbewusstsein gerichtete Botschaft in Erinnerung zu bleiben.

Politische Plakate analysieren

Politische Plakate gibt es – ob als Bekanntmachung der Regierung, als Protest gegen soziale Missstände oder zur Verteufelung des Kriegsgegners – in Deutschland seit Anfang des 19. Jahrhunderts. Ihre Bedeutung als Massenmedium erreichten sie jedoch erst in der Weimarer Republik. Da es nun zwar Pressefreiheit, aber noch kein Fernsehen oder Radio gab, nutzten die Parteien Plakate als schlagkräftige Agitations- und Propagandamittel im Kampf um Wählerstimmen.

In dem Maße, wie sich die politischen Auseinandersetzungen in der Anfangs- und Endphase der Republik zuspitzten, wurden auch die Texte und Bilder der Parteien radikaler. Die politischen Gegner wurden diffamiert, Feindbilder aufgebaut und Bedrohungsszenarien beschworen. Obwohl durch die unterschiedlichen künstlerischen Stilrichtungen der Epoche beeinflusst, bedienten sich die Parteien für ihre Plakate häufig derselben Motive und Gestaltungsmittel: überdimensionale Figuren, etwa der politische Gegner als „Untermensch" oder der unbeugsame Arbeiter als Ideal des „Kämpfers", Symbole wie der stolze Adler, die giftige Schlange, die Fahne oder Fackel in der Hand des Arbeiters.

Wahlplakate geben keine Auskunft über das Wählerverhalten. Sie spiegeln jedoch in Wort und Bild die politischen Auseinandersetzungen und Ziele der Parteien sowie den Alltag, die Probleme und Grundhaltungen der Zeit.

Formale Kennzeichen
- Um welche Art von Plakat handelt es sich?
- Wer hat das Plakat geschaffen oder in Auftrag gegeben?
- Wann und wo ist es entstanden bzw. veröffentlicht worden?

Plakatinhalt
- Wen oder was zeigt das Plakat auf welche Weise?
- Was wird thematisiert?
- Wie ist das Plakat aufgebaut? Welche Gestaltungsmittel werden verwendet (Verhältnis von Text und Bild, Perspektive, Haltung der Figuren, Schriftgröße und -art, Farben, Symbole, Übertreibungen, Verwendung bestimmter Stilmittel)?
- Was bedeuten die Gestaltungsmittel?

Historischer Kontext
- Auf welches Ereignis, welchen Sachverhalt oder welche Person bezieht sich das Plakat?
- Was ist der Anlass für die Veröffentlichung?

Intention und Wirkung
- An wen wendet sich das Plakat?
- Ist es gegen jemanden gerichtet? Werden Feindbilder dargestellt?
- Welche Aussageabsicht verfolgt der Künstler bzw. Auftraggeber?
- Welche Wirkung soll das Plakat beim zeitgenössischen Betrachter erzielen?

Beispiel und Analyse

SA-Mann mit Schirmmütze und Hakenkreuz: personifizierter „Feind der Demokratie" von rechts

Farbgebung: Rot als Farbe der Sozialdemokratie, Schwarz-Rot-Gold als Nationalfarben Deutschlands während der Weimarer Republik; Symbol der republiktreuen Kräfte

Totenkopf mit Reichswehrhelm: Allegorie auf Gefahr des Militarismus und die Toten des Ersten Weltkrieges

Schriftzug/Wahlslogan: Verweis auf politische Gegner („Feinde der Demokratie!") und eigenes demokratisches Selbstverständnis

Kommunist mit rotem Stern auf der Kappe: personifizierter „Feind der Demokratie" von links, symbolisiert Gefahr des Bolschewismus

Dolch: Symbol für Gewalt und Hinterhältigkeit, Verweis auf „Dolchstoßlegende"

Schriftzug/Wahlaufruf: nennt Wahlziel (politische Gegner durch Wahl ausschalten; Erhalt von Republik und Demokratie), Verweis auf Auftraggeber und Listenplatz

▲ Wahlplakat der SPD, 1930.

Formale Kennzeichen Das Wahlplakat wurde 1930 von der SPD in Auftrag gegeben. Wer es gestaltet hat, ist nicht bekannt.

Plakatinhalt Das Plakat zeigt die „Feinde der Demokratie" in dreifacher Personifizierung: Den Hauptteil füllt ein schwarz gezeichneter, nur an wenigen weißen Konturen erkennbarer Mann aus; Schirmmütze und Hakenkreuz identifizieren ihn als Mitglied der SA. In seiner linken Faust hält er einen Dolch, der die Gewaltbereitschaft des politischen Gegners verdeutlichen und auf die „Dolchstoßlegende" anspielen soll. Die Oberste Heeresleitung hatte sie 1918 verbreitet, um die Schuld an der deutschen Niederlage im Ersten Weltkrieg auf die revolutionären Ereignisse in der Heimat und vor allem die Sozialdemokratie zu schieben. Die rechte Hand des Mannes ist nach dem Betrachter ausgestreckt, den er aus dem Dunkel heraus anzugreifen und anzubrüllen scheint. Die schemenhaft umrissene Figur links hinten trägt eine Kappe mit rotem Stern, was sie als Kommunist zu erkennen gibt. Rechts ragt ein Totenkopf mit Reichswehrhelm und Bajonett hervor, wohl eine Allegorie auf die Gefahr des nationalistischen Militarismus oder die Toten des Ersten Weltkrieges.
Die Schriftzüge bestehen aus Großbuchstaben und nennen das Motto: Die „Feinde der Demokratie" sollen beseitigt („Hinweg damit!") und die Republik gerettet werden. Die dominierenden Farben Schwarz-Rot-Gold stehen als Nationalfarben der ersten deutschen Republik für die demokratischen Kräfte; Rot ist zudem die Farbe der Sozialdemokratie.

Historischer Kontext Anlass für die Veröffentlichung des Wahlplakats war die Reichstagswahl vom 14. September 1930. Es wendet sich gegen die politischen Gegner der SPD von rechts und links, die die Republik seit ihrer Gründung bekämpften. Vor allem die Parteien der extremen Rechten, DNVP und NSDAP, nutzten die „Dolchstoßlegende" zur hasserfüllten Agitation gegen die politischen Vertreter der Weimarer Republik. 1930 hatte sich durch Wirtschaftskrise und Arbeitslosigkeit die parteipolitische Landschaft geändert: Während die liberalen Parteien DDP und DVP immer mehr Anhänger verloren, gewannen NSDAP und KPD von der politischen und sozialen Lage frustrierte Wähler hinzu. Mit dem Rücktritt der letzten sozialdemokratisch geführten Regierung im März 1930 entfiel die Hauptstütze der Weimarer Demokratie. Die SPD kämpfte daher für einen deutlichen Wahlsieg und die Zurückdrängung der extremen Flügelparteien, um wieder eine regierungsfähige Mehrheit im Parlament bilden zu können.

Intention und Wirkung Die SPD will den Wählern die von den links- und rechtsextremen Parteien ausgehende Gefahr für Demokratie und Republik veranschaulichen, indem sie ein Bedrohungsszenario aus Gewalt, Terror, Angst und Tod entwirft. Dazu bedient sie sich der Feindbilder und Stereotypen, die die politischen Gegner bei ihren Angriffen gegen die Republik benutzen. Durch die Umkehrung der Vorwürfe sollen sie als Lügner und Geschichtsklitterer (vgl. das Plakat S. 136) entlarvt werden. Die Schriftzüge lösen auf, was das Feindbild suggeriert; zugleich wirbt das „Rettungsversprechen" für die eigene Partei: Die SPD will die „Feinde der Demokratie" nicht durch Gewalt, sondern mit demokratischen Mitteln beseitigen.

Bewertung und Fazit Das Plakat war 1930 überall in Deutschland verbreitet. Die Bedrohung wird durch ideenreiche Gestaltung, starke Farben und markanten Zeichenstil, schlagkräftige Slogans, bekannte Symbole und Stereotypen eindrucksvoll und verständlich in Szene gesetzt. Seine beabsichtigte Wirkung hat das Plakat jedoch verfehlt: Bei der Reichstagswahl von 1930 verlor die SPD fast 3 Prozent der Stimmen, blieb aber stärkste Partei. Die KPD gewann 2,5 Prozent Stimmenanteil, die NSDAP stieg mit 18,2 Prozent sogar zur zweitstärksten Partei auf.

▲ Nationalsozialistisches Wahlplakat von 1932.
■ Was suggeriert das Plakat möglichen Wählern?

M1 Wer wählte Hitler?

a) Die soziale Zusammensetzung der NSDAP-Wähler nach Berufsgruppen in Prozent, unabhängig von einer tatsächlichen Erwerbstätigkeit:

	1928	1930	1932¹	1932²	1933	Alle³
Selbstständige/ Mithelfende	26	27	31	30	31	24
Angestellte/ Beamte	12	13	11	12	12	15
Arbeiter	30	26	25	26	26	32
Berufslose⁴	13	17	17	17	16	13
Hausfrauen etc.	17	17	16	16	16	17
Alle⁵	98	100	100	100	101	101

Nach: Jürgen Falter, Hitlers Wähler, München 1991, S. 288

b) Die nationalsozialistischen Hochburgen
Die Zahlen (Anteil der Wähler in Prozent) ermöglichen einen Vergleich der Sozialstruktur jener Kreise, in denen die NSDAP bei der Reichstagswahl im November 1932 überdurchschnittlich viele Stimmen bekommen hat, mit der Sozialstruktur des Deutschen Reiches insgesamt:

	NSDAP-Hochburgen	Reich
Katholiken	9	32
Stadtbewohner	22	54
in der Landwirtschaft tätig	51	31
in der Industrie tätig	31	41
Selbstständige, mithelfende Angehörige	41	28
Beamte	3	4
Angestellte	5	12
Arbeiter	26	27
arbeitslose Angestellte	1	2
arbeitslose Arbeiter	9	13

Nach: Jürgen Falter, a.a.O., S. 353

1. Analysieren Sie den Anteil der Berufsgruppen an der Gesamtstimmenzahl der NSDAP in Tabelle a).
2. Skizzieren Sie die Entwicklung zwischen 1928 und 1933.
3. Deuten Sie die Abweichungen zwischen den NSDAP-Hochburgen und dem Reichsdurchschnitt in Tabelle b).
4. Vergleichen Sie die Ergebnisse von Tabelle a) und b).

¹ Reichstagswahlen vom 31. Juli 1932
² Reichstagswahlen vom 6. November 1932
³ Anteil der Berufsgruppe an allen Wahlberechtigten
⁴ davon ca. 90 Prozent Rentner und Pensionäre (1933)
⁵ Summe der NSDAP-Wähler in dem jeweiligen Jahr; Abweichungen von 100 sind die Folge von Rundungsfehlern

M2 „Macht Platz, ihr Alten!"

Der Journalist Jan Friedmann beschreibt in einem Artikel Ursprung und Wesen der völkischen Jugendbewegung in der Weimarer Republik:

„Weil wir die echten, wahren und unerbittlichen Feinde des Bürgers sind, macht uns seine Verwesung Spaß", höhnte der Rebell und Jugendführer. Was wie eine Parole von 1968 anmutet, ist ein Satz von Ernst Jünger über sich selbst und seine
5 Altersgenossen aus dem Jahr 1929.
„Wir sind Söhne von Kriegen und Bürgerkriegen", fuhr der Rechtsintellektuelle in seinem Generationenporträt fort. Eines Tages werde es gelingen, die bestehende „krustige, schmutzige Decke wegzusprengen" und darunter eine „stol-
10 zere, kühnere und noblere Jugend" zum Vorschein zu bringen, die „Aristokratie von morgen und übermorgen".
Dem Schriftsteller, Studienabbrecher und Freischärler war die bürgerliche Demokratie genauso verhasst wie vielen Menschen seiner Generation. Jünger, Jahrgang 1895, wurde
15 eine der prominentesten Stimmen der völkischen Jugendbewegung, die während der Weimarer Republik maßgeblich den Weg in die Diktatur ebnete. [...]
In keinem anderen Jahrzehnt prallten die Generationen so heftig aufeinander wie in den zwanziger Jahren. „Macht
20 Platz, ihr Alten!", schleuderte der Reichspropagandaleiter der NSDAP, Gregor Straßer, im Jahr 1927 dem Establishment der Weimarer Republik entgegen. „Macht Platz, ihr Unfähigen und Schwachen, ihr Blinden und Tauben, ihr Ehrlosen und Gemeinen, ihr Verräter und Feiglinge, macht Platz, ihr seid
25 gewogen und zu leicht befunden worden." Ihren ideologischen Fundus hatte sich die selbstbewusste Avantgarde in den Schützengräben des Ersten Weltkriegs angeeignet. Tatsächlich waren es zwei Generationen von Jugend, die dort geprägt wurden. Da waren zum einen die Jahrgänge der
30 zwischen 1880 und 1900 Geborenen, die eigentliche Frontgeneration. Angetreten in rauschhafter Begeisterung, erlebten sie den Krieg als ungeheure Schlachtbank [...]. Jeder dritte der zwischen 1892 und 1895 geborenen deutschen Männer verlor hier sein Leben.
35 So schlossen die Überlebenden: Nur wer in der Gemeinschaft funktioniert und sich im Gegenzug auf die unbedingte Kameradschaft seiner Mitkämpfer verlassen kann, hat eine Chance. Der Einzelmensch gilt nichts, erst im Kollektiv der feldgrauen Uniformen wird er zu einer Macht.
40 Doch die Heroisierung der Härte und des Opfers prägte auch die Jüngeren. Sie absorbierten die kaiserliche Kriegspropaganda, die Durchhalteparolen der Lehrer und Amtsleute, sie glaubten an die Dolchstoßlegende. [...]

Ihr Credo der Härte und Unerbittlichkeit übertrugen beide Generationen, die Frontkämpfer und ihre jüngeren Brüder, 45 auf die Zivilgesellschaft von Weimar. Kompromisse galten ihnen als Zeichen von Schwäche. Heroisches Handeln musste stattdessen rein, radikal und sachlich sein. Anstelle des schalen Parlamentarismus wollten sie das Ideal einer klassenlosen Volksgemeinschaft setzen, frei von störenden Fremd- 50 körpern. [...]
Ihre Ideale von Kameradschaft, soldatischer Männlichkeit und freiwilliger Unterordnung fand die Jugend in den zahlreichen paramilitärischen Verbänden und bündischen Organisationen. Alle politischen Parteien schufen sich solche 55 Nebenorganisationen: die Kommunisten etwa den „Roten Frontkämpferbund" (1924), die Sozialdemokraten das „Reichsbanner Schwarz-Rot-Gold" (1924), die Katholiken die „Windthorstbünde" (1920), die DDP den „Jungdeutschen Orden" (1920), die DNVP ihren „Stahlhelm" (1918) – und die 60 NSDAP warb mit der Parole „Jugend führt Jugend" für ihre Sturmabteilung SA (1921).
Alle Bünde boten Marschieren in Kolonnen und Wehrertüchtigung, das Reichsbanner zum Beispiel Geländelauf, Gepäckmarsch oder Kleinkaliberschießen. Sie hielten den Großen 65 Krieg in Ehren und stählten ihre Mitglieder für künftige Schlachten. Ziel sei die „geistige und seelische Rüstung der wehrhaften Jugend", hieß es im Manifest des Jungdeutschen Ordens – und die äußerte sich am besten in jugendlich-viriler Gewalt. 70

Jan Friedmann, „Macht Platz, ihr Alten", in: Spiegel Special Geschichte 1/2008, S. 38-42

1. Erläutern Sie das hier gezeichnete Bild der Weimarer Jugend.
2. Analysieren Sie, inwiefern sich in der Jugend die gesellschaftlichen Verhältnisse spiegeln, und zeigen Sie die Folgen auf.
3. Überlegen Sie, ob und inwiefern sich dies auf die heutige Zeit übertragen lässt.

M3 „Weit entfernt von simplen Antworten"

In einem Interview gibt der Historiker Andreas Wirsching Antworten auf die Fragen nach Defiziten und Scheitern der Weimarer Republik:

SPIEGEL: *Professor Wirsching, vor 75 Jahren wurde Adolf Hitler Reichskanzler – das Ende der Weimarer Republik war besiegelt. Woran scheiterte die erste deutsche Demokratie?*
WIRSCHING: Es gibt eine Vielzahl von Gründen, ein regelrechtes Bündel. [...] Heute sind wir weit entfernt von simplen Antworten. Aber eine der kurzen Antworten wäre: Hitler ist maßlos unterschätzt worden von den politischen Führungskräften, und der Versuch, ihn einzuspannen für ihre eigenen Zwecke, schlug bekanntlich grandios fehl.
SPIEGEL: *Und die längere Fassung der Geschichte?*
WIRSCHING: Der 30. Januar 1933 ist zuerst einmal ein politisches Datum, die Ernennung eines Reichskanzlers Hitler, und damit wurden andere Möglichkeiten aus der Hand gegeben. Es gibt Gründe, die in der Wirtschaftsentwicklung liegen, es geht nicht nur um die Weltwirtschaftskrise, die Weimarer Republik insgesamt war geprägt von prekären wirtschaftlichen und konjunkturellen Abläufen. Es gibt vor allem Gründe, die in der politischen Kultur liegen, etwa die im Bürgertum verbreitete Vorstellung vom Staat, der alles richtet. [...] Entscheidend war die innenpolitische Polarisierung, die schon im Kaiserreich existierte, das Freund-Feind-Denken. Für viele war die Revolution 1918/19 als inneres Ereignis gravierender als der Komplex Kriegsniederlage/Reparationen. Jene, die der Weimarer Republik später skeptisch gegenüberstanden, empfanden die Revolution als Zäsur. Für sie war der Stachel der Revolution ein dauerhafter, er konnte auch nicht wirklich vergessen werden. Das sind mentale Dispositionen, die dann in der Krise nach 1930 der Einstellung Vorschub leisteten, das Rad könnte zurückgedreht werden auf eine vorparlamentarische, vielleicht sogar vordemokratische Lösung.
SPIEGEL: *Und wenn die Sozialdemokratie unmittelbar nach dem Ersten Weltkrieg die alten Eliten abgelöst hätte?*
WIRSCHING: Teilweise hat sie es ja getan, in Preußen etwa. Mir scheinen zwei andere Überlegungen wichtiger. Erstens: Es hat keine Sozialisierung der Großindustrie gegeben, im Gegensatz zum Programm der SPD. Und es gab keine durchgreifende Demokratisierung der neu aufgestellten Reichswehr. Das waren Defizite in der sozialdemokratischen Konzeption. Die SPD wollte, ganz wichtig, demokratisch legitimiert handeln, um entsprechend tiefe Einschnitte gerade im Wirtschaftsleben vornehmen zu können. Die notwendigen Mehrheiten dafür hat sie nie bekommen – und so war der Zug abgefahren.
SPIEGEL: *Wie es scheint, hätte die SPD solche Pläne nur revolutionär, also mit Gewalt, durchsetzen können. Die Angst vor einem Bürgerkrieg, die ständig vorhanden war, wäre dadurch noch verstärkt worden.*
WIRSCHING: Diese Angst [...] vor einem Bürgerkrieg, war damals ein gemeineuropäisches Phänomen. [...] Dieses Gegeneinanderstehen, links gegen rechts, war auch ein gefundenes Fressen für die Republikgegner hierzulande. Das Argument hieß: Der Staat ist zu schwach, er kann die Ordnung nicht garantieren. Insoweit hat das Bürgermotiv auch bei den Politikern eine große Rolle gespielt.
SPIEGEL: *Aber warum führte das gerade in Deutschland in die Katastrophe?*
WIRSCHING: Einmal mehr gilt: Die Revolution 1918/19 ist entscheidend, sie hat die Dinge ins Rutschen gebracht und in hohem Maße zur politischen Mobilisierung geführt, das rechte Lager hat sie regelrecht traumatisiert. [...]

Spiegel Special Geschichte, 1/2008, S. 20-23

1. Erläutern Sie, welche Rolle die Revolution von 1918/19 nach Meinung Wirschings für das Scheitern der Weimarer Republik spielte. Welche Möglichkeiten und Grenzen beschreibt er für das Handeln der Sozialdemokratie?
2. Die Geschichtsforschung betont seit einigen Jahren, die Weimarer Republik nicht allein als „Vorgeschichte zum Nationalsozialismus" zu betrachten. Nehmen Sie Stellung.

M4 War die „Machtergreifung" unvermeidlich?

Der Historiker Eberhard Kolb untersucht, welche Faktoren zum „Scheitern" Weimars beigetragen haben:

Wie wurde Hitler möglich? War die „Machtergreifung" der Nationalsozialisten unter den gegebenen Bedingungen unvermeidlich? Diese Frage, um die alle Erörterungen über das Scheitern Weimars kreisen, wird von der bisherigen Forschung auf recht unterschiedliche Weise beantwortet. Allerdings sind die in der wissenschaftlichen Diskussion zunächst dominierenden monokausalen Erklärungsversuche, in denen der Aufstieg des Nationalsozialismus und die Machtübertragung an Hitler auf eine einzige oder eine allein ausschlaggebende Ursache zurückgeführt wurden, inzwischen ad acta gelegt worden, denn alle derartigen einlinigen Deutungen haben sich als untauglich erwiesen. Die Historiker sind sich heute zumindest darin einig, dass das Scheitern der Republik und die nationalsozialistische „Machtergreifung" nur plausibel erklärt werden können durch die Aufhellung eines sehr komplexen Ursachengeflechts. Dabei sind vor allem folgende

Determinanten zu berücksichtigen: institutionelle Rahmenbedingungen, etwa die verfassungsmäßigen Rechte und Möglichkeiten des Reichspräsidenten, zumal beim Fehlen klarer parlamentarischer Mehrheiten; die ökonomische Entwicklung mit ihren Auswirkungen auf die politischen und gesellschaftlichen Machtverhältnisse; Besonderheiten der politischen Kultur in Deutschland (mitverantwortlich z. B. für die Republikferne der Eliten, die überwiegend der pluralistisch-parteienstaatlichen Demokratie ablehnend gegenüberstanden); Veränderungen im sozialen Gefüge, beispielsweise Umschichtungen im „Mittelstand" mit Konsequenzen u. a. für politische Orientierung und Wahlverhalten mittelständischer Kreise; ideologische Faktoren (autoritäre Traditionen in Deutschland; extremer Nationalismus, verstärkt durch Kriegsniederlage, Dolchstoßlegende und Kriegsunschuldspropaganda; „Führererwartung" und Hoffnung auf den „starken Mann", wodurch einem charismatischen Führertum wie dem Hitlers der Boden bereitet wurde); massenpsychologische Momente, z. B. Erfolgschancen einer massensuggestiven Propaganda infolge kollektiver Entwurzelung und politischer Labilität breiter Bevölkerungssegmente; schließlich die Rolle einzelner Persönlichkeiten an verantwortlicher Stelle, in erster Linie zu nennen sind hier Hindenburg, Schleicher, Papen. Die Antwort, die auf die Frage nach dem Scheitern der Weimarer Demokratie und der Ermöglichung Hitlers gegeben wird, hängt in ihrer Nuancierung wesentlich davon ab, wie die verschiedenen Komponenten gewichtet und dann zu einem konsistenten Gesamtbild zusammengefügt werden, denn Gewichtung und Verknüpfung sind nicht durch das Quellenmaterial in einer schlechthin zwingenden Weise vorgegeben, sie bilden die eigentliche Interpretationsleistung des Historikers.

Eberhard Kolb, Die Weimarer Republik, München ⁷2009, S. 215 f.

1. Erstellen Sie aus M3 und M4 ein Schaubild zu den Ursachen der Krise und des Scheiterns der Weimarer Republik unter folgenden Gesichtspunkten: politische Faktoren, ideologische Traditionen, ökonomische Ursachen, soziokulturelle Faktoren und außenpolitische Belastungen.
2. Gewichten Sie die Ursachen und begründen Sie die Reihenfolge.
3. „Das Scheitern der Weimarer Republik war vermeidbar." Nehmen Sie Stellung zu dieser These.

▲ „Stützen der Gesellschaft."
Ölgemälde (200 x 108 cm) von George Grosz, 1926.
Das Gemälde wurde von dem Kunsthistoriker Hans Hess als eine „große Allegorie des deutschen Staates in der Weimarer Republik" bezeichnet.
- Beschreiben Sie die abgebildeten Figuren und ordnen Sie sie aufgrund ihrer Attribute bestimmten Gesellschaftsschichten zu.
- Analysieren Sie die Aussageabsicht des Künstlers. Gehen Sie dazu auch erläuternd auf den Bildtitel und die oben zitierte Aussage von Hans Hess ein.

Hitlers willige Volksgenossen?
Die Deutschen und der Holocaust

◄ **Aufmarsch in Nürnberg zum „Reichsparteitag der Arbeit".**
Foto vom September 1937.

Der Weg in die Diktatur: „Gleichschaltung"

1933 — Hitler wird am 30. Januar vom Reichspräsidenten zum Reichskanzler ernannt.

Die Verordnung „Zum Schutz von Volk und Staat" vom 28. Februar setzt die Grundrechte außer Kraft.

Durch das „Ermächtigungsgesetz" vom 23. März erhält die Regierung Hitler diktatorische Vollmacht.

Die Länder werden „gleichgeschaltet" (31. März - 7. April).

Ausgrenzung und Verfolgung: der totalitäre Staat

Am 1. April werden jüdische Unternehmen, Geschäfte und Praxen boykottiert.

Das „Gesetz zur Wiederherstellung des Berufsbeamtentums" vom 7. April schließt politische Gegner und Juden vom Staatsdienst aus.

Nach der Zerschlagung der Gewerkschaften (2. Mai) wird am 27. November die „Deutsche Arbeitsfront" (DAF) gegründet.

Parteien, die sich nicht selbst auflösen, werden verboten (Juni/Juli).

Das Deutsche Reich tritt am 14. Oktober aus dem Völkerbund aus.

1935 — Die „Nürnberger Gesetze" (15. September) entziehen den Juden ihre staatsbürgerlichen Rechte und verbieten „arisch"-jüdische Eheschließungen.

1936 — Ein Vierjahresplan soll Deutschland auf den Krieg vorbereiten.

1938 — Österreich wird an das Deutsche Reich „angeschlossen".

Die Nationalsozialisten gehen in der Nacht vom 9. auf den 10. November gewaltsam gegen Juden vor („Novemberpogrom"); jüdische Vermögen werden eingezogen.

Krieg und Holocaust

1939 — Mit dem deutschen Angriff auf Polen am 1. September beginnt der Zweite Weltkrieg.

Im Herbst beginnt die als „Euthanasie" bezeichnete Ermordung Behinderter („Aktion T4").

1941 — Die systematische Vernichtung der europäischen Juden setzt ein.

1942 — Auf der „Wannsee-Konferenz" am 20. Januar wird die begonnene „Endlösung der Judenfrage" koordiniert und organisiert.

1943 — Im Februar werden die Geschwister Scholl bei einer Flugblattaktion ergriffen und hingerichtet.

Die SS schlägt den Aufstand im Warschauer Ghetto (April/Mai) nieder.

1944 — Das Attentat auf Hitler am 20. Juli scheitert.

1945 — Am 27. Januar wird das Vernichtungslager Auschwitz-Birkenau befreit (Holocaustgedenktag).

Am 7./9. Mai kapituliert das Deutsche Reich bedingungslos.

Auf einen Blick

Als Reichspräsident Paul von Hindenburg am 30. Januar 1933 den „Führer" der NSDAP Adolf Hitler zum Reichskanzler ernannte, glaubten er und seine Berater, den „Emporkömmling" und seine „Rabauken"-Partei „zähmen" und ihren großen Wählerzulauf für eigene Ziele nutzen zu können. Ein Großteil der deutschen Bevölkerung erhoffte sich von der neuen Regierung Rettung aus der Wirtschaftskrise und eine neue Weltmachtstellung des Deutschen Reiches. Sie alle übersahen, dass Hitler und die NSDAP die Regierungsübergabe, die sie als „Machtergreifung" und Beginn eines „Dritten Reiches" feierten, nicht als autoritäre Herrschaft auf Zeit und erst recht nicht als demokratischen Regierungsauftrag verstanden. Sie rechneten nicht damit, dass Hitler und seine Helfer in erstaunlich kurzer Zeit und mit verbrecherischer Energie eine Diktatur errichten würden.

Vom 30. Januar 1933 an baute Hitler die nationalsozialistische Herrschaft aus. Bereits im Februar 1933 setzte die „Reichstagsbrand-Verordnung" die Grundrechte außer Kraft. Mit dem „Ermächtigungsgesetz" übergab der Reichstag das Gesetzgebungsrecht an die Regierung und entmachtete sich damit selbst. Die Parteien lösten sich unter Zwang auf oder wurden verboten. Sozialdemokraten und Kommunisten wurden verfolgt, missliebige Künstler verfemt. Im März entstanden die ersten Konzentrationslager. Die Länder wurden aufgelöst und mit dem Reich „gleichgeschaltet". Dasselbe Schicksal erlitten bis zum Frühjahr 1934 Verbände, Vereine, Wirtschaft, Kultur und Medien. Durch die Entmachtung der Sturmabteilung (SA) im Zusammenhang mit dem angeblichen „Röhm-Putsch" entledigte sich Hitler im Juni 1934 nicht nur einer möglichen Opposition der NS-„Bewegung", vielmehr ordnete er die gesamte Justiz sich selbst als „Obersten Gerichtsherrn des deutschen Volkes" unter. Seinen Abschluss fand der Prozess der Machtsicherung und „Gleichschaltung" nach dem Tod Hindenburgs im August 1934, als Hitler – fortan „Führer und Reichskanzler" genannt – auch das Amt des Reichspräsidenten übernahm und die Reichswehr auf sich vereidigen ließ. Damit gehörten in der totalitären Einparteiendiktatur Rechtsstaat und Gewaltenteilung sowie die Beachtung demokratischer Prinzipien der Vergangenheit an. Ziel der „Gleichschaltung" war es nicht nur, die Macht zu sichern, sondern auch die Menschen in allen Lebensbereichen in neu geschaffenen Organisationen zu „erfassen", auf die Weltanschauung des Nationalsozialismus einzuschwören und einem auf der „Volksgemeinschaft" aufbauenden Führerprinzip unterzuordnen.

Kennzeichen des Nationalsozialismus und seiner Ideologie waren der Antisemitismus und eine Rassenlehre, die sich mit der Vorstellung vom „notwendigen Kampf der Rasse um Lebensraum" vermischten. Was mit einem radikaler werdenden Antisemitismus in den 1920er-Jahren begann, mündete in eine rücksichtslose und menschenverachtende Ausgrenzung und Vertreibung von Andersdenkenden und „Rassefeinden". Ihren grausamen Höhepunkt erreichte die NS-Herrschaft mit dem Holocaust (Shoa), der sich bereits in den „Nürnberger Gesetzen" von 1935 und dem „Novemberpogrom" vom 9. auf den 10. November 1938 angekündigt hatte: die systematische Verfolgung und Ermordung von Millionen europäischer Juden in den Konzentrations- und Vernichtungslagern. Der am 1. September 1939 begonnene Zweite Weltkrieg war die Konsequenz der auf dieser Ideologie basierenden NS-Außenpolitik, die von der Revision des Versailler Vertrages ausging und auf Eroberung und Unterwerfung anderer Völker zielte.

Gegen Krieg, NS-Herrschaft sowie die Judenverfolgung, die spätestens im Zweiten Weltkrieg zum „offenen Geheimnis" wurde, regte sich zwar kein breiter Widerstand; die „Weiße Rose", die Verantwortlichen des Attentats vom 20. Juli 1944, der Widerstand aus den Kirchen und der Arbeiterbewegung, die vielfältigen Formen der Ablehnung im Alltag, unangepasstes Verhalten oder Hilfe für die Verfolgten, zeigen jedoch, dass nicht alle das Regime akzeptierten. Beendet wurde die NS-Diktatur erst durch die militärische Niederlage und die bedingungslose Kapitulation des Deutschen Reiches am 8. Mai 1945.

■ Machtergreifung, Machtübernahme, Machtübertragung: Begründen Sie, welche Bezeichnung Sie für den Regierungsantritt Hitlers für angemessen halten.

■ Entwickeln Sie ein Konzept für einen Raum zum Thema Nationalsozialismus in einem Museum zur deutschen Geschichte.

Juden in Deutschland vor 1933

Bei der Versammlung der Ortsgruppe München des Centralvereins deutscher Staatsbürger jüdischen Glaubens geht es im Frühjahr 1919 turbulent zu. Lautstark machen die Mitglieder ihrer Empörung über den unversöhnlichen und unverbesserlichen Hass Luft, der den Juden aus vielen Äußerungen und Publikationen seit Monaten wieder unverhohlen entgegenschlägt. Nun sollen sie auch noch für den Kriegsausbruch und die Niederlage verantwortlich sein!

Und dabei hatten sie geglaubt, dass dies nun vorbei sei, war doch von antisemitischen Anfeindungen in den Jahren vor dem Krieg immer weniger zu spüren gewesen. Noch nie hatte die jüdische Bevölkerung so viele Rechte und Freiheiten gehabt, sich so mit Deutschland verbunden gefühlt. Ohne zu zögern waren tausende jüdischer Männer bereit gewesen, für ihr Vaterland zu kämpfen. Sie hatten mitgelitten, mitgehungert und waren auf dem Schlachtfeld gefallen. Soll es nun erlaubt sein, der jüdischen Gemeinschaft die Schuld an allem Unglück und an allen Nöten zuzuweisen?

Doch wie sollen die Juden reagieren? Was können sie gegen so viel Voreingenommenheit tun? Am Ende der aufgeregten Debatte sind sich die Mitglieder der Ortsgruppe einig: Die unhaltbaren Vorwürfe dürfen nicht länger ohne Antwort bleiben. Sie müssen wie ihre Gegner an die Öffentlichkeit gehen und das fortführen, was der Centralverein seit über zwanzig Jahren als sein wichtigstes Ziel verfolgt: sich gegen die antisemitischen Anfeindungen zu wehren, die nichtjüdische Bevölkerung aufzuklären und die Juden in ihrem Selbstbewusstsein als Deutsche zu stärken. Flugblätter müssen verteilt, Plakate geklebt und Zeitungen gedruckt werden, die möglichst viele nichtjüdische Leser erreichen. Mit aller Entschlossenheit wird der Text für ein Flugblatt entworfen, das wenigstens die bösartigsten Behauptungen richtigstellen soll.

▲ Flugblatt des „Reichsbundes jüdischer Frontsoldaten E.V." von 1924.

Der Erste Weltkrieg und seine Folgen Die Verfassung des Deutschen Reiches hatte 1871 den Juden erstmals die rechtliche und politische Gleichberechtigung gewährt. Die Mehrheit der rund 560 000 im Deutschen Reich lebenden Juden gehörte dem Bürgertum an, übte akademische Berufe aus oder betätigte sich in Handel und Industrie. Seit dem 19. Jahrhundert hatten sich die Juden „assimiliert", waren in Selbstverständnis und Lebensweise ebenso deutsch wie ihre nichtjüdischen Mitbürger. Viele Juden waren so weit integriert, dass ihr Judentum für sie nur noch konfessionelle Bedeutung besaß; für andere hatte ihre jüdische Herkunft gar keine Bedeutung mehr. Trotz oder gerade wegen des wirtschaftlichen und sozialen Aufstiegs der Juden gab es nach wie vor einen latenten, teilweise sogar offenen Antisemitismus, der sich zur Jahrhundertwende hin noch steigerte.

Am Beginn des Ersten Weltkriegs zogen auch junge jüdische Männer begeistert in den Krieg. Selbst aus dem Ausland kamen emigrierte deutsche Juden zurück, um sich freiwillig für die Armee zu melden. Je länger der Krieg dauerte, desto deutlicher wurden jedoch die antisemitischen Vorurteile wieder spürbar. Die Propaganda antisemitischer Organisationen behauptete, die Juden würden sich vor der Wehrpflicht drücken und sich bereichern. Daher veranlasste das Kriegsministerium 1916 eine statistische Erhebung, die den jüdischen Anteil unter den deutschen Streitkräften feststellen sollte. Das Ergebnis wurde nie veröffentlicht, denn es hätte die Propaganda widerlegt. Die „Judenzählung" löste in der jüdischen Bevölkerung Verbitterung aus, denn sie zeigte, dass sich Vorurteile und Judenhass nicht überwinden ließen (▶ M1).

Hetzparolen gaben den Juden die Schuld an der Kriegsniederlage und ließen eine antijüdische Variante der „Dolchstoßlegende" entstehen. Sie machte die Juden nicht nur als „Sündenböcke" für die Revolutionswirren, sondern auch für die wirtschaftliche Notlage und die „Schmach" des Versailler Vertrages verantwortlich (▶ M2).

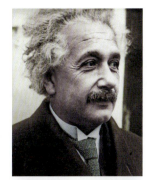

Stellung der Juden in der Weimarer Republik
Gerade nationalistisch-konservative Kreise betonten die führende Rolle jüdischer Frauen und Männer bei der Revolution von 1918 in Berlin und München: Links orientierte Politiker wie Kurt Eisner oder Rosa Luxemburg wurden als „Verräter am deutschen Volk" gebrandmarkt, die Weimarer Republik als „Judenrepublik" verleumdet.

Die Mehrheit der parteipolitisch engagierten Juden war im Lager der Deutschen Demokratischen Partei (DDP) zu finden, zu deren Gründern prominente jüdische Persönlichkeiten wie Walther Rathenau, Albert Einstein und der Staatsrechtler Hugo Preuß gehörten, der maßgeblich die Weimarer Verfassung ausgearbeitet hatte. Die meisten Juden begrüßten und unterstützten die freiheitliche und demokratische Weimarer Republik. Sie gewährte der jüdischen Bevölkerung volle Gleichberechtigung, verbot im öffentlichen Dienst eine Diskriminierung aus religiösen Gründen und bestätigte die 1871 festgelegte Unabhängigkeit der bürgerlichen Rechte vom religiösen Bekenntnis. Darüber hinaus wurden die jüdischen Gemeinden als Körperschaften des öffentlichen Rechts anerkannt. Juden übernahmen Beamtenberufe, politische Ämter und Professuren an den Universitäten. In den meisten deutschen Ländern gab es jüdische Minister, 24 Juden saßen im Reichstag, und zwischen 1919 und 1924 gab es sechs jüdische Reichsminister. Dies reichte aus, dass die Juden von der deutschen Bevölkerung als „privilegierte Minderheit" wahrgenommen und von vielen beneidet wurden.

Unbestreitbar hoch war der Einfluss jüdischer Deutscher in der Presse, in Film, Theater, Literatur, Malerei, Musik, Architektur und Wissenschaft (▶ M3). Die Physiker Albert Einstein und Gustav Hertz, die Psychoanalytiker Sigmund Freud und Alfred Adler, der Komponist Arnold Schönberg, der Theaterregisseur Max Reinhardt und der Filmemacher Fritz Lang, der Maler Max Liebermann sowie die Schriftsteller Franz Werfel, Alfred Döblin, Kurt Tucholsky und Stefan Zweig – sie und viele weitere prägten Wissenschaft, Kunst und Kultur weit über die deutschen Grenzen hinaus. Fünf von dreizehn Nobelpreisen, die während der Weimarer Republik an Deutsche verliehen wurden, gingen an Juden.

Aber was auch immer Juden für die Nation leisteten, von der Gegenseite wurde es als „Verjudung" und „Überfremdung" des deutschen Volkes und seiner Kultur diffamiert. Seit 1929 wurden jüdische Künstler und Wissenschaftler häufig behindert und unterdrückt. Viele von ihnen wandten sich enttäuscht und verbittert ab und emigrierten.

Die ostjüdische Bevölkerung, die im und nach dem Ersten Weltkrieg vor den Kriegshandlungen und antijüdischen Ausschreitungen in Osteuropa zu Tausenden in das Deutsche Reich geflüchtet war, wurde aufgrund ihrer fremdartigen kulturellen Prägung und Lebensart zur Zielscheibe antisemitischer Vorurteile, die sich als Stereotyp auf alle Juden übertrugen. Viele der unfreiwillig zugewanderten Ostjuden emigrierten während der Weimarer Republik in andere europäische Staaten und die USA. Manche kehrten in ihre osteuropäische Heimat zurück. Etwa 60 000 blieben in Deutschland.

▲ **Bedeutende jüdische Wissenschaftler und Künstler.**
Von oben nach unten: Albert Einstein (1879 - 1955), Sigmund Freud (1856 - 1939), Max Reinhardt (1873 - 1943) und Kurt Tucholsky (1890 - 1935).

▲ **Jüdischer Kellerladen in Berlin.**
Foto um 1920.

Julius Streicher (1885 - 1946, hingerichtet): 1921 Beitritt zur NSDAP, 1923 Gründung des antisemitischen Hetzblattes „Der Stürmer", seit 1928 Gauleiter in Franken, 1933 - 1945 Mitglied des Reichstages, seit 1933 Leitung des „Zentralkomitees zur Abwehr der jüdischen Gräuel- und Boykotthetze", 1940 wegen Korruption und Parteizwist aller Ämter enthoben

Der Antisemitismus wächst: vom Vorurteil zur Ideologie Der Antisemitismus der Weimarer Republik war nicht neu, jedoch radikalisierte sich sein Inhalt. Er lehnte den im 19. Jahrhundert erreichten wirtschaftlichen und sozialen Status der Juden ab und wollte ihn rückgängig machen. Eine pseudowissenschaftliche Rassentheorie unterstellte die Überlegenheit „arischen Blutes" und die Minderwertigkeit der „Semiten" und baute alte Vorurteile und Sündenbocktheorien aus. Bücher, Broschüren und weit über 500 antisemitische Zeitungen verbreiteten eine zunehmend radikalere Propaganda. Seit 1923 tat sich der von Julius Streicher gegründete „Stürmer" mit judenfeindlichen Hetzkampagnen hervor. Zu den erfolgreichsten und am weitesten verbreiteten Schriften zählten die „Protokolle von Zion", die vorgaben, eine jüdische Weltverschwörung beweisen zu können.

Zu Beginn der Weimarer Republik gab es rund 400 völkische Organisationen. Ein Zentrum für antisemitische Kampagnen war der „Deutschvölkische Schutz- und Trutzbund". In seinem Gründungsjahr 1919 zählte er etwa 5 000 Mitglieder, 1922 waren es bereits fast 200 000, darunter Angestellte, Beamte, Lehrer und Akademiker, Ärzte und Anwälte sowie Handwerker und Händler. Unter dem Motto „Deutschland den Deutschen" agierte der Bund gegen die Demokratie, gegen linke Bewegungen und gegen Juden. Nach der Ermordung Rathenaus im Jahre 1922 wurde zwar seine Tätigkeit in den meisten Ländern des Deutschen Reiches verboten, jedoch unterstützte er weiterhin gewalttätige Aktionen, so die Attentate der „Organisation Consul" auf Matthias Erzberger und Philipp Scheidemann.

Auch politische Parteien, allen voran die NSDAP, propagierten den Antisemitismus. Die Deutschnationale Volkspartei (DNVP) verpflichtete sich 1920 in ihrem Programm zum Kampf gegen die „Vorherrschaft des Judentums in Regierung und Öffentlichkeit". Zwar konnten diese Parteien zwischen 1924 und 1929 nicht mehr als acht Prozent der Wähler gewinnen, doch die Zustimmung zu antisemitischen Anschauungen in der Bevölkerung wuchs. Der Antisemitismus war längst gesellschaftsfähig.

Boykott und Gewalt Eine grundsätzliche Forderung der Antisemiten war der Ausschluss der Juden aus Wirtschaft und Kultur. Der von der antisemitischen Propaganda geschürte Vorwurf des jüdischen „Finanzwuchers" und die Vorurteile, die Juden würden die deutsche Wirtschaft kontrollieren, waren völlig haltlos. Zwar waren Juden überrepräsentativ stark in medizinischen Berufen, als Rechtsanwälte, im Textilgeschäft, dem Viehhandel, im privaten Bankwesen und im Einzelhandel tätig, insgesamt jedoch besaßen sie in der Wirtschaft entgegen der weit verbreiteten Meinung kein großes Gewicht und gehörten überwiegend dem Mittelstand an.

Vor allem während der Inflation und der großen Wirtschaftskrise fanden dennoch Boykotte gegen Juden Unterstützung. Im Krisenjahr 1923 kam es immer wieder zu gewaltsamen Ausschreitungen gegen Juden, Plünderungen von Geschäften, Attacken und Pogromen, so etwa im Berliner Scheunenviertel, wo rund hundert Geschäfte beschädigt, neun Menschen getötet und zahlreiche verletzt wurden. Die Nationalsozialisten begannen mit der Organisation von Boykotten ab 1927, wobei sie sich auf Organisationen des Mittelstandes und der Landwirtschaft stützten, die gegen jüdische Konkurrenz mobilisiert werden konnten. In den Städten und Ländern, in denen die Nationalsozialisten bereits vor 1932 an der Macht waren, wie etwa in Thüringen, wurde der Boykott offiziell verordnet. Während sich die Lage Mitte der 1920er-Jahre wieder zu beruhigen schien, nahmen ab 1929 die Gewalttätigkeiten deutlich zu. Übergriffe der SA auf jüdische Geschäfte und Bürger, Terroranschläge gegen Synagogen und andere jüdische Einrichtungen häuften sich.

Die Anfeindungen und Vorurteile richteten sich grundsätzlich gegen „die Juden". Dabei handelte es sich beim jüdischen Bevölkerungsteil keineswegs um eine einheitliche sozial, politisch, kulturell und konfessionell geschlossene Gruppe. Im Gegenteil: Jeder Einzelne war in Haltung und Selbstverständnis unterschiedlich stark durch Religion, Bildung, Familie, die politische Orientierung sowie den Grad der Assimilierung geprägt.

Abwarten oder reagieren? Nach dem Ersten Weltkrieg schlossen sich viele Juden dem Zionismus an, einer jüdischen Nationalbewegung. 1897 war mit der Zionistischen Weltorganisation (ZWO) ein internationaler Verband geschaffen worden, dessen Ziel es war, den Aufbau Palästinas (Zion) und die Auswanderung der verstreut lebenden Juden vorzubereiten. Im Judentum hatte die zionistische Position viele Kritiker, für die die Lösung nicht in Auswanderung, sondern in Integration und Annäherung bestand.

Der Centralverein deutscher Staatsbürger jüdischen Glaubens (CV), die mit 60 000 Mitgliedern größte und wichtigste Organisation der deutschen Juden, sah keinen Widerspruch zwischen Deutschtum und Judentum. Stattdessen trat der CV für eine tolerantere Gesellschaft ein, in der die Juden als gleichberechtigte und anerkannte Staatsbürger leben sollten. Die wichtigste Aufgabe sah er in der Bekämpfung des Antisemitismus. Er bot den Mitgliedern Rechtsschutz und organisierte wirtschaftliche Beratung und Kulturarbeit. Mit eigenen Publikationen versuchte er, die Öffentlichkeit auf die Gefahr des Antisemitismus aufmerksam zu machen und sich gegen Angriffe zu wehren.

Die Abwehr des Antisemitismus scheiterte, da es keine starken und engagierten Kräfte in der Gesellschaft gab. Für die demokratischen Parteien, die Gewerkschaften und die Kirchen war der Antisemitismus ein nachrangiges Problem. Kampagnen der „Liga für Menschenrechte" oder des überkonfessionellen „Vereins zur Abwehr des Antisemitismus" verhallten meist ergebnislos. Der Staat konnte den Schutz seiner Bürger nicht gewährleisten und stellte sich damit selbst infrage. Immer wieder setzte er sogar Freikorps, die sich offen zum Antisemitismus bekannten, zur Niederschlagung linker Aufstandsversuche ein. Die DDP trat dem Antisemitismus entschieden entgegen und wurde von nationalen Politikern deshalb als „Judenpartei" verunglimpft.

Viele Juden und Nichtjuden nahmen weder die Hetzkampagnen noch die schon in den zwanziger Jahren regelmäßig vorkommenden Ausschreitungen ernst. Sie zeigten Übergriffe und Straftaten oft nicht an, in der Hoffnung, dass sich die Lage bald wieder entspannen würde. Die zunehmenden Wahlerfolge der Nationalsozialisten nahmen sie zwar mit Sorge zur Kenntnis, ihre deutsche Heimat wollten sie jedoch nicht verlassen. An Warnungen vor den Gefahren des Nationalsozialismus fehlte es nicht. Aber mit welch mörderischer Konsequenz die Parolen der Partei umgesetzt werden würden, konnte zu diesem Zeitpunkt niemand ahnen.

▲ **Plakat der jüdischen Wohlfahrtspflege.**
In der Weimarer Republik gab es ein breites Netz von Einrichtungen der Wohlfahrtspflege und Sozialfürsorge, das sich weitgehend durch Spenden finanzierte. Angesichts der wirtschaftlichen und politischen Entwicklung wurden diese Einrichtungen für die jüdische Bevölkerung immer wichtiger.

◀ Plakat der Ortsgruppe München des Centralvereins deutscher Staatsbürger jüdischen Glaubens von 1919.

werden einsehen müssen, dass der Antisemitismus nicht, wie sie meinen, eine Reaktion auf „schlechte jüdische Gewohnheiten" ist, sondern eine im Bewusstsein des umgebenden Volkes tief wurzelnde Macht, deren man sich sogar manchmal – und nicht bloß in Russland – zur Ablenkung des Interesses der Massen von brennenden, aber unbequemen innenpolitischen Fragen bedient. Diese tief wurzelnde antisemitische Grundstimmung wird weder durch Apologie und Hinweise auf Verdienste aus der Welt geschafft, noch durch das Streben nach Anpassung auch nur vermindert. Es gibt nur einen Weg zur wirksamen Bekämpfung des Judenhasses. Es ist der Weg der Erlösung der Juden aus ihrer Vereinzelung durch Konzentrierung auf einem gemeinsamen Territorium.

Jehuda Reinharz (Hrsg.), Dokumente des deutschen Zionismus 1882-1933, Tübingen 1981, S. 187f.

1. Ordnen Sie die Stellungnahme in den historischen Kontext ein.
2. Analysieren Sie, wie die Zionisten den Antisemitismus beschreiben. Welche Konsequenz ziehen sie aus ihrer Bewertung?
3. Schließen Sie aus dem Artikel auf Ziele und Selbstverständnis der Zionisten. Überlegen Sie, welche Motivation mit der Veröffentlichung des Artikels verbunden ist.

M1 Tief wurzelnder Antisemitismus

In der „Jüdischen Rundschau" erscheint 1916 folgende zionistische Stellungnahme zur „Judenzählung" im deutschen Heer:

Der Beschluss des deutschen Reichshaushaltsausschusses [...] bestätigt die Befürchtungen, dass der deutsche Antisemitismus während des Krieges nicht abgenommen habe und dass die Hoffnungen auf eine Besserung der politischen Stellung der deutschen Juden nach dem Kriege verfrüht seien. Gewisse jüdische Kreise Deutschlands waren seit Ausbruch des Krieges voll hochgespannter Hoffnungen für die Zeit nach dem Weltkrieg, schwelgten im Ausmalen der glänzenden staatsbürgerlichen Stellung, deren sich die Juden in Anerkennung ihrer patriotischen und militärischen Bewährung nach dem Kriege zu erfreuen haben werden, und konnten sich nicht genug tun in apologetischen[1] Hinweisen auf die vaterländische Haltung des deutschen Judentums. Sie

[1] Apologetik: theologische Verteidigung, Rechtfertigung der christlichen Lehren; hier: sich verteidigend

M2 „Fanfaren gegen das Judentum"

Der Historiker Christoph Jahr zeigt in einem Artikel, wie der Antisemitismus im Ersten Weltkrieg und in der Weimarer Republik politisch instrumentalisiert wird:

Seit Ende 1915 überschwemmten die Antisemiten das Preußische Kriegsministerium mit anonymen Eingaben. Am 11. Oktober 1916 ordnete der Preußische Kriegsminister Wild von Hohenborn schließlich unter dem aktenstaubtrockenen Titel „Nachweisung der beim Heere befindlichen wehrpflichtigen Juden" eine von den Zeitgenossen schlicht „Judenzählung" genannte Statistik an. Zwar lautete deren offizielle Begründung, man wolle den Vorwurf der „Drückebergerei" lediglich nachprüfen, um ihm „gegebenenfalls entgegentreten zu können". Doch alle gegenteiligen Beteuerungen halfen nichts: Mit diesem Erlass übernahm das Ministerium antisemitische Stereotypen. [...]

Die „Judenzählung" kann nicht allein durch den Antisemitismus erklärt werden. Sie stand vielmehr im Zusammenhang

mit der Ausbildung der „verdeckten Militärdiktatur" unter Generalstabschef Paul von Hindenburg und seinem Adlatus[1] Erich Ludendorff, der totalen Mobilmachung aller menschlichen Ressourcen sowie der aggressiven Agitation gegen den Reichskanzler Theobald von Bethmann Hollweg. Der war gewiss kein Liberaler oder Demokrat. Aber er war doch Realist genug, um zu erkennen, dass innenpolitische Reformen notwendig waren und der Krieg notfalls auch ohne militärischen Sieg beendet werden musste.

Das genügte, um ihn als „Flaumacher" zu diffamieren und das Schreckbild einer Regierung unter „alljüdischer" Leitung zu malen. Angesichts der Niederlage rief Heinrich Claß, Führer des antisemitischen und ultranationalistischen „Alldeutschen Verbandes", im Oktober 1918 dazu auf, die katastrophale Lage Deutschlands „zu Fanfaren gegen das Judentum und die Juden als Blitzableiter" zu benutzen. Die „Dolchstoßlegende" war geboren, der zufolge Deutschland nicht militärischer Überlegenheit, sondern einer internationalen Verschwörung von Sozialisten, Pazifisten und Juden erlegen war, obwohl beispielsweise Walther Rathenau bis zuletzt zum „Durchhalten" aufrief.

Seit der Oktoberrevolution in Russland gewann auch die Behauptung der Identität von Revolution und Judentum durch den Hinweis auf führende Revolutionäre jüdischer Herkunft wie Leo Trotzki eine scheinbare Plausibilität im verunsicherten Bürgertum. 1941 diente der „Kampf gegen den jüdischen Bolschewismus" als Propagandafanfare für den Überfall auf die Sowjetunion und half, Hemmungen vor dem systematischen Judenmord abzubauen. [...]

So kamen im Krieg all jene Zutaten zusammen, aus denen die Antisemiten nach 1918 einen Giftcocktail mischten. Das uralte Motiv des „jüdischen Schmarotzers" entstand in Gestalt des „Kriegsgewinnlers" neu. Der vermeintlich „zersetzende", liberal-individualistische Jude des 19. Jahrhunderts wandelte sich in den „bolschewistischen Revolutionär". Und einmal mehr galten die Juden als national illoyale, „wurzellose Kosmopoliten". Die deutsch-nationalen Kräfte verhöhnten die erste deutsche Demokratie daher als angeblich „undeutsch" und als „Judenrepublik". Viele Deutsche akzeptierten diesen Wahn als Realität. Der Schriftsteller Jakob Wassermann schrieb 1921 verbittert über seine Mitbürger: „Es ist vergeblich, in das tobsüchtige Geschrei Worte der Vernunft zu werfen ... Es ist vergeblich, für sie zu leben und für sie zu sterben. Sie sagen: Er ist ein Jude."

Christoph Jahr, Sündenböcke der Niederlage. Warum der deutsche Antisemitismus im Ersten Weltkrieg immer radikaler wurde, in: Spiegel Special 1/2004, S. 88 f.

[1] Gehilfe, Helfer

1. *Erläutern Sie den Zusammenhang zwischen „Judenzählung" und der Diffamierung der Weimarer Republik. Nehmen Sie Stellung zu Jahrs Argumentation.*

2. *Analysieren Sie den Wandel des „Judenbildes" nach dem Ersten Weltkrieg. Nennen Sie weitere gegen die Juden verwendete Stereotypen und Vorurteile. Erläutern Sie, wie diese eingesetzt wurden.*

M3 Jüdische Leistungen

Der österreichische Schriftsteller und Journalist jüdischer Abstammung Joseph Roth schreibt 1930 über die deutschen Juden:

Die deutschen Juden bekamen ihre bürgerliche und menschliche Gleichberechtigung nicht von den Deutschen, sondern von den Franzosen. Trotzdem haben die Juden Deutschlands, in wahrer Selbstverleugnung, Deutschland gegen die christlich-europäische Welt immer und mit allen Mitteln verteidigt: mit dem Schwert, mit der Feder, mit dem Pinsel, ja sogar mit der Chemie. Juden waren in Deutschland Ingenieure, Flieger, Wissenschaftler, Dichter, Regisseure, Schauspieler, Verleger, Journalisten. Juden haben in Deutschland nichtjüdische Genies und Talente gefördert. Juden haben Wagner populär gemacht. Juden haben Goethe zum Genie der Nation ernannt. Juden haben die deutschen Romantiker dem übrigen Europa verständlich gemacht. Juden haben die deutsche Presse groß gemacht, die deutsche Wissenschaft bereichert, das deutsche Theater begnadet, ja sogar das deutsche Offizierskorps, in dem sie immer Parias[1] waren, mit kriegerischen Talenten beschenkt. [...] Es gibt kein Volk in der Welt, das den Juden so viel zu verdanken hätte, wie das deutsche. Und deshalb dieser Dank!

Klaus Westermann (Hrsg.), J. Roth. Werke 3, Köln 1991, S. 544 f.

1. *Erklären Sie Roths Aussage, die Juden hätten ihre Gleichberechtigung nicht von den Deutschen, sondern von den Franzosen erhalten.*

2. *Nehmen Sie Stellung zu Roths Schlusssatz.*

3. *Belegen Sie die von Roth genannten Beispiele für kulturelle und wissenschaftliche Leistungen der jüdischen Bevölkerung mit Namen. Wählen Sie eine Person aus und stellen Sie ihr Leben und Werk vor.*

4. *Aktuelle Studien zeigen, dass antisemitische Vorurteile auch heute in Deutschland weitverbreitet sind. Recherchieren Sie und diskutieren Sie über Maßnahmen und Möglichkeiten, dem Antisemitismus zu begegnen.*

[1] Paria: kastenloser Inder; übertragener Begriff für einen von der Gesellschaft Ausgestoßenen

Beseitigung der Demokratie und Ausbau der NS-Diktatur

„So, nun ist es amtlich." Aufgebracht schlägt Hermann die Wohnungstüre hinter sich zu, setzt sich noch in Mantel und Hut auf die Küchenbank neben seine Frau Ina und liest erregt aus der Zeitung vom heutigen 8. April 1933 vor: „Zur Wiederherstellung eines nationalen Berufsbeamtentums und zur Vereinfachung der Verwaltung können Beamte nach Maßgabe der folgenden Bestimmungen aus dem Amt entlassen werden, auch wenn die nach dem geltenden Recht hierfür erforderlichen Voraussetzungen nicht vorliegen." „Was soll das denn heißen? Beamte können doch nicht einfach so entlassen werden! Das verstößt doch gegen geltendes Recht", entfährt es Ina. „Welches geltende Recht? Die machen jetzt seit dem Ermächtigungsgesetz ihr eigenes Recht und legalisieren damit einfach nachträglich ihre Säuberungsaktionen, diese kranken Fantasten", entgegnet ihr Hermann verbittert.

Schon vor acht Tagen war Ministerialrat Hertel persönlich in Hermanns Amtsbüro erschienen und hatte ihn in hektisch-beschämtem Ton davon in Kenntnis gesetzt, dass er ab sofort in den Ruhestand versetzt sei – mit gerade einmal 45 Jahren! Gründe wollte Hertel ihm nicht nennen. Aber Hermann ist sich sicher: Ausschlaggebend war seine sozialdemokratische Gesinnung. „Gleichschaltung für die Volksgemeinschaft" – ab jetzt entscheiden Parteibuch und braunes Hemd darüber, wer in den Amtsstuben den Ton angibt, wer seine Arbeit behält und wer nicht. Wer die nationalsozialistische Weltanschauung nicht teilt und dies offen zeigt, ist nicht würdig, vom „Dritten Reich" Brot und Lohn zu erhalten. „Du musst dich beschweren", herrscht Ina aufgeregt. Aufbegehren kommt für Hermann jedoch nicht infrage. „Stillhalten" ist seine Strategie, mit der sich hoffentlich eine kleine Privatsphäre erhalten lässt.

„Führer in ein neues Zeitalter"

Als Adolf Hitler am 30. Januar 1933 von Reichspräsident Hindenburg zum Reichskanzler ernannt wurde, schien sich rein äußerlich nichts Wesentliches an der politischen Situation im Deutschen Reich geändert zu haben. Hitler war Chef eines Präsidialkabinetts wie seine drei unmittelbaren Amtsvorgänger. Der „Führer" und seine Partei feierten die Berufung in die Regierungsverantwortung jedoch als „Machtergreifung". Die Fackelzüge, die am Abend des 30. Januar in Berlin und vielen Städten Deutschlands von der NSDAP unter Beteiligung konservativer Kräfte inszeniert wurden, huldigten nicht einem weiteren Kanzler der Republik, sondern dem „Führer in ein neues Zeitalter".

Die neue Regierung besaß keine Mehrheit im Reichstag. Hitler ließ dennoch Koalitionsverhandlungen, die ihm eine Majorität gesichert hätten, bewusst scheitern. Stattdessen wurden der Reichstag aufgelöst und Wahlen für den 5. März anberaumt. Die parlamentsfreie Atempause wollte Hitler nutzen, um mithilfe von Notverordnungen vollendete Tatsachen zu schaffen und die Wähler massiv zu beeinflussen, denn das Erreichen der absoluten Mehrheit schien für die NSDAP in greifbare Nähe gerückt.

Der Reichstagsbrand und seine Folgen

Am 27. Februar, eine Woche vor der Wahl, brannte der Reichstag in Berlin. Am Tatort wurde der Holländer Marinus van der Lubbe festgenommen. Wahrheitswidrig verkündeten die Nationalsozialisten, dass die Brandstiftung der Beginn eines kommunistischen Umsturzes sein sollte. Die genauen Hintergründe des Reichstagsbrandes sind bis heute nicht geklärt, aber die meisten Historiker gehen von einer Alleintäterschaft van der Lubbes aus.

Hitler veranlasste sofort die Verhaftung von 4000 kommunistischen Abgeordneten und Funktionären, ferner das Verbot der kommunistischen und sozialdemokratischen Presse. Die von Hindenburg am 28. Februar 1933 erlassene Verordnung „Zum Schutz von Volk und Staat" schuf die rechtlichen Voraussetzungen, um die Grundrechte außer Kraft zu setzen (▶ M1).

Trotz massiver Behinderung der anderen Parteien und eines pausenlosen Propagandaaufwandes war das Wahlergebnis des 5. März für die NSDAP enttäuschend. Sie verfehlte mit 43,9 Prozent der abgegebenen Stimmen klar die erhoffte absolute Mehrheit. Am 21. März wurde der Reichstag in der Garnisonkirche zu Potsdam mit einem Staatsakt eröffnet. Zwei Tage nach dem „Tag von Potsdam" legte Hitler den Abgeordneten ein Gesetz zur Behebung der Not von Volk und Reich, das sogenannte „Ermächtigungsgesetz", zur Abstimmung vor. Obwohl NSDAP und Deutschnationale Volkspartei (DNVP) eine handlungsfähige Mehrheit im Reichstag bildeten, sollte der Regierung – zunächst auf vier Jahre – das Recht eingeräumt werden, Gesetze ohne Mitwirkung von Reichstag und Reichsrat zu erlassen.

Die Vertreter der bürgerlichen Parteien gaben eingeschüchtert nach, in der Hoffnung, Schlimmeres zu verhüten und durch ihr Entgegenkommen später Einfluss auf die Durchführung des Gesetzes nehmen zu können. Nur die SPD verweigerte ihre Zustimmung, konnte damit die notwendige Zweidrittelmehrheit allerdings nicht verhindern. Auch der Reichsrat ließ das Gesetz ohne Einwand passieren.

„Gleichschaltung" „Ein Volk, ein Reich, ein Führer" war die Parole, nach der ab 1933 der Rechtsstaat und die Gewaltenteilung abgeschafft, der Einparteienstaat errichtet, alle politischen und gesellschaftlichen Lebensbereiche „gleichgeschaltet" und durchdrungen wurden (▶ M2, M3). Das „Ermächtigungsgesetz" hatte Hitler formalrechtlich legal dazu den Freibrief erteilt. Partei und Regierung beseitigten in den ersten Monaten nach der Machtübernahme schrittweise das föderalistische Eigenleben von Ländern und Gemeinden: Landtage, Stadt- und Gemeinderäte wurde nach dem Ergebnis der Reichstagswahl vom 5. März 1933 umgebildet. Von missliebigen Parteien errungene Sitze verfielen, sodass die Nationalsozialisten fast überall ein Übergewicht erhielten. Darüber hinaus setzte Hitler in den Ländern Reichsstatthalter ein, die befugt waren, Regierungen zu bilden und zu entlassen. Jeder Reichsstatthalter war seinerseits an die Weisungen des „Führers" gebunden, die totale Kontrolle der Gebietskörperschaften damit gesichert.

Für viele Berufssparten wurden zudem gesonderte, der NSDAP untergeordnete Vereinigungen, z.B. der NS-Lehrerbund oder der NS-Ärztebund, geschaffen. Menschen in Beruf oder Freizeit, Gesunde und Invalide, Kinder, Jugendliche und Greise, Frauen und Männer – sie alle sollte das parteigesteuerte Organisationsnetz des totalitären Staates erfassen. Dies gelang mithilfe von Unterorganisationen wie der **Deutschen Arbeitsfront (DAF)**, dem NS-Studentenbund, der NS-Frauenschaft, der Hitler Jugend (HJ) sowie dem Bund Deutscher Mädel (BDM)* und anderen mehr. Das Netz war so eng geknüpft, dass der Einzelne kaum entschlüpfen konnte.

* Vgl. dazu S. 176 f.

▲ Postkarte zum „Tag von Potsdam".
Der neue Propagandaminister Joseph Goebbels gestaltete die erste Sitzung des neuen Reichstages nach dem Machtwechsel in der Potsdamer Garnisonkirche als Schauspiel der „nationalen Wiedererweckung". Am Grab Friedrichs des Großen gaben sich Hitler und Reichspräsident Hindenburg am 21. März 1933 feierlich die Hand.
■ Erklären Sie die Bildsymbolik.

Deutsche Arbeitsfront (DAF): am 10. Mai 1933 gegründete Zwangsvereinigung von Arbeitnehmern und Arbeitgebern, die an die Stelle der Gewerkschaften trat. Wichtigste Aufgabe der DAF, die zur größten Massenorganisation des NS-Staates wurde, war die Freizeitgestaltung der Arbeitnehmer. Vgl. dazu 177 f.

▲ **Staat und Partei im „Führerstaat".**
Parteihierarchie und Staatsämter überschnitten sich sowohl in ihren Kompetenzen als auch personell: Mit zwei Ausnahmen waren z. B. alle Reichsstatthalter zugleich auch Gauleiter in ihrem Amtsbereich.

Führung oder Chaos? Die Ausschaltung oppositioneller Gruppen schien auf den ersten Blick die Staatsmacht zu stärken, die sich nicht länger im pluralistisch-liberalen Meinungsstreit behaupten musste. Es zeigte sich jedoch, dass neben den Staat sich nun die NSDAP als „Trägerin des deutschen Staatsgedankens" stellte. Ihre Führung war seit der Ausschaltung der anderen Parteien unangefochten. Die Aufgabe der NSDAP bestand nun nicht länger in Opposition und Straßenkampf, sondern in der Erfassung aller Lebensbereiche, mit dem Ziel einer totalitären Herrschaftsübernahme. Die Partei durchdrang die Gesellschaft und trat damit in Konkurrenz zu den staatlichen oder kommunalen Institutionen.

Die Folge war ein undurchsichtiger Wirrwarr von Kompetenzen. Während der Staat üblicherweise das öffentliche Leben auf der Basis von Gesetzen reglementiert und gestaltet, trafen jetzt Parteiorganisationen oder deren Repräsentanten neben der staatlichen Bürokratie Einzelentscheidungen. Sie versuchten beständig, die Verwaltung in ihrem Sinn zu beeinflussen. Vielfach verschmolzen Partei- und Staatsorganisation miteinander. So hatten die Gauleiter der NSDAP häufig zugleich hohe Ämter in den „gleichgeschalteten" Ländern inne, oder die Ortsgruppenleiter der Partei übernahmen gleichzeitig das Bürgermeisteramt. Die Kontrolle der öffentlichen Hand und des gesellschaftlichen Alltags ließ die Parteibürokratie ständig anwachsen. Gab es 1935 33 Gauleiter, 827 Kreisleiter, 21 000 Ortsgruppenleiter und 260 000 Zellen- und Blockleiter, so betrug die Zahl dieser Funktionäre zwei Jahre später bereits 700 000. Während des Krieges waren es zwei Millionen.

Charakteristisch für die **Polykratie** war das Entstehen zahlloser Sonderverwaltungen, die neben der staatlichen Bürokratie ein Eigenleben führten und dem „Führer" direkt unterstellt waren. Einer solchen Behörde stand z. B. **Hermann Göring** ab 1936 als „Beauftragter für den Vierjahresplan" vor. Er konnte in dieser Funktion an allen staatlichen Stellen vorbei unmittelbaren Einfluss auf die Wirtschaft nehmen.

Polykratie (von griech. poly: viel und kratéin: Macht): Vielzahl konkurrierender Herrschaftsansprüche und Zuständigkeiten

Hermann Göring (1893 - 1946): 1933 - 1945 Reichsminister für Luftfahrt; 1937/38 Reichswirtschaftsminister; 1946 Selbstmord in Haft

M1 Verordnung „Zum Schutz von Volk und Staat" und „Ermächtigungsgesetz"

Am 28. Februar 1933, einen Tag nach dem Reichstagsbrand, erlässt Reichspräsident Hindenburg eine Verordnung „Zum Schutz von Volk und Staat". Aufgrund des Artikels 48, Absatz 2 der Reichsverfassung wird „zur Abwehr kommunistischer staatsgefährdender Gewaltakte" Folgendes verordnet:

§ 1 Die Art. 114, 115, 117, 118, 123, 124 und 153 der Verfassung des Deutschen Reiches werden bis auf Weiteres außer Kraft gesetzt. Es sind daher Beschränkungen der persönlichen Freiheit, des Rechts der freien Meinungsäußerung, einschließlich der
5 Pressefreiheit, des Vereins- und Versammlungsrechts, Eingriffe in das Brief-, Post-, Telegrafen- und Fernsprechgeheimnis, Anordnungen von Haussuchungen und von Beschlagnahmen sowie Beschränkungen des Eigentums auch außerhalb der sonst hierfür bestimmten gesetzlichen Grenzen zulässig.
10 § 2 Werden in einem Lande die zur Wiederherstellung der öffentlichen Sicherheit und Ordnung nötigen Maßnahmen nicht getroffen, so kann die Reichsregierung insoweit die Befugnisse der obersten Landesbehörde vorübergehend wahrnehmen.

Das folgende „Gesetz zur Behebung der Not von Volk und Reich" (das sogenannte „Ermächtigungsgesetz") vom 23. März 1933 stellt zusammen mit der Verordnung „Zum Schutz von Volk und Staat" die verfassungsrechtliche Grundlage des NS-Staates dar:

15 Art. 1: Reichsgesetze können außer in dem in der Reichsverfassung vorgesehenen Verfahren auch durch die Reichsregierung beschlossen werden. [...]
Art. 2: Die von der Reichsregierung beschlossenen Reichsgesetze können von der Reichsverfassung abweichen, soweit
20 sie nicht die Einrichtung des Reichstags und des Reichsrats als solche zum Gegenstand haben. Die Rechte des Reichspräsidenten bleiben unberührt.
Art. 3: Die von der Reichsregierung beschlossenen Reichsgesetze werden vom Reichskanzler ausgefertigt und im Reichs-
25 gesetzblatt verkündet. Sie treten, soweit sie nichts anderes bestimmen, mit dem auf die Verkündung folgenden Tag in Kraft. Die Art. 68 bis 77 der Reichsverfassung finden auf die von der Reichsregierung beschlossenen Gesetze keine Anwendung.[1]

▲ SA-Mann als Hilfspolizist (r.) auf Streife mit Berliner Schutzpolizist (Schupo) am Wahltag.
Foto vom 5. März 1933.

Art. 4: Verträge des Reichs mit fremden Staaten, die sich auf Gegenstände der Reichsgesetzgebung beziehen, bedürfen 30 nicht der Zustimmung der an der Gesetzgebung beteiligten Körperschaften. Die Reichsregierung erlässt die zur Durchführung dieser Verträge erforderlichen Vorschriften.

Ingo von Münch (Hrsg.), Gesetze des NS-Staates. Dokumente eines Unrechtssystems. Zusammengestellt von Uwe Brodersen, Paderborn ³1994, S. 23 und 63

1. *Erläutern Sie, welche Konsequenzen die Notverordnung „Zum Schutz von Volk und Staat" und das „Ermächtigungsgesetz" für den politischen Alltag haben mussten.*
2. *Diskutieren Sie, welche Möglichkeiten der Opposition und der Gewaltenkontrolle zu diesem Zeitpunkt noch gegeben waren.*

---

[1] Geregelt war hier das übliche Verfahren der Gesetzgebung.

M2 Bilanz der „Machtergreifung"

Der Historiker Hans-Ulrich Wehler zieht mit dem Blick auf das Ende der ersten Phase des Herrschaftsaufbaus bis Anfang August 1934 eine Bilanz der „Machtergreifung":

1. Die zentralistische Regierungsdiktatur Hitlers war an die Stelle der parlamentarischen Republik getreten. Ein schier omnipotenter charismatischer „Führer", eben noch als „böhmischer Gefreiter" verspottet, bündelte alle Herrschaftsfunktionen und -mittel in einer einzigen, in seiner Hand, sodass der Führerabsolutismus bereits zum eigentlichen Gravitationszentrum der Macht geworden war.
2. Der Reichstag war, völlig entmachtet, zur Akklamationsmaschine degradiert worden.
3. Alle Parteien waren verboten worden oder hatten sich in tiefer Ohnmacht selber aufgelöst; die meisten Verbände, wie etwa die Gewerkschaften, waren zerschlagen oder unterworfen worden.
4. Reichsrechtlich war der Einparteienstaat zugunsten der NSDAP legalisiert, der totale Lenkungsanspruch ihrer Führungsspitze befestigt worden. Wie schon diese Punkte zeigen, war die politische Landschaft in einem unglaublichen Tempo von Grund auf verändert worden.
5. Anstelle des traditionellen Föderalismus war ein rigoroser Zentralismus durchgesetzt worden, der alle Länder und ihre Landtage aufgelöst, den Berliner Direktiven freie Bahn geschaffen hatte.
6. Der Rechtsstaat lag zertrümmert da. Die Bürger waren der Willkür der Polizei, der SS, der Sondergerichtsbarkeit hilflos preisgegeben.
7. Die Verfolgung, Vertreibung und Ermordung politischer Gegner und jüdischer Deutscher hatte auf breiter Front eingesetzt. Ernsthafte Zweifel an der Zielstrebigkeit der neuen Machthaber waren auch in dieser Hinsicht nicht mehr erlaubt.
8. In der Erbgesundheitspolitik tauchten die Umrisse einer völkischen, eugenischen Rassenpolitik auf, welche die Gesundheit des arischen „Volkskörpers" über alles setzte und dieses Ziel durch „Ausmerze" aller Fremdkörper erreichen wollte.
9. Die alten Machteliten, die sich eben noch als geschickte Dompteure eines Volkstribuns plebejischer Herkunft gesehen hatten, waren in abhängige Funktionseliten umgewandelt, oft in NS-Sonderorganisationen überführt oder direkt zu Parteiorganen gemacht worden.
10. Überhaupt war ein zügiger Elitenwechsel eingeleitet worden. Dieser „stürmische Personalumbau ... verwandelte die Elitenstruktur der deutschen Gesellschaft", denn die kollektive Blitzkarriere der „alten Kämpfer", die zahlreichen neuen Verwaltungsstäbe mit Parteibuchpositionen und frühzeitig auch der Lenkungswille des SS-Ordens ließen die Umrisse einer neuen sozialen Machthierarchie erkennen.
11. Im öffentlichen Leben hatte sich der Nationalsozialismus zur monopolistischen Säkularreligion aufgeschwungen. Schon im August 1933 hatte Hitler ungeschminkt gefordert, dass der Nationalsozialismus „selbst eine Kirche werden müsse". Diese Stilisierung wurde durch die intensive Goebbels-Propaganda gefördert, während gleichzeitig die Vielfalt des kulturellen Lebens uniformiert, die Kirchen gegängelt, die Heilsfunktionäre verfolgt wurden.
12. Vor allem aber hatte sich die charismatische Position Hitlers in Staat und Gesellschaft enorm gefestigt. Ein breiter Konsens unterstützte den „Führer", der jede kollektive Entscheidungsbildung im Kabinett beseitigt und völlige Selbstständigkeit auch gegenüber der Koalition des 30. Januar errungen hatte. [...] Dass viele seiner Werte – an erster Stelle nationale Ehre, nationale Geltung, nationale Stärke, völkische Auserwähltheit, Führerprinzip, historische Mission – von Abermillionen geteilt und insofern von ihm instinktiv als verallgemeinerungsfähig erkannt wurden, verschaffte ihm eine erstaunliche Resonanz.

Hans-Ulrich Wehler, Deutsche Gesellschaftsgeschichte, Bd. 4: Vom Beginn des Ersten Weltkriegs bis zur Gründung der beiden deutschen Staaten 1914-1949, München 2003, S. 617-619

1. *Arbeiten Sie die Schritte des nationalsozialistischen Machtausbaus heraus.*
2. *Erarbeiten Sie eine Mindmap, in dem Sie die verschiedenen Schritte und Ebenen der „Machtergreifung" anhand konkreter Daten und Beispiele darstellen.*

▼ Fackelzug am 30. Januar 1933.
▼ Verhaftung von Kommunisten, 6. März 1933.
▼ „Tag von Potsdam", 21. März 1933.

3. Erläutern Sie, was Wehler unter einem „omnipotenten charismatischen ‚Führer'" versteht.
4. Charakterisieren Sie den nationalsozialistischen Staat nach der „Machtergreifung".

M3 „Gleichschaltung"

In einem Wörterbuch zum Vokabular des Nationalsozialismus wird der Begriff „Gleichschaltung" wie folgt definiert:

(gleichschalten, sich gleichschalten; gleichgeschaltet)
a) *Politische Gleichschaltung*: Aufhebung des politischen und organisatorischen Pluralismus durch Anpassung der vorgefundenen Organisationsstrukturen bestehender Körper
5 schaften und Institutionen an das nationalsozialistische Führerprinzip; b) *innere Gleichschaltung*: Anpassung des Denkens und Handelns an die nationalsozialistische Weltanschauung; c) *äußere Gleichschaltung* […]: politische Gleichschaltung ohne gleichzeitige Anpassung des Denkens und
10 Handelns an die nationalsozialistische Weltanschauung.

Ernst Niekisch, 1939 wegen „literarischen Hochverrats" zu einer lebenslänglichen Zuchthausstrafe verurteilt, beschreibt um 1935 die Veränderungen in der Gesellschaft:

Ein Taumel der „Gleichschaltung" erfasste das ganze Volk. Alle öffentlichen und privaten Einrichtungen, Organisationen und Korporationen, alle wirtschaftlichen Betriebe und kulturellen Gesellschaften, alle Verbände und Vereine „schalteten
15 sich gleich". Zweck der Gleichschaltung war die Herstellung der „Volksgemeinschaft". Die „Volksgemeinschaft" ist kein gesellschaftlicher Ordnungszustand höherer Art. Nirgends trügt der Schein mehr, als er hier es tut. […] in der „Volksgemeinschaft" soll das ganze Volk auf die formlos chaotische
20 Existenzweise menschlichen Abschaums heruntergebracht werden. Sinn und Inhalt der Volksgemeinschaft ist lediglich die Solidarität des lumpenproletarischen Gesindels.
Irgendwelche untergeordneten Organe oder Angestellte zogen plötzlich ihr nationalsozialistisches Mitgliedsbuch, das
25 sie bisher sorgfältig verborgen gehabt hatten, aus der Tasche und trumpften damit auf; zuweilen war es der Portier, der sich überraschend als Vertrauensmann der nationalen Revolution entpuppte und sich über Nacht zum wichtigsten und ersten Mann emporschwang. Das Mitgliedsbuch und das
30 braune Hemd waren Ausweise, durch welche sich die Inhaber befugt hielten, nach den Zügeln zu greifen und die Leitung zu übernehmen. […]
Der Punkt, an dem der Hebel ansetzt, welcher den Menschen gleichschaltet, ist die Existenzfrage. Wenn der Mann nicht
35 richtig liegt, bekommt er kein Futter mehr. Unverhüllter wurde noch niemals auf den Magen gedrückt, um die richtige Gesinnung herauszupressen. Der Beamte zitterte um Gehalt und Versorgung: Das „Gesetz zur Wiederherstellung des Berufsbeamtentums" brachte den festen Turm seiner
40 „wohlerworbenen Rechte" zum Einsturz. […] Die nationalsozialistische Empörung über marxistische „Parteibuchbeamte" entlarvte sich als purer Brotneid; die „Wiederherstellung des Berufsbeamtentums" bestand darin, alle Ämter mit nationalsozialistischen Parteibuchbeamten zu über
45 schwemmen. Die bürokratische Gleichschaltung war eine groß angelegte Veranstaltung allgemeiner „Umbonzung". Angestellten und Arbeitern erging es nicht besser; sie verloren die Arbeitsplätze, wenn ihr Eifer der Gleichschaltung enttäuschte. […] Die nationalsozialistische Weltanschauung
50 zog ihre überzeugende Kraft aus der Sorge um den Futterplatz; weil der nationalsozialistische Herr den Brotkorb monopolisiert hatte, sang jedermann sein Lied.

Erster Text: Cornelia Schmitz-Berning, Vokabular des Nationalsozialismus, Berlin/New York 1998, S. 277
Zweiter Text: Ernst Niekisch, Das Reich der niederen Dämonen, Hamburg 1953, S. 131-135

1. Belegen Sie die Definitionen des Begriffes „Gleichschaltung" aus dem Wörterbuch mit Beispielen aus der Zeit des Nationalsozialismus. Wie definiert Niekisch den Begriff „Gleichschaltung"? Vergleichen Sie.
2. Erläutern Sie die Gründe dafür, dass die „Gleichschaltung" nach Meinung des Autors so reibungslos verlief.
3. Analysieren Sie Anspruch und Wirklichkeit der nationalsozialistischen „Volksgemeinschaft".

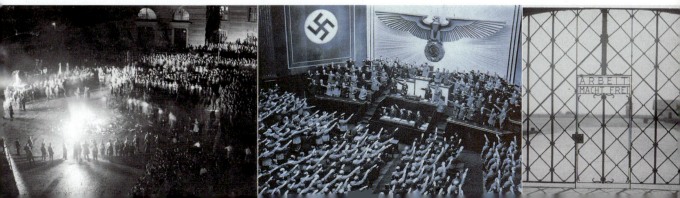

▼ Bücherverbrennung in Berlin, 10. Mai 1933.   ▼ Reichstag nach einer Hitlerrede, 1935.   ▼ Eingangstor des KZ Dachau, vor 1945.

„Volksgemeinschaft": Ideologie und inszenierte Lebenswirklichkeit im NS-Staat

Am Abend des 7. September 1937 um Punkt 20 Uhr betritt Hitler das Zeppelinfeld auf dem etwa 1000 Hektar großen, noch nicht vollendeten Reichsparteitagsgelände in Nürnberg. Das Volk jubelt auf und im selben Moment schicken 152 Flakscheinwerfer ihre weißen Lichtsäulen senkrecht in die Höhe. Kilometer hoch reichen die Strahlen. Im Abendhimmel vereinen sie sich zu einem einzigen Strahlenbündel und wölben sich wie eine gigantische Kuppel über die faszinierten Massen. Auf ein Kommando beginnt der Einmarsch von 15 000 Hakenkreuzfahnenträgern, die sich im Scheinwerferlicht wie breite rote Lavaströme zwischen den aufmarschierenden Politischen Leitern hindurch auf die Führerloge zubewegen.

Auch im fünften Jahr nach der „Machtergreifung" haben sich wieder Hunderttausende von Parteifunktionären, SA- und SS-Männern, Arbeitsdienstmännern, Hitlerjungen und BDM-Mädchen versammelt, um mit über 60 000 jubelnden Zuschauern auf den Tribünen das Regime zu feiern. Wie in einem Rausch lassen sich die Männer und Frauen von dem aufwändig inszenierten Gemeinschaftserlebnis mitreißen. Der „Führer" steht oben auf der Haupttribüne über der Menschenmasse, die in genau bestimmter Ordnung vor ihm aufmarschiert. Die Sinfonie aus Licht, Musik und Farben bildet den Rahmen für die Demonstration von Geschlossenheit und Macht der Volksgemeinschaft: „Du bist nichts, dein Volk ist alles!"

Entstehung des Begriffs „Volksgemeinschaft" Der Begriff der „Volksgemeinschaft" wurde bereits um 1900 von Gelehrten und Politikern verwendet. Besonders die Jugend im Kaiserreich stellte die Idee einer eingeschworenen, von allen Klassen- und Standesunterschieden befreiten „Volksgemeinschaft" der modernen, anonymen Gesellschaft entgegen, die von Konflikten und sozialen Gegensätzen geprägt war. Die eigentliche Geburtsstunde der „Volksgemeinschaft" war der Erste Weltkrieg. Das „Augusterlebnis von 1914", die Kriegsbegeisterung über alle politischen und sozialen Grenzen hinweg und die Kameradschaft im Feld wurden zur Erfahrung von „Gemeinschaft und Einheit" des deutschen Volkes stilisiert und der „Geist von 1914" in der politischen Diskussion der Weimarer Zeit nahezu von allen deutschen Parteien immer wieder beschworen. Während Liberale, Bürgerliche und Sozialdemokraten mit „Volksgemeinschaft" jedoch die politische und soziale Einheit des demokratischen Volksstaates meinten, verstanden ihn die rechten Parteien, allen voran die NSDAP, im republikfeindlichen, rassistischen Sinne.

Nationalsozialistische Ideologie der „Volksgemeinschaft" Für die Nationalsozialisten war die „Volksgemeinschaft" als Kernstück ihrer Weltanschauung in erster Linie durch gemeinsames „deutsches Blut" und einen einheitlichen „Rassekern" bestimmt. Diese zum Mythos erhobene deutsche „Bluts- und Schicksalsgemeinschaft" führten die Nationalsozialisten bis auf die Germanen zurück, in deren Stammesgesellschaften es keine Klassen und sozialen Schranken gegeben habe. Seither sei die Geschichte des deutschen Volkes durch innere Kämpfe und Spaltungen geprägt gewesen. Daher galt es, alle Klassen-, Gruppen- und Parteieninteressen zu beseitigen und die Einheit der Volksgenossen in einem „sozialen Volksstaat" herzustellen, in dem alle Unterschiede zum Wohle der Gemeinschaft eingeebnet werden sollten (▶ M1). Damit war jedoch keine soziale Gleichheit gemeint. Im Gegenteil: Die Nationalsozialisten traten für eine klare Schichtung des Volkes in oben und unten, für politische, gesellschaftliche und geschlechtsspezifische Hierarchien ein. Vor allem aber stützten sie sich auf die Lehre von der angeblichen Ungleichheit der Rassen. Nur ein von „Minderwertigen", „Fremdrassigen" und „Gemeinschaftsfremden" gereinigtes Volk könne „Volksgemeinschaft" sein. Rassismus und Antisemitismus wurden damit zum Instrument der Ausgrenzung und Verfolgung von Minderheiten, zu denen besonders die Juden, die Sinti und Roma („Zigeuner") zählten.

Damit die NSDAP ihre Ziele überhaupt erreichen konnte, sollte die „Volksgemeinschaft" auch eine Gesinnungsgemeinschaft sein, in der sich jeder Einzelne widerspruchslos zur nationalsozialistischen Weltanschauung bekannte. Wer sich abwartend verhielt, sollte durch Propaganda erzogen werden. Wer sich widersetzte, den „rassischen", politischen oder moralischen Normen und den Leistungsanforderungen der Partei nicht genügte, wurde als „Volksschädling" oder „Gemeinschaftsfremder" ausgeschlossen und bekämpft. „Rasseeinheit" und politisches Wohlverhalten bestimmten darüber, wer zur „Volksgemeinschaft" gehörte und wer nicht.

„Führer" und Volk Die „Volksgemeinschaft" bestand nicht aus freien Individuen, sondern war durch das Verhältnis von „Führer" und „Gefolgschaft" bestimmt. Der Einzelne hatte seine Interessen dem Gemeinwohl unterzuordnen. Was dem Gemeinwohl diente, darüber entschied allein Hitler. Die „Volksgemeinschaft" war das Instrument, mit dem sich die weltanschaulichen und politischen Ziele des Nationalsozialismus durchsetzen ließen. Demokratische Willensbildung und Mehrheitsentscheid gab es nicht mehr. Da das Parlament als Gegengewicht zur Exekutive praktisch ausgeschaltet war, konnte Hitler mit „Führererlassen" regieren, die an die Stelle von Gesetzen traten.

„Führer befiehl, wir folgen!" war das Prinzip blinden Gehorsams und bedingungsloser Treue zu Hitler. Es entstand das Bild eines ganz auf den „Führer" ausgerichteten, totalen Herrschaftssystems. Herausragende Persönlichkeiten sollten, so Hitler, eine führende Rolle innerhalb der „Volksgemeinschaft" einnehmen. Die Auswahl erfolgte nicht auf demokratische Weise, sondern durch Berufung von oben. „Autorität jedes Führers nach unten und Verantwortung nach oben" lautete die von Hitler aufgestellte Maxime, die er auf Partei, Staat, Wirtschaft und die gesamte Gesellschaftsordnung übertrug.

Emotional untermauerte die NSDAP das Ganze durch die Inszenierung eines am italienischen Vorbild orientierten Führerkults. Hier flossen Ideen der obrigkeitsstaatlichen Ordnung des 18. und 19. Jahrhunderts ein, die Hitler zum „Ersatzmonarchen" emporhoben und den Einzelnen in widerspruchslose Unterordnung zwangen. Für das Regime war es überlebenswichtig, den „Führerkult" immer wieder zu beleben.

Mit der Zeit galt Hitler als nahezu unfehlbar. Unzufriedenheit über die Partei oder politische Ereignisse stand für viele in keinem Widerspruch zum grundsätzlichen Glauben an Adolf Hitler. Die Verehrung des „Führers" nahm kultische oder religiöse Züge an. Führerbilder hingen in allen Amts- und Schulräumen und sollten jede Wohnung zieren. „Heil Hitler" war der offizielle „Deutsche Gruß".

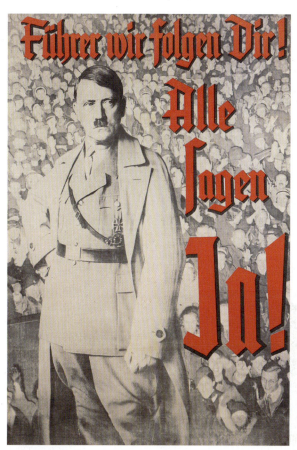

▲ **Plakat von 1934.**
Das Plakat nutzt ein bekanntes Propagandafoto von Adolf Hitler und wurde vermutlich zur Volksabstimmung vom 19. August 1934 (nach dem Tod des Reichspräsidenten Paul von Hindenburg) über die Zusammenlegung des Reichspräsidenten- und des Reichskanzleramtes in der Person des „Führers und Reichskanzlers" Adolf Hitler hergestellt.

■ Beurteilen Sie das Plakat. Inwiefern spiegelt sich darin der Charakter der Wahlen seit 1933?

Joseph Goebbels (1897-1945, Selbstmord): Germanist, Schriftsteller, ab 1926 Gauleiter von Berlin, seit 1930 Reichspropagandaleiter der NSDAP, 1933 Reichsminister für Volksaufklärung und Propaganda, 1944 Generalbevollmächtigter für den totalen Kriegseinsatz

Propaganda und Massenmedien Die Inszenierung von Führerkult und „Volksgemeinschaft" hatte viele Gesichter, doch besonders wirkungsvoll waren die Großveranstaltungen. Dabei wurden Erkenntnisse aus der Massenpsychologie eingesetzt, um die Identifikationsbereitschaft zu erhöhen. Offizieller Höhepunkt aller Massenmobilisierung war der jährliche Reichsparteitag in Nürnberg: Auf einem nie ganz vollendeten Gelände hielt die NS-Regie beeindruckende Aufmärsche und sportliche Wettkämpfe ab, die der Bevölkerung nationale Größe suggerierten und sie für die Partei und ihren „Führer" vereinnahmen sollten (▸ M2). Ein fester Feiertagszyklus wurde eingeführt, der den Jahresablauf durch „gemeinschaftsbildende" und „gemeinschaftserhaltende" pseudokultische Veranstaltungen strukturierte und den Massen das äußere Gepräge religiöser Feste vermittelte. Staatsbesuche, Empfänge, Sport- und Turnfeste sowie lokale Parteiveranstaltungen ergänzten diesen Feiermarathon. Höhepunkt waren meist Hitlers Reden. Er verstand es, die Massen zu begeistern.

Da nicht alle „Volksgenossen" an den Großveranstaltungen teilnehmen konnten, erhielten die Massenmedien eine besondere Bedeutung. Presse, Film und Rundfunk wurden dem „Reichsministerium für Volksaufklärung und Propaganda" unterstellt und „gleichgeschaltet". Für Propagandaminister Joseph Goebbels galt ein „neuer Begriff der Meinungs- und Pressefreiheit", der alle Berichterstattung an das „nationale und völkische Interesse" band. Die Wochenschau, die vor den viel besuchten Spielfilmen in den Kinos lief, zeigte eine ausgewählte Zusammenstellung politischer, gesellschaftlicher und kultureller Ereignisse. Unerwünschte Presseorgane wurden verboten, Bücher, Illustrierte und Zeitschriften unterlagen der Zensur. Als eines der wichtigsten Propagandainstrumente der Massenbeeinflussung diente der Rundfunk. Der eigens im Auftrag von Goebbels entwickelte „Volksempfänger" war für jeden erschwinglich und erreichte ab 1933 eine immer größer werdende Anzahl von Hörern.

▲ „Ehrenkreuz der Deutschen Mutter."
Ab 1938 wurde kinderreichen Müttern für ihre Verdienste im „Geburtenkrieg" diese Auszeichnung verliehen: für die Geburt von vier oder fünf Kindern in Bronze, bei sechs oder sieben in Silber und ab acht Kindern in Gold.

„Deutsche Frau" und „deutsche Jugend" Ideologisch wie personell war die NSDAP eine Männerpartei. Doch die Partei brauchte auch Wählerinnen, sodass sie die Frauen entsprechend umwarb. Das ideologische Konzept war einfach: Die deutsche Frau sollte als treu sorgende Gattin und Mutter den „artgerechten" Fortbestand des Volkes gewährleisten und dem Mann zu Hause den Rücken freihalten für seine Pflichten am Arbeitsplatz und im Krieg. Von Anfang an versuchten die Nationalsozialisten mit einer Reihe von Gesetzen, die Frauen aus dem Arbeitsleben, vor allem aus akademischen Berufen, zu verdrängen und Anreize für Eheschließungen zu schaffen. Vielen Frauen erschien die ihnen zugewiesene Rolle attraktiv. Wie den Männern wurde ihnen eine Gemeinschaft und ein Solidaritätsgefühl angeboten, deren negative Seiten – der Ausschluss von Kranken, Gebärunfähigen, Jüdinnen, lesbisch Veranlagten und anderen unerwünschten Minderheiten – nur wenigen zu Bewusstsein kam. Die „Nationalsozialistische Frauenschaft" (NSF) oder das „Deutsche Frauenwerk" (DFW) versammelten Millionen Frauen zu häuslichen Arbeiten und karitativen Tätigkeiten. Hilfswerke für Mutter und Kind, Mütterschulen und der zum offiziellen Feiertag erhobene Muttertag werteten die „deutsche Frau" und ihren Beitrag für die Gemeinschaft propagandistisch auf. Die kinderreiche Familie wurde verherrlicht und durch Beihilfen gefördert.

Besonders die Jugend sollte von Beginn an im Sinne der „Volksgemeinschaft" erzogen werden. Hitler-Jugend (HJ) und Bund Deutscher Mädel (BDM) sollten alle Kinder eines Jahrgangs erfassen. Andere Jugendverbände wurden in HJ und BDM überführt. Per Gesetz erhoben die Nationalsozialisten die HJ 1936 zur „Staatsjugend" und damit neben Elternhaus, Schule und Kirche zum wichtigsten Kontroll- und Erziehungsinstrument. In beiden Organisationen und in den Schulen wurde die Jugend ideologisch gedrillt, um sie

▲ **NS-Propaganda.**
Von links nach rechts: Sporttag des BDM, Plakat der Abteilung Presse und Propaganda Bielefeld, um 1936; Werbung für den „Volksempfänger", 1936; Werbeplakat der NS-Organisation „Kraft durch Freude" für den Volkswagen, 1938.

zu „treuen Dienern des nationalsozialistischen Staates" zu erziehen. Nicht mehr die liberalen Bildungsziele der Weimarer Zeit zählten, sondern Gleichschritt, Opferbereitschaft und Wehrertüchtigung. Gemeinschaftserlebnisse wie Fahrten und Zeltlager, Geländespiele und Wettkämpfe sollten nicht nur Anreize bieten, sondern auch die sozialen Unterschiede einebnen und damit die Kameradschaft fördern.

Wirtschaftliche Erfolge Hitler war mit dem Versprechen angetreten, innerhalb von vier Jahren die wirtschaftlichen und sozialen Probleme zu überwinden. 1933 gab es noch sechs Millionen Arbeitslose. Nur drei Jahre später herrschte scheinbar „Vollbeschäftigung". Der allgemeine Lebensstandard stieg. Für das Selbstbewusstsein, das Gefühl von Stolz und Zuversicht und die Loyalität zum Staat war der Aufschwung, den das Regime als Erfolg verkaufte, von großer Bedeutung. Doch für einige wesentliche Faktoren des wirtschaftlichen Aufschwungs war die Hitler-Regierung kaum verantwortlich. Bereits vor der „Machtergreifung" zeichnete sich ein Ende der Weltwirtschaftskrise ab. Jedoch wurde die Trendwende bis 1933 in der Öffentlichkeit kaum zur Kenntnis genommen, da sich die meisten Unternehmer mit der Einstellung von Arbeitnehmern noch zurückgehalten hatten. Aber auch den Preis für die wirtschaftlichen „Erfolge", den die Bevölkerung mit längeren Arbeitszeiten, der Aufrüstung und einer rasanten Staatsverschuldung zu bezahlen hatte, schienen nur wenige wahrzunehmen.

„Sozialer Volksstaat" Hitler versprach den „Aufbau des sozialen Volksstaates", in dem „alle Staatsbürger die gleichen Rechte und Pflichten besitzen" sollten. Zwar waren die innerbetrieblichen Mitbestimmungsrechte durch die Zwangsvereinigung der Arbeitnehmerverbände in die Deutsche Arbeitsfront (DAF) entfallen, auf der anderen Seite erhielt die „Gefolgschaft" durch eine moderne Absicherung mehr, als die Gewerkschaften bis 1933 erstritten hatten: Kündigungsschutz, Verlängerung des bezahlten Urlaubs (von drei

► Sammelbüchse des Winterhilfswerkes.

▲ Werbeplakat des Winterhilfswerks von 1934/35.

■ Analysieren Sie, welche Assoziationen das Bild weckt und welche Rolle es dem Regime zuweist.

auf sechs bis zwölf Tage), verbesserte Sozialleistungen der Unternehmen. Ihre Unterorganisation „Kraft durch Freude" (KdF) gestaltete das Arbeitsleben angenehmer: Belegschaftsräume wurden verbessert, Kantinenessen, Filme und Theatervorstellungen verbilligt angeboten. In einem der DAF gehörenden Werk wurde der „KdF-Wagen", der spätere „Volkswagen", gebaut. Zum Preis von 990 Reichsmark sollte er auch für den „kleinen Mann" erschwinglich sein. Mit für den Massentourismus bereitgestellten Erholungsmöglichkeiten suchte das Regime in bisher nicht gekanntem Ausmaß lang gehegte Urlaubsträume zu erfüllen. All diese Angebote und Vergünstigungen dienten dem Zweck, die Arbeits- und Produktionsleistungen zu steigern und alle Bevölkerungsschichten in die „Volksgemeinschaft" zu integrieren (▶ M3).

Sozialpolitisch führte die NS-Regierung zum Teil Errungenschaften der Weimarer Zeit wie die Arbeitslosenversicherung weiter, setzte aber auch neue Schwerpunkte. Zu den wichtigsten Einrichtungen gehörte die Parteiorganisation Nationalsozialistische Volkswohlfahrt (NSV), die in der Armenfürsorge, der Jugendhilfe und der Mutter-und-Kind-Betreuung tätig war. Hinzu kam das im Herbst 1933 gegründete Winterhilfswerk des Deutschen Volkes (WHW), das sich durch Haus-, Straßen- und Betriebssammlungen sowie seit Herbst 1937 durch Zwangsabzüge von Löhnen und Gehältern finanzierte und Sachmittel an bedürftige Haushalte verteilte. Unterstützt wurden nur „rassisch wertvolle" und vorübergehend in Not geratene Menschen; „Nichtarier", „Asoziale" und andere „Gemeinschaftsfremde" blieben von vornherein ausgeschlossen. Die nationalsozialistische Sozialpolitik und Wohlfahrtspflege verfolgte klare politische Ziele: die akute Not zu lindern und damit soziale Unruhen zu vermeiden, die Fürsorge als breit angelegtes Kontroll- und Selektionsinstrument zu nutzen und die Bevölkerung für das Regime einzunehmen.

Mythos oder Wirklichkeit? War die nationalsozialistische „Volksgemeinschaft" ein Mythos, eine inszenierte Propagandaanstrengung oder ein erfahrbares, verbindendes Element und damit ein wirksames Instrument der Herrschaftsstabilisierung? Für die Forschung ist es nicht einfach, die Einstellungen der Bevölkerung zu verallgemeinern und zu quantifizieren. Die über 90 Prozent Ja-Stimmen in verschiedenen Volksabstimmungen können nicht als freie Meinungsäußerung gelten. Nachzuweisen ist aber, dass die Bindungs- und Integrationskraft während der Vorkriegszeit zunahm. Die „Volksgemeinschaft" wurde von vielen zumindest in Teilbereichen als alltäglich erfahrbar erlebt. Die zunächst eher labile NS-Herrschaft festigte sich dadurch, dass die Menschen durch persönliche Vorteile korrumpiert wurden (▶ M4). Sozialer Aufstieg durch Leistung war das Versprechen, mit dem Kleinbürgertum und Proletariat an das Regime gebunden wurden. Besonders die Parteizugehörigkeit wurde zum Schlüssel des Erfolges und ermöglichte einen Aufstieg aus einfachen Verhältnissen in politische oder wirtschaftliche Führungspositionen. Meist geschah dies auf Kosten anderer, vor allem der jüdischen Bevölkerung, an deren Positionen und Besitz sich Privatleute, Unternehmen und Staat gleichermaßen bereicherten.

Dies galt auch für die Kriegszeit. Die Anfangserfolge der Wehrmacht sorgten für eine euphorische Stimmung. Die NS-Machthaber waren bemüht, die Belastungen für die deutsche Bevölkerung in Grenzen zu halten. Niemand sollte Hunger leiden, denn Hitler lebte ständig in Angst vor Streiks und Unruhen, wie sie am Ende des Ersten Weltkrieges stattgefunden hatten. Rücksichtslos wurde die Bevölkerung in den besetzten Ländern enteignet, die fremden Staaten bis zum Bankrott mit riesigen Zwangsabgaben belastet.

In die deutschen Kriegskassen flossen auch die Milliardenbeträge aus der Enteignung der europäischen Juden. Durch einen Raub- und Rassekrieg konnte das „Volkswohl" lange gesichert werden. Erst nach der Niederlage von Stalingrad Ende Januar 1943 und der massiven Ausweitung der Luftangriffe seit dem Frühsommer 1943, die im Reich viele Opfer forderten und ganze Städte zerstörten, verschlechterte sich die Stimmung. Das Vertrauen in den „Führer" schwand. Dennoch brach der NS-Staat im Mai 1945 nicht durch breiten Widerstand, sondern nur unter dem Druck äußerer militärischer Gewalt zusammen.

Unterdrückung von Opposition Um jede Opposition im Keim zu ersticken, entstand gleich nach der „Machtergreifung" ein ausgeklügeltes Spitzelsystem. Es diente nicht nur dem Aufspüren und Ausschalten von Regimegegnern, sondern auch der Erkundung der Volksstimmung (▶ M5). Die Gestapo wurde dabei von breiten Teilen der Bevölkerung unterstützt, die ihre Arbeitskollegen, Nachbarn oder Verwandten denunzierten. Ohne diese Mitarbeit und die Amtshilfe der Kriminalpolizei, Schutzpolizei und Gendarmerie wäre der Aufbau des engmaschigen Überwachungs- und Terrorapparates nicht möglich gewesen. Von Anfang an wurden politische Gegner und Andersdenkende verfolgt, verhaftet, gefoltert und getötet. Die „Schutzhaft", die ab 1916 von den deutschen Justizbehörden in Ausnahmefällen als streng begrenzte Vorbeugehaft verhängt worden war, entwickelte sich im „Dritten Reich" zu einem planmäßig eingesetzten Instrument politischen Terrors, das keiner richterlichen Kontrolle unterlag. Schon wenige Wochen nach der „Machtergreifung" entstanden die ersten Konzentrationslager (KZ) in Deutschland in Dachau nahe München und in Oranienburg bei Berlin. Seit Anfang März 1933 wurden vor allem Sympathisanten und Mitglieder der KPD und der SPD eingewiesen, unter dem Deckmantel der „Umerziehung" zur Arbeit gezwungen und gefoltert. Ende Juli verzeichnete die amtliche Statistik etwa 27 000 Häftlinge. Ab 1935 dienten die Lager nicht mehr ausschließlich der „Umerziehung" oder „Ausschaltung" von politischen Gegnern, sondern als Ort für Personengruppen, die generell zu „Volksschädlingen" erklärt worden waren. Dazu zählten Juden, Sinti und Roma, aber auch religiöse Minderheiten wie die Zeugen Jehovas, nationale Randgruppen wie Polen oder Emigranten, „Gewohnheitsverbrecher" sowie sozial gebrandmarkte Menschen wie „Arbeitsscheue" und Homosexuelle, später auch Partisanen und Kriegsgefangene aus den besetzten Gebieten.

▲ **Gefangene an der großen Straßenwalze im Konzentrationslager Dachau.**
Foto von 1933.
Das KZ Dachau wurde bereits im März 1933 errichtet und war Vorbild für zahlreiche weitere Lager. Bis 1945 waren insgesamt mehr als 200 000 Menschen in Dachau und seinen Außenlagern eingesperrt. 30 000 Tote wurden registriert, die tatsächliche Opferzahl liegt weitaus höher. Das einstige KZ ist heute eine Gedenkstätte.

▶ **„Appell im November 1938."**
Zeichnung des ehemaligen KZ-Häftlings Karl Freund vom 17. Dezember 1938.
Morgens und abends fand bei jeder Witterung der Zählappell statt. Fehlte jemand, mussten die übrigen Häftlinge über Stunden oder sogar die ganze Nacht hindurch Strafappell stehen. Völlig unzureichend gekleidet, von Hunger, Müdigkeit und Krankheiten geschwächt, war dies eine Tortur, die mancher Häftling nicht überlebte.

M1 Die nationalsozialistische „Volksgemeinschaft"

Aus der Rede Hitlers zum Erntedankfest im niedersächsischen Bückeberg am 1. Oktober 1933:

Der Nationalsozialismus hat weder im Individuum noch in der Menschheit den Ausgangspunkt seiner Betrachtungen, seiner Stellungnahmen und Entschlüsse. Er rückt bewusst in den Mittelpunkt seines ganzen Denkens das Volk. Dieses Volk ist für ihn eine blutmäßig bedingte Erscheinung, in der er einen von Gott geweihten Baustein der menschlichen Gesellschaft sieht.

Das einzelne Individuum ist vergänglich, das Volk ist bleibend. Wenn die liberale Weltanschauung in ihrer Vergötterung des einzelnen Individuums zur Zerstörung des Volkes führen muss, so wünscht dagegen der Nationalsozialismus das Volk zu schützen, wenn nötig, auf Kosten des Individuums. Es ist notwendig, dass der Einzelne sich langsam zur Erkenntnis durchringt, dass sein eigenes Ich unbedeutend ist, gemessen am Sein des ganzen Volkes […], dass vor allem die Geistes- und Willenseinheit einer Nation höher zu schätzen sind als die Geistes- und Willenseinheit des Einzelnen.

In seiner Rede anlässlich des Heldengedenktages am 10. März 1940 sagt Hitler über die „Volksgemeinschaft":

Kein Volk hat mehr Recht zu feiern als das deutsche!
In schwerster geopolitischer Lage konnte das Dasein unseres Volkes immer wieder nur durch den heroischen Einsatz seiner Männer sichergestellt werden. Wenn wir seit 2000 Jahren ein geschichtliches Dasein leben, dann nur, weil in diesen 2000 Jahren immer Männer bereit gewesen sind, für dieses Leben der Gesamtheit ihr eigenes einzusetzen und – wenn nötig – zu opfern. […]
Für was sie einst kämpften, kämpfen nunmehr auch wir. Was ihnen hoch genug war, um – wenn notwendig – dafür zu sterben, soll uns in jeder Stunde zu gleicher Tat bereit finden. Der Glaube aber, der sie beseelte, hat sich in uns allen nur noch verstärkt. Wie immer auch das Leben und das Schicksal des Einzelnen sein mag, über jedem steht das Dasein und die Zukunft der Gesamtheit. Und hier hebt uns etwas noch über vergangene Zeiten empor: Uns allen ist das erschlossen worden, für was in früheren Zeiten so viele noch unbewusst kämpfen mussten: Das deutsche Volk!
In seiner Gemeinschaft leben zu dürfen, ist unser höchstes irdisches Glück. Ihr anzugehören, ist unser Stolz. Sie in bedingungsloser Treue in den Zeiten der Not zu verteidigen, unser fanatischer Trotz. […] Wenn die andere Welt der plutokratischen[1] Demokratien gerade gegen das nationalsozialistische Deutschland den wildesten Kampf ansagt und seine Vernichtung als oberstes Kriegsziel ausspricht, dann wird uns damit nur das bestätigt, was wir ohnedies wissen: dass nämlich der Gedanke der nationalsozialistischen Volksgemeinschaft das deutsche Volk auch in den Augen unserer Gegner besonders gefährlich, weil unüberwindlich macht. Über Klassen und Stände, Berufe, Konfessionen und alle übrige Wirrnis des Lebens hinweg erhebt sich die soziale Einheit der deutschen Menschen ohne Ansehen des Standes und der Herkunft, im Blute fundiert, durch ein tausendjähriges Leben zusammengefügt, durch das Schicksal auf Gedeih und Verderb verbunden.
Die Welt wünscht unsere Auflösung. Unsere Antwort kann nur der erneute Schwur zur größten Gemeinschaft aller Zeiten sein. Ihr Ziel ist die deutsche Zersplitterung. Unser Glaubensbekenntnis – die deutsche Einheit. Ihre Hoffnung ist der Erfolg der kapitalistischen Interessen, und unser Wille ist der Sieg der nationalsozialistischen Volksgemeinschaft!

Erster Text zitiert nach: Johannes Hampel, Der Nationalsozialismus, Bd. 2: 1935-1939. Friedenspropaganda und Kriegsvorbereitung, hrsg. von der Bayerischen Landeszentrale für politische Bildung, München 21993, S. 271
Zweiter Text zitiert nach: Max Domarus, Hitler. Reden und Proklamationen 1932-1945, kommentiert von einem deutschen Zeitgenossen, Bd. 2.1, Würzburg 1963, S. 1477 ff.

1. Charakterisieren Sie Hitlers Vorstellung von der deutschen „Volksgemeinschaft".
2. Erläutern Sie die Stellung des Individuums und die sich daraus ergebenden Konsequenzen für den Einzelnen. Vergleichen Sie mit unserem heutigen Menschenbild und heutigen Rechtsvorstellungen.
3. Zeigen Sie, welches Geschichtsbild Hitler zeichnet und zu welchem Zweck er dies tut.

[1] Plutokratie: Geldherrschaft bzw. Staatsform, in der allein der Besitz politische Macht garantiert

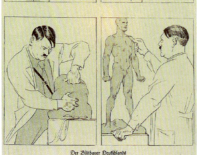

▶ **Der Bildhauer Deutschlands.**
Karikatur von Oskar Garvens aus der politischen Satirezeitschrift „Kladderadatsch" vom 3. Dezember 1933.
■ Analysieren Sie die Aussage der Karikatur. Bestimmen Sie den Standort des Zeichners.

M2 „Massensuggestion"

In „Mein Kampf" erläutert Hitler die Aufgabe der Massenveranstaltungen:

Die Massenversammlung ist auch schon deshalb notwendig, weil in ihr der Einzelne [...] das Bild einer größeren Gemeinschaft erhält, was bei den meisten Menschen kräftigend und ermutigend wirkt. [...] Wenn er [der Einzelne] aus seiner kleinen Arbeitsstätte oder aus dem großen Betrieb, in dem er sich recht klein fühlt, zum ersten Mal in die Massenversammlung hineintritt und nun Tausende und Tausende von Menschen gleicher Gesinnung um sich hat, wenn er als Suchender in die gewaltige Wirkung des suggestiven Rausches und der Begeisterung von drei- bis viertausend anderen mitgerissen wird, wenn der sichtbare Erfolg und die Zustimmung von Tausenden ihm die Richtigkeit der neuen Lehre bestätigen [...] dann unterliegt er selbst dem zauberhaften Einfluss dessen, was wir mit dem Wort Massensuggestion bezeichnen. Das Wollen, die Sehnsucht, aber auch die Kraft von Tausenden akkumuliert[1] sich in jedem Einzelnen. Der Mann, der zweifelnd und schwankend eine solche Versammlung betritt, verlässt sie innerlich gefestigt: Er ist zum Glied einer Gemeinschaft geworden.

Adolf Hitler, Mein Kampf. Zwei Bände in einem Band, München 469-473 1939, S. 535 f.

▇ *Arbeiten Sie heraus, welche Ziele das Regime mit den Massenveranstaltungen verfolgte. Nehmen Sie Stellung zu der beschriebenen Wirkungsabsicht. Vergleichen Sie mit den Abbildungen unten.*

[1] verstärkt

▶ **Reichsparteitag 1936 in Nürnberg.**
Die SS ist zum „Großen Appell" angetreten.

◀ **Der nächtliche Appell der Politischen Leiter beim „Reichsparteitag der Ehre" auf dem Zeppelinfeld in Nürnberg.**
*Foto des NS-Fotografen Heinrich Hoffmann, September 1936.
Das Zeppelinfeld, eine Aufmarscharena mit Tribünen und Rednerkanzel, war Teil einer Reihe von Bauten, die für das elf Quadratkilometer große Reichsparteitagsgelände geplant worden waren. Der sogenannte „Lichtdom" wurde von rings um das Gelände angebrachten Flakscheinwerfern erzeugt.*

◀ **Plakat zum Dokumentarfilm der Olympischen Spiele in Berlin 1936 von Leni Riefenstahl.**
■ *Recherchieren Sie im Internet oder in Lexika über Leni Riefenstahl und ihr Verhältnis zum Nationalsozialismus. Nehmen Sie Stellung zum Verhältnis von Kunst und Politik im NS-Staat.*

M3 Wie erfolgreich war die Propaganda?

Der Historiker Bernd Jürgen Wendt untersucht die tatsächliche Wirkung der nationalsozialistischen Propaganda auf die Bevölkerung:

Dringend muss davor gewarnt werden, unkritisch aus den oft eindrucksvollen Produkten der nationalsozialistischen Propaganda etwa durch die unkommentierte Vorführung von Wochenschauen oder Propagandafilmen bereits auf ihre tatsächliche Wirkung zu schließen.
Resistenz oder Anfälligkeit gegenüber nationalsozialistischer Propaganda und Indoktrination waren wesentlich abhängig von der politischen Einstellung, dem sozialen und politischen Milieu, in dem man aufgewachsen war und lebte, von Erziehung und Schulbildung, Wohnort und persönlichem Umfeld. Goebbels war stets bemüht, in einer taktischen „Variationstoleranz" (Bracher) propagandistische Indoktrination differenziert nach den Adressaten und schichtenspezifisch einzusetzen, auch gewisse Rücksichten auf kulturelles Erbe und bürgerliche Traditionspflege zu nehmen, sterile Uniformität zu vermeiden und dort, wo er es für angebracht hielt, etwa bei der Darbietung eines deutschen (!) Jazz, in der Schlagerkultur oder bei Hollywoodfilmen selbst noch mit der emigrierten Marlene Dietrich[1] die Zügel zu lockern. [...]
Die Propagierung der Idee des Nationalsozialismus, so verschwommen und eklektisch[2] sie auch sein mochte, stieß dort auf eine zusätzliche Resonanz, wo sie offenkundig Erfolge aufweisen konnte. Denn das Leben damals verhieß vielen, die vorher davon nicht einmal zu träumen gewagt hatten, um den Preis der politischen Anpassung einen höheren Grad an Mobilität, freiere Lebensformen etwa für junge Mädchen, die über BDM und Beruf dem Mief dörflicher Enge entwachsen konnten, materielle Vorteile wie einen Arbeitsplatz, die Chance individueller Bewährung, nichtakademische Karrieremuster, soziale Betreuung oder auch ein reiches Angebot für die Gestaltung der Freizeit mit KdF-Reisen[3], Kulturveranstaltungen usf.

Bernd Jürgen Wendt, Deutschland 1933-1945. Das Dritte Reich, Hannover 1995, S. 142-144

1. *Erläutern Sie, warum die NS-Propaganda nach Wendt nur zum Teil erfolgreich war. Beziehen Sie M3 auf S. 173 in Ihre Überlegungen ein.*
2. *Nehmen Sie Stellung: Sind wir heute weniger anfällig für Propaganda, als die Menschen in der NS-Zeit?*

---

[1] Marlene Dietrich (1901-1992) war nach ihrem Welterfolg mit „Der blaue Engel" von 1930 die bekannteste deutsche Schauspielerin. Sie stellte sich gegen die Nationalsozialisten und ging in die USA.
[2] zusammengesucht, ohne eigenen Stil
[3] Kraft durch Freude, Unterorganisation der Deutschen Arbeitsfront (DAF); siehe dazu S. 169.

M4 Der NS-Staat als „sozialer Volksstaat"?

Der Historiker Götz Aly beschreibt in seinem Buch „Hitlers Volksstaat" die Maßnahmen des NS-Regimes zur Verwirklichung des „sozialen Volksstaates":

Von Anfang an förderte der NS-Staat die Familien, stellte Unverheiratete wie Kinderlose schlechter und schützte die Bauern vor den Unwägbarkeiten des Weltmarkts und des Wetters. Die Grundlagen der EU-Agrarordnung, das Ehegat-
5 tensplitting, die Straßenverkehrsordnung, die obligatorische Haftpflichtversicherung für Autos, das Kindergeld, die Steuerklassen oder auch die Grundlagen des Naturschutzes stammen aus jenen Jahren. Nationalsozialistische Sozialpolitiker entwickelten die Konturen des seit 1957 in der Bundes-
10 republik selbstverständlichen Rentenkonzepts, in dem alt und arm nicht länger gleichbedeutend sein sollten [...]. Zu den ersten NS-Gesetzen gehörten solche, mit denen die Rechte der Gläubiger zugunsten der Schuldner beschränkt wurden. Sie sollten der „Verelendung des Volkes" entgegen-
15 wirken. [...]
Mit Beginn des Zweiten Weltkriegs durfte bei Einberufenen und deren Familien nicht mehr gepfändet werden [...]. Ebenso verbesserte die NS-Regierung den Mieterschutz für die Einberufenen. Auch wenn später wieder härter verfahren wurde,
20 so blieb der Schuldnerschutz doch zentrale Aufgabe jedes einzelnen Gerichtsvollziehers, um auf diese Weise „zum Siege unseres schwer um seine Existenz kämpfenden Volkes sein gewichtig Teil beizutragen". Auf derselben Linie lag die Lohnpfändungsverordnung vom 30. Oktober 1940, die den Schutz
25 der Deutschen vor der Zwangsvollstreckung weiter verbesserte. Sie stellte einen Teil des Lohns für Überstunden pfändungsfrei, außerdem Urlaubsgeld, Weihnachtsgeld, Kinderbeihilfen und Versehrtenrenten.
Sie legte hohe, erstmals auf den Netto- statt auf den Brutto-
30 lohn bezogene pfändungsfreie Grundbeträge pro Person und Familienmitglied fest. Im Sinne eines höheren Maßes an Gleichheit zwischen den Deutschen annullierte das Gesetz jenes aus frühbürgerlichen Zeiten überkommene Privileg, das Beamte und Geistliche vor Pfändungen in besonderer
35 Weise geschützt hatte. Es waren solche Gesetze, die den nationalen Sozialismus populär machten und in denen auch Konturen der späteren Bundesrepublik Deutschland durchscheinen. [...] Im Nachhinein wird die Rassenlehre des Nationalsozialismus als pure Anleitung zu Hass, Mord und Tot-
40 schlag verstanden. Doch für Millionen Deutsche lag das Attraktive in dem an sie adressierten völkischen Gleichheitsversprechen. Die NS-Ideologie betonte die Unterschiede nach außen und nivellierte sie nach innen. Um es mit einem Ausruf Hitlers zu sagen: „Innerhalb des deutschen Volkes höchste

▲ **Propagandaplakat von 1934.**
Die Nationalsozialistische Volkswohlfahrt (NSV) war eine der größten und populärsten NS-Massenorganisationen und neben der Arbeitsbeschaffung wichtigste Grundlage der nationalsozialistischen Arbeits- und Sozialpolitik. Die als Verein gegründete Einrichtung dehnte ihre Zuständigkeit auf nahezu alle freien, staatlichen und kirchlichen Bereiche der Wohlfahrtspflege aus. 1943 gehörten ihr 17 Millionen Mitglieder.
- *Analysieren Sie, inwiefern das Plakat der nationalsozialistischen Gesellschaftsideologie entspricht.*
- *Erörtern Sie, warum die Nationalsozialisten in besonderem Maße sozialpolitische Maßnahmen propagierten.*

Volksgemeinschaft und Möglichkeit der Bildung für jeder- 45
mann, nach außen aber absoluter Herrenstandpunkt!" Für diejenigen, die zu der als rassisch einheitlich definierten Großgruppe zählten – das waren 95 Prozent der Deutschen –, verringerten sich die Unterschiede im Binnenverhältnis. Für viele wurde das staatspolitisch gewollte Einebnen der 50 Standesdifferenzen in der Staatsjugend fühlbar, im Reichsarbeitsdienst, in den Großorganisationen der Partei und langsam selbst in der Wehrmacht.

Götz Aly, Hitlers Volksstaat. Raub, Rassenkrieg und nationaler Sozialismus, Frankfurt am Main 2005, S. 20 ff. und 28 f.

1. Einer der Leitsätze Hitlers lautete: „Deutschland wird dann am größten sein, wenn seine ärmsten seine treuesten Bürger sind." Erläutern Sie Hintergründe und Ziele dieser Maxime. Berücksichtigen Sie, welche „Fehler" Hitler im Hinblick auf den Ersten Weltkrieg und die Weimarer Republik vermeiden wollte.
2. Setzen Sie sich kritisch mit den Begriffen „Sozialstaat" und „Sozialpolitik" auseinander. Prüfen Sie, inwieweit sich die hier skizzierte Politik mit der im heutigen Deutschland vergleichen lässt. Wer profitierte von den nationalsozialistischen Maßnahmen, wer war ausgeschlossen?
3. Aly bezeichnet das NS-Regime als „Gefälligkeitsdiktatur". Setzen Sie sich mit diesem Begriff kritisch auseinander.

M5 Stimmungsberichte

Aus dem Lagebericht des Landrats von Bad Kreuznach, Hellmuth Rademacher, über den Dezember 1935:

In den mir vorliegenden Berichten der Amtsbürgermeister wird die politische Lage als „ruhig" oder als „nicht schlechter" bezeichnet. Die Berichte weisen erstmalig Sätze auf wie: „Zu irgendwelchen Störungen der öffentlichen Ordnung" oder „Zu politischen Unzuträglichkeiten ist es nicht gekommen". Für die Beurteilung der innenpolitischen Entwicklung sind diese Wendungen bezeichnend. Wenn auch die große politische Linie der Staatsführung allgemeine Zustimmung findet, so deutet die Gesamthaltung der Bevölkerung im täglichen Leben nicht darauf hin, dass positive Erfolge in der Ausbreitung und Vertiefung nationalsozialistischen Gedankengutes erzielt wurden. Jedenfalls fehlte gegenüber der gerade im Berichtsmonat hervorgetretenen größeren Aktivität der Partei und ihrer Gliederungen die bejahende Einstellung der großen Masse, von einer politischen Hochstimmung ganz zu schweigen. Jedoch mag hier auch eine gewisse Ermüdung und Abstumpfung den zahlreichen Veranstaltungen der Partei gegenüber mitspielen, die sich meistens in den gleichen Bahnen bewegen. Der deutsche Gruß – immerhin ein Gradmesser für politische Stimmungsschwankungen – ist außerhalb der Kreise der Parteigenossen und Beamten fast völlig den sonst üblichen Grußworten gewichen oder wird nur flüchtig erwidert. In den politischen Versammlungen, deren Besuch nur in den Städten und größeren Ortschaften befriedigen kann, findet man immer wieder dieselben Teilnehmer, sodass selbst alte Parteigenossen diese Art der Volksaufklärung für veraltet halten und Volksabende mit zugkräftigen Mitteln wünschen, deren Besuch nicht von vornherein organisiert wird. Insgesamt gesehen ist es schwierig, ein richtiges Stimmungsbild wiederzugeben. Die Zahl der Staatsfeinde, die offen hervortreten, ist gering. Andererseits sind große Teile der katholischen Bevölkerung unzufrieden […], desgleichen ehemalige Stahlhelmer wegen der Auflösung des Stahlhelms, ferner Handwerker wegen mangelnder Aufträge, ein Teil der Arbeiter wegen geringer Löhne und der hohen Lebenshaltungskosten, und nicht zuletzt die Bauern, weil der Widerspruch nun einmal zu ihrem Lebensnerv gehört. Wenn man alles dieses zusammennimmt, muss man zu dem Ergebnis kommen, dass ein sehr großer Teil der Bevölkerung die Jahre vor 1933, die dauernde Unsicherheit, die Überfälle, die Wirtschaftskrisen, die große Arbeitslosigkeit usw. vollkommen vergessen hat und auch dem heutigen Staate gegenüber ablehnend oder zum Mindesten gleichgültig gegenübersteht. Hierzu gehören auch sehr viele frühere begeisterte Anhänger und Wähler der NSDAP. Der Höhepunkt in der politischen Einstellung zum 3. Reich ist wohl bei der Novemberwahl gewesen. Von da ab ist mit gewissen Schwankungen eine ständig absteigende Tendenz in der innenpolitischen Entwicklung zu verzeichnen.

Franz Josef Heyen (Hrsg.), Nationalsozialismus im Alltag. Quellen zur Geschichte des Nationalsozialismus vornehmlich im Raum Mainz-Koblenz-Trier, Boppard am Rhein 1967, S. 290 f.

1. Fassen Sie zusammen, wie der Landrat die Volksstimmung beurteilt. Welche Ursachen sieht er für die Entwicklung?
2. Bewerten Sie den Unterschied zwischen dieser Schilderung und dem Bild, das in der Propaganda gezeichnet wurde.
3. Überlegen Sie, wie die Regierung auf solche Lageberichte reagieren konnte.
4. Analysieren Sie, was der Bericht über das Denken und Handeln der Bevölkerung und über den Berichterstatter aussagt.

Sekundär- oder Fachliteratur ist der Sammelbegriff für jede Form der wissenschaftlichen Auseinandersetzung mit historischen Quellen oder Themen. Der Begriff umfasst Textsorten wie wissenschaftliche Bücher (Monografien), Aufsätze in (Fach-)Zeitschriften, gedruckte Vorträge, Lexikonartikel und Rezensionen (Buchbesprechungen).

> **Sekundärliteratur als interpretierte Vergangenheit**

Umgang mit Sekundärliteratur

Die Fachliteratur über den Nationalsozialismus, das „Dritte Reich" und den Holocaust ist unüberschaubar. Eine Bibliografie aus dem Jahr 2000 nennt 17 609 Monografien, 11 857 Beiträge aus Sammelwerken und 7557 Zeitungs- und Zeitschriftenaufsätze aus dem Zeitraum von 1945 bis 2000. Seitdem sind zahlreiche weitere Veröffentlichungen hinzugekommen. Zu vielen Monografien sind Rezensionen erschienen, die die Veröffentlichung in die Forschung einordnen, bewerten und oft gegensätzliche Auffassungen vertreten.

Es gibt keine objektive, ein für alle Mal gültige oder richtige und verbindliche Geschichtsschreibung. Sie ist immer abhängig von der Person, die ein Thema mit einem bestimmten Erkenntnisinteresse subjektiv bearbeitet, von der Zeit, in der geforscht wird, von den ausgewählten oder zur Verfügung stehenden Quellen und der verwendeten Fachliteratur. Für das Verständnis eines Textes, seine Einordnung und Bewertung ist es daher notwendig, ihn mit anderen Darstellungen zu vergleichen und ihn nach bestimmten Kriterien zu untersuchen.

Formale Kennzeichen
- Wer ist der Autor oder Rezensent?
- Welche Funktion, welchen Beruf oder welche Stellung hat er?
- Um welche Textsorte handelt es sich (z. B. Lexikonartikel, Fachbuch oder Rezension)?
- Wann, wo und aus welchem Anlass ist der Text veröffentlicht worden?

Textinhalt
- Was wird thematisiert?
- Welche Behauptungen oder Thesen werden aufgestellt?
- Mit welchen Argumenten bzw. Belegen (Quellen, Sekundärliteratur) begründet der Autor seine Aussagen?
- Wie ist der Text aufgebaut? Welche besonderen Merkmale gibt es (Sprache, Stil)?

Historischer Kontext
- Welchen Zeitraum, welches Ereignis oder welche Person behandelt der Text?
- Auf welche wissenschaftliche oder politische Diskussion geht er ein?
- In welchem Bezug steht der Autor/der Rezensent zum behandelten Thema?

Intention
- An welche Adressaten wendet sich der Text?
- Welche Aussageabsicht hat er?
- Welchen Standpunkt nimmt der Autor/der Rezensent ein?

Bewertung
- Wie lässt sich der Text bzw. die Publikation insgesamt einordnen und bewerten?
- Wurde das Thema schlüssig und überzeugend bearbeitet oder ist die Argumentation lückenhaft? Wurden mehrere Perspektiven berücksichtigt?
- Nimmt der Autor Wertungen vor oder stellt er Vermutungen auf?

Beispiel und Analyse

Marcus Sander: Hitlers willige Räuber?

Götz Aly beleuchtet, wie die Nazis die Deutschen mit sozialen Wohltaten bei Laune hielten. […] Am Anfang stehen zwei Fragen: „Wie konnte das geschehen? Wie konnten die Deutschen aus ihrer Mitte heraus beispiellose Massenverbrechen zulassen und begehen – insbesondere den Mord an den europäischen Juden?" Der 1947 in Heidelberg geborene Historiker vertritt eine spannende, aber im Kern alte These: Der NS-Staat, den Aly als „Gefälligkeitsdiktatur" begreift, habe sich mit Wohltaten die Loyalität gesichert. Die Nazis „erkauften sich den öffentlichen Zuspruch oder wenigstens die Gleichgültigkeit jeden Tag neu."
Götz Aly veranlasst uns zu einem Perspektivwechsel, indem er den Blick auf das Spannungsverhältnis zwischen Volk und Führung lenkt und das „sozialistische" Moment des Dritten Reiches beleuchtet. Leider verzichtet er darauf, den Begriff des „Sozialismus", den er praktisch mit „Sozialpolitik" gleichsetzt, nachvollziehbar ein- und abzugrenzen. Aly argumentiert wie folgt: Das NS-Regime war ein Räuberstaat, Hitler eine Art Räuberhäuptling, der sich auf Kosten Schwacher, insbesondere der europäischen Juden, finanzierte, bereicherte und der sein Volk an seiner Beute teilhaben ließ. Das Dritte Reich erscheint nicht als ein System des Terrors, sondern als Regime der sozialen Wärme, „als eine Art Wohlfühl-Diktatur" […].
[…] Während die bisherige Forschung NS-Vokabeln wie „Volksgemeinschaft" und „Volkswohl" zu wenig ernst genommen hat, klopft Aly sie auf ihren sozialpolitischen Kern ab. Dabei wertet er erstmals eine Fülle von finanzpolitischen Akten aus. Hitler, der „klassische Stimmungspolitiker", führte das Kindergeld ein. Das Einkommensteuergesetz von 1934 entlastete Geringverdienende. Hitler betrieb laut Aly eine Politik der kleinen Leute, er forcierte sie mit Kriegsbeginn. […]
Wer zahlte den Krieg? Alys Antwort ist eindeutig: die okkupierten Länder. Das Dritte Reich bürdete ihnen demnach horrende Besatzungskosten und Abgaben auf […]. Die Erlöse aus dem Hab und Gut der verjagten und ermordeten Juden flossen in die Kriegskasse. Doch willige Räuber gab es, so Aly, auch im Reichsinneren. In Hamburg waren es allein mindestens 100 000 Bürger, die Gegenstände aus jüdischem Besitz ersteigerten.
Aly schärft den Blick für den „konsequentesten Massenraubmord der modernen Geschichte". Seine These: „Wer von den Vorteilen für die Millionen einfacher Deutscher nicht reden will, sollte vom Nationalsozialismus und vom Holocaust schweigen."* Dennoch ist das Buch, gemessen an seinem Anspruch, eine Gesamtdeutung der Shoah zu geben, kein großer Wurf. Erstens hat der Wirtschaftshistoriker J. Adam Tooze in der „Tageszeitung"** dem Buch Rechenfehler vorgeworfen. […] Zweitens läuft Alys These auf eine plakative Neuauflage der Kollektivschuldthese hinaus. Seine Behauptung, dass „95 Prozent" der Deutschen von Hitlers „Wohltaten" profitiert hätten […], belegt er mitnichten.
Vor allem mangelt es dem Buch an einer differenzierenden Analyse der Ursachen des Massenmords. Alys These, dass „die Sorge um das Volkswohl der Deutschen die entscheidende Triebkraft für die Politik des Terrorisierens, Versklavens und Ausrottens" gewesen sei, ist so nicht haltbar. Im Grunde ist sein Buch ein materialistisch argumentierender Goldhagen: Wo der den mörderischen Antisemitismus witterte, wittert Aly allerorten einen Drang zum Rauben. Besonders enttäuschend ist, dass der Autor Gegenpositionen der Forschung, die stärker von einem „Primat der Ideologie", also den ideologischen Antriebskräften für die Judenmorde, ansetzen, ausblendet.

Stuttgarter Zeitung, 24. März 2005, S. 42

* Anspielung auf eine Feststellung des Philosophen Max Horkheimer von 1939: „Wer aber vom Kapitalismus nicht reden will, sollte auch vom Faschismus schweigen."   ** taz

---

Provokante Überschrift als Anspielung auf Daniel Jonah Goldhagen, Hitlers willige Vollstrecker. Ganz gewöhnliche Deutsche und der Holocaust, Berlin 1996

Knappe Vorstellung des besprochenen Autors/Buches: Götz Aly, Hitlers Volksstaat. Raub, Rassenkrieg und nationaler Sozialismus, Frankfurt am Main 2005

Beurteilung: keine Ein- und Abgrenzung zentraler Begriffe

Alys These: NS-Staat als „Wohlfühl-Diktatur"

Positive Bewertung von Alys Forschungsansatz
Alys These/Beispiel: NS-Sozialpolitik

Alys These/Beispiel: NS-Außen- und Judenpolitik

Beurteilung: Aly schärft den Blick für den „konsequentesten Massenraubmord der modernen Geschichte"; aber gemessen an seinem Anspruch ist das Buch „kein großer Wurf"

Begründung I: Rechenfehler, Berufung auf J. Adam Tooze
Begründung II: „plakative Neuauflage der Kollektivschuldthese"
Begründung III: Massenmord wird zu einseitig gesehen; Vergleich mit Goldhagen

Negatives Fazit: keine Auseinandersetzung mit kontroversen Positionen bzw. ideologischen Antriebskräften

Formale Kennzeichen Unter dem Titel „Hitlers willige Räuber?" rezensierte Marcus Sander in der Stuttgarter Zeitung vom 24. März 2005 das kurz zuvor erschienene und kontrovers diskutierte Buch „Hitlers Volksstaat" des Historikers Götz Aly. Der 1972 geborene Marcus Sander hat Germanistik, Geschichte und Philosophie studiert und ist Redakteur bei der Stuttgarter Zeitung.

Textinhalt In seiner Rezension stellt Sander das Buch von Götz Aly für den Leser vor, indem er dessen Argumentation erläutert und beurteilt. Die Überschrift ist eine Anspielung auf das 1996 erschienene Buch „Hitlers willige Vollstrecker" des amerikanischen Historikers Daniel Goldhagen. Dieser stellt darin die These auf, der Antisemitismus habe die gesamte deutsche Bevölkerung erfasst und sei der Grund für die massenhafte Zustimmung der Deutschen zu Nationalsozialismus und Holocaust gewesen. Das Buch rief eine heftige Kontroverse unter Geschichtswissenschaftlern und in den Medien hervor.
Im ersten Teil der Rezension fasst Sander Alys Thesen und Ergebnisse zusammen. Aly beantworte die Leitfrage des Buches, wie es zu erklären sei, dass die Deutschen zwischen 1933 und 1945 beispiellose Massenverbrechen zulassen und begehen konnten, mit der Feststellung, dass ihr Zuspruch oder ihre Gleichgültigkeit durch den NS-Staat mit materiellen Wohltaten erkauft worden sei. Das Ergebnis sei „eine Art Wohlfühl-Diktatur" gewesen. Aly belege dies an sozialpolitischen Maßnahmen, wie Kindergeld und steuerliche Entlastung der Geringverdienenden. Außenpolitisch sei diese „Politik der kleinen Leute" auf Kosten der okkupierten Länder und der Juden in Form von Besatzungskosten, massenhaften Plünderung und Enteignungen finanziert worden.

Historischer Kontext Mit seiner Rezension beteiligt sich Sander an der Debatte, die Alys Buch nach seinem Erscheinen im Frühjahr 2005 in Publizistik und Wissenschaft ausgelöst hat. Neben vielen positiven Besprechungen wurde Aly unter anderem vorgeworfen, er wiederhole nur Goldhagens Thesen, aber materialistisch-ökonomisch begründet. In seinen Gegendarstellungen bestritt Aly dies. Vor allem habe er entgegen mancher Kritik die überkommene „These von der Kollektivschuld" nicht neu beleben wollen.

Intention Sander hat die Rezension für die Leser der Stuttgarter Zeitung verfasst. Er bewertet Alys Forschungsansatz grundsätzlich positiv, da er die „Begriffe ‚Volksgemeinschaft' und ‚Volkswohl'" „ernst" nehme und bisher unberücksichtigtes Quellenmaterial ausgewertet habe. Insgesamt schärfe Aly den Blick für den „konsequentesten Massenraubmord der Geschichte". Im zweiten Teil seiner Rezension kritisiert Sander jedoch seine Thesen: 1. weil Aly von dem britischen Wirtschaftshistoriker Adam Tooze in der Tageszeitung (taz) vom 12. März 2005 Rechenfehler bei der Kriegskostenverteilung nachwiesen wurden, weil 2. sein Buch „auf eine plakative Neuauflage der Kollektivschuldthese" hinauslaufe, und er 3. vor allem die NS-Gräuel zu undifferenziert auf eine „materialistisch[e]" Ursache, das „Volkswohl der Deutschen" zurückführe, und „Gegenpositionen der Forschung" ausblende, die die NS-Ideologie als Ursachen von Holocaust und Lebensraumpolitik herausgearbeitet haben. Seinen eigenen hohen Anspruch, „eine Gesamtdeutung der Shoah" (Holocaust) geben zu wollen, genüge Aly jedoch nicht.

Bewertung Sanders Argumentation ist sachlich, ausgewogen und berücksichtigt mehrere Perspektiven. Er würdigt Alys breite Quellenbasis und deren Auswertung, folgt in seiner Beurteilung jedoch den kritischen Stimmen in Wissenschaft und Publizistik, die Alys Thesen mit jenen Goldhagens vergleichen und sein Buch als einseitig und undifferenziert kritisieren.

NS-Antisemitismus: von der Entrechtung zur Ermordung

In der Nacht vom 9. auf den 10. November 1938 sehen die 19-jährige Friedel Stranka und ihre Mutter von ihrer Wohnung in Fürth ein Feuer. Ihr erster Gedanke ist, es brenne in der Blumenstraße, wo die Großmutter wohnt. Hastig brechen sie mit ihren Rädern auf. Als sie wie gewohnt über den „Judenheckisch", einen kleinen Platz am israelitischen Friedhof, fahren wollen, versperren ihnen SA-Männer den Weg. Um sie herum stehen fassungslose Menschen: Die Hauptsynagoge der Stadt, seit 1617 Symbol für ein jahrhundertelanges Miteinander der jüdischen und christlichen Gemeinschaft, steht in Flammen! Als sich Friedel und ihre Mutter näher heranwagen, hören sie einen der Männer sagen, dass „die Juden jetzt wohl begreifen werden, dass die Geduld des deutschen Volkes zu Ende ist". Die meisten Menschen stehen nur herum und sehen schweigend zu, wie die Synagoge ausbrennt.

Bis tief in die Nacht harren Schaulustige aus. Sie werden Zeugen, wie um halb 2 Uhr nachts alle Mitglieder der jüdischen Gemeinde aus ihren Wohnungen geholt und auf dem Schlageterplatz zusammengetrieben werden, auch die 42 Kinder aus dem Waisenhaus. Am nächsten Tag müssen die Fürther mitansehen, wie viele ihrer jüdischen Mitbürger abtransportiert werden. Einige Fürther wissen, viele ahnen wohin: in das KZ Dachau.

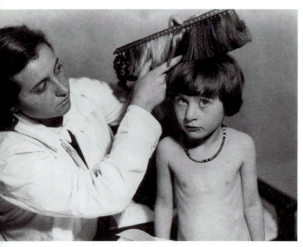

▲ „Rassenhygienische Untersuchung" an einem jüdischen Kind.
Foto von 1936.
„Rasseexperten" ermittelten auf der Grundlage pseudowissenschaftlicher Gutachten mit Schädelvermessungsgeräten und Farbbestimmungstafeln besondere Merkmale, an denen sich rassisch oder erbbiologisch „minderwertige" Gruppen erkennen und „aussortieren" ließen.

Verhängnisvolle Rassenlehre ■ Im Zentrum der nationalsozialistischen Weltanschauung standen Rassismus und Antisemitismus. Hitler und seine Anhänger griffen dabei unter anderem auf die Vorstellungen des Sozialdarwinismus zurück, der die Lehre des englischen Naturforschers Charles Darwin von der „natürlichen Auslese der Arten" (1859) verfälschend auf die menschliche Gesellschaft übertrug. In seiner radikalen Ausprägung propagierte der Sozialdarwinismus, im „Kampf ums Dasein" werden nur die „Stärkeren" überleben.

Hinzu kamen rassenbiologische Theorien von Joseph Arthur de Gobineau, der die Unterteilung der Menschheit in höhere und niedere Rassen vertrat und die Überlegenheit der „nordischen Rasse" der Germanen propagierte. Hitler radikalisierte Elemente dieser vorgeblich wissenschaftlichen Theorien und verband sie unter Missachtung geistiger, sittlicher und religiöser Werte zu einer menschenverachtenden Ideologie. Danach sollte es Aufgabe des Nationalsozialismus sein, der „arischen Herrenrasse" in Mitteleuropa ein Machtzentrum zu schaffen. Voraussetzung war für Hitler die „Reinhaltung der Rasse". Da eine Vermischung zur Schwächung der höherwertigen Rasse führe, sollte das nach seiner Auffassung kranke und minderwertige Erbgut aus der „Volks- und Blutsgemeinschaft" entfernt werden. Als biologisch definierter Verband ging die „Blutsgemeinschaft" über das Staatsvolk und damit über die Grenzen Deutschlands hinaus. Der „Herrenrasse" gebühre, so Hitler, ein ihrer Bedeutung für die Weltkultur angemessener Lebensraum in Europa, der durch Krieg erobert und langfristig gesichert werden müsse. Die nationalsozialistische „Blut- und Boden"-Ideologie war eine entscheidende Triebkraft des nationalsozialistischen Eroberungs- und Vernichtungskrieges.

NS-Antisemitismus Nach einer Volkszählung von 1933 gab es im Deutschen Reich etwa 500 000 Bürger, die sich zum Judentum bekannten. Das waren nicht einmal 0,8 Prozent der Bevölkerung. Eine statistisch nicht erfasste Zahl weiterer Deutscher war jüdischer Abstammung, das heißt ihre Eltern, Großeltern oder frühere Vorfahren hatten einer jüdischen Gemeinschaft angehört. Diese kleine Minderheit betrachteten Hitler und seine Anhänger als ihre Hauptfeinde (▶ M1). Die Juden wurden nicht als eine Glaubensgemeinschaft betrachtet, sondern als eine eigene Rasse. Da sich nach der nationalsozialistischen Theorie die rassischen Anlagen vererbten, könne sich ein jüdischer Bürger durch keine noch so große Anpassung an die Mehrheitsgesellschaft davon befreien.

Hitler und seine Anhänger sahen in der Auseinandersetzung mit den Juden eine „weltgeschichtliche Aufgabe": Sie seien ein „parasitäres Volk", das andere Völker zersetze und nach der „Weltherrschaft" strebe. Damit gefährdeten sie die „Reinheit der arischen Rassegemeinschaft". Dies zu verhindern, erklärte die NS-Ideologie zur Aufgabe des „Ariers", der dadurch zum Retter der Weltkultur werde. Durch diesen Rassenwahn, von Historikern als „Erlösungsantisemitismus" (Saul Friedländer) und „Antisemitismus der Tat" (Michael Wildt) bezeichnet, unterschied sich der Judenhass der NSDAP vom traditionellen Antisemitismus der Kaiserzeit sowie dem anderer faschistischer Parteien.

Mit der Ernennung Adolf Hitlers zum Reichskanzler übernahm eine Partei die Regierungsverantwortung, die offen einen zur „Staatsreligion" erklärten Rassenantisemitismus vertrat. Die Ausgrenzung und Verfolgung der jüdischen Mitbürger wurde fortan staatlich organisiert. Die historische Forschung ist sich allerdings weitgehend einig, dass es keinen geradlinigen Weg „von der Machtergreifung nach Auschwitz" gab. Vielmehr wurden nach und nach die Voraussetzungen für neue Maßnahmen geschaffen. Von großer Bedeutung für die sich radikalisierende Entwicklung war, dass es auf vielen mittleren und unteren Führungsebenen von Staat und Partei, in Kommunen, Behörden und Polizeidienststellen Männer und Frauen gab, die diese Politik unterstützten, umsetzten und teilweise sogar beschleunigten.

▲ **Rassenideologische und antisemitische Publikationen aus dem Franz Eher Verlag, dem Parteiverlag der NSDAP.**
In ihren Büchern verbreiteten der NS-Politiker Hermann Esser und der führende NS-Ideologe Alfred Rosenberg die rechtsextreme Theorie der „jüdischen Weltverschwörung".

Diskriminierung und Entrechtung Schon bald nach der „Machtergreifung" begann die Entrechtung und Ausgrenzung der Juden, die schrittweise radikaler wurde (▶ M2). Bereits ab Februar 1933 setzte die gewaltsame Vertreibung jüdischer Richter und Staatsanwälte aus den Gerichten, der Boykott gegen jüdische Arztpraxen und Anwaltskanzleien ein. SA-Leute postierten sich vor jüdischen Läden, pöbelten deren Inhaber an, versperrten Kunden den Eingang und beschmierten die Schaufenster mit judenfeindlichen Parolen. Reichsweite Boykottaufrufe gegen jüdische Geschäfte seit April 1933, der Entzug öffentlicher Aufträge, ausbleibende Kundschaft und bürokratische Schikanen zwangen viele jüdische Gewerbetreibende, ihre Geschäfte zu schließen oder zu Spottpreisen zu verkaufen. Diese Aufkäufe durch „Arier", die die Notlage ihrer jüdischen Mitbürger ausnutzten, wurden als „Arisierung" bezeichnet. Von 100 000 jüdischen Betrieben existierten im April 1938 noch knapp 40 000.

Der 1. April 1933 markierte den Übergang zur staatlich gelenkten und systematischen Verfolgung. Das „Gesetz zur Wiederherstellung des Berufsbeamtentums" verlangte von allen Beamten den Nachweis „arischer Abstammung". Wer als „arisch" gelten durfte, bestimmte der „Arierparagraf". Ähnliche Gesetze traten später für andere Berufsgruppen

▶ **Fenster eines Berliner Modegeschäftes.**
Foto (Ausschnitt) vom 1. April 1933.
Ähnliche Aushänge oder direkt an Wände und Fenster geschmierte Parolen waren im April 1933 überall in Deutschland zu lesen.

▲ **Ausweis einer jüdischen Bürgerin, ausgestellt am 15. März 1939.**
Ab dem 1. Januar 1939 mussten Juden die Zwangsnamen „Sara" und „Israel" als zweite Vornamen führen.

▶ **Geschichte In Clips:**
Zum „Novemberpogrom" siehe Clip-Code 32007-03

in Kraft. Das „Gesetz gegen die Überfüllung der deutschen Schulen und Hochschulen" begrenzte die Zahl der Juden in den Bildungsanstalten. 1938 erfolgte der vollständige Ausschluss.

Die „Nürnberger Gesetze" von 1935 gingen noch einen Schritt weiter (▶ M3): Das „Reichsbürgergesetz" machte die „arische Abstammung" zur Bedingung für die Anerkennung als Bürger und erklärte Juden zu bloßen „Staatsangehörigen" ohne politische Bürgerrechte. Das „Gesetz zum Schutze des deutschen Blutes und der deutschen Ehre" verbot Eheschließungen und außereheliche Beziehungen zwischen „Ariern" und Juden als „Rassenschande", die mit Haft, später mit dem Tode bestraft wurden. Bestehende Ehen wurden für nichtig erklärt.

Wie die Juden wurden auch die etwa 30 000 in Deutschland lebenden Sinti und Roma durch „Rassegesetze" diskriminiert, entrechtet und seit Mitte der 1930er-Jahre verfolgt. Auch sie galten als „Volksschädlinge" und „Untermenschen". Juden sowie Sinti und Roma erhielten Ausgangsverbote, durften keine öffentlichen Schulen, Theater, Kinos oder Cafés mehr besuchen. Jüdischen Haushalten wurden Gas und Strom abgesperrt. Ab 1938 wurden die Pässe der Juden mit einem „J" gestempelt, Sinti und Roma erhielten ab März 1939 besondere „Rasseausweise". Die zunehmende Ausgrenzung aus dem sozialen und gesellschaftlichen Umfeld machte das Leben für die Betroffenen unerträglich.

Gewalt von Anfang an Nach dem 30. Januar 1933 nahmen die gewaltsamen Übergriffe auf Juden zu. Polizei und Behörden reagierten jedoch nicht. Das Attentat des 17-jährigen Juden Herschel Grynszpan auf den Diplomaten Ernst vom Rath in der deutschen Botschaft in Paris lieferte Propagandaminister Joseph Goebbels den willkommenen Anlass für das als „spontanen Sühneakt" erklärte Pogrom vom 9. auf den 10. November 1938 („Novemberpogrom" oder verharmlosend „Reichskristallnacht"). Reichsweit wurden Hunderte von Synagogen in Brand gesteckt, über 8 000 jüdische Geschäfte und zahllose Wohnungen zerstört, etwa 100 Juden getötet und rund 30 000 in Konzentrationslager verschleppt. Viele starben an den Folgen der Misshandlungen oder nahmen sich selbst das Leben.

Die Polizei sah lediglich zu, die Feuerwehr hatte die Anordnung, nur die Nachbargebäude vor den gelegten Bränden zu schützen. Für den „öffentlichen Schaden" und die „Wiederherstellung des Straßenbildes" mussten die Juden eine „Sühneleistung" in Höhe von einer Milliarde Reichsmark zahlen. Zusammen mit der Ausschaltung aus der Wirtschaft ruinierte dieses „Sühnegeld" viele Familien.

Enteignung und Vertreibung Viele Juden dachten, das „Novemberpogrom" sei der Höhepunkt des Schreckens gewesen. Nach Diskriminierung und Entrechtung zielten die nun folgenden Maßnahmen jedoch darauf, den jüdischen Bürgern ein Leben in Deutschland völlig unmöglich zu machen. Die „Verordnung zur Ausschaltung der Juden aus dem deutschen Wirtschaftsleben" vom 12. November 1938 verfügte weitere Berufsverbote sowie die „Zwangsarisierung" jüdischen Immobilienbesitzes und vernichtete die noch verbliebenen Existenzen: Juden mussten Wertpapiere, Schmuck, Edelmetall und Kunstgegenstände weit unter Wert an den Staat verkaufen – den Hauptprofiteur des Raubs an den jüdischen Vermögen. Da für die Juden kein Mieterschutz mehr galt, wurde die Einweisung in „Judenhäuser" vorbereitet, auch um deren Überwachung zu erleichtern.

Mit Beginn des Zweiten Weltkrieges radikalisierte sich die „Judenpolitik". Die deutschen Juden wurden nun offiziell als „Reichsfeinde" behandelt. Das NS-Regime richtete Sperrstunden ein, in denen sie ihre Wohnungen nicht verlassen durften (▶ M4). Rundfunkempfänger und Telefone wurden eingezogen. Juden erhielten keine Kleiderkarten mehr. Ihre Lebensmittelkarten waren mit einem „J" markiert, einkaufen durften sie täglich erst nach 15 Uhr 30, wenn die meisten Regale in den Läden bereits leer waren. Seit dem 15. September 1941 mussten alle Juden vom sechsten Lebensjahr an einen gelben Stern auf der Kleidung tragen, der sie öffentlich stigmatisierte. Ab dem 1. Juli 1943 waren die Juden unter Polizeirecht gestellt und damit endgültig entrechtet. Zu diesem Zeitpunkt lebten nicht mehr viele Juden in Deutschland. Wer es nicht geschafft hatte, das Reich zu verlassen oder in einem sicheren Versteck unterzutauchen, wurde ab Oktober 1941 mit Sammeltransporten in Ghettos und Konzentrationslagern in den besetzten Gebieten und anschließend in neu eingerichtete Vernichtungslager im Osten deportiert.

Emigration Zwischen 1933 und 1945 flohen allein im deutschsprachigen Raum über eine halbe Millionen Menschen ins Ausland, um dem wachsenden Terror des NS-Regimes zu entgehen. Über 90 Prozent waren jüdischer Herkunft; die übrigen Emigranten gehörten zu den politischen Gegnern des Nationalsozialismus, die von Verfolgung und KZ-Haft bedroht waren oder wie viele Künstler und Wissenschaftler keine Existenzmöglichkeiten mehr hatten.

Die jüdische Emigration vollzog sich in Schüben und erreichte 1938 nach dem „Novemberpogrom" ihren Höhepunkt. Abgesehen davon, dass viele Deutsche ihre Heimat nicht verlassen wollten, raubte ihnen der NS-Staat durch die Beschlagnahmung von Besitz und Vermögen das notwendige Geld für die Auswanderung. Zusätzlich waren die Ausreisewilligen von den NS-Behörden systematischen Schikanen und Demütigungen im Kampf um die notwendigen Ausreisepapiere ausgesetzt: Sie mussten von Amt zu Amt laufen, stundenlang Schlange stehen, zermürbende Hinhaltetaktiken hinnehmen, hohe Auswanderungsabgaben entrichten und ein Visum des Ziellandes vorlegen, das immer schwieriger zu erhalten war, da viele Länder soziale und wirtschaftliche Belastungen fürchteten oder weil in ihnen Fremdenfeindlichkeit und Antisemitismus herrschten. Mit Unterstützung ausländischer Hilfsorganisationen bemühten sich jüdische Hilfsvereine, die Ausreisewilligen zu beraten, Kontakte in alle Welt herzustellen und Mittel für die Auswanderung ins Exil zu beschaffen.

Mit Beginn der systematischen Deportationen wurde Juden im Oktober 1941 offiziell die Ausreise verboten. Viele unternahmen verzweifelte Versuche, illegal über die Grenzen zu gelangen, oder blieben hilflos zurück, was den sicheren Tod bedeutete.

▲ **Jüdische Emigranten protestieren in New York gegen die Abschiebung.**
Foto vom 12. Juni 1936. Das jüdische Ehepaar Richter protestierte auf der amerikanischen Einwandererinsel Ellis Island gegen die drohende Abschiebung zurück nach Deutschland, weil es keine gültigen Einreisepapiere besaß.

Deutsch-jüdische Emigration 1933-1945 (Schätzungen)									
1933	1934	1935	1936	1937	1938	1939	1940	1941	1942-45
37 000	23 000	21 000	25 000	23 000	40 000	78 000	15 000	8 000	8 500

Vorstufe zum Völkermord: das „Euthanasie"-Programm Nach den pseudobiologischen Lehren von „Rassenhygiene" und „Erbgesundheit", wie sie die Nationalsozialisten vertraten, galten alle „sozial oder rassisch Unerwünschten" wie die Sinti und Roma und alle slawischen Völker, darunter vor allem Russen und Polen, die Zeugen Jehovas, Homosexuelle oder „Asoziale" als „minderwertig" und „lebensunwert". Dazu zählten auch „erbkranke", geistig und körperlich behinderte Menschen. Das „Gesetz zur Verhütung erb-

„**Asoziale**": in der NS-Zeit als minderwertig geltende, „arbeitsscheue" oder unangepasst lebende Menschen u. a. aus sozialen Unterschichten, wie Bettler, Landstreicher, Prostituierte, Fürsorgeempfänger oder Alkoholiker

◀ **Kosten-Nutzen-Rechnung zum Wohle der „Volksgemeinschaft".**
Schon früh versuchte das NS-Regime, die Akzeptanz in der Bevölkerung für die heuchlerisch als „Euthanasie" bezeichneten Krankenmorde zu erhöhen. Wichtigstes Argument für die Vorbereitung und Durchführung war das Argument der wirtschaftlichen Nützlichkeit. In der „Volksgemeinschaft" wurde nur geduldet, wer stark, gesund und arbeitsfähig war.

kranken Nachwuchses" vom 14. Juli 1933 ordnete die Zwangssterilisation von Menschen mit vermeintlich „minderwertigem" Erbgut und Zwangsabtreibungen an. Im Herbst 1939 begann die verharmlosend als „Euthanasie" bezeichnete Ermordung körperlich und geistig Kranker Menschen aller Altersstufen. Tarngesellschaften organisierten die als **„Aktion T4"** benannte „Vernichtung unwerten Lebens" in zu Tötungsanstalten umgerüsteten „Heil- und Pflegeanstalten". Ab 1940 wurden etwa 70 000 Menschen in zu Tötungsanstalten umgerüsteten „Heil- und Pflegeanstalten" ermordet, meist durch Vergasung oder Injektionen.

Trotz aller Geheimhaltung und Verschleierungsversuche waren die Morde spätestens im Frühjahr 1941 in weiten Teilen des Reichs bekannt. In der Bevölkerung regte sich öffentlicher Protest vor allem vonseiten der Angehörigen der Opfer und auch einiger Bischöfe, wie dem evangelischen Landesbischof Theophil Wurm oder dem Münsteraner Bischof Clemens August Graf von Galen. Ende August 1941 ließ Hitler das „Euthanasie"-Programm offiziell einstellen.

Bald darauf begann der organisierte Krankenmord in den besetzten sowjetischen Gebieten und wurde – in anderer Form und weniger auffällig – auch im Reich fortgesetzt. Viele tausend Kranke ließ man verhungern oder tötete sie durch überdosierte Medikamente. Die Methoden und das Personal der „Aktion T4" kamen nun bei der systematischen Ermordung der Juden, Sinti und Roma zum Einsatz.

„Euthanasie": Sterbehilfe, abgeleitet von griech. „guter" oder „leichter Tod"

„Aktion T4": nach dem Verwaltungssitz der Vernichtungsaktion in der Tiergartenstraße 4 in Berlin bezeichneter Code

Heinrich Himmler (1900-1945, Selbstmord): Reichsführer SS, ab 1936 zudem Chef der Dt. Polizei, 1943 Reichsinnenminister; hauptverantwortlich für den Holocaust und zahlreiche Kriegsverbrechen der Waffen-SS

Reinhard Heydrich (1904-1942, ermordet): Leiter des Reichssicherheitshauptamts (RSHA), „rechte Hand" Himmlers, seit 1941 stellvertretender Reichsprotektor von Böhmen und Mähren, mit der „Endlösung der Judenfrage" beauftragt, 1942 Leiter der „Wannsee-Konferenz"

Generalgouvernement: Bezeichnung für die besetzten polnischen Gebiete, die nicht unmittelbar dem Reich angegliedert worden waren

Beginn der Massenmorde und Pläne für eine „Endlösung" Nach der Ausgrenzung und Vertreibung der deutschen Juden begann mit dem Zweiten Weltkrieg, der im Osten als „Kampf um Lebensraum" geführt wurde, die Vernichtung der europäischen Juden. Unter der Leitung des von **Heinrich Himmler** neu geschaffenen und von **Reinhard Heydrich** geführten Reichssicherheitshauptamtes (RSHA) rückten eigens für den Angriff auf Polen aufgestellte Einsatzgruppen der Sicherheitspolizei und des SD hinter der Wehrmacht vor, um Hitlers rasseideologisches Völkermordkonzept in die Tat umzusetzen. Ein Großteil des eroberten Landes sollte ins Deutsche Reich eingegliedert und von umgesiedelten Deutschen aus den baltischen Staaten und anderen osteuropäischen Gebieten „germanisiert" werden. Die jüdische Bevölkerung wurde ins überbevölkerte **Generalgouvernement** vertrieben, in Ghettos unter unmenschlichen Bedingungen zusammengepfercht oder sofort erschossen. Repräsentanten der polnischen Oberschicht, Intellektuelle, Geistliche, aber auch Arbeiter und Gewerkschafter wurden zu Tausenden ermordet oder in Konzentrationslager deportiert. Wer nicht „germanisiert" werden konnte – nach deutschen Schätzungen über 95 Prozent der polnischen Bevölkerung – musste harte Zwangsarbeit verrichten.

Zwischen 1939 und 1941 wurden in den verschiedenen Ressorts des Auswärtigen Amts und des RSHA Pläne für eine „territoriale Endlösung der Judenfrage" ausgearbeitet. Diese sahen vor, alle Juden aus dem deutschen Machtbereich in große Judenreservate in Osteuropa, auf die Insel Madagaskar („Madagaskar-Plan") vor der Ostküste Afrikas oder andere entfernte Orte zu deportieren, wurden aber sämtlich wieder als undurchführbar fallen gelassen.

Terror und Holocaust ■ Der deutsche Angriff auf die Sowjetunion im Juni 1941 kann als eigentlicher Beginn der systematischen Massenmorde an den Juden angesehen werden. Der Krieg gegen die Sowjetunion seit Juni 1941 war von Anfang an – wie der gegen Polen – ein Raub- und Vernichtungskrieg. Bis heute sind sich die Historiker uneinig, wann im engsten Führungszirkel des Regimes die Entscheidung für den Völkermord (Genozid) an den europäischen Juden fiel (▶ M5). Planung und Verwirklichung galten als „Geheime Reichssache". Einen schriftlichen Befehl Adolf Hitlers gab es nicht. Der „Wille des Führers" reichte den NS-Instanzen aus, um die Tötungsaktionen vorzubereiten und durchzuführen. Die Verwaltung der „Endlösung der Judenfrage" übernahm Heydrich, die Organisation der Deportationen wurde **Adolf Eichmann** übertragen.

Noch vor dem Überfall auf die Sowjetunion erhielten die Einsatzgruppen und Polizeieinheiten Sondervollmachten, „in eigener Verantwortung gegenüber der Zivilbevölkerung Exekutivmaßnahmen zu treffen". Auch die Gestapo, Bataillone der Ordnungspolizei, Brigaden der Waffen-SS und Angehörige der Wehrmacht, der Zivilverwaltung sowie Freiwilligenverbände aus den besetzten Gebieten beteiligten sich an den Massakern. Zwischen Juni 1941 und April 1942 ermordeten die Einsatzgruppen über eine halbe Million Menschen. Nahezu die ganze jüdische Bevölkerung der eroberten Gebiete, Sinti und Roma, Kriegsgefangene und Kommunisten wurden durch Massenerschießungen und durch Autoabgase in LKWs getötet (▶ M6).

Am 20. Januar 1942 trafen sich hohe Verwaltungsbeamte, SS-Offiziere und Staatssekretäre aus den Innen-, Justiz- und Außenministerien unter der Leitung von Heydrich in einer Villa am Berliner Wannsee, um die „praktische Durchführung" der bereits begonnenen „Endlösung der Judenfrage" zu koordinieren. Laut Konferenzprotokoll der nach ihrem Tagungsort benannten „Wannsee-Konferenz" sollten über elf Millionen europäische Juden ermordet werden. Auf ein Programm zur Ermordung sämtlicher Sinti und Roma legte sich das NS-Regime nie fest, jedoch erließ Heinrich Himmler Ende 1942 den Befehl, alle im Deutschen Reich und in den besetzten Ländern lebenden „zigeunerischen Sippen" und „Zigeuner-Mischlinge" in Konzentrationslager einzuweisen.

Die Massaker und Exekutionen mündeten nun in einen industriell betriebenen Massenmord (▶ M7, M8). Bereits im Frühjahr 1940 war auf polnischem Boden das größte Konzentrations- und Vernichtungslager Auschwitz errichtet worden. Seit Herbst 1941 entstanden weitere Vernichtungslager, etwa Chelmno/Kulmhof, Belzec, Sobibor und Treblinka. Im Gegensatz zu den Menschen, die die Transporte nach Auschwitz bzw. Auschwitz II (Birkenau) in den Güter- und Viehwaggons überlebt hatten und vor Ort für die Vernichtung in den Gaskammern oder zur Zwangsarbeit „selektiert" wurden, waren die Lager Belzec, Sobibor und Treblinka reine Vernichtungslager. Dort wurden die zumeist polnischen Juden nach ihrer Ankunft fast ausnahmslos sofort getötet („**Aktion Reinhardt**"); nur wenige, die man für Hilfsarbeiten benötigte, ließ man zunächst am Leben.

Die Deportationszüge aus allen Teilen Europas rollten bereits seit Mitte des Jahres 1942 nach Auschwitz. Neben dem massenhaften Mord in den Gaskammern durch das Blausäurepräparat Zyklon B starben die Häftlinge dort von Beginn an auch durch extrem harte und gefährliche Zwangsarbeit, Folter, medizinische Versuche und unmenschliche Lebensbedingungen. Als seit 1944 die Ostfront näher rückte und die Lager im Osten auf

Adolf Eichmann (1906-1962, hingerichtet): SS-Obersturmbannführer, seit 1939 Leiter beim RSHA, Amt IV, Referat IV D 4 „Auswanderung und Räumung", dann Referat IV B 4 „Judenangelegenheiten", zentraler Organisator der Deportation von 3 Mio. Juden und der „Endlösung"

„Aktion Reinhardt": Bezeichnung für den Massenmord an den Juden aus dem Generalgouvernement in den Lagern Belzec, Sobibor und Treblinka ab Frühjahr 1942; benannt nach dem Staatssekretär im Reichsfinanzministerium Fritz Reinhardt, vermutlich nach dem Tod Heydrichs Anfang Juni 1942 auf Reinhard Heydrich umgedeutet; in den Lagern der „Aktion Reinhardt" wurden die Menschen mit von Dieselmotoren erzeugtem Kohlenmonoxid getötet

▶ **Polnische Briefmarke von 1948 zum fünften Jahrestag des Warschauer Ghettoaufstandes.**
Die Juden waren keineswegs nur passive Opfer der NS-Herrschaft. Eindrucksvollster Beweis dafür ist der jüdische Aufstand im Warschauer Ghetto, wo die Nazis 500 000 Menschen in einem kleinen abgeriegelten Stadtbezirk eingepfercht hatten. Als immer mehr Juden in Lager deportiert wurden, bildete sich die „Jüdische Kampforganisation", die im Frühjahr 1943 einen bewaffneten Aufstand organisierte. Der Aufstand scheiterte zwar, jedoch wirkte er wie eine Aufforderung: In zahlreichen Ghettos und Konzentrationslagern gab es Revolten.

▲ **Gefangene Sinti und Roma im Vernichtungslager Belzec, 1942.**
Bereits 1938 wurden alle „arbeitsfähigen" Sinti und Roma zur Zwangsarbeit nach Dachau, Buchenwald und Mauthausen verschleppt und schließlich durch Massendeportationen in Konzentrations- und Vernichtungslager gebracht und ermordet.

Holocaust (griech. holócaustos: völlig verbrannt bzw. Brandopfer): wurde zunächst als Lehnwort ins Englische übernommen, gilt heute weltweit als Synonym für die systematische Ermordung von sechs Millionen europäischen Juden und anderen Opfergruppen. In der jüdischen Tradition wird für diesen Genozid der Begriff „Shoah" (hebr. „Großes Unheil, Katastrophe") verwendet, der sich jedoch ausschließlich auf die Judenvernichtung bezieht.

Befehl Himmlers geräumt wurden, kamen zudem unzählige KZ-Insassen auf den grausamen „Todesmärschen" in den Westen durch Hunger, Kälte oder die Schüsse von SS-Männern ums Leben.

Insgesamt fielen dem **Holocaust** mindestens 5,29 Millionen, wahrscheinlich aber knapp über 6 Millionen Juden aus ganz Europa zum Opfer, darunter mindestens 1,5 Millionen jüdische Kinder unter 14 Jahren. Die Zahl der ermordeten Sinti und Roma ist schwer zu bestimmen. Hochrechnungen gehen von 120 000, zeitweise von 200 000 bis zu 500 000 Opfern aus, die von den Einsatzgruppen hinter den Fronten in Osteuropa und in den Vernichtungslagern getötet wurden. Darüber hinaus kostete der NS-Rassenwahn im Osten zehntausende Angehörige der slawischen Bevölkerungsgruppen, vor allem Polen und Russen, sowie der Sorben in der Lausitz, der Masuren in Ostpreußen und der Kaschuben in Westpreußen das Leben.

M1 Die Rassenideologie des Nationalsozialismus

Während seiner neunmonatigen Haftzeit in Landsberg diktiert Hitler 1924 den ersten Band seiner programmatischen Schrift „Mein Kampf". Er erscheint 1925 mit dem Untertitel „Eine Abrechnung" im parteieigenen Verlag. Der zweite Band folgt 1926. Das Werk wird in 16 Sprachen übersetzt, erreicht eine Auflage von zehn Millionen Exemplaren und macht Hitler zu einem reichen Mann. Im Mittelpunkt der Ausführungen stehen rassistische, antisemitische und völkische Anschauungen:

Die Sünde wider Blut und Rasse ist die Erbsünde dieser Welt und das Ende einer sich ihr ergebenden Menschheit. [...] Es ist ein müßiges Beginnen, darüber zu streiten, welche Rasse oder Rassen die ursprünglichen Träger der mensch-
5 lichen Kultur waren und damit die wirklichen Begründer dessen, was wir mit dem Worte Menschheit alles umfassen. Einfacher ist es, sich diese Frage für die Gegenwart zu stellen, und hier ergibt sich auch die Antwort leicht und deutlich. Was wir heute an menschlicher Kultur, an Ergebnissen von
10 Kunst, Wissenschaft und Technik vor uns sehen, ist nahezu ausschließlich schöpferisches Produkt des Ariers. Gerade diese Tatsache aber lässt den nicht unbegründeten Rückschluss zu, dass er allein der Begründer höheren Menschentums überhaupt war, mithin den Urtyp dessen darstellt, was
15 wir unter dem Worte „Mensch" verstehen. [...]
Der Arier ist nicht in seinen geistigen Eigenschaften an sich am größten, sondern im Ausmaße der Bereitwilligkeit, alle Fähigkeiten in den Dienst der Gemeinschaft zu stellen. Der Selbsterhaltungstrieb hat bei ihm die edelste Form erreicht,
20 indem er das eigene Ich dem Leben der Gesamtheit willig unterordnet und, wenn die Stunde es erfordert, auch zum Opfer bringt. [...]
Den gewaltigsten Gegensatz zum Arier bildet der Jude. Bei kaum einem Volke der Welt ist der Selbsterhaltungstrieb
25 stärker entwickelt als beim sogenannten auserwählten. [...] Da nun der Jude – aus Gründen, die sich sofort ergeben werden – niemals im Besitze einer eigenen Kultur war, sind die Grundlagen seines geistigen Arbeitens immer von anderen gegeben worden. Sein Intellekt hat sich zu allen Zeiten an der
30 ihn umgebenden Kulturwelt entwickelt. Niemals fand der umgekehrte Vorgang statt. Denn wenn auch der Selbsterhaltungstrieb des jüdischen Volkes nicht kleiner, sondern eher noch größer ist als der anderer Völker, wenn auch seine geistigen Fähigkeiten sehr leicht den Eindruck zu erwecken ver-
35 mögen, dass sie der intellektuellen Veranlagung der übrigen Rassen ebenbürtig wären, so fehlt doch vollständig die allerwesentlichste Voraussetzung für ein Kulturwerk, die idealistische Gesinnung. [...] Der Jude ist nur einig, wenn eine gemeinsame Gefahr ihn dazu zwingt oder eine gemeinsame

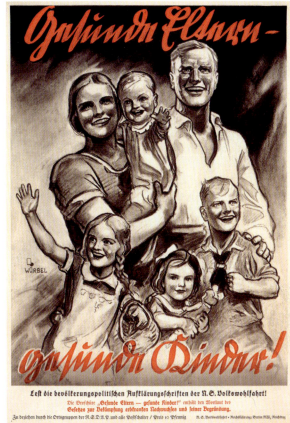

▲ „Gesunde Eltern – gesunde Kinder!"
Werbeplakat für die „Aufklärungsschriften" der NS-Volkswohlfahrt (NSV), Berlin um 1936.
Eine wichtige Aufgabe der NS-Volkswohlfahrt war die Schulung in „Erbhygiene". Nur „gesunde", „arische" Eltern sollten Kinder bekommen.

Beute lockt; fallen beide Gründe weg, so treten die Eigen- 40
schaften eines krassesten Egoismus in ihre Rechte, und aus dem einigen Volk wird im Handumdrehen eine sich blutig bekämpfende Rotte von Ratten. Wären die Juden auf dieser Welt allein, so würden sie ebensosehr in Schmutz und Unrat ersticken wie in hasserfülltem Kampf sich gegenseitig zu 45
übervorteilen und auszurotten versuchen, sofern nicht der sich in ihrer Feigheit ausdrückende restlose Mangel jedes Aufopferungssinnes auch hier den Kampf zum Theater werden ließe. [...]
Demgegenüber erkennt die völkische Weltanschauung die 50
Bedeutung der Menschheit in deren rassischen Urelementen. Sie sieht im Staat prinzipiell nur ein Mittel zum Zweck und fasst als seinen Zweck die Erhaltung des rassischen Daseins der Menschen auf. Sie glaubt somit keineswegs an eine Gleichheit der Rassen, sondern erkennt mit ihrer Verschie- 55
denheit auch ihren höheren oder minderen Wert und fühlt

◀ Plakat für die Propaganda-Ausstellung „Der ewige Jude" in München 1937.
▪ Beschreiben Sie die Merkmale, mit denen der „ewige Jude" charakterisiert wird. Erläutern Sie die Bildsymbolik sowie die verwendeten Stereotypen.

1. Erläutern Sie die Wertmaßstäbe, die Hitler an menschliches Dasein anlegt.
2. Analysieren Sie die Wendung „Ebenbilder des Herrn zu zeugen" (Zeile 73 f.). Vergleichen Sie das Menschenbild Hitlers mit dem christlich-humanistischen.
3. Stellen Sie die Argumente zusammen, mit denen Hitler die „arische" von der „jüdischen Rasse" unterscheidet.
4. Grenzen Sie den traditionellen Antisemitismus gegenüber dem NS-Antisemitismus ab. Worin bestehen die Unterschiede?
5. Erörtern Sie den hier verwendeten Begriff der Rasse.

sich durch diese Erkenntnis verpflichtet, gemäß dem ewigen Wollen, das dieses Universum beherrscht, den Sieg des Besseren, Stärkeren zu fördern, die Unterordnung des Schlechteren und Schwächeren zu verlangen. Sie huldigt damit prinzipiell dem aristokratischen Grundgedanken der Natur und glaubt an die Geltung dieses Gesetzes bis herab zum letzten Einzelwesen. Sie sieht nicht nur den verschiedenen Wert der Rassen, sondern auch den verschiedenen Wert der Einzelmenschen. [...]
Nein, es gibt nur ein heiligstes Menschenrecht, und dieses Recht ist zugleich die heiligste Verpflichtung, nämlich: dafür zu sorgen, dass das Blut rein erhalten bleibt, um durch die Bewahrung des besten Menschentums die Möglichkeit einer edleren Entwicklung dieser Wesen zu geben. Ein völkischer Staat wird damit in erster Linie die Ehe aus dem Niveau einer dauernden Rassenschande herauszuheben haben, um ihr die Weihe jener Institution zu geben, die berufen ist, Ebenbilder des Herrn zu zeugen und nicht Missgeburten zwischen Mensch und Affe.

Adolf Hitler, Mein Kampf. Zwei Bände in einem Band, München 1939, S. 272, 317, 326, 329-331, 420 f. und 444 f. [469-473]

M2 Ein Abschiedsbrief

In Gennstadt begeht Fritz Rosenfelder im Frühjahr 1933 Selbstmord. Dort hat er seit Jahren den allgemeinen Turnverein geleitet und sich außerordentliche Verdienste erworben. An seine zahlreichen Freunde richtet er folgenden Abschiedsbrief:

Euch lieben Freunde! Hierdurch mein letztes Lebewohl! Ein deutscher Jude konnte es nicht über sich bringen zu leben in dem Bewusstsein, von der Bewegung, von der das nationale Deutschland die Rettung erhofft, als Vaterlandsverräter betrachtet zu werden! Ich gehe ohne Hass und Groll! Ein inniger Wunsch beseelt mich: Möge in Bälde die Vernunft Einkehr halten! Da mir bis dahin überhaupt keine – meinem Empfinden entsprechende – Tätigkeit möglich ist, versuche ich durch meinen Freitod meine christlichen Freunde aufzurütteln. Wie es in uns deutschen Juden aussieht, mögt Ihr aus dem Schritt ersehen. Wie viel lieber hätte ich mein Leben für mein Vaterland gegeben! Trauert nicht, sondern versucht aufzuklären und der Wahrheit zum Siege zu verhelfen. So erweist Ihr mir die größte Ehre. Euer Fritz.

Nürnberg-Fürther Israelitisches Gemeindeblatt, Mai 1933, S. 38, zitiert nach: Akademie für Lehrerfortbildung und Personalführung, Jüdisches Leben. Landesgeschichtliche Beispiele, Materialien, Unterrichtshilfen (Akademiebericht Nr. 316), Dillingen 1998, S. 181

1. Nennen Sie Rosenfelders Gründe für seinen Freitod. Stellen Sie Vermutungen darüber an, wie es – laut Rosenfelder – in den Juden aussah.
2. Überlegen Sie, welche Handlungsmöglichkeiten die Juden 1933 noch hatten.

M3 „Nürnberger Gesetze"

Aus dem „Reichsbürgergesetz" und dem „Blutschutzgesetz" („Nürnberger Gesetze") vom 15. September 1935:

3 a) „Reichsbürgergesetz", 15. September 1935:

§ 1 (1) Staatsangehöriger ist, wer dem Schutzverband des Deutschen Reiches angehört und ihm dafür besonders verpflichtet ist.
(2) Die Staatsangehörigkeit wird nach den Vorschriften des Reichs- und Staatsangehörigkeitsgesetzes erworben.

§ 2 (1) Reichsbürger ist nur der Staatsangehörige deutschen oder artverwandten Blutes, der durch sein Verhalten beweist, dass er gewillt und geeignet ist, in Treue dem deutschen Volk und Reich zu dienen.
(2) Das Reichsbürgerrecht wird durch Verleihung des Reichsbürgerbriefes erworben.
(3) Der Reichsbürger ist der alleinige Träger der vollen politischen Rechte nach Maßgabe der Gesetze.

3 b) „Gesetz zum Schutze des deutschen Blutes und der deutschen Ehre", 15. September 1935:

Durchdrungen von der Erkenntnis, dass die Reinheit des deutschen Blutes die Voraussetzung für den Fortbestand des deutschen Volkes ist, und beseelt von dem unbeugsamen Willen, die deutsche Nation für alle Zukunft zu sichern, hat der Reichstag einstimmig das folgende Gesetz beschlossen, das hiermit verkündet wird:

§ 1 (1) Eheschließungen zwischen Juden und Staatsangehörigen deutschen oder artverwandten Blutes sind verboten. Trotzdem geschlossene Ehen sind nichtig, auch wenn sie zur Umgehung dieses Gesetzes im Ausland geschlossen sind.
(2) Die Nichtigkeitsklage kann nur der Staatsanwalt erheben.

§ 2 Außerehelicher Verkehr zwischen Juden und Staatsangehörigen deutschen oder artverwandten Blutes ist verboten.

§ 3 Juden dürfen weibliche Staatsangehörige deutschen oder artverwandten Blutes unter 45 Jahren in ihrem Haushalt nicht beschäftigen.

§ 4 (1) Juden ist das Hissen der Reichs- und Nationalflagge und das Zeigen der Reichsfarben verboten.
(2) Dagegen ist ihnen das Zeigen der jüdischen Farben gestattet. Die Ausübung dieser Befugnis steht unter staatlichem Schutz.

§ 5 (1) Wer dem Verbot des § 1 zuwiderhandelt, wird mit Zuchthaus bestraft.
(2) Der Mann, der dem Verbot des § 2 zuwiderhandelt, wird mit Gefängnis oder Zuchthaus bestraft.
(3) Wer den Bestimmungen der §§ 3 oder 4 zuwiderhandelt, wird mit Gefängnis bis zu einem Jahr und mit Geldstrafe oder mit einer dieser Strafen bestraft. [...]

Wolfgang Michalka (Hrsg.), Deutsche Geschichte 1933–1945, Frankfurt am Main 1993, S. 95 f.

1. *Erläutern Sie die Auswirkungen des „Reichsbürgergesetzes".*

2. *Arbeiten Sie die Folgen des Gesetzes „Zum Schutze des deutschen Blutes und der deutschen Ehre" für das Zusammenleben der jüdischen und nichtjüdischen Bevölkerung heraus.*

M4 „Der Würger wird immer enger angezogen"

Der Romanist Victor Klemperer ist schon vor der nationalsozialistischen „Machtergreifung" ein renommierter Literaturwissenschaftler gewesen. Wegen seiner jüdischen Abstammung verliert er 1935 seinen Lehrstuhl, kann aber, geschützt durch seine als „arisch" geltende Frau Eva, unter Repressionen in Dresden weiterleben und teilweise seine Studien fortsetzen. In seinem Tagebuch notiert er am Abend des 2. Juni 1942:

Neue Verordnungen in judaeos[1]. Der Würger wird immer enger angezogen, die Zermürbung mit immer neuen Schikanen betrieben. Was ist in diesen letzten Jahren alles an Großem und Kleinem zusammengekommen! Und der kleine Nadelstich ist manchmal quälender als der Keulenschlag. Ich stelle einmal die Verordnungen zusammen: 1) Nach acht oder neun Uhr abends zu Hause sein. Kontrolle! 2) Aus dem eigenen Haus vertrieben. 3) Radioverbot, Telefonverbot. 4) Theater-, Kino-, Konzert-, Museumsverbot. 5) Verbot, Zeitschriften zu abonnieren oder zu kaufen. 6) Verbot zu fahren; dreiphasig: a) Autobusse verboten, nur Vorderperron[2] der Tram erlaubt, b) alles Fahren verboten, außer zur Arbeit, c) auch zur Arbeit zu Fuß, sofern man nicht 7 km entfernt wohnt oder krank ist (aber um ein Krankheitsattest wird schwer gekämpft). Natürlich auch Verbot der Autodroschke. 7) Verbot, „Mangelware" zu kaufen. 8) Verbot, Zigarren zu kaufen oder irgendwelche Rauchstoffe. 9) Verbot, Blumen zu kaufen. 10) Entziehung der Milchkarte. 11) Verbot, zum Barbier zu gehen. 12) Jede Art Handwerker nur nach Antrag bei der Gemeinde bestellbar. 13) Zwangsablieferung von Schreibmaschinen, 14) von Pelzen und Wolldecken, 15) von Fahrrädern – zur Arbeit darf geradelt

---
[1] gegen die Juden
[2] freie Plattform vor dem Straßenbahnwagen

werden (Sonntagsausflug und Besuch zu Rad verboten), 16) von Liegestühlen, 17) von Hunden, Katzen, Vögeln. 18) Verbot, die Bannmeile Dresdens zu verlassen, 19) den Bahnhof zu betreten, 20) das Ministeriumsufer, die Parks zu betreten, 21) die Bürgerwiese und die Randstraßen des Großen Gartens (Park- und Lennéstraße, Karcherallee) zu benutzen. Diese letzte Verschärfung seit gestern erst. Auch das Betreten der Markthallen seit vorgestern verboten. 22) Seit dem 19. September der Judenstern. 23) Verbot, Vorräte an Esswaren im Hause zu haben. (Gestapo nimmt auch mit, was auf Marken gekauft ist.) 24) Verbot der Leihbibliotheken. 25) Durch den Stern sind uns alle Restaurants verschlossen. Und in den Restaurants bekommt man immer noch etwas zu essen, irgendeinen „Stamm", wenn man zu Haus gar nichts mehr hat. Eva sagt, die Restaurants seien übervoll. 26) Keine Kleiderkarte. 27) Keine Fischkarte. 28) Keine Sonderzuteilung wie Kaffee, Schokolade, Obst, Kondensmilch. 29) Die Sondersteuern. 30) Die ständig verengte Freigrenze. Meine zuerst 600, dann 320, jetzt 185 Mark. 31) Einkaufsbeschränkung auf eine Stunde (drei bis vier, Sonnabend zwölf bis eins). Ich glaube, diese 31 Punkte sind alles. Sie sind aber alle zusammen gar nichts gegen die ständige Gefahr der Haussuchung, der Misshandlung, des Gefängnisses, Konzentrationslagers und gewaltsamen Todes.

Victor Klemperer, Ich will Zeugnis ablegen bis zum letzten. Tagebücher 1942-1945, hrsg. von Walter Nowojski unter Mitarbeit von Hadwig Klemperer, Berlin 1995 S. 107

1. Ordnen Sie die Verbote nach Lebensbereichen. Überlegen Sie, wie der Alltag unter diesen Umständen für die Betroffenen überhaupt noch zu bewältigen war.
2. Überlegen Sie, welchen Zwecken die Verbote dienten.

▶ **Judenstern.**
Diese Zwangskennzeichnung mussten die Juden ab September 1939 im besetzten Polen, ab September 1941 auch im Deutschen Reich an ihrer Kleidung tragen.

▶ **Ausgrenzung im Alltag.**

M5 Die Entscheidung für die „Endlösung"

Die Frage, wann die Entscheidung gefallen ist, alle europäischen Juden zu ermorden, ist bis heute in der Forschung umstritten, weil es keinen schriftlichen Befehl dazu gibt. Adolf Hitler erklärt am 30. Januar 1939:

Wenn es dem internationalen Finanzjudentum inner- und außerhalb Europas gelingen sollte, die Völker noch einmal in einen Weltkrieg zu stürzen, dann wird das Ergebnis nicht die Bolschewisierung der Erde und damit der Sieg des Judentums sein, sondern die Vernichtung der jüdischen Rasse in Europa.

Zwei Jahre danach, auf dem Höhepunkt des Zweiten Weltkrieges, macht sich Joseph Goebbels Aufzeichnungen über eine Rede Hitlers vom 12. Dezember 1941 auf einer Tagung der Reichs- und Gauleiter der NSDAP:

Bezüglich der Judenfrage ist der Führer entschlossen, reinen Tisch zu machen. Er hat den Juden prophezeit, dass, wenn sie noch einmal einen Weltkrieg herbeiführen würden, sie dabei ihre Vernichtung erleben würden. Das ist keine Phrase gewesen. Der Weltkrieg ist da, die Vernichtung des Judentums muss die notwendige Folge sein. Diese Frage ist ohne jede Sentimentalität zu betrachten. Wir sind nicht dazu da, Mitleid mit den Juden, sondern nur Mitleid mit unserem deutschen Volk zu haben. Wenn das deutsche Volk jetzt wieder im Ostfeldzug an die 160 000 Tote geopfert hat, so werden die Urheber dieses blutigen Konflikts dafür mit ihrem Leben bezahlen müssen.

Christian Gerlach, Krieg, Ernährung, Völkermord. Forschungen zur deutschen Vernichtungspolitik im Zweiten Weltkrieg, Hamburg 1998, S. 123f.

1. Erklären Sie, warum die Nationalsozialisten die Schuld am Krieg den Juden zuschoben.
2. Überlegen Sie, welche Bedeutung dem Zweiten Weltkrieg für die Durchführbarkeit der Judenvernichtung zukam.

M6 Serbien ist von Juden und Zigeunern frei

Das Reichssicherheitshauptamt hat entschieden, dass die in Serbien lebenden oder dorthin verbrachten Juden umzubringen seien. Mit Befehl vom 4. Oktober 1941 wird die Massenexekution von Juden und Zigeunern eingeläutet – begründet als Mittel zur Bekämpfung des Widerstandes. Bis zum November 1941 wird der größte Teil der männlichen Juden vom 14. Lebensjahr an aufwärts sowie der Zigeuner ermordet. Der mit der Erschießungsaktion beauftragte Oberleutnant Hans-Dieter Walther verfasst am 1. November 1941 einen Geheimbericht über die „Erschießung von Juden und Zigeunern":

Nach Vereinbarung mit der Dienststelle der SS holte ich die ausgesuchten Juden bzw. Zigeuner vom Gefangenenlager Belgrad ab. Die Lkw. der Feldkommandantur 599, die mir hierzu zur Verfügung standen, erwiesen sich als unzweck-
5 mäßig aus zwei Gründen:
1. Werden sie von Zivilisten gefahren. Die Geheimhaltung ist dadurch nicht sichergestellt.
2. Waren sie alle ohne Verdeck oder Plane, sodass die Bevölkerung der Stadt sah, wen wir auf den Fahrzeugen hatten und
10 wohin wir dann fuhren. Vor dem Lager waren Frauen der Juden versammelt, die heulten und schrien, als wir abfuhren. Der Platz, an dem die Erschießung vollzogen wurde, ist sehr günstig. Er liegt nördlich von Pančevo unmittelbar an der Straße Pančevo – Jabuka, an der sich eine Böschung befindet,
15 die so hoch ist, dass ein Mann nur mit Mühe hinauf kann. Dieser Böschung gegenüber ist Sumpfgelände, dahinter ein Fluss. Bei Hochwasser (wie am 29.10.) reicht das Wasser fast bis an die Böschung. Ein Entkommen der Gefangenen ist daher mit wenig Mannschaften zu verhindern. Ebenfalls
20 günstig ist der Sandboden dort, der das Graben der Gruben erleichtert und somit auch die Arbeitszeit verkürzt.
Nach Ankunft etwa 1½-2 km vor dem ausgesuchten Platz stiegen die Gefangenen aus, erreichten im Fußmarsch diesen, während die Lkw. mit den Zivilfahrern sofort zurückgeschickt
25 wurden, um ihnen möglichst wenig Anhaltspunkte zu einem Verdacht zu geben. Dann ließ ich die Straße für sämtlichen Verkehr sperren aus Sicherheits- und Geheimhaltungsgründen.
Die Richtstätte wurde durch 3 l. M. G. und 12 Schützen ge-
30 sichert:
1. Gegen Fluchtversuch der Gefangenen.
2. Zum Selbstschutz gegen etwaige Überfälle von serbischen Banden.
Das Ausheben der Gruben nimmt den größten Teil der Zeit in
35 Anspruch, während das Erschießen selbst sehr schnell geht (100 Mann 40 Minuten).
Gepäckstücke und Wertsachen wurden vorher eingesammelt und in einem Lkw. mitgenommen, um sie dann der NSV zu übergeben.

▲ **Massenexekution.**
Ein Soldat einer Einsatzgruppe ermordet einen Juden am Rand eines Massengrabes bei Winniza in der Ukraine, Foto von 1941.

Das Erschießen der Juden ist einfacher als das der Zigeuner. 40
Man muss zugeben, dass die Juden sehr gefasst in den Tod gehen – sie stehen sehr ruhig –, während die Zigeuner heulen, schreien und sich dauernd bewegen, wenn sie schon auf dem Erschießungsplatz stehen.
Einige sprangen sogar vor der Salve in die Grube und versuch- 45
ten sich totzustellen.
Anfangs waren meine Soldaten nicht beeindruckt. Am 2. Tag jedoch machte sich schon bemerkbar, dass der eine oder andere nicht die Nerven besitzt, auf längere Zeit eine Erschießung durchzuführen. Mein persönlicher Eindruck ist, dass 50
man während der Erschießung keine seelischen Hemmungen bekommt. Diese stellen sich jedoch ein, wenn man nach Tagen abends in Ruhe darüber nachdenkt.

Zitiert nach: Walter Manoschek, „Serbien ist judenfrei". Militärische Besatzungspolitik und Judenvernichtung in Serbien 1941/42, München ²1995, S. 100 f.

1. *Beschreiben Sie das Vorgehen des deutschen Heeres in Serbien.*
2. *Nehmen Sie Stellung dazu, wie Walther von den Juden und Zigeunern spricht.*
3. *Erläutern Sie das Verhalten der Soldaten. Welche Erklärung hat Walther dafür?*
4. *Analysieren Sie die Sprache, in der hier über die Massenmorde berichtet wird.*

M7 „Posener Rede"

Am 4. Oktober 1943 hält Heinrich Himmler bei der SS-Gruppenführertagung im Posener Schloss eine Rede:

Ich will hier vor Ihnen in aller Offenheit auch ein ganz schweres Kapitel erwähnen. Unter uns soll es einmal ganz offen ausgesprochen sein, und trotzdem werden wir in der Öffentlichkeit nie darüber reden. [...]
5 Ich meine jetzt die Judenevakuierung, die Ausrottung des jüdischen Volkes. Es gehört zu den Dingen, die man leicht ausspricht. – „Das jüdische Volk wird ausgerottet", sagt ein jeder Parteigenosse, „ganz klar, steht in unserem Programm, Ausschaltung der Juden, Ausrottung, machen wir." Und dann
10 kommen sie alle an, die braven 80 Millionen Deutschen, und jeder hat seinen anständigen Juden. Es ist ja klar, die anderen sind Schweine, aber dieser eine ist ein prima Jude. Von allen, die so reden, hat keiner zugesehen, keiner hat es durchgestanden. Von Euch werden die meisten wissen, was es heißt, wenn
15 100 Leichen beisammen liegen, wenn 500 daliegen oder wenn 1000 daliegen. Dies durchgehalten zu haben, und dabei – abgesehen von Ausnahmen menschlicher Schwächen – anständig geblieben zu sein, das hat uns hart gemacht. Dies ist ein niemals geschriebenes und niemals zu schreibendes Ruh-
20 mesblatt unserer Geschichte, denn wir wissen, wie schwer wir uns täten, wenn wir heute noch in jeder Stadt – bei den Bombenangriffen, bei den Lasten und bei den Entbehrungen des Krieges – noch die Juden als Geheimsaboteure, Agitatoren und Hetzer hätten. [...] Die Reichtümer, die sie hatten, haben
25 wir ihnen abgenommen. Ich habe einen strikten Befehl gegeben, den SS-Obergruppenführer Pohl durchgeführt hat, dass diese Reichtümer selbstverständlich restlos an das Reich abgeführt wurden. [...] Wir hatten das moralische Recht, wir hatten die Pflicht gegenüber unserem Volk, dieses Volk, das
30 uns umbringen wollte, umzubringen. Wir haben aber nicht das Recht, uns auch nur mit einem Pelz, mit einer Uhr, mit einer Mark oder mit einer Zigarette oder mit sonst etwas zu bereichern. Wir wollen nicht am Schluss, weil wir einen Bazillus ausrotteten, an dem Bazillus krank werden und sterben.
35 [...] Insgesamt aber können wir sagen, dass wir diese schwerste Aufgabe in Liebe zu unserem Volk erfüllt haben. Und wir haben keinen Schaden in unserem Inneren, in unserer Seele, in unserem Charakter daran genommen.
[...] Im Großen und Ganzen war unsere Haltung gut. Manches
40 ist auch in unseren Reihen noch zu bessern. Dieses auszusprechen, ist mit der Sinn dieses Appells der Kommandeure und der Gruppenführer. Ich möchte dieses Kapitel überschreiben mit der Überschrift „Wir selbst".

Zitiert nach: www.1000dokumente.de/index.html?c=dokument_de&dokument=0008_pos&object=translation&st=&l=de [19.03.2013]

1. *Analysieren Sie Himmlers Menschenbild und seine moralischen Vorstellungen, die aus der Rede deutlich werden. Von welchem Bild des SS-Mannes geht er aus?*
2. *Erläutern Sie, was die Rede über die Öffentlichkeit der Verbrechen aussagt.*
3. *Inwiefern kann die Rede als „Schlüsseldokument" für die „Endlösung der Judenfrage" und den Holocaust gelten?*

M8 „Ganz normale Männer" als Mörder?

Der amerikanische Historiker Daniel Jonah Goldhagen untersucht die Hauptursache der Judenmorde:

Es musste sich etwas ändern, unbedingt. Das Wesen der Juden galt den Deutschen jedoch als unveränderlich, da in ihrer „Rasse" begründet, und nach vorherrschender deutscher Auffassung waren die Juden eine Rasse, die der germanischen Rasse in unüberwindlicher Fremdheit gegenüberstand. Hinzu
5 kam, dass der „Augenschein" den Deutschen zeigte, dass die Mehrheit der Juden sich bereits assimiliert hatte, zumindest in dem Sinne, dass sie Manieren, Kleidung und Sprache des modernen Deutschland übernommen hatte. Also hatten die Juden jede erdenkliche Möglichkeit gehabt, zu guten Deut-
10 schen zu werden – und diese ausgeschlagen. Der unumstößliche Glaube an die Existenz einer „Judenfrage" führte mehr oder weniger selbstverständlich zu der Annahme, die einzige „Lösung" bestehe darin, alles „Jüdische" in Deutschland zu „eliminieren": auszugrenzen und zu beseitigen. [...]
15 Hätten die ganz gewöhnlichen Deutschen die eliminatorischen Ideale ihrer Führung nicht geteilt, dann hätten sie dem sich stetig verschärfenden Angriff auf ihre jüdischen Landsleute und Brüder mindestens ebenso viel Widerstand und Verweigerung entgegengesetzt wie den Angriffen ihrer Re-
20 gierung gegen die Kirchen oder dem sogenannten Euthanasieprogramm. [...]
Hitler und die Nationalsozialisten taten also nichts anderes, als den bestehenden und angestauten Antisemitismus freizusetzen und zu aktivieren.
25

Der Jurist Claus Arndt, der in den 1960-Jahren an Untersuchungen über die belasteten Polizeieinheiten beteiligt ist, schreibt in einem 1998 veröffentlichten Brief an Goldhagen:

Ich muss jedoch erhebliche Zweifel anmelden gegen die Richtigkeit jener These von Ihnen, dass die Mordtaten der Polizeiangehörigen in Polen und anderswo [...] antisemitisch begründet waren. Bei aller Würdigung der Abscheulichkeit des Antisemitismus halte ich diese Ursachenfeststellung für eine
30 Verharmlosung der Motivierung der Täter.

◀ **Orte des Terrors.**
*Die Karte verzeichnet alle Vernichtungs- und Hauptlager, aber nur eine Auswahl der Außen- und Zwangsarbeitslager.
Dem Holocaust fielen 165 000 Juden aus Deutschland, 65 000 aus Österreich, etwa 32 000 aus Frankreich und Belgien, mehr als 100 000 aus den Niederlanden, 60 000 aus Griechenland, ebenso viele aus Jugoslawien, über 140 000 aus der Tschechoslowakei, eine halbe Million aus Ungarn, 2,1 Millionen aus der Sowjetunion und 2,7 Millionen aus Polen zum Opfer. Auch Juden aus Albanien, Norwegen, Dänemark, Italien, Luxemburg und Bulgarien starben im Zeichen der nationalsozialistischen Rassenideologie. Bei Pogromen und Massakern in Rumänien und Transnistrien wurden zudem über 200 000 Menschen vernichtet. Diese Zahlen gelten als „gesicherte Minimalzahlen" (Wolfgang Benz).*

Leider war deren Motivation viel schlimmer [...]: Ihr Motto war: „Befehl ist Befehl". Es war die Weigerung und totale Unfähigkeit, nach menschlichen und moralischen Grundsätzen zu handeln. Dies wurde nicht zuletzt dadurch bewiesen, dass die Betroffenen sich nicht nur Juden gegenüber so verhielten, sondern auch jeder Menschengruppe gegenüber, die von den ihnen erteilten Befehlen betroffen war. Die gleichen Polizisten sind bei der Vernichtung und Ermordung zum Beispiel der polnischen Intelligenz gegen die Frauen und Kinder dieser Gruppe mit ebenderselben Grausamkeit, Gefühllosigkeit und Brutalität vorgegangen wie gegen Juden.

Der amerikanische Historiker Christopher R. Browning untersucht am Beispiel des Reserve-Polizeibataillons 101, das in Polen 1942 etwa 1200 Juden erschossen hat, die Motive der ausführenden Männer:

Im Bataillon kristallisierten sich einige ungeschriebene „Grundregeln" heraus. Für kleinere Erschießungsaktionen wurden Freiwillige gesucht beziehungsweise die Schützen aus den Reihen derjenigen genommen, die bekanntermaßen zum Töten bereit waren [...]. Bei großen Einsätzen wurden die, die nicht töten wollten, auch nicht dazu gezwungen. [...] Neben der ideologischen Indoktrinierung war ein weiterer entscheidender Aspekt [...] das gruppenkonforme Verhalten. Den Befehl, Juden zu töten, erhielt das Bataillon, nicht aber jeder einzelne Polizist. Dennoch machten sich 80 bis 90 Prozent der Bataillonsangehörigen ans Töten, obwohl es fast alle von ihnen – zumindest anfangs – entsetzte und anwiderte. Die meisten schafften es einfach nicht, aus dem Glied zu treten und offen nonkonformes Verhalten zu zeigen. Zu schießen fiel ihnen leichter. Warum? Zunächst einmal hätten alle, die nicht mitgemacht hätten, die „Drecksarbeit" einfach den Kameraden überlassen. Da das Bataillon die Erschießungen auch dann durchführen musste, wenn einzelne Männer ausscherten, bedeutete die Ablehnung der eigenen Beteiligung die Verweigerung des eigenen Beitrags bei einer unangenehmen kollektiven Pflicht. Gegenüber den Kameraden war das ein unsozialer Akt. [...]

Es gibt auf der Welt viele Gesellschaften, die durch rassistische Traditionen belastet und aufgrund von Krieg oder Kriegsdrohung in einer Art Belagerungsmentalität befangen sind. Überall erzieht die Gesellschaft ihre Mitglieder dazu, sich der Autorität respektvoll zu fügen, und sie dürfte ohne diese Form der Konditionierung wohl auch kaum funktionieren. [...] In jeder modernen Gesellschaft wird durch die Komplexität des Lebens und die daraus resultierende Bürokratisierung und Spezialisierung bei den Menschen, die die offizielle Politik umsetzen, das Gefühl für die persönliche Verantwortung geschwächt. In praktisch jedem sozialen Kollektiv übt die Gruppe, der eine Person angehört, gewaltigen Druck auf deren Verhalten aus und legt moralische Wertmaßstäbe fest. Wenn die Männer des Reserve-Polizeibataillons 101 unter solchen Umständen zu Mördern werden konnten, für welche Gruppe von Menschen ließe sich dann noch Ähnliches ausschließen?

Erster Text: Daniel Jonah Goldhagen, Hitlers willige Vollstrecker. Ganz gewöhnliche Deutsche und der Holocaust, übers. v. Klaus Kochmann, Berlin 1996, S. 107 f., 489 und 518
Zweiter Text: Claus Arndt, in: „Die Zeit" vom 15. Januar 1998
Dritter Text: Christopher R. Browning, Ganz normale Männer. Das Reserve-Polizeibataillon 101 und die „Endlösung" in Polen, übers. v. Jürgen Peter Krause, Reinbek bei Hamburg ⁴2007, S. 224, 241 und 246 f.

1. *Vergleichen Sie die Erklärungsansätze.*
2. *Diskutieren Sie anhand Brownings Überlegungen, ob sich Massenverbrechen wie der Holocaust wiederholen können.*

„Davon haben wir nichts gewusst"? Die Wahrnehmung der Judenverfolgung und die Beteiligung an ihr

Gegen Mittag, am 29. April 1945, treffen die 42. und 45. Infanteriedivision der 7. US-Armee im Konzentrationslager Dachau ein. Hunderte von Leichen stapeln sich an der Ostseite der Baracken, vor der Totenkammer und bei den „Invalidenblocks". Im Krematorium türmen sich über 3 000 Tote in verschiedenen Verwesungsstadien. Einen weiteren grausigen Fund machen die Befreier auf den Anschlussgleisen des SS-Lagers: Waggons, angefüllt mit mindestens tausend verhungerten und erschossenen Häftlingen, die am Tag zuvor aus Buchenwald eingetroffen sind.

Schockiert und sprachlos durchqueren die Soldaten und amerikanische Journalisten, die die Truppen begleiten und die Ereignisse für die Öffentlichkeit dokumentieren, das Lager. Etwa 30 000 Überlebende finden sie auf dem Gelände und in den Baracken. Die meisten sind von Hunger und Krankheit erschöpft, sitzen oder liegen auf dem nackten Boden, abgemagert bis auf die Knochen. Am Leib tragen sie gestreifte, dünne Hosen und Jacken, meist nur Fetzen, an den Füßen schmutzige Lumpen und plumpe Holzpantoffeln. Unerträglich sind der Anblick der katastrophalen Zustände und der Gestank von Verwesung und Fäkalien.

Sofort beginnen die amerikanischen Befreier, die Kranken zu versorgen, die Fleckfieberepidemie zu bekämpfen und die Toten zu bestatten. Auf offenen Fuhrwerken müssen Dachauer Bauern die KZ-Opfer aus dem Lager bringen, um sie in Massengräbern zu bestatten – vorbei an den entsetzten Einwohnern der Stadt. In Gruppen sollen die Dachauer das Krematorium besichtigen. Man will ihnen vor Augen führen, welche Verbrechen direkt vor ihrer Haustür verübt worden sind. Erbittert fragen sich die amerikanischen Soldaten und bald auch Menschen in der ganzen Welt: Was haben die Deutschen von den Gräueltaten in den KZs gewusst? Und warum hat niemand etwas dagegen getan?

Was man wissen konnte „Davon haben wir nichts gewusst!" – Diese Aussage hörte man in der Nachkriegszeit oft, wenn es um das Thema Judenverfolgung und Holocaust ging. In Meinungsumfragen antworteten 32 - 40 Prozent der Deutschen nach dem Krieg auf die Frage, ob sie vor 1945 von der Vernichtung der Juden erfahren hätten, mit „Ja". Schätzungen gehen von mindestens 20 - 25 Millionen „wissender" Deutscher aus. Bei diesen Zahlen muss jedoch berücksichtigt werden, dass viele diese schuldbelastete Frage nicht wahrheitsgetreu beantworteten und ihr Wissen pauschal leugneten. Der Judenhass der Nationalsozialisten und die Maßnahmen gegen die Juden waren zu keinem Zeitpunkt ein Geheimnis:

- Ausgrenzung, Entrechtung und Verfolgung fanden in aller Öffentlichkeit statt. Man konnte die immer gewaltsameren Aktionen, die Vertreibung oder Deportation seiner Nachbarn, Arbeitskollegen oder Schulkameraden mit eigenen Augen sehen. Oft wurden Informationen über das weitere Schicksal durch Berichte von Augenzeugen bekannt.
- Regierung und Partei erklärten Judenverfolgung und -vernichtung zu ihrem ausdrücklichen Ziel und begleiteten sie über die Jahre mit zahlreichen Propagandakampagnen.
- Seit 1942 informierten die Alliierten die deutsche Bevölkerung über Rundfunksender, Flugblätter und Flugschriften über die Massenmorde in den besetzten Gebieten.

Damit verkehrt sich die Frage, wie viel der Einzelne wissen konnte, in die Frage, wie viel der Einzelne wissen wollte.

Einstellungen und Verhaltensweisen Noch schwieriger ist die Frage nach der Einstellung der deutschen nichtjüdischen Bevölkerung zur Judenverfolgung zu beantworten und ob überhaupt in der nationalsozialistischen Diktatur eine mehrheitliche „Volksmeinung" zur Judenpolitik vorherrschte, da es keine freie Öffentlichkeit mehr gab.

Wie die internen Lageberichte des NS-Regimes zeigen, stimmte die deutsche Bevölkerung zu keinem Zeitpunkt vollständig mit der nationalsozialistischen „Judenpolitik" überein. Neben der Begeisterung für das System und dem bloßen Mitmachen gab es in allen sozialen Schichten auch abweichende Stimmen, die moralische Bedenken äußerten und gewalttätige Aktionen ablehnten. Demzufolge lassen sich auch unterschiedliche Verhaltensweisen feststellen. Sie reichen von der aktiven Unterstützung über das Akzeptieren bis zum Ignorieren der Ereignisse. Verweigern des Hitlergrußes, Umgehung einzelner Gesetze, das Hören ausländischer „Feindsender" sowie das Verteilen von Flugblättern, Hilfe für Verfolgte und Attentate auf NS-Größen zeigen, dass die „Volksgemeinschaft" nicht so geschlossen war, wie es die Propaganda zu vermitteln suchte. In Einzelfällen versteckten Deutsche jüdische Mitbürger, leisteten Fluchthilfe oder protestierten öffentlich, beispielsweise für die Freilassung ihrer jüdischen Ehemänner. Eine geschlossene, politisch und moralisch fundierte Gegenbewegung gab es jedoch nicht.

▲ „Sie haben beim Juden gekauft."
„Nordische Rundschau", Kiel, 8. August 1935.
Bürger, die den antijüdischen Boykott ignorierten, wurden von den Nationalsozialisten fotografiert. Die Fotos wurden danach in der Lokalpresse veröffentlicht, um die Betroffenen öffentlich anzuprangern.

Antisemitischer Konsens Zu Beginn der NS-Herrschaft gab es noch öffentlichen Widerspruch gegen die Judenverfolgung. Nichtjüdische Deutsche ignorierten etwa den Boykott jüdischer Geschäfte und demonstrierten ihre Solidarität. Je mehr jedoch mit den wirtschaftlichen und außenpolitischen „Erfolgen" des Regimes und der zunehmenden Popularität Hitlers die Zustimmung zum Regime wuchs, desto mehr wuchs auch der Zuspruch zur antijüdischen Politik. Die NS-Propaganda stellte die immer radikalere „Judenpolitik" als einen für die Verwirklichung der „Volksgemeinschaft" unumgänglichen „Säuberungsprozess" dar. Der tief verwurzelte Antisemitismus förderte die Verbreitung der Auffassung, dass die Juden als „Gemeinschaftsfremde" nicht zur „Volksgemeinschaft" gehörten und „gesetzmäßig" ausgeschlossen werden sollten.

Gerade in Dörfern, Landgemeinden und Kleinstädten, in denen jeder jeden kannte, vollzogen sich Isolierung und Verdrängung der Juden schnell. In Großstädten konnte die Anonymität viele Menschen zumindest eine Zeitlang schützen. Fast überall machten die Juden aber die Erfahrung, dass ihre Isolation und Verdrängung im Alltag weiter gingen, als es die Gesetze verfügten. Willkürliche antijüdische Aktionen wurden von der Polizei oder den Gerichten oft nicht verfolgt und verurteilt, sondern „nach der jetzt herrschenden nationalsozialistischen Anschauung" und dem „herrschenden Volksbewusstsein" bewertet.

▲ „Juden nicht erwünscht."
Foto aus Behringersdorf bei Nürnberg von 1933. Solche Schilder gab es in vielen deutschen Städten und Dörfern.

Die „Nürnberger Gesetze" 1935 wurden den Lageberichten zufolge mit „großer Befriedigung", ja sogar mit „lebhafter Zustimmung" aufgenommen. Viele hofften, dass nun durch gesetzliche Regelungen klare Fronten geschaffen würden, die antisemitische „Einzelaktionen" überflüssig machten. Die Masse der nichtjüdischen Bevölkerung unterstützte oder akzeptierte die „Politik der legal drapierten Ausplünderung" (Frank Bajohr) und Entrechtung der Juden (▶ M1, M2). Gewaltsame Übergriffe auf Juden lehnte der überwiegende Teil der Bevölkerung hingegen als Störung der öffentlichen Ordnung ab (▶ M3). Nur wenige beteiligten sich aktiv an antisemitischen Ausschreitungen. Die forcierte Auswanderung nach dem „Novemberpogrom" 1938/39 rief in der nichtjüdischen deutschen Bevölkerung aber kaum noch öffentliche Reaktionen hervor.

Motive Neben offenem Judenhass und ideologischer Überzeugung beschleunigten die Verhaltensanpassung der Nichtjuden sowie persönliche Interessen den Verfolgungsprozess. In einem Klima der gegenseitigen Sozialkontrolle brachen viele Deutsche den Kontakt mit Juden ab. Man fürchtete Nachteile oder Strafen, wenn man sich mit jüdischen Bekannten in der Öffentlichkeit zeigte oder gar als „Judenfreund" galt. Selbst enge Freundschaften oder Ehen zerbrachen (▶ M4).

Durch Denunziation konnte man sich an missliebigen Kollegen oder Nachbarn rächen, mögliche Konkurrenten ausschalten oder Macht ausüben. Jahrzehntelanger Neid auf den Erfolg der jüdischen Minderheit und wirtschaftliche Interessen veranlassten viele Deutsche, die Verdrängung der Juden aus Wirtschaftsleben und Öffentlichkeit hinzunehmen, sie sogar zu begrüßen oder sich an der „Arisierung" zu bereichern.

Auf der anderen Seite führten ökonomische Interessen dazu, dass sich jüdische Geschäftsleute trotz vieler Repressalien und ständiger Existenzängste halten konnten. Gerade im Viehhandel waren die Bauern nicht bereit, ihre Geschäfte mit „arischen" Viehhändlern abzuschließen, da diese keine vergleichbar attraktiven Angebote machen konnten wie ihre jüdischen Konkurrenten. Ingesamt scheinen ideologische Motive für die deutsche Bevölkerung gegenüber wirtschaftlichen Problemen von untergeordneter Bedeutung gewesen zu sein.

Massenvernichtung als „offenes Geheimnis" Unterschiedliche Haltungen und Verhaltensweisen ließen sich auch beobachten, als das NS-Regime den Schritt zur offenen Gewalt vollzog. Das „Novemberpogrom" war ebenso ein öffentliches Ereignis wie die Ghettoisierung und die massenhafte Deportation der Juden, sodass nahezu alle Deutschen zumindest davon wussten, sofern sie es nicht selbst beobachtet hatten (▶ M5).

Im Hinblick auf den Völkermord an den Juden ist die Sachlage komplexer, denn dieser fand in den besetzten Ländern statt. Man musste jedoch nicht selbst in der Nähe von Mordstätten gewesen sein, um so viele Informationen sammeln zu können, die an den systematischen Massenmorden keinen Zweifel ließen. Die deutsche Bevölkerung erfuhr von Soldaten auf Fronturlaub, Angehörigen der Besatzungsverwaltung oder anderen Augenzeugen in den besetzten Gebieten von Massenerschießungen, den Lagern und Gaskammern (▶ M6).

Spätestens seit 1942 wusste ein großer Teil der deutschen und internationalen Öffentlichkeit von der Vernichtung der Juden. Die westlichen Alliierten und Kriegsgegner Deutschlands waren über die Deportationen und Mordaktionen in Osteuropa informiert. Britische Geheimdienste hörten den deutschen Polizeifunk sowie den Funkverkehr der Konzentrationslager ab. Der deutschsprachige „Feindsender" der BBC berichtete sogar mehrmals täglich und nannte konkrete Zahlen zu den Deportationen, Vernichtungslagern und Massenmorden.

Das NS-Regime selbst war bemüht, eine öffentliche Erörterung der Massenmorde zu unterbinden. Richter und Staatsanwälte ahndeten Gerüchte und wahre Tatsachenbehauptungen als „Gräuellügen" und „Heimtücke". Auf der anderen Seite bekannte sich das Regime unmissverständlich zur Vernichtung der Juden und erhob diese sogar zum Kriegsziel. Dabei herrschte eine Technik der verschlüsselten Information. In Reden von Hitler oder Goebbels wurden Worte wie „Vernichtung" oder „Ausrottung" der Juden öffentlich ausgesprochen, ohne konkrete Maßnahmen oder Einzelheiten zu nennen. Begleitet wurden diese Anspielungen durch massive antisemitische Propagandaaktionen. So stellte man den Krieg gegen die Sowjetunion als Kampf gegen das „bolschewistisch-jüdische System" dar und stilisierte ihn zur Existenzfrage des deutschen Volkes. Auch der Eintritt der USA in den Krieg wurde mit einer „jüdischen Weltverschwörung" erklärt. Auf diese Weise wurde die Bekämpfung und Vernichtung der europäischen Juden legitimiert und zur zentralen Aufgabe erhoben.

▲ **„Auszug der Juden."**
Jüdische Männer werden am 10. November 1938 an Schaulustigen vorbei aus Regensburg zum Transport in das KZ Dachau abgeführt. An manchen Orten führten die Deportationen zu Volksaufläufen.

Bestrafungsängste und schlechtes Gewissen Die neuere Forschung geht davon aus, dass zwar nur wenige Deutsche die Komplexität des Mordgeschehens überschauen konnten oder wollten. Die Verbrechen an den Juden waren jedoch im allgemeinen Bewusstsein präsent (▶ M7, M8).

Die Frage der Verantwortung für die Verbrechen stellte sich nicht, solange die deutsche Armee siegreich blieb. Erst nach Stalingrad fürchtete eine Bevölkerungsmehrheit eine Niederlage. Die Stimmung schlug um. Die Kriegsereignisse, vor allem die Bombardierung deutscher Städte, wurden nun mit dem Mord an den Juden verknüpft: „Hätte man die Juden im Lande gelassen, würde heute wohl keine Bombe auf Frankfurt fallen." Solche Äußerungen konstruierten ein Schuld-Sühne-Prinzip und offenbarten ein schlechtes Gewissen. Die Angst vor Vergeltung und Bestrafung wuchs.

Das Regime nutzte diese Angst, um das Volk zu einer „Schuldgemeinschaft" der Täter und Nutznießer zusammenzuschweißen. Die Mobilisierung der Bevölkerung für den „Totalen Krieg" im Frühjahr 1943 begründete Goebbels damit, dass es in dem angeblichen „Rassenkrieg" gegen die Juden nur für den Sieger ein Überleben gebe. An der „Judenfrage" entscheide sich nicht nur die Existenz des „Dritten Reiches", sondern auch die des deutschen Volkes.

Je wahrscheinlicher die Niederlage wurde, desto mehr wuchs die Distanz zum Regime und desto größer wurde das Bedürfnis, sich dem Wissen über die Verbrechen und damit jeder Verantwortung zu entziehen. Dies erklärt, warum nach Kriegsende kaum Unrechtsbewusstsein zu spüren war und der Ruf nach einem Schlussstrich und einem unbelasteten Neuanfang immer lauter wurde.

▲ Publikumsandrang zu einer öffentlichen Versteigerung von Hausrat deportierter Juden.
Foto einer Serie von Negativüberlieferungen zu Versteigerungen aus Lörrach vom Winter 1940.
Wie dieses und die anderen Bilder der Fotoserie zeigen, herrschte offenbar eine ausgelassene Stimmung. Die Beteiligten wussten, dass sie fotografiert werden. Einige schauen direkt in die Kamera und lachen.

M1 Beschleunigte „Arisierung"

Nach 1933 beginnen die Nationalsozialisten, jüdische Geschäftsleute und Gewerbetreibende dazu zu zwingen, ihre Unternehmen weit unter Wert an „Arier" zu veräußern. Bis zur „Reichskristallnacht" (9. November 1938) sind bereits 60 Prozent der jüdischen Betriebe „arisiert". Ein Vorstandsmitglied der Deutschen Bank notiert am 25. Juli 1938:

Von 700 in der Zentrale[1] erfassten jüdischen Unternehmungen sind (bis 25. 7. 1938) ca. 200 arisiert. Für zahlreiche weitere schweben noch Verhandlungen. Es laufen jetzt täglich Mitteilungen ein, dass Objekte arisiert sind.
5 In einigen Branchen lässt das Angebot an wirklich guten Objekten stark nach. Die Nachfrage hier ist weitaus größer, z. B. in der Metall- und Chemie-Branche. Es ist nicht immer möglich, diese Interessenten auf andere Branchen hinzulenken. Eine weitere Beschleunigung der Arisierung kann dann er-
10 wartet werden, wenn die Genehmigungen schneller erteilt werden. Es dauert häufig 2 Monate, bis alle Instanzen ihr placet[2] gegeben haben.

Dietrich Eichholtz und Wolfgang Schumann (Hrsg.), Anatomie des Krieges. Neue Dokumente über die Rolle des deutschen Monopolkapitals bei der Vorbereitung und Durchführung des Zweiten Weltkrieges, Berlin 1969, S. 188

1. Arbeiten Sie heraus, wer an der „Arisierung" beteiligt war. Schließen Sie auf die Akzeptanz in der Bevölkerung.
2. Erläutern Sie Perspektive und Absichten des Vorstandsmitglieds.

[1] Gemeint ist die Zentrale der Deutschen Bank.
[2] placet (lat.: „es gefällt"): Zustimmung

M2 „Wie die Aasgeier"

1938 kommt es in München verstärkt zu „Arisierungen". Dies veranlasst einen nichtjüdischen Münchener Kaufmann am 16. April 1938 zu einem Schreiben an die Industrie- und Handelskammer:

In den letzten Zeiten war ich öfters bei der Arisierung von jüdischen Geschäften als Sachverständiger, Experte und Gutachter etc. zugezogen 5 und bin von den hierbei zu Tage getretenen brutalen Maßnahmen der zuständigen Stellen der Handelskammern, nationalsozialistischen Wirt- 10 schaftsstellen etc. und überhaupt von all dieser Art von Erpressungen an den Juden derart angeekelt, dass ich von nun ab jede Tätigkeit bei 15 Arisierungen ablehne, obwohl mir dabei ein guter Verdienst entgeht.
Ich bin Nationalsozialist, S.A. Mann, und ein Bewunderer 20 Adolf Hitlers! Aber ich kann als alter, rechtschaffener, ehrlicher Kaufmann nicht mehr zusehen, in welcher schamlosen Weise von vielen arischen Geschäftsleuten, Unternehmern etc. versucht wird, unter der 25 Flagge der Arisierung und im Interesse der nationalsozialistischen Wirtschaft die jüdischen Geschäfte, Fabriken [...] möglichst wohlfeil und um einen Schundpreis zu erraffen. Diese Leute kommen mir vor wie Aasgeier, die sich mit triefenden Augen und heraushängenden Zungen auf den 30 jüdischen Kadaver stürzen, um ein möglichst großes Stück Fleisch herauszureißen.

Zitiert nach: Angelika Baumann und Andreas Heusler (Hrsg.), München arisiert. Entrechtung und Enteignung der Juden in der NS-Zeit, München 2004, S. 48

▲ Versteigerungsanzeige von „nicht-arischem" Besitz in der Frankfurter Zeitung 1941.
In den Kriegsjahren fanden fast täglich Versteigerungen von jüdischem Besitz statt, der bei den Deportationen zurückgelassen werden musste. Nur wenige Deutsche empfanden bei den Käufen Skrupel.

1. Bewerten Sie das Schreiben des Münchener Kaufmannes und seine Kritik.
2. Vergleichen Sie mit M1.

M3 Das „Novemberpogrom" in unterschiedlicher Perspektive

Die Sopade, wie sich die SPD im Prager, später Pariser Exil nennt, gibt seit 1934 regelmäßig „Deutschland-Berichte" heraus und informiert mithilfe eines geheimen Berichterstattersystems über die Situation im nationalsozialistischen Deutschland. Nach dem 9./10. November 1938 berichtet sie:

Alle Berichte stimmen dahin überein, dass die Ausschreitungen von der großen Mehrheit des deutschen Volkes scharf verurteilt werden. In den ersten Pogromtagen sind im ganzen Reich viele hundert Arier verhaftet worden, die ihren Unwillen
5 laut geäußert haben. Oft wird die Frage gestellt: „Wer kommt nach den Juden an die Reihe?" – Man muss sich allerdings – wie groß die allgemeine Empörung auch sein mag – darüber klar werden, dass die Brutalitäten der Pogromhorden die Einschüchterung gesteigert und in der Bevölkerung die Vor-
10 stellung gefestigt haben, jeder Widerstand gegen die uneingeschränkte nationalsozialistische Gewalt sei zwecklos. [...] Bemerkenswert ist übrigens, dass, wie nach jeder früheren Welle von Ausschreitungen so auch diesmal wieder, das Gerede auftaucht, Hitler habe das nicht gewollt. „Hitler will zwar,
15 dass die Juden verschwinden, aber er will doch nicht, dass sie totgeschlagen und so behandelt werden" usw. usw.

Aus den Ermittlungsakten der Staatsanwaltschaft beim Landgericht Wiesbaden zum Judenpogrom in Wiesbaden-Biebrich am 10. November 1938:

Die Übergriffe begannen damit, dass am 10. November 1938 mit Tagesbeginn eine Personengruppe die Biebricher Synagoge erbrach und das Innere verwüstete. Aufgrund dieses
20 Ereignisses waren an diesem Morgen bereits sehr viel Leute in den Biebricher Straßen unterwegs. Etwa gegen 8 Uhr versammelte sich eine große, zahlenmäßig kaum schätzbare Menschenmenge vor dem Konfektionshaus der jüdischen Kaufleute Halberstadt und Bloch in der Hopfgartenstr. 13.
25 Nachdem einige Leute Backsteine gegen die Fenster und Türen geworfen hatten, drang eine Anzahl von ihnen in das Haus und in die im ersten Stock dieses Hauses gelegenen einzigen Wohnungen der beiden Geschäftsinhaber ein. Die Möbel wurden durcheinandergeworfen und größtenteils
30 völlig zertrümmert. Während die jüdischen Wohnungen Biebrichs nacheinander heimgesucht wurden, erschien gegen Mittag eine große Menschenzahl in der Rathausstraße. Sie versammelte sich vor dem Grundstück Nr. 44. Unter Drohrufen drang ein Teil in die im ersten Stock gelegenen Woh-
35 nung des jüdischen Apothekers Oppenheimer und zerstörte das gesamte Inventar. Nachdem der größte Teil zerschlagen

▲ Jüdische Geschäfte in Berlin nach der „Reichskristallnacht".

war, wälzte sich die Menge zum Haus Nr. 69, in dem der jüdische Getreidehändler Oppenheim wohnte. Von da aus ging es vor das Haus Nr. 8 des Kaufmanns Lewy. In beide Wohnungen drang von den unten versammelten Leuten eine Anzahl 40 ein und verwüstete die gesamte Inneneinrichtung.
Im Verlaufe des Nachmittags erschien auch in der Elisabethenstr., vor dem Haus des jüdischen Kaufmanns Stern, eine große Menschenmenge. Unter den Rufen „Wo ist der Jude? Wir schneiden ihm den Hals ab!" drang ein Teil von den Leu- 45 ten mit Gewalt in die Stern'sche Wohnung. Der Zeuge Stern war zu dieser Zeit nicht in seinen Räumen. Die Eindringlinge trafen ihn in der Wohnung seines nichtjüdischen Schwiegersohnes Teidicksmann im Parterre. Einige Leute nahmen Stern fest und brachten ihn mit einem Lastkraftwagen zur Polizei- 50 wache. Anschließend wurde die Wohnung Sterns zerstört. Sämtliche Küchenmöbel wurden zerschlagen, das Geschirr zertrümmert und die Federbetten aufgeschlitzt.

Erster Text: Klaus Behnken (Hrsg.), Deutschland-Berichte der Sozialdemokratischen Partei Deutschlands (Sopade) 1934-1940, Bd. 5 (1938), Frankfurt am Main 980, S. 1204 f. und 1209
Zweiter Text: Hessisches Hauptstaatsarchiv Wiesbaden Abt. 468 Nr. 260, Bd. 3, Blatt 346/347

1. *Vergleichen Sie die Berichte miteinander und erklären Sie das unterschiedliche Verhalten.*

2. *Überlegen Sie, welche Ziele das Regime mit solchen Lage- und Stimmungsberichten verfolgte.*

M4 „Die leiseste Drohung genügt"

Lina Haag und ihr Mann, ein KPD-Abgeordneter, werden nach 1933 in verschiedenen Konzentrationslagern und Gefängnissen festgehalten. Nach ihrer Freilassung kämpft sie für die Haftentlassung ihres Mannes und beginnt, ihre Verfolgungsgeschichte aufzuschreiben. Über ihre Gefangenschaft im KZ Lichtenberg berichtet sie:

Am Ostersonntag peitscht er [der Lagerkommandant] eigenhändig drei Frauen aus. Die Genossin Steffi ist dabei. Sie hatte ihrem Freund, einem Juden, zur Flucht ins Ausland verholfen. Sie ist schön, intelligent und ein guter Kamerad. Bald darauf
5 stirbt sie. Sie hält das nicht aus. So feiert der Kommandant des Konzentrationslagers Lichtenberg Ostern. Mit drei nackten, auf den Holzpflock geschnallten Frauen, die er auspeitscht, bis er nicht mehr kann. Würde das draußen ein Mensch glauben?
10 Angenommen, es würde einer glauben, vielleicht sogar weitererzählen – ein Gestapodaumennagel¹ auf die Knöchelsehne gedrückt, genügt, um ihn augenblicklich alles so vollständig vergessen zu lassen, als hätte er nie davon gehört. Was sage ich, ein Gestapodaumennagel, nein, die leiseste
15 Drohung genügt, und das Volk schweigt. Schweigt nicht nur, jubelt, marschiert, denunziert, steht geschlossen hinter dem Führer, wie es der Führer will.
Die Drohung ist seine Staatskunst, seine Außenpolitik und seine Innenpolitik, Drohung und Angst, Grausamkeit und
20 Feigheit sind die Fundamente seines Staates. [...] Hinter jeder Drohung steht das KZ, ein Abgrund von Verworfenheit, Verbrechen und tiefster Schuld. Die Bürger ahnen es. Das genügt. Mehr darüber zu wissen, ist schädlich. Es soll nicht Empörung, sondern Angst erzeugt werden. Sie wird erzeugt.
25 Wir können es zur Not verstehen, dass die Menschen draußen eingeschüchtert sind. Unbegreiflich ist uns nur, dass es so viele Sadisten gibt. Sind es wirklich Sadisten, Verbrecher von Grund auf, Mörder? Ich glaube es nicht, und Doris glaubt es auch nicht. Es sind Spießbürger. Nur sind sie zufällig nicht
30 beim Finanzamt, sondern bei der Polizei, zufällig keine Magistratsschreiber oder Metzgermeister oder Kanzleigehilfen oder Bauarbeiter oder Standesbeamte, sondern Gestapoangestellte und SS-Männer. Sie unterscheiden nicht zwischen Gut und Böse, sie tun ganz einfach das, was ihnen befohlen
35 ist. Es ist ihnen nicht befohlen, zwischen Gut und Böse zu unterscheiden oder zwischen Recht und Unrecht, sondern die Staatsfeinde auszurotten und zu vertilgen. Sie tun dies mit derselben sturen Pedanterie, mit demselben deutschen Fleiß und mit derselben deutschen Gründlichkeit, mit der sie sonst
40 Steuererklärungen geprüft oder Protokolle geschrieben oder Schweine geschlachtet hätten. Sie peitschen eine wehrlos an einen Pflock gebundene Frau mit sachlichem Eifer und gewissenhaftem Ernst aus, in der vollen Überzeugung, damit dem Staat zu dienen oder ihrem Führer, was für sie das Gleiche ist. Mag in letzterem Fall ein kleines Vergnügen dabei
45 sein, ausschlaggebend ist das deutsche Pflichtbewusstsein, von einem Dämon ins Dämonische gesteigert. Deshalb steht auf ihrem Koppelschloss „Meine Ehre heißt Treue".

Lina Haag, Eine Hand voll Staub. Widerstand einer Frau 1933-1945. Mit einem Nachwort von Barbara Distel, Tübingen 2004, S. 171 ff.

1. *Welche Funktion hat nach Haags Meinung das System der Konzentrationslager?*
2. *Nehmen Sie Stellung zu der Interpretation der KZ-Aufseher als „Spießbürger". Welche Konsequenzen ergeben sich daraus für die Schuldfrage?*

M5 „Vollkommene Gleichgültigkeit"

Ursula von Kardorff ist in den Kriegsjahren Redakteurin bei der Berliner „Deutschen Allgemeinen Zeitung". Am 3. März 1943 notiert sie in ihrem Tagebuch:

Frau Liebermann ist tot. Tatsächlich kamen sie noch mit einer Bahre, um die Fünfundachtzigjährige zum Transport nach Polen abzuholen. Sie nahm in dem Moment Veronal¹, starb einen Tag später im jüdischen Krankenhaus, ohne das Bewusstsein wiedererlangt zu haben. [...] Durch welche Ver-
5 änderung ist es eigentlich möglich geworden, aus einem im Durchschnitt gutmütigen und herzlichen Menschenschlag solche Teufelsknechte zu formen? Das spielt sich in einem kaltbürokratischen Vorgang ab, bei dem der Einzelne schwer zu greifen ist, Zecken, die sich in den Volkskörper einsaugen
10 und plötzlich ein Stück von ihm geworden sind.
Der Metteur² Büssy erzählt mir heute beim Umbruch, dass sich in seiner Gegend am Rosenthaler Platz die Arbeiterfrauen zusammengerottet und laut gegen die Judentransporte protestiert hätten. Bewaffnete SS mit aufgepflanztem
15 Bajonett und Stahlhelm holte Elendsgestalten aus den Häusern heraus. Alte Frauen, Kinder, verängstigte Männer wurden auf Lastwagen geladen und fortgeschafft. „Lasst doch die alten Frauen in Ruhe!", rief die Menge. „Geht doch endlich an die Front, wo ihr hingehört." Schließlich kam ein neues
20 Aufgebot SS und zerstreute die Protestierenden, denen sonst nichts weiter geschah.

¹ Gestapo: Geheime Staatspolizei

¹ starkes Schlafmittel
² alte Bezeichnung für Schriftsetzer

In unserem Viertel sieht man so etwas nie. Hier werden die Juden des Nachts geholt. [...] Wie schnell haben wir uns alle an den Anblick des Judensterns gewöhnt.

Die meisten reagieren mit vollkommener Gleichgültigkeit, so wie ein Volontär, der neulich zu mir sagte: „Was interessieren mich die Juden, ich denke nur an meinen Bruder bei Rshew, alles andere ist mir völlig gleichgültig."

Ich glaube, das Volk verhält sich anständiger als die sogenannten Gebildeten oder Halbgebildeten. Typisch dafür ist die Geschichte von dem Arbeiter, der in einer Trambahn einer Jüdin mit dem Stern Platz machte: „Setz dir hin, olle Sternschnuppe", sagte er, und als ein PG[3] sich darüber beschwerte, fuhr er ihn an: „Üba meenen Arsch verfüge ick alleene."

Ursula von Kardorff, Berliner Aufzeichnungen. Aus den Jahren 1942 bis 1945, München 1962, S. 36 f.

1. Wie reagierte die nichtjüdische Bevölkerung auf die Judenverfolgung?
2. Von Kardorff versucht, ein „Täterprofil" zu erstellen. Vergleichen Sie ihr Ergebnis mit Lina Haags Analyse in M4.

[3] Parteigenosse; Mitglied der NSDAP

M6 Zivilisten in Auschwitz

Der österreichische Historiker Hermann Langbein wird 1941 als kommunistischer Widerstandskämpfer in das KZ Dachau eingeliefert, von wo er nach Auschwitz deportiert wird. 1945 gelingt ihm auf dem Evakuierungstransport die Flucht. In den Lagern gehört Langbein jeweils zur Leitung der internationalen Widerstandsbewegung, nach 1945 ist er Generalsekretär des Internationalen Auschwitzkomitees. In seinem Buch „Menschen in Auschwitz" beschreibt er, was die vielen in und um die Konzentrationslager arbeitenden und lebenden Zivilisten wissen konnten und wie sie mit ihrem Wissen umgingen:

„Wir wussten wirklich nichts von Auschwitz und der Judenvernichtung", beteuerten viele Zeugen vor den Frankfurter Richtern, die hohe Funktionen im Staatsapparat oder in der Partei innehatten, als in Auschwitz die Krematorien Tag und Nacht gebrannt hatten; derlei Versicherungen bekommt man nicht nur in deutschen Gerichtssälen zu hören. Viele, die im Dritten Reich Rang und Namen hatten, bemühen sich nachträglich um den Nachweis, die Menschenvernichtung sei ein strengstens gehütetes Geheimnis der SS gewesen. Ihnen gab Kaduk[1] eine drastische Antwort, als er während des Frankfurter Auschwitz-Prozesses einmal lospolterte: „Wenn die Öfen gebrannt haben, dann war eine Stichflamme von fünf Meter Höhe, die hat man vom Bahnhof aus gesehen. Der ganze Bahnhof war voll von Zivilisten. Niemand hat etwas gesagt. Auch Urlauberzüge waren dort. Oft haben die Urlauberzüge Aufenthalt in Auschwitz gehabt und der ganze Bahnhof war vernebelt. Die Wehrmachtsoffiziere haben aus dem Fenster geguckt und haben gefragt,

[1] Oswald Kaduk (1906-1997) war Aufseher im Konzentrationslager Auschwitz, wo er als einer der grausamsten, brutalsten und ordinärsten SS-Männer galt. Im ersten Auschwitz-Prozess 1963-1965 gehörte er zu den Hauptbeschuldigten.

▲ **Selektion an der Rampe von Birkenau.**
Foto vom Mai oder Juni 1944.
Da das Konzentrationslager Auschwitz völlig überfüllt war, wurde im Oktober 1941 auf Befehl Heinrich Himmlers im drei Kilometer vom Stammlager Auschwitz entfernten Birkenau mit dem Bau eines weiteren Lagers (Auschwitz II) begonnen. Mit vier Gaskammern und mehreren Krematorien ausgestattet, wurde Auschwitz-Birkenau ab 1942 zu einem der größten Konzentrations- und Vernichtungslager und zentralen Deportationsziel fast aller europäischen Juden im deutschen Herrschaftsbereich. Im August 1942 entstand ein zusätzliches Teillager für Frauen, 1943 wurde ein „Zigeunerlager" errichtet. Nach Ankunft der Züge wurden die Menschen an der Rampe „selektiert": Die „Arbeitsfähigen" teilte man zur Zwangsarbeit den Lagern selbst und den Rüstungsbetrieben zu oder überstellte sie den KZ-Ärzten um Dr. Josef Mengele für „medizinische" Experimente. Die große Mehrzahl der Ankommenden, vor allem Alte, Kranke, schwangere Frauen und Mütter mit Kindern, wurde jedoch als „arbeitsunfähig" eingestuft und – unter dem Vorwand, sich duschen und desinfizieren zu müssen – unverzüglich in die Gaskammern geschickt.

warum es so riecht, so süß. Aber keiner hat den Mut gehabt zu fragen: Was ist denn los? Hier ist doch keine Zuckerfabrik. Wozu sind denn die Schornsteine da?" [...]

Die Tausende an den Vernichtungsstätten eingesetzten SS-Männer waren zwar zu Stillschweigen verpflichtet. Dass jedoch eine solche Verpflichtung nicht jahrelang von so vielen Menschen strikt eingehalten werden kann, liegt auf der Hand, noch dazu, wenn man die Demoralisierung dieser Truppe in Betracht zieht.

Der Schweizer René Juvet berichtet, dass ihn einmal während einer Bahnfahrt durch Bayern ein ihm unbekannter SS-Mann ansprach, der offenbar unter der Wirkung von Alkohol schilderte, wie furchtbar es im KZ Mauthausen zugehe, wo er stationiert war. Sollte Juvet der einzige gewesen sein, der auf einem solchen Weg zufällig Kenntnis von in KZs begangenen Verbrechen erhalten hat?

Wie viele haben Pakete aus den Vernichtungslagern nach Hause geschickt, so wie der Universitätsprofessor Kremer, der in seinem Tagebuch darüber Buch geführt hat? Sollte sich kein Empfänger jemals darüber Gedanken gemacht haben, woher diese im Krieg rar gewordenen Güter stammten?

SSler in gehobenen Stellungen wohnten mit ihren Familien im Lagerbereich. Wer kann glauben, dass alle Frauen und Kinder – die in Auschwitz Vergasen gespielt haben – das Schweigegebot jahrelang eisern eingehalten haben? Eisenbahner kamen bis zur Rampe und sahen aus unmittelbarer Nähe, was vorging. Angestellte der Reichsbahn nahmen Monat für Monat viele Kilo schwere Sendungen von Zahngold in Empfang. In der Filzfabrik Alex Zink in Roth bei Nürnberg wurden Frauenhaare verarbeitet, die diese Firma laufend säckeweise von der Kommandantur in Auschwitz kaufte – eine halbe Mark pro Kilogramm. Das Räderwerk der Tötungsorganisation reichte weit über die Vernichtungsstätten hinaus. [...] Die alliierten Rundfunkanstalten berichteten immer wieder über den organisierten Massenmord im Osten.

[...] Allerdings war es so, wie Ernest K. Bramsted schreibt: „Für viele wurden die falschen Gräuelmärchen der Alliierten (während des Ersten Weltkrieges) eine Art schützender Vorhang, hinter dem sich ihre Gemüter verstecken konnten, um sich nicht über die aktuellen Gräuel informieren zu müssen, die das Naziregime verübte." Wer sich nicht durch unheilvolle Nachrichten seine Ruhe stören lassen wollte, fand Gründe, um alle Gerüchte von sich wegzuschieben.

Nicht wenige Deutsche, die keine SS-Uniform trugen, haben aber nicht nur von der Menschenvernichtung gehört; viele sind als Zivilangestellte mit Auschwitz in Berührung gekommen und haben selbst gesehen, was dort geschah. [...] Wenn man die Wahrheit nicht erfahren wollte, dann konnte man sich selbst im Bereich des Feuerscheins der Krematorien und des widerlichen Geruchs, den verbranntes Menschenfleisch verbreitete, blind stellen. Der so wie Heydrich[2] bei den IG-Werken beschäftigte Schlosser Hermann Hausmann beteuerte, es sei zwar damals von Vergasungen der Gefangenen gesprochen worden, aber „wir sträubten uns, das zu glauben". Wer sich erfolgreich gesträubt hat, kann nachträglich versichern, er hätte damals nichts von alldem erfahren.

Hermann Langbein, Menschen in Auschwitz, Frankfurt am Main u.a. 1980, S. 502-505

1. *Nennen Sie die Personengruppen, die direkt oder indirekt mit den Konzentrationslagern in Berührung kamen. Ergänzen Sie um weitere.*

2. *Diskutieren Sie, aus welchem Grund sich die SS nachträglich bemüht hat, die Massenvergasungen als Geheimnis darzustellen.*

▲ **Erholung für SS-Helferinnen in Solahütte bei Auschwitz.**
Privatfoto, um 1944.
SS-Helferinnen amüsieren sich mit Karl Höcker (Bildmitte), dem Adjudant des Lagerkommandanten, in Solahütte, dem Erholungsgebiet der Lagermannschaft in der Nähe von Auschwitz.

[2] Reinhard Heydrich; vgl. S. 188

M7 „Was haben wir gewusst?"

Der deutsche Sozialpsychologe und Psychoanalytiker Peter Brückner, Sohn einer englischen Konzertsängerin jüdischer Herkunft, besucht bis zu seinem Abitur 1941 ein Internat in Zwickau. In seinem autobiografischen Bericht über Kindheit und Jugend im NS-Staat setzt er sich mit der Frage auseinander, was er und die deutsche Bevölkerung insgesamt über die nationalsozialistischen Verbrechen und besonders über die Judenverfolgung wissen konnten und wollten:

Doch obwohl ich ein Internatsschüler war, eine Lage, die breitere Kommunikation erschwert hat, weil sie aus dem Alltag des NS-Staats ausschloss, erreichten mich auch 1936/37 zwei Gruppen von Informationen: Die erste bezog sich auf den Umstand, dass Leute verschwanden, von der Polizei oder der GESTAPO abgeholt, und ich verstand durchaus, dass es sich da nicht um jenen Typ von Verhaftung handelte, der unseren Hausmeister 1932 vor Gericht und ins Gefängnis gebracht hatte. Es gab neben der öffentlichen Gerichtsbarkeit eine zweite, terroristische „Justiz", die während der Nacht kam. [...] Die zweite Gruppe von Informationen war jedermann zugänglich, wie mir scheint. Sie betraf das Schicksal der Juden. Der langsame Prozess ihrer Entrechtung vollzog sich öffentlich. Aber dennoch hat es sehr lange gedauert, bis mir die eigentliche und furchtbare Bedeutung des praktizierten Antisemitismus aufging. Ich meine damit, dass ich keine zureichende Vorstellung, keine Fantasie über das Elend hatte, das die NS-Gesetzgebung über die Juden brachte [...].
Nicht die „Kristallnacht", sondern die Emigration des Vaters meiner Halbbrüder brachte hier die Zäsur. Bis dahin, Herbst 1938, blieb das Schicksal der Juden für mich viel randständiger als das der Kommunisten oder der Homosexuellen. Dazu trug zweifellos bei, dass es zwar wenigstens Gerüchte über KZ-Lager, politische Verfolgung gab; auch über Erschlagene, Gefolterte, Erschossene, Verschwundene, aber keine Gerüchte über das Leben – oder das langsame Sterben – der Juden. Man sah sie ja auch nicht mehr, oder kaum. Und wenn man sie sah, hätte man sie nicht erkannt. Woran denn? [...]
Es gab bei manchem sonst Hellhörigen eine spürbare Abwehr dagegen, gewisse Nachrichten über das Grauen im NS-Staat zur Kenntnis zu nehmen: Man erschrak, aber verstummte, wurde unwillig, vergaß. Ich wollte wissen, und das „Vergessen" erschien uns als unwürdig. Und doch erinnerte ich mich, dass ich gelegentlich den Impuls verspürte, mich zuzuschließen, wie ein indischer Affe nichts zu sehen und nichts zu hören. Warum? Doch nicht um mich der Einsicht in Struktur, Charakter und Zielsetzung des „Dritten Reichs" zu entziehen. Manchmal aus Scham: Es gab Verbrechen, denen gegenüber es fast unerträglich sein konnte, Zuhörer zu sein.
Im Zugabteil reichten junge Soldaten Fotos herum – nicht die ihrer Bräute, sondern die aufgehängter Polen und Russen; der Soldat, grinsend, im Vorder- oder Hintergrund, je nachdem. Manchmal aus Angst: vor der Sühne. (War ich denn nicht unschuldig? Gibt es denn im geschichtlichen Kontext Unschuld?) Manchmal – aus Grauen. Ich wollte ja leben, und nicht nur überleben, das heißt aber: Ich wollte auch lachen, mich verlieben, mit Genuss meinen Tee trinken und Gedichte schreiben, und das – oder Ähnliches – wollten auch meine Freunde. Wie soll man das Leben nicht lieben? Und wie konnte man das – nur zu genau wissend, was im Machtbereich des NS-Staates und seiner Heere geschah? [...]
Mir scheint, dass die so lückenhafte, ja manchmal ausgebliebene Gerüchtebildung über die „Endlösung" und über manche inländische KZs im Deutschland der Jahre vor 1945 etwas mit dem Umstand zu tun hat, dass es vielfach eine instinktive Abwehr gegen Nachrichten und facts gegeben hat, die niemand, der sie wirklich erfuhr (d. h. wahrnehmend nachvollzog), glaubte bewältigen zu können. Diese Abwehr funktionierte, wenn ich richtig sehe, besonders bei Menschen, die nicht ins Leben verliebt sind – ein Paradox, über das man nachdenken soll.
Und selbst bei Menschen von geringer Sensibilität wurde doch von der erahnten Wirklichkeit des Grauens mehr als ein vordem „gutes Gewissen" infrage gestellt. Die sich der Wirklichkeit annähernden Gerüchte, Erzählungen, Informationen gefährdeten jene verbreiteten Anpassungssysteme des Alltags, mit deren Hilfe Leute sich eben zurechtfinden können; was von der Gewalt des NS-Regimes infrage gestellt wurde, war die Normalität selbst.

Peter Brückner, Das Abseits als sicherer Ort. Kindheit und Jugend zwischen 1933 und 1945, Berlin 21982, S. 145-147 und 149

1. *Stellen Sie die Informationen über die NS-Verbrechen zusammen, die Brückner hatte. Erläutern Sie seine „Gruppen von Informationen".*

2. *Analysieren Sie seine Position gegenüber der Frage, was „man wissen konnte". Wie erklärt er die Haltung anderer?*

3. *Nehmen Sie Stellung zu seiner Begründung des „Wegschauens" sowie seiner Erklärung der „Gerüchtebildung".*

M8 Reaktionen und Alltagsverhalten

In seinem 2006 veröffentlichten Buch über die Frage, wie viel die Deutschen vom Holocaust wissen konnten, skizziert der Historiker Peter Longerich die Forschungsergebnisse Otto Dov Kulkas, Professor an der Hebräischen Universität in Jerusalem, die dieser aus der Auswertung einer umfassenden Sammlung von offiziellen Stimmungs- und Lageberichten der NS-Führung gewonnen hat:

In seiner Auswertung der Reaktion der deutschen Bevölkerung auf die Nürnberger Gesetze entwickelte Kulka eine Typologie von vier verschiedenen Reaktionen auf die Judenverfolgung, die sich seiner Auffassung nach auf die gesamte Zeit bis 1939 anwenden lässt: Erstens Akzeptanz von Segregation[1] und Diskriminierung aus rassistischen Gründen als dauerhafte Grundlage zur „Lösung der Judenfrage"; die Zustimmung zur Judenpolitik des Regimes war demnach an strikte Einhaltung gesetzlicher Grundlagen gebunden. Zweitens Bedenken, Kritik, ja Opposition gegen die Rassengesetze sowie gegen die gesamte „Judenpolitik", vor allem aber gegen „wilde Aktionen" aus politischen, religiösen, aber auch pragmatischen Motiven; Furcht vor ökonomischer Vergeltung gegen Deutschland mochte beispielsweise eine Rolle spielen. Drittens Kritik an der offiziellen antijüdischen Politik als zu moderat, verbunden mit dem Versuch, die antisemitische Politik durch direkte Aktionen weiter zu radikalisieren. Antijüdische Gesetze wurden aus dieser Perspektive vor allem als Ermächtigung zu einer weiteren Verschärfung der Judenverfolgung verstanden. Viertens Indifferenz und Passivität, ohne dass sich aus den Quellen eine Begründung für diese Haltung entnehmen ließe.

Longerich selbst fasst das Verhalten der Bevölkerung gegenüber der NS-„Judenpolitik" so zusammen:

Während des gesamten Zeitraums von 1933 bis 1945 zeigt sich in den Stimmungsberichten und in anderen Quellen, dass die NS-„Judenpolitik" in der Bevölkerung ein erhebliches Maß an Verständnislosigkeit, Skepsis und Kritik zu überwinden hatte. Große Teile der Bevölkerung waren offenbar nicht ohne Weiteres bereit, durch ihr Alltagsverhalten Zustimmung zur antisemitischen Politik und Propaganda zu signalisieren. Solche negativen Reaktionen äußerten sich allerdings auf disparate Weise. Eine geschlossene, politisch und moralisch fundierte Gegenbewegung konnte sich unter den herrschenden Bedingungen nicht formieren.

Am ehesten kann man diese unbestimmten negativen Reaktionen die mangels alternativer kollektiver Meinungsbildung unterhalb der Ebene des Protests oder gar des Widerstandes blieben, wohl mit dem Begriff des „Unwillens" erfassen. Dieser Unwille, die Weigerung, sein Verhalten in der „Judenfrage" an die vom Regime verordneten Normen anzupassen, war die einfachste und risikoloseste Form für die Masse der Bevölkerung, abweichende Einstellungen zur „Judenpolitik" zum Ausdruck zu bringen; auf solche Verhaltensweisen konnte man sich auch ohne verbale Kommunikation im Alltag leicht verständigen. Zugleich ließen sich solche öffentlichen Äußerungen des Unwillens – im Gegensatz zur wahren „Einstellung" der Bevölkerung – verhältnismäßig zuverlässig erfassen. Aus heutiger Sicht kann man ihnen daher am ehesten Glauben schenken. Bei der Analyse der Reaktionen der Deutschen auf die Judenverfolgung konzentrieren wir uns daher auf die Momente, in denen die Bemühungen des Regimes zur antisemitischen Ausrichtung der Öffentlichkeit deutlich auf Schwierigkeiten stießen.

Überblickt man den gesamten Zeitraum der NS-Diktatur, wird ein deutlicher Trend erkennbar: Der Unwille der Bevölkerung, ihr Verhalten zur „Judenfrage" entsprechend dem vom Regime verordneten Normen auszurichten, wuchs, je radikaler die Verfolgung wurde. Das Regime war jedoch entschlossen, sich bei seinen Anstrengungen zur Ausrichtung der Öffentlichkeit gegen solche Äußerungen des Unwillens durchzusetzen und die Bevölkerung mehr und mehr in die „Judenpolitik" zu involvieren, selbst wenn dies einen immer größeren Aufwand an Propaganda und Repression erforderte und die Geheimhaltung der „Endlösung" zumindest teilweise aufgegeben werden musste.

Peter Longerich, „Davon haben wir nichts gewusst!" Die Deutschen und die Judenverfolgung 1933-1945, Bonn 2006, S. 12 f. und 320 f.

1. Fassen Sie Kulkas Typologie mit eigenen Worten zusammen.
2. Vergleichen Sie Kulkas Ergebnisse mit denen Longerichs.
3. Erläutern Sie, vor welchen Schwierigkeiten die Forschung steht, wenn es um die Frage nach der Einstellung und der Beteiligung der Gesellschaft bei der Judenverfolgung geht.

---
[1] Absonderung einer Bevölkerungsgruppe nach Hautfarbe oder Religion

Essay – was ist das?

Wenn wir ein Thema knapp, kenntnisreich, kritisch, klar und sprachlich ausgefeilt auf wissenschaftlichem Niveau erörtern, ist uns ein Essay gelungen. Ein historischer Essay ist der Versuch, eine Antwort auf ein Problem oder eine zentrale Frage zu geben.

Anders als das systematisch angelegte Referat erhebt der Essay weder Anspruch auf eine detailgenaue Darstellung von Sachverhalten noch referiert er den aktuellen Forschungsstand. Ziel ist es, das Thema in einem größeren Zusammenhang aus verschiedenen Perspektiven verständlich zu diskutieren, eigene Positionen zu entwickeln und dem Leser subjektive, zur weiteren Auseinandersetzung anregende Antworten zu geben.

Einen Essay verfassen

Vorarbeit

- Grundlage ist zunächst eine Idee für ein Thema. Als Anregungen können aktuelle Ereignisse oder Anlässe wie Jubiläen, historische Jahrestage dienen.
- Anschließend ist eine gründliche Recherche und intensive Auseinandersetzung mit dem Thema notwendig, um ein Konzept mit einer tragfähigen Leitfrage entwickeln zu können. Sammeln Sie Argumente für und gegen bestimmte Thesen und ordnen Sie diese Ihrem Konzept zu. Konzentrieren Sie sich auf wesentliche Aspekte.
- Entwerfen Sie einen realistischen Zeitplan für die Bearbeitungsschritte Recherche, Konzept, Schreiben und Überarbeitung.

Aufbau

- Ausgangspunkt ist ein Problem, eine offene Frage oder eine provokante These. Die Überschrift sollte bereits die Kernaussage wiedergeben und den Leser neugierig machen, etwa als Zitat, Metapher, Frage.
- Ein motivierender Einstieg („Aufhänger") führt anschaulich in das Thema ein und kann die Gründe für die Wahl des Themas sowie seine Relevanz erklären.
- Das Problem wird genannt, in den historischen Kontext eingeordnet und seine Bedeutung erläutert, indem etwa kontroverse Positionen argumentativ gegenübergestellt werden.
- Die These/Stellungnahme gibt die Argumentationslinie vor.
- Der Hauptteil enthält die Argumentation, die den eigenen Standpunkt plausibel erläutert, mit Beispielen, eigenen und fremden Thesen (Sekundärliteratur, Zeitungsartikel) oder Belegen (Statistiken, Daten, Fakten) untermauert und Gegenpositionen widerlegt. Der Essay ist frei von Quellennachweisen und Fußnoten, fremde Positionen und Zitate werden jedoch im Text kenntlich gemacht („Wie Autor A belegt …" oder „Autor B meint dazu …").
- Das Fazit fasst das Ergebnis der Erörterung knapp zusammen, spitzt sie auf eine abschließende Stellungnahme zu und nennt offene oder weiterführende Aspekte.

Überarbeitung

- Bevor Sie an die Überarbeitung gehen, sollten Sie den Essay einige Zeit ruhen lassen, um innere Distanz zu ihm zu gewinnen. Prüfen Sie dann die Argumentation noch einmal gründlich. Stimmt der Bezug zum Thema? Ist der Aufbau logisch? Weicht die Darstellung vom „roten Faden" ab? Wurden nur Fakten gereiht statt argumentiert? Ist das Fazit schlüssig?
- Feilen Sie abschließend an der Sprache, denn sprachliche und inhaltliche Klarheit sind nicht zu trennen. Formulieren Sie präzise, voraussetzungslos, verständlich und anschaulich.

	Waren Holocaust und Krieg nach dem Machtantritt Hitlers unvermeidbar?
Kernaussage als offene Frage und provokante These	**Volk ohne Grenzen** *Ein Essay von Michael Wildt*
Motivierender, anschaulicher Einstieg mit aussagekräftigen Zitaten	Nur vier Tage nach seiner Ernennung zum Reichskanzler traf sich Adolf Hitler mit den Befehlshabern der Reichswehr in der Privatwohnung des Chefs der Heeresleitung, General der Infanterie Kurt Freiherr von Hammerstein. Was er den zwei Dutzend versammelten Generälen am Abend dieses 3. Februar zu sagen hatte, bildete den Kern seines politischen Programms: „Völlige Umkehrung der gegenwärtigen innenpolitischen Zustände in Deutschland", so notierte Generalleutnant Curt Liebmann Hitlers Ausführungen. „Keine Duldung der Betätigung irgendeiner Gesinnung, die dem Ziel entgegensteht (Pazifismus!). Wer sich nicht bekehren lässt, muss gebeugt werden. Ausrottung des Marxismus mit Stumpf und Stiel." Und: „Beseitigung des Krebsschadens der Demokratie" sowie „Eroberung neuen Lebensraums im Osten und dessen rücksichtslose Germanisierung". [...]
Problem mit knappen Hintergrundinformationen (Kriegsziele und Aufrüstung)	Von Anfang an wollte die nationalsozialistische Führung den Krieg um „Lebensraum" führen. Der dazu notwendigen Aufrüstung galten alle Aufmerksamkeit, alle Ressourcen ihrer Politik. Dazu mobilisierte sie die deutsche Bevölkerung und sämtliche ökonomischen Mittel, selbst mit der Konsequenz, durch die immense Schuldenwirtschaft die deutsche Volkswirtschaft zu zerrütten. In ihrem zynischen Kalkül würden die Beschlagnahmungen, die Kontributionen und der Raub von Vermögen aus den eroberten Gebieten die volkswirtschaftliche Bilanz Deutschlands wieder ausgleichen. Und die jungen Eliten in Staat, Militär und Wirtschaft unterstützten diese Politik, weil sie Gestaltungskraft, Expansion und Machtzuwachs bedeutete.
These/Stellungnahme (Krieg war nicht unvermeidbar)	So eindeutig die nationalsozialistische Politik von 1933 an auf den Krieg ausgerichtet war, so unvermeidlich war er dennoch nicht. Wie Hitlers vorsichtiges Taktieren bei der Besetzung des Rheinlands zeigt, war er sich in diesen ersten Jahren der NS-Herrschaft keineswegs sicher, dass seine Politik aufgehen könnte. Eine entschlossene Reaktion der europäischen Nationen, insbesondere Frankreichs, Englands und auch Italiens, hätte der deutschen Expansionspolitik durchaus Einhalt gebieten können.
Argumentation (Frühes Eingreifen der Westmächte hätte Krieg verhindern können)	
Thesen, Beispiele und Belege untermauern die eigene Position (Westmächte erkannten die Gefahr zu spät)	Doch deuteten die Westmächte die deutsche Außenpolitik als bloße Revision des Versailler Vertrags, dessen Bestimmungen sie mittlerweile durchaus als zu hart beurteilten. Als der britische Premier Chamberlain nach Abschluss des Münchener Abkommens 1938 nach London zurückkehrte, wurde er als „peacemaker" gefeiert, der einen drohenden europäischen Krieg abgewendet habe. Italien betrieb selbst eine Eroberungspolitik im Mittelmeerraum, für die es deutsche Unterstützung brauchte. Und alle, einschließlich des Vatikans, sahen es gern, wenn sich die nationalsozialistische Aggressivität gegen den Bolschewismus und die Sowjetunion richtete. Den Kern der nationalsozialistischen Politik, den Krieg um „Lebensraum", der an den europäischen Grenzen von 1914 nicht haltmachte, haben die übrigen europäischen Mächte zu spät erkannt, um rechtzeitig eingreifen zu können. Erst als Hitler Polen überfiel, erklärten Großbritannien und Frankreich dem Nazi-Regime den Krieg.
Verknüpfung der Kernaspekte Krieg und Holocaust; ergänzende These/Stellungnahme (Holocaust war nicht unvermeidbar)	Der Krieg entschied auch über das Schicksal der europäischen Juden. Unvermeidbar war der Holocaust jedoch nicht, obwohl das neue Regime von Anfang an unmissverständlich klarmachte, dass es eine radikal antisemitische Politik betreiben würde. Der Boykott jüdischer Geschäfte am 1. April 1933, die gleich nachfolgenden Gesetze zum Ausschluss von Juden aus dem Öffentlichen Dienst sowie die zahlreichen antisemitischen Verordnungen und Schikanen im Reich ließen an der Entschlossenheit des NS-Regimes, die Juden aus Deutschland zu vertreiben, keinen Zweifel. [...]
These	Die Grundlinien der antisemitischen Politik des NS-Regimes in der Vorkriegszeit waren bereits 1933 zu erkennen: die deutschen Juden sozial zu isolieren, sie zu berauben und aus Deutschland zu vertreiben. Das Parteiprogramm der NSDAP von 1920 hatte unmissverständlich unter

Punkt 4 festgelegt: „Staatsbürger kann nur sein, wer Volksgenosse ist. Volksgenosse kann nur sein, wer deutschen Blutes ist, ohne Rücksichtnahme auf Konfession. Kein Jude kann daher Volksgenosse sein." 37 000 deutsche Juden verließen 1933 das Land, in den folgenden vier Jahren waren es jeweils gut über 20 000.

Beispiel für Beleg

50 Den Flüchtlingen wurden zahlreiche Steuern, Abgaben, Gebühren auferlegt, sodass sie von ihrem Vermögen nur einen geringen Bruchteil für ihr neues Leben im Ausland mitnehmen konnten. [...]
Doch geriet die antisemitische Politik des Regimes, die deutschen Juden zugleich auszurauben und vertreiben zu wollen, in einen unüberbrückbaren Widerspruch, denn mittellose jüdische
55 Menschen waren im Ausland nicht erwünscht und besaßen kaum eine Chance, irgendwohin emigrieren zu können. So behinderten die Nationalsozialisten durch ihre Raubpolitik selbst, was sie erreichen wollten: die Vertreibung der Juden aus Deutschland. Die Auswanderung, stellte der Oberabschnitt Süd des Sicherheitsdienstes der SS (SD) Ende 1937 fest, sei „praktisch zum Stillstand gekommen".

Hintergrundinformationen (jüdische „Emigrationspolitik")

60 Solche selbstgeschaffenen Sackgassen führten im NS-Regime nicht dazu, pragmatisch auf Schwierigkeiten zu reagieren und die Zielvorgaben zu überprüfen. Vielmehr versuchte man, die Hindernisse mit noch größerer Radikalität und Entschlossenheit des Willens zu überwinden. [...] Das Regime begann, die „Judenfrage" mit systematischer Gewalt zu „lösen".
Die Atmosphäre in Deutschland im Jahr 1938 blieb gewalttätig aufgeladen. Die vom NS-Re-
65 gime inszenierte Sudetenkrise führte zu einer immer schriller werdenden Pressekampagne für die „unterdrückten" Sudetendeutschen in der Tschechoslowakei, die „heim ins Reich" geholt werden sollten. Zugleich wuchs die Angst vor einem Krieg, der um das Sudetenland geführt werden müsste. In Behördenberichten war von einer „wahren Kriegspsychose", sogar von „Panik" die Rede. [...]

These (Hindernisse bei Vertreibung führten zu größerer Radikalität des NS-Regimes)

70 Die Zerstörungswut, die hasserfüllten Emotionen, die wenige Wochen später den Novemberpogrom beherrschten, sind nur mit der gewalttätigen Auflagung des Jahres 1938 und den Spannungen, die Europa an den Rand des Krieges brachten, zu begreifen. [...]
Die kleinen Pogrome in der Provinz im September und Oktober sowie die Gewaltexzesse am 9. und 10. November 1938 zielten nicht mehr allein auf Diskriminierung und Isolierung der
75 jüdischen Nachbarn, sondern auf deren endgültige Vertreibung und auf die Auslöschung der jüdischen Kultur in Deutschland. Morde wurden dabei billigend in Kauf genommen. [...]
Im Schatten des Krieges radikalisierte sich die nationalsozialistische Verfolgungspolitik zum Massenmord. Zwar lag die Auslöschung ganzer jüdischer Gemeinden, wie sie im Vernichtungskrieg gegen die Sowjetunion im Spätsommer 1941 geschah, ebenso wie die systemati-
80 sche Deportation der europäischen Juden in die Vernichtungslager oder der Massenmord von Hunderttausenden in den Gaskammern noch außerhalb des Horizonts der Täter. Aber ihrem Denken, ihrer Absicht, ein „judenfreies" Europa zu schaffen, war der Völkermord inhärent.
Aber erst der Krieg ließ die Verfolgung zur Vernichtung werden. Der Holocaust, die systematische, organisierte Ausrottung der europäischen Juden, war keineswegs mit der Machtergrei-
85 fung unvermeidlich, er lag 1933 noch außerhalb des Horizonts antisemitischer Politik. Aber die Unerbittlichkeit, mit der alle Juden aus dem deutschen Machtbereich zum Verschwinden gebracht werden sollten, sowie der unbedingte Wille zum Krieg machten den Holocaust zu einer Handlungsoption, die der Politik der Nationalsozialisten innewohnte. Es führte kein zwangsläufiger Weg von der Machtergreifung 1933 nach Auschwitz, doch unter den Gewalt-
90 verhältnissen, in der rassistischen Logik, die mit kaltem Kalkül Menschen in Problemfälle verwandelte, schien der Massenmord schließlich für viele Deutsche eine „Endlösung" zu sein.

These (spannungsgeladene Vorkriegsatmosphäre steigerte Gewaltbereitschaft)

Fazit als knappe Zusammenfassung der Argumente/ eigene Stellungnahme (erst durch Krieg steigerte sich antisemitische Verfolgung zum Massenmord)

Abschließende aber undogmatische Stellungnahme

Michael Wildt, Volk ohne Grenzen. Waren Holocaust und Krieg nach dem Machtantritt Hitlers unvermeidbar?, in: Spiegel Special Geschichte 1/2008, S. 136-143, hier S. 136, 139 und 141-143

Die frühe Bundesrepublik – Erfolg der Demokratie durch „Wohlstand für alle"?

◄ Der „Vater des Wirtschaftswunders".
*Foto von 1959.
Wirtschaftsminister Ludwig Erhard posiert mit seinem Markenzeichen, einer Zigarre, für ein Werbebild.*

Kriegsende und Besatzungszeit

1945 — In der „Berliner Erklärung" vom 5. Juni übernehmen die Siegermächte des Zweiten Weltkrieges die Regierungsgewalt (Alliierter Kontrollrat) in Deutschland; auf der Potsdamer Konferenz legen sie im Juli/August Grundsätze zur Behandlung Deutschlands fest.

1945/46 — Im Nürnberger Prozess werden die Hauptkriegsverbrecher verurteilt; bis 1949 folgen zwölf weitere Verfahren.

Die Westalliierten bilden Länder und setzen Regierungen ein.

Wiederaufbau und Westbindung

1945–1948 — Rund 14 Millionen Deutsche im Osten des ehemaligen Deutschen Reiches und den deutschen Siedlungsgebieten in Ost- und Südosteuropa werden aus ihrer Heimat vertrieben.

1945–1950 — Die von den Alliierten begonnene „Entnazifizierung" der deutschen Bevölkerung wird 1946/47 in den westlichen Besatzungszonen an deutsche Behörden übergeben.

1946 — In den Westzonen finden die ersten demokratischen Wahlen seit 1933 statt.

1948 — Am 20. Juni wird in den Westzonen durch eine Währungsreform die D-Mark eingeführt.

Die Sowjetunion blockiert im Juni den freien Zugang nach Westberlin (bis Mai 1949). Amerikaner und Briten versorgen die Stadt durch eine Luftbrücke.

1948–1950 — Mit dem Marshall-Plan (European Recovery Program, ERP) helfen die USA Westeuropa beim Wiederaufbau der Wirtschaft.

1949 — Zwölf westliche Staaten schließen sich unter der Führung der USA zum Militärbündnis der NATO zusammen.

Auf dem Weg zur Bundesrepublik

Mit der Unterzeichnung des Grundgesetzes am 23. Mai wird die Bundesrepublik gegründet; am 14. August finden Wahlen zum ersten Deutschen Bundestag statt; Konrad Adenauer (CDU) wird Bundeskanzler (bis 1963).

Die Westdeutsche Regierung erkennt die am 7. Oktober 1949 gegründete DDR nicht als Staat an (Alleinvertretungsanspruch).

„Wirtschaftswunder" und Sozialstaat

1952 — Die Bundesrepublik und Israel vereinbaren ein „Wiedergutmachungsabkommen".

Das Lastenausgleichsgesetz hilft bei der Integration von Flüchtlingen und Vertriebenen.

1955 — Die Pariser Verträge regeln die Beziehungen zwischen den Staaten der „westlichen Gemeinschaft". Die Bundesrepublik erhält ihre Souveränität zurück und wird am 9. Mai Mitglied der NATO.

1957 — Rentenreform: Die Renten werden an die allgemeine Lohnentwicklung angepasst.

Die Bundesrepublik und fünf westeuropäische Staaten schließen sich am 25. März zur Europäischen Wirtschaftsgemeinschaft (EWG) zusammen.

1959 — Im Godesberger Programm bekennt sich die SPD zur Marktwirtschaft und Westintegration.

■ Nach der **bedingungslosen Kapitulation Deutschlands am 8. Mai 1945** und dem **Ende des Zweiten Weltkrieges** in Europa erschien es fraglich, ob auf deutschem Boden eine stabile freiheitlich-parlamentarische Demokratie mit einer pluralistischen Gesellschaft entstehen könnte. Die Erinnerung an die gescheiterte Weimarer Republik als einer „Republik ohne Republikaner" oder einer „Demokratie ohne Demokraten" sowie an die Barbarei des Nationalsozialismus nährten den Pessimismus.

Die Bedingungen für den politischen, gesellschaftlichen, wirtschaftlichen und kulturellen Neubeginn gaben die Grundüberzeugungen der Alliierten und deren Interessen vor, wie sie während der **Konferenz von Potsdam** 1945 diskutiert und formuliert wurden. Die zunehmenden ideologischen und politischen Spannungen zwischen der Sowjetunion und den USA sowie ihren jeweiligen Verbündeten im beginnenden **Kalten Krieg** beendeten jedoch nicht nur die Zusammenarbeit zwischen den Alliierten, sondern verhinderten durch die **Gründung der Bundesrepublik Deutschland und der Deutschen Demokratischen Republik** im Jahr **1949** auch die Lösung der **Deutschen Frage**.

Auch unter den Deutschen wurde diskutiert, welche positiven, für die Zukunft tragfähigen Traditionen der deutschen Geschichte beim Neubeginn berücksichtigt werden sollten. Ihre Vorstellungen fanden in den drei westlichen **Besatzungszonen** Eingang in die Arbeit am **Grundgesetz für die Bundesrepublik Deutschland**, das am **23. Mai 1949** unterzeichnet wurde.

Nach 1945 stand Deutschland vor einer Vielzahl sozialer, wirtschaftlicher und politischer Probleme. Zu den zu bewältigenden Aufgaben gehörten die Auseinandersetzung mit dem Nationalsozialismus und die als **Entnazifizierung** bezeichneten Maßnahmen der politischen Säuberung, außerdem die Beseitigung der Kriegsschäden, der Neuaufbau der Wirtschaft auf der Grundlage der **Währungsreform** von 1948 sowie die Integration der Millionen durch **Flucht und Vertreibung** entwurzelten Menschen in den Westzonen.

Historiker fassen die Ausgangssituation 1945 überwiegend mit der These zusammen, dass es damals keine „Stunde Null", also keinen absoluten Neuanfang, gegeben habe. Ziel sei es aber gewesen, aus der Vergangenheit zu lernen. Häufig beschreiben sie die Geschichte der Bundesrepublik als eine „Erfolgsgeschichte". Dabei ist nicht zu übersehen, dass bereits in der Gründungs- und Anfangsphase der Bundesrepublik politische Grundsatzentscheidungen wie die Wiederbewaffnung und **Westintegration** der Bundesrepublik sowie ihr Beitritt zur **NATO** heftige innenpolitische Kontroversen auslösten. In den 1950er-Jahren zeigten erste „Halbstarkenproteste" eine wachsende Unzufriedenheit vor allem der nachwachsenden Generation mit der „restaurativ-konservativen" Adenauerzeit, die sich in den 1960er-Jahren bis hin zur **„68er-Bewegung"** erheblich steigern sollte.

Die Kontroversen und Proteste gegen die angeblich zu einseitige und bedingungslose Anlehnung an den „kapitalistischen" Westen, gegen das zu selbstgerechte Feindbild des Kommunismus oder die zu oberflächliche Art der „Bewältigung" des Nationalsozialismus waren heftig. Sie führten jedoch nicht zu einer Staatskrise. Extreme Gruppierungen oder Parteien von links und rechts blieben chancenlos. „Bonn ist nicht Weimar!", meinte der Schweizer Publizist Fritz René Allemann schon in den fünfziger Jahren. Es lohnt sich die Frage, was dazu beitrug, dass sich diese Aussage dauerhaft als richtig erweisen sollte.

■ Untersuchen Sie mithilfe des Grundwissens ab dem 19. Jahrhundert, auf welche Traditionen der deutschen Geschichte in der frühen Bundesrepublik zurückgegriffen wurde.

■ Ordnen Sie in einer Mindmap Ereignisse und Entwicklungen zwischen 1945 und 1990 an, die die Geschichte der Bundesrepublik zu einer „Erfolgsgeschichte" machten.

Nachkriegszeit und Erfahrungen der Deutschen mit dem „Dritten Reich"

Der 5. März 1945 ist ein Montag, Frühling liegt in der Luft. Von Nordwesten rücken die Amerikaner in die Kölner Innenstadt vor. Hunderte deutscher Soldaten ergeben sich, in den Fenstern schwenken die Menschen weiße Fahnen. Nur in Worringen haben sich Jugendliche mit Panzerfäusten verschanzt. Die Soldaten können ihnen die Waffen jedoch abnehmen.

Das Rasseln der Panzerketten erschüttert den Boden, und dann donnert es gegen die Haustür: „Aufmachen!" Anne öffnet vorsichtig die Tür, die ältere Schwester Martha, die etwas Englisch kann, erklärt dem Offizier, dass keine deutschen Soldaten im Haus sind. Die Amerikaner sind misstrauisch, lassen sich alle Räume zeigen. Bibbernd öffnet Anne Türen und Schränke, deckt die Betten auf – alles mit einem Gewehrlauf im Rücken. Als die Soldaten endlich gehen, dreht sich der eine von ihnen noch einmal um: „You are lucky, the war is over for you!"

Ja, glücklich sind Anne und ihre Schwester, weil sie und die Mutter den Krieg überlebt haben und ihr Haus noch steht. Aber was soll nun werden? In den nächsten Monaten scheint die Lage hoffnungslos: Vom Vater gibt es seit Monaten kein Lebenszeichen, große Teile der Stadt liegen in Schutt und Asche, die Menschen frieren und hungern. Alltag heißt für Anne und Martha, das Überleben zu organisieren: beim Kohlenklau und den „Hamsterfahrten" aufs Land, beim Handeln auf dem Schwarzmarkt oder beim stundenlangen Anstehen an der Verteilungsstelle für ein paar Schuhe, einen Topf oder Eimer zum Kochen und Wasserholen.

Eine „Stunde Null"? Der Zusammenbruch des staatlichen und gesellschaftlichen Lebens in Deutschland bei Kriegsende brachte zugleich die Befreiung von einem menschenverachtenden Regime. 750 000 Häftlinge in den Konzentrationslagern waren gerettet. Millionen von Menschen fühlten sich von einem Alpdruck befreit, doch viele wussten nicht, wie es weitergehen sollte. Erleichterung und Bedrückung, Apathie und ein Hochgefühl der Freiheit vermischten sich zu einer verschwommenen Stimmungslage, die häufig als „Stunde Null" bezeichnet wurde. Dieser Begriff enthält sowohl die Vorstellung vom totalen Zusammenbruch als auch die Hoffnung auf einen radikalen Neubeginn. Er darf aber nicht darüber hinwegtäuschen, dass nach 1945 viele politische und gesellschaftliche Kontinuitäten wirksam blieben.

◄ **Einmarsch der Amerikaner.** *Foto aus Bensheim (Bergstraße), März 1945.*

▶ **Flüchtlinge schleppen sich bei Kriegsende über die Elbbrücke bei Tangermünde.**
*Foto vom 1. Mai 1945.
Ganze Trecks verließen den Osten Deutschlands, um der Verfolgung zu entkommen und im Westen neu anzufangen. Hunderttausende kamen auf der Flucht ums Leben.*

Das Erbe der nationalsozialistischen Herrschaft war allenthalben sichtbar:
- Weite Teile Europas lagen in Trümmern. Die Wohnungsnot und die unzureichende Lebensmittelversorgung der Bevölkerung in den Städten waren katastrophal. Not und Hunger gehörten zum Alltag. Krankheiten wie Typhus, Diphtherie und Keuchhusten grassierten.
- Zahllose Familien waren zerrissen. Viele Menschen hatten im Krieg ihre Angehörigen verloren und suchten jetzt nach Überlebenden.
- Hinzu kamen acht bis zehn Millionen ausländische Kriegsgefangene, Zwangsarbeiter und aus den Konzentrationslagern Befreite (Displaced Persons, „DPs") sowie rund 14 Millionen Deutsche, die aus den Ostgebieten des Deutschen Reiches sowie aus Ost- und Südosteuropa vor der Roten Armee geflohen waren oder aus ihrer Heimat vertrieben wurden.
- Etwa elf Millionen deutsche Soldaten waren in alliierte Gefangenschaft geraten. Die Westmächte entließen die meisten von ihnen bald nach Kriegsende, die letzten 1948. Von den drei Millionen Soldaten in sowjetischer Kriegsgefangenschaft kam über eine Million ums Leben. Die letzten sowjetischen Kriegsgefangenen kehrten erst im Januar 1956 zurück.

▲ **Vertreibung.**
*Foto aus Prag vom Mai 1945.
Deutsche Bewohner wurden 1945 in zahlreichen Städten auf öffentlichen Plätzen zusammengetrieben und deportiert. Hier in Prag wurden Kleider und Koffer der zu Vertreibenden und auch deren Gesichter mit Hakenkreuzen bemalt.*

Politischer Neuanfang Auf den militärischen, politischen und moralischen Zusammenbruch Deutschlands folgten für die Besiegten Jahre der Fremdherrschaft. Die Siegermächte USA, Großbritannien, Frankreich und die Sowjetunion übernahmen die Regierungsgewalt in Deutschland. Sie teilten das Land in Besatzungszonen auf, in denen jede Macht ihre eigene Militärregierung einsetzte. Berlin, die ehemalige Hauptstadt des Deutschen Reiches, wurde in vier Sektoren geteilt und lag wie eine Insel in der Sowjetischen Besatzungszone (SBZ).

Über die politischen Grundsätze der zukünftigen Behandlung Deutschlands bestand zwischen den Alliierten Einigkeit:
- Entwaffnung und Entmilitarisierung,
- Demontage kriegswichtiger Industrieanlagen,
- politische Säuberung der deutschen Gesellschaft (Entnazifizierung),

▶ **Zerbombtes Wohnhaus in München 1946.**
Das Wohnen in den Ruinen war lebensgefährlich. Mauern drohten einzustürzen, unter dem Schutt lagen oft Blindgänger. Angesichts der ungeheuren Zerstörungen in den Städten waren jedoch selbst solche Behausungen besser als gar nichts.

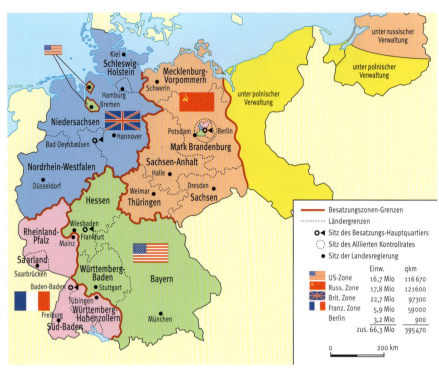

▲ Die Besatzungszonen und die 1946/47 gebildeten Länder.

- Demokratisierung des politischen Lebens und der Wiederaufbau der lokalen Selbstverwaltung „nach demokratischen Grundsätzen" sowie
- Dezentralisierung der staatlichen Ordnung und der Wirtschaft.

Allerdings verbanden die Westmächte und die Sowjetunion mit den gefundenen „Formelkompromissen" unterschiedliche Inhalte. Amerikaner, Briten und Franzosen waren bestrebt, in ihren Besatzungszonen eine „Demokratie von unten" aufzubauen. Das ursprüngliche Besatzungsziel, „Deutschland daran zu hindern, je wieder eine Bedrohung des Weltfriedens zu werden", blieb unverändert bestehen. Dies sollte aber nicht primär durch Bestrafung, sondern durch Umerziehung (Reeducation) sowie die politische und wirtschaftliche Integration in die westliche Welt erreicht werden. Wiedergutmachungsansprüche wollten die Westmächte von einer funktionierenden Wirtschaft abhängig machen. Nur so sahen sie eine Chance für eine rasche Stabilisierung Westdeutschlands, die eine Ausweitung des kommunistischen Einflusses verhindern konnte.

Die Sowjetunion hingegen wollte sich die Option zur Einflussnahme auf ganz Deutschland offenhalten, weil sie umfangreiche Reparationen für ihr zerstörtes Land benötigte. Vor allem ging es um die Sicherung ihres Einflusses in der SBZ, in der Strukturreformen ein kommunistisches Herrschafts- und Gesellschaftssystem als Vorbild für Gesamtdeutschland vorbereiten sollten.

Konfrontation mit Schuld und Verantwortung Nach 1945 stand für Opfer und Befreier die Frage nach der Schuld im Vordergrund. Die Deutschen sollten sich mit ihrer Vergangenheit und den Folgen der Hitler-Diktatur auseinandersetzen und die Verantwortung für die Verbrechen übernehmen. Hunderttausende von Deutschen hatten sich schuldig gemacht, noch mehr hatten das Unrecht nicht sehen wollen. Die Alliierten veröffentlichten Bilder und Berichte aus den Konzentrationslagern und zwangen die Bewohner der nahe gelegenen Städte, die Lager und die Opfer anzusehen.

In den ersten Nachkriegsjahren schien sich in der deutschen Bevölkerung eine Verweigerungshaltung durchzusetzen (▶ M1). Nur eine Minderheit war dazu bereit, über die persönliche oder kollektive Mitverantwortung nachzudenken. Ungläubig oder voller Scham, verstockt oder erschüttert reagierten die Men-

◀ CARE-Pakete.
Die Hilfsorganisation CARE (Cooperative for American Remittances to Europe) sandte Hilfsgüter nach Europa. Fast zehn Millionen CARE-Pakete wurden in die Westzonen bzw. die Bundesrepublik geschickt. Sie enthielten v.a. Fleischkonserven, Fett, Zucker, Kaffee und Schokolade. In einem Paket steckten Lebensmittel mit 40 000 Kalorien.

schen auf die Erkenntnis, dass sie Opfer für eine schlechte Sache gebracht hatten. Es dauerte lange, bis die meisten erkannten, dass der „Führer" das Land vorsätzlich in einen aussichtslosen Krieg geführt und Verbrechen angeordnet hatte, wie sie niemals zuvor verübt worden waren (▶ M2, M3). Für Scham und Trauer über das schuldhafte Verhalten und die Massenverbrechen fehlte es vielfach an Einsicht, aber auch an Kraft. Nach Krieg, Flucht und Vertreibung waren die Menschen bemüht, das eigene Schicksal und den Alltag zu bewältigen. Zudem war die NS-Zeit zu sehr mit dem eigenen Leben verbunden und der zeitliche Abstand für eine selbstkritische Betrachtung oder Infragestellung zu gering. Andererseits gab es einige Intellektuelle und Politiker, die ein Eingeständnis der Schuld und eine „Wiedergutmachung" forderten.

▲ **Konfrontation mit den Verbrechen.**
Foto vom 16. April 1945. Die Täter und Mitläufer, die Sieger und Richter, die Opfer und Zeugen: Auf Befehl des US-Generals George S. Patton mussten sich etwa tausend Weimarer Bürger das gerade befreite KZ Buchenwald ansehen.

NS-Prozesse: Beginn einer Aufarbeitung? Die Ahndung der nationalsozialistischen Verbrechen übernahmen zunächst die Siegermächte: Von November 1945 bis Oktober 1946 wurden die Hauptkriegsverbrecher – 21 ehemalige hohe Parteiführer, Minister und Generäle – vor ein internationales Militärgericht gebracht (Nürnberger Prozess). Bis 1949 folgten weitere Prozesse gegen NS-Täter. Insgesamt verurteilten die westlichen Besatzungsmächte über 5 000 Angeklagte, 486 von ihnen wurden hingerichtet, die übrigen Verurteilten zwischen 1950 und 1958 wieder freigelassen. Etwa 45 000 Personen wurden von sowjetischen Militärgerichten verurteilt, ein Drittel von ihnen in Arbeitslager deportiert.

Der Nürnberger Prozess trug maßgeblich zur Aufhellung der Geschichte des NS-Regimes bei. Die vielen tausend belastenden Dokumente und Zeugenaussagen der Nürnberger Prozesse ließen keinen Zweifel daran, dass die Aburteilung gerechtfertigt war. Auch war die Kriegsschuld des Hitler-Regimes in der deutschen Öffentlichkeit fortan unstrittig. Die Politiker der ersten Stunde mussten sich nicht einer neuen „Dolchstoßlegende" erwehren. Andererseits dienten die NS-Prozesse auch vielen Deutschen als Entlastung: Indem sie die Hauptverantwortlichen aus Partei und SS zur Verantwortung zogen, unterstützten sie damit das weitverbreitete Deutungsmuster, dass Deutschland Opfer eines verbrecherischen Führers und seiner Clique geworden sei. Auf diese Weise konnte die Schuld auf wenige Nazis geschoben und damit das Mitläufertum sowie die Verstrickung der Bevölkerung und der Wehrmacht verdrängt werden.

Entnazifizierung und Umerziehung Neben der Aburteilung der Kriegsverbrecher gehörte auch eine umfassende politische Säuberung zum Entnazifizierungskonzept der Alliierten im besetzten Deutschland. Ehemalige NS-Aktivisten sollten aus Ämtern entfernt und bestraft werden. Vor allem die Amerikaner betrieben die Entnazifizierung mit großer Strenge und einem gewaltigen bürokratischen Aufwand. Von 18 000 Volksschullehrern in Bayern verloren 10 000 ihre Stellen. In Hessen wurden jeder zweite Beamte und jeder dritte Angestellte entlassen. Insgesamt waren in den Westzonen über 500 000

Männer und Frauen von den Massenentlassungen betroffen; mehr als 170 000 NS-Aktivisten wurden in Internierungslager gebracht, die meisten von ihnen aber bis 1948 wieder entlassen.

1946/47 wurde die Entnazifizierung in den westlichen Besatzungszonen in deutsche Hände übertragen. Jeder Deutsche über 18 Jahre musste einen Fragebogen mit 131 Fragen über seine berufliche und politische Vergangenheit ausfüllen. Spruchkammern stuften die erfassten Personen in fünf Kategorien ein: Hauptschuldige, Belastete, Minderbelastete, Mitläufer und Entlastete. Straffrei sollten nur Entlastete und Mitläufer ausgehen. Den übrigen drohten Gefängnis oder Straflager, Geldstrafe und Berufsverbot.

Der Versuch, durch Entnazifizierung und Spruchkammerverfahren alle Täter ihrer gerechten Strafe zuzuführen und aus Millionen Verantwortlichen und Mitläufern Demokraten zu machen, scheiterte letztlich an Art und Umfang des Vorhabens. Es war die Zeit der „Persilscheine", die man sich wechselseitig ausstellte, aber auch die Zeit der Denunziation und der Korruption. Schuldigen gelang es immer wieder, durch Fälschung ihrer Angaben oder Entlastungszeugen als „Mitläufer" eingestuft zu werden. Die große Mehrheit der Bevölkerung fühlte sich diskriminiert und forderte ein schnelles Ende der Überprüfungen (▶ M4). Mit Beginn des Kalten Krieges wurde die Entnazifizierung um 1950 in den westlichen Besatzungszonen eingestellt. Die meisten NS-Täter konnten die Gefängnisse bereits in den frühen 1950er-Jahren wieder verlassen. In zahlreichen Fällen wurden die Strafen gemildert, Täter begnadigt oder nachträglich als „Mitläufer" eingestuft. Viele Belastete konnten später wieder in ihre Positionen zurückkehren.

Viel nachhaltiger als die Entnazifizierung erwies sich die Umerziehung der Bevölkerung zu Rechtsstaat und Demokratie. Auch hier waren die US-Amerikaner vorbildlich. Sie gestalteten das Erziehungswesen, Lehrpläne, Presse und Rundfunk um, hielten politische Kurse ab und richteten Amerikahäuser als kulturelle Begegnungsstätten ein. Aber auch in der SBZ gab es Umerziehungsmaßnahmen. Sie dienten jedoch vorrangig der Verbreitung von Kenntnissen über die Sowjetunion.

▲ Wahlplakat der Freien Demokratischen Partei (FDP) zur Bundestagswahl 1949.

„Persilscheine": So hießen im Volksmund die Bestätigungen, dass jemand Gegner oder wenigstens kein Sympathisant des Nationalsozialismus gewesen war. „Persil" war ein Waschmittel, dessen Werbung versprach, alles rein zu waschen.

„Lehren aus Weimar" Für die sich entwickelnde demokratische politische Kultur war die Entscheidung der Westalliierten zur Gründung der Bundesrepublik von besonderer Bedeutung. Seit Ende 1947 waren Amerikaner und Briten entschlossen, ihre Besatzungszonen in einen westdeutschen Teilstaat umzuwandeln. Die Franzosen stimmten erst zu, als sie ausreichende Sicherheitsgarantien gegen ein wieder erstarkendes Westdeutschland erhielten. Am 1. Juli 1948 beauftragten die drei westlichen Militärgouverneure die Ministerpräsidenten der elf westdeutschen Länder, die Verfassungsberatungen aufzunehmen.

Die an der Ausarbeitung der Verfassung beteiligten deutschen Politiker und Experten waren sich in zwei Dingen einig: Zum einen sollte die Möglichkeit eines vereinigten Deutschland offen bleiben. Deshalb sollte nicht von einer Verfassunggebenden Versammlung, sondern von einem Parlamentarischen Rat, nicht von einer Verfassung, sondern von einem Grundgesetz die Rede sein. Und zum anderen wollten sie aus der Geschichte lernen, die Fehler der Weimarer Verfassung nicht wiederholen und aus der Hitler-Diktatur die richtigen Schlüsse ziehen (▶ M5, M6). Viele Verfassungsfragen konnten deshalb rasch und einvernehmlich gelöst werden. Dazu gehörten die Aufwertung der Grundrechte als unmittelbar geltendes Recht, die starke Stellung des Bundeskanzlers, das konstruktive Misstrauensvotum, die reduzierten Funktionen des Bundespräsidenten, die Ablehnung von Plebisziten und die Schaffung eines parlamentarisch-repräsentativen Regierungssystems.

▶ **Festakt bei der Eröffnung des Parlamentarischen Rates 1948 in Bonn.**
Am 1. September 1948, Punkt 13 Uhr, begann der Festakt zur Eröffnung des Parlamentarischen Rates im Bonner Zoologischen Museum Alexander Koenig. Die Giraffen, Büffel und anderen ausgestopften Tiere wurden hinter Säulen und Vorhängen versteckt. Die zukünftigen Verfassungsväter und die wenigen Verfassungsmütter sitzen im Mittelblock. In der ersten Reihe links sitzen die Vertreter der drei westlichen Besatzungsmächte.
■ Klären Sie den Symbolgehalt der Mitwirkung der Westalliierten an der Eröffnung des Parlamentarischen Rates.

Am 8. Mai 1949, vier Jahre nach der deutschen Kapitulation, wurde das Grundgesetz mit großer Mehrheit verabschiedet und nach Genehmigung durch die Militärgouverneure am 23. Mai 1949 durch die Ministerpräsidenten der Länder und die Landtagspräsidenten in Bonn feierlich unterzeichnet. Damit war die Bundesrepublik Deutschland gegründet. Nach der ersten Bundestagswahl am 14. August wurde Konrad Adenauer (Christlich Demokratische Union, CDU) Bundeskanzler. Erster Bundespräsident wurde Theodor Heuss von der Freien Demokratischen Partei (FDP). Aus den westlichen Besatzungszonen war ein Staat unter alliierter Aufsicht geworden.

Das Verhältnis zu Israel ■ 1950 entstand in Deutschland der Zentralrat der Juden. Er setzte sich für die Rechte der Juden ein und forderte Wiedergutmachung für das erlittene Unrecht. David Ben Gurion, der Ministerpräsident des 1948 in Palästina gegründeten Staates Israel, wandte sich Anfang 1951 an die vier Siegermächte und machte Ansprüche auf deutsche Entschädigungszahlungen geltend: Es ging dabei um die Entschädigung jüdischer Einzelpersonen und die Rückerstattung ihres Eigentums sowie Entschädigungszahlungen an den jüdischen Staat für die Eingliederungskosten von 450 000 aus Europa eingewanderter Juden.

Bundeskanzler Konrad Adenauer ging, nicht zuletzt auf Druck der Amerikaner, auf die jüdischen Forderungen ein. Ende September 1951 bot er Israel im Bundestag Wiedergutmachungsverhandlungen an. Nach schwierigen Verhandlungen wurde am 10. September 1952 in Luxemburg mit Israel und jüdischen Organisationen ein Wiedergutmachungsabkommen geschlossen (Luxemburger Abkommen). Es stellte unter anderem drei Milliarden DM (1,53 Mrd. Euro) für die Eingliederung von etwa einer halben Million Holocaust-Überlebender in Aussicht. Die für damalige Verhältnisse ungeheure Summe rief heftigen Protest arabischer Länder im Nahen Osten hervor. Die Gegner Ben Gurions sprachen von „Blutgeld", mit dem sich Deutschland von seiner Schuld loskaufen wolle. Im Bundestag konnte Adenauer die Ratifizierung des Vertrages nur mithilfe der Opposition durchsetzen, da er in den eigenen Reihen keine Mehrheit für das Abkommen fand.

Dieses erste deutsch-israelische Abkommen, dem weitere folgten, war in der Bundesrepublik nicht populär. Das Ausland sah darin jedoch eine wichtige Voraussetzung für den Weg der Bundesrepublik in die westliche Staatengemeinschaft. Mit ihm legten Adenauer und Ben Gurion das Fundament für die „besonderen deutsch-israelischen Beziehungen", die sich bis heute als tragfähig erwiesen haben. Diplomatische Beziehungen nahmen beide Länder zwar erst 1965 auf; die politische, wirtschaftliche und kulturelle Zusammenarbeit zwischen Israel, der Bundesrepublik und den hier lebenden Juden bewirkte jedoch, dass sich immer mehr von ihnen entschieden, ihre Koffer auszupacken und sich auf Dauer in der Bundesrepublik einzurichten (▶ M7). 1989 lebten hier rund 30 000 Juden.

Konrad Adenauer (1876-1967): 1917-1933 und 1945 Kölner Oberbürgermeister; 1945 Mitbegründer der CDU, ab 1946 deren Partei-, 1950-1966 deren Bundesvorsitzender, 1948 Präsident des Parlamentarischen Rates, 1949-63 Bundeskanzler und von 1951 bis 1955 zugleich Außenminister

Theodor Heuss (1884-1963): deutscher Politiker, Mitbegründer der FDP und ab 1948 deren Vorsitzender, Mitglied des Parlamentarischen Rates, 1949-1959 erster Bundespräsident

In Nürnberg und anderswo

◀ „Er hat mir's doch befohlen!"
Karikatur von 1946.
■ Erörtern Sie die Aussage der Karikatur.

M1 „Es ist zum Übelwerden"

Der Schriftsteller und Nobelpreisträger Hermann Hesse (1877-1962) lebt seit 1919 in der Schweiz im Tessin. Während der Zeit des Nationalsozialismus ist sein Haus eine Anlaufstelle für etliche Emigranten aus Deutschland auf ihrem Weg ins Exil. Hesse schreibt einen „offenen Brief" an die Schriftstellerin Luise Rinser, der am 26. April 1946 unter dem Titel „Ein Brief nach Deutschland" in der National Zeitung (Basel) veröffentlicht wird. Darin heißt es:

Merkwürdig ist das mit den Briefen aus Ihrem Lande! Viele Monate bedeutete für mich ein Brief aus Deutschland ein überaus seltenes und beinahe immer ein freudiges Ereignis. [...]
Dann wurden die Briefe häufiger und länger und unter diesen Briefen waren schon viele, die mir keine Freude machten und die zu beantworten mir bald die Lust verging [...].
Ein Gefangener in Frankreich, kein Kind mehr, sondern ein Industrieller und Familienvater, mit Doktortitel und guter Bildung, stellte mir die Frage, was denn nach meiner Meinung ein gut gesinnter anständiger Deutscher in den Hitlerjahren hätte tun sollen? Nichts habe er verhindern, nichts gegen Hitler tun können, denn das wäre Wahnsinn gewesen, es hätte ihn Brot und Freiheit gekostet, und am Ende noch das Leben. [...]
Da sind nun zum Beispiel alle jene alten Bekannten, die mir früher jahrelang geschrieben, damit aber in dem Augenblick aufgehört haben, als sie merkten, dass man sich durch Briefwechsel mit mir, dem Wohlüberwachten, recht Unangenehmes zuziehen könne. Jetzt teilen sie mir mit, dass sie noch leben, dass sie stets warm an mich gedacht und mich um mein Glück, im Paradies der Schweiz zu leben, beneidet hätten, und dass sie, wie ich mir ja denken könne, niemals mit diesen verfluchten Nazis sympathisiert hätten. Es sind aber viele dieser Bekenner jahrelang Mitglieder der Partei gewesen. Jetzt erzählen sie ausführlich, dass sie in all diesen Jahren stets mit einem Fuß im Konzentrationslager gewesen seien, und ich muss ihnen antworten, dass ich nur jene Hitlergegner ganz ernst nehmen könne, die mit beiden Füßen in jenen Lagern waren, nicht mit dem einen im Lager, mit dem anderen in der Partei [...].
Dann gibt es treuherzige alte Wandervögel, die schreiben mir, sie seien damals, so etwa um 1934, nach schwerem inneren Ringen in die Partei eingetreten, einzig, um dort ein heilsames Gegengewicht gegen die allzu wilden und brutalen Elemente zu bilden und so weiter.
Andere wieder haben mehr private Komplexe und finden, während sie im tiefen Elend leben und von wichtigeren Sorgen umgeben sind, Papier und Tinte und Zeit und Temperament im Überfluss, um mir in sehr langen Briefen ihre tiefe Verachtung für Thomas Mann[1] auszusprechen und ihr Bedauern oder ihre Entrüstung darüber, dass ich mit einem solchen Mann befreundet sei.
Und wieder eine Gruppe bilden jene, die offen und eindeutig all die Jahre mit an Hitlers Triumphwagen gezogen haben, einige Kollegen und Freunde aus früheren Zeiten her. Sie schreiben mir jetzt rührende und freundliche Briefe, erzählen mir eingehend von ihrem Alltag, ihren Bombenschäden und häuslichen Sorgen, ihren Kindern und Enkeln, als wäre nichts gewesen, als wäre nichts zwischen uns, als hätten sie nicht mitgeholfen, die Angehörigen und Freunde meiner Frau, die Jüdin ist, umzubringen und mein Lebenswerk zu diskreditieren und schließlich zu vernichten. Nicht einer von ihnen schreibt, er bereue, er sehe die Dinge jetzt anders, er sei verblendet gewesen. Und auch nicht einer schreibt, er sei Nazi gewesen und werde es bleiben, er bereue nichts, er stehe zu seiner Sache. Wo wäre je ein Nazi zu seiner Sache gestanden, wenn diese Sache schief ging? Ach, es ist zum Übelwerden.

Zitiert nach: Christoph Kleßmann, Die doppelte Staatsgründung. Deutsche Geschichte 1945-1955, Bonn 1991, S. 443f.

1. *Beschreiben Sie, wie sich die Deutschen in ihren Briefen an Hermann Hesse darstellen.*
2. *Erläutern Sie, welche Gründe es für die Einstellung der Deutschen und ihren Umgang mit dem Nationalsozialismus geben könnte.*
3. *Erörtern Sie Hesses Haltung, die hier zum Ausdruck kommt. Nehmen Sie selbst Stellung zu den Briefschreibern und verfassen Sie Antworten.*

---
[1] Thomas Mann (1875-1955): deutscher Schriftsteller und Nobelpreisträger, der 1933 in die Schweiz und 1938 in die USA emigrierte. Als Gegner der Nationalsozialisten wandte er sich regelmäßig in einer eigenen Radiosendung, gesendet von der BBC, an die deutsche Bevölkerung.

M2 Mentalitätsbrüche

Der Historiker Hans-Ulrich Wehler spricht von einem vierfachen Mentalitätsbruch, der die Ausgangslage der neu gegründeten Bundesrepublik begünstigt habe:

1. Jedes Liebäugeln mit der Diktatur traf nach 1945 in Westdeutschland auf unüberwindbaren Widerstand. Die Erfahrungen mit dem Führerabsolutismus hatten alle Illusionen, die dieses politische System unlängst noch umhüllt hatten,
5 aufgelöst. [...]
2. Mit dem Untergang des „Dritten Reiches" wurde außerdem die Fata Morgana eines deutschen „Sonderwegs" in die Moderne endgültig aufgegeben. Zwar hatte Deutschland seit jeher zum Okzident: zum westlichen Kulturkreis und
10 europäischen Staatensystem, gehört – insofern ist die Formel vom „langen Weg nach Westen" irreführend. Doch war es seit der zweiten Hälfte des 19. Jahrhunderts mit fatalen Folgen von dessen Modernisierungspfad abgewichen. Das niederschmetternde Resultat des nationalsozialistischen „Sonder-
15 wegs" blieb umso wirkungsvoller, als die Blockkonfrontation zwischen sowjetischer Diktatur und westlicher Demokratie die vermeintliche Option für einen neuen „Dritten Weg", den einige irrlichternde Schwarmgeister noch immer für begehbar hielten, denkbar unattraktiv machte.
20 3. Nachdem der Vulkan des deutschen Radikalnationalismus erstickt worden war, erloschen auch die Leidenschaften, die ihn von einer Eruption zur anderen getrieben hatten. Damit verlor der politische Verband der Deutschen einen seiner Tragpfeiler, insbesondere aber eine Antriebskraft, die ihn seit
25 hundert Jahren bewegt hatte. Die große Frage lautet seither, welcher Loyalitätspol an die Stelle der Nation treten kann, da auch moderne westliche Staaten weiterhin einer integrierenden Programmatik bedürfen. [...]
4. Auch der Bann des charismatischen „Führers" war 1945
30 endgültig gebrochen worden, nachdem der Selbstmörder ein bis dahin unvorstellbares Chaos heraufgeführt hatte. Trotzdem: Da der Hitler-Mythos sozialpsychisch viel tiefer verankert war, als mancher Kritiker der Führerherrschaft später wahrhaben wollte, ist seine Ausstrahlungskraft nicht über
35 Nacht erloschen. Die ersten Meinungsumfragen ergaben, dass Hitlers Leistungen in den sechs Friedensjahren noch rundum auf Anerkennung trafen. Im Sommer 1952 etwa hielt ihn ein Drittel der Befragten für einen „großen Staatsmann", ein weiteres Viertel besaß eine „gute Meinung" von ihm.
40 Auch 1955 glaubte immerhin fast die Hälfte (48 Prozent), dass Hitler ohne den Krieg als einer „der großen deutschen Staatsmänner" dagestanden hätte. Selbst 1967, als die westdeutsche Wirtschaft und die Bonner Republik schon jahrelang florierten, hielten noch immer 32 Prozent an diesem positi-

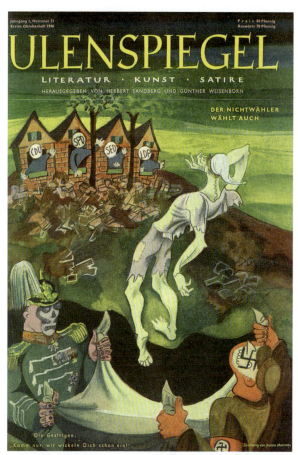

▲ **Titelblatt der satirischen Nachkriegszeitschrift „Ulenspiegel" von Oktober 1946.**
■ *Analysieren Sie die Aussage des Bildes.*

45 ven Urteil fest. Heutzutage mag man das mit einem ungläubigen Kopfschütteln registrieren, aber die zuverlässig ermittelten empirischen Befunde beweisen noch einmal die außergewöhnliche Faszination, die Hitlers charismatische Herrschaft auf seine Deutschen ausgeübt hatte.

Hans-Ulrich Wehler, Deutsche Gesellschaftsgeschichte, Bd. 4: Vom Beginn des Ersten Weltkriegs bis zur Gründung der beiden deutschen Staaten 1914-1949, München 2003, S. 981f.

1. *Arbeiten Sie die Kernthesen heraus.*
2. *Die These vom „deutschen Sonderweg" ist unter Historikern umstritten, da jede Nation historisch ihren „eigenen Weg" gegangen sei. Diskutieren Sie, ob die These vom „Sonderweg" zum Verständnis der Geschehnisse zwischen 1933 und 1945 beitragen kann.*
3. *Erörtern Sie, welche integrierende Idee heute im wiedervereinigten Deutschland als Antriebskraft wirken könnte.*

M3 NS-Zeit im öffentlichen Bewusstsein

Anfang 1952 führt das Allensbacher Institut für Demoskopie eine Umfrage unter Männern der Geburtsjahrgänge 1927-1934 durch:

Frage: „Was glauben Sie: War der Nationalsozialismus eine gute oder eine schlechte Idee?"

Teils, teils	41%
Gute Idee	33%
Schlechte Idee	14%
Keine Meinung	12%
	100%

Frage: „Was, glauben Sie, ist der Grund dafür, dass Deutschland den Krieg verloren hat?"

		(Männliche Bev. in Bundesgebiet und West-Berlin insgesamt Feb. 1952)
Eigene Schwäche (Wahnsinn, dass wir die ganze Welt gegen uns aufbrachten – Gegen die gewaltige Übermacht der Feindstaaten war ein Sieg unmöglich – Die Materialübermacht der Amerikaner usw.)	39%	(32%)
Verrat, Sabotage (Verrat im eigenen Lager – Die Leute des 20. Juli – Verrat der militärischen Geheimnisse an die Feinde etc.)	29%	(27%)
Schlechte Führung, schlechte Politik (Die Regierung hat versagt, nicht getaugt – Zu hochgesteckte Ziele – Verfehlte, überhebliche Politik – War alles schlecht organisiert usw.)	10%	(19%)
Hitler (Sein Größenwahnsinn, sein Machthunger – Der Radikalismus Hitlers – Weil sich Hitler als den größten Feldherrn aller Zeiten bezeichnete und seine Generale in den Hintergrund schob)	10%	(11%)
Falsche Kriegsführung (Zu schlecht vorbereitet und zu wenig Jäger – Zu wenig Soldaten und zu wenig Munition – Der Vier-Fronten-Krieg – Der weite Vorstoß nach Russland usw.)	9%	(6%)
Innere Uneinigkeit (Zwischen den Führenden – Zwischen den Offizieren und Politikern usw.)	6%	(6%)

Nach: Hans-Erich Volkmann (Hrsg.), Quellen zur Innenpolitik der Ära Adenauer, Darmstadt 2005, S. 122 f.

1. Analysieren Sie ausgehend von der Darstellung auf den Seiten 214 bis 219 die Gründe für die Einstellung der deutschen Bevölkerung zu Nationalsozialismus und Krieg im Jahr 1952. Beachten Sie das Alter der Befragten.

2. Vergleichen Sie die Statistiken mit der Wertung Wehlers in M2.

M4 Die Jugend braucht eine Perspektive

Der spätere Bundeskanzler Willy Brandt[1] ist in seiner Jugend Mitglied der Sozialistischen Arbeiterpartei. Deshalb muss er nach der „Machtergreifung" der Nationalsozialisten emigrieren. Brandt nimmt die norwegische Staatsbürgerschaft an und arbeitet als Journalist. Im Juni 1946 erscheint in Oslo ein Buch, in dem der spätere SPD-Parteivorsitzende und deutsche Bundeskanzler seine Eindrücke über die Lage im besetzten Nachkriegsdeutschland für das norwegische Publikum schildert:

Wer ein Kind war, als Hitler an die Macht kam, konnte sich nicht groß an die Verhältnisse vor 1933 erinnern. Und das, woran sie sich erinnerten, war nicht mehr erhebend. Es war die Krisendemokratie mit Arbeitslosigkeit, Schlägereien und
5 Auflösung. [Die Kinder] wurden in die nazistische Jugendbewegung hineingepresst. Die meisten Lehrer unterrichteten sie so, wie die Nazis es wünschten. Die Älteren haben sie zu Nazis gemacht. Einige wenige überwanden die Einwirkung aus eigener Kraft oder mithilfe älterer Freunde. Die meisten
10 sahen einfach keine andere Möglichkeit. Sie meinten, keine Wahl zu haben. Nun ist alles zusammengebrochen.
Viele der Jungen sind endgültig stumm. Viele der anderen sind wortkarg geworden. Sie haben viel durchgemacht. Nicht alle lebten gut auf Kosten der unterdrückten Völker. Viele
15 waren an der Front. Sie sahen, wie ihre Kameraden ums Leben kamen. Aus Kindern wurden Männer. Jungen im Alter von 17 Jahren erzählen von schrecklichen Kriegserlebnissen, als ob es ganz alltägliche Dinge wären. Sie sind jetzt 25 Jahre alt und acht Jahre lang Soldat gewesen. Einige waren es noch
20 länger, wenn man den Arbeitsdienst mitzählt.
Die Soldaten kehren heim. Das Haus, in dem sie aufgewachsen sind, steht in vielen Fällen nicht mehr. Wenn sie Glück gehabt haben, besitzen sie noch ihre Arme und Beine. Sonst ist ihnen tatsächlich nicht viel geblieben. [...]
25 Arbeit ist vielleicht das Wichtigste für junge Menschen. Sie ist aber nicht alles. Viel hängt von der Aufklärungsarbeit für die junge Generation ab. Diejenigen, die merken, wo der Schuh drückt, wissen, dass es den neuen Parteien und der mehr oder weniger von den Alliierten gelenkten Presse schwerfällt, zu
30 einer Sprache zu finden, die die deutsche Jugend versteht. Auch noch so viele Redensarten, dass „wir die Jugend gewinnen müssen", nützen nichts. Es geht jedenfalls nicht an, zur Jugend zu sprechen, als bestünde sie nur aus Banditen und hoffnungslosen Nazi-Terroristen. Man muss im Gegenteil klar
35 zwischen einem verbrecherischen Regime und einem ursprünglichen jugendlichen Idealismus unterscheiden, der von den Propagandisten und Verführern dieses Regimes missbraucht wurde.
Ich will die deutsche Jugend nicht besser machen als sie ist.
40 Ich möchte aber gern, dass sie besser wird. Ein Teil der Arbeitsgrundlage liegt darin, dass die Jugend die Propaganda leid ist. Sie ist auch der „Parteipolitik" gegenüber misstrauisch. Ihr fällt es nicht leicht, die Schlagworte aus der Zeit vor 1933 zu verstehen. Sie ist jedoch für eine realistische Sprache
45 empfänglich. Sie erträgt es – und soll es ertragen –, dass man sie über die tatsächlichen Verhältnisse aufklärt, ohne einen Versuch billiger Idealisierung. Das bedeutet nicht, dass die Jugend in schwarzem Pessimismus gehalten werden soll. Sie braucht eine Perspektive, ein Ziel, für das sie sich begeistern
50 kann, einen „neuen Glauben", wenn man so will. Ist nicht die Arbeit am Wiederaufbau des Landes eine große Aufgabe, die an ein wahres Heldentum appelliert? Insbesondere, wenn diesem Aufbau eine europäische Perspektive verliehen wird, an der sie sich orientieren kann. Sie muss wissen, dass die
55 Deutschen einen Platz in der neuen Welt erhalten sollen, nicht militärisch, sondern wirtschaftlich und kulturell.

Willy Brandt, Verbrecher und andere Deutsche. Ein Bericht aus Deutschland 1946, bearbeitet von Einhart Lorenz. Willy-Brandt-Dokumente 1, Bonn 2007, S. 195 und 201

1. *Charakterisieren Sie die Maßnahmen der Alliierten und Brandts Vorschläge für die Umerziehung der Jugend.*

3. *Brandt nennt Perspektiven für die Jugendlichen. Prüfen Sie, inwieweit die Ziele die Gesellschaft der Bundesrepublik in der zweiten Hälfte des 20. Jahrhunderts geprägt haben. Gelten diese Ziele heute noch?*

M5 „Wehrhafte Demokratie"

Professor Carlo Schmid (SPD) ist Vorsitzender im Hauptausschuss des Parlamentarischen Rates und einer der Väter des Grundgesetzes. Am 8. September 1948 nimmt er in einer Rede vor dem Plenum Stellung zum Prinzip der „wehrhaften Demokratie":

Das Erste ist, dass das Gemeinwesen auf die allgemeine Gleichheit und Freiheit der Bürger gestellt und gegründet sein muss. [...]
Nun erhebt sich die Frage: Soll diese Gleichheit und Freiheit völlig uneingeschränkt und absolut sein, soll sie auch denen
5 eingeräumt werden, deren Streben ausschließlich darauf ausgeht, nach der Ergreifung der Macht die Freiheit selbst auszurotten? Also: Soll man sich auch künftig so verhalten, wie man sich zur Zeit der Weimarer Republik zum Beispiel den Nationalsozialisten gegenüber verhalten hat? Auch
10

---
[1] vgl. S. 283

diese Frage wird in diesem Hohen Hause beraten und entschieden werden müssen. Ich für meinen Teil bin der Meinung, dass es nicht zum Begriff der Demokratie gehört, dass sie selber die Voraussetzungen für ihre Beseitigung schafft. Ja, ich möchte weiter gehen. Ich möchte sagen: Demokratie ist nur dort mehr als ein Produkt einer bloßen Zweckmäßigkeitsentscheidung, wo man den Mut hat, an sie als etwas für die Würde des Menschen Notwendiges zu glauben. Wenn man aber diesen Mut hat, dann muss man auch den Mut zur Intoleranz denen gegenüber aufbringen, die die Demokratie gebrauchen wollen, um sie umzubringen.

Jürgen Weber (Hrsg.), Das Jahr 1949 in der deutschen Geschichte. Die doppelte Staatsgründung, Landsberg am Lech 1997, S. 45

Erläutern Sie die Idee der „wehrhaften Demokratie". Nehmen Sie Stellung.

M6 Lehren aus Weimar

Der Historiker Heinrich August Winkler beschreibt die Lehren, welche die „Mütter und Väter des Grundgesetzes" aus dem Scheitern der Weimarer Republik gezogen haben:

Der Bonner Parlamentarische Rat war drei Jahrzehnte später in einer radikal anderen Situation als die Verfassunggebende Deutsche Nationalversammlung in Weimar. Er konnte auf die Erfahrungen einer gescheiterten parlamentarischen Demokratie und einer von außen niedergeworfenen totalitären Diktatur zurückblicken und gleichzeitig, in der Sowjetischen Besatzungszone, den Aufbau einer neuen Diktatur beobachten. Vor diesem Hintergrund lag nichts näher als der Versuch, einen anderen Typ von Demokratie zu entwickeln als den, der nach 1930 Schiffbruch erlitten hatte. [...]
Die Verwirkung von Grundrechten, das Verbot verfassungswidriger Parteien durch das Bundesverfassungsgericht, die „Ewigkeitsklausel" des Artikels 79, Absatz 3, die eine Änderung des Grundgesetzes für unzulässig erklärt, durch welche die Gliederung des Bundes in Länder, die grundsätzliche Mitwirkung der Länder bei der Gesetzgebung oder die in den Grundrechtsartikeln niedergelegten Grundsätze berührt werden: Das waren einige der Vorkehrungen, die der Parlamentarische Rat traf, um aus der Bundesrepublik Deutschland eine wertorientierte und wehrhafte Demokratie zu machen. Die Weimarer Erfahrungen schlugen sich in Bindungen des Gesetzgebers und Einschränkungen des Wählerwillens nieder, wie sie es wohl in keiner anderen demokratischen Verfassung gibt. Mehrheiten dadurch vor sich selber zu schützen, dass bestimmte unveräußerliche Werte und freiheitssichernde Institutionen ihrem Willen entzogen werden:

diese Entscheidung des Verfassunggebers setzte die Erfahrung voraus, dass Mehrheiten so fundamental irren können, wie die Deutschen sich geirrt hatten, als sie 1932 mehrheitlich für Parteien stimmten, die ihre Demokratiefeindschaft offen zur Schau trugen.
Weimarer Erfahrungen entsprach auch die Einsicht, dass nur ein funktionstüchtiges parlamentarisches System demokratischen Legitimitätsglauben zu bewirken vermag. Deshalb sorgte der Parlamentarische Rat dafür, dass parlamentarische Mehrheiten ihre Verantwortung nicht mehr auf das Staatsoberhaupt abschieben und einen Regierungschef nur noch durch ein „konstruktives Misstrauensvotum", also die Wahl eines Nachfolgers, stürzen konnten. Die Weimarer Verfassung hatte es zugelassen, dass der vom Volk direkt gewählte Reichspräsident in der Lage war, eine höhere Legitimität für sich zu beanspruchen als das in Parteien gespaltene Parlament. [...]
Von der ersten deutschen Demokratie sollte sich die zweite auch in anderer Hinsicht unterscheiden. Gesetzgebung, vollziehende Gewalt und Rechtsprechung waren fortan uneingeschränkt an die Grundrechte gebunden, die, anders als in der Weimarer Republik, unmittelbar geltendes Recht waren, also nicht bloß programmatische Bedeutung hatten. Im Gegensatz zur Weimarer Reichsverfassung durfte das Grundgesetz auch nur noch durch ein Gesetz geändert werden, das den Wortlaut der Verfassung ausdrücklich änderte oder ergänzte. Abweichungen von der Verfassung, die der Gesetzgeber mit verfassungsändernder Mehrheit beschloss, ohne die Verfassung formell zu ändern, waren mithin nicht mehr möglich. Beim Nein zu plebiszitären Formen von Demokratie wie Volksbegehren und Volksentscheid spielte freilich nicht nur die Erinnerung an Weimar eine Rolle, sondern mindestens ebenso sehr die Furcht, die Kommunisten könnten sich dieser Instrumente auf demagogische Weise für ihre Zwecke bedienen.

Heinrich August Winkler, Der lange Weg nach Westen, Bd. 2: Deutsche Geschichte vom „Dritten Reich" bis zur Wiedervereinigung, München 2000, S. 133 f.

1. *Listen Sie die „Korrekturen" des Parlamentarischen Rates auf, mit denen dieser den Erhalt der Demokratie sichern wollte.*

2. *Die Annahme des Grundgesetzes erfolgte durch Ratifizierung in den Länderparlamenten. Begründen Sie, warum es nicht der Bevölkerung zur Abstimmung vorgelegt wurde.*

▶ **Inge Deutschkron, „Ich trug den gelben Stern".**
Buchtitel der Ausgabe von 2009.
In ihrer Autobiografie erzählt die 1922 geborene deutsch-israelische Journalistin Inge Deutschkron von ihrem Leben und Überleben als Jüdin in Berlin während der NS-Zeit. Seit 1989 wird ihre Lebensgeschichte in dem Theaterstück „Ab heute heißt du Sara" auf die Bühne gebracht. Die von ihr 2006 gegründete Inge-Deutschkron-Stiftung will zu Toleranz und Zivilcourage aufrufen und die Erinnerung an die bisher nicht gewürdigten „stillen Helden" bewahren, die unter Einsatz ihres eigenen Lebens Verfolgten halfen.

■ *Recherchieren Sie über Inge Deutschkrons Biografie während des Nationalsozialismus. Informieren Sie sich dabei auch über Otto Weidt. Was machte ihn zum „stillen Helden"?*

M7 „Wie ein Störenfried"

Die Publizistin Inge Deutschkron spricht in einem Interview über ihre Erfahrungen als Jüdin und Holocaust-Überlebende im Nachkriegsdeutschland:

SPIEGEL: Frau Deutschkron, Sie gingen 1946 zu Ihrem Vater nach England, kehrten aber 1955 in die Bundesrepublik zurück. Warum?

DEUTSCHKRON: Ich wollte helfen, ein neues demokratisches Deutschland mit aufzubauen. Das war ich nach meinem Empfinden auch den Menschen schuldig, die in Berlin ihr Leben riskiert hatten, um meine Mutter und mich vor der Vernichtungsmaschinerie der Nazis zu retten.

SPIEGEL: Sie kamen nach Bonn, die damalige Hauptstadt der Bundesrepublik. Wie wurden Sie dort empfangen?

DEUTSCHKRON: Eigentlich wäre ich gerne nach Berlin gegangen, aber meine Eltern waren wegen des Kalten Krieges dagegen. Also zog ich nach Bonn, und dort begann für mich eine schreckliche Zeit. Ich hatte erwartet, dass man eine von den Nazis verfolgte Jüdin, die mit ihrer Rückkehr doch auch Vertrauen in einen Neubeginn bekundete, mit Freude empfangen würde. Das Gegenteil war der Fall.

SPIEGEL: Inwiefern?

DEUTSCHKRON: Das erste unangenehme Erlebnis hatte ich schon gleich zu Beginn im Passamt. Die Beamtin bestand darauf, auch Sara in meinen neuen Pass zu schreiben, weil der Name samt Hakenkreuz 1938 in meine Geburtsurkunde aufgenommen worden war. Als ich sie auf das Datum aufmerksam machte und darauf hinwies, dass mir Sara von den Nazis aufgezwungen worden war, herrschte sie mich an: „Das geht mich nichts an."

SPIEGEL: Und der Name stand dann in Ihrem ersten bundesdeutschen Pass?

DEUTSCHKRON: So weit ging sie schließlich doch nicht. Wahrscheinlich hat sie vorher jemand zurückgepfiffen.

SPIEGEL: Hat sie sich entschuldigt?

DEUTSCHKRON: Keineswegs. Als ich den Pass abgeholt habe, sprach niemand mit mir ein Wort. Im Nachhinein muss ich sagen, das war typisch für diese Zeit. Dieses Schweigen, diese Gefühlskälte. Der Geist des Nationalsozialismus lebte überall fort, und die meisten Deutschen fanden nichts dabei.

SPIEGEL: Fragten Menschen nach Ihrem Schicksal im „Dritten Reich"?

DEUTSCHKRON: Das interessierte niemanden. Man wollte möglichst schnell zur Tagesordnung übergehen. Da war ich als Überlebende des Nazi-Terrors so etwas wie ein Störenfried. Immer wieder wurde ich aufgefordert: „Nun vergessen Sie das doch. Das ist doch schon so lange her. Man muss doch auch vergeben können." Die Deutschen fühlten sich ja selbst als Opfer.

SPIEGEL: Und rechneten die eigenen Leiden gegen die der Holocaust-Opfer auf?

DEUTSCHKRON: Sehr oft. Mal waren es tatsächliche Leiden, mal vorgegebene. Zu mir sagte ein Beamter im Wirtschaftsministerium: „Ich habe von Ihrer Lebensgeschichte gehört, das ist ja ganz furchtbar, aber wissen Sie, wir waren ja auch

◀ Geschändete Synagoge in Köln.
Foto, von 1959.

ständig in Gefahr und standen mit einem Bein im KZ." Ich wusste, dass der Mann während des „Dritten Reichs" in einer NS-Devisenstelle die Vermögen von Juden aufgelistet hat. Er selbst hatte es in meinem Beisein erzählt. Solche Sachen sind mir dauernd passiert. Oft habe ich mich gefragt: Was machst du bloß hier?
SPIEGEL: Was hielt Sie dennoch in der Bundesrepublik?
DEUTSCHKRON: Ich konnte ja während der Nazi-Zeit nichts Richtiges lernen. In Bonn arbeitete ich als Journalistin, zunächst frei, dann ab 1959 als Deutschlandkorrespondentin der israelischen Abendzeitung „Maariv". So verdiente ich nicht nur Geld, das gab mir auch Halt. Wo sollte ich sonst hin? In England galt ich nach dem Krieg als „feindliche Ausländerin", nach Israel hatte ich zunächst keine Verbindungen. [...] In London habe ich für die Sozialistische Internationale gearbeitet und dort schon viele deutsche Sozialdemokraten kennengelernt. Die haben mich damals ermutigt, wieder nach Deutschland zurückzukehren. Als ich dann in Bonn vor ihrer Tür stand, gaben sie mir allerdings eher das Gefühl, ständig vor mir auf der Flucht zu sein. Dauernd hatten sie angeblich Termine oder waren nicht da.
SPIEGEL: Wie erklären Sie sich das? Die SPD hatte doch viele ehemalige Emigranten in ihren Reihen.
DEUTSCHKRON: Vielleicht gerade deshalb. Denken Sie an Willy Brandt, wie der beschimpft, verunglimpft wurde, auch von Konrad Adenauer. Ich hatte mir nach dem Krieg vorgestellt, die Deutschen würden alle Emigranten bitten, zurückzukehren und beim Aufbau der Demokratie zu helfen. Das war eine Illusion. Die Sozialdemokraten hatten schneller als ich begriffen, dass es im Nachkriegsdeutschland viele Nazis und Antisemiten gab. Die SPD war windelweich, wenn es um deren Zurückweisung ging – die waren auch Wähler.
SPIEGEL: Sie haben die Bundesrepublik 1972 enttäuscht verlassen und sind nach Israel gezogen. Jetzt leben Sie seit drei Jahren wieder in Berlin. Was hat Sie ermutigt zurückzukehren?
DEUTSCHKRON: Nach den Aufführungen von „Ab heute heißt du Sara" im Berliner Grips-Theater fragten mich immer wieder Lehrer, ob ich nicht kommen und in ihren Klassen erzählen könnte. Zunächst bin ich zwischen Tel Aviv und Berlin gependelt, bis mir das zu anstrengend wurde. Ich habe mit meinen Veranstaltungen große Erfolge bei meinen jungen Zuhörern. Die hören sehr genau zu. Das macht mir Freude. Auf diese jungen Leute setze ich.

Spiegel Special 1/2006, S. 122 f.

1. Erläutern Sie die Schwierigkeiten Deutschkrons bei ihrer Rückkehr nach Deutschland. Inwiefern wurden ihre Erwartungen enttäuscht?
2. Nehmen Sie Stellung zu dem Verhalten der deutschen Bevölkerung. Vergleichen Sie mit M2.
3. Überlegen Sie auf der Grundlage der Schilderungen Deutschkrons, welche Probleme die Rückkehr der Juden nach Deutschland in Bezug auf Identifikation, Heimat, Erinnerung, die Suche nach beruflichen und persönlichen Aufgaben oder Zielen mit sich brachte.

Integration im Westen – Folge des Kalten Krieges

Am 23. Juni 1948, kurz vor Mitternacht, gehen in West-Berlin die Lichter aus. Die Sowjets haben das Stromkraftwerk abgeschaltet. In den nächsten Tagen wird der Personen- und Güterverkehr zwischen den Westzonen und Berlin gestoppt. Keine Lieferung kommt mehr durch. Zwei Millionen West-Berliner und 8 000 alliierte Soldaten mit ihren Familien sind von der Außenwelt abgetrennt. Schnell wird klar, dass die Lebensmittelvorräte nur für 36, die Kohle für 45 Tage reichen.

„Die Sowjets wollen uns aushungern!", wettert der Vater beim Abendessen. „Aber das werden sich die Alliierten bestimmt nicht gefallen lassen." „Oh nein", denkt Hartmut. „Nicht schon wieder Krieg!" Fünfzehn Jahre ist er alt und er will endlich keine Angst mehr haben, nicht mehr hungern und keine Bombennacht mehr in feuchten Kellern verbringen müssen.

Am nächsten Tag bricht in der Stadt Panik aus. Erst nach einer Weile wird klar, dass die Skymaster-Maschinen da oben am Himmel keine Kampf-, sondern Versorgungsflugzeuge sind. Wie ein Lauffeuer verbreitet sich die Nachricht: „Die Alliierten fliegen Lebensmittel ein!" Sofort laufen Hartmut und seine Freunde zum Flughafen Tempelhof. Sechsunddreißig Flugzeuge landen an diesem Tag; in den nächsten Wochen werden es immer mehr. Rund 4 500 Tonnen müssen sie täglich nach West-Berlin bringen, um die Bevölkerung mit dem Nötigsten zu versorgen. An Tagen, wenn die Sicht schlecht ist und die Flieger nicht landen können, lassen sie Rosinen, Bonbons und Schokolade an Fallschirmen, zusammengeknotet aus Taschentüchern, auf die jubelnden Kinder unten an der Piste trudeln.

Am 12. Mai 1949 geben die Sowjets auf, die Blockade ist beendet. 322 Tage hat sie gedauert, aber verhungern musste niemand. Mit 277 000 Flügen haben die „Rosinenbomber" mehr als zwei Millionen Tonnen nach Berlin geschafft. 76 Menschen kamen dabei ums Leben.

Kalter Krieg: „Eindämmung" und Blockbildung Die unvereinbaren weltanschaulichen und machtpolitischen Gegensätze zwischen den USA, Großbritannien und Frankreich auf der einen Seite und der Sowjetunion auf der anderen Seite wurden nicht nur in Bezug auf das besetzte Deutschland rasch deutlich. Der sowjetische Diktator Josef Stalin sicherte seine Macht auch in den eroberten Ländern Ostmittel- und Osteuropas, indem er ihnen das sowjetische Gesellschaftssystem aufzwang und sie zu unfreien Satellitenstaaten degradierte. Der ideologisch motivierte Systemgegensatz mündete rasch in einen Wettkampf um die weltpolitische Vorrangstellung, in einen „Kalten Krieg". Nirgendwo trafen die Sowjetunion und die Westmächte so unmittelbar aufeinander wie in dem zwischen ihnen aufgeteilten Deutschland.

Am 12. März 1947 erklärte US-Präsident Harry S. Truman die Strategie der „Eindämmung" (containment) des Kommunismus und der Sowjetunion zum Grundsatz der US-Außenpolitik (▶ M1). Sein Ziel war es, die noch nicht unter sowjetische Herrschaft geratenen Regionen in Europa wirtschaftlich, politisch und militärisch zu stabilisieren und auf diese Weise „gegen kommunistische Aggression und Subversion zu stärken". Ein wirtschaftliches Wiederaufbauprogramm der USA (European Recovery Program, ERP) sah vor, den ökonomischen Wiederaufbau der demokratischen Länder Westeuropas mit Krediten, Rohstoffen, Lebensmitteln und Waren voranzutreiben (▶ M2). Das nach seinem Initiator, dem US-Außenminister George C. Marshall, „Marshall-Plan" benannte Hilfsprogramm war auf vier Jahre begrenzt und zugleich an die Forderung nach zwischenstaatlicher Zusammenarbeit der Empfängerländer geknüpft.

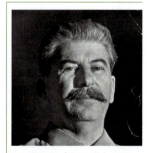

Josef Stalin (eigentlich J. W. Dschugaschwili, 1878 - 1953): seit 1927 sowjetischer Diktator, erhob den Führungsanspruch der Sowjetunion im sozialistischen Lager, verfolgte Gegner mit brutalen Mitteln

Harry S. Truman (1884 - 1972): 1945 - 1953 US-amerikanischer Präsident (Demokrat)

▶ Ein „Rosinenbomber" im Anflug auf den Flughafen Berlin-Tempelhof.
Foto, September/Oktober 1948. Über die als „Berliner Luftbrücke" berühmt gewordenen Luftkorridore nach West-Berlin versorgten Flugzeuge der Westmächte („Rosinenbomber") die Bevölkerung in rund 280 000 Einsätzen mit insgesamt 2,3 Millionen Tonnen Lebensmittel, Kohle und Maschinen.

- *Die Blockade West-Berlins machte die frühere Hauptstadt in der westlichen Welt zu einem Symbol für Freiheit. Überlegen Sie, welche Auswirkungen diese Wahrnehmung hatte.*
- *Diskutieren Sie die Alternativen der amerikanischen Politik. Was hätte ein Nachgeben gegenüber dem sowjetischen Erpressungsversuch bedeutet?*

Stalin zwang die osteuropäischen Staaten zum Verzicht auf die Marshall-Plan-Hilfe und proklamierte offen seine Theorie von der Teilung der Welt in zwei feindliche Lager (▶ M3). Erneut verbreitete sich Kriegsfurcht in Westeuropa. Als erste Gegenmaßnahme riefen Großbritannien, Frankreich und die drei Beneluxstaaten 1948 den Brüsseler Pakt ins Leben und versicherten sich gegenseitigen Beistand gegen jeden Angriff (17. März 1948).

Im Sommer 1948 nahm Stalin die von den USA in die Wege geleitete Währungsreform* in Westdeutschland und den Westsektoren Berlins zum Anlass, die Landverbindungen zwischen Berlin und den Westzonen zu sperren. Die Blockade scheiterte, da USA und Großbritannien Berlin über die Luftbrücke versorgten. Sie beschleunigte jedoch die Blockbildung: Amerikaner, Briten und Westdeutsche verstanden sich jetzt als Verbündete. Noch während der Blockade schlossen zwölf westliche Staaten unter Führung der USA mit der Gründung der **NATO (North Atlantic Treaty Organization)** am 4. April 1949 auch militärisch ihre Reihen. Ein Angriff auf ein Land galt als Angriff auf alle Vertragspartner. Noch gehörten die drei Westzonen aber nicht dazu.

Die Außenpolitik Adenauers Die Bundesregierung besaß nach dem westalliierten Besatzungsstatut vom 10. April 1949 nur eine beschränkte Handlungsfreiheit. Der Bundestag durfte kein Gesetz ohne die ausdrückliche Zustimmung der drei Hohen Kommissare verabschieden, die als zivile Vertreter der drei Westmächte die Bundes- und Länderregierungen kontrollierten. In der Außenpolitik und im Außenhandel war die Bundesregierung völlig von den Westalliierten abhängig. Die Wiedererlangung der staatlichen Souveränität war daher eines der Hauptziele von Bundeskanzler Adenauer. Dies bedeutete, alle besatzungsrechtlichen Beschränkungen schrittweise und im Einvernehmen mit den Hohen Kommissaren abzubauen, die Bundesrepublik vom Objekt der Politik der Westmächte zu ihrem gleichberechtigten Partner zu machen, indem er die Bundesrepublik eindeutig und unverbrüchlich an die westliche Welt band (▶ M4).

---

* vgl. dazu S. 240 f.

▲ SED-Plakat gegen Adenauers Politik der Westintegration, 1951; Plakat des CDU-Pressedienstes, um 1950; Plakat für die Bundeswehr in der NATO, um 1956 (von links nach rechts).

■ Benennen Sie die Bildmotive der drei Plakate und erläutern Sie ihre Funktion.

Wiedervereinigung in Frieden und Freiheit ■ Adenauer misstraute der politischen Reife der Deutschen. Er glaubte, dass sie nur durch eine Verankerung in der westlichen Staatenwelt vor sich selbst geschützt werden konnten. Die verhängnisvolle deutsche Tradition, zur Stärkung der eigenen Machtposition zwischen Ost und West zu lavieren und hegemoniale Ziele zu verfolgen, sollte ein für alle Mal gebrochen werden. Seine Strategie der Westbindung sollte sowohl garantieren, dass die Sieger von 1945 nicht noch einmal ohne Mitwirkung der Deutschen über deren zukünftiges Schicksal befinden konnten, als auch Schutz vor dem imperialen Vorgehen der kommunistischen Sowjetunion gewähren. Die Einheit Deutschlands gab Adenauer so lange für verloren, wie in Ostdeutschland die Rote Armee stand und deutsche Kommunisten im Auftrag Moskaus die Macht ausübten. Eine Wiedervereinigung des geteilten Landes kam für ihn nur „in Frieden und Freiheit" infrage. Vereinbarungen mit der totalitären Sowjetmacht, die auf eine Neutralisierung Gesamtdeutschlands hinausliefen, lehnte er ab. Adenauers große Wahlerfolge 1953 und 1957 zeigten, dass die Deutschen in ihrem Verlangen nach Sicherheit dem Kanzler folgten.

Robert Schuman (1886 - 1963): deutsch-französischer Staatsmann; 1947 - 1952 Ministerpräsident von Frankreich, 1948 - 1952 zugleich Außenminister, als welcher er sich für die Aussöhnung mit Deutschland einsetzte und die Montanunion (Schuman-Plan) vorbereitete. 1958 wurde er erster Präsident des Europäischen Parlaments. Schuman gilt als Gründervater der Europäischen Union.

Vorleistungen und erste Erfolge ■ Für das Ziel der politischen Gleichberechtigung und Selbstbestimmung (Souveränität) war Adenauer bereit, Vorleistungen zu erbringen und die Kontroll- und Sicherheitsbedürfnisse der Westmächte zu akzeptieren. Diese Politik trug Adenauer zwar die heftige Kritik der Sozialdemokratie ein, doch konnte er durch freiwillige Bindungen bald Erfolge verzeichnen und neue Handlungsfreiheit gewinnen: Der Beitritt im Jahr 1949 zur Ruhrbehörde, einem Kontrollgremium der Westmächte über die deutsche Kohle- und Stahlproduktion, beendete die alliierten Demontagen von großen Industriebetrieben. Ebenso vertrauensbildend wirkten ein Jahr später der deutsche Beitritt zum Straßburger Europarat und Adenauers Zustimmung zu dem Vorschlag des französischen Außenministers Robert Schuman, die Kohle- und Stahlindustrien der westeuropäischen Staaten zu vereinigen (Schuman-Plan). Kooperation und Verflechtung der Schlüsselindustrien sollten künftige Kriege in Europa verhindern und den alten Gegensatz zwischen Frankreich und Deutschland beenden. Frankreich wollte sich nicht länger der von den USA geforderten Westintegration Deutschlands in den Weg stellen, weil es von den USA wirtschaftlich und militärisch abhängig war. Zugleich bot der Schuman-Plan die Möglichkeit, die eigenen Sicherheitsinteressen gegenüber Deutschland zu wahren.

Der Schuman-Plan führte 1951 zur Gründung der Europäischen Gemeinschaft für Kohle und Stahl (Montanunion), in der sechs Länder – Frankreich, die Bundesrepublik Deutschland, Belgien, die Niederlande, Luxemburg und Italien – zusammenarbeiteten. Sie schuf das Muster für die 1957 mit den Römischen Verträgen gegründete Europäische Wirtschaftsgemeinschaft (EWG), aus der die Europäische Union (EU) hervorging. Der noch nicht souveräne westdeutsche Staat gewann dank supranationaler Verflechtungen Stück für Stück an politischer Gleichberechtigung hinzu.

Die Folgen des Korea-Krieges

Am 25. Juni 1950 fielen Truppen des kommunistischen Nordkorea in Südkorea ein, um das Land „wiederzuvereinigen". Stalin und das kommunistische China leisteten Hilfe. Unter amerikanischem Oberbefehl schlugen UN-Truppen die nordkoreanischen Streitkräfte zurück, doch erst nach dem Tod Stalins wurde im Juli 1953 die alte Grenze zwischen Nord- und Südkorea wiederhergestellt.

Die weltpolitische Bedeutung des Korea-Krieges lag darin, dass die amerikanische Öffentlichkeit nun die zuvor strikt abgelehnte Aufrüstung ihres Landes und einen dauernden militärischen Verbleib in Europa akzeptierte (▶ M5). Erst jetzt wurde die NATO zu einer wirksamen Militärallianz unter amerikanischem Oberbefehl ausgebaut.

Unter dem Eindruck des Korea-Krieges wurde die Wiederbewaffnung Deutschlands zum Thema. Die USA machten ihre weitere Präsenz in Europa von der Bereitschaft der Europäer abhängig, selbst verstärkte Rüstungsanstrengungen zu unternehmen und die Wiederbewaffnung der Bundesrepublik zu akzeptieren. Alle Militärexperten stimmten darin überein, dass Westeuropa ohne einen deutschen Verteidigungsbeitrag weder finanziell noch personell ausreichend gestärkt werden konnte. Die Aufrüstungspläne waren damals nicht populär, weder in der Bundesrepublik noch in Frankreich, das ein Wiedererstarken Deutschlands und eine Revanchepolitik fürchtete. Der Bundestag lehnte eine nationale Wiederbewaffnung ab, denn im geteilten Deutschland musste jede Militarisierung zu einer weiteren Spaltung des Landes führen. Zugleich nahm jedoch diesseits und jenseits des Rheins die Angst der Bevölkerung vor einem kommunistischen Angriff zu.

Wiederbewaffnung und Souveränität im Zeichen der Westbindung

Adenauer nutzte den Korea-Schock, um das Besatzungsregime schneller als erwartet zu beenden und von den USA eine militärische Sicherheitsgarantie für die Bundesrepublik zu erhalten. Die deutsche Wiederbewaffnung war der Preis, den er dafür zu zahlen bereit war. Im Februar 1952 stimmte der Deutsche Bundestag einem deutschen Verteidigungsbeitrag grundsätzlich zu, im Gegenzug erklärten die Westalliierten im Deutschlandvertrag vom 26. Mai 1952 das Besatzungsregime für beendet.

Frankreich akzeptierte erst nach hinhaltendem Widerstand die gleichberechtigte Aufnahme der Bundesrepublik in das westliche Bündnissystem. Nach mehreren Rückschlägen und dem vergeblichen Versuch der UdSSR, diesen Prozess durch das Angebot der Wiedervereinigung für ein neutrales Deutschland zu stoppen, trat der Deutschlandvertrag 1955 in Kraft. Seit dem 9. Mai 1955 ist die Bundesrepublik Mitglied der NATO, im Oktober desselben Jahres wurden die ersten Soldaten der neu gegründeten Bundeswehr vereidigt.

Die innenpolitische Auseinandersetzung um den NATO-Beitritt und die Schaffung einer Bundeswehr war begleitet von heftigen parteipolitischen Auseinandersetzungen

▲ **Demonstration der bayerischen Gewerkschaftsjugend gegen die Wiederbewaffnung der Bundesrepublik in der Münchener Innenstadt.**
Foto vom 20. November 1954.
Da die Demonstranten nicht marschierend gegen das Marschieren demonstrieren wollten, fuhren sie auf Fahrrädern und Lastwagen durch die Straßen. Während die Wiederbewaffnung in der Bundesrepublik nur gegen heftige Proteste und Demonstrationen durchgesetzt werden konnte, kam es in der DDR zu keiner öffentlichen Diskussion. Bereits 1948 setzte in der SBZ die Aufstellung bewaffneter Einheiten ein. Nach geheimen Vorbereitungen wurde 1956 offiziell die Nationale Volksarmee (NVA) gegründet, die ihre Ausrüstung überwiegend von der Sowjetunion erhielt.

und Demonstrationen von SPD, Gewerkschaften und Kreisen der evangelischen Kirche. Dennoch: Als gleichberechtigter Partner des westlichen Verteidigungsbündnisses hatte die Bundesrepublik – nur zehn Jahre nach Kriegsende – den Status eines souveränen Landes unter gewissen Vorbehalten erreicht. Diese betrafen die alliierten Sonderrechte für ihre Truppen in Westdeutschland, die Rechte der Westmächte in Berlin und „Deutschland als Ganzes" bei einem späteren Friedensvertrag. Die Einschränkungen galten bis zur Wiedervereinigung 1990. Fortan garantierte die NATO Sicherheit für Westdeutschland und zugleich im Bündnis Sicherheit vor Deutschland. Das amerikanische Konzept einer „doppelten Eindämmung" – Abwehr des sowjetischen Hegemonialstrebens, Einbindung der Westdeutschen in die westliche Staatengemeinschaft – war verwirklicht. Adenauer sah darin die Voraussetzung für das Ziel einer Wiedervereinigung. Seine politischen Gegner sprachen von einer Festschreibung der Teilung Deutschlands (▶ M6).

▲ Westdeutsches Plakat von 1947.

M1 Die Truman-Doktrin

In seiner Rede vor dem amerikanischen Kongress am 12. März 1947 fordert Präsident Truman 400 Millionen Dollar zur Unterstützung Griechenlands und der Türkei. Dadurch soll verhindert werden, dass Kommunisten im griechischen Bürgerkrieg die Macht an sich reißen. Die bislang eher zahlungsunwillige republikanische Kongressmehrheit hat Trumans Haushaltsplan kurz zuvor spürbar gekürzt. Nach der Rede bewilligt der Kongress die geforderten Gelder:

Eins der ersten Ziele der Außenpolitik der Vereinigten Staaten ist es, Bedingungen zu schaffen, unter denen wir und andere Nationen uns ein Leben aufbauen können, das frei von Zwang ist. Das war ein grundlegender Faktor im Krieg gegen
5 Deutschland und Japan. Wir überwanden mit unserem Sieg Länder, die anderen Ländern ihren Willen und ihre Lebensweise aufzwingen wollten. [...]
In einer Anzahl von Ländern waren den Völkern kürzlich gegen ihren Willen totalitäre Regimes aufgezwungen worden.
10 Die Regierung der Vereinigten Staaten hat mehrfach gegen Zwang und Einschüchterung bei der Verletzung des Jalta-Abkommens in Polen, Rumänien und Bulgarien protestiert. Und weiter muss ich feststellen, dass in einer Anzahl anderer Staaten ähnliche Entwicklungen stattgefunden haben. Im gegenwärtigen Abschnitt der Weltgeschichte muss fast jede 15 Nation ihre Wahl in Bezug auf ihre Lebensweise treffen. Nur allzu oft ist es keine freie Wahl. Die eine Lebensweise gründet sich auf den Willen der Mehrheit und zeichnet sich durch freie Einrichtungen, freie Wahlen, Garantie der individuellen Freiheit, Rede- und Religionsfreiheit und Freiheit vor politi- 20 scher Unterdrückung aus. Die zweite Lebensweise gründet sich auf den Willen einer Minderheit, der der Mehrheit aufgezwungen wird. Terror und Unterdrückung, kontrollierte Presse und Rundfunk, fingierte Wahlen und Unterdrückung der persönlichen Freiheiten sind ihre Kennzeichen. 25
Ich bin der Ansicht, dass es die Politik der Vereinigten Staaten sein muss, die freien Völker zu unterstützen, die sich der Unterwerfung durch bewaffnete Minderheiten oder durch Druck von außen widersetzen. Ich glaube, dass wir den freien Völkern helfen müssen, sich ihr eigenes Geschick nach ihrer 30 eigenen Art zu gestalten. [...]
Die Saat der totalitären Regimes gedeiht in Elend und Mangel. Sie verbreitet sich und wächst in dem schlechten Boden von Armut und Kampf. Sie wächst sich vollends aus, wenn in einem Volk die Hoffnung auf ein besseres Leben ganz er- 35 stirbt. Wir müssen diese Hoffnung am Leben erhalten. Die freien Völker der Erde blicken auf uns und erwarten, dass wir sie in der Erhaltung der Freiheit unterstützen.

Herbert Michaelis u. a. (Hrsg.), Ursachen und Folgen. Vom deutschen Zusammenbruch 1918 und 1945 bis zur staatlichen Neuordnung in der Gegenwart, Bd. 25, Berlin o. J., S. 148 ff.

1. Begründen Sie, inwiefern die Rede Trumans eine Neuorientierung der amerikanischen Außenpolitik signalisiert.
2. Informieren Sie sich über die US-Außenpolitik nach dem Ersten Weltkrieg. Vergleichen Sie.

M2 Marshall-Plan-Hilfe von 1948 bis 1952

Angaben in Milliarden Dollar	
Großbritannien	3,44
Frankreich	2,81
Italien	1,52
Drei Westzonen/Bundesrepublik	1,41
Die übrigen 13 Staaten erhielten	4,73
Insgesamt	13,91

Nach: Bundesministerium für den Marshallplan (Hrsg.), Wiederaufbau im Zeichen des Marshallplanes 1948-52, Bonn 1953, S. 158

Bewerten Sie die Ziele des Marshall-Plans vor dem Hintergrund der Statistik und der Rede Trumans in M1.

M3 Die Welt ist in zwei Lager geteilt

Der sowjetische Delegierte Shdanow entwickelt auf Veranlassung Stalins bei der Gründung des Kommunistischen Informationsbüros (Kominform) am 30. September 1947 in Warschau die folgende Theorie:

Die Sowjetunion und die demokratischen Länder betrachteten als Hauptziele des Krieges die Wiederherstellung und Festigung der demokratischen Systeme in Europa, die Liquidierung des Faschismus, Verhütung der Möglichkeit einer neuen Aggression Deutschlands und allseitige dauernde Zusammenarbeit der Völker Europas. Die USA, und in Übereinstimmung mit ihnen Großbritannien, setzten sich im Krieg ein anderes Ziel: Beseitigung ihrer Konkurrenten auf dem Weltmarkt (Deutschland und Japan) und Festigung ihrer eigenen Vormachtstellung. Die Meinungsverschiedenheiten in der Zielsetzung des Krieges und der Aufgaben der Nachkriegsgestaltung haben sich in der Nachkriegszeit vertieft. Es bildeten sich zwei einander entgegengesetzte politische Richtungen heraus: auf dem einen Pol die Politik der UdSSR und der demokratischen Länder, die auf Untergrabung des Imperialismus und Festigung der Demokratie gerichtet ist, auf dem anderen die Politik der USA und Großbritanniens, die auf Stärkung des Imperialismus und Drosselung der Demokratie abzielt. Da die UdSSR und die Länder der neuen Demokratie ein Hindernis bei der Durchführung der imperialistischen Pläne des Kampfes um die Weltherrschaft und der Zerschlagung der demokratischen Bewegung sind, wurde ein Kreuzzug gegen die UdSSR und die Länder der neuen Demokratie proklamiert, der auch durch Drohungen mit einem neuen Krieg vonseiten der besonders eifrigen imperialistischen Politiker der USA und Englands bestärkt wird. Auf diese Weise entstanden zwei Lager: das imperialistische, antidemokratische Lager, dessen Hauptziel die Weltherrschaft des amerikanischen Imperialismus und die Zerschlagung der Demokratie ist, und das antiimperialistische und demokratische Lager, dessen Hauptziel die Untergrabung des Imperialismus, die Festigung der Demokratie und die Liquidierung der Überreste des Faschismus ist.

Keesings Archiv der Gegenwart 1947, S. 1207 f.

1. Nennen Sie die Länder, welche die Sowjetunion zu den demokratischen zählt. Erläutern Sie den sowjetischen Demokratiebegriff.
2. Begründen Sie, inwiefern Shdanows Ausführungen eine Antwort auf Truman-Doktrin und Marshall-Plan sind.
3. Beurteilen Sie die Bedeutung der sogenannten Zwei-Lager-Theorie für das Verhältnis zwischen Moskau und den kommunistischen Parteien Osteuropas.

▲ DDR-Plakat von 1950 gegen den „Dollar-Kapitalismus" der USA.

M4 Vertrauen gewinnen!

In einer Rede vor dem Deutschen Bundestag am 24. November 1949 erläutert Bundeskanzler Konrad Adenauer die Grundzüge seiner Außenpolitik:

Wir Deutschen auf der einen Seite und die Alliierten auf der anderen Seite sehen naturgemäß den gleichen Tatbestand von zwei verschiedenen Gesichtspunkten aus. Ich meine: Wir Deutschen sollten nicht vergessen, wir dürfen auch nicht vergessen, welches Unglück durch die nationalsozialistische Regierung über die ganze Welt gekommen ist. Ich meine: Wir dürfen weiter nicht vergessen, dass noch heute fast alle Völker der Erde schwer unter den Folgen dieses Krieges zu leiden haben. Endlich glaube ich, dass wir uns bei allem, was wir tun, klar darüber sein müssen, dass wir infolge des totalen Zusammenbruchs ohne Macht sind. Man muss sich deswegen darüber klar sein, dass bei den Verhandlungen, die wir Deutschen mit den Alliierten zu führen haben, um fortschreitend in immer größeren Besitz der staatlichen Macht zu kommen, das psychologische Moment eine sehr große Rolle spielt, dass man aber von vornherein nicht ohne Weiteres volles Vertrauen verlangen und erwarten kann. Wir können und dürfen nicht davon ausgehen, dass nun bei den anderen plötzlich ein völliger Stimmungsumschwung gegenüber Deutschland eingetreten ist, dass vielmehr das Vertrauen nur langsam, Stück für Stück, wiedergewonnen werden kann. So unwürdig und falsch es sein würde, wenn wir eine Politik sklavischer Unterwürfigkeit verfolgen würden, eine dumme, unkluge und aussichtslose Politik wäre es, wenn wir etwa auftrumpfen wollten.

Klaus-Jörg Ruhl (Hrsg.), „Mein Gott, was soll aus Deutschland werden?" Die Adenauer-Ära 1949 - 1963, München 1985, S. 82 f.

1. *Beschreiben Sie Adenauers Prämissen gegenüber den westlichen Besatzungsmächten.*
2. *Analysieren Sie die Ziele, die Adenauer daraus entwickelt.*

M5 Und so sehen es die Alliierten

Am 3. Juni 1950, kurz nach Ausbruch des Korea-Krieges, legt US-Außenminister Dean Acheson in einem „streng geheimen" Bericht an den Nationalen Sicherheitsrat die Ziele der US-Außenpolitik in Europa dar:

Im Hinblick auf Deutschland und auf die Einstellung der Europäer gegenüber Deutschland entwickeln sich die Dinge überaus rasch. Die Regierung der Vereinigten Staaten ist entschlossen, und die britische und französische Regierung haben jüngst ihre völlige Übereinstimmung zum Ausdruck gebracht, dass wir Deutschland so schnell wie möglich eng und fest an den Westen binden müssen und dass wir Verhältnisse schaffen müssen, unter denen die Stärke Westdeutschlands endgültig der Stärke des Westens hinzugefügt werden kann. Das bedeutet nicht nur, dass Deutschland Mitglied westlicher Organisationen werden sollte, sondern dass dies in einer Weise geschieht, die Deutschland so endgültig zu einem Teil des Westens werden lässt, dass über seine zukünftige Entscheidung zwischen Ost und West keinerlei Zweifel besteht. [...] Die drei Regierungen sind übereingekommen, in London in diesem Sommer die Frage der Modifizierung der Kontrollen und Beschränkungen Deutschlands genau zu studieren. Wenn es nicht zu unvorhergesehenen Entwicklungen kommt, dann sind wir auf dem besten Weg, zahlreiche Sicherheitskontrollen (mit Ausnahme der grundlegenden) zu lockern. Dadurch kann Deutschland rechtlich und praktisch seinen normalen Platz in Europa einnehmen.

Foreign Relations of the United States 1950, Vol. IV, Washington 1980, S. 691-695 (dt. Übersetzung von Monika Weber)

1. *Nennen Sie die Ziele der US-Außenpolitik. Überlegen Sie, welchen Einfluss die internationale Entwicklung seit 1945 auf sie hatte.*
2. *Vergleichen Sie Achesons Bericht mit der Regierungserklärung Adenauers. Worin treffen sich die beiden Konzeptionen? Welche Hindernisse sind zu überwinden?*

M6 Unterschiedliches Urteil über die Ära Adenauer

Der Historiker Rolf Steininger bewertet die Politik des Bundeskanzlers Adenauer:

Adenauer hat die politische, wirtschaftliche und ab 1950 auch militärische Integration der Bundesrepublik in den Westen forciert betrieben und entsprach damit genau den Vorstellungen der Westmächte. So wie sie war auch er von der latenten Gefahr für Westdeutschland und Europa durch die Sowjetunion überzeugt. Er hoffte durch seine Politik auf die Rückgewinnung der Souveränität durch die Bundesrepublik; damit wollte er gleichzeitig die Stärkung Westeuropas und des Westens insgesamt sowie – gemeinsam und gleichberechtigt mit den Westmächten – aus einer Position der Stärke heraus mit der Sowjetunion die Wiedervereinigung aushandeln. [...]
Der Weg der Westbindung war das, was die Westmächte wollten. Jeder andere Weg wäre für einen deutschen Politiker schwieriger gewesen, im Sinne der Einheit aber doch wohl lohnender. Ein Versuch auf diesem Weg wäre daher schon sehr viel wert gewesen, der deutsche Kanzler hätte jedenfalls mehr riskieren können – wenn er gewollt hätte. [...]
Was wäre wohl geschehen, wäre Adenauer bereit gewesen, dieses „Spiel" ebenfalls mitzuspielen? Er hat es nicht getan. Er schlug mit seiner Politik das Tor zur Einheit jedenfalls für lange Zeit zu – mit all den bekannten Konsequenzen. Und daran ändert auch die Tatsache nichts, dass es 1990 zur Wiedervereinigung kam.
Und die Westmächte? Sie – allen voran Briten und Franzosen – hatten kein ernsthaftes Interesse an einer Wiedervereinigung (und das blieb so bis 1989/90), ganz zu schweigen von möglichen Korrekturen der Oder-Neiße-Linie. Die Oder-Neiße-Linie war ein Thema, das für sie seit Potsdam de facto erledigt war, öffentlich aber weiter benutzt wurde, um bei den Deutschen falsche Hoffnungen am Leben zu erhalten und vor allen Dingen Verhandlungen mit der Sowjetunion zu verhindern. Die öffentlichen Bekenntnisse der Westmächte zur Wiedervereinigung waren lediglich Lippenbekenntnisse, nicht mehr als diplomatische Pflichtübungen.
Dass es Adenauer gelang, seine Politik der Westintegration als den einzig möglichen Weg (west)deutscher Politik und

gleichzeitig einzigen und kürzesten Weg zur Wiedervereinigung mehrheitsfähig zu machen – woran selbst die Amerikaner 1952 zweifelten –, war eine bemerkenswerte Leistung. Es war gleichzeitig die Lebenslüge der Bundesrepublik, mit der die Bevölkerung allerdings, ganz im Sinne der Bonner Politik, leicht fertig wurde. Der angeblich drohende Kommunismus, der Eiserne Vorhang, die Verteidigung von Freiheit und neuem Wohlstand im Bündnis mit den USA: Man ließ sich gern beruhigen. Man arrangierte sich schnell im „Provisorium" und stellte als Ausdruck gesamtdeutscher „Gewissensnot" im Gedanken an die „Brüder und Schwestern" in der „Zone" einmal im Jahr Kerzen in die Fenster.
Den Preis für Adenauers Entscheidung mussten letztlich die 18 Millionen Mitteldeutschen[1] bezahlen. Auch wenn Adenauer dies wohl nicht bewusst so gewollt hat – es war die Folge auch seiner Politik.

Zu einem anderen Ergebnis kommt der Politikwissenschaftler Kurt Sontheimer:

Die Dauerhaftigkeit und Stabilität des von Konrad Adenauer maßgeblich bestimmten Aufbaus einer neuen deutschen Demokratie hat sich als so durchschlagend erwiesen, dass die rechtliche und politische Verfassung der Bundesrepublik auch zum Rahmen für das wiedervereinigte Deutschland werden konnte. Adenauer selbst hat sich die Wiedervereinigung Deutschlands in etwa so vorgestellt, wie sie sich im Jahre 1990 vollzogen hat, doch sie war zu seiner Zeit in dieser Gestalt nicht erreichbar, ja, er musste sich im Gegenteil dauernd vorwerfen lassen, durch seine Politik der Verankerung der Bundesrepublik im Westen die deutsche Spaltung erst recht zu vertiefen und die Wiedervereinigung unmöglich zu machen. Dass sich die Wiedervereinigung Deutschlands im Rahmen der westlichen Demokratie und unter Beibehaltung der Bindungen Deutschlands an den Westen vollziehen konnte, ist eine späte Rechtfertigung seiner Politik der Westintegration.
Doch auch ohne diese Rechtfertigung in Sachen Wiedervereinigung bleibt Adenauers Name verbunden mit der Grundlegung der Bundesrepublik. Unter seiner Kanzlerschaft sind die politischen, wirtschaftlichen und kulturellen Grundlagen geschaffen worden, auf denen die Bundesrepublik auch heute noch steht. Als er begann, gab es zwar das Grundgesetz und eine sich gerade entfaltende Soziale Marktwirtschaft, aber noch keine sichere Aussicht auf die Festigung der demokratischen Staatsform und auf die Überwindung der ungeheuren wirtschaftlichen, sozialen und geistigen Nöte und Probleme, die das schmähliche Ende der Hitler-Diktatur

▲ **Konrad Adenauer auf den Stufen des Capitols in Washington im April 1953.**
Es war der erste offizielle Besuch eines deutschen Regierungschefs nach dem Zweiten Weltkrieg und Zeichen für das wiedergewonnene internationale Ansehen der Bundesrepublik Deutschland.

hinterlassen hatte. Am Ende seiner Kanzlerschaft war die freiheitliche Demokratie akzeptiert, der Wiederaufbau gelungen, ein lebendiger demokratischer Staat mit funktionierenden Institutionen geschaffen.
Der Weg dahin war nicht mit Blumen bestreut. Die Ära Adenauer gehört zu den umkämpftesten und umstrittensten Perioden in der Geschichte der Bundesrepublik. Es zeugt für die prinzipielle Richtigkeit dieses Weges, dass auch der 1969 vollzogene Machtwechsel zugunsten der SPD/FDP-Fraktion mit Willy Brandt als Bundeskanzler die von Konrad Adenauer geschaffenen Grundlagen der Bundesrepublik und ihre Verankerung im Westen nicht infrage gestellt hat, sondern die neuen politischen Schritte im Schutze der Kontinuität des Bestehenden gewagt hat. Die Adenauer-Ära schuf der Bundesrepublik ein sicheres Fundament für ihre weitere Zukunft.

Erster Text: Rolf Steininger, Deutsche Geschichte. Darstellung und Dokumente in vier Bänden, Bd. 2: 1948-1955, Frankfurt am Main 2002, S. 326 ff.
Zweiter Text: Kurt Sontheimer, Die Adenauer-Ära. Grundlegung der Bundesrepublik, München ⁴2005, S. 9 f.

1. *Arbeiten Sie die Argumente Steiningers und Sontheimers heraus. Stellen Sie sie einander gegenüber.*
2. *Bemühen Sie sich um eine eigene Bewertung. Diskutieren Sie diese mit Ihren Mitschülern.*

---
[1] Hier sind die Bürger der DDR gemeint.

Wirtschaftlicher Aufstieg der Bundesrepublik nach dem Krieg: das „Wirtschaftswunder"

Am Wochenende des 19. und 20. Juni 1948 ist Klaus-Jürgen wieder einmal mit den Falken, dem sozialistischen Jugendverband, in ein Zeltlager auf das Land gefahren. Diesmal müssen sie jedoch früher als sonst zurück nach München aufbrechen, denn es ist Währungsstichtag. Wer nicht selbst in einer der Umtauschstellen erscheint, kann die 40 DM Kopfgeld, wie die erste Ausgabe der neuen Währung an die Bewohner der drei Westzonen genannt wird, nicht eintauschen.

In der Stadt herrscht Chaos. Zu den Zukunftssorgen der Menschen kommt Ärger: Bis zu acht Stunden müssen sie Schlange stehen, noch dazu hat es angefangen zu regnen. An manchen Orten gibt es Auseinandersetzungen und sogar Prügeleien. Die 2000 Beamten und Angestellten der Stadtverwaltung wissen gar nicht, wie sie den Ansturm bewältigen sollen. 30 Millionen Deutsche Mark gegen 40 Millionen Reichsmark an 750000 Münchener in nur neun Stunden ausbezahlen – was haben „die da oben" sich bloß dabei gedacht!

Abends, als sich Klaus-Jürgen und seine Freunde in der Gaststätte treffen, trauen sie ihren Augen nicht: Plötzlich gibt es Wein zu kaufen! Vorher bekamen sie dort immer nur Dröppelbier, das Bier, das der Wirt unter der Zapfsäule in Glasschalen aufgefangen hatte. Am nächsten Tag geht das Staunen weiter: überall volle Schaufenster und Waren, die es noch vor dem Wochenende nirgendwo zu kaufen gab. Fahrräder, Kochtöpfe, sogar Obst. Wie Klaus-Jürgen fragen sich viele andere Deutsche: Woher kommt das alles plötzlich?

◀ **Fleischerladen nach der Währungsreform am 20. Juni 1948.**
Noch Jahre nach dem Krieg waren die wichtigsten Artikel des täglichen Bedarfs rationiert und nur gegen Lebensmittelkarten erhältlich. Nach der Währungsreform hatten sich die Schaufenster über Nacht mit allen Waren gefüllt, auf die man so lange verzichten musste.

Wirtschaftliche und soziale Weichenstellungen

Neben der Wiedergewinnung der (außen)politischen Handlungsfreiheit war der wirtschaftliche Wiederaufstieg prägend für Selbstverständnis und Identitätsgefühl der jungen Bundesrepublik. Die wichtigsten Entscheidungen für den unvorhersehbaren Wirtschaftsboom wurden bereits 1948 getroffen: Währungsreform und Soziale Marktwirtschaft.

Um den wirtschaftlichen Wiederaufbau vorantreiben und den Marshall-Plan umsetzen zu können, musste zunächst der zur Finanzierung des Krieges aufgeblähte inflatorische Geldüberhang beseitigt werden, dem keine entsprechenden Güter gegenüberstanden. Da das Geld seinen Wert verloren hatte, behalfen sich die Menschen durch den Tausch von

Ware gegen Ware auf den „Schwarzmärkten". Nur dort gab es die knappen Nahrungsmittel und Güter, die man zum Leben brauchte – meist zu extrem überhöhten Preisen.

Da eine notwendige Währungsreform seit Kriegsende an der Uneinigkeit der vier Siegermächte gescheitert war, ordnete die US-Regierung eine Währungsreform allein für den sich anbahnenden Weststaat an. Mit Wirkung vom 20. Juni 1948 erhielt jeder in den drei Westzonen zunächst 40 Deutsche Mark als „Kopfgeld" (etwa 20 Euro), später noch einmal 20 DM. Löhne, Gehälter, Pensionen und Mieten wurden im Verhältnis 1:1, Schulden auf ein Zehntel in DM-Beträge umgewertet. Sparer wurden nahezu enteignet, denn die Reichsmarkguthaben konnten nur 10:1 umgewandelt werden. Die Besitzer von Sachwerten blieben von solchen Eingriffen zunächst verschont.

Der schmerzhafte Währungsschnitt hatte etwas Befreiendes. Mit einem Schlag waren die Schaufenster mit all den Waren gefüllt, die man so lange vermisst hatte. Der Handel hatte sie zum Teil vorher gehortet, da er sie für das wertlose Geld nicht verkaufen wollte. Der Impuls, den der jahrelang aufgestaute und nun seit der Währungsreform schrittweise befriedigte Konsumbedarf auslöste, wirkte wie eine Initialzündung für den wirtschaftlichen Aufschwung in Westdeutschland.

Ebenfalls mit Unterstützung der Amerikaner und gegen den Widerstand von SPD, Gewerkschaften und Bevölkerung propagierte Ludwig Erhard als Direktor des Frankfurter Wirtschaftsrates, dem Parlament in der angloamerikanischen Besatzungszone und Vorläufer des Deutschen Bundestages, seit April 1948 eine marktwirtschaftliche Neuorientierung (▶ M1, M2). Nach der jahrelangen staatlich reglementierten Wirtschaftsordnung ging es Erhard um eine allmähliche Wiederbelebung der Marktkräfte. Leitgedanken dieses Wirtschaftsmodells, für das der Wirtschaftsexperte Alfred Müller-Armack den Begriff der Sozialen Marktwirtschaft prägte, waren Wettbewerb als zentrales Element einer freiheitlichen Wirtschaftsordnung und eine staatliche Ordnungspolitik, in der die Spielregeln der Wirtschaft festgelegt werden. Zu den staatlichen Aufgaben zählten vornehmlich der Schutz des freien Wettbewerbs sowie die Steuerung der Einkommens- und Vermögensverteilung. Eine gesicherte Marktwirtschaft schaffe „Wohlstand für alle" und sorge damit für einen sozialen Ausgleich in der Gesellschaft.

Im Sommer 1948 gab der Frankfurter Wirtschaftsrat die Preise der meisten Produkte frei. Tatsächlich setzte die Wirtschaftsreform Kräfte frei, die allen Krisen zum Trotz zum enormen wirtschaftlichen Aufstieg der Bundesrepublik beitrugen. 1959 bekannte sich auch die SPD grundsätzlich zur Sozialen Marktwirtschaft.

▲ „Erhard hält, was er verspricht."
Plakat von 1957.
Im Bundestagswahlkampf 1957 setzt die CDU auf die Erfolge des Wirtschaftsministers Ludwig Erhard, „Vater des Wirtschaftswunders".

Ludwig Erhard (1897 - 1977): Wirtschaftswissenschaftler, von 1949 bis 1963 Wirtschaftsminister und von 1963 bis 1966 Nachfolger Konrad Adenauers als Bundeskanzler

Das „Wirtschaftswunder"

Die Erfolge der Sozialen Marktwirtschaft wurden von einigen Faktoren begünstigt:
- Es gab genügend qualifizierte und motivierte Arbeitskräfte, unter anderem durch den Zuzug von Millionen Flüchtlingen und Vertriebenen.
- Eine zunächst maßvolle Tarifpolitik der Gewerkschaften versetzte die Unternehmen in die Lage, ihre Gewinne zu einem großen Teil für Investitionen zu verwenden.
- Vorhanden war eine gut ausgebaute und moderne industrielle Infrastruktur (Maschinen und Fabrikanlagen), weil die Kriegsschäden geringer waren als befürchtet.
- Der Außenhandel vervielfachte sich in wenigen Jahren; unter anderem profitierte die Bundesrepublik von der Einfuhr moderner Technik aus den USA und vom Güteraustausch in der Europäischen Wirtschaftsgemeinschaft ab 1957.
- Es gab eine wachsende Nachfrage nach Investitions- und Konsumgütern aller Art (Nachholbedarf) sowie nach Wohnungen.
- Nicht zu unterschätzen sind die psychologischen Faktoren wie Zukunftsvertrauen der Bevölkerung, Überlebenswille, Sehnsucht nach Normalität.

▲ **Feier für den einmillionsten „Käfer" im Wolfsburger Volkswagenwerk.**
*Foto vom 5. August 1955.
140 000 Menschen, darunter viele Vertreter der „Käfer-Importnationen", feiern den Volkswagen, der insgesamt 21,5 Millionen Mal gebaut wurde. Der VW-Käfer wurde zum Symbol für den Erfolg der deutschen Autoindustrie, der zunehmenden Motorisierung und des deutschen Wirtschaftsaufstiegs.*

„Lastenausgleich": seit 1952 gesetzlich gewährte finanzielle Hilfe, die für die Schäden und Verluste der Vertriebenen und Flüchtlinge aus den deutschen Ostgebieten und der Sowjetischen Besatzungszone Ausgleich schaffen sollte

- In Engpasssektoren (Wohnungen, Grundnahrungsmittel und Energie) wurde die staatliche Verwaltungswirtschaft beibehalten, bis sich die Märkte normalisiert hatten.
- Die 1957 gegründete und von der Bundesregierung unabhängige Deutsche Bundesbank sorgte für die Stabilität der „harten" D-Mark. Das Bruttosozialprodukt nahm in den fünfziger Jahren jährlich um durchschnittlich acht Prozent zu. Auch die Arbeitnehmer profitierten vom Aufschwung: Ihr verfügbares Einkommen wuchs deutlich an, ab 1959 herrschte mit einer Arbeitslosenquote von unter fünf Prozent Vollbeschäftigung. Seit 1955 wurden die ersten ausländischen „Gastarbeiter" angeworben (▶ M3). Gleichzeitig vollzog sich ein Strukturwandel: Die Landwirtschaft schrumpfte, während zunächst die industrielle Produktion und später auch der Dienstleistungssektor immer mehr an Bedeutung gewannen.

Der Sozialstaat schafft Stabilität Als wichtiger Stützpfeiler der jungen Bonner Demokratie erwies sich neben dem wachsenden Wohlstand ihre erfolgreiche Sozialpolitik (▶ M4). Das Sozialstaatsgebot des Grundgesetzes (Artikel 20 Absatz 1) legte den Staat auf eine Politik sozialer Gerechtigkeit und Sicherheit fest. Denn die Not weiter Teile der Bevölkerung am Ende der Weimarer Republik und deren Anfälligkeit für radikale Parteien waren noch in lebhafter Erinnerung. Ohne sozialen Frieden würde der politische und wirtschaftliche Wiederaufbau nicht gelingen, würde die Demokratie nicht Wurzeln schlagen. Gesichert wurde dieser Frieden durch
- die Sozialversicherung (Kranken-, Renten-, Arbeitslosenversicherung) sowie Arbeitsvermittlungen, Sozial- und Arbeitsgerichte,
- die Tarifautonomie für Gewerkschaften und Arbeitgeber,
- die Bewältigung der unmittelbaren Kriegsfolgen für die Kriegsbeschädigten und -hinterbliebenen, Flüchtlinge und Vertriebenen, Ausgebombten und Opfer nationalsozialistischer Verfolgung durch finanzielle Unterstützung und Hilfen bei der beruflichen Wiedereingliederung („Lastenausgleich"),
- die staatliche Förderung des sozialen und privaten Wohnungsbaus.

Eine der wichtigsten sozialpolitischen Neuerungen der Nachkriegszeit brachte die Rentenreform von 1957. Zu den „Stiefkindern" des wirtschaftlichen Aufschwungs gehörten die älteren Menschen. Mit der Reform wurden die Renten um 60 Prozent erhöht und künftig jährlich an die Lohnentwicklung angepasst („dynamisiert"). Nun war Alter nicht mehr gleichbedeutend mit materieller Not. Der im Arbeitsleben erworbene Lebensstandard sollte über den „Generationenvertrag" gesichert werden: Die Renten wurden nun durch die laufenden Beiträge der Arbeitnehmer finanziert, nicht mehr aus einer angesparten Versicherungssumme. Die Rentenreform wurde von der Bevölkerung als wegweisend empfunden und zeugte von wirtschaftlichem Optimismus. Denn sie setzte voraus, dass die Wirtschaft weiterhin wuchs und es auch in Zukunft mehr Beitragszahler als Rentenempfänger gab.

Mit dem Bundessozialhilfegesetz folgte 1961 eine umfassende Modernisierung der traditionellen Armenfürsorge. Was damals allerdings in der verbreiteten Aufbruchsstimmung nicht beachtet wurde: Erstmals ließ die Regierung die Ausgaben des Bundes stärker anwachsen als es der Zunahme des Sozialproduktes entsprach. Haushaltsdisziplin wurde hinfort klein geschrieben, weil die Politik Wählerstimmen mit sozialen Wohltaten gewinnen wollte.

„Wir sind wieder wer" ■ Der ökonomische Beitrag zur Stabilisierung der Bonner Demokratie seit Anfang der fünfziger Jahre kann nicht hoch genug eingeschätzt werden. Kaum etwas hat die Zeitgenossen mehr beeindruckt als der wirtschaftliche Erfolg in den ersten beiden Jahrzehnten nach Gründung der Bundesrepublik. Vor allem: In Westdeutschland stiegen die Verlierer des Weltkrieges zu ökonomischen Siegern auf, die wirtschaftlich gesehen auf Augenhöhe mit den Großmächten der Vorkriegszeit verkehrten und sich der Unterstützung der amerikanischen Supermacht erfreuten.

Der demokratische Verfassungsstaat erhielt breite Anerkennung, weil er den Bürgern materielle Verbesserungen bescherte (▶ M5, M6). Dass sich die wirtschaftliche Situation der Menschen dabei ungleichmäßig entwickelte und die soziale Ungleichheit keineswegs geringer wurde, störte nicht, weil die gesamte Gesellschaft ein bisher noch nie gekanntes Wohlstandsniveau erreichte.

▲ WM-Sieg 1954: Deutschland ist wieder wer.
Ein neues Selbstwertgefühl gewannen die Bundesbürger nicht nur durch wirtschaftliche, sondern auch durch sportliche Erfolge. Den größten Triumph feierte die Bundesrepublik mit dem Gewinn der Fußballweltmeisterschaft 1954 in Bern. Die Spieler der Mannschaft – im Bild Fritz Walter mit Pokal, daneben Horst Eckel – wurden als Nationalhelden gefeiert.

Die Parteienlandschaft in der akzeptierten Demokratie ■ Neben wachsendem Wohlstand und geringen sozialen Konflikten festigte auch die Handlungsfähigkeit der Regierungen unter Bundeskanzler Adenauer die Bonner Demokratie. Starke Regierungen mit klaren Mehrheiten im Bundestag wurden nicht zuletzt durch den Konzentrationsprozess im Parteiensystem gefördert. 1949 war die Gefahr einer politischen Radikalisierung der Bevölkerung angesichts ungesicherter wirtschaftlicher Verhältnisse und einer nicht geringen Anzahl politisch Unbelehrbarer noch durchaus real. Mit der erfolgreichen Integration der Vertriebenen und der über drei Millionen Flüchtlinge aus der DDR* im Laufe der fünfziger Jahre verloren radikale Parteien an Bedeutung, zumal eine Sperrklausel Splittergruppen den Einzug ins Parlament verwehrte.

Nach der Bundestagswahl 1953 nahm die Zahl der im Bundestag vertretenen Parteien ab (1953: sechs, 1957: vier, 1961: drei). Vor allem CDU/CSU und SPD entwickelten sich zu Sammlungsbewegungen, die für alle sozialen Gruppen und Schichten wählbar waren. Pragmatisch suchten sie den Ausgleich zwischen den sozialen Interessen und ihren innerparteilichen Gruppierungen.

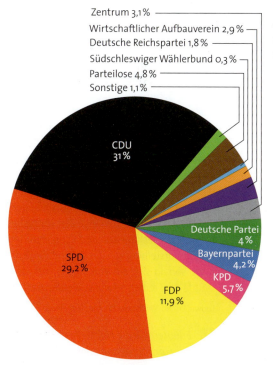

▲ Ergebnis der Bundestagswahl von 1949.
■ *Recherchieren Sie die Wahlergebnisse des 2. bis 5. Bundestages (1953 - 1965). Erläutern Sie den Trend.*

---

* zu der Integration der Vertriebenen vgl. S. 252 f. und 257 f.,
zu den Flüchtlingen aus der DDR S. 272 und 280 f.

◀ **Gegen die Wirtschaftspolitik.**
SPD und Gewerkschaften bekämpften heftig die Politik Erhards, die auch in dessen eigener Partei umstritten war. Erst als die Erfolge der Sozialen Marktwirtschaft unübersehbar waren, fand sich die Sozialdemokratie mit ihr ab.

M1 Die Verwaltung des Mangels ist keine Lösung

Ludwig Erhard beschreibt in einer Rede in Antwerpen am 31. Mai 1954 die in Westdeutschland kurz vor der Währungsreform verbreitete Stimmung:

Das war die Zeit, in der die meisten Menschen es nicht glauben wollten, dass dieses Experiment der Währungs- und Wirtschaftsreform gelingen könnte. Es war die Zeit, in welcher man in Deutschland errechnete, dass auf jeden Deut-
5 schen nur alle fünf Jahre ein Teller komme, alle zwölf Jahre ein Paar Schuhe, nur alle fünfzig Jahre ein Anzug, dass nur jeder fünfte Säugling in eigenen Windeln liegen könnte, und jeder dritte Deutsche die Chance hätte, in seinem eigenen Sarge beerdigt zu werden. Das schien auch wirklich die ein-
10 zige Chance gewesen zu sein, die uns noch winkte. Es zeugte von dem grenzenlosen Illusionismus und der Verblendung planwirtschaftlichen Denkens, wenn man von Rohstoffbilanzen oder anderen statistischen Grundlagen her glaubte, das Schicksal des Volkes für lange Zeit vorauszubestimmen zu kön-
15 nen. Diese Mechanisten und Dirigisten hatten nicht die geringste Vorstellung von der sich entzündenden dynamischen Kraft, sobald sich ein Volk nur wieder des Wertes und der Würde der Freiheit bewusst werden darf.

Ludwig Erhard, Wohlstand für Alle, Düsseldorf/Wien 1957, S. 18

1. *Erläutern Sie die Nachteile einer an der Vergangenheit oder am Status quo orientierten Wirtschaftspolitik.*
2. *Analysieren Sie, welche Bedeutung Erhard der Freiheit im Wirtschaftsleben beimisst.*

M2 Planwirtschaft oder Marktwirtschaft?

Auf einer Sitzung des Zonenausschusses der CDU der britischen Zone erläutert Erhard vom 25. Februar 1949 das Modell der Planwirtschaft:

Jede Planwirtschaft beruht auf der Vorstellung, dass irgendeine Behörde so weise sein kann und dass sie einen so großen Apparat hat mit Statistiken usw., dass es möglich ist, besser als das Volk selbst zu entscheiden, was dem Volke frommt.
5 Auf Grundlage solcher Überlegungen muss dann notwendigerweise ein vorgefasster Produktionsplan entstehen. Der Produktionsplan kann nur so entstehen, dass die Behörde sich einbildet, annehmen zu können, der durchschnittliche Mensch will soundso viel sparen und soundso viel verbrau-
10 chen, und für den Normalverbraucher wird gewissermaßen eine optimale Verbrauchsregelung konstruiert. Und diese wird mit 45 Millionen multipliziert, und dann bildet sich die Planwirtschaft ein, dass das der Verbrauch des Volkes wäre und dass diese Methode die Harmonie der Gesellschaft ver-
15 bürgen würde.
Was da herauskommt, ist nicht der soziale Verbrauch eines Volkes, sondern das ist vollendeter Unfug im wirtschaftlichen Sinn. Und was auf der soziologischen Ebene herauskommt, ist nicht die Harmonie, sondern das ist das Chaos und die Tyrannei. Wohl oder übel muss die Planwirtschaft sehr bald
20 zur Aufhebung jeder menschlichen Freizügigkeit kommen.

Peter Bucher (Hrsg.), Nachkriegsdeutschland 1945-1949, Darmstadt 1990, S. 469

1. *Arbeiten Sie Erhards wirtschaftspolitisches und weltanschauliches Grundkonzept heraus.*
2. *Informieren Sie sich über die wirtschaftspolitischen Vorstellungen der SPD und der Gewerkschaften in der unmittelbaren Nachkriegszeit. Vergleichen Sie sie mit Erhards Vorstellungen.*

M3 Das „Wirtschaftswunder" in Zahlen

a) Wirtschaftsleistung 1950-1965
Entwicklung des Bruttosozialprodukts insgesamt und je Einwohner:

	in Mrd. DM	in DM je Einwohner in jeweiligen Preisen	Wachstum in % in konstanten Preisen		in Mrd. DM	in DM je Einwohner in jeweiligen Preisen	Wachstum in % in konstanten Preisen
1950	97,9	2100	–	1958	231,5	4500	3,3
1952	136,6	2900	9,0	1960	279,8	5400	8,8
1954	157,9	3200	7,2	1962	360,5	6300	4,7
1956	198,8	4000	7,0	1964	419,6	7200	6,6

Fischer-Chronik Deutschland 1949-1999, Frankfurt am Main 1999, S. 1209

b) Beschäftigte, Arbeitslose, offene Stellen, Gastarbeiter (Jahresmitte in 1000):

Jahr	Beschäftigte	registrierte Arbeitslose	Quote in %	offene Stellen	Gastarbeiter
1950[1]	20376	1584	11,0	142	–
1952	21300	1385	9,5	128	–
1954	22395	1225	7,6	166	72
1956	23830	765	4,4	236	98
1958	25530	780	3,7	258	127
1960	26247	271	1,3	539	279
1962	26783	154	0,7	607	629
1964	26979	169	0,8	670	902

Werner Abelshauser, Die Langen Fünfziger Jahre. Wirtschaft und Gesellschaft der Bundesrepublik Deutschland 1949-1966, Düsseldorf 1987, S. 80

c) Durchschnittliches Monatseinkommen 1950-1970:

Jahr	Arbeiter	Angestellte/Beamte	Selbstständige	Rentner
1950	283	346	437	145
1955	474	570	754	232
1960	683	804	1154	359
1970	1272	1469	2736	737

Michael von Prollius, Deutsche Wirtschaftsgeschichte nach 1945, Göttingen 2006, S. 134

---

[1] ohne Berlin

d) *Indikatoren der Wirtschaftsentwicklung der Bundesrepublik im Vergleich zu den Staaten der OECD (jährliche Wachstumsraten in Prozent):*

Periode	Reales Einkommen pro Kopf		Inflation		Export (Volumen)	
	OECD	BRD	OECD	BRD	OECD	BRD
1948–1952	4,7	12,17	6,85	1,2	13,98	54,89
1953–1957	3,91	7,1	2,3	1,1	8,79	16,01
1958–1962	4,29	5,16	2,83	2	9,05	9,15

Richard H. Tilly, Gab oder gibt es ein „deutsches Modell" der Wirtschaftsentwicklung?, in: Jürgen Osterhammel, Dieter Langewiesche und Paul Nolte (Hrsg.), Wege der Gesellschaftsgeschichte, Göttingen 2006, S. 229

1. Vergleichen Sie die Wirtschaftsleistung mit der Entwicklung bei den Beschäftigten und den Einkommen.
2. Erklären Sie die unterschiedlichen Trends der Staaten.

M4 Sozialbudget (in Milliarden DM) 1950–1965

	1950	1955	1960	1965
Rentenversicherung	3,9	7,8	18,3	29,0
Altershilfe für Landwirte	–	–	0,2	0,5
Krankenversicherung und Mutterschutz	2,5	4,7	9,6	15,9
Unfallversicherung	0,6	1,0	1,7	3,1
Arbeitslosenversicherung	1,9	1,8	1,1	1,4
Kindergeld	–	0,5	0,9	2,8
Sozialhilfe	1,0	1,3	1,6	2,5
Jugendhilfe	0,03	0,05	0,05	0,8
Wohngeld	–	–	–	0,2
Öffentlicher Gesundheitsdienst	0,1	0,2	0,3	0,7
Pensionen	2,5	5,1	6,9	10,4
Kinderzuschläge im öffentlichen Dienst	0,4	0,8	1,0	1,6
Zusatzverordnung	–	–	–	0,5
Kriegsopferversorgung	2,1	3,2	3,7	5,8
Lastenausgleich*	0,7	1,0	1,3	2,0
Sonstige Entschädigung	–	–	–	0,7
Sozialbudget insgesamt	15,7	27,3	46,7	77,9

* vgl. dazu S. 253

Werner Abelshauser, a.a.O., S. 80, und Globus Schaubild Nr. 1854

Welche Teilbereiche des „sozialen Netzes" erfuhren eine besonders starke Steigerung? Nennen Sie Gründe.

M5 Die „Langen Fünfziger Jahre"

Der Wirtschaftshistoriker Werner Abelshauser schreibt über die wirtschaftliche Hochkonjunktur in der Ära Adenauer:

In den Langen Fünfziger Jahren wandelte sich die Bundesrepublik in eine reife Industrienation. Alle Indikatoren – ob sie nun die Bevölkerungsentwicklung oder die Sozial- und Wirtschaftsstruktur betreffen – zeigen die westdeutsche Industriegesellschaft auf dem Höhepunkt ihrer Ausdehnung und Bedeutung. Gerade diejenigen Faktoren, die eine volle Entfaltung der Rekonstruktionskräfte ermöglicht hätten – die Ausweitung des Weltmarktes und die wachstumsbedingte Expansion des Binnenmarktes – sorgten auch dafür, dass die Bundesrepublik stärker als vergleichbare Volkswirtschaften ihren industriellen Sektor entwickelte.

Am Ende der besonderen Wachstumsbedingungen der Rekonstruktionsperiode, am Anfang der sechziger Jahre, war die Krise der Industriewirtschaft, die ein Jahrzehnt später einsetzen sollte, noch nicht erkennbar. Wohl aber machte die Rezession von 1966 – zusammen mit einer erneuten Verschärfung der Bergbaukrise an der Ruhr – den Westdeutschen deutlich, dass ihr wirtschaftspolitisches Konzept, ihr ordnungspolitischer Stil, nicht auf Dauer verhindern konnten, dass die aus der Erfahrung in den Nachbarländern vertrauten Schwankungen von Produktion und Beschäftigung auch ihre Wirtschaft erfassten, und dass mit der „Normalisierung" des wirtschaftlichen Wachstums neue soziale Probleme auftraten. Damit erwiesen sich zahlreiche Hoffnungen, die sich an den reformerischen Anspruch der Sozialen Marktwirtschaft knüpften, als Illusionen. Es war dieser Verlust an ordnungspolitischer Selbstsicherheit und Stabilitätsgewissheit, der die Erschütterungen in der westdeutschen Gesellschaft Mitte der sechziger Jahre auslöste und nicht der relativ geringfügige Anstieg der Arbeitslosigkeit.

Werner Abelshauser, a.a.O., S. 74 f.

▲ Spiegel-Titel aus dem Jahr 2006.
■ *Erläutern Sie die Bildauswahl.*

1. *Skizzieren Sie den wirtschaftlichen Wandel in der Bundesrepublik Deutschland.*
2. *Diskutieren Sie die Risiken eines lang anhaltenden Wirtschaftsaufschwungs in Bezug auf die Anspruchshaltung einer Gesellschaft. Vergleichen Sie mit der heutigen Situation*
   a) im Verhältnis zwischen alten und neuen Bundesländern,
   b) im Verhältnis zwischen Deutschland und anderen Staaten, beispielsweise hochindustrialisierten Nationen, Schwellenländern und Entwicklungsländern.

▲ **Schaufensterauslage eines Textilgeschäftes mit dem Porträt des Wirtschaftsministers Ludwig Erhard.**
Foto von 1949/50.
Nach der Währungsreform und der Einführung des neuen Wirtschaftssystems gab es beträchtliche Anfangsschwierigkeiten. Die Arbeitslosenzahlen nahmen zu und die Preise stiegen gewaltig. Mit „Preisregeln" steuerte der Wirtschaftsminister dagegen.
■ Nehmen Sie Stellung zu dem Werbeslogan.

M6 Demokratie – eine Veranstaltung von oben?

Der Politikwissenschaftler Kurt Sontheimer über die politische Kultur der frühen Bundesrepublik:

Die wachsende Identifikationsbereitschaft der großen Mehrzahl der Deutschen mit einer wirtschaftlich erfolgreichen Demokratie bedeutete freilich nicht, dass die politische Kultur der Westdeutschen von Anfang an von einer Vorherr-
5 schaft demokratischer Einstellungen und Verhaltensweisen geprägt gewesen wäre. Die Nachwirkungen des nationalsozialistischen Totalitarismus wurden erst langsam überwunden und blieben bei 10-15 Prozent der Bevölkerung latent vorhanden, aber sie haben sich auf die Institutionen des de-
10 mokratischen Systems kaum mehr störend ausgewirkt. Die politischen Parteien und die von ihnen getragenen Verfassungsinstitutionen praktizierten in der Ära Adenauer und bis in die sechziger Jahre hinein eine rein repräsentative, mit autoritären Zügen versehene Variante der Demokratie. Erst
15 die mit der Studentenbewegung in Gang gesetzte antiautoritäre Protestwelle ab 1967 brachte einen Schub Demokratisierung und ein höheres Maß an Partizipation in die deutsche politische Kultur. Diese hat dadurch die ihr früher noch teilweise innewohnenden autoritären Elemente weitgehend abgestreift. Noch Anfang der sechziger Jahre hatte eine erste 20 große empirische Untersuchung über die politische Kultur der Bundesrepublik festgehalten, wie sehr die Deutschen, etwa im Vergleich zu den angelsächsischen Demokratien, Demokratie als eine Veranstaltung von oben verstanden und sie vorwiegend nach dem beurteilten, was diejenigen, die in 25 der Politik stehen und sie gestalten, für die Bevölkerung und den Staat insgesamt zu leisten in der Lage sind, während sie die Bedeutung des eigenen „Impuls" (der Partizipation) eher gering schätzten.

Kurt Sontheimer, Deutschlands politische Kultur, München 1990, S. 26 f.

1. *Beschreiben Sie das Demokratieverständnis der Deutschen in den Nachkriegsjahrzehnten, wie Sontheimer es darstellt. Berücksichtigen Sie dabei auch die Beteiligung bei Wahlen oder die Mitgliederzahlen der Parteien des Bundestages.*
2. *Vergleichen Sie mit dem Demokratieverständnis in den angelsächsischen Staaten. Welche Unterschiede sehen Sie heute?*

Methoden-Baustein: Karikaturen analysieren

Karikaturen als gezeichnete Geschichte

Karikaturen (von ital. caricare für „überladen", „übertreiben") sind gezeichnete historische Quellen: Sie nehmen zu aktuellen politischen oder gesellschaftlichen Ereignissen, Entwicklungen, Zuständen oder Personen kritisch Stellung. Mit den Mitteln der Parodie, der Ironie, der Komik und des Witzes heben sie zentrale Aspekte bewusst hervor, vereinfachen sie oder stellen sie verzerrt dar. Die Öffentlichkeit soll auf politische oder soziale Missstände und Fehlentwicklungen aufmerksam gemacht, zum Nachdenken und Diskutieren angeregt werden.

Karikaturen analysieren

Worüber die Zeitgenossen lachten oder sich ärgerten, was ihnen gefiel oder was sie ablehnten, erfassen wir nicht auf Anhieb. Um die Aussage einer Karikatur zu entschlüsseln, bedarf es daher der genauen Interpretation und Analyse. In der Regel legen kurze Texte den gezeichneten Figuren Worte in den Mund oder bieten als plakative Unterschriften Hilfen für Deutung und Reflexion. Neben dem Text sind auch Daten wichtige Erschließungshilfen. Generell setzen die Zeichner nicht nur die Kenntnis des dargestellten Sachverhalts voraus, sondern auch die für Karikaturen typische Symbol- und Bildersprache:

- Symbole und Metaphern (Krone und Zepter für Monarchie, Waage für Gerechtigkeit)
- Personifikation und Allegorie („Uncle Sam" für die USA, „Germania" oder der „Deutsche Michel" mit Zipfelmütze für die Deutschen, Engel oder Taube als Friedensbringer)
- Tiervergleiche (der „russische Bär", der „gallische Hahn")
- visualisierte Redensarten („alle sitzen in einem Boot", „den Gürtel enger schnallen")
- historische Bildzitate („Der Lotse geht von Bord", „Die Freiheit führt das Volk")

Formale Kennzeichen
- Wer hat die Karikatur geschaffen oder in Auftrag gegeben?
- Wann und wo ist sie entstanden bzw. veröffentlicht worden?

Bildinhalt
- Wen oder was zeigt die Karikatur?
- Was wird thematisiert?
- Welche Darstellungsmittel werden verwendet und was bedeuten sie?

Historischer Kontext
- Auf welches Ereignis, welchen Sachverhalt oder welche Person bezieht sich die Karikatur?
- Auf welche politische Diskussion spielt sie an?
- Wozu nimmt der Karikaturist konkret Stellung?

Intention und Wirkung
- An welche Adressaten wendet sich die Karikatur?
- Welchen Standpunkt nimmt der Karikaturist ein?
- Welche Aussageabsicht verfolgt er?
- Inwiefern unterstützt ein eventueller Text die Wirkung der Zeichnung?
- Welche Wirkung wollte der Karikaturist beim zeitgenössischen Betrachter erzielen?

Bewertung und Fazit
- Wie lässt sich die Aussage der Karikatur insgesamt einordnen und bewerten?
- Wurde das Thema aus heutiger Sicht sinnvoll und überzeugend gestaltet?
- Welche Auffassung vertreten Sie zu der Karikatur?

Beispiel und Analyse

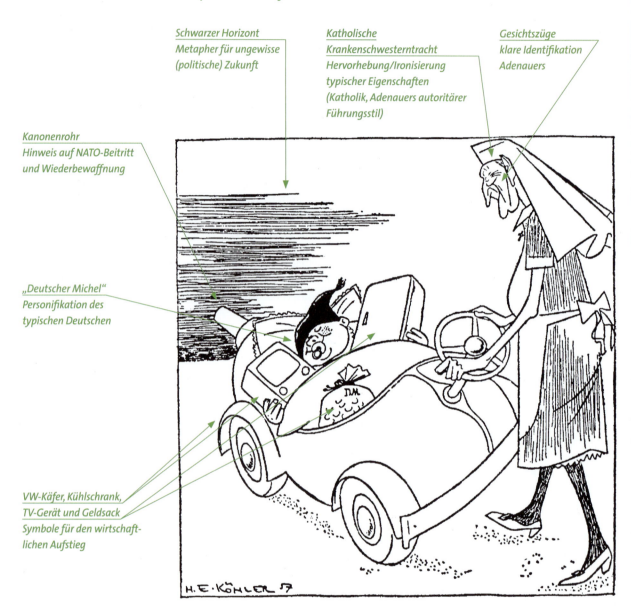

Schwarzer Horizont
Metapher für ungewisse (politische) Zukunft

Katholische Krankenschwesterntracht
Hervorhebung/Ironisierung typischer Eigenschaften (Katholik, Adenauers autoritärer Führungsstil)

Gesichtszüge
klare Identifikation Adenauers

Kanonenrohr
Hinweis auf NATO-Beitritt und Wiederbewaffnung

„Deutscher Michel"
Personifikation des typischen Deutschen

VW-Käfer, Kühlschrank, TV-Gerät und Geldsack
Symbole für den wirtschaftlichen Aufstieg

▲ **Zufrieden – „Nicht wahr, Michelchen – keine Experimente!"**
Karikatur von H. E. Köhler in der Frankfurter Allgemeinen Zeitung, 1957.

Formale Kennzeichen Die Zeichnung stammt von Hanns Erich Köhler (1905-1983), einem der bekanntesten Karikaturisten der frühen Bundesrepublik. Er veröffentlichte sie 1957 in der Frankfurter Allgemeinen Zeitung, der führenden überregionalen, politisch eher konservativ ausgerichteten deutschen Tageszeitung.

Bildinhalt Die Karikatur zeigt den an seinen charakteristischen Gesichtszügen erkennbaren ersten deutschen Bundeskanzler und CDU-Vorsitzenden Konrad Adenauer. In Anspielung auf seine Prägung als rheinischer Katholik und seinen autoritären Führungsstil ist er als Krankenschwester in Ordenstracht gekleidet. Lächelnd schiebt er eine Kreuzung aus Kinderwagen und Volkswagen, an dem vorn ein Kanonenrohr angedeutet ist. Im Kinderwagen liegen ein Geldsack und der als zufrieden schlafendes Baby dargestellte „Deutsche Michel" mit typischer Zipfelmütze, die Personifikation des deutschen Durchschnittsbürgers. Er hält einen Kühlschrank und einen Fernseher in den Armen. Thema der Karikatur ist die gesellschaftspolitische Situation Mitte der 1950er-Jahre (1957), die von Adenauers langjähriger Kanzlerschaft (1949-1963) und dem „Wirtschaftswunder" geprägt war, das VW-Käfer, Fernseher, Kühlschrank und D-Mark symbolisieren.

Historischer Kontext Mit dem Slogan „Keine Experimente" errangen die CDU/CSU und ihr Spitzenkandidat Adenauer in der Bundestagswahl 1957 mit 50,2 Prozent der Mandate ihren bislang größten Sieg. Es war das erste und einzige Mal, dass eine Partei die absolute Mehrheit erhielt und die alleinige Regierungsfraktion stellen konnte.
Grundlagen für Adenauers Popularität waren der steigende Lebensstandard und die sinkende Arbeitslosigkeit. 1955 hatte die Bundesrepublik zudem mit dem Ende der Besatzungsherrschaft, dem NATO-Beitritt und der folgenden Wiederbewaffnung ihre Souveränität wiedererlangt. Adenauer konnte in seiner dritten Legislaturperiode nun vier Jahre lang ohne Koalitionspartner regieren und seine umstrittenen Ziele auch in der Außenpolitik verwirklichen. Dazu gehörte u. a. der Aufbau der Bundeswehr im NATO-Bündnis, worauf das angedeutete Kanonenrohr und die als schwarzer Horizont ausgemalte ungewisse oder gar dunkle Zukunft anspielen.
Mit seiner Karikatur nimmt Köhler Stellung zur politischen Einstellung der Bevölkerung, die sich in der Bundestagswahl spiegelt. Die meisten Deutschen hielten sich nach dem Krieg politisch zurück, konzentrierten sich auf den wirtschaftlichen Wiederaufbau und ihren privaten Lebensstandard. In Adenauer sahen sie den Garanten für Wohlstand und Stabilität. Für das „Experiment" eines politischen Wechsels gab es keinen Bedarf.

Intention und Wirkung Der Karikaturist will dem Wähler einen Spiegel vorhalten und ihn daran erinnern, seine politische Verantwortung ernst zu nehmen. Adenauer hat sich in den acht Jahren im Kanzleramt ein so hohes Ansehen verschafft, dass ihm der Bundesbürger – mit den Errungenschaften des „Wirtschaftswunders" materiell zufriedengestellt – im Schlaf vertraut und freie Hand lässt, ohne zu wissen, wohin der Weg führt. Der Karikaturist wendet sich nicht gegen Adenauers Politik, sondern gegen das Desinteresse, mit dem sich die Deutschen um ihre gerade erst zurückgewonnene politische Mündigkeit bringen oder sich diese aus Bequemlichkeit abnehmen lassen.

Bewertung und Fazit Zeichenstil und Bildkomposition sind einfach, die Personen leicht zu erkennen und auf wenige charakteristische Elemente reduziert. Die Karikatur ist eine gelungene Allegorie, da sie die komplexen Zusammenhänge des gesellschaftspolitischen Klimas der Adenauerzeit mit Text und Symbolik treffend, einfach und damit wirkungsvoll zusammenfasst.

Gesellschaftliche Entwicklungen im „Wirtschaftswunderland"

Lange hat Elke dem 23. Juni 1958 entgegengefiebert: Endlich ist sie dreizehn und ein „Teenager", so wie die meisten ihrer Klassenkameradinnen am Coburger Alexandrinum – und das ist schick! Ihre Oma und die meisten älteren Verwandten sagen dazu „Backfisch". Elke findet das furchtbar altmodisch. Das riecht nach Mief, genauso wie die langweiligen Jugendgruppentreffen der Kirchengemeinde, in die sie und ihre Freundinnen längst nicht mehr gehen.

Elke und ihre Freundinnen wollen anders sein, am liebsten so wie die Teenager in den Musikfilmen oder in der „Bravo", so wie Peter Kraus und Conny Froboess, mit Petticoats, Pumps, Pferdeschwanz und Ballerinaschuhen. Bevor sie samstags ins Eiscafé gehen, schminken sie sich unterwegs im Park. Manchmal rauchen sie auch – heimlich natürlich. Wenn das die Eltern erfahren würden, dann dürften sie wohl nicht mehr ausgehen. Und mit den „Halbstarken", wie die Eltern und andere Erwachsene die etwas älteren Jungen abschätzig nennen, dürfen sie sich erst recht nicht sehen lassen. Kürzlich hat Elkes Vater in ihrem Zimmer eine „Bravo" gefunden und ihr eine runtergehauen. Wenigstens erlauben ihr die Eltern, den Plattenspieler etwas lauter zu drehen, wenn sie in ihrem Zimmer Rock'n'Roll-Musik hört.

Trotz aller Verbote – Elke weiß, wie gut es ihr und ihrer Familie im Vergleich zu anderen geht. In ihrer Klasse ist ein Mädchen, Irene, die mit ihrem Vater, der Großmutter und zwei älteren Brüdern vor über zehn Jahren aus Ostpreußen geflohen ist und die immer noch zu fünft in der kleinen Zweizimmerwohnung bei den Hoffmanns zur Untermiete wohnen. Wenn Elke und ihre Klassenkameraden zusammen Eis essen oder ins Kino gehen, kommt Irene nie mit. Woran das liegt, weiß Elke nicht. Vielleicht hat sie keine Zeit, weil sie anstelle der verstorbenen Mutter den Haushalt führen muss, oder sie hat kein Geld dafür. Ich lade sie das nächste Mal einfach ein, nimmt sich Elke vor.

Flüchtlinge und Vertriebene Unter den 1960 registrierten 55,4 Millionen Einwohnern in der Bundesrepublik und in West-Berlin waren rund 25 Prozent Flüchtlinge und Vertriebene. Sie kamen aus den ehemaligen Ostgebieten des Deutschen Reiches, der Tschechoslowakei, der SBZ bzw. DDR sowie aus ehemaligen deutschen Gebieten in Osteuropa, vor allem Polen. Anfangs schien die Eingliederung so vieler heimatlos gewordener Menschen eine unlösbare Aufgabe zu sein (▶ M1):

- Millionen Flüchtlinge lebten jahrelang in Lagern oder engen Notunterkünften.
- Die Einheimischen begegneten ihnen oft mit Gleichgültigkeit oder Vorurteilen, denn sie mussten in den Nachkriegsjahren eigenen Wohnraum an die Zuwanderer abgeben und das Wenige, was sie zum Essen hatten, teilen.
- 1951 war jeder dritte Arbeitslose ein Vertriebener. Wer Arbeit hatte, musste sich häufig mit einer Tätigkeit unter seiner Qualifikation zufriedengeben.

◀ **Notunterkünfte für Ausgebombte, Flüchtlinge und Vertriebene.**
Foto aus Bonn von 1956.
Solche Barackenlager waren bis in die siebziger Jahre ein gewohnter Anblick am Rand der deutschen Städte. Trotz des massiv vom Staat geförderten Sozialen Wohnungsbaus lebten noch lange viele Arbeiterfamilien in Notunterkünften.

Geglückte Integration Die rasche wirtschaftliche Aufwärtsentwicklung der Bundesrepublik ermöglichte im Laufe der Zeit die soziale Integration der Zuwanderer. Die wichtigsten Instrumente der Eingliederungspolitik waren der staatlich geförderte Wohnungsbau und der seit 1952 gesetzlich festgeschriebene „Lastenausgleich", eine Vermögensabgabe der Besitzenden für die besonders von Krieg und Vertreibung betroffenen Bevölkerungsgruppen, die Kriegsinvaliden, Ausgebombten und Flüchtlinge. Dieser Solidaritätsbeitrag (bis 2001: 74,3 Milliarden Euro) half, das Vertrauen der Vertriebenen in die demokratischen Institutionen zu stärken und radikale und systemfeindliche Strömungen innerhalb der Vertriebenenverbände zu verhindern.

◄ **Lastenausgleich.**
Die Betroffenen erhielten einen Rechtsanspruch auf staatliche Hilfe zum Aufbau einer neuen Existenz. Die Leistungen setzten sich aus Vermögensabgaben der Bundesbürger und Geldern der öffentlichen Haushalte zusammen. Ausgleichsämter entschieden über die Anträge und wiesen die Mittel zu.

Die enorme Verbesserung der Beschäftigungssituation seit Beginn der 1960er-Jahre war ein zweiter, wahrscheinlich sogar wichtigerer Grund für die gelungene Integration. Die aufstiegsorientierten und arbeitsamen Menschen, die nahezu alles verloren hatten und mehr als ihre Landsleute im Westen für die Folgen von Hitlers Krieg büßen mussten, trugen ihrerseits erheblich zum wirtschaftlichen Aufstieg und zu einer gesellschaftlichen Modernisierung bei. Allerdings verschwanden erst in den 1960er-Jahren allmählich die gesellschaftlichen Grenzen zwischen Heimatvertriebenen und Eingesessenen in der Bundesrepublik. Heiraten zwischen beiden Bevölkerungsgruppen wurden üblich. Die Konfessionsunterschiede galten kaum noch als Ehehindernis.

Ein Indiz für die weitgehende Eingliederung der Vertriebenen in die westdeutsche Gesellschaft ist der zunehmende Bedeutungsverlust der Flüchtlings- und Vertriebenenpartei „Block der Heimatvertriebenen und Entrechteten" (BHE) seit Ende der fünfziger Jahre. Zum politischen Sprengstoff entwickelten sich die Heimatvertriebenen nicht, weil sich ihre Vertretungen (Landsmannschaften) früh für eine gewaltfreie, demokratische Politik entschieden (► M2).

► **Familie auf dem „55. Sudetendeutschen Tag".**
Foto aus Nürnberg von 2004.
Zur Integration gehörte ebenso die Erinnerung an Geschichte und Kultur der früheren Heimat. Viele Gemeinden gründeten Patenschaften mit den Heimatorten der Vertriebenen. Vereine und Verbände sorgen bis heute für die Pflege von Trachten, Dialekt und Brauchtum.

▲ **Idyll der heilen Welt: westdeutsches Wohnzimmer.**
Foto aus Bonn von 1958.

Von der Arbeits- zur Konsumgesellschaft In den Anfangsjahren des „Wirtschaftswunders" lebten die meisten Bundesbürger recht bescheiden. Es wurde mit jedem Pfennig gerechnet, eifrig gespart und lange gearbeitet. Bis Mitte der 1950er-Jahre betrug die durchschnittliche Wochenarbeitszeit in der Industrie über 49 Stunden. Der Samstag wurde erstmals 1956 für die Metallarbeiter zum arbeitsfreien Tag, der Jahresurlaub betrug zwei bis drei Wochen. 1955 mussten noch immer 20 Prozent der Erwachsenen mit einem Haushaltseinkommen von monatlich 250 DM auskommen und lagen damit an der Grenze des Existenzminimums. Über die Hälfte der Bevölkerung verfügte über nicht mehr als drei Wohnräume, Bad und Küche mitgerechnet. Nur elf Prozent besaßen einen Kühlschrank, ein Drittel hatte noch nie eine Urlaubsreise gemacht. Unternehmer oder Freiberufler konnten den Wohlstand wesentlich früher genießen als abhängig Beschäftigte. Die „Neureichen" zeigten, was sie hatten.

Der nahe liegende Vergleich mit der Kriegs- und unmittelbaren Nachkriegszeit sorgte für eine optimistische Grundstimmung und einen ungetrübten Fortschrittsglauben. Die meisten waren überzeugt, dass man sich die Errungenschaften der Konsumgesellschaft – Kühlschrank, Waschmaschine, Auto, Ferienreise, Eigenheim – in absehbarer Zeit erarbeiten könne. Der Vorkriegsverbrauch von Bohnenkaffee und Fleisch wurde zum Beispiel erst 1956/57 erreicht. Dann aber verbesserten sich die Lebensverhältnisse rapide. Nach der „Fresswelle" der Anfangsjahre folgten eine „Kaufwelle" bei langlebigen Gebrauchsgütern und Möbeln, eine „Reisewelle", die viele Deutsche in ihr Traumland Italien führte, und schließlich die „Motorisierungswelle" (▶ M3).

Die steigenden Konsumchancen hatten eine positiv ausgleichende Wirkung auf das gesellschaftliche Zusammenleben. Allmählich verwischten sich die Unterschiede zwischen Angestellten und Facharbeitern. Die große Mehrheit der Arbeitnehmer bewegte sich in einem mittleren Einkommensbereich. Von der Herausbildung einer „nivellierten Mittelstandsschicht" (Helmut Schelsky), von der damals die Politiker der Regierungsparteien gerne sprachen, konnte allerdings erst in Ansätzen die Rede sein.

Lebensformen und Mentalitäten Ein spezifisches Lebensgefühl bildete sich heraus: ein unbändiger Wille, die „verlorenen Jahre" des Krieges im Zeichen des angehenden Wohlstandes nachzuholen, eine kollektive Sehnsucht nach bürgerlicher Normalität sowie eine Grundstimmung materieller Zufriedenheit. Das hieß: viel und gerne arbeiten, in der Familie leben, die Konsumfreiheit genießen und sich nicht um Politik kümmern. Die große Mehrheit der Westdeutschen ging zwar zu den Wahlen, wollte aber sonst von der Politik in Ruhe gelassen werden – eine Reaktion auf die permanente politische Mobilisierung während der NS-Zeit. Das galt vor allem für Jugendliche, für die Politik ein abstrakter Begriff blieb, dem sie skeptisch gegenüberstanden.

Während Bindungen an Familie und Kirche an Gewicht verloren, prägte der einsetzende Auslandstourismus das Lebensgefühl breiter Schichten. Begleiterscheinungen des Massenwohlstandes wie Motorisierung, besseres Wohnen und gewandeltes Freizeitverhalten veränderten das Bild der Städte und Dörfer. Neue Industriegebiete, Straßen, Autobahnen und Hochhäuser entstanden. Die Kehrseite dieser Entwicklung – Lärm, Zersiedlung, Gewässerverschmutzung und Unfalltote – wurde hingenommen.

Gesellschaftliche Entwicklungen im „Wirtschaftswunderland"

Amerikanisierung und Verwestlichung Die von der „großen Politik" seit den späten vierziger Jahren eingeführte Westorientierung fand ihre Entsprechung in der persönlichen Lebenswelt der Bürger. Insofern machte die amerikanische Massenkultur gerade in der Bundesrepublik die Werte der amerikanischen Demokratie populär. Liberalismus, Pluralismus, Rechtsstaatlichkeit und freiheitliche Demokratie stellten obrigkeitliches Denken und patriarchalische Strukturen infrage. Ein neues staatsbürgerliches Selbstbewusstsein zeigte sich zum Beispiel Ende 1962, als sich in der „**Spiegel-Affäre**" erstmals eine breite Öffentlichkeit im Protest gegen die Bundesregierung artikulierte. Die Pressefreiheit, das hatte man inzwischen gelernt, galt es gegen jegliche politische Manipulationen zu verteidigen. Die Bundesrepublik begann, ein „normales" westliches Land zu werden.

Amerikanische Lebensart, Kleidung, Verhaltensweisen, Literatur, Filmidole wurden zum Vorbild für große Teile der Bevölkerung und wirkten stilbildend. Mit dem „American Way of life" gelangten nahezu unbemerkt die für den „Westen" stehenden amerikanischen Wertvorstellungen in den Wahrnehmungshorizont vor allem der jungen Generation: Individualismus, Freiheitsdrang, Optimismus.

Auch die „Halbstarkenkrawalle" der Jahre 1956/58 folgten westlichen „Vorbildern". Die von den USA ausgehende Massenkultur in Mode („Jeans") und Musik („Rock'n'Roll") verband sich überall in Westeuropa mit dem Protest und einem veränderten Lebensgefühl vieler Jugendlicher, die nach Freiräumen von Arbeitsethos und Bürgerlichkeit verlangten (▶ M4). Die Protestwelle der späten sechziger Jahre kündigte sich an.

„Schlussstrich-Mentalität" Die Nürnberger Prozesse und die auf halber Strecke beendete politische Säuberung ließen die deutsche Bevölkerung glauben, die Vergangenheit genügend „aufgearbeitet" zu haben. Eine „Schlussstrich-Mentalität" machte sich breit, weil, so meinten viele, die eigentlichen Schuldigen schon längst bestraft worden seien (▶ M5).

Erst mit der Gründung der Zentralen Stelle der Landesjustizverwaltungen zur Aufklärung nationalsozialistischer Gewaltverbrechen 1958 in Ludwigsburg und der systematischen strafrechtlichen Verfolgung von NS-Tätern in den Vernichtungslagern begann in der Bundesrepublik eine neue Phase im Umgang mit der Vergangenheit. 1961 wurde Adolf Eichmann, dem Organisator der jüdischen Deportationen, in Jerusalem der Prozess gemacht; 1963 bis 1965 folgte der Frankfurter Auschwitz-Prozess, dem sich weitere Verfahren (Majdanek-Prozess 1975/81 in Düsseldorf) anschlossen. 750 weitere NS-Täter wurden seit Gründung der Ludwigsburger Zentralstelle 1958 rechtskräftig verurteilt.

Die großen NS-Prozesse der 1960er-Jahre förderten das ganze Ausmaß der Massenvernichtung zutage und die Medien sorgten dafür, dass die Auseinandersetzung mit den Verbrechen zu einer öffentlichen Angelegenheit wurde. Das im Zusammenhang mit den Prozessen veröffentlichte Aktenmaterial zeigte, wie weit die NS-Herrschaft in alle Bereiche von Staat und Wirtschaft hineingereicht hatte und wie groß die Unterstützung gewesen war, die sie dort gefunden hatte. Besonders erschreckend war die Erkenntnis, dass ein erheblicher Teil der deutschen Bevölkerung, teils unter Druck, teils bewusst kalkulierend, freiwillig und regelmäßig Auskünfte über andere Personen gegeben und damit die Gewaltherrschaft aktiv gestützt hatte.

> **„Spiegel-Affäre":** Politskandal, ausgelöst durch einen im Nachrichtenmagazin „Spiegel" veröffentlichten kritischen Artikel über die NATO. Die Bundesregierung ließ Redakteure und Herausgeber des Magazins wegen angeblichen Landesverrats verhaften und die Redaktionsräume polizeilich durchsuchen. In der Folge musste Verteidigungsminister Franz Josef Strauß zurücktreten; das Magazin wurde vollständig rehabilitiert.

▲ **Kippe an der Lippe und Frisur wie James Dean.**
Foto aus Dortmund, 1959.

Regierung, Parlament und Medien ließen es an eindeutigen Verurteilungen des NS-Regimes und seiner Verbrechen nicht fehlen. Bundespräsident Theodor Heuss kritisierte wiederholt alle Tendenzen zur Verdrängung der Vergangenheit und unterstrich immer wieder die Ehrenhaftigkeit der Widerstandskämpfer des 20. Juli 1944 und anderer Gegner des Nationalsozialismus. Dennoch blieb der Umgang mit der jüngsten Vergangenheit in der Adenauer-Ära zwiespältig. Zahlreiche NS-Täter hatten neben den vielen Mitläufern im großen Vergessen untertauchen, ihre Karrieren in der Bundesrepublik fortsetzen und erneut in Schlüsselpositionen aufsteigen können. Integration und Aufbau schienen wichtiger als Gerechtigkeit. Einerseits trug dies zur Stabilisierung der noch ungefestigten Demokratie bei, denn eine gründliche Säuberung und Inhaftierung Hunderttausender hätte wie nach dem Ersten Weltkrieg zur Bildung radikaler Gruppierungen und zu Widerstand gegen die Republik führen können. Andererseits entzündete sich an der NS-Vergangenheit von Richtern, Politikern und hohen Beamten in den späten sechziger Jahren der Protest der jüngeren Generation. Sie kritisierte die fehlende Auseinandersetzung der Deutschen mit dem „Dritten Reich" und die Selbstverständlichkeit, mit der ehemalige Mitläufer nach 1945 die Entwicklung der Bundesrepublik bestimmten. Dies führte oftmals zu einer pauschalen Verurteilung der Vätergeneration, die sich in den 1960er- und frühen 70er-Jahren zu einem Generationenkonflikt um die Schuldfrage an den NS-Verbrechen zuspitzte.

Die Frage nach Schuld und Verantwortung bleibt bis heute umstritten. Die Auseinandersetzung mit der NS-Vergangenheit gewinnt jedoch umso mehr an Bedeutung, je kleiner die Zahl der Zeitzeugen wird. Sie darf auch deshalb nicht beendet werden, weil bis heute nationalsozialistisches Gedankengut in Form von Rassismus, Antisemitismus und Ausländerfeindlichkeit zu beklagen ist. Nur wer über ein gesichertes Wissen über das „Dritte Reich" verfügt, kann eindeutig Position gegen jede Form von Rechtsextremismus und die Lügen von Holocaust-Leugnern beziehen.

▲ **Demonstrationsplakat gegen Kurt Georg Kiesinger.**
Berlin 1967/69.
Mit diesem Protestplakat empfingen Studenten Bundeskanzler Kiesinger bei einem Besuch an der Freien Universität Berlin. Aufgrund seiner NS-Vergangenheit stand Kiesinger in den Augen der Studentenbewegung, aber auch großer Teile der Bevölkerung stellvertretend für die bundesdeutschen Eliten und ihre Haltung zum Nationalsozialismus. Kiesinger war Mitglied der NSDAP und während des Krieges im Auswärtigen Amt (AA) als stellvertretender Abteilungsleiter für Propaganda in der Rundfunkabteilung tätig. Nach 1945 zunächst als Mitläufer eingestuft, wurde er 1948 durch ein Spruchkammergericht vollständig entlastet. Von 1966 bis 1969 war er Bundeskanzler und von 1967 bis 1971 Vorsitzender der CDU.

Leistungen der Bundesrepublik für NS-Opfer (in Mrd. Euro)	
Bundesentschädigungsgesetz (BEG)*	44,54
Weitere gesetzliche Regelungen	1,94
Härtefallregelungen	2,78
Leistungen an den Staat Israel	1,76
Globalverträge mit Staaten u.a. (z.B. Claims Conference**)	1,46
Rückerstattung geraubten Vermögens	2,02
Sonderfonds der Bundesländer außerhalb des BEG	1,53
Sonstige Leistungen	4,63
Stiftung „Erinnerung, Verantwortung und Zukunft"	12,56
Gesamt:	63,22

* Das Gesetz von 1956 entschädigte alle Verfolgten, die bis zum 31. Dezember 1952 in der Bundesrepublik oder in West-Berlin wohnten bzw. vor ihrer Auswanderung dort gelebt hatten.
** Jewish Claims Conference: 1951 gegründeter Zusammenschluss von Verbänden, die jüdische Opfer des Nationalsozialismus in Entschädigungsfragen vertreten

Süddeutsche Zeitung vom 15. Juli 2008, S. 6

- Erläutern Sie, wen das Bundesentschädigungsgesetz ausschloss.
- Erörtern Sie, ob es gerechtfertigt ist, dass die Bundesrepublik heute noch Entschädigungsleistungen aufbringt.

Entschädigung für NS-Opfer Auch anderen NS-Opfern stellte die Bundesrepublik Entschädigungen in Aussicht. Über zwei Millionen Anträge zur Wiedergutmachung wurden anerkannt. Allerdings waren die Leistungen für den Einzelnen eher bescheiden: Für einen Monat KZ-Haft gab es einen einmaligen Betrag von 150 DM, für nachgewiesene Gesundheitsschäden waren Renten vorgesehen. Andere Opfergruppen gingen lange Zeit leer aus, etwa die Zwangsarbeiter aus Osteuropa, die erst ab dem Jahr 2000 durch die Stiftung „Erinnerung, Verantwortung und Zukunft" entschädigt wurden.

Vergleichbare Wiedergutmachungen leistete die DDR nicht. Entsprechende Forderungen Israels wies die SED-Führung rigoros zurück, zumal sie den jungen Staat Israel als Teil des kapitalistischen Weltsystems begriff.

M1 Die Vertriebenen in der Bundesrepublik – schwierige Startbedingungen

In einer Studie aus dem Jahr 2008 analysiert der Historiker Andreas Kossert das Verhältnis zwischen Vertriebenen und Einheimischen:

„Der Prozeß der Aufnahme und der Seßhaftmachung der Flüchtlinge war ein langer – zum Teil bis heute noch nicht vollständig abgeschlossener –
5 spannungsreicher und vielfach von Rückschlägen begleiteter Vorgang und keineswegs eine ungebrochene Erfolgsgeschichte, und er erforderte nicht nur Anpassungen und Verände-
10 rungen von der neu hinzugekommenen Bevölkerung, sondern in ähnlichem Maße auch von den Einheimischen", resümiert Rainer Schulze.[1] Die Fremden brachen ein in die bis dahin weitgehend homogenen Gesellschaften auf dem Land. Ihre Andersartigkeit führte dazu, daß überkommene Abgren-
15 zungen sich auflösten und Gegensätze aufeinandertrafen. Mit der Ankunft der Vertriebenen veränderte sich das Antlitz West- und Mitteldeutschlands in einem bis dahin ungekannten Ausmaß. Sie leisteten einen substantiellen Beitrag zu Ent-provinzialisierung, Säkularisierung und Urbanisierung
20 Deutschlands und stellten damit einen gewichtigen Modernisierungsfaktor dar. [...]
Bei den Vertriebenen, die die schlechtesten Startbedingungen hatten und sich mehr als alle anderen nach Normalität sehnten, war der Drang, einen höheren Lebensstandard zu
25 erreichen, besonders stark ausgeprägt. Sie legten in bezug auf Anstand, Sauberkeit, Arbeitsethos, Fleiß und Außenwirkung strenge Maßstäbe an – ein Zeichen für Überanpassung, der ein innerer Integrationsdruck zugrunde lag. Den Vertriebenen wurde sprichwörtlicher Fleiß nachgesagt und geringe
30 Konfliktbereitschaft im Vergleich zu den westdeutschen Industriearbeitern, bei denen gewerkschaftliche Traditionen stärker ausgeprägt waren. Als Angelernte waren sie bald allgemein geschätzt.
„Mitte der 1950er Jahre hatten beispielsweise, wie eine Aus-
35 wertung der Unterlagen von 5,7 Millionen Antragstellern auf einen Vertriebenenausweis ergab, 93 Prozent der vertriebe-

▲ Protest bei einem Fastnachtszug im badischen Lahr.
Foto von 1949.

nen Ärzte und Zahnärzte wieder in ihrem Beruf Fuß gefasst."[2]
Als Arzt zu praktizieren bedeutete aber keineswegs, daß man integriert oder gar anerkannt war. Das bestätigt Roland Chmelirsch, der aus dem Sudetenland vertrieben wurde und
40 sich als Arzt im fränkischen Erlangen niederließ: „Für diese Menschen war ich der ‚Flüchtlingsdoktor', und den brauchten sie nicht, den riefen sie nur nachts oder am Wochenende, wenn der ortsansässige Arzt keinen Dienst hatte und nicht aufstehen wollte oder auf Notrufe ungnädig reagiert hätte.
45 Sicherlich spielte dabei auch eine Rolle, dass ich den Dialekt der Menschen nicht gesprochen habe. [Im] eigentlichen Sinne heimisch bin ich hier nie geworden."
Auch Handwerker, denen es gelang, im Westen einen eigenen Betrieb aufzubauen, hatten damit zu kämpfen, daß sie
50 sozusagen zweite Wahl waren, profitierten aber auf der anderen Seite davon, daß die Vertriebenen als fleißig und zuverlässig galten.

Andreas Kossert, Kalte Heimat. Die Geschichte der deutschen Vertriebenen nach 1945, vierte, überarb. Aufl., München 2009, S. 14 f. und 90

■ *Diskutieren Sie die Probleme der Zuwanderung aus der Sicht der betroffenen Gruppen.*

---

[1] Rainer Schulze, Zuwanderung und Modernisierung – Flüchtlinge und Vertriebene im ländlichen Raum, in: Klaus J. Bade (Hrsg.), Neue Heimat im Westen, Münster 1990, S. 81-105, hier S. 95

[2] Thomas Grosser, Die Integration der Vertriebenen in der Bundesrepublik Deutschland. Annäherung an die Situation der Sudetendeutschen in der westdeutschen Nachkriegsgesellschaft am Beispiel Bayerns, in: Hans Lemberg, Jan Kren und Dušan Kováč (Hrsg.), Im geteilten Europa. Tschechen, Slowaken und Deutsche und ihre Staaten 1948-1989, Essen 1998, S. 41-94, hier S. 65

▲ Verlesung der „Charta der deutschen Heimatvertriebenen".
Foto aus Stuttgart vom 6. August 1950.
Die Kundgebung fand fast auf den Tag genau fünf Jahre nach der Unterzeichnung des Potsdamer Abkommens statt. Vorangegangen waren seit November 1949 Sitzungen einer gemeinsamen Kommission der Zentralverbände der deutschen Vertriebenen und der ostdeutschen Landsmannschaften.

- Erläutern Sie, was die Heimatvertriebenen mit der Wahl des Termins ausdrücken wollten. Berücksichtigen Sie auch das Foto.

M2 Charta der deutschen Heimatvertriebenen

Am 6. August 1950 wird auf der größten Demonstration in der Geschichte der jungen Bundesrepublik mit 150 000 Teilnehmern vor der Kulisse des kriegszerstörten „Neuen Schlosses" in Stuttgart die Charta[1] der Heimatvertriebenen verkündet:

Im Bewusstsein ihrer Verantwortung vor Gott und den Menschen, im Bewusstsein ihrer Zugehörigkeit zum christlich-abendländischen Kulturkreis, im Bewusstsein ihres deutschen Volkstums und in der Erkenntnis der gemeinsamen Aufgabe aller europäischen Völker, haben die erwählten Vertreter von Millionen Heimatvertriebenen nach reiflicher Überlegung und nach Prüfung ihres Gewissens beschlossen, dem deutschen Volk und der Weltöffentlichkeit gegenüber eine feierliche Erklärung abzugeben, die die Pflichten und Rechte festlegt, welche die deutschen Heimatvertriebenen als ihr Grundgesetz und als unumgängliche Voraussetzung für die Herbeiführung eines freien und geeinten Europas ansehen.

1. Wir Heimatvertriebenen verzichten auf Rache und Vergeltung. Dieser Entschluss ist uns ernst und heilig im Gedenken an das unendliche Leid, welches im Besonderen das letzte Jahrzehnt über die Menschheit gebracht hat.
2. Wir werden jedes Beginnen mit allen Kräften unterstützen, das auf die Schaffung eines geeinten Europas gerichtet ist, in dem die Völker ohne Furcht und Zwang leben können.
3. Wir werden durch harte, unermüdliche Arbeit teilnehmen am Wiederaufbau Deutschlands und Europas. Wir haben unsere Heimat verloren. Heimatlose sind Fremdlinge auf dieser Erde. Gott hat die Menschen in ihre Heimat hineingestellt. Den Menschen mit Zwang von seiner Heimat zu trennen, bedeutet, ihn im Geiste zu töten.

Wir haben dieses Schicksal erlitten und erlebt. Daher fühlen wir uns berufen zu verlangen, dass das Recht auf die Heimat als eines der von Gott geschenkten Grundrechte der Menschheit anerkannt und verwirklicht wird.

Solange dieses Recht für uns nicht verwirklicht ist, wollen wir aber nicht zur Untätigkeit verurteilt beiseitestehen, sondern in neuen, erläuterten Formen verständnisvollen und brüderlichen Zusammenlebens mit allen Gliedern unseres Volkes schaffen und wirken.

Darum fordern und verlangen wir heute wie gestern:
1. Gleiches Recht als Staatsbürger nicht nur vor dem Gesetz, sondern auch in der Wirklichkeit des Alltags.
2. Gerechte und sinnvolle Verteilung der Lasten des letzten Krieges auf das ganze deutsche Volk und eine ehrliche Durchführung dieses Grundsatzes.
3. Sinnvollen Einbau aller Berufsgruppen der Heimatvertriebenen in das Leben des deutschen Volkes.
4. Tätige Einschaltung der deutschen Heimatvertriebenen in den Wiederaufbau Europas. Die Völker der Welt sollen ihre Mitverantwortung am Schicksal der deutschen Heimatvertriebenen als der vom Leid dieser Zeit am schwersten Betroffenen empfinden. Die Völker sollen handeln, wie es ihren christlichen Pflichten und ihrem Gewissen entspricht.

Die Völker müssen erkennen, dass das Schicksal der deutschen Heimatvertriebenen wie aller Flüchtlinge ein Weltproblem ist, dessen Lösung höchste sittliche Verantwortung und Verpflichtung zu gewaltiger Leistung fordert.

Wir rufen Völker und Menschen auf, die guten Willens sind, Hand anzulegen ans Werk, damit aus Schuld, Unglück, Leid, Armut und Elend für uns alle der Weg in eine bessere Zukunft gefunden wird.

Alexander von Plato und Almut Leh (Hrsg.), „Ein unglaublicher Frühling". Erfahrene Geschichte im Nachkriegsdeutschland 1945-1948, Bonn 1997, S. 30

1. *Erläutern Sie die Forderungen der Vertriebenen. Welche dienten dem Integrationsprozess, welche standen ihm entgegen?*
2. *Überlegen Sie, welche innen- und außenpolitische Wirkung die Charta hatte.*

[1] Grundsatzdokument

M3 Chancen und Grenzen der Konsumgesellschaft

Der Wirtschaftshistoriker Werner Abelshauser arbeitet Merkmale der bundesdeutschen Konsumgesellschaft heraus:

Überraschenderweise konnte die Konsumgesellschaft Bundesrepublik in vielem, was für sie charakteristisch geworden ist, an die Entwicklung der dreißiger Jahre anknüpfen [...]. Neu für die fünfziger Jahre war hingegen, dass der Konsum langlebiger Gebrauchsgüter nicht mehr auf mittlere und gehobene Einkommensklassen begrenzt war, sondern mit wachsendem Realeinkommen in nahezu allen Schichten der Bevölkerung einsickerte. Für den Besitz mancher Konsumgüter wie zum Beispiel für Fernsehgeräte, Musiktruhen oder Kühlschränke spielte in der zweiten Hälfte der fünfziger Jahre die soziale Stellung kaum noch eine bestimmende Rolle. Die „Demokratisierung des Konsums" [...] setzte sich [...] durch. Kennzeichnend für diese Entwicklung ist das Scheitern schichtspezifisch konzipierter Automobile (z. B. die „Kabinenroller" von Gutbrod, Maico oder Messerschmidt) [...] und der Siegeszug des auf technische Funktionalität und ein (käufer-)schichtübergreifendes Image angelegten VW-Käfer [...].

Die frühe Bundesrepublik – Erfolg der Demokratie durch „Wohlstand für alle"? Das private Automobil wurde in den fünfziger Jahren zum Schlüsselbegriff für soziales Wohlbefinden, bürgerliches Freiheitsgefühl, wirtschaftliche Erwerbschancen und gesellschaftliches Prestige. Die Konsequenzen, die sich daraus für Städtebau, Siedlungspolitik, Freizeitgestaltung, Kommunikationsverhalten, Wirtschaftsstruktur, Umwelt, ja nahezu für alle Bereiche des menschlichen Lebens ergaben, revolutionierten das Alltagsleben. [...]

In dieselbe Richtung zeigten die Herausbildung des Tourismus als Kollektivphänomen und die Expansion des neuen Massenmediums „Fernsehen". Beide ebenfalls epochemachenden Entwicklungen haben in Deutschland ihren Ursprung in den dreißiger Jahren, sodass auch hier auf eigene Erfahrungen zurückgegriffen werden konnte. [...] Es gibt keinen Zweifel daran, dass die Hauptstützen der „Konsumgesellschaft" – Motorisierung, Tourismus und Massenmedien – ihre tiefen Spuren im öffentlichen Bewusstsein und im Lebensgefühl der Massen erst im Laufe der fünfziger und sechziger Jahre hinterlassen haben und daher zu Recht als Ergebnis des „Wirtschaftswunders" nach dem Zweiten Weltkrieg gesehen werden. [...]

Vor der generellen Verbesserung der wirtschaftlichen Lage traten andere Probleme der „Wirtschaftswunderzeit" zurück. [...] Je weiter die Motorisierung voranschritt und die Freiheit des Einzelnen zu erweitern versprach, desto mehr stiegen die sozialen Kosten einer „autogerechten" Welt, in der die Mehrheit der Bundesbürger nunmehr wohnen wollte, und verringerten sich in den Verdichtungsräumen des Straßenverkehrs die Entfaltungsmöglichkeiten des einzelnen Autofahrers. Ursprüngliche Lebensqualität schlug um in Umweltbelastung. Ähnliches gilt für den Massentourismus, dessen Reiz gerade durch die Folgen seiner steigenden Popularität und der Erschwinglichkeit von Pauschalreisen zwangsläufig Schaden nehmen musste, und für die elektronischen Medien, deren kulturelle Problematik im vollen Maße erst in den siebziger Jahren erkannt worden ist.

Schließlich: In dem Maße, wie die Bundesrepublik in den fünfziger Jahren zur Industriegesellschaft par excellence geworden ist, hat sie auch deren außerordentliche Probleme in Kauf nehmen müssen. Hohe Abhängigkeit vom Weltmarkt, von Energieimporten und knappen Rohstoffen, starke Umweltbelastungen durch industrielle Emissionen und Abfälle, Zersiedelung der Landschaft durch dezentrale Industriesiedlung oder Beschäftigungskrisen durch wirtschaftlichen Strukturwandel waren noch keine dringenden Fragen der sechziger Jahre. Aber all diese Probleme, die die Bundesrepublik jenseits der „Grenzen des Wachstums" besonders hart trafen, sind in den Langen Fünfziger Jahren entstanden.

Werner Abelshauser, Deutsche Wirtschaftsgeschichte von 1945 bis zur Gegenwart, München 2011, S. 338–342

▲ **Deutsche Urlauber vor Andenkenläden in Südtirol.**
Foto von 1958.

1. *Arbeiten Sie die Kennzeichen der Konsumgesellschaft in der Zeit des „Wirtschaftswunders" heraus.*

2. *Erläutern Sie, welche Folgen die „Demokratisierung des Konsums" (Zeile 12) hatte.*

3. *Beurteilen Sie das damalige Konsumverhalten aus heutiger Sicht.*

M4 „Amigeheul" und „Negermusik"

Der deutsche Rockmusiker Udo Lindenberg erinnert sich 1980 an seine Jugendzeit:

Damals, 1957, ich war elf, schoss aus dem Radio Elvis Presley mit „Tutti Frutti", und die ersten Takte verbannten meine bisherigen Lieblingslieder „Ave Maria", „Was hat der Hans mit der Grete getan", „Der lachende Vagabund" und sogar „Ma-
5 rina" schlagartig aus meinem Frischlingsherzen. Worum es ging, verstand ich nicht, aber dieser Schluckaufgesang und die elektrisierende Musik rockten mich durch, und ich rannte in die Küche, schnappte Töpfe und Kochlöffel, trommelte die letzte Minute von „Tutti Frutti" mit, und damit war die für
10 mich damals gerade aktuelle Berufsentscheidung zwischen Seefahrer und Trommler gefallen. Elvis Presley hatte mich angezündet, und ich dachte: Jetzt ist Erdbeben. [...]
Was mit Elvis' Hüften los war, verstand ich damals auch noch nicht so gut, aber die Mädchen, die mit verdrehten Augen von
15 ihm sprachen, stiegen sehr in meiner Achtung, weil sie einen genauso guten Musikgeschmack hatten wie ich. Erst eine Weile später kriegte ich mit, was an Rock'n'Rollern außer Musik noch wichtig ist. Elvis hatte es drauf: Mit eingebauten Kugellagern in den Gelenken und dem verträumt-trotzig-
20 verletzbaren Erosblick hat er sogar den aufrechten West-fälinnen in meiner kleinen Heimatstadt Gronau in die Unter-kleider geguckt.
Er hat uns gegen unsere Eltern, denen ja sonst alles gehörte, etwas Eigenes gegeben. Bis jetzt hatten wir immer nur zu
25 hören bekommen: „Dafür bist du noch zu jung." Mit Elvis in den Ohren konnten wir zurückbrüllen: „Dafür seid ihr schon zu alt."
Wo kam dieses Dynamit her? Wo gab's noch mehr davon? So kriegte ich durch Elvis auch Bill Haley mit, den es schon vor-
30 her gab, und bald hatte ich eine Sammlung von Platten mit „Amigeheul" und „Negermusik", und meine Oma fiel in Ohn-macht. [...]
Ein paar Sachen an ihm sind mir fremd geblieben, vielleicht weil Amerika so weit weg war. Nachdem Elvis dann auch als
35 „guter Amerikaner" sehr brav und sauber in die Herzen der Erwachsenen in seinem Land eingekehrt war [...], hörte er auf, die absolute Sensation für mich zu sein.

Christoph Kleßmann und Georg Wagner (Hrsg.), Das gespaltene Land. Leben in Deutschland 1945 bis 1990, München 1993, S. 294 f.

▲ Elvis Presley an seinem ersten „Ausgehtag" während seines Militärdienstes in Deutschland 1958.

1. Vergleichen Sie Lindenbergs Erinnerungen mit Ihren Lebensumständen heute.
2. Beschreiben Sie die Unterschiede im Verhältnis zu den Eltern sowie Änderungen im jugendlichen Lebensgefühl und Lebensstil zwischen damals und heute.

M5 Vergangenheitsbewältigung im Spiegel der Demoskopie

a) Einstellungen zu Hitler und dem Nationalsozialismus (Angaben in Prozent)

Fragen	1953	1955	1956	1957	1958	1959	1960	1961	1962	1966	1967	1977	1978
Hitler, einer der größten Staatsmänner?													
Ja	–	48	43	–	–	42	34	30	37	–	32	34	31
Nein	–	36	37	–	–	41	43	43	44	–	52	50	55
Weiß nicht	–	16	20	–	–	17	23	27	19	–	16	16	14
Eine neue nationalsozialistische Partei?													
Dafür	16	–	25	11	11	11	–	–	8	7	6	7	–
Dagegen	62	–	61	66	64	62	–	–	71	74	78	79	–
Indifferent	22	–	24	23	25	27	–	–	21	19	16	14	–

David P. Conradt, The German Policy, New York/London 1978, S. 49, zitiert nach: Heinz Rausch, Politische Kultur in der Bundesrepublik, Berlin 1980, S. 36

b) Pro und Kontra zur Bestrafung von NS-Tätern

„Hier unterhalten sich zwei Männer darüber, ob man heute noch Prozesse führen soll wegen Verbrechen, die im oder vor dem Krieg begangen wurden. Wem von beiden würden Sie zustimmen?" (in Prozent)

	1958	1963	1965	1969
„Ich finde, man sollte endlich aufhören, Menschen für Taten, die sie vor so vielen Jahren begangen haben, jetzt vor Gericht zu stellen. Ich meine, es wäre gut, endlich einen Schlussstrich unter die Vergangenheit zu ziehen."	34	54	52	67
„Ich finde, wenn heute herauskommt, dass jemand damals ein Verbrechen begangen hat, so muss er auch heute noch dafür bestraft werden. Es ist nicht einzusehen, warum jemand, der andere Menschen gequält oder getötet hat, straffrei ausgehen soll."	58	34	38	23
Unentschieden	12	12	10	10

Detlef Siegfried, Zwischen Aufarbeitung und Schlussstrich. Der Umgang mit der NS-Vergangenheit in den beiden deutschen Staaten 1958 bis 1969, in: Axel Schildt u.a. (Hrsg.), Dynamische Zeiten. Die 60er Jahre in den beiden deutschen Gesellschaften, Hamburg 2000, S. 108

1. Beschreiben Sie die Trends in den Statistiken a) und b) und bemühen Sie sich um eine Erklärung.
2. Fragen Sie in Ihrem Bekanntenkreis: Welche Antworten erhalten Sie heute auf die gestellten Fragen in a) und b)?
3. Überlegen Sie, wo die Schwierigkeiten und Herausforderungen der „Vergangenheitsbewältigung" bis heute liegen.
4. Unser Strafgesetzbuch hat 1985 das Leugnen der Judenverfolgung und -vernichtung im „Dritten Reich" als eine Fortsetzung der Diskriminierung der betroffenen Menschen unter Strafe gestellt. Erläutern Sie, warum dieses Gesetz notwendig geworden war. Ist es auch heute noch erforderlich? Informieren Sie sich in der Fachliteratur oder im Internet über die Lügen und konstruierten Theorien der Holocaust-Leugner.

Antikommunismus als Integrationsideologie?

Als das Landgericht die Sitzung nach der Urteilsverkündung am späten Vormittag des 14. Februar 1965 schließt, kann es Peter Rudolf nicht fassen: Gerade hat man ihn zu neun Monaten Gefängnis verurteilt, weil er vor drei Jahren bei der Maikundgebung der Gewerkschaften am 1. Mai auf dem Dortmunder Marktplatz rote Nelken verteilt hatte. Er erinnert sich noch gut daran, wie plötzlich der Bürgermeister ein Megaphon an sich gerissen und die rund 600 Teilnehmer des Zuges aufgefordert hatte, die angesteckten roten Nelken zu entfernen. Wer das Anzeichen trage, demonstriere damit für die Schandmauer in Berlin und für SED-Chef Walter Ulbricht. Dabei ist doch die rote Nelke das traditionelle Abzeichen bei den Maiumzügen!

Das Gericht sieht das anders. In der mehr als fünf Seiten langen Urteilsbegründung heißt es, der Symbolgehalt der roten Nelke habe sich nach dem KPD-Verbot 1956 geändert. Seither sei es ein Zeichen der Verbundenheit mit dieser Partei. Obwohl er, der Angeklagte Rudolf, dies gewusst habe, seien er und einige andere trotz des Verbots durch den Bürgermeister mit ihren roten Nelken im Knopfloch am Schluss des Zuges weitermarschiert. Rudolf bleibt nicht anderes übrig, als seine Haft anzutreten: wegen staatsgefährdender Nelken.

Alleinvertretungsanspruch der Bundesrepublik Die Bundesrepublik verstand sich als Kernstaat des nach dem Zweiten Weltkrieg geteilten Deutschland. Das Ziel der Wiederherstellung der Einheit Deutschlands hatte Verfassungsrang – allerdings nicht um jeden Preis, sondern nur im Rahmen einer freiheitlichen Ordnung nach westlichem Muster. Die praktischen politischen Schritte auf diesem Weg waren zwischen Regierung und Opposition umstritten.

Ihren Alleinvertretungsanspruch verdichtete die Bundesregierung 1955 zu dem außenpolitischen Grundsatz der Bundesrepublik, keine Beziehungen zu Staaten zu unterhalten, die die DDR diplomatisch anerkannten (**Hallstein-Doktrin**) (▶ M1). Nur im Falle der Sowjetunion musste Bundeskanzler Adenauer eine Ausnahme zulassen. Mit der Hallstein-Doktrin machte es die Bundesrepublik bis Ende der 1960er-Jahre unmöglich, dass ein Staat gleichzeitig diplomatische Beziehungen zur Bundesrepublik und zur DDR unterhielt. Von der Respektierung der Hallstein-Doktrin machte sie auch ihre wirtschaftliche Hilfe für Länder der „Dritten Welt" abhängig oder brach – wie im Falle Jugoslawiens 1957 – die diplomatischen Kontakte ab. Die Signalwirkung solcher Maßnahmen war beachtlich. Die DDR blieb lange Zeit international isoliert.

Hallstein-Doktrin: benannt nach Walter Hallstein (CDU), von 1951 bis 1958 Staatssekretär im Auswärtigen Amt der Bundesrepublik

Antitotalitärer Grundkonsens im Zeichen des Antikommunismus Politiker und Bürger in der Bundesrepublik fühlten sich vom Sowjetkommunismus bedroht. Das lag zum einen an der erfolgreichen jahrelangen Propaganda der Nationalsozialisten vom „bolschewistischen Untermenschen". Hinzu kamen die Erfahrungen und Ereignisse der Nachkriegszeit: Gefangenschaft in der Sowjetunion, Plünderungen und Vergewaltigungen, Flucht und Vertreibung von Millionen aus ihrer Heimat im Osten, die sowjetische Reparationspolitik und die Maßnahmen des Regimes in der DDR – im Westen weiterhin „Sowjetzone" oder „Ostzone" genannt. All dies zeigte deutlich die Schattenseiten marxistisch-sozialistischer Politik. In den (politischen) Gefangenenlagern der DDR schienen die Konzentrationslager des „Dritten Reichs" ihre konsequente Fortsetzung gefunden zu haben. In der immer wieder verwendeten Formel von der „Verteidigung der Freiheit gegen den Bolschewismus" trafen sich Konservative, Liberale und Sozialdemokraten ungeachtet ihrer sonstigen parteipolitischen Gegensätze (▶ M2). Alternativen zu Demokratie und Parlamentarismus wurden in der Bonner Republik, anders als in der Weimarer Republik, nicht geduldet.

Im Sinne der „wehrhaften Demokratie" bekämpfte die Bundesregierung sowohl rechts- als auch linksextreme Parteien. Bereits 1952 hatte das Bundesverfassungsgericht die Sozialistische Reichspartei (SRP) als Nachfolgeorganisation der NSDAP verboten. Die westdeutsche KPD war Instrument der SED, weitgehend von Ost-Berlin finanziert und gelenkt. Obwohl zahlenmäßig unbedeutend, galt sie als prinzipielle Gefahr für die demokratische Verfassungsordnung. Deshalb ging die Bundesregierung gegen Kommunisten im öffentlichen Dienst vor, bis die Partei schließlich 1956 vom Bundesverfassungsgericht verboten wurde. Staatlich geförderte politische Bildungseinrichtungen betrieben eine umfassende Aufklärungsarbeit über Ideologie und Praxis kommunistischer Staaten, besonders der DDR. Umgekehrt konnte der Import von Propagandabroschüren aus der DDR als „Einfuhr verfassungsverräterischer Publikationen" geahndet werden. Wer in die DDR reiste, lief Gefahr, wegen „landesverräterischer Beziehungen" verdächtigt zu werden.

Vor allem der Kalte Krieg verschaffte dem Antikommunismus immer neue Nahrung. Eine Neigung zur Schwarz-Weiß-Malerei in der bundesdeutschen Gesellschaft – hier die heile Welt des Westens, dort die böse kommunistische Welt des Ostens – war weitverbreitet. Spätestens seit der Berlin-Blockade sah die im westlichen Teilstaat lebende Mehrheit der Deutschen ihre Zukunft an der Seite der Westalliierten. Adenauers antikommunistisch begründete Politik der Stärke, der Westintegration und der Sozialen Marktwirtschaft war nun unumstritten. So wurde der Antikommunismus zur tragfähigen Integrationsideologie für die noch ungefestigte Demokratie in Westdeutschland. Sie trug aber zugleich zur Verdrängung der NS-Vergangenheit bei (▶ M3).

Antikommunismus im Parteienkampf

Der Antikommunismus wurde auch parteipolitisch instrumentalisiert. Übte die Opposition etwa Kritik an den Eigentumsverhältnissen und außerparlamentarischen Aktionen Adenauers in der Außenpolitik, wurde dies von den Regierungsparteien als kommunistischer Angriff diffamiert. Vor allem Konrad Adenauer stellte die Sozialdemokraten gerne in die Nähe der Kommunisten und nahm damit bewusst in Kauf, dass sich das Feindbild Kommunismus zum Feindbild Sozialdemokratie ausdehnte. Obwohl sich die SPD nach 1949 stets vom Kommunismus distanzierte, stand sie wegen ihres sozialistischen Wirtschaftskonzeptes und ihrer zunächst optimistischen Einschätzung der sowjetischen Deutschlandpolitik bei Teilen der Bevölkerung im Verdacht, mit kommunistischen Zielen zu sympathisieren. Die Quittung bekam die SPD mit ihrer deutlichen Wahlniederlage im Bundestagswahlkampf von 1953, den Adenauer als Entscheidungskampf über die Grundsatzfrage führte: Demokratie und Freiheit an der Seite des Westens oder gefährliche Neutralität und Rücksicht auf die Sowjetunion. Die Bevölkerung entschied deutlich: Die CDU erhielt 45,2 Prozent der Stimmen und über die Hälfte der Mandate.

Die parteipolitische Polarisierung fand erst ein Ende, als die SPD 1959 in ihrem Godesberger Programm die Lehren aus ihren Wahlniederlagen zog und Abschied von ihrem marxistisch geprägten Wirtschaftsprogramm nahm. Gleichzeitig erkannte sie die Realität einer in Ost und West geteilten Welt an: Zur Wiederherstellung der staatlichen Einheit Deutschlands wurde der Westintegration der Bundesrepublik Vorrang eingeräumt. Damit akzeptierte die SPD die Fundamente der Politik Adenauers.

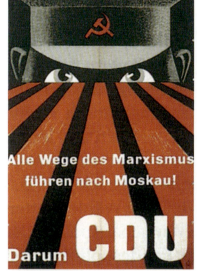

▲ **Wahlplakate der FDP und der CDU zur Bundestagswahl 1953.**
Erich Ollenhauer wurde nach dem Tod Kurt Schumachers 1952 SPD-Vorsitzender und Kanzlerkandidat der Partei.
■ Analysieren Sie Aussage und Wirkung der Wahlplakate.

M1 „Die Bundesrepublik Deutschland ist allein befugt ..."

Nach der Gründung der DDR erklärt Bundeskanzler Adenauer am 21. Oktober 1949 vor dem Deutschen Bundestag:

Ich stelle Folgendes fest: In der Sowjetzone gibt es keinen freien Willen der deutschen Bevölkerung. Das, was jetzt dort geschieht, wird nicht von der Bevölkerung getragen und damit legitimiert. Die Bundesrepublik Deutschland stützt sich
5 dagegen auf die Anerkennung durch den frei bekundeten Willen von rund 23 Millionen stimmberechtigter Deutscher. Die Bundesrepublik Deutschland ist somit bis zur Erreichung der deutschen Einheit insgesamt die alleinige legitimierte staatliche Organisation des deutschen Volkes. [...] Die Bun-
10 desrepublik Deutschland fühlt sich auch verantwortlich für das Schicksal der 18 Millionen Deutschen, die in der Sowjetzone leben. Sie versichert sich ihrer Treue und ihrer Sorge. Die Bundesrepublik Deutschland ist allein befugt, für das deutsche Volk zu sprechen. Sie erkennt Erklärungen der Sowjet-
15 zone nicht als verbindlich für das deutsche Volk an.

Julia Angster, Ankunft im Westen: Die Bundesrepublik Deutschland, in: Edgar Wolfrum (Hrsg.), Die Deutschen im 20. Jahrhundert, Darmstadt 2004, S. 30

1. *Arbeiten Sie heraus, wie Adenauer die höhere Legitimität der Bundesrepublik im Vergleich zur DDR begründet.*
2. *Diskutieren Sie die Probleme, die damit auf künftige Bundesregierungen zukamen.*

M2 Gegen den sowjetischen Kommunismus

Auf einer Kundgebung in West-Berlin am 17. August 1951 übt der Parteivorsitzende der SPD, Kurt Schumacher, Kritik an Stalins Deutschland- und Europapolitik:

Wer hat, frage ich euch, denn Deutschland gespalten? 1945 ist die Spaltung Deutschlands vorgenommen worden durch den politischen Egoismus und die ökonomische Raubgier der Reparationspolitik der Sowjets in ihrer Zone. Sie haben ihre
5 Zone abgedichtet, sie haben sie für jede Beobachtung und Kritik unzugänglich gemacht. Die Sowjets sollten sich besser gar nicht anstrengen mit einer großen Kampagne für die deutsche Einheit. Sie brauchten nur ihre eigenen Taten während der letzten sechs Jahre in der Absperrung und Isolierung
10 ihrer Zone zu annullieren – und Deutschland ist einig. (Starker Beifall.) Aber was jetzt vom Osten her als deutsche Einheit gepredigt wird, ist ja gar keine Einheit, sondern das ist der Versuch, den Deutschen zu erklären: Wenn ihr unser System akzeptiert, dann schenken wir euch die deutsche Einheit.
15 [...] Was uns versprochen wird, ist ja gar nicht die deutsche Einheit. Man sagt uns zwar, wir würden eine [Einheit] werden, aber man verlangt dabei, dass wir aufhören sollen, Deutsche zu sein. Es ist also gar keine deutsche Einheit, es ist die Einheit einer russischen Provinz. [...] Ich glaube, wer die deut-
20 sche Einheit will, der muss als ersten grundlegenden und entscheidenden Schritt freie und gleiche, direkte und geheime Wahlen (Beifall) in allen vier Besatzungszonen und Berlin durchführen. (Beifall.) Das ist nur möglich unter den gleichen tatsächlichen Voraussetzungen und rechtlichen Be-
25 dingungen für alle Beteiligten demokratischer Färbung. Wer das ablehnt, kann noch so viel von deutscher Einheit reden; wenn er von Deutschland mit dem Munde spricht, meint er in seinem Herzen immer Russland. [...]
Vergesst doch nicht: Seit 1945 haben alle Kriegführenden
30 abgerüstet. Sowjetrussland hat aufgerüstet. Die Sowjets sind die einzige Macht, die sich einer internationalen Kontrolle und Inspektion des Rüstungsstandards, auch des russischen Rüstungsstandards widersetzt. Die Sowjets sind auch die einzige Macht, die sich geweigert hat und weigert, sich einer
35 internationalen Kontrolle der Atombombe zu unterwerfen. Die Sowjets haben damit die Furcht und die moralische und soziale Zersetzung in die Welt der ermüdeten und überanstrengten Völker getragen. Wenn heute im Westen die Lebenshaltung nicht in jedem Lande und für jede Berufs-
40 sparte den Grad der Zulänglichkeit erreicht, wie er zu wünschen wäre, und wenn im Osten die Lebenshaltung unter menschenunwürdigen Verhältnissen liegt, dann ist der Grund dafür die ungeheuer kostspielige Rüstungspolitik. Die Sowjets haben von dem Sozialprodukt der Menschen in allen
45 Ländern, am meisten in den Ländern ihrer politischen Färbung, zu viel weggenommen für die Rüstung. Die Sowjets vereiteln mit ihrer Rüstungspolitik den sozialen Aufstieg der arbeitenden Massen.

Zitiert nach: Jürgen Weber (Hrsg.), Geschichte der Bundesrepublik Deutschland, Bd. 4: Die Bundesrepublik wird souverän 1950-1955, München ³1998, S. 159 f.

1. *Arbeiten Sie Schumachers Kritikpunkte an der Politik Stalins heraus.*
2. *Bewerten Sie Schumachers Argumentation und Sprache: Welche Kritik erscheint berechtigt, welche nicht?*

M3 Antikommunismus als Deckmantel?

Der Historiker Hans-Ulrich Wehler nennt einen weiteren Aspekt des Antikommunismus:

Schärfste Kritik aber verdient in der Tat die Bedenkenlosigkeit, die in den Gründungsjahren des neuen Staates in der

▲ Das „Braune Haus" von Bonn.
Schautafel, herausgegeben von der SED-Abteilung Agitation, Presse, Rundfunk, Berlin-Ost, 1956.
Als „Braunes Haus" wurde die NS-Parteizentrale in München von 1930 bis 1945 bezeichnet. Das „Braune Haus von Bonn" zeigt führende Politiker der Bundesrepublik, die im NS-Regime aktiv waren. Dazu gehört etwa der Minister Theodor Oberländer (oben links).
- Erläutern Sie, warum die SED-Führung an der Aufdeckung der „braunen" Vergangenheit westdeutscher Politiker interessiert war. Ziehen Sie dazu das folgende Kapitel „Die DDR – eine deutsche Alternative?" hinzu.

Personalpolitik wichtiger Bundesinstitutionen praktiziert wurde. Dabei darf man nicht nur an den klassischen Fall denken, wie sich ein Großteil des Mitarbeiterstabes aus dem Auswärtigen Amt in der Berliner Wilhelmstraße wieder im Bonner Auswärtigen Amt einfand. Vielmehr wurden auch beim Auf- und Ausbau des Bundeskriminalamtes, des Bundesnachrichtendienstes und des Verfassungsschutzes ehemalige Schergen der NS-Diktatur laufend eingestellt. Das effizient operierende Netzwerk dieser „Ehemaligen" vermochte nicht allein die Einstellungsentscheidungen unter Berufung auf eine ominöse, früher bereits bewiesene Sachkompetenz maßgeblich zu beeinflussen. Vielmehr gelang es ihm auch, jede gerichtliche Verfolgung und erst recht jede Entlassung zu verhindern; drang Kritik dennoch einmal vor, kam es allenfalls zu einer zeitlich begrenzten Versetzung auf einen unauffälligen Posten.

Auf diese Weise kamen Aberdutzende von leitenden Mitarbeitern des Reichssicherheitshauptamtes von Himmlers und Heydrichs Gnaden, der mörderischen Einsatzgruppen, der Geheimen Feldpolizei, der Gestapo-Leitstellen trotz ihrer Mitwirkung am Vernichtungskrieg, den das „Dritte Reich" gegen Juden, Slawen und jede Form des Widerstands geführt hatte, erneut auf eine sichere Beamtenstellung. In ihren neuen Ämtern bearbeiteten die Herren mit der dunklen Vergangenheit manchmal sogar dieselben Sachgebiete wie vor 1945. Was allein zählte, war die antikommunistische Grundhaltung im Zeitalter des Kalten Krieges, die alle diese Männer keineswegs zu heucheln brauchten. Wie es nahezu 60 Jahre gelang, diese braune Vergangenheit zu tarnen, zu verbergen, zu leugnen, bis endlich zaghaft die Aufklärung einsetzte, bleibt ein schwarzes Blatt in jeder Geschichte der Innenpolitik der Bundesrepublik.

Hans-Ulrich Wehler, Deutsche Gesellschaftsgeschichte, Bd. 5: Bundesrepublik und DDR 1949-1990, München 2008, S. 21f.

1. *Kommentieren Sie Wehlers Ausführungen.*
2. *Erörtern Sie, inwiefern der Antikommunismus als „Integrationsideologie" wirkte.*
3. *Diskutieren Sie, ob es in unserer heutigen Gesellschaft auch „Integrationsideologien" gibt.*

Die DDR – eine deutsche Alternative?

◀ **Fotomontage zum Vereinigungstag von KPD und SPD am 21./22. April 1946.**
Abgebildet sind Wilhelm Pieck (KPD, links) und Otto Grotewohl (SPD, rechts).
▪ Beschreiben Sie die verschiedenen Bildelemente und ihre jeweilige Funktion. Ziehen Sie dazu die größere Abbildung auf S. 117 heran. Vgl. Sie auch das Emblem auf S. 269.

Kriegsende und Besatzungszeit	1945-1948	Die Sowjetunion führt in ihrer Zone eine „strukturelle Entnazifizierung" durch.
	1946	KPD und SPD schließen sich am 21./22. April unter dem Druck der Sowjetunion zur Sozialistischen Einheitspartei Deutschlands (SED) zusammen.
	1949	Der Deutsche Volksrat erklärt sich zur „Provisorischen Volkskammer" und ruft unter Annahme einer Verfassung am 7. Oktober die DDR aus.
Aufbau von Sozialismus und Planwirtschaft	1950	Walter Ulbricht wird Generalsekretär der SED (bis 1971).
		Die SED richtet das Ministerium für Staatssicherheit (MfS) ein.
	1952	Ulbricht verkündet den „planmäßigen Aufbau des Sozialismus" nach sowjetischem Vorbild.
Ostbindung und Militarisierung	1953	Der Volksaufstand in der DDR gegen das SED-Regime am 17. Juni wird von sowjetischen Militärs niedergeschlagen.
	1955	Die DDR wird Mitglied des Warschauer Paktes, dem Militärbündnis der Ostblockstaaten.
		Wegen des Alleinvertretungsanspruchs der Bundesrepublik wird die DDR außerhalb des Ostblocks zunächst nicht als Staat anerkannt.
Geteiltes Deutschland im Zeichen des Ost-West-Konfliktes	1961	Die SED lässt in Berlin eine Mauer errichten und baut die innerdeutsche Grenze zu einem „Todesstreifen" aus.
	1968	Die DDR beteiligt sich an der Niederschlagung des „Prager Frühlings".
	1971	Erich Honecker löst Walter Ulbricht als 1. Sekretär der SED ab (bis 1989).
„Wandel durch Annäherung"	1972	Im Rahmen der sozial-liberalen Ostpolitik von Bundeskanzler Willy Brandt erkennt die Bundesrepublik die DDR als gleichberechtigten deutschen Staat an.
	1972-1975	Die KSZE-Konferenz in Helsinki stellt die Beziehungen zwischen den europäischen Staaten auf eine neue Grundlage.
	1973	Beide deutsche Staaten werden Mitglieder der Vereinten Nationen (UNO).
	1983	Gegen einen Milliardenkredit der Bundesregierung erleichtert die SED-Führung den innerdeutschen Grenzübergang.
	1985-1991	Michail Gorbatschow beginnt in der Sowjetunion eine Reformpolitik.
	1987	Generalsekretär Honecker besucht erstmals offiziell die Bundesrepublik.
Friedliche Revolution und Wiedervereinigung	1989	Von August bis Oktober verliert die SED durch Massenflucht und Demonstrationen jeglichen Rückhalt; am 18. Oktober tritt Honecker, am 7./8. November die übrige DDR-Führung zurück.
		Am 9. November fällt die Mauer; die innerdeutschen Grenzen sind offen.
	1990	Am 3. Oktober wird die Wiedervereinigung vollzogen: „Tag der deutschen Einheit".
	1997-1999	Führende DDR-Funktionäre werden wegen ihrer Verantwortung für die Tötungen an der innerdeutschen Grenze angeklagt und verurteilt.

■ Mit Unterstützung der Roten Armee stellten in der Sowjetischen Besatzungszone kommunistische Politiker unter Walter Ulbrichts Führung zügig die Weichen für den Umbau von Staat, Wirtschaft und Gesellschaft nach dem Muster der UdSSR. Sie nutzten die Entnazifizierung zu personellen „Säuberungen", der Enteignung von Grundbesitz und Produktionsmitteln sowie zur Einführung der Planwirtschaft – die Grundlagen zum Aufbau einer kommunistischen Gesellschaftsordnung waren gelegt. Darüber hinaus etablierten sie nach der Zwangsvereinigung von KPD und SPD zur SED deren Einparteiendiktatur. Nach der Gründung der Deutschen Demokratischen Republik 1949 wurde nicht nur der „Aufbau des Sozialismus" fortgesetzt, sondern auch die Einbindung des ostdeutschen Teilstaates in das System der sowjetischen Satellitenstaaten vollzogen, die formal mit dem Beitritt der DDR zum Rat für gegenseitige Wirtschaftshilfe (RGW/COMECON) und zum Warschauer Pakt besiegelt wurde.

Die Unzufriedenheit in der Bevölkerung über die sich nur langsam bessernden materiellen Lebensverhältnisse und über die Verweigerung grundlegender Freiheiten durch das SED-Regime führte am 17. Juni 1953 zu einem Volksaufstand, der mit brutaler Waffengewalt niedergeschlagen wurde. Da in den folgenden Jahren viele qualifizierte Arbeitskräfte über die Sektorengrenze in Berlin in den Westen abwanderten, schloss die SED-Führung mit Duldung der UdSSR dieses letzte Schlupfloch 1961 durch den Bau der Mauer um West-Berlin (13. August). Parallel errichtete das 1950 gegründete Ministerium für Staatssicherheit (MfS) ein System der Kontrolle, Bespitzelung und Verfolgung von Regimegegnern.

Im Rahmen der globalen Entspannungspolitik bemühten sich die Regierungen der Bundesrepublik seit der sozial-liberalen Koalition auf der Basis der Ostverträge und des Grundlagenvertrages um humanitäre Verbesserungen und eine Normalisierung der Beziehungen zwischen den beiden deutschen Staaten. Eine Lösung der Deutschen Frage blieb aber einem Friedensvertrag vorbehalten. Die Regierung in Bonn bekräftigte die Wiedervereinigung als Ziel. Der Widerspruch zwischen dem in der Propaganda unverändert erhobenen Anspruch, der Sozialismus verkörpere die menschlichere und erfolgreichere Alternative zum westlichen Kapitalismus, und der Wirklichkeit im „real existierenden Sozialismus" in der Ära Honecker, wurde für viele DDR-Bürger immer unübersehbarer und unerträglicher.

Die DDR-Führung verkannte, dass mit der ab 1985 in der UdSSR betriebenen Reformpolitik von Michail Gorbatschow (Glasnost und Perestroika) der militärische Bestandsschutz ihrer Diktatur wegbrach. Während sie sich und ihren Staat anlässlich des 40. Jubiläums der Staatsgründung im Herbst feiern ließ, formierte sich eine friedliche Revolution. Massendemonstrationen führten 1989 nicht nur zum Sturz kommunistischer Regierungen in Osteuropa, sondern am 9. November 1989 auch zum Mauerfall. Er machte die innerdeutsche Grenze zunächst nur durchlässig, war aber schließlich der Auftakt für die Wiedervereinigung Deutschlands, die am 3. Oktober 1990 durch den Beitritt der fünf neuen Bundesländer staats- und völkerrechtlich vollzogen wurde. Damit war die Deutsche Frage 45 Jahre nach dem Ende des Zweiten Weltkrieges beantwortet.

Nur wenigen war 1990 klar, wie lange es dauern würde, das politische und wirtschaftliche Erbe der DDR aufzuarbeiten und die bei vielen fortbestehende „Mauer in den Köpfen" nach den Jahrzehnten der Teilung zu überwinden.

■ Tragen Sie das Grundwissen zur DDR und das zur Bundesrepublik jeweils auf den gegenüberliegenden Seiten eines Zeitstrahls ein. Begründen Sie, ob es vor 1989 eine gemeinsame deutsche Geschichte gab.

■ Stellen Sie das Grundwissen zur deutschen Geschichte von 1918 bis 1990 zusammen, das für das Thema „Demokratie und Diktatur" von Bedeutung ist.

Anspruch und Wirklichkeit im „Arbeiter- und Bauernstaat"

Endlich tut sich etwas!, denkt Gerhard am Morgen des 17. Juni 1953. Schon auf dem Weg zur Arbeit hat er erfahren, dass überall in Wolfen gestreikt werden soll, auch in seinem Betrieb. So kann es auch nicht länger weitergehen: Wir Arbeiter schuften und schuften, und das Arbeitssoll steigt und steigt. Und gleichzeitig wissen wir nicht, wie wir unsere Familien ernähren sollen!

Kaum im Betrieb angekommen, versammeln sich alle Kollegen in der Werkshalle. Eine Streikleitung wird gewählt, die Werksleitung abgesetzt und aus dem Betrieb vertrieben. Vormittags macht sich Gerhard gemeinsam mit den Kollegen und den etwa 12 000 Arbeitern der Agfa-Filmfabrik, der Farbenfabrik und anderen Betrieben Wolfens auf den Weg nach Bitterfeld. Immer mehr Belegschaften aus der Umgebung strömen hinzu.

Um 11.00 Uhr stehen auf dem „Platz der Jugend" und in den angrenzenden Straßen etwa 50 000 Menschen; einige Redner sprechen über eine Lautsprecheranlage zu der Menge. Einer der Redner verliest ein Telegramm, das an die Regierung der Deutschen Demokratischen Republik gerichtet ist. „Wir, die Werktätigen des Kreises Bitterfeld", ruft er, „fordern: 1. sofortiger Rücktritt der Regierung, die durch Wahlmanöver an die Macht gekommen ist, 2. Einsetzung einer provisorischen Regierung, 3. freie, demokratische, geheime und direkte Wahlen in vier Monaten, 4. Zurückziehung der deutschen Polizei von den Zonengrenzen und sofortiger Durchgang für alle Deutschen, 5. sofortige Freilassung der politischen Häftlinge und Rückkehr aller Gefangenen aus aller Welt, 6. sofortige Normalisierung des Lebensstandards ohne Lohnsenkung, 7. Zulassung aller großen deutschen demokratischen Parteien Westdeutschlands in unserer Zone, 8. keine Repressalien gegen die Streikenden, sofortige Abschaffung der sogenannten Volksarmee, 10. Zulassung der Delegationen aus der Ostzone, die eine der westdeutschen Parteien gründen wollen." Die Menge jubelt. Immer wieder wird die dritte Strophe des „Deutschlandliedes" gesungen. Dann stürmen sie das Rathaus, das Landratsamt, die SED-Kreisleitung, die MfS-Kreisdienststelle und das Gefängnis. Plötzlich laute Schreie: „Achtung! Militär!" Sowjetische Panzer rollen auf die Streikenden zu. Tausende von Demonstranten, darunter auch Gerhard selbst, werden verhaftet.

Walter Ulbricht (1893-1973): deutscher Kommunist, 1938 Emigration nach Moskau, kam 1945 mit der Roten Armee nach Berlin zurück, 1950-1971 Generalsekretär der SED, 1960-1971 DDR-Staatsratsvorsitzender, 1971 abgesetzt

Die DDR: der sozialistische Gegenentwurf zur Bundesrepublik Der sowjetische Diktator Josef Stalin strebte eine Vorherrschaft in Europa an. Dazu sicherte er sich so viel Einfluss wie möglich auf Gesamtdeutschland und ließ schrittweise, aber zielstrebig eine kommunistische Gesellschaftsordnung in der Sowjetischen Besatzungszone aufbauen. Schon Anfang Mai 1945 war eine Gruppe deutscher Exilkommunisten mit dem ehemaligen Reichstagsabgeordneten **Walter Ulbricht** an der Spitze aus Moskau in die SBZ eingeflogen worden. Er und andere Spitzenfunktionäre der KPD verfolgten eine radikale wirtschaftlich-soziale Umgestaltung des Landes. „Es muss demokratisch aussehen, aber wir müssen alles in der Hand haben", lautete Ulbrichts Anweisung. Dazu musste aber der starke Einfluss der Sozialdemokraten und der „bürgerlichen" Parteien zurückgedrängt werden. Um die Konkurrenz der SPD auszuschalten, betrieb die KPD den Zusammenschluss mit den Sozialdemokraten zu einer „Einheitspartei". Die Ost-SPD wurde mithilfe der Besatzungsmacht durch Drohungen, Redeverbote und Verhaftungen gefügig gemacht und stimmte schließlich einer Vereinigung mit der KPD zur Sozialistischen Einheitspartei Deutschlands (SED) zu (21./22. April 1946). Als bei Kreis- und Landtagswahlen 1946 oppositionelle Parteien trotz Manipulation mehr als die Hälfte der Stimmen erhielten, erhöhte die Sowjetische Militäradministration (SMAD) den Druck: Politiker wurden abgesetzt oder verhaftet.

Im Mai 1949 fanden in der Sowjetzone Wahlen zu einer Provisorischen Volkskammer statt. Gewählt wurde nach einer Einheitsliste, auf der nur „Ja" oder „Nein" angekreuzt werden konnte. Die Verteilung der Mandate war schon vor der Wahl festgelegt worden. Trotz Manipulation und Wahlfälschung stimmten nur 66,1 Prozent der Wähler für die Einheitsliste. Die Provisorische Volkskammer gründete am 7. Oktober 1949 die Deutsche Demokratische Republik (DDR). Die regierende SED passte sich immer mehr dem Vorbild der sowjetischen KPdSU an.

▶ **Parteiemblem der SED.**
Werbeschild, Pappe.

▲ **Plakat der Nationalen Front, Sammelbecken aller „patriotischen Kräfte Deutschlands", von 1960.**
Im Vordergrund: die Skulpturengruppe an der Mahn- und Gedenkstätte des ehemaligen Konzentrationslagers Buchenwald.
■ Erläutern Sie die Bildelemente. Analysieren Sie Wirkung und Aussage des Plakats.

Die Suche nach Legitimität Von Anfang an grenzte sich die DDR gegenüber der Bundesrepublik ab und begriff sich als der „bessere" der beiden deutschen Staaten. Die herrschende Staatspartei – die SED – verstand die DDR als „antifaschistisches Bollwerk", als Friedensstaat und als sozialistischen Staat, der damit in besonderem Maße als Wohlfahrtsstaat den Menschen diente (▶ M1, M2).

In der kommunistischen Weltanschauung galt der „Faschismus" als letzte Stufe einer kranken kapitalistischen Gesellschaft. Das SED-Regime übernahm dieses Geschichtsbild. Der Sozialismus würde demnach den Kapitalismus und somit auch den Faschismus überwinden. Auf der Suche nach Legitimität stellte sich die Parteiführung der SED in die Nachfolge des kommunistischen Widerstands gegen den Nationalsozialismus und machte diesen zum „Gründungsmythos" der DDR. Die Ablehnung des Faschismus wurde mit der Zustimmung zur DDR gleichgesetzt. Gerade junge Menschen und Intellektuelle befürworteten den Staat, da sie so deutlich Abstand zur NS-Vergangenheit wahren konnten.

Die SMAD nutzte die Entnazifizierung, um auch Gegner der Kommunisten als angebliche „Faschisten" auszuschalten. Über eine halbe Million Menschen wurden aus dem beruflichen und öffentlichen Leben entfernt, 150 000 von ihnen in Internierungslager gebracht oder in die UdSSR deportiert, wo rund 70 000 unter furchtbaren Haftbedingungen starben. Andererseits wurden bereits frühzeitig ehemalige kleine Parteigenossen von einer Bestrafung ausgenommen, um sie in die neuen Verhältnisse zu integrieren. Anders als im Westen wurde neben der personellen Säuberung eine „strukturelle Entnazifizierung" zur „Ausrottung der Überreste des Faschismus" durchgeführt: Durch Enteignung von Unternehmen und Bauern, die kurzerhand zu Wegbereitern des Faschismus deklariert worden waren, sollte eine sozialistische Wirtschaftsordnung geschaffen werden. 1948 wurde die Entnazifizierung in der SBZ eingestellt.

▶ **Propaganda für den Volksentscheid in Sachsen zum „Gesetz über die Übergabe von Betrieben von Kriegs- und Naziverbrechern in das Eigentum des Volkes".**
Foto aus Leipzig, 1946.
1946 wurden die Bürger in Sachsen zu einem Volksentscheid über die Enteignung wichtiger Industrie- und Gewerbebetriebe aufgerufen. Zwei Drittel der Bevölkerung stimmten zu. Dies genügte der SED, um die Enteignung auch in allen übrigen Gebieten Ostdeutschlands durchzuführen. Sachsen galt damit für die Partei als „Motor der weiteren antifaschistisch-demokratischen Bewegung".

▲ **Erfolge des ersten Fünfjahresplans.**
Plakat, Mitte der 1950er-Jahre.
Mit dem ersten Fünfjahresplan von 1951 bis 1955 sollten die Industrieproduktion verdoppelt und die Folgen von Kriegszerstörung, Demontage und Reparationen beseitigt werden. Die Planziele wurden – anders als bei späteren Plänen – im Wesentlichen erreicht und zur Propaganda genutzt.

Volkseigener Betrieb (VEB): Industrie- oder Dienstleistungsbetrieb, der aus Enteignung oder Verstaatlichung hervorging und formal im Besitz des Volkes war. VEBs wurden im Rahmen der Planwirtschaft von der Staats- und Parteiführung zentral gesteuert.

Mit dem Abschluss der „antifaschistisch-demokratischen Umwälzung" und der Gründung der DDR sah man die strukturellen und ideologischen Wurzeln des Nationalsozialismus „ein für alle Mal ausgerissen". Die DDR lehnte daher jede Verantwortung für die NS-Verbrechen und Wiedergutmachungen an Israel mit dem Hinweis ab, die DDR habe mit der Vergangenheit vollständig gebrochen und sei nicht Rechtsnachfolgerin des NS-Staates.

Die von Politik und Presse unermüdlich hervorgehobene angebliche Friedensliebe der DDR sollte den jungen Staat sowohl von der deutschen Vergangenheit als auch von den angeblich „imperialistischen" Nachbarn in der Bundesrepublik abgrenzen. Doch ließ die SED nur ihre eigene Vorstellung von Friedenspolitik gelten. Sie bekämpfte die Mitglieder der Friedensbewegung im eigenen Land als Staatsfeinde. Das Verweigern des Wehrdienstes war nicht gestattet.

„Soziale Revolution" von oben ■ Im Auftrag der Sowjets waren die ökonomischen Voraussetzungen für den Aufbau einer sozialistischen Gesellschaftsordnung geschaffen worden: Unter der Parole „Junkerland in Bauernhand" wurden 7 000 Großgrundbesitzer entschädigungslos enteignet und ihr Land zum größten Teil an 500 000 Landarbeiter, landlose Bauern, Flüchtlinge und Vertriebene verteilt. Ein Drittel blieb im öffentlichen Besitz („Volkseigene Güter").

Im Rahmen einer Bodenreform schlossen sich Bauern seit 1952 unter staatlichem Druck in Landwirtschaftlichen Produktionsgenossenschaften (LPGs) zusammen. Den meisten Höfen wurde jedoch so wenig Land zugewiesen, dass keine funktionsfähigen Betriebe entstehen konnten. Zum „planmäßigen Aufbau des Sozialismus" gehörte auch der Ausbau der **Volkseigenen Betriebe**, die bereits rund 80 Prozent zur industriellen Produktion beisteuerten. Damit einher ging die Enteignung und politische Verfolgung der bürgerlichen Mittelschichten, die als private Unternehmer, kleine Handels- und Gewerbetreibende eigentlich eine wichtige Stütze für die ostdeutsche Wirtschaft bildeten. Durch eine extrem hohe Besteuerung und bürokratische Gängeleien wurde ihre berufliche Existenz vielfach vernichtet. Ohne Rücksicht auf die wachsenden Versorgungsengpässe für die Bevölkerung erfolgte eine einseitige Förderung der Schwerindustrie und der für Militär und Rüstung produzierenden Betriebe, verbunden mit einer Erhöhung der geforderten Arbeitsleistung. Der Ausbau von „nationalen Streitkräften" wurde wiederum durch Steuererhöhungen und Einsparungen im sozialen Bereich finanziert.

Die weitgehende Abschaffung des Privateigentums an den Produktionsmitteln und die Einrichtung eines Wirtschaftssystems, das nicht Marktgesetzen, sondern dem von der Partei vorgegebenen Plan folgte, empfanden die Führer der SED als ihre historische Mission. Im Sozialismus sahen sie die gerechtere Gesellschaftsordnung, die nicht nur gleiche Chancen, sondern jedem im „Arbeiter- und Bauernstaat" gleiche Lebensverhältnisse und eine staatlich garantierte Sicherheit boten. Viele Bürger folgten diesem Sozialismus-Ideal. Doch die Entwicklung zu einer modernen Industrie- und Dienstleistungsgesellschaft ließ sich mit dieser Ideologie nicht bewerkstelligen.

Der „Wohlfahrtsstaat DDR" hatte durchaus Erfolge aufzuweisen: Es gelang unter schwierigsten Startbedingungen, die Lebensverhältnisse der Menschen allmählich zu verbessern. Gleichzeitig wurden Einkommensunterschiede eingeebnet. Trotzdem fiel der Lebensstandard gerade im Vergleich zur Bundesrepublik immer weiter zurück (▶ M3).

Sozialistische Demokratie: Herrschaft ohne demokratische Legitimität

Unter Rückgriff auf die Lehrsätze des Marxismus-Leninismus von der Diktatur des Proletariats erklärte die SED den sozialistischen Staat zu einem „weltgeschichtlich höheren Typus der Demokratie". Er sei demokratischer als die westlichen, sogenannten „bürgerlichen" Verfassungsstaaten. Er garantiere, so erklärte es SED-Chef Walter Ulbricht, die Bedingungen realer Freiheit, weil „die politische Herrschaft fest in den Händen der Arbeiterklasse und ihrer Verbündeten" liege.

Gemäß der marxistisch-leninistischen Staatslehre galt das Herrschaftsmonopol der Partei. In freien Wahlen hatte die SED allerdings nie eine Mehrheit erhalten. Über eine demokratische Legitimität verfügte sie zu keinem Zeitpunkt. Und auch eine Abwahl war nicht möglich: Die „bürgerlichen" Parteien Ost-CDU und Liberal-Demokratische Partei Deutschlands (LDPD) mussten in ihren Satzungen „die führende Rolle der SED als der Partei der Arbeiterklasse" anerkennen. Außerdem gehörten der Volkskammer auch Vertreter der Massenorganisationen wie dem Freien Deutschen Gewerkschaftsbund an, die ebenfalls SED-Mitglieder waren. Zusammen mit dem System der „Einheitsliste" war die dauerhafte Herrschaft der SED damit garantiert, das Wahlrecht der DDR war in keiner Weise demokratisch glaubwürdig (▶ M4).

Marxismus-Leninismus: Gesellschaftstheorie nach den Lehren von Karl Marx (1818–1883) und Wladimir I. Lenin (1870–1924). Ihr zufolge soll eine revolutionäre Partei die fortschrittlichen Kräfte eines Landes vereinen und der Arbeiterklasse zur Herrschaft verhelfen, notfalls mit Gewalt und Terror.

Machtsicherung nach sowjetischem Vorbild

Neben der Beseitigung eines freien Wahlrechts beschritt die kommunistische Führungsgruppe der SED zur Durchsetzung ihres Machtmonopols mehrere Wege:

- Innere Umgestaltung der SED zu einer „Partei neuen Typus": Nach dem Vorbild der KPdSU galt der „demokratische Zentralismus", also die strikte Herrschaftsausübung von oben nach unten ohne jede innerparteiliche Demokratie. Abweichler wurden ihrer Parteifunktionen enthoben oder verhaftet.
- Unterordnung der Justiz unter die Partei: Im Justizapparat platzierte die SED zuverlässige Parteigänger und nutzte das Strafrecht zur Bekämpfung ihrer Gegner. Inszenierte (Schau-)Prozesse liefen nach Anweisungen der SED-Führung ab. Die Zahl der politisch Verfolgten in 40 Jahren DDR wird auf 150 000 bis 200 000 geschätzt.
- Missbrauch des Zivil-, Familien- und Arbeitsrechts: Um Andersdenkende, Kritiker oder Systemgegner einzuschüchtern, wurden Schulabschlüsse, die Berufsausbildung, der berufliche Aufstieg von Menschen verhindert, die unliebsam aufgefallen waren. Ihnen wurden die Wohnungszuteilung oder die Reiseerlaubnis versagt, der Personalausweis entzogen oder der Arbeitsplatz gekündigt. Wer sich nicht öffentlich zur Partei bekannte, verlor seine Karrierechancen, blieb aber in aller Regel unbehelligt. Wer aber als Dissident oder Regimegegner aufgefallen war, dem drohten Berufsverbot, Ausbürgerung oder Haft unter menschenrechtswidrigen Bedingungen.
- Allgegenwart der Geheimpolizei: Das Ministerium für Staatssicherheit (MfS; umgangssprachlich Stasi) baute einen gigantischen Überwachungsapparat auf. Am Ende der SED-Diktatur verfügte das MfS über 91 000 hauptamtliche Mitarbeiter und rund 189 000 Zuträger (Spitzel) in der Bevölkerung. Ein Inoffizieller Mitarbeiter (IM) kontrollierte im Durchschnitt 89 Einwohner. Genutzt wurden alle Mittel: Öffnung von Briefen, heimliche Wohnungsdurchsuchungen, Einbau von Abhörwanzen, Beschattung, Einschleusen von Agenten im Freundeskreis, am Arbeitsplatz, in der Familie.

▲ **Die JVA „Bautzen II".**
Das Gefängnis wurde von 1956 bis 1989 vom Ministerium für Staatssicherheit (MfS) kontrolliert. Hier saßen v. a. „politische Gefangene" in Haft – verurteilte Spione, Fluchthelfer sowie Kritiker der SED-Diktatur. Für die Bevölkerung war „Bautzen II" als „Stasi-Knast" berüchtigt und der Inbegriff des DDR-Unrechtsstaates. Im ehemaligen Gefängnis ist heute eine Gedenkstätte eingerichtet.

▶ **Geschichte In Clips:**
Zum Volksaufstand vom 17. Juni 1953 siehe Clip-Code 32007-04

▲ **Sprung in die Freiheit.**
Foto (Ausschnitt) von Peter Leibing vom 15. August 1961.
Ein 19-jähriger Volkspolizist flüchtet von Ost- nach West-Berlin.

Nikita Sergejewitsch Chruschtschow (1894-1971): seit 1939 Mitglied des Politbüros der KPdSU, setzte sich nach Stalins Tod in der sowjetischen Führung durch. 1964 setzte ihn das Politbüro ab.

▶ **Geschichte In Clips:**
Zum Mauerbau siehe Clip-Code 32007-05

Vom Arbeiterprotest zum Volksaufstand Eine Opposition war nicht erlaubt (▶ M5). Angesichts wirtschaftlicher Not und Beschneidung von Freiheitsrechten flohen immer mehr Menschen nach West-Berlin und in die Bundesrepublik. Die SED-Führung antwortete 1953 mit verschärften Repressionsmaßnahmen und einer Erhöhung der Arbeitsnormen. In mehreren Städten kam es daraufhin zu Warnstreiks, Bauern traten wieder aus den LPGs aus, vielerorts wurde vor Gefängnissen demonstriert. Am 16. Juni protestierten Ost-Berliner Bauarbeiter gegen die Normenerhöhung. Fast alle Betriebe in Berlin schlossen sich an. Die Demonstranten verlangten freie Wahlen, den Sturz der Regierung und kündigten einen Generalstreik an. Jetzt erst nahm das Politbüro die Normenerhöhung zurück. Doch innerhalb weniger Stunden weitete sich am 17. Juni die Streikwelle zu einem landesweiten Aufstand der Bevölkerung gegen die SED aus. In über 700 Städten und Ortschaften beteiligten sich rund eine halbe Million Menschen an Demonstrationen, besetzten öffentliche Gebäude, Parteibüros und Dienststellen der Staatssicherheit, stürmten Gefängnisse und befreiten über 1 300 Häftlinge. Mehr als 1 000 Betriebe streikten.

Die sowjetische Besatzungsmacht verhängte das Kriegsrecht und walzte mit Panzern den Aufstand nieder. Über 13 000 Menschen wurden festgenommen, 1 800 von DDR-Gerichten verurteilt und 20 Todesurteile verhängt. Hunderte wurden in Lager nach Sibirien verbracht oder mussten hohe Zuchthausstrafen absitzen. Auch zahlreiche Parteifunktionäre verloren ihre Ämter. Eine zweite Säuberungswelle verordnete Ulbricht nach dem gescheiterten Aufstand gegen die sowjetische Unterdrückung in Ungarn im Oktober 1956. Obwohl die SED ihre Macht retten und weiter festigen konnte, blieb der angeblich vom Westen gesteuerte „faschistische Putsch" von nun an das Trauma der Parteiführung (▶ M6). Auf der anderen Seite hatte die Bevölkerung die bittere Erfahrung machen müssen, dass Widerstand gegen das eigene Regime aussichtslos war, solange die Sowjetunion dessen Existenz garantierte.

Fluchtbewegung und Mauerbau Trotz einer schrittweisen Verbesserung der Lebensverhältnisse sorgten die Versorgungsengpässe für eine andauernde Unzufriedenheit in der Bevölkerung. Immer mehr, zumeist jüngere und gut qualifizierte DDR-Bürger, sahen keinen anderen Ausweg als die Flucht in den Westen (▶ M7). Ulbricht fürchtete einen neuerlichen Volksaufstand sowie einen wirtschaftlichen Kollaps. Nach Abstimmung mit dem sowjetischen Parteichef **Nikita Chruschtschow** ließ er deshalb am 13. August 1961 eine Mauer entlang der Berliner Sektorengrenze errichten; Sperranlagen an der innerdeutschen Grenze wurden mit Beton, Stacheldraht, Minen und Selbstschussanlagen zu einem todbringenden Sicherheitssystem ausgebaut. Beim Versuch, trotz des „antifaschistischen Schutzwalls" zu fliehen, verloren bis 1989 über 700 Menschen ihr Leben, Tausende wurden schwer verletzt (▶ M8, M9). Im selben Zeitraum wurden 71 000 Bürger als „Staatsfeinde" oder wegen „versuchter Republikflucht" zu langen Haftstrafen verurteilt.

„Nischengesellschaft" Vordergründig stabilisierten sich für annähernd 30 Jahre die inneren Verhältnisse. Trotz pausenloser ideologischer Indoktrination behielt die große Mehrheit der Bevölkerung innere Distanz zum „real existierenden Sozialismus". Da eine Flucht nahezu ausgeschlossen war, mussten sich die DDR-Bürger mit dem Regime arrangieren. Die meisten versuchten, das Beste aus ihrer Lage zu machen, arbeiteten hart und suchten nach persönlichen Freiräumen und Nischen. Die „Nischengesellschaft" stiftete Solidarität zwischen den gegängelten Bürgern; vielfach bestimmten aber auch Neid, Unaufrichtigkeit und Misstrauen ihre Beziehungen untereinander als Folge von Bespitzelung und Überwachung.

Fotografien als historische Momentaufnahmen

Fotografien prägen unser Bild von der jüngeren Geschichte mehr als jedes andere Medium. Sie halten politische und gesellschaftliche Ereignisse für die Nachwelt fest und geben uns eine Fülle alltagsgeschichtlicher Informationen: Sie zeigen, wie die Menschen früher aussahen, wie sie gekleidet waren, wie sie lebten oder wie sie arbeiteten. In der ersten Hälfte des 20. Jahrhunderts wurde Fotografieren für breite Bevölkerungskreise erschwinglich. Seitdem wuchs die Zahl der oft spontan gemachten Bilder aus dem bislang wenig beachteten Alltag der Menschen aus allen Schichten der Gesellschaft. Fotos wurden zu einer immer wichtigeren Quelle.

Fotografien interpretieren

Fotografien scheinen die Welt wiederzugeben, „wie sie ist". Mit dem Druck auf den Auslöser wird jedoch kein „objektives" Abbild der Wirklichkeit hergestellt. Fotos sind Momentaufnahmen und zeigen immer nur einen ausgewählten und bearbeiteten Ausschnitt der Realität. Bereits durch die Wahl des Motivs, des Bildausschnitts und der Perspektive stellt der Fotograf ein subjektives, „komponiertes" Bild der Wirklichkeit her. Retuschen, Montagen und andere Manipulationen, etwa das Wegschneiden oder Vergrößern bestimmter Bildteile, machen die Fotografie zu einer schwer zu beurteilenden Quelle. Durch die digitale Bildbearbeitung ist das Problem noch gewachsen.

Um Fotos als historische Quelle nutzen zu können, müssen sie unter bestimmten Fragestellungen interpretiert und in den historischen Gesamtzusammenhang eingeordnet werden. Da der Betrachter in der Regel nicht weiß, wen oder was das Foto zeigt, von wem, wann und aus welchem Anlass es aufgenommen wurde, bedarf es einer Bildlegende, die den Inhalt des Fotos erläutert und es in die „Geschichte" einbettet.

Formale Kennzeichen
- Wer hat das Foto gemacht, in Auftrag gegeben oder veröffentlicht?
- Wann, wo und aus welchem Anlass ist das Foto gemacht bzw. veröffentlicht worden?

Bildinhalt
- Wer oder was ist auf dem Foto abgebildet? Was wird thematisiert?
- Welche Darstellungsmittel werden verwendet (Schwarzweiß- oder Farbbild, Kameraperspektive, Aufbau, Schnappschuss oder gestellte Szene, Profi- oder Amateuraufnahme)?
- Sind Hinweise auf Bildbearbeitung oder nachträgliche Veränderungen erkennbar (Retusche, Montage, Beschnitte bzw. Ausschnittvergrößerungen)?
- Welche Informationen lassen sich der Bildlegende entnehmen?

Historischer Kontext
- Auf welches Ereignis oder welche Person bezieht sich das Foto?
- Wie lässt sich das Foto in den historischen Kontext einordnen?

Intention und Wirkung
- Für wen und in welcher Absicht wurde das Foto gemacht bzw. veröffentlicht?
- Welche Botschaft, welche Deutung vermittelt das Foto beabsichtigt oder unbeabsichtigt?
- Welche Wirkung soll beim Betrachter erzielt werden?

Bewertung und Fazit
- Wie lässt sich das Foto insgesamt einordnen und bewerten?
- Welche Informationen fehlen? Enthält die Legende Falschinformationen oder Wertungen?
- Welche Auffassung vertreten Sie zu dem Bild?

Beispiel und Analyse

Brandenburger Tor in Berlin:
Symbol für die deutsche Teilung und Wiedervereinigung, Demokratie und Diktatur

Bildaufbau:
großer Bildausschnitt mit dem vollständig abgebildeten Brandenburger Tor im Zentrum: Demonstranten in der unteren Bildhälfte nehmen ein Drittel der unteren Bildhälfte ein; rechts und links von ihnen unbeteiligte Passanten

Perspektive und Wirkung:
scheinbar in Augenhöhe aus etwa 50 Meter Entfernung zu den marschierenden Männern aufgenommenes Foto

Bildaufbau:
Bildmotiv gleicht dem des oberen Fotos, jedoch ist der Ausschnitt stark vergrößert und um den rechten und linken Bildteil, die Passanten und Teile des Brandenburger Tores, beschnitten; demonstrierende Männer rücken ins Zentrum des Bildes

Perspektive und Wirkung:
durch die niedrige Perspektive und kurze Distanz rücken die Fahnen schwenkenden Männer ins Zentrum; sie scheinen aus der Bildtiefe heraus auf den Betrachter zuzumarschieren; Eindruck eines großen Demonstrationszuges

Fahnen schwenkende Männergruppe:
Symbol für den Widerstand des Volkes gegen die SED-Diktatur und die Macht bzw. Solidarität der Arbeiterschaft

Schwarz-rot-goldene Fahne:
Symbol für gemeinsame deutsche Tradition und vereinigtes Deutschland

▲ Arbeiter entfernen die schwarz-rot-goldenen Fahnen vom Brandenburger Tor und ziehen damit in den Westteil Berlins.
Foto vom 17. Juni 1953.

Bildformate:
oben: 2 : 2,9; entspricht etwa Kleinbildformat
unten: 2 : 2,14; vermutlich Ausschnitt aus einem breiteren Format

◄ Titelseite der Wochenillustrierten „Der Stern", Heft 26 vom 28. Juni 1953 mit einem Foto vom Aufstand am 17. Juni 1953 in Ost-Berlin.
Die Bildunterschrift am unteren Rand des Titelblattes lautet: „Für einen Tag fühlte sich das Volk von Ostberlin frei wie die Brüder jenseits des Tores."

Formale Kennzeichen Die Fotos wurden von einem unbekannten Fotografen während des Volksaufstandes in der DDR am 17. Juni 1953 in Berlin vor dem Brandenburger Tor gemacht. Die westdeutsche Illustrierte „Der Stern" veröffentlichte eines der Fotos als Titelbild ihrer Ausgabe vom 28. Juni 1953, in der sie über die Ereignisse berichtete.

Bildinhalt Beide Fotos sind Schwarzweiß-Aufnahmen und zeigen das gleiche Motiv von etwa demselben Standort: Eine Gruppe von Demonstranten zieht mit einer roten und zwei schwarz-rot-goldenen Fahnen durch das Brandenburger Tor in Richtung Westteil der Stadt. Die Bilder weisen jedoch unterschiedliche Darstellungsmittel auf: Der große Bildausschnitt des oberen Fotos rückt das Brandenburger Tor ins Zentrum, davor marschiert eine Gruppe auf den etwa 50 Meter entfernten Fotografen zu, vorbei an unbeteiligten Passanten im rechten und linken vorderen Bildbereich, die das Geschehen beobachten.

Während die Demonstranten im oberen Bild kaum ein Drittel der unteren Bildhälfte einnehmen, rücken sie im Titelbild der Illustrierten „Der Stern" ins Zentrum. Der Bildausschnitt ist stark vergrößert, die rechten und linken Bildbereiche mit den Passanten wurden weggeschnitten. Dadurch rückt die Fahnen schwenkende Gruppe nah an den Betrachter heran. Die vermeintlich kurze Distanz und die von unten nach oben verlaufende Aufnahmeperspektive dramatisieren das Geschehen und erwecken den Eindruck, als sei der Platz voller Demonstranten und die Männer Teil eines großen, unaufhaltsam aus der Tiefe des Bildraumes auf den Betrachter zumarschierenden Demonstrationszuges, der ihn zu überrennen droht.

Historischer Kontext Am 17. Juni 1953 entstand in der DDR aus spontanen Arbeiterstreiks ein überregionaler Volksaufstand. Die auf den Fotos abgebildeten Demonstranten hatten kurz vor der Aufnahme die rote Fahne vom Brandenburger Tor geholt und zogen mit schwarz-rot-goldenen Fahnen in den Westteil der Stadt. Protestaktionen gegen die SED-Diktatur gab es am 16./17. Juni nicht nur in Berlin, sondern in über 600 Orten in der DDR. Allein die Bilder aus Berlin gingen jedoch um die Welt.

Intention und Wirkung Während es sich bei dem oberen großformatigen Foto mit großer Sicherheit um eine unbearbeitete Originalaufnahme handelt, wurden Format, Bildausschnitt und Perspektive für den Bild-Titel des „Stern" mit einer bestimmten Wirkungsabsicht verändert: Der auf die demonstrierenden Arbeiter und die schwarz-rot-goldenen Fahnen verengte Fokus erweckt den Eindruck eines geschlossen gegen die SED-Diktatur und für Freiheit und deutsche Einheit kämpfenden Volkes. Das Durchschreiten des Tores in Richtung Westen steht für den Willen zur Freiheit und die Überwindung der deutschen Teilung. Das Bildarrangement folgt damit der künstlerischen Tradition der revolutionären Arbeiterbewegung wie in den Gemälden „Der vierte Stand" (1901) von Giuseppe Pellizza da Volpedo und „Die Internationale" (1928/30) von Otto Griebel. Diese Wirkung wird durch die plakative Schlagzeile „Das Volk steht auf" und den Bilduntertitel „Für einen Tag fühlte sich das Volk von Ostberlin frei wie die Brüder jenseits des Tores" noch zusätzlich unterstrichen.

Bewertung und Fazit Durch den inszenierten Aufbau wurde die Titelseite des Magazins „Der Stern" für die Interpretation der Ereignisse im Westen instrumentalisiert. Dort galt der Volksaufstand als gescheiterter Versuch zur Wiederherstellung der staatlichen Einheit. Der 17. Juni war bis 1990 als „Tag der deutschen Einheit" ein staatlicher Feiertag. Durch die Bedeutung, die dem Volksaufstand damit im Westen verliehen wurde, kam auch dem Foto erst seine Wirkung zu. Nach dem Mauerfall von 1989 erhielt es als Vorwegnahme der Wiedervereinigung zusätzlichen Symbolcharakter.

M1 „Sozialistische Demokratie"

Ein Lexikonartikel gibt die für Wissenschaft, Bildung und Presse verbindliche Definition der „sozialistischen Demokratie" [s.D.] wieder:

Sozialistische Demokratie: politische Machtausübung der von der Arbeiterklasse und ihrer marxistisch-leninistischen Partei geführten werktätigen Massen des Volkes, die mit der Errichtung der → *Diktatur des Proletariats* die formale → *bürgerliche*
5 *Demokratie* überwindet und ablöst. Sie setzt voraus, dass die Arbeiterklasse ihre führende Rolle in der Gesellschaft verwirklicht und dass die wichtigsten Produktionsmittel gesellschaftliches Eigentum sind. Die Diktatur des Proletariats ist das politische Fundament der s.D., das sozialistische → *gesell-*
10 *schaftliche Eigentum* an den Hauptproduktionsmitteln ihr ökonomisches. Die immer weitere Entfaltung und Vervollkommnung der s.D. ist die Hauptrichtung, in der sich die sozialistische Staatsmacht entwickelt. Die vielfältigen Formen der Mitwirkung der Bürger an der Leitung des Staates und der
15 Wirtschaft werden zum bestimmenden Merkmal des Lebens im Sozialismus.

Erster Text: Kleines Politisches Wörterbuch, Berlin (Ost), 3. überarbeitete Auflage 1978, S. 809 f.

▪ Klären Sie den Begriff „sozialistische Demokratie". Welches Verständnis von Demokratie wird deutlich?

◀ **Militärparade zum 40. Staatsjubiläum.**
Truppen der Nationalen Volksarmee marschierten am 7. Oktober 1989 an der Tribüne der Regierung und den Ehrengästen auf der Karl-Marx-Allee in Ost-Berlin vorbei. Nur elf Tage später musste Erich Honecker von seinen Ämtern zurücktreten.

M2 DDR – „die größte Errungenschaft der revolutionären deutschen Arbeiterbewegung"

In einer Bilanz zum 40. Jahrestag der Gründung der DDR zeichnet Partei- und Staatschef Erich Honecker[1] wenige Wochen vor seinem Sturz am 18. Oktober 1989 das offizielle Bild von der DDR, wie es jahrzehntelang in Politikerreden, in der gleichgeschalteten Presse und in Schulbüchern propagiert worden ist. Der Text erscheint in der von der SED herausgegebenen „Zeitschrift für Theorie und Praxis des wissenschaftlichen Sozialismus":

Am 7. Oktober 1989 vollendet die Deutsche Demokratische Republik das vierte Jahrzehnt seit ihrer Gründung. Der stabile und dynamische Werdegang des ersten sozialistischen Staates der Arbeiter und Bauern auf deutschem Boden, all das, was er geleistet hat und was er heute ist, berechtigt zu der 5 Feststellung, dass er seine historische Bewährungsprobe im Zentrum Europas bestanden hat. Mit dem Volk, durch das Volk und für das Volk wurde unter Führung der SED auf den Trümmern des Zweiten Weltkrieges ein gewaltiges Aufbauwerk vollbracht. Im Prozess revolutionärer Umgestaltungen 10 unseres Lebens […] veränderte sich das Dasein der Menschen wie in keiner früheren Zeit zum Guten. Frieden und Völkerfreundschaft erhielten bei uns eine zuverlässige Heimstatt. […]
Die DDR ist die größte Errungenschaft der revolutionären 15 deutschen Arbeiterbewegung und krönte den Kampf aller progressiven Kräfte unseres Volkes, die ein Deutschland ohne Ausbeutung des Menschen durch den Menschen, ohne Imperialismus und Reaktion, ohne nationalistischen Größenwahn und aggressiven Ausdehnungsdrang, ein neues, das 20 sozialistische Deutschland erstrebten. Dadurch, dass die Arbeiterklasse die politische Macht in ihre Hände nahm und sie im Bündnis mit den Genossenschaftsbauern, der Intelligenz und den anderen Werktätigen ausübt, wurde dieses Ziel Wirklichkeit. […] Die Existenz und Entwicklung des antifa- 25 schistischen, sozialistischen deutschen Friedensstaates DDR, daran kann heute weniger denn je ein Zweifel bestehen, ist ein Glück für die Völker, die unter den wiederholten Raubzügen des deutschen Imperialismus und Militarismus mehr als genug gelitten haben. […] 30

[1] vgl. S. 283

▶ **Karikatur des bundesdeutschen Karikaturisten Horst Haitzinger vom 16. August 1989.**
■ *Erläutern Sie die Reaktion des Karikaturisten auf Honeckers Rede.*

Indem unser Volk den Weg des Sozialismus einschlug, entschied es sich für eine Zukunft in Freiheit, Demokratie und Menschenwürde, was gleichbedeutend war mit einer konsequenten Absage an alles Reaktionäre der Vergangenheit.
35 In unzerstörbarer Freundschaft zur Sowjetunion, fest eingefügt in die Gemeinschaft der sozialistischen Staaten, hat unsere Republik die 40 Jahre ihres Bestehens in angestrengter Arbeit und oftmals hartem Kampf, unter weltoffenen Bedingungen mit Ergebnissen durchschritten, die sich sehen
40 lassen können. Die DDR erlangte ihre weltweite Anerkennung und nimmt ihren gleichberechtigten Platz im internationalen Leben ein. [...]
Ihren 40. Jahrestag begeht die DDR als Staat mit einem funktionierenden, effektiven sozialistischen Gesellschaftssystem,
45 das sich mit den in ihm verwirklichten Menschenrechten auch an den Herausforderungen der 90er-Jahre bewähren wird. Der materielle und kulturelle Lebensstandard unseres Volkes hat ein hohes Niveau erlangt, der soziale Besitzstand ist in einem Maße gewachsen, von dem man im Gründungs-
50 jahr nur träumen konnte. Vollbeschäftigung, soziale Sicherheit, gleiche Bildungschancen für alle Kinder des Volkes wurden hierzulande zur Alltagserfahrung der werktätigen Menschen, während anderswo für eine sogenannte Zwei-Drittel-Gesellschaft die Ausbeutung des Menschen durch
55 den Menschen, die Profitmaximierung charakteristisch sind. [...]
Politische Stabilität, wirtschaftliche Dynamik und soziale Geborgenheit sind oft gebrauchte Begriffe, die Charaktereigenschaften unserer Wirklichkeit erfassen. [...]
60 Gesicherte Realität ist das Recht auf Arbeit, die Grundlage jeder menschenwürdigen Existenz und guten Zukunftshoffnung. Bei uns gibt es kein Bildungsprivileg für einige wenige, sondern bisher ungekannte Bildungschancen für alle Kinder des Volkes.

Erich Honecker, 40 Jahre Deutsche Demokratische Republik, in: Einheit, Heft 9/10, Berlin (Ost) 1989, S. 788–797

1. *Zeigen Sie am Text, wie Honecker den Legitimitätsanspruch der DDR begründet.*
2. *Überlegen Sie, warum Honecker die „historische Bewährungsprobe des ersten sozialistischen Staates der Arbeiter und Bauern auf deutschem Boden" so stark betont.*
3. *Stellen Sie fest, welches Legitimitätsmerkmal für einen demokratischen Staat fehlt.*

M3 **Zwischen Ideologie und Wirklichkeit**

Detlef Herrmann arbeitet seit 1970 am Institut für Internationale Politik und Wirtschaft in Ost-Berlin. 1974 flüchtet er in den Westen, ein Jahr später beschreibt er in einem Zeitungsartikel die Realität des politischen Lebens in der DDR:

Die DDR-Bürger, so glaubt man im Westen, nehmen ihren Staat so hin wie er ist. Sie haben sich an ihn gewöhnt, sind vertraut geworden mit seinem System. Die meisten, so meint man, entwickeln bereits so etwas wie ein Staatsbewusstsein, Stolz auf das Erreichte, Selbstbewusstsein über das Anders-
5 artige. Unwillige Anpassung, Verstellung, Ablehnung und Unzufriedenheit, glauben viele westliche Beobachter, seien typisch nur für die ältere Generation, die langsam ausstirbt. Dieses Bild ist falsch. Die politische und geistige Situation in der DDR ist vielmehr gekennzeichnet durch einen akuten
10 Widerspruch zwischen offizieller Ideologie und der sinnlich wahrnehmbaren Wirklichkeit. In Presse, Veröffentlichungen und Ideologie, in den Dokumenten der SED und den Reden der Funktionäre findet eine systematische Verklärung der in Wirklichkeit recht spröden DDR-Gesellschaft statt. [...]
15 Wo es Ansätze eines Staatsbewusstseins gibt, da wird es durch die Realität der DDR auf ein sehr niedriges Niveau reduziert. Selbst der durchaus gutwillige und „fortschrittliche" DDR-Bürger fühlt ein dumpfes Unbehagen. Er merkt, dass die SED-Führung ihm ständig misstraut. Er leidet darunter, dass
20 man ihm verbietet, mit westlichen Besuchern zu diskutieren, westliche Publikationen zu lesen, in den Westen zu reisen. Selbst hohe Funktionäre dürfen dies nur, wenn es absolut unumgänglich ist. Es gehört wohl ein kaum aufzubringendes Maß an Selbstverleugnung dazu, sich mit dieser Entmündi-
25 gung auch noch zu identifizieren. [...]
Vom gesunden Menschenverstand diktierte Kritik an der DDR gilt als zu bekämpfende „bürgerliche Ideologie". Menschen und gesellschaftliche Zustände werden von der SED als Roh-

◀ **Plakat zur ersten Volkskammerwahl in der DDR am 15. Oktober 1950.**
Eine Einheitsliste der „Nationalen Front", die alle Parteien und Massenorganisationen vereinte und die Kandidaten festlegte, sicherte der SED die Macht.
■ Analysieren Sie den propagandistischen Inhalt des Plakats.

2. Laut Herrmann ist „die Gesellschaftskonzeption der Kommunisten elitär". Erläutern Sie diesen Widerspruch zur marxistischen Ideologie.

3. Erörtern Sie, wie sich das sozialistische System auf die Menschen auswirkt.

material betrachtet, das im Sinne der „Lehre" zu verändern ist. Das grundsätzliche Dilemma der SED-Herrschaft in der DDR besteht nach wie vor im mangelnden Konsens zwischen Bevölkerungsmehrheit und Partei. Denn die Gesellschaftskonzeption der Kommunisten ist elitär. Eine kleine Gruppe von „wissenden" Funktionären betrachtet die Bevölkerungsmehrheit als noch unwissend und glaubt sich berufen, mit allen Mitteln diese aufzuklären und erziehen zu müssen. Das führt zum allgegenwärtigen Pädagogismus der parteiamtlichen Information und Propaganda auf der einen Seite und dem mehr oder weniger deutlichen Widerwillen der Bevölkerungsmehrheit gegen solche Indoktrination auf der anderen. [...] Weitaus komplizierter wird die Bewältigung ihrer DDR-Existenz für alle gehobenen und höheren Partei- oder Staatsfunktionäre sowie für die sogenannten Kulturschaffenden. Die SED hat es verstanden, eine Atmosphäre zu verbreiten, die es einem Parteimitglied so gut wie unmöglich macht, eine abweichende Meinung auch nur zu äußern. Die gesamte Partei ist ausgerichtet auf die bedingungslose Ausführung der Weisungen des Politbüros, das auf diese Weise natürlich auch der Kontrolle und echten Rechenschaftspflicht enthoben ist. [...]
Um mit dieser Situation fertig zu werden, haben die Beteiligten und Betroffenen eine Reihe spezifischer Verhaltens- und Denkweisen entwickelt: Naive kommunistische Gläubigkeit, gebrochener Glauben im Sinne eines „Trotzdem", glatten Opportunismus ohne Illusion und Ambition, zweckgerichteten Opportunismus der inneren Emigration, offene Feindschaft gegenüber der DDR, Flucht, konforme Interessenlosigkeit, Karriere- und Konsumsucht als Kompensation für die Entmündigung, Psychosen, Selbstmord.

Detlef Herrmann, Die bitteren Pillen des Politbüros. Gebeutelt zwischen Wirklichkeit und Ideologie – die Menschen im anderen Deutschland, in: Die Zeit, Nr. 32 vom 1. August 1975, S. 28

1. Arbeiten Sie die Unterschiede zwischen Selbstdarstellung der DDR (vgl. M2) und der alltäglichen Praxis heraus.

M4 Amtliche Wahlfälschungen

Nach offiziellen Angaben stimmt bei der Wahl 1949 ein knappes Drittel der Wähler mit „Nein" oder gibt ungültige Stimmzettel ab. Aber auch die 66,1 Prozent „Ja"-Stimmen sind teilweise gefälscht. Als abzusehen ist, dass die Ergebnisse nicht den Erwartungen der SED entsprechen, greifen in der Nacht vom 15. zum 16. Mai 1949 die Innenminister der Länder der SBZ ein. Die Möglichkeit, mit „Nein" zu stimmen, gibt es bei den nächsten Wahlen im Herbst 1950 nicht mehr:

Der Innenminister des Landes Mecklenburg gab wegen „bestehender Unklarheiten" am 16. Mai den Kreisräten und Stadtverwaltungen zur Weitergabe an die Gemeinden und Wahlbezirke die folgende Anweisung:
„Blitzfernschreiben – sofort auf den Tisch – !
1. Aus den Stimmzetteln muss der Wille des Wählers erkenntlich sein.
2. Alle weiß abgegebenen Stimmzettel sind gültig und als Ja-Stimmen zu zählen.
3. Stimmzettel, auf denen Kandidaten angestrichen oder Wahlzettel durchgestrichen sind, gelten als Ja-Stimmen, wenn sie im Ja-Feld angekreuzt sind.
4. Stimmzettel, die nicht durchkreuzt sind, sondern lediglich beschrieben sind, gelten nur dann als ungültig, wenn sie eine demokratisch-feindliche Gesinnung erkennen lassen.
5. Alle ungültigen Stimmzettel von gestern und die der heutigen Aufgabe sind nach obigen Richtlinien durch die Wahlkommission nochmals zu überprüfen."

Bundesministerium für Gesamtdeutsche Fragen (Hrsg.), Die Wahlen in der Sowjetzone, Bonn/Berlin [6]1964, zitiert nach: SBZ 1945-1949. Politik und Alltag in der sowjetischen Besatzungszone, Bonn 1987, S. 100 f.

1. Erklären Sie die Umschreibung „bestehende Unklarheiten".

2. Arbeiten Sie aus dem Grundgesetz (Artikel 38) die Wahlrechtsgrundsätze der Bundesrepublik heraus. Gegen welche der Grundsätze verstoßen die Anweisungen?

M5 „Warum gibt es in der DDR keine Opposition?"

Unter dieser Überschrift erscheint am 17. Mai 1957 in der Parteizeitung „Neues Deutschland" der folgende Artikel mit dem Zusatz „Wähler fragen – wir antworten". Viele Intellektuelle werden zu diesem Zeitpunkt verhaftet. Im Dezember 1957 erklärt die Volkskammer Tatbestände wie Staatsverrat, Spionage und Sammlung von Nachrichten zu Verbrechen. Auch die Verbindung zu jeder nichtkommunistischen Opposition wird ab sofort mit Gefängnis bis zu drei Jahren bestraft. In schweren Fällen droht die Todesstrafe. Selbst das Erzählen politischer Witze steht unter Strafe.

Manche Bürger fragen, warum es bei uns keine Opposition gibt, und meinen, zu einer richtigen Demokratie gehöre doch auch eine Opposition. Demokratie herrscht aber nicht dort, wo verschiedene Parteien gegeneinander auftreten, wo die
5 Kraft der Arbeiterklasse gespalten ist und eine Opposition besteht. Im Gegenteil, das Vorhandensein oppositioneller Kräfte in bürgerlich-kapitalistischen Staaten offenbart den immer schärfer hervortretenden Interessengegensatz zwischen den sich an der Macht befindlichen Monopolisten und
10 Militaristen und der von der Macht ausgeschlossenen unterdrückten Bevölkerung. Opposition ist nur der Beweis dafür, dass die Volksmassen gegen die herrschende Klasse für ihr Recht kämpfen müssen.
Die Bourgeoisie kann die aus den unversöhnlichen Klassen-
15 gegensätzen hervorwachsende Opposition nicht leugnen. Deshalb versucht sie, diese zu einem „Charakteristikum wahrer Demokratie" für jeden Staat umzufälschen.
Auch von der rechten Sozialdemokratie wurde und wird diese Ansicht verbreitet. Der ehemalige Vorsitzende der SPD, Schu-
20 macher, formulierte z. B. wie folgt: „Das Wesen des Staates ist nicht die Regierung, und das Wesen des Staates ist nicht die Opposition. Das Wesen des Staates ist die Regierung und die Opposition."
Aus solchen Auffassungen wird dann die absurde Behaup-
25 tung abgeleitet, dass unser sozialistischer Staat der Arbeiter und Bauern nicht demokratisch sei, weil es bei uns „keine Opposition gebe".
In unserer Deutschen Demokratischen Republik sind die Kriegsverbrecher, Monopolisten und Junker entmachtet. Hier
30 gehören die Fabriken und Banken dem Volk. Die Armee, Polizei und Justiz – die Machtmittel des Staates – sind Instrumente der Werktätigen. Es gibt keinen Gegensatz zwischen der Politik unserer Regierung und den Interessen der gesamten Bevölkerung.
35 Eine Opposition in der DDR könnte doch nur gegen die Politik unserer Regierung gerichtet sein. Sie müsste sich also gegen die Einführung der 45-Stunden-Woche, gegen den Bau von zusätzlich hunderttausend Wohnungen, gegen unsere niedrigen Mieten, gegen die Stabilität unserer Preise, gegen die niedrigen MTS-Tarife[1], gegen die hohen Ausgaben für Wissen- 40
schaft und Kultur und gegen unsere Friedenspolitik richten. Sie müsste sich gegen die Einheit der Arbeiterklasse, gegen unseren Arbeiter-und-Bauern-Staat richten. Sie müsste für den Einsatz von Militaristen und Faschisten in hohe Machtpositionen, für den NATO-Kriegspakt und für die Vorberei- 45
tung eines Atomkrieges sein. Solch eine Opposition zu dulden wäre verbrecherisch.

Merith Niehuss und Ulrike Lindner (Hrsg.), Deutsche Geschichte in Quellen und Darstellung, Bd. 10: Besatzungszeit, Bundesrepublik und DDR 1945-1969, Stuttgart 1998, S. 400 ff.

1. *Klären Sie den Begriff „Opposition". Stellen Sie die Definition dem Verständnis des Artikels aus dem „Neuen Deutschland" gegenüber.*
2. *Analysieren Sie die Folgen der Gleichsetzung von „Politik unserer Regierung" und „Interessen der gesamten Bevölkerung".*
3. *Überlegen Sie, wie in einer bürgerlichen Demokratie die Interessen der Bevölkerung wahrgenommen werden.*

M6 Schlüsselereignis der Nachkriegsgeschichte

Über die Bedeutung und Nachwirkung des Aufstandes am 17. Juni 1953, des ersten Volksaufstandes im Ostblock, schreibt der Innsbrucker Historiker Rolf Steininger anlässlich des 50. Jahrestages:

Der Aufstand vom 17. Juni 1953 war eine unvollendete Revolution mit Langzeitwirkung. Seit jenem Tag saß der SED-Führung die Angst vor der eigenen Bevölkerung im Nacken und bestimmte weitgehend ihre Politik, die letztlich in den Untergang führte. Der 17. Juni war immer präsent – und dies bis 5
1989. Die SED-Oberen fürchteten den Unmut der Bürger über nicht gewährte Verbesserungen mehr als die finanziellen und wirtschaftlichen Folgen einer ökonomisch nicht fundierten Anhebung oder Aufrechterhaltung des Lebensstandards, der im Vergleich zur BRD ohnehin eher bescheiden war. [...] 10
Der 17. Juni ist ein Schlüsselereignis in der deutschen und europäischen Nachkriegsgeschichte: Er war der erste Aufstand im Ostblock, „das Wetterleuchten einer neuen Zeit, das Menetekel[2] eines Emanzipationsprozesses, der Ost- und Südeuropa

[1] staatliche Vergünstigung für die Landwirtschaftlichen Produktionsgenossenschaften (LPGs), um die Bauern zum Beitritt zu bewegen. Über Maschinen-Traktor-Stationen (MTS) konnten die Bauern günstig landwirtschaftliche Geräte beziehen.
[2] geheimnisvolles Warnzeichen

erfasst sollte, zuletzt die Sowjetunion selbst" (Karl Wilhelm Fricke). Dieser frühe Aufstand gegen die zweite deutsche Diktatur war der erste innerhalb des sowjetischen Imperiums.

Der moralische Gewinn, der sich – vor allem für Bürger der ehemaligen DDR – noch nach 50 Jahren aus diesem Ereignis ziehen lässt, ist enorm. Der 17. Juni 1953 ist ein Datum, an das sich voller Stolz erinnern lässt. Es kann als absolut sicher gelten, dass politisch freie DDR-Bürger umgehend auch die Lösung der offenen Deutschen Frage herbeigeführt hätten. Der SED-Staat wäre vom Erdboden verschwunden, die deutsche Teilung in kürzester Zeit aufgehoben worden. Das gelang nicht. Sowjetische Panzer retteten 1953 das Regime.

Jahrzehntelang lautete die Sprachregelung in der DDR, der 17. Juni sei ein von außen gesteuerter faschistischer Putsch gewesen, der lange vorausgeplante „Tag X". Wissenschaftlich durfte dieser Aufstand allerdings nicht erforscht werden; Veröffentlichungen dazu gab es nicht. Das Ereignis wurde zu einem „Un-Datum". Die Machthaber fürchteten bis zuletzt eine Neuauflage des Aufstandes.

Rolf Steininger, Schlüsselereignisse der Nachkriegsgeschichte: 17. Juni 1953 – der Anfang vom langen Ende der DDR, in: Das Parlament, Nr. 23 vom 2. Juni 2003, S. 1

1. Skizzieren Sie, worin der Autor die Ursache für das Scheitern des Aufstandes sieht.
2. Klären Sie die Gründe, die die sowjetische Führung zur gewaltsamen Niederschlagung des Aufstandes veranlassten.
3. Der 20. Juli 1944 und der 17. Juni 1953 sind gescheiterte Versuche der Deutschen, ihre Diktaturen abzuschütteln. Arbeiten Sie Gemeinsamkeiten, Unterschiede und Folgen heraus.
4. In der Bundesrepublik wurde von 1954 bis 1990 der 17. Juni als staatlicher Feiertag begangen. Befragen Sie die ältere Generation, welche Erinnerung sie mit diesem Tag verbindet.

▶ Tödliche Schüsse.
Nachdem Grenzsoldaten am 17. August 1962 den 18-jährigen Peter Fechter an der Berliner Sektorengrenze niedergeschossen hatten, half ihm niemand. Das schwer verletzte Opfer verblutete. Grenzpolizisten der DDR bargen Fechter erst nach einer Dreiviertelstunde. Sein Begleiter konnte nach West-Berlin entkommen.

M7 Übersiedler und Flüchtlinge zwischen DDR und Bundesrepublik

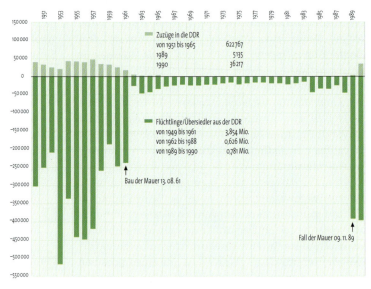

Angaben nach: Hartmut Wendt, Wanderungen in Deutschland zwischen Ost und West [...], in: Paul Ganz und Franz-Josef Kemper (Hrsg.), Mobilität und Migration in Deutschland, Erfurt 1995, S. 6-8, und Matthias Judt (Hrsg.), DDR-Geschichte in Dokumenten. Beschlüsse, Berichte, interne Materialien und Alltagszeugnisse, Berlin 1997, S. 545 f.

1. Überlegen Sie, welche Motive es für die Migration zwischen beiden deutschen Staaten gegeben hat.
2. Erläutern Sie die Folgen der Fluchtbewegung für Staat, Gesellschaft und Wirtschaft der DDR.

M8 Tod im Minenfeld

Am 11. März 1966 erleidet der 18-jährige Klaus-Gerd Schaper tödliche Verletzungen, als er beim Fluchtversuch nach Westdeutschland auf eine Mine tritt. Die Mutter des Jugendlichen wird zum Schweigen verpflichtet. Erst 1990 kann sie öffentlich über den Tod ihres Sohnes sprechen:

Unser Sohn ging am Morgen des 10. März 1966 wie immer zur Arbeit. Er hatte eine Stelle als Rundfunkmechaniker. Von da aus muss er zur Grenze gegangen sein nach Elend. Mehr wussten wir auch nicht. Wir machten uns sehr große Sorgen
5 und wachten die Nacht durch, weil wir uns nicht vorstellen konnten, wo er war.
Am nächsten Morgen kam die Polizei und sagte uns, er wäre auf eine Mine gelaufen und tot. Dann brachten sie uns nach Wernigerode zur Stasi. Sie wollten wissen, ob wir Verbindun-
10 gen nach drüben haben. Da ich von Braunschweig stamme, blieb das ja nicht aus. Sie waren erst höflich und wurden dann immer schnodderiger. Ob wir viel West-Fernsehen sähen, wollten sie wissen. Sie konnten nichts weiter erfahren und brachten uns wieder nach Hause. Wir wurden dann noch
15 zweimal von der Arbeit geholt und immer wieder dasselbe gefragt. Dann fehlte der Ausweis, darüber waren sie ganz wütend. Sie wollten wissen, was sie ins Protokoll schreiben sollten, warum er gegangen sei, ohne Rücksicht auf unseren Kummer. Ich sollte mich nicht so anstellen, er hätte ja nicht
20 zur Grenze zu gehen brauchen.
Dann brachten Sie unseren Sohn nach Wernigerode in die Leichenhalle des Krankenhauses. Dort lag er auf dem Fußboden, zugedeckt. Ich sollte mitkommen und ihn ansehen, ob es Klaus Schaper ist. Ich durfte nicht nahe heran, sie hielten
25 mich fest, warum, weiß ich nicht! [...] Wir durften nicht unseren Sarg nehmen, denn sie hatten ihn schon in einen Zinksarg gelegt, den wir nicht mehr öffnen durften für ein paar Blumen. Auch bei der Beerdigung waren Polizisten zur Stelle. Weiter kann ich nichts berichten. Ich werde dies alles nie
30 vergessen. Auch meine beiden anderen Kinder mussten darunter leiden. Mein Sohn musste bei der Hochseeflotte sofort aufhören, und die Tochter durfte nicht studieren.

Werner Filmer und Heribert Schwan, Opfer der Mauer. Die geheimen Protokolle des Todes, München 1991, S. 205 f.

1. *Nehmen Sie Stellung zu den Folgen der „Grenzverletzung" Klaus-Gerd Schapers für seine Eltern und Geschwister.*
2. *Erörtern Sie das Menschenbild des SED-Regimes.*

M9 „Einwandfreies Schussfeld gewährleisten"

Auf einer Sitzung des Nationalen Verteidigungsrates vom 3. Mai 1974 äußert sich Erich Honecker zu den Maßnahmen der Grenzsicherung:

In der Aussprache [...] legte Genosse Erich Honecker folgende Gesichtspunkte dar:
- die Unverletzlichkeit der Grenzen der DDR bleibt nach wie vor eine wichtige politische Frage,
- es müssen nach Möglichkeit alle Provokationen an der 5 Staatsgrenze verhindert werden,
- es muss angestrebt werden, dass Grenzdurchbrüche überhaupt nicht zugelassen werden,
- jeder Grenzdurchbruch bringt Schaden für die DDR,
- die Grenzsicherungsanlagen müssen so angelegt werden, 10 dass sie dem Ansehen der DDR nicht schaden, [...]
- überall muss ein einwandfreies Schussfeld gewährleistet werden, [...]
- nach wie vor muss bei Grenzdurchbruchsversuchen von der Schusswaffe rücksichtslos Gebrauch gemacht werden, 15 und es sind die Genossen, die die Schusswaffe erfolgreich angewandt haben, zu belobigen [...].

Erich Honecker auf der 45. Sitzung des Nationalen Verteidigungsrates vom 3. Mai 1974 zum Tagesordnungspunkt 4: Bericht über die Lage an der Staatsgrenze der DDR zur BRD, zu Westberlin und an der Seegrenze, in: BArch MZA, VA – 01/39 503; zitiert nach Matthias Judt, a. a. O., S. 468 f.

1. *Im August 1997 erging im Berliner Landgericht das Urteil gegen drei frühere Mitglieder des Politbüros (Egon Krenz, Günter Schabowski, Günther Kleiber) wegen Totschlags an DDR-Flüchtlingen. Der Vorsitzende Richter Josef Hoch begründete die langjährigen Freiheitsstrafen für die Angeklagten mit der führenden Rolle des Politbüros. Dessen Mitglieder seien daher für das Grenzregime zur Verantwortung zu ziehen, denn wer die Herrschaft über Tötungen habe, sei als Täter dafür verantwortlich („Ohne die Politbürobeschlüsse hätte es diese Toten nicht gegeben"). Erläutern Sie das Für und Wider der Gerichtsentscheidung und nehmen Sie dazu Stellung.*
2. *Diskutieren Sie über die Angemessenheit der Strafen.*

Die DDR und der Westen –
Standpunkte und Ziele der Deutschlandpolitik

Irmgard erinnert sich noch gut daran, wie neidisch sie vor sieben Jahren war, als die Mutter in den Westen zu ihrer Cousine reisen durfte. Das war damals nur Rentnern erlaubt. Schweren Herzens fand sich Irmgard damit ab, dass sie wohl noch neunzehn Jahre warten musste, bis sie selbst endlich eine Westreise beantragen konnte.

Das muss sie nun zum Glück nicht mehr. Seit 1972 die Reisebestimmungen gelockert worden sind, können auch Nicht-Rentner zu runden Geburtstagen oder anderen Familienfeierlichkeiten in den Westen reisen. Allerdings, so weiß Irmgard, muss man dafür zunächst die Hürden der Antragprozedur überstehen: Zuallererst braucht man eine Einladung von West-Verwandten, mit der bei der städtischen Meldebehörde ein Reiseantrag gestellt werden kann. Vorzuzeigen sind zudem eine Beurteilung des Betriebes, eine Kopie der Geburtsurkunde des zu besuchenden West-Verwandten und eine Beglaubigung, dass die Person noch lebt. Erst dann wird die Reise genehmigt und der Pass ausgehändigt.

An diesem Montag, dem 15. August 1977, will Irmgard bei der Meldestelle im Polizeiamt in Bernburg den Reiseantrag stellen, um zum 60. Geburtstag einer Tante nach Kassel zu reisen. Die nötigen Unterlagen hat sie bereits zusammen. Mehrere Stunden müssen sie und die vielen anderen Antragsteller auf harten Holzbänken im Flur warten. Alle sind angespannt. Kaum einer spricht ein Wort.

Endlich wird Irmgard aufgerufen. Ausführlich erklärt sie der Beamtin den Grund für ihren Reiseantrag. Das Einstudieren vor dem Spiegel hat sich wohl gelohnt, denn tatsächlich darf sie für fünf Tage verreisen. Irmgard würde am liebsten vor Freude jubeln. Mit Mühe reißt sie sich zusammen, bis sie wieder zu Hause angekommen ist. Gleich setzt sich die Familie um den Wohnzimmertisch, um zu planen: Was soll sie als Gastgeschenk mitnehmen, und was soll sie aus dem Westen mitbringen?

◀ **Propaganda zur Abgrenzung gegen die Bundesrepublik.**
Foto, um 1960.
Der „antifaschistische Schutzwall" im Bereich Potsdamer Platz/Wilhelmstraße von der Aussichtsplattform am Grenzübergang „Checkpoint Charlie" in Berlin.

Sozialistisches Gesamtdeutschland oder Abgrenzung? Das Verhältnis der Bundesrepublik zur DDR und umgekehrt war bis 1989 ein Spiegel des Ost-West-Konfliktes. Alle demokratischen Bonner Parteien beharrten rund zwanzig Jahre lang auf dem Alleinvertretungsanspruch und auf der strikten Nichtanerkennung des nicht frei gewählten DDR-Regimes. Umgekehrt nahm die SED für sich in Anspruch, mit der DDR „die Grundlage eines neuen, unabhängigen und freien gesamtdeutschen Staates geschaffen" zu haben (▶ M1). Die DDR galt als das Modell für ein künftiges sozialistisches Gesamtdeutschland. In der Praxis überwog allerdings das Ziel der Absicherung der eigenen Herrschaft durch Abgrenzung gegenüber der Bundesrepublik. Mit der Einführung einer DDR-Staatsbürgerschaft 1967 und der ein Jahr später in Kraft gesetzten neuen „sozialistischen Verfassung" betonte Ulbricht seine Abgrenzungspolitik. Die DDR-Hymne von 1949 durfte wegen des Passus „Deutschland, einig Vaterland" in der ersten Strophe nicht mehr gesungen werden.

Bis weit in die 1960er-Jahre gab es keine offiziellen Kontakte zwischen der Bundesrepublik und der DDR. Seit 1952 intensivierte die SED Sperrmaßnahmen und schikanöse Personenkontrollen an der innerdeutschen Grenze. 1961 kam der Sportverkehr zum Erliegen. Nur der innerdeutsche Handel überstand den Kalten Krieg. Der Warenverkehr zwischen beiden Ländern verneunfachte sich von 1950 bis 1974. Für die Bundesregierung war der Handel lange eine der letzten Klammern zwischen beiden Teilen Deutschlands. Er verbesserte die Versorgung der DDR-Bevölkerung und bewahrte Reste der Verflechtung beider Volkswirtschaften. Wirtschaftlich von geringer Bedeutung, sicherte er den freien Zugang nach Berlin. Für die DDR war der innerdeutsche Handel hingegen ökonomisch unverzichtbar.

Die neue Ostpolitik der Regierung Brandt Anfang der sechziger Jahre verlor die Deutschlandfrage ihre weltpolitische Bedeutung. Beide Supermächte legten sich nach einer letzten gefährlichen Konfrontation in der Kuba-Krise 1962 auf den Status quo in Europa und damit auch in Deutschland fest. Die von Bundeskanzler Willy Brandt (SPD) und Außenminister Walter Scheel (FDP) ab 1969 geführte sozial-liberale Koalition wollte zur Überwindung der deutschen und europäischen Teilung eine neue Ost- und Deutschlandpolitik nach der Formel „Wandel durch Annäherung" betreiben (▶ M2, M3).

Die neue Ostpolitik war Teil einer Entspannungspolitik. Sie sollte über intensive politische, wirtschaftliche und kulturelle Beziehungen und Vereinbarungen zu einer Verständigung über Rüstungskontrolle und Gewaltverzicht führen. Die sogenannten Ostverträge mit der Sowjetunion (Moskauer Vertrag, 1970), Polen (1970) und der Tschechoslowakei (1973) schrieben den gegenseitigen Gewaltverzicht und die Anerkennung der Unverletzlichkeit – nicht Unveränderbarkeit – aller Grenzen in Europa einschließlich der innerdeutschen Grenze fest. Gemäß dem Wiedervereinigungsgebot des Grundgesetzes betonte die Bundesregierung in einem „Brief zur deutschen Einheit" an die Sowjetregierung das Recht des deutschen Volkes „in freier Selbstbestimmung seine Einheit wiederzuerlangen". Im Berliner Vier-Mächte-Abkommen entschärften die Siegermächte 1971 die krisenanfällige Situation West-Berlins. Sie einigten sich darauf, dass West-Berlin zwar nicht Bestandteil der Bundesrepublik war, aber enge „Bindungen" mit Westdeutschland pflegen durfte und von Bonn diplomatisch vertreten wurde.

Anerkennung der DDR im Rahmen besonderer Beziehungen Die Voraussetzungen für eine Neugestaltung der innerdeutschen Beziehungen waren damit hergestellt. Zuerst einigte sich die Bundesregierung mit der SED-Führung nach zähen Verhandlungen 1972 auf einen Verkehrsvertrag, der den Austausch von Personen und Gütern erleichterte. In dringenden Familienangelegenheiten durften nun auch DDR-Bürger unterhalb des Rentenalters in die Bundesrepublik reisen. Umgekehrt wurden Touristenreisen in die DDR erleichtert. Bundesbürger konnten Aufenthaltsgenehmigungen für die gesamte DDR erhalten und nicht mehr nur Verwandte, sondern auch Freunde und Bekannte besuchen. Mit dem noch im selben Jahr abgeschlossenen Grundlagenvertrag gab die Bundesregierung ihren Alleinvertretungsanspruch auf und erkannte die DDR als gleichberechtigten deutschen Staat an, die ihrerseits zusagte, „praktische und humanitäre Fragen zu regeln".

Die DDR-Führung – seit 1971 in den Händen Erich Honeckers – hatte ihr jahrelang verfolgtes Ziel mit einigen Einschränkungen erreicht. Sie versprach sich davon eine bessere Legitimationsbasis ihrer Herrschaft. Bundeskanzler Brandt stellte jedoch klar, dass seine Regierung an der „Einheit der deutschen Nation" und damit am Ziel der Wiedervereinigung unverändert festhalte, die Bundesrepublik und die DDR „füreinander nicht

---

Kuba-Krise: Nachdem die Sowjetunion auf Kuba Mittelstreckenraketen in Stellung gebracht hatte, bestand die USA auf deren Abbau. Für einige Tage stand die Welt vor einer atomaren Auseinandersetzung der beiden Weltmächte. Schließlich gab KP-Chef Chruschtschow nach. Die USA hielten danach an einer Politik des Ausgleichs bei Anerkennung der gegenseitigen Interessensphären fest.

Willy Brandt (vormals Ernst Karl Frahm, 1913-1992): deutscher Politiker (SPD), 1957-1966 Regierender Bürgermeister von West-Berlin, 1964-1987 SPD-Vorsitzender, 1969-1974 Bundeskanzler. Erhielt 1971 den Friedensnobelpreis.

Walter Scheel (*1919): setzte sich als Vorsitzender der FDP (1968-1974) für eine programmatische Neuorientierung seiner Partei und eine Koalition mit der SPD ein; 1974-1979 Bundespräsident

Erich Honecker (1912-1994): deutscher Politiker, seit 1930 Mitglied der KPD, 1935-1945 von den Nazis inhaftiert, seit 1958 Mitglied der SED-Führung, löste 1971 in Absprache mit der Sowjetunion Walter Ulbricht ab, 1971-1989 Generalsekretär der SED, 1976-1989 DDR-Staatsratsvorsitzender

◀ **Verkehrsverbindungen zwischen Westdeutschland und West-Berlin.**
1972 willigte die DDR ein, den Straßenverkehr von und nach West-Berlin reibungsloser und schneller abzuwickeln. Sie erhielt dafür jährlich anfangs 230 Millionen DM, bis 1989 gesteigert auf 525 Millionen DM. Dieses „Transitabkommen" war die erste vertragliche Regelung zwischen der Bundesrepublik Deutschland und der DDR auf Regierungsebene.

Ausland" seien und es daher bei der mit den USA abgesprochenen Formel von den „zwei Staaten in Deutschland" bleiben werde. Die Einrichtung von „Ständigen Vertretungen" anstelle von Botschaften sollte die „besonderen Beziehungen" zwischen ihnen sowie die Ablehnung einer eigenen DDR-Staatsbürgerschaft deutlich machen.

Für die damit eingeräumte staatliche, aber nicht völkerrechtliche Anerkennung der DDR verlangte die Bundesregierung humanitäre Erleichterungen im deutsch-deutschen Verhältnis. Im Sinne ihres Konzeptes des „Wandels durch Annäherung" hoffte sie langfristig auf eine Liberalisierung der Verhältnisse in der DDR. Die SED-Führung profitierte sofort und unwiderruflich von den getroffenen Vereinbarungen: Der Grundlagenvertrag brachte ihr nach der Aufnahme beider deutschen Staaten in die UNO (United Nations Organization, Vereinten Nationen) 1973 die internationale Anerkennung der DDR – bis 1978 bereits von 131 Staaten. Die Welt ging davon aus, dass die deutsche Teilung damit endgültig war.

In der Bundesrepublik lösten die Ostverträge heftige Auseinandersetzungen in Öffentlichkeit und Parlament aus. Die Mehrheit der Wähler bestätigte bei vorgezogenen Neuwahlen im November 1972 den Kurs der Regierung Brandt/Scheel. Den Antrag Bayerns, den Grundlagenvertrag als verfassungswidrig aufzuheben, lehnte das Bundesverfassungsgericht im Juli 1973 ab. Es betonte dabei aber die Gültigkeit des Wiedervereinigungsgebotes des Grundgesetzes, die „Besonderheit" in den Beziehungen zwischen den beiden deutschen Staaten und die eine Staatsangehörigkeit aller Deutschen.

KSZE-Konferenz: die von 1973 bis 1975 in Helsinki tagende Konferenz über Sicherheit und Zusammenarbeit in Europa war ein Höhepunkt der Ost-West-Entspannung.
In der KSZE-Schlussakte vom 1. August 1975 bekannten sich 33 europäische Länder sowie die USA und Kanada zur Unverletzlichkeit der Grenzen, die friedliche Regelung von Streitfällen, die Nichteinmischung in innere Angelegenheiten und Respektierung der Menschenrechte. Die Vertragsunterzeichnung der DDR zielte auf internationale Anerkennung.

Folgen des Grundlagenvertrages: Zugzwang und Bürgerprotest ▪ Trotz seiner internationalen Anerkennung fühlte sich das SED-Regime im Innern mehr und mehr bedroht. Die Erwartungen der Bürger, die DDR würde ihnen mehr Freiheit einräumen, erfüllten sich nicht. Um Hoffnungen im eigenen Land gar nicht erst aufkommen zu lassen, baute die SED-Führung den Überwachungsapparat der Stasi weiter aus und verschärfte die Sicherungsmaßnahmen an den Grenzen. Die erzwungene Ausweitung der Begegnungs- und Kommunikationsmöglichkeiten zwischen den Deutschen in Ost und West durch die Aufnahme in die UNO sowie die Teilnahme an der KSZE-Konferenz wurde abgeblockt – zum Beispiel durch die Erhöhung des Mindestumtausches für DDR-Besucher oder das Verbot für SED-Mitglieder, Schulleiter, Polizisten und Wehrpflichtige, mit Bundesbürgern Kontakte zu pflegen. Westdeutsche Journalisten wurden von der Stasi beschattet, häufig in ihrer Arbeit behindert oder ausgewiesen. Die SED strich 1974 alle gesamtdeutschen Bezüge aus der Verfassung. Die Verheißung, den Sozialismus eines Tages auf die Bundesrepublik zu übertragen, wich einer Politik, die das Überleben in einer strikten Zweistaatlichkeit sichern sollte. Das Fehlen demokratischer

▶ **Protestplakat vor der Dresdener Kreuzkirche am 13. Februar 1982.**
Das eingekreiste „A" steht für Ausreise.

Strukturen und Reformbemühungen zwang die Bürger, sich zwischen Anpassung und Ablehnung zu entscheiden. Abweichung vom vorgeschriebenen Weg und Protest wertete das Regime als Angriff auf das System und bekämpfte es.

Dennoch entwickelte sich eine Bürgerbewegung. Sie fühlte sich durch die Ostverträge und die Beschlüsse der KSZE ermutigt, Reiseerleichterungen und andere Freiheitsrechte in der DDR einzufordern. So bildeten sich kleine oppositionelle Friedens- und Umweltgruppen, die seit den frühen achtziger Jahren meist unter dem Schutz der evangelischen Kirche das Regime herausforderten. Die offiziell geleugnete ökologische Krise im Land, die Einführung des „Wehrkundeunterrichts" in den Schulen seit 1978, die staatlich verordnete Militarisierung der Gesellschaft und die atomare Aufrüstung in Ost und West bildeten die Ansatzpunkte für diese informellen Zusammenschlüsse meist junger DDR-Bürger. Sie glichen zunächst eher Diskussionskreisen von Gleichgesinnten als öffentlich wirkenden Aktionsgruppen. Das änderte sich in dem Maße, wie die SED-Führung ihre fehlende Reformbereitschaft erkennen ließ. Zählten die dauerhaft aktiven Regimegegner zunächst nur wenige hundert Personen, so konnten sie doch einige tausend Sympathisanten gewinnen. Allmählich bildete sich ein landesweites Netzwerk mit Untergrundblättern, Treffen und Protestaktionen.

Die SED reagierte mit Gegendruck und vor allem mit dem massiven Einsatz von Inoffiziellen Mitarbeitern der Staatssicherheit. Kritiker galten als „feindliche Elemente" und wurden vom Sicherheitsapparat verfolgt. Prominente Oppositionelle wurden verhaftet und ausgebürgert. Die beabsichtige „Zersetzung" oppositioneller Gruppierungen ging so weit, dass manche Friedenskreise regelrecht von Stasi-Spitzeln kontrolliert wurden.

Bilanz der Deutschlandpolitik in Ost und West In seiner Deutschlandpolitik verfolgte SED-Chef Honecker bis zum Ende der 1980er-Jahre zwei Ziele: Zum einen sollten die letzten Anerkennungsvorbehalte der Bundesrepublik zurückgenommen werden, zum anderen sollten Fortschritte in den innerdeutschen Beziehungen von den jeweiligen Bundesregierungen so teuer wie möglich bezahlt werden. Kanzler **Helmut Schmidt**, der 1974 Brandts Nachfolger geworden war, brachte dies auf die Formel „Mehr Menschlichkeit gegen Kasse". Schmidt und nach ihm Bundeskanzler **Helmut Kohl** ging es darum, bei Aufrechterhaltung des Status quo in der Anerkennungsfrage menschliche Erleichterungen durchzusetzen und durch direkte Begegnungen der Menschen das Bewusstsein der Zusammengehörigkeit der Deutschen nicht verloren gehen zu lassen.

Da Honecker aus wirtschaftlichen Gründen auf eine Zusammenarbeit mit der Bundesrepublik angewiesen war, ging er auf Wünsche der Bundesregierung ein, zeigte im humanitären Bereich Entgegenkommen, etwa bei der Herabsetzung der Altersgrenze bei Ost-West-Reisen, der Familienzusammenführung oder beim Freikauf politischer Gefangener (▶ M4). Die Verschuldungskrise der DDR offenbarte die Abhängigkeit von westlicher finanzieller Hilfe und Krediten. Bei all dem konnte er sich immer nur in Absprache mit der Führung der Sowjetunion bewegen. Honeckers Politik gegenüber der Bundesrepublik glich daher einem Zickzackkurs zwischen Abgrenzung und Annäherung.

Aufseiten der Bundesrepublik wahrten die Regierungen Schmidt und Kohl die Balance zwischen unvermeidlicher Anerkennung der DDR und einem Offenhalten der Wiedervereinigung (▶ M5). Mit den bis 1989 abgeschlossenen 70 bilateralen Abkommen auf den Gebieten der Familienzusammenführung, der Reiseerleichterungen im grenznahen Verkehr, der Sport- und Jugendreisen, der Städtepartnerschaften, des Austauschs von Kultur, Kunst und Wissenschaft sowie vor allem der wirtschaftlichen Kooperation eröffneten sie den DDR-Bürgern Freiräume. Sie sorgten dafür, dass Bindungen über die Grenze hinweg nicht verloren gingen oder neu entstanden. Indem die Abgrenzungsstrategie der SED-Führung so unterlaufen wurde, war die Bonner Deutschlandpolitik letztendlich erfolgreich.

▲ „Schwerter zu Pflugscharen."
Unter diesem Motto forderte die christliche Friedensbewegung zur Abrüstung auf. Trotz Betonung ihrer Friedensliebe verbot die SED-Führung jegliche Friedenssymbole. Die meist jugendlichen Friedensaktivisten trugen das Symbol als Zeichen des Protests an der Kleidung.
■ Recherchieren Sie, was als Vorbild für das Symbol diente.

Helmut Schmidt (*1918): SPD-Politiker; 1969 - 1972 Bundesverteidigungs-, 1972 - 1974 Wirtschafts- und Finanzminister; 1974 - 1982 Bundeskanzler

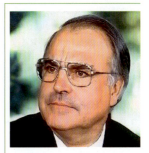

Helmut Kohl (*1930): 1973 - 1998 Bundesvorsitzender der CDU; 1982 - 1998 Bundeskanzler

M1 Im Schlepptau der Siegermächte

Zur Gründung der DDR hält Ministerpräsident Otto Grotewohl[1] am 12. Oktober 1949 eine Rede:

Der westdeutsche Sonderstaat ist nicht in Bonn, sondern in London entstanden. Bonn hat nur die Londoner Empfehlungen, die in Wahrheit Befehle der westlichen Alliierten waren, ausgeführt. [...]
Statt der im Potsdamer Abkommen vorgesehenen Demokratisierung, Entmilitarisierung und Entnazifizierung Deutschlands sind sie [die Westmächte] bestrebt, die von ihnen besetzten Teile Deutschlands in eine Kolonie zu verwandeln, die mit den traditionellen Methoden imperialistischer Kolonialherrschaft regiert und ausgebeutet wird. Von Demokratisierung, Entmilitarisierung und Entnazifizierung ist keine Rede. [...] Wir wissen, dass wir in unserem Kampf um die Einheit Deutschlands, der ein Bestandteil des Kampfes um den Frieden ist, nicht allein stehen. Wir haben das Glück, uns in diesem Kampf auf das große Lager des Friedens in der Welt stützen zu können, dessen ständig zunehmende Stärke die imperialistischen Kriegsinteressen Schritt um Schritt zurückdrängt. Diese Kräfte des Friedens in der ganzen Welt werden geführt von der Sowjetunion, die eine andere Politik als die Politik des Friedens weder kennt noch kennen kann.

Am 15. Oktober 1949 antwortet der SPD-Vorsitzende Kurt Schumacher im Deutschen Bundestag:

Man kann erfolgreich bestreiten, dass der neue Oststaat überhaupt ein Staat ist. Dazu fehlt ihm auch der Ansatz zur Bildung einer eigenen Souveränität, er ist eine Äußerungsform der russischen Außenpolitik. [...]
Jetzt ist der Oststaat ein Versuch, die magnetischen Kräfte des Westens mithilfe staatlicher Machtmittel und eines scheinbaren Willens der deutschen Bevölkerung dieser Zone abzuwehren. Er bedeutet die Anerkennung der Tatsache, dass bis auf Weiteres das große russische Unternehmen, ganz Deutschland in die politischen, gesellschaftlichen, wirtschaftlichen und kulturellen Formen der Sowjets hineinzuzwingen, gescheitert ist. Die Loslösung der Ostzone durch die Russen, wie sie 1945 radikal und erfolgreich eingeleitet wurde, bedeutet das Hinausdrängen der westalliierten Einflüsse und der internationalen Kritik. Es war aber zur gleichen Zeit das Ende jeder demokratischen Freiheit der Deutschen in dieser Zone. Die westlichen Alliierten tragen an dieser Entwicklung viel Schuld. [...]

[1] Otto Grotewohl (1894-1964): SPD-Politiker; 1946 neben Wilhelm Pieck (1876-1960) Vorsitzender der SED; 1949-1964 Ministerpräsident der DDR; vgl. auch die Abb. auf S. 117 bzw. 266

Das darf nicht darüber hinwegtäuschen, dass die Etablierung dieses sogenannten Oststaates eine Erschwerung der deutschen Einheit ist. Die Verhinderung dieser Einheit aber kann dieses Provisorium im Osten nicht bedeuten, weil das deutsche Volk und besonders die Bevölkerung der Ostzone Gebilde russischer Machtpolitik auf deutschem Boden ablehnt.

Erster Text: Otto Grotewohl, Im Kampf um die einige Deutsche Demokratische Republik. Reden und Aufsätze, Bd. 1, Berlin 1959, S. 489 ff.
Zweiter Text: Wolfgang Benz, Die Gründung der Bundesrepublik. Von der Bizone bis zum souveränen Staat, München 1984, S. 160 f.

1. Weisen Sie nach, wie Begriffe unterschiedliche inhaltliche Bedeutung gewinnen, je nachdem, ob sie im Osten oder im Westen verwendet werden.
2. Erläutern Sie, was Schumacher unter den „magnetischen Kräften" des Westens versteht.
3. Diskutieren Sie Schumachers Aussage über die „Schuld der Westmächte".

M2 Wandel durch Annäherung

Egon Bahr, SPD-Politiker und enger Mitarbeiter Willy Brandts, hält am 15. Juli 1963 eine Rede über die Politik der Entspannung zwischen den beiden Supermächten:

Heute ist klar, dass die Wiedervereinigung nicht ein einmaliger Akt ist, der durch einen historischen Beschluss an einem historischen Tag auf einer historischen Konferenz ins Werk gesetzt wird, sondern ein Prozess mit vielen Schritten und vielen Stationen. Wenn es richtig ist, was Kennedy sagte, dass man auch die Interessen der anderen Seite anerkennen und berücksichtigen müsse, so ist es sicher für die Sowjetunion unmöglich, sich die Zone zum Zwecke einer Verstärkung des westlichen Potenzials entreißen zu lassen. Die Zone muss mit Zustimmung der Sowjets transformiert werden. Wenn wir soweit wären, hätten wir einen großen Schritt zur Wiedervereinigung getan. [...]
Uns hat es zunächst um die Menschen zu gehen und um die Ausschöpfung jedes denkbaren und verantwortbaren Versuchs, ihre Situation zu erleichtern. Eine materielle Verbesserung müsste eine entspannende Wirkung in der Zone haben. [...] Ich sehe nur den schmalen Weg der Erleichterung für die Menschen in so homöopathischen Dosen, dass sich daraus nicht die Gefahr eines revolutionären Umschlags ergibt, die das sowjetische Eingreifen aus sowjetischem Interesse zwangsläufig auslösen würde. [...] Überlegungen der Menschlichkeit spielen hier für uns eine größere Rolle als nationale Überlegungen. [...] Wir haben gesagt, dass die Mauer ein Zeichen der Schwäche ist. Man könnte auch sagen, sie war ein Zeichen der Angst und des Selbsterhaltungs-

triebes des kommunistischen Regimes. Die Frage ist, ob es nicht Möglichkeiten gibt, diese durchaus berechtigten Sorgen dem Regime graduell soweit zu nehmen, dass
30 auch die Auflockerung der Grenzen und der Mauer praktikabel wird, weil das Risiko erträglich ist. Das ist eine Politik, die man auf die Formel bringen könnte: Wandel durch Annäherung.

Archiv der Gegenwart, 15. Juli 1963, S. 10700

1. *Klären Sie den internationalen Kontext, aus dem heraus Bahr die Formel „Wandel durch Annäherung" entwirft.*
2. *Arbeiten Sie die entscheidenden Unterschiede zwischen der bisherigen Haltung der Bundesregierung und Bahrs Vorschlag heraus.*

▲ **Warteschlange vor der Antragstelle für Passierscheine in West-Berlin.**
*Foto vom 19. Dezember 1963.
Mit dem Passierscheinabkommen zwischen Bundesrepublik und DDR vom 17. Dezember 1963 konnten erstmals nach dem Mauerbau über 1,2 Millionen West-Berliner ihre Verwandten in Ost-Berlin besuchen. Dieses erste Passierscheinabkommen war Ausgangspunkt einer neuen Deutschlandpolitik. Grundlegende Verbesserungen für Reisemöglichkeiten brachte allerdings erst das Berlin-Abkommen von 1971.*

M3 Neue Deutschlandpolitik und die Reaktion der DDR

In seiner Regierungserklärung vom 28. Oktober 1969 legt der neue Kanzler der sozial-liberalen Koalition, Willy Brandt, seine deutschlandpolitischen Ziele dar:

Aufgabe der praktischen Politik in den jetzt vor uns liegenden Jahren ist es, die Einheit der Nation dadurch zu wahren, dass das Verhältnis zwischen den Teilen Deutschlands aus der gegenwärtigen Verkrampfung gelöst wird. Die Deutschen
5 sind nicht nur durch ihre Sprache und ihre Geschichte – mit ihrem Glanz und ihrem Elend – verbunden; wir sind alle in Deutschland zu Haus. Wir haben auch noch gemeinsame Aufgaben und gemeinsame Verantwortung: für den Frieden unter uns und in Europa.
10 20 Jahre nach Gründung der Bundesrepublik Deutschland und der DDR müssen wir ein weiteres Auseinanderleben der deutschen Nation verhindern, also versuchen, über ein geregeltes Nebeneinander zu einem Miteinander zu kommen. Dies ist nicht nur ein deutsches Interesse, denn es hat seine
15 Bedeutung auch für den Frieden in Europa und für das Ost-West-Verhältnis. [...]
Die Bundesregierung setzt die im Dezember 1966 durch Bundeskanzler Kiesinger[1] und seine Regierung eingeleitete Politik fort und bietet dem Ministerrat der DDR erneut Verhandlungen beiderseits ohne Diskriminierung auf der Ebene der 20 Regierungen an, die zu vertraglich vereinbarter Zusammenarbeit führen sollen. Eine völkerrechtliche Anerkennung der DDR durch die Bundesregierung kann nicht in Betracht kommen. Auch wenn zwei deutsche Staaten in Deutschland existieren, sind sie doch füreinander nicht Ausland; ihre Be- 25 ziehungen zueinander können nur von besonderer Art sein.

SED-Parteichef Walter Ulbricht reagiert darauf in seiner Rede vor dem 12. Plenum des Zentralkomitees der SED am 12. Dezember 1969:

Der neue westdeutsche Bundeskanzler, Herr Brandt, hat [...] in seiner Regierungserklärung und in anderen öffentlichen Verlautbarungen von der Tatsache der staatlichen Existenz der DDR Kenntnis genommen. Über die 20-jährige Verspä- 30 tung wollen wir hier nicht reden. Zur Genugtuung ist noch kein Anlass. Schließlich müssen wir noch die Taten abwarten. Dabei dürfte Klarheit darüber herrschen, dass der Verzicht auf jegliche Art von Alleinvertretungsanmaßung die Voraussetzung für die Normalisierung der Beziehungen West- 35

---
[1] Kurt Georg Kiesinger (1904-1988): 1958-1966 Ministerpräsident Baden-Württembergs, 1966 Kanzler der ersten Großen Koalition aus CDU/CSU und SPD. Nach Brandts Wahlsieg musste er 1969 zurücktreten; vgl. zu ihm auch S. 256.

deutschlands zur DDR ist. Herr Brandt hat weiterhin Verhandlungen über vertraglich geregelte Beziehungen zwischen der westdeutschen Bundesrepublik und der DDR auf der Grundlage der Gleichberechtigung und unter Ausschluss jeglicher Diskriminierung angeboten. Er sprach von der Notwendigkeit eines Versuchs, über ein geregeltes Nebeneinander zu einem Miteinander zu kommen. Gleichzeitig erklärte er jedoch – ich zitiere aus der Regierungserklärung: „Eine völkerrechtliche Anerkennung der DDR durch die Bundesrepublik kann nicht in Betracht kommen. Auch wenn zwei Staaten in Deutschland existieren, sind sie doch füreinander nicht Ausland. Ihre Beziehungen zueinander können nur besonderer Art sein." Schade, wirklich sehr schade! Diese Sätze – sollten sie wirklich zur Regierungsdoktrin der neuen westdeutschen Koalitionsregierung werden – würden alles wieder kaputt machen, was in dem Vorhergesagten an Positivem enthalten sein könnte. [...] Die Beziehungen zwischen den beiden deutschen Staaten und Verträge zwischen ihnen haben der Natur der Sache nach völkerrechtlichen Charakter. Bonn aber möchte als vollberechtigter Staat sozusagen mit einer minderberechtigten, unter seiner Vormundschaft stehenden und Bonn gegenüber zu besonderem Wohlverhalten verpflichteten DDR verhandeln. Mit dem Grundsatz der Gleichberechtigung und der Nichtdiskriminierung ist das absolut unvereinbar.

Erster Text: Bulletin des Presse- und Informationsamtes der Bundesregierung, Nr. 132, 29. Oktober 1969, S. 1121-1128
Zweiter Text: Archiv der Gegenwart, 27. Dezember 1969, S. 15160

1. Weisen Sie nach, inwieweit Bundeskanzler Brandt Bahrs Thesen in praktische Politik ummünzen will.
2. Bewerten Sie Ulbrichts Antwort im Hinblick auf mögliche Verhandlungsspielräume.
3. Vorschlag für ein Referat: Die Regierung Brandt – neue Deutschlandpolitik trotz Ost-West-Gegensatz?

M4 Handel und Reiseverkehr zwischen Ost- und Westdeutschland

a) Entwicklung des innerdeutschen Handels 1950 - 1989:

Lieferungen und Bezüge der Bundesrepublik Deutschland			
Jahr	Lieferungen	Bezüge	Umsatz	Veränderung der Umsätze in % zum Vorjahr
	in Millionen VE[1]			
1950	329	342	671	
1960	960	1122	2082	
1970	2416	1996	4412	+ 12,3
1980	5293	5580	10873	+ 16,8
1985	7901	7636	15537	+ 9,8
1987	7367	6647	14014	+ 2,0
1989	8101	7205	15306	+ 9,1

b) Innerdeutscher Reiseverkehr:

	Reisen aus der DDR in die BRD (in 1000)		Reisen aus der BRD in die DDR und nach Ost-Berlin (in 1000)	
	Rentner	Personen unter dem Rentenalter	gesamt	davon West-Berliner
1957	2720	–	2700	–
1962	27	–	ca. 2000	–
1972	1079	11	6260	3320
1975	1370	40	7734	3210
1980	1594	40	6746	2600
1985	1666	66	5620	ca. 1900
1987	3800	1290	55006	ca. 1900
1988	6750	–	55529	1972

Nach: Dieter Grosser, Stephan Bierling und Beate Neuss (Hrsg.), Bundesrepublik und DDR 1969-1990, Stuttgart 1996, S. 282 f.

1. Erläutern Sie, inwiefern sich in der Statistik wichtige Ereignisse in der DDR ablesen lassen.
2. Wandeln Sie die Tabellen jeweils in eine geeignete Diagrammform um. Erläutern Sie, welche Bedeutung die Entwicklung für das geteilte Deutschland hatte.

[1] Als Währung galt nicht die DM, sondern der innerdeutsche Handel wurde in „Verrechnungseinheiten" (VE) abgewickelt.

M5 Die Einheit Deutschlands im Widerstreit

1987 gelingt Erich Honecker, was die SED-Führung seit Ulbricht gefordert hat: in Bonn offiziell empfangen zu werden. Anlässlich des Empfangs der DDR-Führung nimmt Bundeskanzler Kohl am 7. September zur Frage der deutschen Einheit Stellung:

Das Bewußtsein für die Einheit der Nation ist wach wie eh und je, und ungebrochen ist der Wille, sie zu bewahren. Diese Einheit findet Ausdruck in gemeinsamer Sprache, im gemeinsamen kulturellen Erbe, in einer langen, fortdauernden ge-
5 meinsamen Geschichte. [...] Unser Zusammentreffen in Bonn ist aber weder Schlußstrich noch Neubeginn. Es ist ein Schritt auf dem Weg einer schon lange währenden Entwicklung. Sie ist gekennzeichnet durch das Bemühen um ein geregeltes Miteinander.
10 Vor fast fünfzehn Jahren haben die Bundesrepublik Deutschland und die Deutsche Demokratische Republik den Vertrag über die Grundlagen ihrer Beziehungen unterzeichnet. Dieser Vertrag zeigt Grenzen und Möglichkeiten auf. Möglichkeiten eröffnen sich dort, wo praktische Fragen zum Wohle der
15 Menschen in beiden Staaten gelöst werden können, damit es zu einem Verhältnis guter Nachbarschaft kommt. [...]
An den unterschiedlichen Auffassungen der beiden Staaten zu grundsätzlichen Fragen, darunter zur nationalen Frage, kann und wird dieser Besuch nichts ändern. [...]
20 Wir achten die bestehenden Grenzen, doch die Teilung wollen wir überwinden: auf dem Weg friedlicher Verständigung und in Freiheit. Die deutsche Frage bleibt offen, doch ihre Lösung steht zur Zeit nicht auf der Tagesordnung der Weltgeschichte, und wir werden dazu auch das Einverständnis
25 unserer Nachbarn brauchen. [...]
Die Menschen in Deutschland leiden unter der Trennung. Sie leiden an einer Mauer, die ihnen buchstäblich im Wege steht und die sie abstößt. Wenn wir abbauen, was Menschen trennt, tragen wir dem unüberhörbaren Verlangen der Deut-
30 schen Rechnung: Sie wollen zueinander kommen können, weil sie zusammengehören.

Generalsekretär Honecker entgegnet in seiner Tischrede:

Die Entwicklung unserer Beziehungen, der Beziehungen zwischen der Deutschen Demokratischen Republik und der Bundesrepublik Deutschland, dessen sind wir bewusst, ist von
35 den Realitäten dieser Welt gekennzeichnet, und sie bedeuten, dass Sozialismus und Kapitalismus sich ebenso wenig vereinigen lassen wie Feuer und Wasser.
Bei alledem gehen wir davon aus, dass beiden deutschen Staaten, fest eingefügt in die mächtigsten Militärkoalitionen
40 dieser Zeit, die Verpflichtung zukommt, besonders aktiv zu Frieden, Abrüstung und Entspannung beizutragen. [...]
Angesichts der unverändert komplizierten internationalen Lage ist die Deutsche Demokratische Republik bestrebt, dazu beizutragen, dass Vernunft und guter Wille zu bestimmen-
45 den Faktoren der Weltpolitik werden, Kooperation an die Stelle von Konfrontation tritt und mehr Vertrauen in den internationalen Beziehungen geschaffen wird. [...]
Dabei messen wir den humanitären Fragen und den Menschenrechten, die in ihrer Gesamtheit von politischen, zivilen,
50 ökonomischen und sozialen Rechten in der Deutschen Demokratischen Republik im praktischen Leben ihre tägliche Verwirklichung finden, keine geringe Bedeutung bei. [...]
Ausgangspunkt für eine konstruktive, nicht nur beiden Staaten nützliche Politik können nur die Realitäten sein, die Existenz von zwei voneinander unabhängigen souveränen deut-
55 schen Staaten mit unterschiedlicher sozialer Ordnung und Bündniszugehörigkeit.

Bundesministerium für innerdeutsche Beziehungen (Hrsg.), Texte zur Deutschlandpolitik, Reihe III/Bd. 5 - 1987, Coburg 1988, S. 194 ff. (Auszug)

▲ **Staatsbesuch Erich Honeckers in der Bundeshauptstadt Bonn.**
Foto vom 7. September 1987.
Mit Bundeskanzler Helmut Kohl schreitet Erich Honecker eine Ehrenformation der Bundeswehr ab. Honecker wurde wie ein ausländischer Staatsgast behandelt. Die DDR sah dies als weiteren Schritt zur vollständigen Anerkennung durch die Bundesrepublik.

1. Arbeiten Sie die Positionen in der Frage der deutschen Einheit heraus.
2. Erläutern Sie, warum Honecker so großen Wert auf die „Souveränität" der DDR legte.
3. Beurteilen Sie beide Reden aus heutiger Sicht.

Wirtschafts- und Sozialpolitik in der Endphase der DDR

Wochen hat Marina dafür gebraucht, den Stoff für das Brautkleid und den Schleier aufzutreiben, ganz zu schweigen von den Perlen für den Brautschmuck. Und bekommen hat sie beides am Ende nur, weil sie der Verkäuferin im Textilgeschäft dafür einen Braten fürs Wochenende versprochen hat. Nur gut, dass Onkel Günther Metzger ist.

Marina hat sich die Hochzeitsvorbereitungen ganz anders vorgestellt. Einmalig und romantisch sollte es sein, eben die schönste Zeit in ihrem Leben. Stattdessen nur Stress und Mühe, überhaupt die Zutaten für das Hochzeitsessen zusammenzubekommen. Weil es an so vielem fehlt, bekommt man nie das, was man kaufen will, sondern man kauft, was es gerade gibt. Wer irgendwo eine Mangelware entdeckt, alarmiert sofort Familie und Freunde. Dieses Frühwarnsystem funktioniert im Alltag ganz gut. Für eine Hochzeitsvorbereitung taugt es jedoch nicht. Heute ist der 25. Juni 1976 – und die Hochzeit ist schon in zwei Wochen! Marina ist zum Heulen zumute. Mittlerweile ist die ganze Familie eingespannt. Oma Gerda hat sich letzten Monat sogar entrüstet mit einer Eingabe an die Kreisleitung der SED in Jena gewandt, weil es nirgendwo Würfelzucker zu kaufen gab. Tatsächlich ist Zucker seit Anfang der Woche wieder erhältlich. Ob das aber mit Oma Gerdas Eingabe zusammenhängt, wird sie wohl nie erfahren.

▲ **DDR-Subventionswirtschaft.**
Die Angaben in dem Schaubild stammen von 1989.
■ Erläutern Sie die Folgen dieser Wirtschaftspolitik für die Bürger und den Staat. Stellen Sie diese an einem konkreten Beispiel dar.

Die „Einheit von Wirtschafts- und Sozialpolitik" und ihr Preis ■ Als Erich Honecker Anfang Mai 1971 Walter Ulbricht als Generalsekretär der SED ablöste, prägte er als neues Leitmotiv die „Einheit von Wirtschafts- und Sozialpolitik". In der DDR sollte eine sozialistische Wohlstandsgesellschaft entstehen, in der bessere Lebensverhältnisse des Normalbürgers hohe politische Priorität genoss.

Tatsächlich verbesserte sich der Lebensstandard. In der ersten Hälfte des Jahrzehnts stieg die Industriegüterproduktion, die jetzt mehr den Konsum befriedigte, um etwa 30 Prozent. Der Durchschnittslohn der Arbeiter und Angestellten erhöhte sich bis 1980 von 755 auf 1030 DDR-Mark. Mit sozialen Vergünstigungen versuchte die SED-Führung, die Bevölkerung positiv zu stimmen: Die Mindestlöhne und Renten wurden erhöht, Leistungslöhne gezahlt, mehr Urlaubstage gewährt und die 40-Stunden-Woche eingeführt. Zahlreiche sozialpolitische Maßnahmen machten es Frauen möglich, Familie und Beruf miteinander zu vereinbaren: Der Schwangerschaftsurlaub für berufstätige Mütter wurde bei voller Lohnfortzahlung auf 26 Wochen verlängert, das „Babyjahr" geschaffen – der anfangs unbezahlte, später bezahlte Urlaub für Mütter im ersten Jahr –, die Kinderbetreuung in Krippen und Kindergärten ausgebaut und Geburtenprämien gezahlt. Allerdings brachte dies den Frauen in der DDR keine wirkliche Gleichberechtigung. Sie versorgten trotz voller Berufstätigkeit meist überwiegend allein Haushalt und Kinder, ihr durchschnittliches Einkommen lag unter dem der Männer und Führungspositionen blieben ihnen weitgehend verschlossen. Die Erwerbstätigkeit von Frauen in der DDR war wirtschaftlich notwendig, denn von den niedrigen Durchschnittseinkommen der Männer allein konnten die Familien nicht leben.

Die Planwirtschaft garantierte stabile Mieten und feste Preise für Strom und Wasser, Grundnahrungsmittel, Bus- und Bahntarife. Dies führte zu abstrusen Ergebnissen: Bauern verfütterten subventioniertes Brot an ihr Vieh, weil es billiger war als die angebotenen Futtermittel. Güter des gehobenen Bedarfs hatten hingegen vergleichsweise hohe Preise.

Auch im kulturellen Bereich zeigte sich die SED-Führung großzügiger und den Wünschen der jungen Generation gegenüber offener als bisher. Westliche Beat-Musik durfte gespielt werden, die begehrten Blue-Jeans wurden importiert und in volkseigener Produktion angeboten. Ihren Kampf gegen lange Haare und kurze Röcke stellte die SED ein. Sie kümmerte sich weniger um die Privatangelegenheiten der Menschen, auch wenn die meisten von ihnen regelmäßig das verbotene Westfernsehen einschalteten.

So sicherte sich die SED-Führung ein gewisses Maß an Zustimmung der Bevölkerung. Doch die bis dahin ungekannte Liberalität war nur die Fassade einer „Fürsorgediktatur", mit der die Partei ihre Herrschaft sichern wollte (▶ M1).

▲ Mähdrescher „Fortschritt" mit einer Traktoristin der Landwirtschaftlichen Produktionsgenossenschaft Marzahn.
Foto von 1972.

Planwirtschaft Auffallend war die geringe Arbeitsproduktivität der staatlichen Betriebe, die nur etwa ein Drittel des westdeutschen Niveaus erreichte. Nicht zuletzt die Arbeitsplatzgarantie, nach der jeder DDR-Bürger ein „Recht auf Arbeit" sowie umfassenden Kündigungsschutz genoss, erhöhte die Kosten für die Betriebe und schränkte ihre Anpassungsfähigkeit an veränderte wirtschaftliche Rahmenbedingungen ein. Die Planwirtschaft konnte kaum konkurrenzfähige Produkte auf dem Weltmarkt anbieten und produzierte Verluste, die lange verheimlicht wurden. Amtliche Statistiken wurden geschönt, um Planerfüllung vorzutäuschen. Als sich die Partei- und Staatsführung im Oktober 1988 von ihren gleichgeschalteten Medien anlässlich der Übergabe der dreimillionsten Wohnung feiern ließ, waren tatsächlich erst 1,92 Millionen fertiggestellt.

▲ **Intershop mit Westwaren.**
In den Intershops gab es sogar die heiß begehrte „Levi's Jeans", zu kaufen – aber nur, wenn man Westgeld hatte. Diese Läden waren ein Armutszeugnis für den real existierenden Sozialismus. Die Devisen-Erlöse für den SED-Staat gingen in die Milliarden. Hier konnten DDR-Bürger aber auch einen direkten Warenvergleich zwischen Ost und West anstellen, der stets zuungunsten des Ostens ausfiel.

Zu den Fehlentwicklungen des zentralistischen Wirtschaftssystems gehörte die zu Beginn der Honecker-Ära verordnete Verstaatlichung fast aller noch bestehenden halbprivaten Klein- und Mittelbetriebe, die gerade im Konsumgüterbereich wichtig waren. Dabei konnte die SED auf den Sozialneid der Bevölkerung setzen, da die enteigneten Betriebsinhaber viermal so viel verdient hatten wie ein Arbeitnehmer. Damit war aus ideologischen Gründen der private Mittelstand beseitigt und mit ihm ein volkswirtschaftlich wichtiges dynamisches Element. Übrig blieben nur etwa 2 000 selbstständige Handwerker, Gastronomen und Einzelhändler.

Außenwirtschaftlich verdüsterte sich die Lage zusätzlich. Die beiden Ölkrisen 1973 und 1979 und die damit verbundene Preisexplosion sowie die immer engere Eingliederung der DDR-Wirtschaft in den sowjetisch dominierten Rat für Gegenseitige Wirtschaftshilfe (RGW) führten Ende der siebziger Jahre in die Stagnation. Zusätzlich kürzte die Sowjetunion die Erdöllieferungen um zwei Millionen Tonnen jährlich (etwa 10 Prozent), weil sie angesichts der eigenen ökonomischen Misere mehr Erdöl am Weltmarkt gegen Dollar verkaufen wollte.

Verschuldung als Ausweg Der Lebensstandard in der DDR war zwar der höchste aller kommunistisch regierten Staaten, aber trotz aller Propaganda der SED blieb die Bundesrepublik der einzige von den Bürgern akzeptierte Maßstab. Diesem Vergleich hielten die Ergebnisse der Planwirtschaft in keiner Weise stand (▶ M2). Honeckers neue Wirtschafts- und Sozialpolitik war auf Sand gebaut, weil die DDR-Bürger keinen Anlass sahen, für die staatlichen Wohltaten die schwerfällige und jede individuelle Initiative erstickende Planwirtschaft produktiver zu machen. Überdies kostete die ehrgeizige Sozialpolitik viel Geld. „Sargnagel der DDR" nannte sie später ein hoher Wirtschaftsfunktionär. Zwischen 1970 und 1988 versechsfachten sich die Haushaltsmittel für Konsum, Sozialleistungen und Preissubventionen. Entsprechende Mehreinnahmen der Staatswirtschaft blieben jedoch aus. Es fehlten Investitionsmittel für die Erneuerung der herabgewirtschafteten Betriebe, die zerfallenden Städte, die zerstörte Umwelt.

Weil die DDR in den 1970er-Jahren dauerhaft mehr Waren importierte als eigene zu exportieren, verschuldete sie sich immer stärker gegenüber den westlichen Lieferanten und Banken. Immer neue Kredite mussten aufgenommen werden, um die Zinsen bezahlen zu können. Bedenken hochrangiger Wirtschaftsfunktionäre wies Honecker zurück, da er mit einem weiteren Zuwachs von DM-Zuflüssen rechnete.

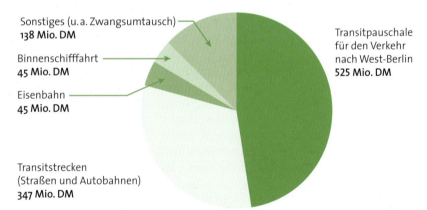

▶ **Zahlungen der Bundesrepublik an die DDR um 1980 (Schätzung).**
Nach: Die Fischer Chronik. Deutschland '49 - '99, Sp. 711

Mindestumtausch („Zwangsumtausch"): Besucher der DDR und Ost-Berlins mussten täglich einen bestimmten Betrag in DDR-Mark umtauschen. Dies trug der Regierung Devisen ein.

Milliardenkredite und wirtschaftlicher Niedergang 1981/82 geriet die DDR an den Rand der Zahlungsunfähigkeit. Das lag neben der hausgemachten Handelsverschuldung auch an einem weltweiten Inflationsschub mit stark steigenden Zinsen und einer größeren Vorsicht der Gläubigerbanken im Westen. 1982 hatten Polen und Rumänien, die Schulden bei der DDR hatten, ihre Zahlungsunfähigkeit erklärt. Der DDR drohte der Staatsbankrott. 1983 und 1984 gewährte die Bundesrepublik zinslose Milliardenkredite zur Stützung der DDR. Im Gegenzug wurden die Minenfelder und Selbstschussanlagen an der innerdeutschen Grenze entfernt, die DDR ließ politische Häftlinge frei und gewährte Reiseerleichterungen. Aber diese Transferleistungen reichten ebenso wenig wie der **Mindestumtausch** aus, um die rasante Verschuldung der DDR aufzuhalten.

Bis 1989 hielt sich die DDR mühsam mit undurchsichtigen Rechenkunststücken, aber auch realen Exportsteigerungen bei Gütern gehobener Qualität wie Kameras und Hifi-Anlagen zulasten des Konsums der eigenen Bevölkerung und vor allem durch dubiose Geschäfte mit Devisen in großem Stil durch das Ministerium für Staatssicherheit über Wasser. 1989 entsprach die Auslandsverschuldung von 25 Milliarden Euro bereits dem volkswirtschaftlichen Nettoprodukt eines Jahres. Der wirtschaftliche Zusammenbruch war nur eine Frage der Zeit.

Enttäuschung und Ungeduld über die eigenen Lebensumstände machten sich breit. An eine Verbesserung der Verhältnisse in der DDR glaubten immer weniger Menschen. Immer häufiger kam es zu Versorgungsengpässen. Schlangen vor den Geschäften gehörten zum Alltag. Die Unzufriedenheit der Bürger, die nicht über D-Mark-Devisen verfügten, um sich die begehrten Westwaren in Intershops zu kaufen, wuchs dramatisch. Vom DDR-Sozialismus wollte die Mehrheit der Bürger nichts mehr wissen. Die meisten sozialistischen Konzerne (Kombinate) lebten von der Substanz, Umweltschutz war ein Fremdwort. Die Abhängigkeit der DDR-Wirtschaft von der Bundesrepublik war nicht mehr zu übersehen, obwohl die Propaganda das Gegenteil behauptete. Führende SED-Wirtschaftsfunktionäre hielten eine Absenkung des Lebensstandards der Bevölkerung um 25 bis 30 Prozent für nötig, um den wirtschaftlichen Zusammenbruch zu verhindern. Die DDR hatte weit über ihre Verhältnisse gelebt (▸ M3).

> **Devisen:** Zahlungsmittel in ausländischer Währung. Die DDR brauchte fremde Währungen aus dem Westen, da sie für ihr eigenes Geld im westlichen Ausland keine gleichwertigen Waren und Dienstleistungen erhielt.

▸ **Der „Silbersee" in Bitterfeld.**
Foto vom Juni 1990.
Der See war biologisch tot und glänzte silbern. In ihn wurden vor allem Abfälle einer Filmfabrik eingeleitet. Umweltdaten waren in der DDR Staatsgeheimnis.

M1 Sozialpolitik und Legitimation der SED-Herrschaft

In einer Untersuchung über die Wirkung der Sozialpolitik für die Akzeptanz des DDR-Regimes durch die Bürger heißt es:

Von der Sozialpolitik hatten sich die SED und die Staatsführung der DDR großen ökonomischen und politischen Nutzen erhofft. Voraussetzung und Ansporn wirtschaftlicher Leistung und Produktivitätssteigerung sollte sie sein und als Quelle von Legitimität dienen, um den grundlegenden Mangel an Anerkennung des SED-Regimes zu kompensieren. Ist dies erreicht worden?

Die sozialwissenschaftliche Forschung neigt zu der These, die Politik der sozialen Sicherung habe zur Stabilisierung des SED-Regimes beigetragen. Der paternalistische[1] Herrschaftsmechanismus der Sozialpolitik habe Wohlverhalten und konsumorientierte Anpassung hervorgerufen oder verstärkt, so wird die Stabilisierungsthese begründet. Zumindest zeitweise sei es gelungen, mit der Sozialpolitik eine Brücke zwischen den Herrschenden und den Beherrschten zu schlagen, so pflichten manche dieser Auffassung bei, meist unter Berufung auf die Aufwertung der Sozialpolitik in den 70er-Jahren.

Allerdings betonen alle seriösen Untersuchungen die Grenzen der Legitimierung der DDR-Sozialpolitik und deren widersprüchlichen, teils Anerkennung stiftenden, teils Protest hervorrufenden Wirkungen. [...]

Hockerts[2] zufolge sind die „sozialistischen Errungenschaften" wie Vollbeschäftigung und Grundversorgung von der Bevölkerung insgesamt angenommen und genutzt worden. Aber als Herrschaftsstützen seien sie viel zu schwach, wenn nicht gar morsch gewesen. [...]

Die Sozialpolitik fand nicht nur Zustimmung, sie rief auch Widerspruch hervor, zum Beispiel aufgrund offenkundiger Leistungsmängel, wie im Falle der mangelhaften Altenpflege, der verfallenden Bausubstanz in den Städten, der Ausstattungsmängel des Gesundheitswesens, und Unzufriedenheit ob der Vernachlässigung produktionsferner Lebenslagen und Risiken, wie bei vielen Rentnern. [...]

Damit sind Kehrseiten der DDR-Sozialpolitik angesprochen, die kaum legitimierend wirken. Zu den Legitimierungsgrenzen ist ein Weiteres zu zählen: Die DDR-Sozialpolitik legte ihre Bürger viel stärker als die Sozialpolitik westlicher Prägung auf eine Politiknehmerrolle fest. Soweit dies den Politiknehmer der unbotmäßigen Eigeninitiative beraubte, konnte man darin eine system- und ideologiegerechte Konsequenz sehen. Doch der Politiknehmerstatus förderte Anspruchshaltung und Passivität. Überdies verhinderte er, was die DDR-Sozialpolitik der parteioffiziellen Ideologie zufolge eigentlich bewirken sollte: die Entwicklung von Qualifikation und Staatsbürgertugenden einer loyalen, produktiven und konstruktiv mitwirkenden „sozialistischen Persönlichkeit". Doch von der war ebenso wenig zu sehen wie von der Steigerung der Produktivität, die man sich von der „Einheit von Wirtschafts- und Sozialpolitik" erhoffte.

Eine noch gefährlichere Legitimierungsgrenze bestand für die Sozialpolitik der DDR in dem Ost-West-Vergleich, vor allem dem Vergleich mit der Bundesrepublik Deutschland. Hier stößt man auf die Achillesferse des DDR-Sozialismus. Im Ost-West-Vergleich erwiesen sich seine „sozialen Errungenschaften" einschließlich der Sozialleistungen als mittelmäßig, nicht selten als unzulänglich, oft als unattraktiv. Das ergab sich aus den repressiven Strukturen des Staatswesens und dem niedrigeren Entwicklungsstand der DDR-Wirtschaft, der rückständigen Technologie, der geringen Qualität der Dienstleistungen, der niedrigeren Kaufkraft der Sozialeinkommen und Löhne und dem unzureichenden Angebot an Konsumgütern des gehobenen Bedarfs. Die nur mäßige Produktivität der DDR-Wirtschaft bedeutete einen großen Rückstand an volkswirtschaftlichem Wohlstand sowie an privatem und öffentlichem Konsumniveau gegenüber den fortgeschrittenen westlichen Industrieländern wie der Bundesrepublik Deutschland. Vor diesem Rückschritt schrumpften die „sozialen Errungenschaften" des SED-Staates zu Wohltaten, welche die überwältigende Mehrheit der DDR-Bürger bei erster Gelegenheit gegen die volle Teilhabe an den Gütern der Sozialen Marktwirtschaft und des Sozialstaats der Bundesrepublik Deutschland eintauschte.

Manfred G. Schmidt, Grundzüge der Sozialpolitik in der DDR, in: Eberhard Kuhrt, Hannsjörg F. Buck und Gunter Holzweißig (Hrsg.), Die Endzeit der DDR-Wirtschaft – Analysen zur Wirtschafts-, Sozial- und Umweltpolitik, Opladen 1999, S. 297 ff.

[1] väterlich bevormundende
[2] Hans Günter Hockerts: Professor für Neueste Geschichte (Zeitgeschichte) an der Ludwig-Maximilians-Universität München

1. Listen Sie Vor- und Nachteile der „Einheit von Wirtschafts- und Sozialpolitik" auf. Diskutieren Sie, ob man tatsächlich von einer „Einheit" sprechen kann.

2. Beschreiben Sie den Einfluss des permanenten Vergleichs mit der Bundesrepublik auf die Mentalität der DDR-Bevölkerung.

▶ **Alltag in der Mangelwirtschaft.**
Foto aus Leipzig vom März 1989. Die DDR-Bürger mussten immer improvisieren, besonders wenn sie Ersatzteile für die Wartungsarbeiten ihres PKW brauchten wie dieser Leipziger Bürger.

M2 „Wenn man da nicht Leute kannte ..."

Ein Betroffener berichtet nach 1989 darüber, wie man sich mit der Versorgung in der DDR arrangiert hat:

In der DDR kann ein Mann alleine nicht für den Unterhalt einer Familie sorgen. Wenn es ein guter Monat ist, dann verdiene ich so tausend Mark, wenn man Leistung
5 macht. Da kommt es auf den Tag an. [...]
Wenn man in einen Gemüseladen reinkommt und Schwein hat, dann liegen dort ein paar deutsche Zwiebeln. Die nimmt man raus aus der Steige, dann hat man schon die Pfoten voll Schmiere. Die Möhren sehen aus, wie man sie vom Acker
10 runterholt. Die Radieschen auch. Die waren nicht gewaschen und nichts. Ich meine, das liegt auch ein bisschen an der Schlamperei der Leute. Wenn ich so einen Laden hätte, ich hätte sie wahrscheinlich in einem Eimer abgewaschen. Aber es ist nicht ihr Laden, es geht sie nichts an. Und da die Leute
15 die Sachen brauchen, kaufen sie das eben. Also, das stimmt, Kraut gab es in den letzten Jahren in Hülle und Fülle. Anderes Gemüse aber nur zu der Jahreszeit. Und dann kriegt man das aber auch nicht jeden Tag. Da muss man Anfang der Woche Blumenkohl kaufen, wenn man den am Freitag essen will.
20 Aber das ist nicht so schlimm. Der Blumenkohl hier hat doch schon meistens Flecken. Obst hat man kaum gesehen. Äpfel gab es, aber Kirschen oder Erdbeeren nur ganz selten. Wenn man da nicht Leute kannte, die einen Garten haben und verkauft haben, da hätte man so was nie gekriegt. [...] Mit
25 Obst war es die Jahre ganz schlecht. Einmal im Jahr, vor Weihnachten, gab es Apfelsinen. [...]
Manche Lebensmittel bekommt man nicht: Tomatenmark, Ketchup, solches Zeug. Ganz Seltenes kriegt man nur durch Beziehungen. Man muss in der DDR Beziehungen haben.
30 Man muss viele Leute kennen, dann kriegt man mal was. [...] Aber auf der anderen Seite wird das Geld zum Fenster rausgeschmissen. In den Neubaugebieten zum Beispiel, wo Fernheizung ist, die können das gar nicht regeln. Da ist kein Thermostat. Die machen die Fenster auf, damit die Wärme hinaus kann.
35 Die rennen drinnen nur im Turnhemd rum. Die baden und versauen das Wasser. Die Kosten sind alle in der Miete enthalten. Die haben noch nicht einmal eine Wasseruhr. Es ist gleich, wie viel Wasser man verbraucht. [...]
Wer Grundeigentum hat, der darf nicht so ohne Weiteres
40 drauf bauen. Da hat erst einmal der Staat das Vorrecht zum Bauen. Wenn jetzt auf den Dörfern oder auch hier in Saalfeld jemand bauen möchte, kriegt er in der Regel seine 500 Quadratmeter zugeteilt. Dann hat man so ein kleines bisschen Garten. Das Haus wird vorgeschrieben, der Typ, den man bauen darf. Aber das macht man erst seit den letzten Jahren.
45 Das Haus wird Eigentum, aber der Grund und Boden nicht. [...] Wenn man so ein Haus baut, muss man sich eine Feierabendbrigade suchen, die einem das hochzieht. Das sind Bauarbeiter, die so was nach Feierabend machen oder im Urlaub oder auch sonnabends und sonntags. Es gibt auch
50 keine Baufirmen. Hier baut man alles in Eigeninitiative. [...] Manches Material haben die auch nicht so gekriegt, wie die wollten. Oder sie mussten es irgendwie teuer bezahlen, weil sie auf normalem Weg nicht drangekommen sind. Das ist jetzt nicht so, wenn sie ihre Wasserleitung oder ihre Heizung
55 legen wollen, dass sie da in die Märkte, wo das Material verteilt wird, fahren können, und sie alles bekommen, was sie haben wollen. Da gibt es manchmal nur ein Halbzoll-Rohr oder mal nur ein Viertelzoll-Rohr. Dann gibt es keine Winkel oder keinen Wasserhahn. Sie müssen da schon rennen.
60

Mike Dennis und Johannes-Dieter Steinert, Deutschland 1945-1990. Von der bedingungslosen Kapitulation zur Vereinigung, Schwalbach 2005, S. 213 f.

1. *Arbeiten Sie aus dem Text die Folgen einer Planwirtschaft heraus.*
2. *Charakterisieren Sie die Haltung des Berichterstatters. Stellen Sie Vermutungen an, wie sich die Folgen der Planwirtschaft auf die Mentalität der Bevölkerung auswirkten.*

▲ „Ich kenne keine Produkte, ich kenne nur Produktion."
Karikatur von Heinz Behling, 1978.
■ *Analysieren Sie die Karikatur. Auf welche Probleme der DDR-Wirtschaft weist der Karikaturist hin?*

M3 Die DDR am Rande der Zahlungsunfähigkeit

Ende Oktober 1989 erarbeiten leitende Wirtschaftsfunktionäre der SED eine Analyse der ökonomischen Lage der DDR. Das Expertengremium leitet der langjährige Chef der Staatlichen Plankommission und Politbüro-Mitglied Gerhard Schürer:

Die Verschuldung im nichtsozialistischen Wirtschaftsgebiet ist seit dem VIII. Parteitag[1] gegenwärtig auf eine Höhe gestiegen, die die Zahlungsfähigkeit der DDR infrage stellt. [...]
5 Im Zeitraum seit dem VIII. Parteitag wuchs insgesamt der Verbrauch schneller als die eigenen Leistungen. Es wurde mehr verbraucht als aus eigener Produktion erwirtschaftet wurde zulasten der Verschuldung im NSW[2], die sich von 2 Mrd. VM[3] 1970 auf 49 Mrd. VM 1989 erhöht hat. Das bedeutet, dass die Sozialpolitik seit dem VIII. Parteitag nicht in vollem Umfang 10 auf eigenen Leistungen beruht, sondern zu einer wachsenden Verschuldung im NSW führte. [...]
Der Fünfjahresplan 1986-1990 für das NSW wird in bedeutendem Umfang nicht erfüllt. Bereits in den Jahren 1971-1980 wurden 21 Mrd. VM mehr importiert als exportiert. Das ist im 15 Zusammenhang mit der dazu erforderlich gewordenen Kreditaufnahme und den Zinsen die Hauptursache des heutigen außergewöhnlich hohen Schuldenberges. [...] Die Konsequenzen der unmittelbar bevorstehenden Zahlungsunfähigkeit wäre ein Moratorium (Umschuldung), bei der der Inter- 20 nationale Währungsfonds bestimmen würde, was in der DDR zu geschehen hat. [...] Es ist notwendig, alles zu tun, damit dieser Weg vermieden wird. [...]
Auch wenn alle diese Maßnahmen in hoher Dringlichkeit und Qualität durchgeführt werden, ist der im Abschnitt I darge- 25 legte, für die Zahlungsfähigkeit der DDR erforderliche NSW-Exportüberschuss nicht sicherbar.
1985 wäre das noch mit großen Anstrengungen möglich gewesen. Heute besteht diese Chance nicht mehr. Allein ein Stoppen der Verschuldung würde im Jahre 1990 eine Sen- 30 kung des Lebensstandards um 25-30% erfordern und die DDR unregierbar machen. Selbst wenn das der Bevölkerung zugemutet werden würde, ist das erforderliche exportfähige Endprodukt in dieser Größenordnung nicht aufzubringen. [...] Trotz dieser Maßnahmen ist es für die Sicherung der Zah- 35 lungsfähigkeit 1991 unerlässlich, zum gegebenen Zeitpunkt mit der Regierung der BRD über Finanzkredite in Höhe von 2-3 Mrd. VM über bisherige Kreditlinien hinaus zu verhandeln. Gegebenenfalls ist die Transitpauschale der Jahre 1996-1999 als Sicherheit einzusetzen. [...] 40
Dabei schließt die DDR jede Idee von Wiedervereinigung mit der BRD oder der Schaffung einer Konföderation aus.

Maria Haendcke-Hoppe-Arndt, Außenwirtschaft und innerdeutscher Handel, in: Eberhard Kuhrt, Hannsjörg F. Buck und Gunter Holzweißig (Hrsg.), Die wirtschaftliche und ökologische Situation der DDR in den 80er Jahren, Opladen 1996, S. 63 ff.

1. *Fassen Sie die Folgen der Wirtschaftspolitik Honeckers zusammen.*
2. *Überlegen Sie, warum Honecker der Entwicklung nicht früher Einhalt geboten hat.*
3. *Beschreiben Sie, auf welche Weise die Schuldenlast abgetragen wird.*

---

[1] Parteitag der SED 1971 in Ost-Berlin, auf dem die Politik des kurz zuvor abgesetzten Ulbricht kritisiert und als neue „Hauptaufgabe" die „Einheit von Wirtschafts- und Sozialpolitik" beschlossen wurde.
[2] NSW = Nichtsozialistisches Wirtschaftsgebiet
[3] VM = Valutamark (= D-Mark)

Grundgesetz oder „dritter Weg"?
Friedliche Revolution und Wiedervereinigung

Als Jochen und Karin am 8. November 1989 gegen 18.50 Uhr das DDR-Fernsehen einschalten, glauben sie zunächst, sich verhört zu haben. Dort verliest Politbüromitglied Günter Schabowski soeben auf einer Pressekonferenz eine Verordnung des ZK: „Privatreisen nach dem Ausland können ohne Vorliegen von Voraussetzungen beantragt werden. Die Genehmigungen werden kurzfristig erteilt." Von einem Journalisten befragt, wann die neue Reiseregelung in Kraft treten solle, antwortet Schabowski zögernd, einen hastigen Blick auf den Zettel werfend: „... Nach meiner Kenntnis ... ist das sofort, unverzüglich."

In den letzten Wochen haben sich die Ereignisse überschlagen: Im Oktober die riesigen Montagsdemonstrationen in Leipzig, der Rücktritt Honeckers, dann vor vier Tagen die Massenkundgebung in Berlin. Seit einigen Tagen ist zudem die Grenze zur ČSSR wieder offen. DDR-Bürger dürfen sogar über die ČSSR in den Westen reisen. Und nun soll es möglich sein, auf direktem Weg nach West-Berlin und Westdeutschland zu gelangen?

Kaum ist die Meldung in den Nachrichten gelaufen, da beschließt Karin: „Komm Jochen, wir fahren nach West-Berlin! Sofort!" Die beiden zögern nicht. Ganz Rüdersdorf, nein, das ganze Land scheint in Richtung Westen unterwegs zu sein – zu Fuß, im „Trabi" oder Wartburg. Dicht an dicht stehen die Autos in kilometerlangen Schlangen. Irgendwann geht nichts mehr. Auf den Bürgersteigen Massen von Menschen, die in Richtung Bornholmer Brücke laufen. Ehe sich Jochen und Karin versehen, befinden sie sich mitten in einem riesigen Menschenstrom, neben ihnen in den Trabantkarawanen werden Fenster heruntergekurbelt, die Menschen jubeln aus den Autos. Am Grenzübergang herrscht Chaos. Da bricht sich die Menge Bahn und strömt einfach an den Grenzern vorbei. Die wissen längst nicht mehr, was sie machen sollen, registrieren kaum noch die hochgehaltenen Personalausweise und winken alle durch.

Viele Hundert Menschen stehen am Straßenrand, tanzen und liegen sich in den Armen. Plötzlich hält Jochen eine Sektflasche in der Hand. Eine Gruppe junger Männer prostet ihm zu. Es sind West-Berliner. Aus allen Richtungen hört er es: „Wir sind frei!" – für das Unfassbare fehlen die Worte.

Bürgerbewegungen im Windschatten von „Glasnost" und „Perestroika" Die Krise der kommunistischen Herrschaft in der DDR entzündete sich nicht nur am Versagen der Ökonomie, sondern auch daran, dass die SED-Führung den Menschen selbstverständliche Freiheiten vorenthielt. Die Kommunalwahlen vom Mai 1989 verwandelten den lange angestauten Unmut in Ungehorsam und Widerstand. Vertreter verschiedenster Bürgerrechtsgruppen zeigten Mut, beobachteten in mehreren Städten die Auszählung der Stimmen in den Wahllokalen und protestierten anschließend ge-

▶ **Protest gegen den Wahlbetrug.**
Foto vom 7. Juni 1989.
Seit dem 7. Juni 1989 demonstrierten Bürgerrechtler vor der Ost-Berliner Sophienkirche für die Offenlegung der Wahlfälschungen im Zusammenhang mit den Kommunalwahlen.

▶ **Montagsdemonstration in Leipzig.**
Foto vom 9. Oktober 1989. Trotz Honeckers Anweisungen, die Demonstration zu unterbinden, griffen die Sicherheitskräfte nicht ein. Etwa 70 000 Menschen zogen friedlich durch die Innenstadt.

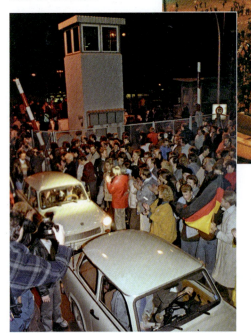

▲ **Umjubelter Grenzübertritt.**
Foto vom 9./10. November 1989. In Berlin nutzten mehr als eine halbe Million Menschen die Grenzöffnung zu einem Kurzbesuch im Westteil der Stadt.

Michail Gorbatschow (*1931): russischer Politiker, 1985 - 1991 letzter sowjetischer Staats- und Parteichef; seine Reformpolitik ermöglichte den demokratischen Wandel im Ostblock. Erhielt 1990 den Friedensnobelpreis.

▶ **Geschichte In Clips:**
Zu „Mauerfall" und Wiedervereinigung siehe Clip-Code 32007-06

gen die festgestellten Wahlfälschungen. Hinzu kamen im Spätsommer und Herbst die Massenflucht von DDR-Bürgern 1989 über Ungarn, die Tschechoslowakei und Polen in den Westen sowie Hunderttausende Anträge auf ständige Ausreise aus der DDR. Sie veranlassten die Bürgerrechtler zur Gründung öffentlich auftretender Oppositionsgruppen. Anfang September 1989 rief das Neue Forum zum freien Dialog im öffentlichen Raum auf – ein unerhörter Vorgang in einer kommunistischen Diktatur. Später traten weitere Bürgerbewegungen hervor – Demokratie Jetzt, Demokratischer Aufbruch, Sozialdemokratische Partei (SDP), Grüne Partei und andere (▶ M1). Auf den großen Montagsdemonstrationen verschafften sie sich spektakulär Gehör. Mit unterschiedlicher Akzentuierung forderten sie eine Reform der DDR durch Einführung des Rechts auf freie Meinungsäußerung, Rechtsstaatlichkeit und Gewaltenteilung, Zulassung weiterer Parteien und Organisationen, Versammlungsfreiheit und Streikrecht sowie Kontrolle des Sicherheitsapparates. Die Position der SED wurde anfänglich nicht direkt infrage gestellt. Erst nach dem Höhepunkt der Montagsdemonstrationen in Leipzig am 9. Oktober 1989 und dem Rücktritt Honeckers am 18. Oktober 1989 verlangten die Bürgerrechtler den Verzicht der SED auf ihr Machtmonopol.

Möglich war dies alles, weil der seit 1985 amtierende Generalsekretär der KPdSU **Michail Gorbatschow** im eigenen Land mit einer Politik der „Offenheit" (Glasnost) und der „Umgestaltung" (Perestroika) den Sozialismus reformieren und leistungsfähiger machen wollte und deutlich machte, dass die Sowjetunion in ihren Vasallenstaaten das kommunistische System nicht mehr mit militärischer Gewalt an der Macht halten werde. Nur wenige Tage nach dem pompös gefeierten vierzigjährigen Jubiläum der Gründung der DDR sahen einige Funktionäre keine andere Möglichkeit mehr, wenigstens einen Rest der SED-Macht zu erhalten, als Erich Honecker und die anderen „alten Männer" an der Spitze der Partei zum Rücktritt zu zwingen. Allerdings ohne Erfolg: Die Öffnung der Mauer am 9. November 1989 wurde zum Symbol für das Ende des SED-Regimes und für den Sieg der friedlichen Revolution der DDR-Bürger.

„Wir sind das Volk" – „Wir sind ein Volk" Die Bürgergruppierungen strebten eine parlamentarische Demokratie mit basisdemokratischen Elementen an, keineswegs aber die Abschaffung der Eigenstaatlichkeit („Wir sind das Volk"). Zum Teil wurde über einen sogenannten „Dritten Weg" als Alternative zur westlichen Konsumgesellschaft nachgedacht: „Weder Diktatur noch Konsumgesellschaft" (▶ M2). Allerdings sahen sich die Bürgerrechtler bald von den Forderungen überrollt, die den Nachfolgern Honeckers, Parteichef Egon Krenz und Regierungschef Hans Modrow, auf den Massendemonstrationen in Leipzig und vielen anderen Städten der DDR entgegenschallten: „Wir sind ein Volk". Der Wunsch, am Wohlstand der Bundesrepublik und ihren freiheitlichen Lebensverhältnissen teilzuhaben, war übermächtig.

Die erste freie Volkskammerwahl am 18. März 1990 brachte die Antwort des Volkes auf die Frage nach der Zukunft der DDR. Die Allianz für Deutschland, eine Verbindung von CDU mit Bundeskanzler Helmut Kohl als Parteivorsitzenden an der Spitze, der konservativen Deutschen Sozialen Union (DSU) und dem Demokratischen Aufbruch erhielt 47,8 Prozent der Stimmen. Die SPD erreichte knapp 22 Prozent, und nur 20 Prozent der Wähler unterstützten jene Parteien, die sich für eine eigenständige DDR eingesetzt hatten. Die Mehrheit der DDR-Bürger hatte sich für die umgehende Einbeziehung Ostdeutschlands in ein wiedervereinigtes Deutschland ausgesprochen.

Egon Krenz (*1937): deutscher Politiker, 1989 DDR-Staatsratsvorsitzender und Generalsekretär der SED; 1997 wegen Totschlags im Zusammenhang mit den Todesfällen an der innerdeutschen Grenze zu mehrjähriger Freiheitsstrafe verurteilt

Hans Modrow (*1928): SED-Politiker, 1989/90 Regierungschef der DDR (Vorsitzender des Ministerrates); 1990-1994 Abgeordneter der PDS im Bundestag; seit 2007 Mitglied der Partei „Die Linke"

▲ Aufkleber zu den Volkskammerwahlen in der DDR 1990.
■ Analysieren Sie die Gestaltung der Aufkleber und erläutern Sie deren Botschaft.

Grundgesetz oder neue Verfassung? Am 12. April 1990 wählte die Volkskammer Lothar de Maizière zum Ministerpräsidenten und bestätigte sein Kabinett der Großen Koalition aus CDU, SPD, Liberalen, DSU und Demokratischem Aufbruch (DA). Diese Parteien hatten sich auf das Ziel geeinigt, „Wohlstand und soziale Gerechtigkeit für alle Bürger der DDR zu sichern, Freiheit und Rechtsstaatlichkeit durchzusetzen, die Einheit Deutschlands nach Verhandlungen mit der BRD auf der Grundlage von Artikel 23 des Grundgesetzes zügig und verantwortungsvoll für die gesamte DDR gleichzeitig zu verwirklichen und damit einen Beitrag zur europäischen Friedensordnung zu leisten".

Nach Artikel 23 GG konnten die neu gegründeten fünf Länder der DDR (Brandenburg, Mecklenburg-Vorpommern, Sachsen, Sachsen-Anhalt, Thüringen) der Bundesrepublik beitreten. Darauf hatten sich bereits während des Wahlkampfes namhafte Politiker der Allianz für Deutschland ebenso wie die Bundesregierung in Bonn festgelegt – mit dem Argument, dass die in der DDR mit Händen greifbare Erosion der Wirtschaft und ein bedrohlicher Zerfall der politischen Strukturen eine rasche Vereinigung unumgänglich

Lothar de Maizière (*1940): Rechtsanwalt und Politiker, ab November 1989 Vorsitzender der Ost-CDU, vom 12. April bis 2. Oktober 1990 letzter Ministerpräsident der DDR, bis Dezember 1990 Bundesminister für besondere Aufgaben; Mitarbeit an den Verhandlungen über die deutsche Wiedervereinigung

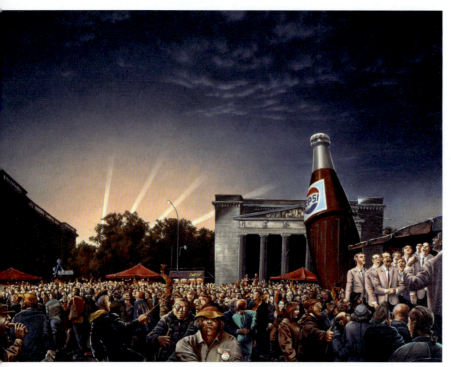

▲ „... und alles wird wieder gut. Der 3. Oktober '90 vor der Neuen Wache."
Gemälde (120 x 160 cm) von Matthias Koeppel, 1991.
Das Gemälde gibt die feiernde Menschenmenge auf der Berliner Straße „Unter den Linden" am Tag der deutschen Einheit wieder.
- Beschreiben Sie die Bildelemente. Analysieren Sie Wirkung und Aussage des Gemäldes.

machten. Die oppositionelle SPD in Bonn sprach sich für die Wiedervereinigung nach Artikel 146 aus, also eine neue gesamtdeutsche und durch eine Volksabstimmung in Kraft gesetzte Verfassung.

In der DDR sympathisierten viele Bürgerrechtler mit einer gemeinsamen neuen Verfassung. In Westdeutschland brachten vor allem Schriftsteller und Intellektuelle aus dem linksliberalen Milieu einer raschen Vereinigung wenig Sympathie entgegen und sprachen kritisch vom „Anschluss" der DDR. Andere Kritiker hofften auf eine „Runderneuerung" des Grundgesetzes mit mehr basisdemokratischen Elementen (Volksentscheid), sozialen und ökologischen Grundrechten (Recht auf Arbeit, Umweltschutz) und stärkeren Begrenzungen der kapitalistischen Wirtschaftsordnung.

Die Debatte spiegelte die Kontroverse zwischen den Anhängern des sogenannten „Dritten Weges" und den Verfechtern der Fortführung der in der Bundesrepublik entstandenen Lebens-, Sozial- und Wirtschaftsordnung. Die Bevölkerung in Ost- wie in Westdeutschland wollte mehrheitlich keine neue Verfassung. Das zeigte sich in Umfragen und bei allen Wahlen im Jahr 1990. Die politische und soziale Ordnung des Grundgesetzes hatte sich in den Augen der meisten Bürger bewährt (▶ M3).

Nach einem komplizierten Diskussions- und Verhandlungsprozess im Frühjahr und Sommer 1990 erklärte die Volkskammer am 23. August 1990 mit überwältigender Mehrheit den Beitritt der DDR zum Geltungsbereich des Grundgesetzes nach Artikel 23 mit Wirkung zum 3. Oktober 1990. Mit der auf diesem Weg vollzogenen Wiedervereinigung entstand eine um die DDR erweiterte Bundesrepublik, in der sich für die Ostdeutschen fast alles bisher Gewohnte veränderte: politische Ordnung, gesellschaftliche Rahmenbedingungen, Wirtschaftssystem. Aber auch die Westdeutschen mussten sich neuen Bedingungen anpassen, zu denen vor allem die langdauernde Finanzierung der hohen Folgekosten der Einheit und die von zahlreichen Einschnitten begleitete Erneuerung des Sozialstaates gehörten.

M1 Die Stunde der Bürgerbewegungen

Mit eigenen Aufrufen wenden sich zwischen August und Oktober 1989 auf Betreiben einiger Bürgerrechtler Initiativbewegungen an die Menschen in der DDR. Sie werben für ihre politischen Ziele und die Mitwirkung an einer Reform der DDR. Sie gehen dabei ein hohes Risiko ein, weil die SED Vereinigungen außerhalb ihres Machtbereiches stets als Staatsfeinde verfolgt hat. Der erste Aufruf der Bürgerbewegung „Demokratie Jetzt" erscheint am 12. September 1989. Die Gruppe geht später in der Partei Bündnis 90/Die Grünen auf:

Liebe Freunde, Mitbürgerinnen, Mitbürger und Mitbetroffene! Unser Land lebt in innerem Unfrieden. Menschen reiben sich wund an den Verhältnissen, andere resignieren. Ein großer Verlust an Zustimmung zu dem, was in der DDR geschichtlich
5 gewachsen ist, geht durch das Land. Viele vermögen ihr Hiersein kaum noch zu bejahen. Viele verlassen das Land, weil Anpassung ihre Grenzen hat.
Vor wenigen Jahren noch galt der „real existierende" Staatssozialismus als der einzig mögliche. Seine Kennzeichen sind
10 das Machtmonopol einer zentralistischen Staatspartei, die staatliche Verfügung über die Produktionsmittel, die staatliche Durchdringung und Uniformierung der Gesellschaft und die Entmündigung der Bürgerinnen und Bürger. Trotz seiner unbestreitbaren Leistungen für soziale Sicherheit und Ge-
15 rechtigkeit ist es heute offenkundig, dass die Ära des Staatssozialismus zu Ende geht. Es bedarf einer friedlichen, demokratischen Erneuerung. [...]
Der Sozialismus muss nun seine eigentliche, demokratische Gestalt finden, wenn er nicht geschichtlich verloren gehen
20 soll. Er darf nicht verloren gehen, weil die bedrohte Menschheit auf der Suche nach überlebensfähigen Formen menschlichen Zusammenlebens Alternativen zur westlichen Konsumgesellschaft braucht, deren Wohlstand die übrige Welt bezahlen muss.
25 Entgegen aller Schönfärberei sind die politischen, ökonomischen und ökologischen Krisenzeichen des Staatssozialismus auch „in den Farben der DDR" unübersehbar. Nichts aber deutet darauf hin, dass die SED-Führung zum Umdenken bereit ist. Es scheint, als spekuliere sie auf ein Scheitern der
30 Reformen in der Sowjetunion. Es kommt aber darauf an, die demokratische Umgestaltung mitzuvollziehen. [...]
Der Wunsch vieler Bürgerinnen und Bürger nach einer Demokratisierung des Verhältnisses von Staat und Gesellschaft kann in der DDR noch immer nicht öffentlich zur Sprache
35 gebracht werden. Deshalb rufen wir auf zu einer Bürgerbewegung „Demokratie Jetzt".
Wir wenden uns an alle, die von der Not unseres Landes betroffen sind. Wir laden alle Initiativgruppen mit ähnlichen Anliegen zum Zusammengehen ein. Wir hoffen auf ein Bündnis aller reformfreudigen Kräfte, auch von Christen und kriti- 40
schen Marxisten. Lasst uns gemeinsam nachdenken über unsere Zukunft, über eine solidarische Gemeinschaft, in der

- soziale Gerechtigkeit, Freiheit und Menschenwürde für alle gewahrt sind,
- der gesellschaftliche Konsens im öffentlichen Dialog 45 gesucht und durch den gerechten Ausgleich verschiedener Interessen verwirklicht wird,
- die verantwortliche und schöpferische Arbeit der Bürgerinnen und Bürger einen lebendigen Pluralismus unseres Gemeinwesens schafft, 50
- Rechtsstaatlichkeit und Rechtssicherheit den inneren Frieden sichern,
- Ökonomie und Ökologie in Einklang gebracht werden,
- Wohlstand nicht mehr auf Kosten der armen Länder vermehrt wird, 55
- Lebenserfüllung in Gemeinschaftlichkeit und schöpferischem Tun für das Gemeinwohl mehr als bisher gesucht und gefunden werden kann. [...]

Lassen Sie uns zusammengehen und gemeinsam die Hoffnung wieder aufrichten in unserem Land! [...] 60
Bitte abschreiben und weitergeben.

Gerhard Rein (Hrsg.), Die Opposition in der DDR. Entwürfe für einen anderen Sozialismus, Berlin 1989, S. 59-61

1. *Beschreiben Sie das politische und juristische Umfeld, in dem der Aufruf erschien.*
2. *Das Papier benennt die aktuellen Probleme in der DDR. Inwieweit schlägt es konkrete Lösungen vor?*
3. *Diskutieren Sie die Chance eines „Dritten Weges" zwischen Marktwirtschaft und Planwirtschaft unter besonderer Berücksichtigung der Verhältnisse in der DDR.*

M2 Gibt es eine Zukunft für die Deutsche Demokratische Republik?

Bei einer Großkundgebung auf dem Berliner Alexanderplatz am 4. November 1989 rufen Schriftsteller und Künstler der DDR zu einem eigenständigen Weg ihres Staates auf. Daran schließt sich der Appell „Für unser Land" vom 26. November 1989 an:

Unser Land steckt in einer tiefen Krise. Wie wir bisher gelebt haben, können und wollen wir nicht mehr leben. Die Führung einer Partei hat sich die Herrschaft über das Volk und seine Vertretungen angemaßt, vom Stalinismus geprägte Strukturen hatten alle Lebensbereiche durchdrungen. Gewaltfrei, 5
durch Massendemonstrationen hat das Volk den Prozess der revolutionären Erneuerungen erzwungen [...].

Entweder
können wir auf die Eigenständigkeit der DDR bestehen und versuchen, mit allen unseren Kräften und in Zusammenarbeit mit denjenigen Staaten und Interessengruppen, die dazu bereit sind, in unserem Land eine solidarische Gesellschaft zu entwickeln, in der Frieden und soziale Gerechtigkeit, Freiheit des Einzelnen, Freizügigkeit aller und die Bewahrung der Umwelt gewährleistet sind.
Oder
wir müssen dulden, dass, veranlasst durch starke ökonomische Zwänge und durch unzumutbare Bedingungen, an die einflussreiche Kreise aus Wirtschaft und Politik in der Bundesrepublik ihre Hilfe für die DDR knüpfen, ein Ausverkauf unserer materiellen und moralischen Werte beginnt und über kurz oder lang die Deutsche Demokratische Republik durch die Bundesrepublik vereinnahmt wird.
Lasst uns den ersten Weg gehen. Noch haben wir die Chance, in gleichberechtigter Nachbarschaft zu allen Staaten Europas eine sozialistische Alternative zur Bundesrepublik zu entwickeln. Noch können wir uns besinnen auf die antifaschistischen und humanistischen Ideale, von denen wir einst ausgegangen sind.

Auf diesen Aufruf reagiert der Schriftsteller Günter Kunert, der wegen seines Protestes gegen die Ausbürgerung Wolf Biermanns 1977 aus der SED ausgeschlossen worden ist und seit 1979 in der Bundesrepublik lebt:

Der deutsche Intellektuelle nebst seinen Visionen vom Guten, Schönen und Humanen ist durch keine noch so massive Tatsachenfülle widerlegbar [...]. Trotz überwältigender Kenntnis der trostlosen Lage und ihrer kaum minder trostlosen Ursachen wird die längst mumifizierte Utopie beschworen. Ob Christa Wolf auf dem Alexanderplatz in Berlin oder der aus seiner Versenkung auferstandene Rudolf Bahro im Fernsehen – entgegen jeder Erfahrung, auch ihrer eigenen, meinen sie ernsthaft, nun sei der Zeitpunkt gekommen, den „demokratischen Sozialismus" einzuläuten [...]. Blindlings fallen die großen, pathetischen Worte, denen man abgeschworen hatte, auf die Zuhörer nieder [...]. Die nach vierzig Jahren Tristesse ungeduldige Mehrheit jedoch greift lieber nach dem Nächstliegenden, den Bananen bei „Aldi" [...].
Die gegenwärtig erhobene Forderung nach einer Erneuerung des Systems übertüchtiger Ruinenbaumeister (wirkt) wie ein später und deplatzierter Scherz. Nun endlich, heißt es, werde man auf den Trümmern des zusammengebrochenen ein wahrhaft bewohnbares Haus errichten. Ergo jene angestrebte Gesellschaft, die ihre Widersprüche und Gegensätze gewaltfrei und menschlich behandeln würde. Diese Hoffnung ist trügerisch. Denn sie ignoriert den ökonomischen und ökologischen Zustand des Landes [...].
Auch der Traum vom „demokratischen Sozialismus" wird wohl eher verhallen, als dass er irgendwelche Wirkung zeitigt. Nach vier Jahrzehnten einer am Grünen Tisch erdachten, der Bevölkerungsmajorität aufgenötigten Ordnung kann eine Modifikation dieser oder analoger Ordnungen keine Chance mehr haben.

Erster Text: Neues Deutschland vom 28. November 1989
Zweiter Text zitiert nach: Michael Naumann (Hrsg.), Die Geschichte ist offen, Reinbek 1990, S. 97 ff.

1. Stellen Sie die wichtigsten Argumente gegenüber.
2. Informieren Sie sich über Günter Kunert. Erläutern Sie seine Stellungnahme vor dem Hintergrund seines Werdegangs.
3. Diskutieren Sie, ob und unter welchen Umständen 1989/90 in der DDR die Chance für eine selbstständige Entwicklung bestand.

M3 Ist eine Verfassunggebende Versammlung erforderlich?

Über den verfassungsrechtlichen Weg zur Wiedervereinigung nach Artikel 23 oder Artikel 146 des Grundgesetzes führen Mitte März 1990 Innenminister Wolfgang Schäuble (CDU) und der Bürgerrechtler und stellvertretende Vorsitzende der DDR-SPD Markus Meckel ein Streitgespräch auf Einladung des SPIEGEL:

Auszug aus dem Grundgesetz
Art. 23: Dieses Grundgesetz gilt zunächst im Gebiete der Länder Baden, Bayern, Bremen, Groß-Berlin, Hamburg, Hessen, Niedersachsen, Nordrhein-Westfalen, Rheinland-Pfalz, Schleswig-Holstein, Württemberg-Baden und Württemberg-Hohenzollern. In anderen Teilen Deutschlands ist es nach deren Beitritt in Kraft zu setzen.
Art. 146: Dieses Grundgesetz verliert seine Gültigkeit an dem Tage, an dem eine Verfassung in Kraft tritt, die von dem deutschen Volke in freier Entscheidung beschlossen worden ist.

MECKEL: Auch der Weg nach 146 muss überhaupt nicht lange dauern. Ich denke, dass sich die Artikel 23 und 146 gar nicht ausschließen. Ich strebe es nicht an, aber ich halte es auch nicht für unmöglich, auf der Grundlage des Artikels 23 in Verhandlungen mit der Bundesregierung einzutreten, um konkrete Bedingungen auszuhandeln. Im Ergebnis soll dann eine neue Verfassung entsprechend Artikel 146 herauskommen, die der gesamten Bevölkerung zur Abstimmung vorgelegt wird.

Der Zentrale Runde Tisch der DDR in Berlin-Niederschönhausen.
Um mit der Bürgerbewegung ins Gespräch zu kommen, richtete Ministerpräsident Hans Modrow am 7. Dezember 1989 nach polnischem Vorbild den Zentralen Runden Tisch ein, der die Bürgerrechtler in wichtige Entscheidungen einband. Gemeinsam vereinbarten SED-Regierung und Bürgerrechtler freie Volkskammerwahlen für den 18. März 1990 und arbeiteten einen Verfassungsentwurf sowie ein neues Wahlgesetz für die demokratische Umgestaltung der DDR aus.

SCHÄUBLE: Man kann theoretisch durchaus beide Wege miteinander verbinden. Die Zeitfrage ist auch nicht das entscheidende Argument. Wichtig ist, dass bei einem Prozess über Artikel 146 überhaupt keine Klarheit besteht, wie die Grundstrukturen unserer Verfassung aussehen werden. Wir brauchen aber ein Element der Vertrauensbildung, der Stabilität [...].

MECKEL: Jetzt bauen Sie aber einen Buhmann auf. Wir haben mit aller Klarheit gesagt, wir wollen vom Grundgesetz ausgehen, nur ein paar Bestimmungen sollen thematisiert werden. Es ist doch eigentlich sinnvoll, dass sich das Volk 45 Jahre nach dem Krieg in einer historischen Situation eine neue Verfassung gibt [...]. Natürlich soll nichts von dem, was sich bewährt hat, worauf auch viele DDR-Bürger mit Bewunderung blicken, über den Haufen geworfen werden.

SCHÄUBLE: Das ändert nichts daran, dass der Weg über Artikel 146 erst am Ende Klarheit schafft, während nach Artikel 23 von vornherein Klarheit besteht, dass dieses Grundgesetz in seinen Grundstrukturen erhalten bleibt.

MECKEL: Was unterstellen Sie denn eigentlich den Bürgern der DDR? Das, was wir als Verfassung hatten, ist doch ein Lappen. Und das Grundgesetz ist die beste deutsche Verfassung. Dies ist Konsens in der DDR, behaupte ich. Aber das heißt nicht, sie sei nicht noch verbesserungswürdig.

SCHÄUBLE: Gleichwohl können Sie so keine Verlässlichkeit schaffen. Eine Verfassunggebende Versammlung nach Artikel 146 entscheidet mit einfacher Mehrheit. Nach Artikel 23 ist Grundlage das Grundgesetz, das nur mit Zweidrittelmehrheit geändert werden kann. Sonst gilt das Grundgesetz weiter [...]. Der Risikospielraum für Verfassungsänderungen bei den qualifizierten Mehrheitserfordernissen – Zweidrittelmehrheit im Bundestag und im Bundesrat – ist und bleibt sehr viel geringer. Das ist genau der Punkt. Bei 146 ist alles offen, bei 23 nicht.

Gerhart Maier, Die Wende in der DDR, Bonn 1990, S. 83 f.

1. Stellen Sie Meckels und Schäubles Argumente gegenüber.

2. Überlegen Sie in Gruppenarbeit, welche inhaltlichen Positionen sich hinter dem verfassungsrechtlich geführten Streitgespräch verborgen haben könnten.

3. Entscheiden Sie selbst und begründen Sie: Halten Sie den gewählten Weg der Wiedervereinigung für richtig oder hätten Sie dem Verfahren nach Artikel 146 Grundgesetz den Vorzug gegeben? Berücksichtigen Sie dabei das Verhalten der Bürger in der DDR 1989/90.

Nostalgischer Blick auf die DDR – ein Übergangsphänomen?

„Nächsten Samstag kommt übrigens die alte Clique", schallt es Sascha aus der Küche entgegen, als er mittags aus der Schule kommt. „Du kannst auch ein paar Freunde einladen", fügt seine Mutter an. „Bloß nicht", denkt Sascha. Genervt feuert er seine Tasche in die Garderobe.

Seit einigen Jahren veranstalten die Eltern diese „Ostalgie"-Partys, zu denen sie die früheren Nachbarn und Freunde aus ihrer Zeit in Dresden einladen. Dann vergessen sie für einen Abend, dass es nicht 1985 ist. Der Vater mimt den „Disc Jockey", legt Platten von den Puhdys und Karat oder seiner alten Lieblingsband, der Klaus Renft Combo, auf. Zu essen gibt es Spreewaldgurken und Burger Knäckebrot, dazu stilecht Club-Cola und Rotkäppchen-Sekt. Saschas Onkel Georg erscheint immer im alten, mittlerweile viel zu engen FDJ-Hemd. Das lässt er sich nicht ausreden. Für die anderen hat der Vater vor drei Jahren T-Shirts mit DDR-Motiven anfertigen lassen: rote Ampelmännchen für die Frauen, grüne für die Männer.

Sascha kann verstehen, wenn die Eltern gerne die Erinnerungen an ihre Jugendzeit auferstehen lassen, auch wenn sie dabei ganz schön übertreiben. Nicht verstehen kann er aber, wenn dabei – und dafür sind der Onkel und seine „So manches war damals einfach besser"-Parolen ein Beispiel – die Vergangenheit verklärt und Tatsachen verfälscht werden. Sascha ist 18 Jahre alt, hat also selbst keine Erinnerungen an die DDR. Von der Oma weiß er aber, wie lange seine Mutter als junges Mädchen von Städten wie Paris und Rom geträumt hatte und wie eilig sie es nach der Wende hatte, dort hinzufahren. Und der Vater hat mal erzählt, dass sein bester Freund zu DDR-Zeiten nicht studieren durfte, weil er Kontakte zu einer Bürgerrechtsgruppe unterhielt. Am meisten aber ist Sascha die Geschichte der Nachbarin im Gedächtnis geblieben. Sie hatte ihren Sohn im November 1989 nach fünfzehn Jahren zum ersten Mal wiedergesehen, nachdem er in den Westen geflohen war.

▲ **Feier zur deutschen Einheit in Berlin.**
Foto vom 3. Oktober 1990. Der 3. Oktober wird seither als nationaler Feiertag („Tag der deutschen Einheit") begangen.

Von der Euphorie ... Den Beitritt der DDR zur Bundesrepublik 1990 feierten die meisten Ostdeutschen euphorisch. In Westdeutschland gab man sich einige Zeit der Illusion hin, mit Milliardentransfers aus öffentlichen Kassen und privaten Investitionen die neuen Bundesländer in wenigen Jahren in „blühende Landschaften" (Helmut Kohl) verwandeln zu können. Nach der unerwarteten Überwindung der staatlichen Teilung Deutschlands freute man sich im Osten über die neu gewonnene Freiheit, die jedoch alsbald zur Selbstverständlichkeit wurde. Zugleich träumten viele von einem zweiten Wirtschaftswunder, dieses Mal in Ostdeutschland.

Doch der Systemwechsel von der zentralen Planwirtschaft zur Sozialen Marktwirtschaft erwies sich als kompliziert. Mit der Wirtschafts-, Währungs- und Sozialunion vom Juli 1990 erhielten die Ostdeutschen die sehnlich erwartete D-Mark einschließlich eines für die Bürger sehr günstigen Umtauschverhältnisses. So konnten sich die Menschen zwar die begehrten Artikel aus dem Westen kaufen, doch die eigenen Produkte verteuerten sich auf dem Weltmarkt erheblich und die Wirtschaftsbeziehungen zu den Ostblockstaaten brachen weg. Die meisten der ehemaligen Staatsbetriebe waren veraltet und unproduktiv, ihre Produkte international nicht konkurrenzfähig.

... zur Ernüchterung Im Auftrag der letzten Volkskammer der DDR übernahm die Treuhandanstalt im Sommer 1990 rund 8 500 Staatsunternehmen mit 45 000 Einzelbetrieben und 4,1 Millionen Beschäftigten, um sie nach marktwirtschaftlichen Gesichtspunkten zu sanieren, zu privatisieren oder stillzulegen. Durch die Übernahme der Altschulden der früheren DDR-Betriebe und Finanzhilfen aller Art für private Investoren hinterließ die Treuhandanstalt Ende 1994 140 Milliarden Euro Schulden, die den Bundeshaushalt seither jährlich mit etwa 8,7 Milliarden Euro belasten (▶ M1). Trotz aller Anstrengungen stieg die Arbeitslosigkeit dramatisch an – seit 1992 jeweils auf das Doppelte des westdeutschen Niveaus. Ernüchterung und Enttäuschung machten sich breit.

Die meisten Ostdeutschen mussten nicht nur ihr Alltagsleben neu ordnen und sich einer Fülle neuer gesetzlicher Regeln vom Kindergarten bis zur Altersvorsorge anpassen, vielen fehlte mit einem Mal die lenkende Hand des Staates, sie mussten lernen, sich selbst um ihr Fortkommen zu bemühen, sie fühlten sich deklassiert und von den „Wessis" überrollt. Hinzu kam, dass die Unterschiede in der Lebenserfahrung und im Lebensgefühl zwischen den Deutschen in Ost und West größer waren, als man das in den aufregenden Monaten der friedlichen Revolution erwartet hatte (▶ M2).

▲ **Sanierungsarbeiten bei der Chemie AG Bitterfeld.**
Foto vom 19. April 1993.
Viele DDR-Großbetriebe waren international nicht wettbewerbsfähig. Auch das große Chemiekombinat Bitterfeld ließ sich nach der Wiedervereinigung Deutschlands nicht erhalten. Der Zustand vieler Betriebsteile war zu schlecht, und nur wenige der hergestellten Produkte konnten auf dem freien Markt bestehen. Lediglich Teile des Großbetriebes konnten herausgelöst und in private Hand überführt werden. Von ehemals 18 000 Arbeitsplätzen gingen zwischen 1990 und 1994 12 000 verloren.

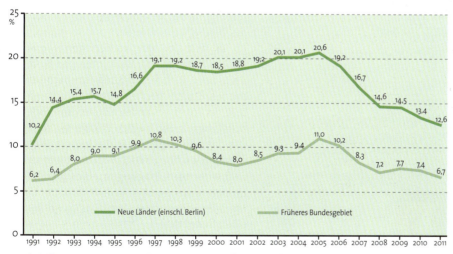

▲ **Arbeitslosenquote in Ost- und Westdeutschland (in Prozent).**
Daten: Statistisches Bundesamt (www.destatis.de)

„Ostalgie" Eine nostalgische Verklärung des Sozialismus – in der Zusammensetzung von „Osten" und „Nostalgie" teils humorvoll, teils kritisch „Ostalgie" genannt – erfasste deshalb Teile der ostdeutschen Bevölkerung (▶ M3, M4). Eine Mischung aus sentimentaler Rückbesinnung auf die DDR, Ablehnung westlicher Lebensart, Ausländerfeindlichkeit, Sehnsucht nach Gemeinschaft, Harmonie und Heimat machte es möglich, dem Regime im Nachhinein positive Seiten abzugewinnen – nach dem Motto „Es war nicht alles schlecht in der DDR" (▶ M5).

Die Diktatur hatte längst ihre Schrecken und Bedrückungen verloren, weil es sie nicht mehr gab, aber die Erinnerung an die „Geborgenheit" im Kollektiv, die ruhige Gangart in den Betrieben, die solidarische Hilfe unter Nachbarn und Freunden war gegenwärtig und verwies auf einen aktuellen Verlust. Auch wenn solche und ähnliche Erinnerungen häufig mit der realen Vergangenheit nur teilweise übereinstimmten, so bildeten sie doch die Maßstäbe für die Einschätzung der gegenwärtigen Lebenslagen. Ähnlich wie nach dem Untergang des „Dritten Reiches" standen bei vielen die individuellen Erinnerungen im Vordergrund, während die negativen Seiten des Regimes weitgehend ausgeblendet wurden. Eine Unterscheidung zwischen privater Lebenswelt und politischer Geschichte fand häufig nicht statt.

Nur wenige Bürger im östlichen Teil Deutschlands wollten allerdings die DDR zurück haben. Aber die Skepsis gegenüber der Praxis der Demokratie und die Unzufriedenheit mit manchen Folgen von Marktwirtschaft und gesellschaftlichem Pluralismus im vereinigten Deutschland nahmen zu. Auch in ihrem Wahlverhalten lassen große Teile der neuen Bundesbürger bis in die Gegenwart erkennen, dass sich ihre anfängliche Freude über das Ende der DDR in Kritik und Skepsis verwandelt hatte. So verlor die CDU bei den Bundestagswahlen in den neuen Ländern seit ihrem Spitzenergebnis vom Dezember 1990 (41,8%) kontinuierlich Wähler (2005: 25,3%) und wurde ab 1998 von der SPD überflügelt (2005: 30,4%). Überraschender für viele westdeutsche Beobachter aber: Die aus der SED hervorgegangene Linkspartei/PDS (seit 2007: Die Linke) konnte bald in der ostdeutschen Wählerschaft einen festen Stammplatz erobern (1990: 11,1%; 1994: 19,8%; 1998: 21,6%; 2002: 16,9%; 2005: 25,3%). Bei Landtagswahlen im Osten erreichte die Linkspartei teilweise noch bessere Ergebnisse. Sie verstand es, sich als „Stimme des Ostens" zu etablieren.

Es lässt sich nicht vorhersagen, wie lange die von früheren Repräsentanten und Nutznießern, aber auch verspäteten Sympathisanten des SED-Staates gepflegte Weichzeichnung der DDR ihr Publikum findet. Können sinkende Arbeitslosigkeit und weitere Erfolge des Aufbaus Ost dazu beitragen, dass die frühere Diktatur nicht mehr schöngeredet wird? Oder werden die nachwirkenden Prägungen eines politischen Zwangssystems erst im Verlauf mehrerer Generationen überwunden sein? Das bleibt vorerst eine offene Frage.

PDS: Partei des Demokratischen Sozialismus

◀ „Daran müssen wir noch arbeiten."
Karikatur von Rainer Schwalme, 1992.

M1 „Rote Zahlen vom roten Sozialismus"

Der Wirtschaftswissenschaftler Karl-Hans Hartwig fasst zwei Monate nach Inkrafttreten der Wirtschafts-, Währungs- und Sozialunion am 1. Juli 1990 die wirtschaftlichen Probleme der DDR zusammen:

Die DDR-Wirtschaft befindet sich gegenwärtig in einer tiefen Krise [...]. Auch die weiteren Aussichten sind zunächst düster. Arbeitslosenzahlen von 1,5 bis 2 Millionen oder 15 Prozent werden selbst von Optimisten nicht mehr als unrealistisch
5 angesehen. [...] Die Marktwirtschaft und der mit ihr notwendig verbundene freie Informationsfluss bringen diese Altlasten der planwirtschaftlichen Vergangenheit an den Tag. Sie machen deutlich, dass vom roten Sozialismus vorwiegend rote Zahlen bleiben. Experten ist nicht erst seit dem 9. No-
10 vember bekannt, dass etwa 30 bis 40 Prozent der DDR-Betriebe nicht konkurrenzfähig sind und in Wirtschaft und Verwaltung schon immer eine große Anzahl von Arbeitskräften mitgeschleppt wurde, die ökonomisch nicht gerechtfertigt war. Produktivitätsrückstände bis zu 60 Prozent gegenüber
15 westlichen Betrieben kommen ja nicht von ungefähr. D.h. aber, dass von den vorhandenen 9,3 Millionen Arbeitsplätzen in den ersten Jahren nach Einführung der Marktwirtschaft mehr als drei Millionen wahrscheinlich sowieso nicht zu halten wären. Sie durch neue wettbewerbsfähige Arbeitsplätze
20 zu ersetzen, ist die vordringliche Aufgabe, und nicht irgendwelche Beschäftigungsgarantien zu geben. Das in den Köpfen der Menschen noch immer verankerte Recht auf Arbeit hat es ja faktisch auch in der DDR nie gegeben. Praktiziert wurden vielmehr ein Recht auf Lohn und der Zwang zur
25 Beschäftigung an den falschen Stellen.

Das Parlament, 14. September 1990

1. Arbeiten Sie die Probleme bei der Umwandlung der Planwirtschaft der DDR in eine Soziale Marktwirtschaft heraus.
2. Erläutern Sie die Aufgaben demokratisch gewählter Politiker in diesem Prozess.
3. Historiker sprechen angesichts der Vorgänge in der DDR seit Herbst 1989 von drei „Revolutionen"; einer „liberalen", einer „nationalen" und einer „sozialen". Erörtern Sie, welche Gründe für eine solche Einteilung sprechen.

M2 Die DDR im Spiegel von Umfragen seit der Wiedervereinigung

Mit der Demoskopie versucht die Sozialwissenschaft, die Ansichten der Bevölkerung in Ost- und Westdeutschland über die Bewertung des früheren SED-Staates und den Prozess der Wiedervereinigung zu ermitteln. Die hier wiedergegebenen Ergebnisse von Langzeitbefragungen stammen – soweit nicht anders angegeben – vom Institut für Demoskopie Allensbach.

a) Unerträgliche Verhältnisse in der DDR?
Antworten von Ostdeutschen auf die Frage: „Wenn Sie jetzt einmal zurückblicken auf die letzten Jahre vor der Wende in der DDR – waren die Verhältnisse eigentlich ganz erträglich, oder würden Sie sagen, es musste sich unbedingt vieles ändern?"

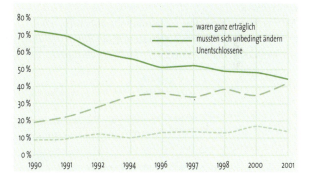

b) „DDR hatte mehr gute oder schlechte Seiten"
Antworten „stimme (eher) zu" und „stimme voll und ganz zu" auf die Aussage „Die DDR hatte mehr gute als schlechte Seiten".

Datenbasis: Trafo-QuerschnittDatensatz, EMNID-Zusatzbefragung 2000, Konrad-Adenauer-Stiftung Herbststudien 1996 und 1997, Deutsche Teilstudien des European Social Survey 2003 und 2004

c) Sozialismus – eine gute Idee?
Bejahende Antworten auf das Statement: „Halten Sie den Sozialismus für eine gute Idee, die schlecht ausgeführt wurde?"

d) Beurteilung des Wirtschaftssystems in Ost- und Westdeutschland
Antworten auf die Frage: „Haben Sie eine gute oder keine gute Meinung zum Wirtschaftssystem in der Bundesrepublik?" Für Westdeutschland keine Zahlen vor 1994 verfügbar.

e) Neue Staatsform?
Antworten auf das Statement: „Kürzlich sagte uns jemand: ‚Bei der Wiedervereinigung wurde wirklich die Chance vergeben, eine neue Staatsform zu schaffen, in der Marktwirtschaft, Menschlichkeit und Sozialismus miteinander verbunden werden.' Hätten Sie auch lieber einen neuen Staat gehabt, oder sind Sie zufrieden, dass sich die Staatsform der Bundesrepublik durchgesetzt hat?"

1. Arbeiten Sie die wichtigsten Aussagen aus den Diagrammen heraus.

2. Vergleichen Sie den Verlauf der Kurven mit der wirtschaftlichen Entwicklung in der Bundesrepublik. Lässt sich ein Zusammenhang herstellen?

3. Suchen Sie im Internet nach weiteren aktuellen Umfragen zur Einschätzung der DDR.
Schreiben Sie – je nach Befund – den letzten Absatz auf Seite 306 dieses Buchs um.

M3 DDR-Nostalgie

Der ostdeutsche Historiker Stefan Wolle ist 1990 an der Auflösung der Stasi beteiligt; in den 1990er-Jahren wirkt er als Sachverständiger an den beiden Enquête-Kommissionen des Bundestages zur „Aufarbeitung von Geschichte und Folgen der SED-Diktatur in Deutschland" mit. Dabei setzt er sich mit der verbreiteten DDR-Nostalgie auseinander:

Viele Menschen haben in der DDR glücklich und zufrieden gelebt und den Zusammenbruch ihres Staates als Katastrophe erlebt. Da sind zunächst die Mitarbeiter der Partei, des Staatsapparats, die Offiziere der „bewaffneten Organe" von der Stasi bis zur Nationalen Volksarmee. Selbst wenn es ihnen heute materiell besser geht, stehen sie subjektiv auf der Stufenleiter des sozialen Erfolgs ein ganzes Stück weiter unten. Die neue Demokratie und den Rechtsstaat erleben sie als tägliche Demütigung. Dies betrifft leider nicht nur die Stützen des alten Systems. [...]

Das Leben in der DDR war armselig, provinziell, kleinkariert und unfrei – aber es war auch ohne wesentliche Risiken. Im Schatten der Mauer blühten manche kleinen Biotope. Westbesucher empfanden DDR-Reisen oft als Reise in die Kindheit. Da gab es noch selbstgebackenen Kuchen, der Weihnachtsbaum wurde mit der Säge aus dem Winterwald geholt und das Geschirr im Abwaschbecken mit der Hand gewaschen. Und diese DDR-Nostalgie grassiert heute nicht nur unter den Günstlingen des untergegangenen Systems. „Man lebte bescheidener, aber glücklicher", werden eines Tages die Großmütter ihren Enkeln erzählen. Und schon heute stimmen Intellektuelle und Künstler in das Klagelied von der verlorenen Idylle mit ein.

Mit äußerstem Geschick spielt die PDS auf der Klaviatur der Legenden. Da ist zunächst die auch im Westen gern kolportierte Meinung, die BRD-Kolonisatoren seien wie eine Dampfwalze übers Land gegangen. Sie hätten alles niedergemacht, was es in der DDR an sozialen Errungenschaften gegeben hätte. Das Gegenteil ist der Fall. Die Sozial- und Bildungseinrichtungen der DDR befanden sich Ende der achtziger Jahre in einem katastrophalen Verfallszustand. Dort, wo tüchtige Kommunalpolitiker am Werk sind, werden heute Schulen, Bibliotheken, Sozialeinrichtungen, Krankenhäuser, Seniorenheime und anderes großzügig renoviert oder neu eröffnet. Auch die Infrastruktur hat sich entscheidend verbessert. Während man früher zwanzig Jahre und länger auf einen Telefonanschluss warten musste, erfüllt die Telekom die Anschlusswünsche kurzfristig. Im Straßenbau, bei der Abwasserentsorgung oder der Versorgung mit Erdgas ist in den letzten vier Jahren mehr geschehen als in vierzig Jahren Sozialismus. [...] Ein Blick über die östlichen Grenzen reicht aus, um sich auszumalen, wie die Situation ohne die Finanzhilfe aus den westlichen Bundesländern aussähe. Natürlich gibt es in den neuen Bundesländern einen Berg sozialer Probleme. Doch ist es eine Perversion des Denkens, deswegen gerade jene Partei zu wählen, welche die wirtschaftliche und soziale Katastrophe zu verantworten hat.

Eine weitere Legende lautet, die intellektuelle Elite der DDR sei ins gesellschaftliche Abseits getrieben worden. Dabei sei das wertvolle Potenzial der SED schnöde beiseitegeschoben worden. [...] Die Kritik an der untergegangenen DDR würde den Menschen ihre Identität rauben und ihre Biografien zerstören. Richtig ist, dass viele Menschen einen Teil ihres Lebens für den Staat DDR gearbeitet haben, ohne dabei Privilegien oder wesentliche Vorteile zu erhalten. Es gab wirklich die Auffassung, die DDR wäre der bessere deutsche Staat, weil er aus antifaschistischen Wurzeln gesprosst wäre. Und es gab immer wieder die Illusion, der Sozialismus könnte demokratisch reformiert werden. [...] Doch diese zarten Pflänzchen wurden von der Partei und der Stasi zertrampelt. Für Personen, die wegen ihres Eintretens für den demokratischen Sozialismus in der DDR gemaßregelt oder sogar eingesperrt wurden, ist es besonders empörend, wie die PDS den Begriff des „Sozialismus" okkupiert hat. [...]

Die vielleicht wichtigste westliche Fehlwahrnehmung ist die Meinung, die PDS sei politisch links oder linksradikal. Tatsächlich ist sie in ihrer Ideologie reaktionär, und in der praktischen Alltagspolitik bedient sie eher die Ängste des Kleinbürgers vor der modernen Gesellschaft, als dass ihre Konzepte in die Zukunft weisen. [...] Zum Teil geht es um Partikularinteressen wie Renten und Eigentumsansprüche. Zum anderen Teil geht es um die Rettung von Lebensgeschichten. Welcher Ex-Funktionär oder Stasi-Spitzel schaut morgens gerne in den Spiegel und sagt sich: „Du warst zeit deines Lebens ein opportunistischer Karrierist und Heuchler." Es ist natürlich viel schöner, sich zu sagen: „Auch wenn das sozialistische Experiment gescheitert ist, so war es doch ein erhabener Traum." Ihre Neigung zu den Ideen von Rosa Luxemburg, Alexander Dubček oder Robert Havemann hat die Masse derjenigen, die heute mit tragischem Tremolo[1] von der gescheiterten Utopie reden, bis 1989 jedenfalls sehr gut verborgen.

Frankfurter Allgemeine Zeitung, 27. Juli 1994, S. 23

1. *Prüfen Sie die Vorwürfe an die ehemaligen und heutigen Träger der sozialistischen Ideologie.*

2. *Untersuchen Sie die Zeitbedingtheit des Textes. Gelten seine zentralen Aussagen noch oder haben sich bis heute Veränderungen ergeben?*

---

[1] ital. Ausdruck für „zittern", bezeichnet im Musikbereich einen Klangeffekt

M4 „Ostalgie" im TV

Im Jahr 2003 nimmt die Süddeutsche Zeitung in ihrer Online-Ausgabe Stellung zu den „Ost-Shows" der Fernsehsender:

Vergangenen Sonntag im ZDF. Heute, Freitag, im MDR. Morgen auf Sat 1. Dann auf RTL und später auf Pro Sieben. Überall Osten. Überall Ostalgie.

Es ist, als gehe es auf eine geheime Verabredung zurück, als hätten sich vor Wochen alle Fernseh-Kader getroffen, in einem verspiegelten, klimatisierten Politbüro vielleicht, und dort haben sie dann entschieden, nun nach dem Kinoerfolg von Good bye, Lenin! sei die Zeit reif für eine erste Demonstration der Macht.

Beim ZDF sah das dann so aus: Die Moderatorin Andrea Kiewel, geboren in Ost-Berlin, steht im Mainzer Fernsehgarten, gerade ist ihr Publikum mit DDR-Pralinen beregnet worden, da ballt sie die rechte Faust und ruft: „Für Frieden und Sozialismus – seid bereit?" Und 500 Zuschauer antworten: „Immer bereit!" [...]

In den folgenden 90 Minuten reihten Frau Kiewel und Co-Moderator Marco Schreyl, geboren in Erfurt, im Minutentakt Verblichenes aneinander. Stars, die keine mehr sind. Produkte, die es nicht mehr gibt. Lieder, die keiner mehr hört. Dazu kicherten sie und fragten: „Weißt Du noch?" Sie wussten. Nur der Westzuschauer, der wusste nicht, und es wurde ihm auch nicht erklärt, sonst hätten sich die Ostler ja nicht über ihn amüsieren können, nur weil er nicht weiß, was ein Abschnittsbevollmächtigter ist. [...]

Am Ende singen nun die Puhdys und Karat für RTL, Sat 1 sicherte sich Frank Schöbel (der Peter Kraus der DDR) und Gojko Mitic (der Winnetou des Ostens). Das ZDF musste nehmen, was übrig blieb. Und der MDR, der auch auf der Welle mitschwimmen wollte, hat wohl eine Show, die er sowieso im Programm hatte, nur schnell in Ein Kessel DDR umbenannt. [...]

So machen alle mit beim Ostfernsehen, nur die Bürgerrechtler nicht, weil nicht über Mauer, Stasi, Doping geredet wird. Dies sei eine DDR, von der die SED immer behauptet habe, dass sie so existiere, sagt Vera Lengsfeld. Rainer Eppelmann sieht eine „fürchterliche Bagatellisierung der DDR" und Günter Nooke fragt, was das wohl für ein Geschrei gewesen wäre, wenn nicht Kati Witt eine DDR-Show, sondern Johannes Heesters eine Dritte-Reich-Show moderieren würde? Wie immer gelang es erst Manfred Stolpe, den schiefen Vergleich wieder geradezubiegen. Es sei ein Fehler, sagte er, „auf Dauer so zu tun, als wäre die DDR nur ein finsteres KZ gewesen".

Artikel von Marcus Jauer vom 22. August 2003 in: www.sueddeutsche.de/kultur/ostalgie-im-fernsehen-seid-bereit-immer-bereit-1.801088 [19.03.2013]

1. *Überlegen Sie, was a) der Fernsehsender und b) die Zuschauer (Ost) auf den Artikel entgegnen würden.*
2. *Suchen Sie weitere Beispiele, die unter das Motto „Ostalgie" fallen könnten. Überlegen Sie, welche Ursachen es für diese Form von nostalgischer Erinnerung geben könnte.*
3. *Informieren Sie sich über Vera Lengsfeld, Rainer Eppelmann, Günter Nooke und Manfred Stolpe. Bilden Sie eine fiktive Diskussionsrunde mit diesen Personen.*

M5 „Vom Pathos nicht viel geblieben"

Im Jahr 2008 zieht der Präsident der Bundeszentrale für politische Bildung in Bonn, Thomas Krüger, eine Bilanz der Aufarbeitung der DDR-Geschichte:

Reden wir also von der Farce, den verschiedenen Typen von DDR-Verklärung. Ihnen ist gemeinsam, lieb gewonnene Ideologien zu reproduzieren, zu verteidigen oder zu verharmlosen. Die ewig-gestrigen Funktionäre versuchen, der Öffentlichkeit und sich selbst ein X für ein U vorzumachen: War ja doch nicht so schlimm, wie der „Klassenfeind" immer behauptet. Ein Beispiel aus der „jungen Welt" vom 15.9.: Klaus Blessing, ehemals Staatssekretär im Erzbergbauministerium, tischt uns die These auf, dass die wirtschaftliche Lage 1989 doch nicht so schwerwiegend war, wie das „Schürer-Papier"[1] nahe legt [...]. Gipfel seiner These ist die Bemerkung, dass nicht die DDR, sondern die Bundesrepublik über ihre Verhältnisse lebt und Schulden aufhäuft. Es gehört zur grundgesetzlich geschützten Meinungsfreiheit, solchen Stuss veröffentlichen zu können. Dieser Typus von Verklärung ist nicht gefährlich, er ist nur lächerlich, eine Farce eben.

Ein zweiter Typus ist bei Protagonisten einer ideologisch zugespitzten Totalitarismustheorie vor allem westdeutscher Provenienz zu finden, die mit ihrer nicht selten linken und jetzt radikal „überwundenen" Vergangenheit auch bei einem Teil von in der DDR Verfolgten Anklang findet. Hier wird das Bild einer teuflischen DDR wie eine Monstranz gepflegt, als Unrechtsstaat, als „abgeschlossenes Sammelgebiet", als Leiche, die man immer weiter sezieren muss und deren Geschichte losgelöst von der Existenz der Bundesrepublik und dem internationalen Kontext gesehen wird. Kein Platz für selbstbewusste Menschen, die ihren Weg trotz Diktatur und Unfreiheit gemacht haben, die alternative Galerien gegründet, in autonomen Seminaren nachgedacht und wochenlang

[1] von Gerhard Schürer für das Politbüro des ZK der SED erstellte geheime Analyse zur ökonomischen Lage der DDR; siehe M3 auf S. 296

mit Transitvisa „unerkannt durch Freundesland" gereist sind. Die wissenschaftlich-empirischen Untersuchungen, die hier angeführt bzw. erstellt werden, vermitteln den Eindruck, schon vor der Befragung das Ergebnis zu kennen. Die DDR steht hier zudem nicht nur für den untergegangenen DDR-Staat, sondern nicht selten für all das, was aktuell als „links" in der Gegenwart identifiziert wird: Selbst die untergegangene DDR zersetzt bzw. „verostet" noch die freiheitlich-demokratische Grundordnung.

Ein dritter Typus von Verklärung ist in den zahlreichen Formen medialer Banalisierung zu sehen. Ach wie war's doch lustig und geradezu witzig, sich im real existierenden Sozialismus an den Wohltaten der Nationalen Front zu laben oder den Häschern ein Schnippchen zu schlagen. Die DDR wird zum Unterhaltungsthema. Diese Form von Verklärung hat immerhin zwei Seiten. Zum einen gelingt aufgrund der Macht des Audiovisuellen und der Erschließung des alltagskulturellen Wirklichkeitsfelds ein DDR-Bild zu vermitteln, das Berufsvermittlern und Zeitzeugen oft nicht mehr abgenommen wird. Dieser Zugang kann Neugier wecken und ist nicht mehr nur Farce, sondern auch niedrigschwellige Aufklärung. Zum anderen verfällt man hier allzu oft politischer Weichzeichnung und Verkürzung. Verlustig gehen dabei letztlich das „gelebte Leben" und die „Wirklichkeitstiefe" der DDR.

Eine vierte, wirklich problematische Form der Verklärung – eine tragische Farce – begegnet in einer alltagsverankerten Verknüpfung von Nichtverknüpfbarem. Ich meine etwa den aus guten Gründen besorgten Vater aus Aschersleben, der seiner Tochter erklärt, dass in der DDR alle Arbeit hatten, er aber heute Morgen nicht wisse, ob er nicht abends arbeitslos sei. Statt die Gegenwart kritisch zu befragen, wird mit einem Übersprungsbezug Geschichte verklärt. Ein gefundenes Fressen für die populistischen Akteure der Linkspartei, denen es, wie Reinhard Mohr kürzlich treffend anmerkte, gar nicht so sehr auf linke Politik, sondern auf besitzstandsorientierten Wohlfühl-Widerstand ankommt.

Thomas Krüger, Vom Pathos nicht viel geblieben, in: Neues Deutschland, 02. Oktober 2008; zitiert nach: www.bpb.de/presse/DHSQUL,0,0, Vom_Pathos_nicht_viel_geblieben.html [19.03.2013]

▲ **Demonstrant in Berlin.**
Foto vom Oktober 2004.

1. *Arbeiten Sie die verschiedenen Typen der „Verklärung" heraus. Welche hält Krüger für gefährlich, welche nicht? Wie begründet er seine Auswahl?*
2. *Inwiefern kann von einer „Ost"- und einer „Westverklärung" gesprochen werden?*
3. *Analysieren Sie auf der Grundlage der Texte M3 bis M5 das Problem von kollektiver und individueller Geschichtserinnerung. Inwieweit lassen sich die Schwierigkeiten mit jenen im Umgang mit der NS-Vergangenheit vergleichen?*
4. *Überlegen Sie, wie heute mit der DDR-Vergangenheit umgegangen werden sollte.*

Was haben Hitler, Stalin und Ulbricht gemeinsam?
Ein Essay von Klaus Schroeder

Provokante Überschrift und motivierender Einstieg mit Bezug zu aktueller Debatte	Die etwas unsortierten Äußerungen von Eva Herman* über die Familienpolitik der Nationalsozialisten und den damaligen Zeitgeist haben ein Belehrungszeremoniell ausgelöst, das die bislang vorhandenen Tabugebote um einige weitere ergänzt hat. Vielleicht wird alsbald auch noch das Gutheißen der nationalsozialistischen Sozialpolitik unter Strafe gestellt. Nationalsozialistische „Errungenschaften" wie die Aufnahme der Rentner in die gesetzliche Krankenversicherung, der arbeitsfreie 1. Mai oder das Kindergeld müssten eigentlich abgeschafft werden.
Ironische Stellungnahme, Beispiel für provokanten Stil	
	Dass in einer Repräsentativumfrage jeder Vierte dem Nationalsozialismus auch gute Seiten zusprach, wurde erschrocken zur Kenntnis genommen. Dass eine Mehrheit der Ostdeutschen der sozialistischen Parteidiktatur in der DDR mehr gute als schlechte Seiten attestiert und wahrscheinlich eine sehr breite Mehrheit ihr auch gute Seiten zusprechen würde, regt hingegen kaum auf. Gibt es also eine gute und eine böse Diktatur, und müssen wir bei der Beurteilung von Diktaturen unterschiedliche Bewertungsmaßstäbe anlegen?
Nennung des Problems (Vergleich und Beurteilung von Diktaturen) im Kontext (Gedenkstättenentwurf als Diskussionsgegenstand)	
Konkretisierung des Problems durch Nennung der Gegenposition	Diese Frage wird bei der Diskussion um den jetzt vorgelegten Gedenkstättenentwurf des Beauftragten der Bundesregierung für Kultur und Medien wieder aufleben, da dieses Konzept zwar die Unterschiede hervorhebt, aber beide Diktaturen als totalitär kennzeichnet und sowohl vor einer Relativierung der NS-Verbrechen als auch vor einer Bagatellisierung der SED-Diktatur warnt. Einige Kritiker sehen hierin eine verdeckte Gleichsetzung und befürchten darüber hinaus, dass die Kennzeichnung der DDR als totalitär bei der ostdeutschen Bevölkerung „eher Blockade oder Ablehnung als Einsicht und Zustimmung" hervorruft. Für sie ging die DDR nicht in ihrem Diktaturcharakter auf, sodass Maßstäbe und Urteile von innen und nicht von außen kommen müssten. Gilt das auch für die NS-Diktatur?
These/Stellungnahme (Darstellung und Erforschung nur nach wissenschaftlichen Maßstäben und ohne Rücksicht auf subjektive Sichtweisen möglich)	Diese Argumentation übersieht oder verdrängt zweierlei: Die beiden Diktaturen können im Sinne einer anzustrebenden Erinnerungskultur erstens nur angemessen und differenziert erforscht und dargestellt werden, wenn dies vor dem Hintergrund der normativen Werte einer freiheitlich-demokratischen und pluralen Gesellschaftsordnung erfolgt, und zweitens wäre es geradezu absurd, die Befindlichkeiten von Zeitgenossen zum Maßstab wissenschaftlicher Begriffsbildung zu machen. Oder hätte etwa die Aufarbeitung der NS-Diktatur und ihre Charakterisierung noch mehr Rücksicht auf die Empfindlichkeiten der Deutschen nach 1945 nehmen sollen? [...]. Anscheinend soll der sozialistisch-kommunistische Gegenentwurf wie zu DDR-Zeiten als „Antifaschismus" lebendig bleiben.
Klärung des Untersuchungsgegenstandes und der Methode als Teil der Argumentation	Einer Mehrheit der ostdeutschen Bevölkerung fällt es ungleich schwerer als vielen Westdeutschen, die zweifellos vorhandenen Gemeinsamkeiten totalitärer Regime zu benennen, da sie sich hierdurch auch persönlich auf die Anklagebank gesetzt sehen. Dabei geht es aus Gründen eines historisch angemessenen Vergleichs weniger um Ähnlichkeiten zwischen der DDR und dem Nationalsozialismus als um die zwischen der kommunistischen (stalinistischen) Sowjetunion, zu deren Imperium der SED-Staat gehörte, und dem „Dritten Reich". Schon der Vergleich der beiden Diktaturen, der ja keineswegs eine Gleichsetzung impliziert und in der historischen und sozialwissenschaftlichen Betrachtung als Methode selbstverständlich ist, erzeugt ebenso wie die Redewendung „zweite deutsche Diktatur" Widerwillen bis Ablehnung unter Teilen der DDR-Bevölkerung, dem offensiv widersprochen werden muss.
These/Stellungnahme (Vergleich impliziert nicht von vornherein Gleichsetzung und ist daher zulässig)	
Historische Fakten als Vergleichs- bzw. Argumentationsgrundlage	Für den angemessenen Umgang mit den beiden Diktaturen im Sinne einer „doppelten Vergangenheitsaufarbeitung" sollte zumindest bei der Mehrheit der Bevölkerung sowie öffentlichen Meinungsträgern und Multiplikatoren Übereinstimmung hinsichtlich grundlegender historischer Tatsachen bestehen: Ohne die erste von Deutschen errichtete und betriebene verbrecherische Diktatur [...] hätte es weder die zweite Diktatur noch die Teilung gegeben.

* Die ehemalige Fernsehmoderatorin und Buchautorin löste im September 2007 bei einer Buchpräsentation mit ihren Äußerungen über die Werte der nationalsozialistischen Familienpolitik eine breite öffentliche Debatte aus.

Die Nationalsozialisten kamen zudem legal an die Macht, errichteten erst dann ihre Diktatur, erfreuten sich aber zumindest bis zur militärischen Wende im Krieg der Sympathie und Unterstützung einer Bevölkerungsmehrheit. Die DDR war im Kern ein sowjetisches Protektorat mit wenig Spielraum für eigenständige Politik. Die zu keiner Zeit demokratisch legitimierte Herrschaft lag in den Händen deutscher Kommunisten, die sich bedingungslos dem sowjetischen Führungsanspruch unterwarfen.

Beide Diktaturen waren totalitär strukturiert – die unbeschränkte Macht war in den Händen einer Monopolpartei und ihrer Führung beziehungsweise ihres Führers konzentriert. Auch in dem Bestreben, eine neue – einmal rassistisch, einmal sozialistisch begründete – Gesellschaft mit neuen Menschen schaffen zu wollen, gab es Analogien. Beide Diktaturen zerstörten bürgerliche Strukturen, deklassierten und vertrieben bürgerliche Schichten und waren antibürgerliche Gesellschaften. Dagegen unterschieden sich die beiden Gesellschaften in ihrem jeweilgen Zugriff auf die Wirtschaft [...]. Das Privateigentum blieb dort jedoch im Gegensatz zur DDR weitgehend unangetastet. Auch wenn Ideologien und politische Ziele unterschiedlich waren, zeigen die Formen der Militarisierung und Gleichschaltung der Gesellschaft ähnliche Züge.

Thesen, Fakten und Belege untermauern die Argumentation (Gemeinsamkeiten und Unterschiede beider Diktaturen)

Die Diktaturerfahrung prägte die jeweiligen Bevölkerungen nicht zuletzt wegen der unterschiedlichen Dauer – 12 Jahre gegenüber 45 Jahren – unterschiedlich stark. Der totalitäre Zugriff der SED auf die Gesellschaft fiel auch aus diesem Grund nachhaltiger aus. Der neben dem unterschiedlichen Ausmaß der Verbrechen wichtigste Unterschied liegt in der Beendigung der jeweiligen Diktatur. Die DDR-Bevölkerung hat sich, als die europäischen Rahmenbedingungen dies gestatteten, aus eigener Kraft und ohne Gewalt aus den diktatorischen Zwängen gelöst und die Diktatur zu Fall gebracht. Im NS-Staat regte sich auch im Angesicht der drohenden militärischen Niederlage kein breiter aktiver Widerstand, sodass das Ende des Nationalsozialismus, das anfangs von einer breiten Mehrheit als demoralisierende Niederlage und erst Jahrzehnte später als Befreiung empfunden wurde, nur durch den Sieg der alliierten Truppen möglich wurde. [...]

These (wichtigster Unterschied liegt in jeweiligem Ende der Diktaturen)

Eine differenzierte Sicht auf die beiden Diktaturen, die ihren Gemeinsamkeiten, aber auch den jeweiligen Besonderheiten Rechnung trägt, bleibt allerdings an zwei Bedingungen geknüpft: die freiheitlich-demokratische Werteordnung als Beurteilungsmaßstab sowie die Verurteilung von Verbrechen unabhängig von Ideologie und politischer Ausrichtung der Täter. Damit kann verhindert werden, dass in der Erinnerungskultur die kommunistischen Verbrechen „übersehen" oder normativ anders gewichtet werden als die nationalsozialistischen. [...] Gewiss, die stalinistische Sowjetunion hatte mit dem Preis unzähliger Menschenopfer das nationalsozialistische Deutschland gemeinsam mit den Westalliierten niedergerungen und den Antifaschismus auf ihr Legitimationsschild gehoben, aber die Blutspur des Terrors im kommunistischen Mutterland war schon damals nicht zu übersehen. Dennoch konnte gerade der stalinistisch geprägte Kommunismus eine gewaltige Anziehungskraft entwickeln und Millionen Menschen in seinen Bann ziehen. Diese Erkenntnis stößt jedoch gerade bei vielen Linksintellektuellen auf Widerspruch, ohne dass sie dieses in den meisten Fällen explizieren, weil hierbei (angeblich) die unterschiedlichen Motive – rassistische Ziele auf der einen, die Gleichheit der Menschen anstrebende auf der anderen Seite – nicht berücksichtigt würden. So entsteht ein selektives Gedächtnis, das die Verbrechen des Nationalsozialismus sehr umfassend und genau erinnert, die kommunistischen Verbrechen dagegen nur oberflächlich und lückenhaft. [...] Erst die gleichzeitige Erinnerung an beide Diktaturen und ihre unterschiedlichen Folgen konstituiert ein Verständnis von Zivilgesellschaft, das dem Einzelnen Verantwortung auch für das freiheitlich-demokratische Gemeinwesen und seine Stabilität zuspricht.

Synthese der Argumentation

Zugespitzte Stellungnahme/Fazit

Abschließende Stellungnahme unterstreicht Relevanz des Themas und nennt weiterführende Aspekte

Klaus Schroeder, Was haben Hitler, Stalin und Ulbricht gemeinsam?, in: Welt Online, 07. November 2007
siehe: www.welt.de/politik/article1337706/Was_haben_Hitler_Stalin_und_Ulbricht_gemein.html [19.03.2013]

◀ **Titelblatt des Wochenmagazins „Der Spiegel" vom 8. Mai 1995.**
Die Collage aus Anlass des 50. Jahrestags der deutschen Kapitulation zeigt einen Ausschnitt aus Caspar David Friedrichs Landschaftsgemälde „Der Wanderer über dem Nebelmeer" (um 1818).
- Untersuchen Sie die Bildelemente und erläutern Sie, auf welche Themen und Probleme der deutschen Geschichte diese hinweisen. Deuten Sie die Aussage des Titelbildes.
- Beurteilen Sie die Haltung zum Umgang mit der NS-Zeit und gegenüber dem Thema „Vergangenheitsbewältigung", die in der Collage zum Ausdruck kommt.

9. „Bonn ist nicht Weimar". Mit dieser These betitelte der Schweizer Journalist Fritz René Allemann sein 1956 erschienenes Buch über die Bundesrepublik. Zu dieser Zeit waren Befürchtungen, auch die zweite deutsche Demokratie könne scheitern, noch weit verbreitet. Erläutern Sie, welche Gefahren für die Demokratie bestanden. Belegen Sie die These des Autors.

10. Stellen Sie dar, welche Rolle die weltpolitischen Konstellationen des Kalten Krieges für die Verankerung der Bundesrepublik im Westen und der DDR im Osten spielte.

11. „Demokratie durch Wohlstand für alle?" Diskutieren Sie diese These.

12. Analysieren Sie die gesellschaftspolitischen Herausforderungen und Weichenstellungen der Gesellschaft der Bundesrepublik in der Ära Adenauer (1949 - 1963).

13. Arbeiten Sie heraus, wie in der DDR versucht wurde, die Akzeptanz des SED-Regimes zu steigern. Welche Leistungen, Kosten und Defizite der Wirtschafts- und Sozialpolitik in der Endphase der DDR standen einander gegenüber?

14. „Ossis – Wessis", „Ostalgie" und „Mauer in den Köpfen": Erläutern Sie die Problematik der individuellen und kollektiven Geschichtserinnerung an die DDR.

1. Fassen Sie die demokratischen Errungenschaften der Weimarer Republik zusammen.

2. Stellen Sie Befürworter und Gegner der Weimarer Demokratie einander gegenüber.

3. Diskutieren Sie die Frage: Warum scheiterte die Weimarer Republik?

4. „Weimar" war eine „Republik ohne Republikaner". Diskutieren Sie diese häufig zitierte Aussage für die Jahre 1929 bis 1932.

5. Zeigen Sie die Veränderungen in der Stellung des jüdischen Bevölkerungsteils in Deutschland vom Ersten Weltkrieg bis 1933 auf und erläutern Sie diese.

6. Stellen Sie die Grundlagen und Grundzüge des NS-Antisemitismus im Gegensatz zum traditionellen Antisemitismus dar.

7. Skizzieren Sie Stufen der Entrechtung und Verfolgung der Juden und anderer Minderheiten während der NS-Zeit.

8. Eine neuere Darstellung bezeichnet das deutsche Volk als „Hitlers willige Vollstrecker". Nehmen Sie Stellung.

Sozialkunde

1. Zeigen Sie die Unterschiede zwischen einer diktatorischen und einer freiheitlich-demokratischen Ordnung von Staat und Gesellschaft auf.

2. Die Qualität einer freiheitlichen und demokratischen Gesellschaft zeigt sich an der Art, wie sie mit Minderheiten und Schwachen umgeht. Erläutern Sie diese These mithilfe von Bestimmungen des Grundgesetzes und an aktuellen politischen Beispielen.

Literaturtipps

Frank Bajohr und Michael Wildt (Hrsg.), Volksgemeinschaft. Neue Forschungen zur Gesellschaft des Nationalsozialismus, Frankfurt 2009

Wolfgang Benz, Geschichte des Dritten Reichs, München 2003

Ders., Auftrag Demokratie. Die Gründungsgeschichte der Bundesrepublik und die Entstehung der DDR 1945-1949, Bonn 2010

Dirk Blasius, Weimars Ende. Bürgerkrieg und Politik 1930-1933, Frankfurt am Main 2008

Ursula Büttner, Weimar. Die überforderte Republik 1918-1933, Stuttgart 2008

Saul Friedländer und Orna Kenan, Das Dritte Reich und die Juden. 1933-1945, München 2010

Mary Fulbrook, Ein ganz normales Leben. Alltag und Gesellschaft in der DDR, Darmstadt 2008

Dieter Gessner, Die Weimarer Republik, Darmstadt ²2005

Jens Gieseke, Der Mielke-Konzern: die Geschichte der Stasi 1945-1990, erweiterte und aktualisierte Neuausgabe, München 2006

Hans-Hermann Hertle und Stefan Wolle, Damals in der DDR. Der Alltag im Arbeiter- und Bauernstaat, München 2006

Peter Longerich, „Davon haben wir nichts gewusst!" Die Deutschen und die Judenverfolgung 1933-1945, München 2006

Avraham Milgram und Robert Rozett (Hrsg.), Der Holocaust. FAQs – häufig gestellte Fragen, Göttingen 2011

Peter Reichel, Harald Schmid und Peter Steinbach (Hrsg.), Der Nationalsozialismus – Die zweite Geschichte. Überwindung – Deutung – Erinnerung, München 2009

Andreas Rödder, Geschichte der deutschen Wiedervereinigung, München 2011

Dietmar Süß und Winfried Süß (Hrsg.), Das „Dritte Reich". Eine Einführung, München ²2008

Hans-Ulrich Wehler, Deutsche Gesellschaftsgeschichte. Bd. 5: Von der Gründung der beiden deutschen Staaten bis zur Vereinigung 1949-1990, München 2008

Michael Wildt, Geschichte des Nationalsozialismus, Göttingen 2008

Heinrich August Winkler, Der lange Weg nach Westen, 2 Bde., München ⁷2010

Edgar Wolfrum, Die geglückte Demokratie. Geschichte der Bundesrepublik von ihren Anfängen bis zur Gegenwart, München 2007

Hermann Vinke, Die DDR. Eine Dokumentation mit zahlreichen Biografien und Abbildungen, Ravensburg 2008

◂▴ **Der Jahrhundertschritt.**
Skulptur von Wolfgang Mattheuer, 1984/1990 vor dem Haus der Geschichte der Bundesrepublik Deutschland in Bonn.

Fachliteratur finden und nachweisen
Recherchieren und Ausleihen in der Bibliothek

- Um sich für ein Referat einen Überblick über ein Thema zu verschaffen oder es einzugrenzen, eignen sich Lexika und Nachschlagewerke als erste Informationsquellen. Für die gründliche Erarbeitung eines Themas benötigen Sie Fachliteratur.
- Angaben zu Fachbüchern spezieller Themen finden sich im Literaturverzeichnis von Handbüchern und Überblicksdarstellungen, im Internet und im Katalog der Bibliothek.
- In der Bibliothek sind Bücher alphabetisch in einem Verfasser- und in einem Sachkatalog aufgelistet und über eine Signatur, eine Folge von Zahlen und Buchstaben, im Karteikarten- oder Computersystem der Bibliothek für ein leichtes Auffinden genau verzeichnet.
- Bücher, die nicht in der örtlichen Bibliothek vorrätig sind, können über die Fernleihe aus anderen Bibliotheken entliehen werden. Über die Online-Kataloge können Titel nach Schlagworten oder dem Namen des Autors gesucht und direkt an die Ausgabestelle der Bibliothek bestellt werden.

Literatur auswerten und belegen

- Finden Sie zu einem Thema mehr Bücher, als Sie auswerten können, müssen Sie eine Auswahl treffen. Prüfen Sie anhand des Inhaltsverzeichnisses, der Einführung und/oder der Zusammenfassung sowie des Registers, ob das Buch ergiebig sein könnte. Benutzen Sie im Zweifel das Neueste.
- Weisen Sie jedes Buch, das Sie für Ihr Referat benutzt haben, am Schluss des Textes nach. Notieren Sie sich daher bei der Vorarbeit die Titel der Bücher. Aussagen, die Sie wörtlich oder indirekt zitieren, belegen Sie zusätzlich mit Seitenangaben. So kann jeder Leser nachlesen und überprüfen, woher und von wem die Aussagen stammen.
Beispiel für eine korrekte Literaturangabe:

Quellenarbeit in Archiven
Vorbereitung und Recherche

- Für die Recherche zu regional- und lokalgeschichtlichen Themen bieten sich Archive an. Dort werden Urkunden, Pläne, Karten, Zeitungen, Briefe, Tagebücher, Fotos sowie Akten mit anderen Unterlagen von Behörden, Firmen, Vereinen und Privatleuten aufbewahrt.
- Vor der Arbeit im Archiv sollten Sie sich genau über das Thema informieren, die zu erarbeitenden Aspekte festlegen und Fragen formulieren.
- Inzwischen werden viele Archivstücke elektronisch erfasst und in Datenbanken archiviert. Auf den Internetseiten der Archive können Sie sich über den Bestand informieren, digital vorliegende Dokumente einsehen oder die Signatur der Akten heraussuchen.

Material erfassen, ordnen und auswerten

- Haben Sie geeignetes Material gefunden, notieren Sie sich die genaue Fundstelle. Eine Ausleihe ist nicht üblich. Erfassen Sie das Material sicherheitshalber vor Ort (handschriftlich, per Laptop oder Scanner).
- Nach der Rückkehr aus dem Archiv müssen Sie das gesammelte Material sichten und ordnen, bevor Sie es zu einer Darstellung verarbeiten können.

☑ Zuverlässige Angaben bieten die Web-Sites von Bibliotheken, Museen, Universitäten und Gedenkstätten.	**Im Internet recherchieren**
☑ Wenn Sie über Suchmaschinen (www.altavista.de; www.google.de; www.fireball.de) recherchieren, sollten Sie das Thema eng eingrenzen. Empfehlenswert ist die kombinierte Suche, indem Sie mehrere durch (+) oder (and) verbundene Schlagworte eines Themas in das Suchfeld eingeben (Beispiel: Industrialisierung+Bayern). Optimieren Sie die Recherche mit der „Erweiterten Suche".	*Umgang mit Suchmaschinen*
☑ Mit der Eingabe „Linkliste + THEMA" (THEMA = Suchbegriff) finden Sie Internetseiten zu speziellen Themen.	
☑ Einen Überblick über die Angebote eines speziellen Themenfeldes geben Cluster-Suchmaschinen. Sie suchen übergeordnete Begriffe auf Web-Sites als Schlagworte und bieten dafür Unterverzeichnisse an.	
☑ Testen Sie die Zuverlässigkeit der Web-Site sorgfältig nach folgenden Kriterien: • Wer sind die Autoren, wer hat die Seite ins Netz gestellt (E-Mail-Adresse)? • Wie aktuell sind die Informationen? Wann war das letzte Update? • Gibt es Literatur- oder Quellennachweise? • Finden sich direkte Verknüpfungen (Links) zu anderen Web-Sites desselben Themas?	*Kritischer Umgang mit Web-Sites*
☑ Internetangebote lassen sich letztlich nur durch kritisches Vergleichen beurteilen. Kontrollieren Sie wichtige Aussagen mit Lexika und Fachbüchern.	
☑ Web-Sites müssen Sie wie Zitate aus Büchern nachweisen. Angegeben werden die Adressen, die am Ende einer ausgedruckten Seite stehen, sowie das Datum des letzten Seitenaufrufs. Beispiel für einen korrekten Internetnachweis: www.uni-muenster.de/FNZ-Online [19.03.2013]	*Zitieren von Internet-Seiten*
☑ Recherchieren Sie geeignete Zeitzeugen/Experten zu einem Thema über • persönliche Kontakte oder • Anfragen an bestimmte Organisationen.	**Zeitzeugen/Experten befragen** *Kontaktaufnahme*
☑ Sammeln Sie vorab Informationen über das Thema und den Befragten und legen Sie den genauen Gesprächsgegenstand fest. Führen Sie mit Ihrem Interviewpartner ein (telefonisches) Vorgespräch. Klären Sie Termin, Ort und Ablauf der Befragung.	*Vorbereitung des Interviews*
☑ Formulieren Sie vorab Fragen. Offene, kurze Fragen eignen sich besser für ein Gespräch als geschlossene Fragen (Ja-Nein-Fragen), die schnell zu Suggestiv-Fragen werden, die die Antwort des Befragten beeinflussen.	
☑ Machen Sie sich während des Gesprächs Notizen (handschriftlich oder per Laptop) und halten Sie es zusätzlich mit einem Aufnahmegerät fest.	*Befragung durchführen*
☑ Lassen Sie dem Befragten Zeit zu antworten. Vertiefen Sie wichtige Aspekte durch Nachfragen.	
☑ Welche Informationen haben Sie erhalten? Gibt es neue Erkenntnisse?	*Gespräch auswerten*
☑ Worüber wurde nicht gesprochen und warum? Bleiben Informationslücken und können diese auf andere Weise geschlossen werden?	
☑ War der eingeladene Zeitzeuge/Experte eventuell politisch, weltanschaulich oder religiös gebunden (aktiv oder passiv an einem Geschehen beteiligt, Opfer oder Täter)?	
☑ Für eine schriftliche Dokumentation muss das Interview übertragen werden. In der Regel wird der Rohtext bearbeitet, um ihn gut verständlich zu präsentieren.	*Präsentation der Ergebnisse*
☑ Vor einer Veröffentlichung muss der Interviewpartner den Text einsehen und freigeben.	

Die hervorgehobenen Seitenzahlen verweisen auf das Grundwissen und die Begriffserläuterungen.

Abelshauser, Werner 247, 259
Acheson, Dean 238
Adenauer, Konrad 216, **223**, 230, 232-239, 243, 248, 250f., 262-264, 314
Adler, Alfred 163
Alber, Erasmus 17
Alexander I. 56
Allemann, Fritz René 217, 314
Alvensleben, Werner von 150
Aly, Götz 183, 186f.
Arndt, Claus 200f.

Baden, Max von **120**f.
Bahr, Egon 286, 288
Bahro, Rudolf 302
Ballhause, Walter 143
Barth, Emil 121
Bauer, Gustav 139
Baum, Marie 106
Behling 296
Berner, Alexander 29f.
Bethmann Hollweg, Theobald von 167
Biermann, Wolf 302
Bismarck, Otto von **55**, 93f., 96f., 125
Blessing, Klaus 310
Bollinger, Ferdinand 62
Bolt, J. F. 42
Brandt, Willy 227, 230, 239, 266, **283**, 286-288
Braun, Otto 152
Brentano, Lujo 83
Breu, Jörg 13
Browning, Christopher R. 201
Brückner, Peter 211
Brüning, Heinrich 118f., 142, **144**f.
Buß, Franz Josef von 95

Chamberlain 214
Chodowiecki, Daniel 28, 42
Chruschtschow, Nikita **272**, 283
Claß, Heinrich 167
Clemenceau, Georges 140

Darwin, Charles 188
Dean, James 255
Deutschkron, Inge 229
Dietrich, Marlene 182
Dittmann, Wilhelm 121
Dix, Otto 129
Döblin, Alfred 163
Dohm, Hedwig **104**, 126
Dubček, Alexander 309

Ebert, Friedrich 118f., **121**, 125f., 128, 138
Eckel, Horst 243
Eichmann, Adolf **193**, 255
Einstein, Albert 163
Eisner, Kurt 120, **121**, 123, 163
Engels, Friedrich 61
Eppelmann, Rainer 310
Erhard, Ludwig 216, 244, 248
Ernst, Georg 80
Erthal, Franz Ludwig von 26
Erzberger, Matthias 137, 164
Esser, Hermann 189

Fechter, Peter 280
Fehrenbach, Elisabeth 57
Fettmilch, Vincenz 20
Fouquet, Gerhard 43f.
Freud, Sigmund 163
Freudenthal, Margarete 105
Freund, Karl 179
Friedländer, Saul 189
Friedmann, Jan 157
Friedrich II. 8
Friedrich, Caspar David 314
Froboess, Conny 252
Fugger 16, 34

Galen, Clemens August von 192
Galilei, Galileo 9
Garvens, Oskar 180
Gobineau, Joseph Arthur de 188
Goebbels, Joseph 150, 169, **176**, 182, 190, 198, 205
Goethe, Johann Wolfgang von 167
Goldhagen, Daniel Jonah 186f., 200
Gorbatschow, Michail 266, **267**, **298**
Göring, Hermann 150, **170**
Griebel, Otto 275
Groener, Wilhelm 122
Grosz, George 159
Grotewohl, Otto 266, 286
Grynszpan, Herschel 190
Gurion, David Ben 223
Gutenberg, Johannes 8

Haag, Lina 208
Haase, Hugo 121
Haitzinger, Horst 277
Haley, Bill 260
Hallstein, Walter 262
Hammerstein, Kurt von 214
Hardenberg, Karl August von **56**
Harkort, Friedrich Wilhelm 70
Hartwig, Karl-Hans 307
Havemann, Robert 309
Heartfield, John 145, 149
Heine, Thomas Theodor 139
Herman, Eva 312
Herrmann, Detlef 277f.
Hertz, Gustav 163
Hess, Hans 159
Hesse, Hermann 224
Heuss, Theodor **223**, 256
Heydrich, Reinhard **192**f., 210, 265
Himmler, Heinrich **192**-194, 200, 209, 265
Hindenburg, Oskar von 150
Hindenburg, Paul von 118-**120**, 135, 138, 144f., 150, 159, 161, 167-171, 175
Hippel, Theodor Gottlieb von 42
Hitler, Adolf 116, 118f., 125, 129, 134, **138**, 141, 143-145, 148-152, 156, 158-**161**, 168-170, 172-176, 180f., 183f., 186-189, 193-196, 198, 200, 205-207, 214, 220-222, 224-227, 239, 253, 261, 312
Hoch, Josef 281
Höcker, Karl 210
Hockerts, Hans Günter 294
Hoffmann, Heinrich 141, 181
Holler, Gerhard 140

Honecker, Erich 266f., 276f., 281, **283**, 285, 289-292, 296-299,
Horkheimer, Max 186
Hugenberg, Alfred 147, 150

Jäger, Clemens 13
Jahr, Christoph 166
Joseph II. von Österreich 8
Jünger, Ernst 157
Kapp, Wolfgang 118, 137f.
Kardorff, Ursula von 208f.
Karl V. 8, 23
Kennedy, John F. 286
Ketteler, Wilhelm Emmanuel von 93
Kiesinger, Kurt Georg 256, 287
Kink, Barbara 66
Kleiber, Günther 281
Klemperer, Victor 197f.
Klewiz, Wilhelm Anton von 64
Koeppel, Matthias 300
Kohl, Helmut **285**, 289, 299, 304
Köhler, Hanns E 250f.
Kolb, Eberhard 158
Kolping, Adolf 93
Kolumbus, Christoph 8, **9**
Kopernikus, Nikolaus 9
Kossert, Andreas 257
Kraus, Peter 252
Krenz, Egon 281, **299**
Krüger, Thomas 310
Krupp, Alfred 70
Kulkas, Otto Dov 212
Kunert, Günter 302

La Roche, Sophie von 46
Landsberg, Otto 121
Lang, Fritz 163
Langbein, Hermann 209
Lange, Helene **104**, 108f.
Leibing, Peter 272
Lengsfeld, Vera 310
Lenin, Wladimir I. 271
Leo XIII. 93
Liebermann, Max 163
Liebig, Justus von 71
Liebknecht, Karl **121**f., 125
Liebmann, Curt 214
Lindenberg, Udo 260
List, Friedrich 75
Löbe, Paul 147
Longerich, Peter 212
Lubbe, Marinus van der 168f.
Ludendorff, Erich 118, **120**, 135, 137f., 167
Ludwig I. von Bayern 68, **70**f.
Ludwig II. von Bayern 84
Ludwig XIV. von Frankreich 8f.
Ludwig, Erhard **241**
Luther, Martin 8, **9**, 13, 25, 27, 42
Luxemburg, Rosa **122**, 124, 163, 309

Mackensen, August von 149
Maizière, Lothar de **299**
Malthus, Thomas Robert 112
Mann, Thomas 224
Marshall, George C. 231

Marwitz, Friedrich August Ludwig von der 63-65
Marx, Karl 61, 271
Max IV. Joseph 62
Maximilian I. von Bayern 28
Maximilian II. 70
Meckel, Markus 302f.
Medici 34
Meissner, Otto 150
Mengele, Dr. Josef 209
Merian d. Ä., Matthäus 20
Mettenleiter, Johann M. 32
Modrow, Hans **299**, 303
Montesquieu, Charles-Louis Baron de Secondat de 63f.
Montez, Lola 70
Montgelas, Maximilian Joseph von 54, **55**f., 62f., 66, 70
Möser, Justus 45f.
Müller, Hermann **143**
Müller-Armack, Alfred 241
Mussolini, Benito 138

Naab, Ingbert 148f.
Napoleon I. Bonaparte 54, **55**-57
Niekisch, Ernst 173
Nooke, Günter 310
Northcliffe, Alfred 139

Oberländer, Theodor 265
Ollenhauer, Erich 263
Otto-Peters, Louise **104**, 126

Papen, Franz von 119, **144**f., 147-150, 159
Patton, George S. 221
Petrarca, Francesco 11
Pieck, Wilhelm 266, 286
Presley, Elvis 260
Preuß, Hugo **128**, 163

Quarck, Max 132

Rademacher, Hellmuth 184
Raiffeisen Friedrich Wilhelm **92**
Ramberg, Johann Heinrich 45
Rath, Ernst vom 190
Rathenau, Walther **135**, 137, 163, 167
Reinhardt, Fritz 193
Reinhardt, Max 163
Rinser, Luise 224
Ritter, Gerhard A. 97f.
Rosenberg, Alfred 189
Rosenfelder, Fritz 196
Roth, Joseph 167
Rousseau, Jean-Jacques 63f.
Rudhart, Ignatz 65

Sander, Marcus 186f.
Schabowski, Günter 281, 297
Schaper, Klaus-Gerd 281
Schäuble, Wolfgang 302f.
Scheel, Walter **283**
Scheidemann, Philipp 118, **121**, 126, 134, 139, 164
Schelsky, Helmut 254
Schilling, Erich 151

Schleicher, Kurt von 118f., **144**f., 150, 159
Schmid, Carlo 227f.
Schmidt, Helmut **285**
Schön, Theodor von 64f.
Schönberg, Arnold 163
Schroeder, Klaus 312
Schulze-Delitzsch, Hermann **92**
Schumacher, Kurt 263f., 286
Schuman, Robert **233**f.
Schürer, Gerhard 296, 310
Selhamer, Christoph 17
Shdanow 237
Solms-Laubach, Elise zu 46
Sontheimer, Kurt 239, 248
Spengler, Oswald 139f.
Stalin, Josef **231**, 232, 234, 237, 264, 268, 272, 312
Stein, Karl Reichsherr vom und zum **56**, 63f.
Steininger, Rolf 238, 279
Stephenson, Georg 69
Stephenson, Robert 69
Stolpe, Manfred 310
Straßer, Gregor 157
Strauß, Josef Strauß 255
Streicher, Julias **164**
Stresemann, Gustav 134, **137**, 143

Tenfelde, Klaus 97f.
Therese von Bayern 71
Tooze, J. Adam 186f.
Trotzki, Leo 139, 167
Trumann, Harry S. **231**, 236f.
Tucholsky, Kurt 163
Turmair, Johann Georg (Johannes Aventinus) 18
Turner, William 75

Ulbricht, Walter 266-**268**, 271f., 287-290, 312

Vogtherr d. J., Heinrich 35
Volpedo, Giuseppe Pellizza da 275

Walter, Fritz 243
Walther, Hans-Dieter 198
Wassermann, Jakob 167
Watt, James 68
Wehler, Hans-Ulrich 143, 145, 172f., 225, 264f.
Weinsberg, Hermann 43f.
Wendt, Bernd Jürgen 182
Werfel, Franz 163
Wertinger, Hans 32
Westenrieder, Lorenz von 32
Westerkamp, Alix 106
Wichern, Johann Hinrich 90, 92f.
Wildt, Michael 189, 214
Wilhelm II. 97, **121**, 123
Winkler, Heinrich August 125, 228
Wirsching, Andreas 158f.
Wolf, Christa 302
Wolle, Stefan 309
Woodrow, Wilson **134**, 141
Wurm, Theophil 192

Young, Owen D. 143

Zetkin, Clara **104**, 109
Ziegler, Wilhelm 25
Zille, Heinrich 102
Zuckmayer, Carl 141
Zweig, Stefan 163

Die hervorgehobenen Seitenzahlen verweisen auf das Grundwissen und die Begriffserläuterungen.

Ablass, Ablasshandel 8
Abrüstung 289
Absolutismus 8, **9**, 12
68er-Bewegung 217
Ackerbürgerstädte **33**
Adel **9**, 10, 12-16, 18, 41f., 44, 57, 61, 64
Aktion Reinhardt **193**
Aktion T4 160, **192**
Alleinvertretungsanspruch 216, 262, 264, 266, 282f., 287
Allgemeiner Deutscher Frauenverein (ADF) 104, 126
Allianz für Deutschland 299
Alliierte 119, 134, 138f., 144, 202, 204, 210, 216f., 220-223, 227, 231, 237f.
Allmende 58f., 71
Altersversicherung 128
Amerikanisierung 255, 260
Amtskirchen 92
Angestellte 128
Ansässigmachung 60
Antifaschismus 269f., 302, 312f.
Antikommunismus 262-265
Antisemitismus 136, 141, 151, **161**, 164-167, 175, 187-189, 191, 195f., 200, 203f., 212, 214f., 230, 256
Arbeiter 84, 89, 93-96, 98, 101, 105, 120, 123, 131, 138, 156
Arbeiterbewegung 54, **55**, 91, 93, 97, 109, 127, 161, 275
Arbeitshaus 26, 31, 90
Arbeitslose 118, 143, 245, 248, 252
Arbeitslosenversicherung 99, 118, 129, 178, 242
Arbeitslosigkeit 79, 97, 105, 129, 138, 142, 144, 146, 155, 177, 251, 305-307
Arbeitsteilung 36, 66
Arbeitszeit 54, 79, 84f., 92, 105f., 177, 254, 279, 290
Arier, arisch 188f., 195, 197, 204, 206f.
Armenfürsorge, Armenwesen 25-31, 60, 94, 97, 129, 178, 243
Asoziale **191**
Atombombe 264
Attentat vom 20. Juli 1944 160, **161**, 256
Attentate 118f., 136f. 164, 190, 203
aufgeklärter Absolutismus 8, **26**
Aufklärung 8, **9**, 16, 26, 55, 57, 103, 234f.
Augsburger Religionsfrieden 8
Augusterlebnis von 1914 174
Ausbürgerung 271, 302
Auschwitz 160, 189, 193, 209f.
Auschwitz-Prozess 209, 255
Ausgleichszahlungen 134
Auswanderung → Emigration

basisdemokratisch 299f.
Bastille, Sturm auf die 8, **55**
Bauern 10-16, 18, 32f., 39-41, 51, 54, 58f., 63f., 85, 90, 92, 152, 183
Bauernkrieg 8-10, **13**
Bayerische Volkspartei (BVP) 132, 136, 143
bedingungslose Kapitulation **161**
Bergbau 35, 75f., 91, 247
Berliner Erklärung 216
Besatzungszonen **217**, 219, 223, 241, 264

Bettler, Bettelei 28, 60, 90, 129
Bevölkerungswachstum, -entwicklung 42, 47-50, 52-54, 61, 77, 81, 83, 90, 110-113, 247
Binnenwanderung 80, 97, 113
Block der Heimatvertriebenen und Entrechteten (BHE) 253
Blockade West-Berlins 232f., 263
Blut- und Boden-Ideologie 188
Blutschutzgesetz 190,197
Bodenreform 270
Bolschewismus 122, 125, 154, 167, 205, 214, 262f.
Börsen- und Bankenkrach 119
Bourgeoisie 279
Bruderschaften 25
Brüsseler Pakt 232
Buchdruck 9
Bund Deutscher Frauenvereine (BDF) 104
Bund Deutscher Mädel (BDM) 152, 169, 174, 176, 182
Bundesrepublik Deutschland (BRD) 116, 183, 216, **217**, 220, 222-223, 225, 228, 230, 235, 238-240, 243, 246-248, 251, 280
Bundessozialhilfegesetz 243
Bundestag 127, 216, 222f., 232, 234, 237, 241, 243, 264, 286, 303, 309
Bundestagswahlen 222f., 243, 251, 263, 306
Bundesverfassungsgericht 263, 284
Bundeswehr 234
Bündnis 90/Die Grünen 301
Bürgerliches Gesetzbuch (BGB) 103, 106, 108, 127
Bürgerrecht 13-15, 103, 190
Bürgerrechtler, Bürgerrechtsbewegung 297-304, 310
Bürgertum 9f., 12, 16, 44, 48, 78, 100, 135, 137, 139, 158, 162, 167, 178

Care-Pakete 220
Centralverein deutscher Staatsbürger jüdischen Glaubens (CV) 165
Charta der Deutschen Heimatvertriebenen 258
Checkpoint Charlie 282
chemische Industrie 54, 70-73, 305
Christlich Demokratische Union (CDU) 216, 223, 241, 243f., 251, 256, 263, 271, 287, 299, 302, 306
Christlich Soziale Union (CSU) 243, 251, 287
Code Civil 57, 60

Deflationspolitik 145
Demografie **49**
demografischer Wandel/Übergang 110f.
Demokratie 116, 118-121, 124-128, 131, 136-138, 142, 147, 154f. 158f., 167f., 216f., 220, 222, 225, 227f., 237, 239, 242f., 248, 255, 263f., 268, 270f., 276f., 301f., 306, 309, 313
Demokratie Jetzt 298, 301
Demokratischer Aufbruch 298f.
Demokratisierung 120, 125, 158, 220, 248, 259, 286, 301
Demonstration, Demonstranten 120, 122, 235, 256, 258, 266-268, 272, 274f., 297f., 301, 311
Demontage 270

Deportation 191-194, 202, 204-206, 209, 215, 255, 269
Deutsche Arbeiterpartei (DAP) 138
Deutsche Arbeitsfront (DAF) 160, **169**, 177f.
Deutsche Demokratische Partei (DDP) 126, 132, 135, 137, 143, 145, 155, 157, 163, 165
Deutsche Demokratische Republik (DDR) 116, 216, 217, 235, 239, 243, 252, 256, 262-264, 266-313
Deutsche Frage **217**, 267, 280, 289
Deutsche Nationalversammlung 125
Deutsche Soziale Union (DSU) 299
Deutsche Volkspartei (DVP) 126, 137, 143, 145, 155
Deutscher Arbeiterbildungsverein 91
Deutscher Bund 55, 69
Deutscher Volksrat 266
Deutscher Zollverein 54, 69
Deutsches Frauenwerk (DFW) 176
Deutsches Kaiserreich 55, 76
Deutsches Reich 73, 76, 81, 125f., 130, 138, 146, 156, 160-164, 168, 189, 216, 219
Deutschlandfrage 283
Deutschnationale Volkspartei (DNVP) 126, 132, 136f., 143, 145, 147, 150, 155, 157, 164, 169
Diakonisches Werk 93
Diktatur 116, 124, 161, 168, 170, 225, 228, 265, 267, 271, 274-276, 280, 298f., 306, 309f., 312f.
Displaced Persons 219
Dolchstoßlegende 118f., 135, 138, 154f., 159, 163, 221
Dreifelderwirtschaft 74
Drei-Klassen-Wahlrecht **91**
Dreißigjähriger Krieg 8, **9**, 49f.
Dritte Welt 262
Drittes Reich **161**, 179, 184, 186, 205, 209, 211, 218, 225, 230, 256, 262, 265, 306, 312

Ebert-Groener-Abkommen 122
Ehe, Eheschließung 40, 42-47, 49, 53, 101-103, 108f., 113, 128, 160, 180, 204
Eichmann-Prozess 255
Einheit von Wirtschafts- und Sozialpolitik 290, 292, 294, 296
Einheitsliste 269, 271, 278
Einparteienstaat 172
Eisenbahn, Eisenbahnbau 54, 68-70, 73, 75
Eiserner Vorhang 239
Emanzipation 102
Emigration 113, 191, 211, 215, 278
Endlösung der Judenfrage 160, 192f., 198, 200, 212, 215
Entdeckung Amerikas **9**
Enteignung 206, 267, 269f.
Entmilitarisierung 119, 219, 286
Entnazifizierung 216, **217**, 221f., 266f., 269, 286
Entspannungspolitik **267**, 283f., 289
Enzyklika Rerum Novarum 93
Erfüllungspolitik 118f., 135f.
Ermächtigungsgesetz 160, **161**, 169, 171
Erster Weltkrieg 78f., 86, 118, 128, 154f., 157f., 162f., 165f., 174, 256
Europäische Gemeinschaft für Kohle und Stahl (Montanunion) 234

Europäische Union (EU) 234
Europäische Wirtschaftsgemeinschaft (EWG) 216, 234, 241
European Recovery Program (ERP) → Marshall-Plan
Euthanasie 160, 191, **192**

Fabrik 26, 36, 55, 60f., 67-69, 76, 78-80, 82, 84, 90-92, 95f., 101f., 142, 206, 210, 241, 268, 279, 293
Faktoreien 34
Familie 9, 40-48, 51, 53, 60f., 66, 76, 79, 92, 97, 100-107, 120, 128, 142, 165, 176, 183
Faschismus 151f., 189, 237, 269, 272, 279f.
Fernhandel 9, 13, 33-35
Fettmilch-Aufstand 20
Fließbandfertigung 78
Flucht, Flüchtlinge **217**, 241-243, 252f., 257f., 262, 266, 270, 272, 277f., 280f., 298, 304
Flur **32**
Französische Revolution 8, **55**, 57, 64, 103
Frauen 13, 40-46, 49, 60, 66, 76, 79, 89, 91, 93, 100-109, 118, 126f., 130-132, 152, 163, 176, 199, 201, 208-210, 290
Frauenarbeit 41, 79, 92f., 102-105, 108f., 127, 290
Frauenbewegung 54, 103f., 108f., 127
Frauenwahlrecht 104, 126f.
Freie Demokratische Partei (FDP) 223, 239, 263
freie Wahlen 55, 145, 236, 268, 271f.
Freier Deutscher Gewerkschaftsbund 271
Freikorps **122**, 137f. 165
Friedensbewegung 270, 285, 297f.
Friedliche Revolution in der DDR 266, 297f., 305
Frondienste 12, 62, 64
Frühe Neuzeit 9f., 15f., 26, 34, 40, 49
Frühkapitalismus 33, 35
Führerprinzip, -kult 161, 172, 175f.
Fürsorgediktatur 291, 353

Ganzes Haus 40, 42
Gaskammer 192f., 204, 209f., 215
Geistlichkeit 9-11, 13, 18, 57
Geldentwertung → Inflation
Generalgouvernement **192**
Generalstreik 272
Generationenvertrag 242
Genossenschaften 60, 85, 92, 100
Genozid → Völkermord
Gesetz zum Schutz der Republik → Republikschutzgesetz
Gesetz zum Schutze des deutschen Blutes und der deutschen Ehre → Blutschutzgesetz
Gesetz zur Wiederherstellung des Berufsbeamtentums 160, 170, 173, 189
Gestapo 179, 193, 208, 211, 265
Gewaltenteilung **55**, 121, 161, 298
Gewerbefreiheit 36, 54, 59f., 65, 69, 104
Gewerkschaften 92, 102, 129, 145, 160, 165, 169, 172, 177, 235, 241f., 244, 262
Ghetto **15**, 20, 191-193
Glasnost **267**, 297f.
Glaubensspaltung 8

Gleichberechtigung der Geschlechter 104, 109, 126f., 131
Gleichgewichtspolitik (balance of powers) **9**
Gleichheitspostulate 103
Gleichschaltung 160, **161**, 170, 173, 291, 313
Glorious Revolution 8f.
Godesberger Programm 216, 263
Goldene Zwanziger 119
Great Depression 89, 142
Große Koalition 143f., 287, 299
Grundgesetz 216, **217**, 228, 239, 242, 283f., 299f., 302f.
Grundherrschaft 12f., 19, 32, 42, 49, 56-60
Grundlagenvertrag 267, 283f.
Grundrechte 55, 128, 130f., 160f., 169, 171, 176, 222, 228, 258, 300
Grüne Partei 298

Halbstarkenkrawalle, -proteste 217, 255
Hallstein-Doktrin **262**
Hambacher Fest 55
Hand- und Spanndienste 18, 58
Hegemoniestreben 8, **9**, 81, 235, 237, 268
Heiliges Römischer Reich (Deutscher Nation) 8, 9, 22f., 54, **55**
Heimarbeiter 35, 102, 142, 152
Herzöge **10**
Hexenverfolgung 8
Hitler-Jugend 152. 169, 174, 176
Hitler-Putsch 118, **119**, 129, 134, 138
Holocaust 116, **161**, 186f., 193, **194**, 200-202, 212, 214f.
Holocaustgedenktag 160
Hospital → Spital → Antoniter
Humanismus 8, **9**
Hunger, Hungersnot, -krise 25, 27, 47-50, 61, 67, 71, 110, 123, 162, 178, 179, 192, 194, 202, 218f., 231
Hygiene 26, 49, 77f., 86, 105, 110f.
Hyperinflation 118, 129, 138

Ideologie 116, 157, 159, 161, 164, 174, 176, 183, 186-189, 192, 195, 201, 204, 217, 231, 262f., 270, 272, 277f., 291, 294, 309f., 313
Imperialismus 141, 233, 237, 270, 276, 286
Industrialisierung 6, 54f., 61, 67-89, 91f., 97, 100, 103, 110
Industrielle Revolution 54, **55**, 61, 70
Inflation 88, **119**, 129, 138, 151, 164, 292
Innere Mission 92
Inoffizieller Mitarbeiter (IM) 271, 285
Intershop 291, 293
Invaliditäts- und Altersversicherung 92-94, 128

Jewish Claims Conference 256
Johanniter 24
Juden 14-16, 20, 22, 23, 138, 160-167, 172, 175f., 178f., 186, 188-193, 195-215, 223, 229f.
Judenemanzipation **56**
Jugend 93, 131, 157, 174, 176, 218, 252, 254f., 260, 281, 285, 291
Jungdeutscher Orden 157

Kabinett der Barone 144
Kabinett der nationalen Konzentration 145

Kaiser 8, **10**, 12, 20, 55, 57
Kalter Krieg **217**, 222, 229, 231, 263, 265, 283
Kampfbünde 137, 150, 157
Kapitalismus 61, 151, 256, 267, 269, 279, 289, 300
Kapp-Putsch 137f.
Kinderarbeit 48, 66, 76, 79, 84, 86, 93, 101, 104, 114
Kinderbewahranstalten 92, 103
Kindersterblichkeit 41, 47, 49, 82f., 102, 105, 110
Klassengesellschaft **61**, 75, 91, 97, 104
Kleiderordnung 14, 22f.
Klerus → Geistlichkeit
Kloster 10, 12, 16, 18f., 24, 40, 57, 60, 62
Kollektivschuld, -these 187
Kolpingwerk 93
Kombinate 293, 305
Kommunismus, Kommunisten 147, 152, 154f., 161, 172, 193, 228, 233, 236, 239, 262-264, 267-269, 271, 278, 287, 292, 297f., 312f.
Kommunistische Partei der Sowjetunion (KPdSU) 269, 271, 298
Kommunistische Partei Deutschlands (KPD) 126, 136, 145, 150f., 155, 170, 179, 262f., 263, 266-268
Konferenz von Potsdam 216, **217**, 238, 258, 286
König 12
Konservative 263
konstitutionelle Monarchie 8, **9**, 56
Konsumgesellschaft 54, 88f., 241, 254, 259, 278, 290-294, 299, 301
Konzentrations- und Vernichtungslager (KZ) **161**, 173, 179, 188, 191, 193f., 201f., 204f., 208-211, 215, 218-221, 230, 256, 262
Korea-Krieg 234, 238
Kraft durch Freude (KdF) 177f., 182
Krankenversicherung 79, 83, 92-94, 99, 128, 242, 246, 312
Kreuzzüge **15**, 24
Kriegsgefangene 179, 193, 219
Kriegsschuld 134, 139, 193, 220f.
Krisensterblichkeit 48, 110f.
KSZE-Konferenz 266, 285, **284**
Kuba-Krise **283**
Kunstdünger 71
Kurfürsten **10**

Landesherren 10-13, 25f., 57, 64
Landflucht 61, 76, 80
Landsmannschaften 253, 258
Landstände 9, 11f., 16, 18
Landwirtschaft 32f., 37f., 55, 57, 60-62, 69, 71, 74, 76, 80, 90, 92, 111, 156, 164
Landwirtschaftliche Produktionsgenossenschaften (LPGs) 270, 272, 279, 291
Lastenausgleich 216, **242**, 246, 253
Lebensmittelkarten, -versorgung 191
Lebensraumpolitik 187
Leibeigene, Leibeigenschaft 10, 12, 19, 49, 56, 58, 64
Liberale, Liberalismus 128, 174, 255, 263
Liberale-Demokratische Partei Deutschlands (LDPD) 271
Liga für Menschenrechte 165

Linksextreme, -radikalismus 121, 126, 136 f., 140, 142, 150, 155, 163, 217, 263, 309
Linkspartei 135, 306, 311
Locarno-Vertrag 119, **135**
Luftbrücke 216, 231 f.
Luxemburger Abkommen 223

Machtergreifung 158, **161**, 170, 172-174, 177, 179, 189, 197, 215, 227
Madagaskar-Plan 192
Majdanek-Prozess 255
Malteser 24
Manufaktur 16, 26, 35 f., 40
Markt, Märkte 6, 13, 18, 33, 35, 60, 69
Marsch auf Berlin 138
Marshall-Plan 216, 231 f., 236, 240
Marxismus 141, 214, 262 f., 271, 301
Marxismus-Leninismus **271**, 276
Maschinenbau 36, 54, 69, 71, 73
Massengesellschaft 54
Massenproduktion 54
Mauerbau, Mauer 266, **267**, 272, 286 f., 289, 309 f.
Mauerfall 266, **267**, 298
Mediatisierung 57
Menschenrechte **55**, 103, 277, 284, 289
Merkantilismus 8, **9**, 26
Migration 49
Militarismus 138, 152, 154 f., 234, 266, 276, 285, 313
Mindestumtausch 284, **292**
Ministerium für Staatssicherheit (MfS) 116, 266 f., 268, 271 f., 281, 284 f., 293, 309
Misstrauensvotum 130, 145, 222
Mittelalter 6, 9, **10**, 12 f., 23 f., 26 f., 33-35, 40-42, 49, 50
Monarchie 9, 56 f., 116, 118-123, 125, 137 f.
Montagsdemonstration 297 f.
Moskauer Vertrag 283
Münchener Abkommen 214

Nachtwächterrolle des Staates 93 f.
Napoleonische Kriege 55
Nation **55**
Nationale Front 278
Nationale Volksarmee (NVA) 235, 276, 309
Nationalfeiertag Tag der deutschen Einheit 304
Nationalismus **55**, 120, 141, 159, 225
Nationalsozialismus, Nationalsozialisten **55**, 116, 120, 134, 141, 144 f., 147, 152, 158, 160, **161**, 164-166, 168 f., 172-180, 182 f., 186-189, 191, 193, 195, 198, 200, 202 f., 205-207, 211 f., 214 f., 217, 219-222, 224-227, 229, 237, 248, 255 f., 261 f., 265, 269, 270, 312 f.,
Nationalsozialistische Frauenschaft (NSF) 176
Nationalsozialistische Volkswohlfahrt (NSV) 178, 183, 195, 199
NATO 216, **217, 232**, 233, 235, 250 f., 279
Neue Ostpolitik 266, **267**, 283
Neues Forum 298
Neuzeit **10**
Nischengesellschaft 272
Nobilitierung 12
Notverordnungen 118 f., 128, 144, 151, 171
Novemberpogrom 160, **161**, 190 f., 204, 206 f., 215

Novemberrevolution 1918 116, 119, 121, 123, 128, 141
NSDAP 118 f., 136-138, 143-145, 150-152, 155-157, 161, 164, 168-170, 172, 176, 184, 189, 198, 209, 214, 256, 263
Nürnberger Gesetze 160, **161**, 197, 204
Nürnberger Prozesse 216, 221, 255

Oberste Heeresleitung 155
Opposition 126, 170 f. 179, 223
Organisation Consul 137
Ostalgie 304, 306, 309 f.
Ostverträge, -politik 283-285
Ost-West-Konflikt 266, 282
Ost-West-Wanderung 76

Pariser Verträge 216
Parlament **9**, 119 f., 144 f., 147, 151, 170, 175
parlamentarische Demokratie 299
Parlamentarischer Rat 222 f., 227 f.
Parlamentarismus 135 f., 139 f., 143, 151, 263
Partei Bündnis 90/Die Grünen 301
Partei des Demokratischen Sozialismus (PDS) **306**, 309
Partei des politischen Katholizismus 136
Parteien 102, 127, 132, 135 f., 143 f., 150-152, 165, 169 f., 170, 172, 174, 228, 243, 278
Passierscheinabkommen 287
Patrimonialgerichtsbarkeit 58
Patrizier, Patriziat 10, 13-16, 48
Patronage 16
Pauperismus **61**, 90, 95
Perestroika → Glasnost
Persilscheine **222**
Pest 8, 29, 49 f.
Planwirtschaft 244, 266 f., 291 f., 295 f., 304, 307
Plebiszite **127**, 222, 228
Pluralismus 173, 255, 301, 306
Pogrome 15, 164, 189, 201, 207
Politbüro 272, 278, 296 f., 310
Politik der Entspannung 286
Polykratie **170**
Potsdamer Konferenz 216, **217**, 238, 258, 286
Prager Frühling 266
Präsidialkabinett 118 f., 144, 148, 152, 168
Pressefreiheit 5, 63, 153, 169, 171, 176, 227, 236, 255
Privilegien (Vorrechte) 9, 11, 34, 57, 61 f., 65
Produktivität 33, 36, 61, 68, 79, 103, 129, 131, 291 f., 294, 305, 307
Proletarier 61, **90**, 124, 138, 140, 178, 271, 276
Propaganda 159, 162-164, 169, 172, 175 f., 178, 182, 203, 205, 212
Protoindustrialisierung 36
Provisorische Volkskammer 266, 269
Putsch 55, 119, 124, 137, 150

Querfront 145

Rassismus, Rassenlehre 161, 164, 172, 174 f., 179, 183, 186, 188-192, 194-196, 198, 200 f., 205, 212, 256, 313
Rat der Volksbeauftragten 121 f., 125-127, 129
Rat für gegenseitige Wirtschaftshilfe (RGW/COMECON) 267, 292
Räterepublik, -system 119-122, 136
Rauhes Haus 90, 92 f.

Rechtsextremismus, -radikalismus 135-138, 119, 144, 256
Rechtsstaatlichkeit, Rechtsstaat 116, 222, 255, 298 f., 301, 309
Reformation 8, **9**, 22, 25, 27, 42
Reformen 8, 16, 26, 54-63, 65-67, 94, 98, 104, 109, 120
Regula Benedicti **24**
Reichsarbeitsdienst (RAD) 183, 227
Reichsbanner Schwarz-Rot-Gold 157
Reichsbund jüdischer Frontsoldaten 162
Reichsbürgergesetz 197
Reichskristallnacht → Novemberpogrom
Reichsparteitag 160, 176, 181
Reichsritter 12, 57
Reichssicherheitshauptamt (RSHA) 192, 265
Reichsstädte 10, **13**, 15, 19 f., 30, 52, 57
Reichsstände 8, 9, 57, 23, 57
Reichstag 10, 22 f., 96, 119, 121, 127 f., 130 f., 135, 144 f., 151, 155, 161, 163, 168, 170, 172 f.
Reichstagsbrand-Verordnung 161
Reichstagswahlen 91, 118, 125, 134-136, 147 f.
Reichswehr 128, 137, 144 f., 158, 161, 170
Renaissance 8, **9**
Rentenreform 216, 242
Rentenversicherung 93 f., 99, 128, 242, 248
Reparationen 118 f., 134, 138, 143 f., 158, 220, 262, 264, 270
Republikschutzgesetz 138 f.
Revolution von 1918/19 125, 136, 158
Revolutionen von 1848/49 55, 66, 70, 103
Rheinbund 54, 57, 60
Ritterschaft 10, 11 f., 19, 22, 24, 57, 64
Röhm-Putsch 161
Roma → Sinti und Roma
Rosinenbomber 231 f.
Rote Armee 219, 233, 267
Roter Frontkämpferbund 150, 157
Ruhrkampf 118 f., 138
Rundfunk 176, 191, 202, 210, 222, 236, 256, 265

Säkularisation **57**, 257
Satellitenstaat 267
Säuberungen, politische 170, 203, 255 f., 267, 269, 272
Scheidung 42 f., 49, 102 f., 106
Schlafgängerwesen 78, 83, 101, 105
Schlussstrich-Mentalität 205, 255, 261
Schulpflicht 79, 101, 164
Schuman-Plan 233, 234
Schutzhaft 179
Schutzstaffel (SS) SS 160, 172, 174, 181, 199 f., 202, 208-210, 221
Schwarzmarkt 218, 241
Schwerindustrie 69, 76, 270
SED-Staat 280, 291, 294, 306 f., 312
Selbstbestimmungsrecht der Völker 134
Selbstschussanlagen 272, 292
Selbstverwaltung 220
Shoah 161, 186, 194
Sicherheitsdienst der SS (SD) 192, 215
Sinti und Roma 15, 175, 179, 190, 192-194
Solidaritätsbeitrag 253
Souveränität 216, 232-234, 238, 251, 286
Sowjetische Besatzungszone 219 f., 222, 235, 252, 262, 264, 266-269, 278, 286
Sowjetische Militäradministration (SMAD) 269

Sozialdarwinismus 188
Sozialdemokratie, Sozialdemokraten 93 f., 104, 119, 134 f., 141, 154 f., 157 f., 161, 174, 230, 233, 244, 263, 268, 279
Sozialdemokratische Partei (SDP) 298
Sozialdemokratische Partei Deutschlands (SPD) 91, 104, 118, 120-122, 125 f., 132, 135-137, 139, 143-145, 151, 155, 158, 169 f., 179, 207, 216, 227, 230, 235, 239, 241, 243 f., 263 f., 266-268, 279, 283, 286, 299 f., 302, 306
Soziale Frage 54, **55**, 78, 89 f., 96, 103 f.
Soziale Marktwirtschaft 239-241, 244, 263, 294, 304
Sozialgesetzgebung, -versicherung 54, **55**, 93 f., 97-99, 105, 128, 133, 242
Sozialismus, Sozialisten 121, 124, 132, 148, 151, 167, 183, 186, 262, 266-272, 276-279, 282, 284, 289-291, 293 f., 298, 301 f., 306-312
Sozialistengesetz 91, 97
Sozialistische Arbeiterpartei Deutschlands (SAPD) 227
Sozialistische Einheitspartei Deutschlands (SED) 116, 233, 256, 262 f., 265-272, 275, 277-280, 282-285, 287, 290-292, 294, 296 f., 301-303, 306 f., 309 f., 312 f.
Sozialistische Reichspartei (SRP) 263
Sozialstaatsgebot 242
Spanischer Erbfolgekrieg 8 f.
Spartakus-Aufstand 118, 122, 137
Spartakusbund, Spartakisten **121**, 122, 124, 140
Spiegel-Affäre **255**
Spital 24-26, 29 f.
Spruchkammer 222, 256
Staatsstreich → Putsch
Staatsverschuldung 138, 285, 292 f., 296
Stadt 10, 13, 16, 18, 22, 24, 26-29, 33 f., 36, 47, 50, 63, 76, 78, 80-82, 164
Stahlhelm **143**, 150, 157, 184, 208
Ständewesen, -gesellschaft 6, 8, **9**, 10-26, 40, **55**, 57, 61 f., 64
Ständige Vertreter 284
Stasi → Ministerium für Staatssicherheit
Stiftung Erinnerung, Verantwortung und Zukunft 256
Straßenkämpfe 122, 136, 144, 150, 170
Streik 91-93, 119 f., 122, 127, 129, 135-137, 178, 268, 272, 275, 298
Strukturwandel 76, 242, 259
Studentenbewegung 256
Stunde Null 217, 218
Sturmabteilung (SA) 150, 154 f., 157, 161, 165, 174, 189
Subsistenz, Subsistenzmittel 33, 112
Synagogen 165, 188-190, 207, 230

Tag der deutschen Einheit 266, 304
Tag von Potsdam 169, 172
Territorialstaaten, Territorien **9**, 10, 12, 15, 16, 26, 42
Terror 137, 150, 155, 165, 179, 186, 191, 193, 201, 207, 229, 236, 271, 313
Todesmärsche 194
Todesstreifen 266, 272, 280 f., 292
Totaler Krieg 176, 205
Tourismus 178, 254, 259
Treuhandanstalt 305
Truman-Doktrin 236 f.

Umerziehung 179, 220-222, 227
Umweltverschmutzung, -belastung, -zerstörung 254, 259, 292 f., 300, 302
Unabhängige Sozialdemokratische Partei Deutschlands (USPD) 121-123, 126, 132, 136
Unabhängigkeitserklärung der USA 8
Unfallversicherung 79, 93 f., 96, 97, 99, 128, 246
UNO 266, **284**
Urbanisierung 54, 64-84, 97, 257

Verein zur Abwehr des Antisemitismus 165
Vereinigungsparteitag 266
Vereinte Nationen → UNO
Verfassungen **55**, 128, 135, 222, 266, 284, 299 f., 302 f.
Verfassungsgebende Nationalversammlung 118, 121 f., 124-127, 134 f., 139, 228
Verhältniswahlrecht 127, 130
Verleger, Verlagswesen 14, 35 f.
Vernichtungslager 255
Verordnung zum Schutz von Volk und Staat 160, 169-171
Versailler Vertrag 116, 118 f., 134 f., 140, 151 f., 161, 163
Vertreibung, Vertriebene 15 f., 161, 172, 189 f., 192, 202, 214 f., **217**, 219, 221, 243, 252 f., 257 f., 262, 270
Vier-Mächte-Abkommen 283
Völkerbund 119, 160
Völkermord 116, 161, 186 f., 191-194, 198, 200-204, 214 f.
Volksabstimmung 127, 132, 175, 178, 300, 302
Volksaufstand vom 17. Juni 1953 266, **267**, 268, 272, 274 f., 279 f.
Volksbegehren 127, 130, 143, 228
Volkseigene Betriebe 270
Volkseigene Güter **270**
Volksempfänger 176 f.
Volksentscheid 127, 130, 143, 228, 269, 300
Volksgemeinschaft 173-176, 178, 180, 183, 186 f., 203
Volkskammer 269, 271, 278, 299 f., 303, 305
Volkssouveränität **55**, 126
Volkswagen 178
Vollbeschäftigung 177, 242, 277, 294

Waffenstillstand 119 f., 137
Wahlfälschung 116, 269, 278, 297 f.
Währungsreform 118 f., **138**, 151, 216, **217**, 232, 240 f., 244, 248
Wandel durch Annäherung 266, 283-287
Wannsee-Konferenz 160, 193
Warschauer Ghetto 160, 193
Warschauer Pakt 266, **267**
Wehrmacht 125, 178, 183, 192 f., 209, 221
Weimarer Koalition 126, 135 f.
Weimarer Nationalversammlung 126 f.
Weimarer Republik 116, 119, 127, 129, 135, 137, 145, 150, 152, 154 f., 157-159, 163 f., 166, 227 f., 242, 263
Weimarer Verfassung 118, **119**, 127-132, 135, 163, 222, 228
Weiße Rose 161
Weltanschauung → Ideologie
Weltwirtschaftskrise 118, **119**, 129, 142, 158, 177
Westfälischer Friede 8, **9**

Westintegration, -bindung 216, **217**, 233, 238 f., 255, 263
Widerstand 160, **161**, 209, 256
Wiederbewaffnung 217, 234 f., 250 f.
Wiedergutmachungsabkommen für Israel 216, 223, 256, 270
Wiedervereinigung 233, 235, 238 f., 266, **267**, 274 f., 283-286, 289, 293-308
Wiedervereinigungsgebot 283 f.
Wiener Kongress 54, **55**
Wilson-Frieden 134
Windthorstbünde 157
Winterhilfswerk des Deutschen Volkes (WHW) 178
Wirtschafts-, Währungs-, und Sozialunion 304, 307
Wirtschaftswunder 116, 216, 240 f., 245, 251, 254, 259, 304
Wochenschau 182, 276
Wohlfahrtsstaat 129
Wohnungen, Wohnsituation 34, 54, 78, 83, 88, 101, 105, 128, 133, 219, 241 f., 252 f., 279, 291

Young-Plan **143**

Zensur 63, 131, 176
Zentraler Runder Tisch 303
Zentralrat der Juden 223
Zentrum 135-137, 143-145
Zigeuner **15**, 175, 199
Zionismus 165
Zionistische Weltorganisation (ZWO) 165
Zuchthaus 26, 31, 173, 197, 272
Zunft 9, 16, 24 f., 34-36, 56 f., 59, 60, 65, 92
Zunftzwang 34, 59, 65
Zwangsarbeit 193, 201, 219, 256
Zweite Industrielle Revolution 70
Zweiter Weltkrieg 116, 160, **161**, 183, 191 f., 198, 216, **217**, 239, 243

Bildnachweis

Titel: Städtische Kunstsammlungen, Augsburg; Archiv für Kunst und Geschichte, Berlin; Akademie der Künste, Berlin – S. 145; Alimdi.net / Thomas Müller, Deisenhofen – S. 298 (l.); Andreas Nachama und Klaus Hesse (Hrsg.), Vor aller Augen. Die Deportation der Juden und die Versteigerung ihres Eigentums. Fotografien aus Lörrach, 1940, Berlin 2011, S. 82 – 206 (l.); Andreas Schoelzel, Berlin-Kreuzberg – S. 303; Apo-Archiv im Universitätsarchiv der Freien Universität, Berlin – S. 256; Archiv der KZ-Gedenkstätte, Dachau – S. 173; Archiv für christlich-demokratische Politik der Konrad-Adenauer-Stiftung, Sankt Augustin – S. 263; Archiv für Kunst und Geschichte, Berlin – S. 27, 46, 79, 83, 93, 96, 97, 102, 142, 152, 163 (4), 164, 166, 172, 182, 183, 190, 194, 248; Archiv für Kunst und Geschichte / Bildarchiv Pisarek, Berlin – S. 188; Archiv für Kunst und Geschichte / Erich Lessing, Berlin – S. 7, 54, 129; Archiv für Kunst und Geschichte / IAM, World History Archives, Berlin – S. 121; Archiv für Kunst und Geschichte / Imagno, Berlin – S. 144; Archiv für Kunst und Geschichte / Walter Ballhause, Berlin – S. 143; Archiv für soziale Demokratie der Friedrich-Ebert-Stiftung, Bonn – S. 109; Badische Landesbibliothek, Karlsruhe – S. 61; Bayer Archiv, Leverkusen – S. 70; Bella Guttermann und Avner Shalev (Hrsg.), Zeugnisse des Holocaust. Gedenken in Yad Vashem, Yad Vashem 2005, S. 196 – S. 209; Bernd Roeck, Leben in süddeutschen Städten im 16. Jahrhundert (Hefte zur bayerischen Geschichte und Kultur 25), Augsburg 2000, S. 30 – S. 25; Bildarchiv Preußischer Kulturbesitz / Atelier Gottheil, Berlin – S. 101; Bildarchiv Preußischer Kulturbesitz / Bayerische Staatsbibliothek / Archiv Heinrich Hoffmann, Berlin – S. 199; Bildarchiv Preußischer Kulturbesitz, Berlin – S. 81, 91, 98, 116/117, 139, 151, 177 (m.), 205; Bildarchiv Preußischer Kulturbesitz / Dietmar Katz, Berlin – S. 59; Bildarchiv Preußischer Kulturbesitz / Georg Buxenstein Co, Berlin – S. 84; Bildarchiv Preußischer Kulturbesitz / Heinrich Hoffmann, Berlin – S. 141, 181 (o.); Bildarchiv Preußischer Kulturbesitz / Karl H. Paulmann, Berlin – S. 207; Bildarchiv Preußischer Kulturbesitz / Klaus Lehnartz, Berlin – S. 282; Bildarchiv Preußischer Kulturbesitz / Kupferstichkabinett, SMB / Jörg P. Anders, Berlin – S. 28; Bildarchiv Preußischer Kulturbesitz, Wolff Tritschler, Berlin – S. 117 (o.r.), 160; Bildstelle des Hochbauamtes der Stadt Nürnberg– S. 77 (2); Bundesarchiv / Karl Geiss, Sig. Plak. 002-037-029, Koblenz – S. 154; Bundesbeauftragter für die Unterlagen des Staatssicherheitsdienstes der ehemaligen Deutschen Demokratischen Republik (BStU), Außenstelle Dresden, AU 896/89, Bd. 2, Bl. 30 (l.) – S. 284; Czech News Agency CTK, Prag – S. 219 (m.); Der Spiegel, Hamburg – S. 247, 314; Der wahre Jacob, Nr. 138, 1891, Sammlung Udo Achten, Wuppertal – S. 94; Deutsches Historisches Museum, Berlin – S. 67, 85, 107, 108, 117 (u.l.), 124, 136, 138, 177 (l.u.r.), 178 (o.), 181 (u.), 192, 195, 204, 233, 236, 237, 239, 265, 266, 269 (o.r.), 270, 299 (u.); Deutsches Historisches Museum, Berlin, ©VG Bild-Kunst, Bonn 2013 – S. 300; Deutsches Museum, München – S. 68; Dietmar Katz – S. 140; Die Zeit, Geschichte Nr. 1/2009 – S. 223 (m.); DIZ / Süddeutscher Verlag, Bilderdienst, München – S. 162, 173, 191, 244, 269 (u.); DIZ / Süddeutscher Verlag, Bilderdienst / dpa / AP, München – S. 274 (o.); DIZ / Süddeutscher Verlag, Bilderdienst / G. Pfeifer, München – S. 259; DIZ / Süddeutscher Verlag / Bilderdienst / SZ-Photo, München – S. 240; DIZ / Süddeutscher Verlag / Scherl, Bilderdienst, München – S. 171, 172 (2), 178 (u.), 218; dpa Picture-Alliance, Frankfurt – S. 144, 235, 243, 258, 285 (m.), 291 (o.), 295, 298 (r.), 299 (o.); dpa Picture-Alliance / akg-images, Frankfurt – S. 176, 268, 283; dpa Picture-Alliance / AP, U.S. Holocaust Memorial Museum, Frankfurt – S. 210; dpa Picture-Alliance / Egon Steiner, Frankfurt – S. 285 (u.); dpa Picture-Alliance / Imagno, Frankfurt – S. 144; dpa Picture-Alliance / United Archives / 91050 / TopFoto, Frankfurt – S. 193 (o.); dpa Picture-Alliance / UPI, Frankfurt – S. 260; dpa Picture-Alliance / ZB / Klaus Franke, Frankfurt – S. 304; © Estade of George Grosz, Princeton, N.Y. / VG Bild-Kunst, Bonn 2013 – S. 159; fotocommunity GmbH, Köln – S. 271; Friedrich-Naumann-Stiftung für die Freiheit, Archiv des Liberalismus, Gummersbach – S. 222, 223 (u.), 263; Fürstliche Oettingen-Wallerstein'sche Sammlungen, Schloss Harburg – S. 33; Germanisches Nationalmuseum, Nürnberg – S. 26, 32; Geschichtsbilder. Historisches Lernen mit Bildern und Karikaturen. Handreichung für den Geschichtsunterricht am Gymnasium, hrsg. vom Staatsinstitut für Schulpädagogik und Bildungsforschung, Donauwörth 2001, S. 43 – S. 11; Getty images / Hulton Archive, München – S. 219 (o.); Gidal-Bildarchiv im Steinheim-Institut, Duisburg – S. 16; Gründerzeit 1848-1871. Industrie & Lebensträume zwischen Vormärz und Kaiserreich, Dresden 2008, S. 32 – S. 60; Haus der Bayerischen Geschichte, Augsburg – S. 219 (u.); Haus der Geschichte der Bundesrepublik Deutschland, Bonn – S. 223 (o.), 233 (m.); Haus der Geschichte der Bundesrepublik Deutschland / Michael Jensch, Axel Thünker, Bonn – S. 220, 241, 285 (o.); Haus der Geschichte der Bundesrepublik Deutschland, Bonn / © VG Bild-Kunst, Bonn 2013 – S. 315; Heimathaus Lauingen – S. 29; Heinz Behling, Berlin – S. 296; Horst Haitzinger, München – S. 277; Horst Pötzsch, Deutsche Geschichte nach 1945 im Spiegel der Karikatur, S. 90 – S. 250; http://www.wikimedia.de / Daniel Ullrich, Threedots (l.) – S. 198; http://www.wikimedia.de / Franzfoto; Archiv für Kunst und Geschichte / Jost Schilgen, Berlin – S. 115; http://www.wikipedia.de – S. 269 (o.l.); IPON / Stefan Boness, Berlin – S. 311; Inge Deutschkron, Ich trug den gelben Stern, dtv Verlag, München 2009 – S. 229; Institut für Zeitgeschichte, München – S. 176 (u.); Interfoto, München – S. 173; Josef Heinrich Darchinger, Bonn – S. 252, 254, 255; Jüdisches Museum, Frankfurt – S. 20; Kunstsammlungen der Veste Coburg – S. 44; KZ-Gedenkstätte, Dachau – S. 179 (o.); KZ-Gedenkstätte / Karl Freund, Dachau (u.) – S. 179; Landschaftsverband Rheinland / Rheinisches Landesmuseum, Bonn – S. 17; LIFE Magazin, New York – S. 231; Lilo Sandberg, Berlin (Ulenspiegel) – S. 225; Martin Gilbert, Nie wieder! Die Geschichte des Holocaust, Berlin/München 2001, S. 91 (Freddie Knoller/Eric D. Sugerman) (u.) – S. 193; Münchner Stadtmuseum, München – S. 62, 71, 156, 175, 189 (o.), 196; Museum zu Allerheiligen, Schaffhausen – S. 48; National Archives, Washington D.C. – S. 221; National Gallery, London – S. 75; Niedersächsisches Landesmuseum / Landesgalerie, Hannover – S. 45; Nordische Rundschau vom 8. August 1935, aus: Topografie des Terrors – Gestapo, SS und Reichssicherheitshauptamt in der Wilhelm- und Prinz-Albrecht-Straße. Eine Dokumentation. Katalogband zur gleichnamigen Präsentation, Ausstellungshalle Niederkirchnerstraße 8, Berlin 2010, S. 56 – S. 203; Peter Leibing, Hamburg – S. 272; Picture Press, Hamburg – S. 274; Pressefoto Paul Glaser, Berlin – S. 293; Presse- und Informationsamt der Bundesregierung, Sig. B 145, Bild-001 65267 / Fotograf: Engelberg Reineke, Berlin – S. 305; Preußischer Kulturbesitz, Berlin – S. 118; Preußischer Kulturbesitz / Geheimes Staatsarchiv, Berlin – S. 95; Preußischer Kulturbesitz / Nationalgalerie Berlin – S. 159; Rachel Heuberger und Helga Krohn, Hinaus dem Ghetto, Frankfurt am Main 1988, S. 95 – S. 165; Reiner Beck, Unterfinning; Bayer. Landesvermessungsamt, München – S. 37; Reiner Schwalme, Krausnick-Groß-Wasserburg – S. 306; Richard van Dülmen, Kultur und Alltag in der Frühen Neuzeit, Bd.1: Das Haus und seine Menschen 16.-18. Jahrhundert, München 1990, S. 40 – S. 41; Rudolf Herz und Dirk Halfbrodt, Revolution und Fotografie. München 1918/19, Berlin 1988, S. 26 – S. 122; ebd., S. 26 – S. 123; Sammlung Karl Stehle, München – S. 104, 169; Sparkassen-Kulturstiftung Hessen-Thüringen (Hrsg.), Legalisierter Raub. Der Fiskus und die Ausplünderung der Juden in Hessen 1933-1945 (selecta, Heft 8), 2002, S. 63 (r.) – S. 206; Spiegel Special Nr. 1/2006, S. 123 – S. 230; ebd., S. 7 – S. 257; Staatsarchiv, Hamburg – S. 31; Staatsbibliothek Bamberg – S. 69; Staats- und Stadtbibliothek Augsburg – S. 13; Stadtbibliothek Nürnberg – S. 34; Städelsches Kunstinstitut, Frankfurt – S. 6/7, 8; Städtische Kunstsammlungen, Augsburg – S. 14, 35; Stefanie Strulik – S. 114; Stiftung Automuseum, Wolfsburg – S. 242; Sudetendeutsches Archiv, München – S. 253; Sven Simon, Mülheim – S. 117 (u.r.), 216; The Heartfield Community of Heirs / VG Bild-Kunst Bonn 2013 – S. 145, 149; Ullstein Bild / AP, Berlin – S. 287; Ullstein-Bild / AP, Frankfurt – S. 280; Ullstein-Bild, Berlin – S. 78, 127, 189; Ullstein-Bild / Klöppel, Berlin – S. 289; Ullstein-Bild / Wolfgang Wiese, Berlin (u.) – S. 291; Universitätsbibliothek Heidelberg – S. 180; Universitäts- und Landesbibliothek, Münster – S. 42; VG Bild-Kunst, Bonn 2013 – S. 129, 139; Westfälisches Freilichtmuseum technischer Kulturdenkmale, Hagen – S. 36;

Es ist uns nicht in allen Fällen gelungen, den Inhaber der Bildrechte ausfindig zu machen. Der Verlag zahlt gegen Nachweis der Rechte die für den Abdruck gesetzlich geschuldete Vergütung.

Perspektive Abitur: Aufgaben bearbeiten

Die Anforderungen und Erwartungen in Geschichtsklausuren liegen nicht in der Wiedergabe von Wissen, sondern überwiegend im souveränen Anwenden gelernter Inhalte auf andere Sachverhalte und im angemessenen, eigenständigen Beschreiben und Beurteilen komplexer Problembereiche.

Systematisches Vorgehen bei der Bearbeitung einer Klausur

1. Lesen Sie die Aufgabenstellung sorgfältig durch und erschließen Sie deren Intention mit zentralen Fragen (z. B. Was verlangt die Aufgabe von mir? Welche Schlüsselbegriffe sind enthalten und welche Schwerpunkte muss ich deswegen bei der Beantwortung setzen?).

2. Beachten Sie bei den Aufgaben die angegebenen Bewertungseinheiten (BE), da diese Ihnen einen Anhaltspunkt über den Umfang Ihrer Antworten geben. Anhand der Bewertungseinheiten sollten Sie sich für die einzelnen Aufgaben eine grobe Zeiteinteilung erstellen. Planen Sie dabei auch genügend Zeit für die Endkorrektur Ihrer gesamten Arbeit ein.

3. Bearbeiten Sie zuerst die leichteren Aufgaben. Denn wenn Sie schon Ergebnisse haben, bekommen Sie Sicherheit. Wenden Sie sich dann den schwierigeren Themenbereichen zu. Urteilen Sie jedoch nicht vorschnell, da häufig bei Aufgaben, die einem klar zu sein scheinen, Leichtsinnsfehler gemacht werden. Das Anforderungsniveau der Aufgaben können Sie an den sogenannten „Operatoren" erkennen (siehe dazu unten: Einheitliche Anforderungsbereiche).

4. Arbeiten Sie bei der Analyse und Interpretation einer Quelle mit farbigen Stiften:
   a) Lesen Sie den Text sorgfältig durch, wenn nötig auch mehrfach, und markieren Sie wesentliche Gedanken und Schlüsselbegriffe, soweit sie zur Aufgabenstellung gehören.
   b) Verwenden Sie, soweit möglich und nötig, Angaben zum Autor (z. B. politischer Standort, seine Intentionen) und zur Quelle selbst (Entstehungszeit, historischer Kontext, Adressaten des Textes).
   c) Arbeiten Sie zu den gestellten Aufgaben aus der Quelle stichpunktartig, aber bereits grob strukturiert, wichtige inhaltliche Aussagen heraus und belegen Sie sie mit treffenden Zitaten (Zeilenbelegen) und eigenen Argumenten.

5. Schreiben Sie anhand Ihrer Stichpunkte und Belege die Reinschrift. Achten Sie dabei, unter Berücksichtigung der Aufgabenstellung, auf eine logische Gliederung Ihrer Gedanken.

6. Schreiben Sie sachlich, klar und verständlich. Formulieren Sie sprachlich angemessen und schreiben Sie ganze Sätze.

7. Achten Sie bei der Endkorrektur in erster Linie auf den Inhalt, aber auch auf Rechtschreibung, Grammatik und Satzbau.

Einheitliche Anforderungsbereiche

Um gravierende und damit als ungerecht empfundene Abweichungen bei den Beurteilungskriterien zwischen den 16 Bundesländern zu vermeiden, hat die Kultusministerkonferenz „Einheitliche Prüfungsanforderungen in der Abiturprüfung" (EPA) beschlossen.
Diese einheitlichen Prüfungsanforderungen unterscheiden drei Anforderungsbereiche. Sogenannte „Operatoren" (handlungsinitiierende Verben) geben Ihnen dabei Hinweise, was Sie bei der jeweiligen Aufgabe genau leisten sollten.

→ „Operatoren"
(s. nächste Seite)

Anforderungsbereich I (Reproduktion)

Er verlangt in erster Linie die geordnete Wiedergabe von Sachverhalten und die (eventuell chronologische) Auflistung von Kenntnissen ohne Kommentierung. Weiterhin wird die Anwendung eingeübter Arbeitstechniken, z. B. bei der Bearbeitung einer Quelle, sowie die Reduzierung (historischer Ereignisse) auf wesentliche Aussagen erwartet.

nennen, benennen	zielgerichtet Informationen zusammentragen, ohne dies zu kommentieren
aufzählen	Textinformationen oder Wissenselemente in sinnvoller Ordnung → *benennen*
bezeichnen, schildern, skizzieren	in knapper Form zentrale Grundlinien historischer Sachverhalte (Ereignis, Ablauf, Zustand), Probleme oder Aussagen erkennen und zutreffend formulieren
beschreiben, aufzeigen	exakte Angaben selbst wählen, um Inhalte des Materials auszudrücken
zusammenfassen	einen längeren Text ohne Sinnverlust kürzer ausdrücken
wiedergeben	Informationen aus Vorlage oder Wissen richtig → *benennen* und → *aufzählen*

Anforderungsbereich II (Reorganisation und Transfer)

Er fordert das eigenständige Erklären, Bearbeiten und Ordnen bekannter Inhalte und die Anwendung des Eingeübten auf andere Sachverhalte.

analysieren, untersuchen	an Material gezielte Fragen stellen, diese beantworten und die Antworten → *begründen*
begründen, nachweisen	Aussagen (z. B. Urteil, These, Wertung) durch Argumente stützen, die auf historischen Beispielen und anderen Belegen gründen
charakterisieren	einen historischen Sachverhalt in seiner Eigenart → *beschreiben* und dann unter einem bestimmten Gesichtspunkt → *zusammenfassen*
einordnen	einen oder mehrere historische Sachverhalte in einen größeren historischen Zusammenhang stellen
erklären	Informationen durch eigenes Wissen und eigene Einsichten in einen Zusammenhang (Theorie, Modell, Regel, Gesetz, Funktionszusammenhang) → *einordnen* und → *begründen*
erläutern	wie → *erklären*, zusätzlich noch durch Informationen und Beispiele verdeutlichen
herausarbeiten	aus Materialien bestimmte historische Sachverhalte herausfinden, die nicht explizit genannt werden, und zwischen ihnen Zusammenhänge herstellen
gegenüberstellen	wie → *skizzieren*, zusätzlich argumentierend gewichten
widerlegen	Argumente dafür anführen, dass eine These/Behauptung zu Unrecht aufgestellt wird